주경야선 가행정진으로

재가자도 성불할 수 있다

주경야선
가행정진으로
재가자도
성불할 수 있다

저자
김원수

바른법연구원

일러두기

지난겨울 법사님께서 도반들과 26일간 자시 가행정진을 함께 하시며, 지도하여 주셨습니다. 자시 가행정진을 '주경야선 가행정진'으로 새롭게 정의하여, 매일 가행정진의 시작과 마무리에 법문을 하시고, 수행발표에는 정확하고 따듯한 점검으로 선호념 선부촉해 주셨습니다. 마지막 날에는 수안보에서 멋진 회향기념 법회를 손수 베풀어 주셨습니다.

이 책은 주경야선 가행정진할 때의 법문과 불교TV 법문, 새벽 법회, 일요 법회에서 이와 관련된 원리, 지침, 성과, 보림에 관한 법문을 가능한 대로 모두 모아서 편집하였습니다.

백성욱 박사님과 김원수 법사님의 법문을 글로 옮기며, 특징적인 표현을 가능한 그대로 살렸습니다.

머리말

—

대학교 1학년, 나는 신소천 스님의 금강경 해설서를 읽자마자 빠져들었습니다. "응무소주 이생기심應無所住 而生其心"의 구절은 그야말로 금시초문今時初聞으로 경천동지驚天動地였습니다.

소설책도 아닌데 이렇게 속速히 빠져든 적이 있었던가? 이런 속도라면 얼마 되지 않아 큰 깨달음을 얻고, 금강경에 나오는 무량공덕을 얻게 될 것으로 확신하였습니다.

그러나 금강경을 달달 외우는 수지독송을 1년 동안 성심껏 하여도, 수도에 별 진전이 없이 도리어 각종 궁리만 솟아오르고 해태심懈怠心이 났습니다.

출가하지 않고 재가자로 수도해서 성불한다는 것은 불가능하다고 생각하게 되었습니다.

혼돈과 방황의 삶이 안심입명의 삶으로 되다

새삼스레 자신의 한계를 절실히 느끼며, 고3 입시 지옥 때 겪었던 심한 우울증에 다시 시달렸습니다. 이후 대학 생활과 군대 생활은 열등감과 무기력의 삶이었습니다. 이때 나에게 희망과 용기를 주신 분이 바로 선지식 백성욱 박사이었습니다.

"너는 네가 생각하는 것처럼 못난이가 아니다. 너는 알고 보면 매우 위대한 존재이다. 금강경 가르침대로 못났다는 생각이 착각인 줄 알고 부처님께 바쳐라. 부처님께 바치면 그 생각은 소멸되고, 그 자리에 너 자신의 무한한 위대성을 발견하리라."

나는 다시 금강경을 새 마음으로 독송하게 되었고, 군에서 제대하고 바로 백 박사님 문중으로 출가하였습니다.

아침저녁으로 금강경을 독송하고 무슨 생각이든지 부처님께 바치는 수도 3년, 밝은 스승의 지도 덕분에 열등감과 무력감으로 가득 찬 마음속에 부처님의 밝은 광명이 비추기 시작하였고, 비로소 "응무소주 이생기심"의 참뜻을 알게 되었습니다.

수도 생활 3년째 일이 한가한 겨울에 스승께서 나에게만 시킨 수행이 있습니다.

"우주가 밝아지는 시간은 사실 오전 3시가 아닌 자정子正이다. 자정에 일어나 금강경을 7독하며 깨어있는 가행정진加行精進을 해보아라. 자명종에 의존하지 말고 일어나라."

여느 때보다 깊은 공경심과 긴장감으로 시작한 자시 금강경 수행은 도량에서 했던 어떤 공부보다 가장 알찼습니다. 이 공부로 심신이 더욱 가볍고 상쾌해졌으며, 특히 '잠'이 본능이라서 도저히 없앨 수 없다는 두려움이 차츰 없어졌습니다. 당시에는 이 공부를 자시가행정진子時 加行精進이라 하였는데, 비로소 금강경 공부의 참맛을 처음으로 맛보았습니다. 이를 계기로 갈등과 혼돈의 삶을 안심입명安心立命의 삶으로 변화시키며 새로운 불자로 태어났습니다.

수도는
건강한 사회인이 되는 과정

소사 도량에서 4년간의 수도생활을 마치고 사회생활을 시작하였습니다. 비록 선지식의 도움으로 금강경 공부의 참맛을 보았다고 하지만, 사회생활은 나에게 너무나 호된 신고식을 요구하였습니다.

금강경 공부와 사회생활이 다르지 않은 것으로 알고 출발하였지만, 막상 현실에서는 생각했던 것보다 훨씬 차이가 컸습니다. 빈곤, 경천, 외로움 등 사회생활에서 느끼는 무한한 두려움을 견디기에, 수도장에서 공부했던 가행정진의 힘만으로는 턱없이 부족하였습니다. 사회생활을 하면서 수도하여 큰 깨달음을 얻는다는 것은 너무나 요원하였습니다. 항상 긴장의 연속이었고, 숨 막히는 업보와의 전쟁과 근심 걱정으로 바람 잘 날이 없었습니다. 말하자면 자신의 무시겁 업보업장이 얼마나 지중한지 실감한 것입니다.

이때 무시겁 업보업장에 밀리지 않고 사회생활에서 주도권을 다시 잡게 한 것이 자시 가행정진이었습니다. 밤에 금강경 독송을 하며 핵심 번뇌인 잠을 해탈하는 가행정진加行精進을 하고, 낮에는 번뇌에서 벗어나 사회생활을 하는 주경야선晝耕夜禪의 생활을 2~3년간 하였습니다. 하루 3시간만 자도 사회생활에는 아무 지장이 없을 뿐 아니라, 한낮에 마치 태양이 두 개 이상 뜬 것 같이 밝게 느껴졌고, 모든 근심 걱정이 거의 완벽할 정도로 사라졌습니다. 마음이 늘 즐거웠고 난제에 대해 자신감이 생겼습니다. 나는 어느덧 비관적에서 낙천적으로, 소극적에서 적극적으로 변하였습니다.

주경야선 가행정진을 통하여 비로소 '잠이 분별이요 착각일 뿐 본래 없다'는 것을 확실히 깨치며, '재앙이 착각이요 본래 없으며, 축복과 다르지 않다'는 것을 알게 되었습니다.

더 나아가서 '출가 생활과 재가 생활이 둘이 아님'을 발견하고, 나는 어느덧 빈곤을 풍요로, 외로움을 천인아수라 개응공양天人阿修羅皆應供養으로, 재앙을 축복으로 변화시킬 수 있었습니다.

또한, 주경야선 가행정진은 깨달음, 즉 아누다라삼막보리를 얻는 가르침이기도 하지만, 동시에 세상에서 영웅호걸이 되는 가르침과 다르지 않음을 알게 된 셈이며, 비로소 김유신 장군의 백전영웅지불법百戰英雄知佛法이라는 가르침을 실감하였습니다.

주경야선 가행정진은 부처님 세계로 직행하는 공부

현대의 불자는 이런 질문에 어떻게 대답할까요.

당신이 생각하는 불교 수행의 목표는 무엇입니까?

재앙소멸이나 소원성취입니까?

무상대도無上大道 성취입니까?

아마도 대부분의 불자들은 불교의 본래 목적인 무상대도의 성취보다는, 눈앞에 당면하여 피할 수 없는 과제인 재앙을 소멸하여 마음의 안정과 평화를 얻고, 소원을 성취하여 행복해지는 것이라 대답할 것입니다. 마치 금강산도 식후경이라는 말처럼, 큰 깨달음은 마음의 평화나 행복을 얻은 연후의 일이라고 할 것입니다.

그 옛날 석가여래 당시에도 지금과 비슷했나 봅니다. 무상대도, 즉 아누다라삼막삼보리를 지향하기보다는, 재앙소멸과 소원성취를 선호하였습니다. 재앙소멸을 선호하는 사람은 고통에서 벗어나 아라한이 되기를 원하며, 양의 수레를 선택합니다. 소원성취를 선호하는 사람은 마음의 한을 풀기 위하여 연각緣覺이 되고자 하며, 사승의 수레를 선호합니다.

그러나 이 주경야선 가행정진은 낮이나 밤이나 올라오는 모든 분별심을 부처님께 바쳐 부처님 마음으로 바꾸는 공부입니다. 보살도 실천으로 무상대도 성취를 지향합니다.

우선 재앙을 소멸하여 평화의 세계, 소원을 성취하여 행복의 세계를 거친 다음에 최상의 부처님 세계를 지향하는 것이 아니라, 내 속의 중생심을 부처님 마음으로 바꾸어 평화와 행복의 세계를 거치지 않고 바로 부처님 세계로 직행하는 가르침입니다.

이로써 도달한 부처님 세계는 상락아정常樂我淨의 열반의 가치는 물론, 세상에서 말하는 최고의 가치인 풍요, 번영, 평화, 행복 등을 모두 포함하고 수용합니다.

그러기에 스승께서는 "이 공부는 아상을 부처님께 바쳐 소멸하고 부처님으로 만들어서 뜻을 속히 이루는, 금생에 성불할 수 있는 공부"라고 하셨습니다.

나는 세상에 나와 극심한 고난 속에서 주경야선 가행정진으로 아상을 소멸하여 부처님 만드는 것을 스스로 경험하며 '부처님 세계로 직행하는 공부'의 뜻을 이해하고 실감하였습니다.

주경야선 가행정진은 석가여래의 일승법

수도자가 지향해야 할 최고의 가치는 상락아정常樂我淨이며, 아누다라삼막삼보리입니다. 그러나 우리는 대부분 눈앞의 재앙소멸과 소원성취에만 만족하고 있습니다. 법화경에서 부처님께서는 양의 수레와 사슴의 수레를 보내어 이들을 달래서 불타는 집에서 나오게 하셨습니다.

부처님께서는 가장 빠른 공부요 금생에 성불하는 공부인 흰 소의 수레, 바로 일승법一乘法을 권하십니다. 나는 알게 되었습니다. 일승법은 중생심을 불심으로 바꾸어서, 재앙소멸과 소원성취로 우회하는 과정을 거치지 않고 '부처님 세계로 직행하는 공부'입니다. 부처님께서 진정으로 원하는 가치는 일승법이라 할 수 있습니다.

재가자도 성불할 수 있다

나는 호된 신고식을 하며 좌초할 듯한 사회생활에서 '주경야선 가행정진을 실천하여 건강한 사회인이 되는 길'을 직접 체험하였습니다. 주경야선 가행정진은 이 시대 승속僧俗을 막론하고 모든 사람이 당생성불當生成佛할 수 있는 가장 귀한 가르침으로 확신하게 되었습니다.

외람되지만 나는 자신 있게 말씀드립니다.

불자들이여, 달마 대사는 선지식의 가르침이 없는 공부는 모두 헛것이라고 했습니다. 이 시대 선지식의 가르침, 백성욱 박사가 제시하는 주경야선 가행정진을 실행하여 보십시오.

반드시 번뇌 즉 보리, 생사 즉 열반이라는 불이의 진리를 깨닫게 되고, 이로써 새로운 부처님 세계를 체험하며 석가여래의 일불승도一佛乘道의 가르침을 실감하시게 될 것입니다.

2022년 7월

김원수 합장배례

차례

—

제2부

건강한 사회인이 되는 주경야선

제3부

재가자 성불의 길

제4부

주경야선 가행정진의 철학과 성공에 이르는 지혜

제1부

선지식과 함께하는 가행정진

제 1 장

새롭게 가행정진을 시작하며

새로운 뜻의 가행정진을 시작하며

○ 잘못 알고 있는 가행정진

- 화끈하게 공부하여 재앙을 소멸하고 소원을 성취하자.
- 화끈하게 공부하여 국가·사회를 위한 큰 뜻을 이루자.
- 화끈하게 공부하여 새사람, 인격자가 되자.

○ 바람직한 새로운 가행정진

- 희망과 목표는 한恨과 원願으로 이미 가지고 왔다.
- 발원은 바치는 것이요, 내려놓음이요, 비우는 것이다.
  희망이나 목표가 아닌 추진력이며 무주상 보시 연습이다.
- 발원문을 자주 사용하면 탐심의 연습이 되기 쉽다.

새롭게 시작하는 가행정진은 오늘 시작해서 약 26일 후에 회향합니다.

자시에 일어나 금강경을 읽는 가행정진은 본능을 거슬러 가는 길이고, 쉬운 일이 아닙니다. 제가 가행정진을 한다고 하니까 서울은 물론, 멀리 부산, 대구, 포항 등에서도 가행정진에 동참하셨습니다. 가행정진에 참여하신 분들께 깊이 감복하며 감사드립니다.

최근에는 2017년 봄에 시작하여 49일씩 세 번, 대중들과 함께 자시 가행정진을 했습니다. 이번 가행정진은 그동안의 잘못된 점을 개선하여 새로운 뜻의 가행정진으로 정립할 것입니다.

화끈하게 공부하려는 마음, 자신을 열등한 존재로 아는 것

가행정진으로 화끈하게 공부하고 싶지요?

'화끈하게 공부해서 재앙도 소멸하고 소원도 성취하자!'

'난 보통 사람들이 하는 소소한 재앙소멸이나 소원성취가 목표가 아니다. 화끈하게 공부해서 세계적인 금강경 연수원 설립이라는 큰 뜻을 이룩하자!'

'나는 소원성취 정도를 바라는 사람은 아니다. 진정한 인격자가 되기를 바라며 가행정진하고자 한다.'

위 세 경우는 모두 자신이 열등한 존재라는 인식에서 출발합니다. 이번 기회에 화끈하게 공부하자는 것은 '나는 열등한 존재이니,

가행정진이라는 비법을 이용해 소원을 이루어보자.'라는 생각이며, 이것은 우리의 공부 방식과는 출발부터 다릅니다.

자신을 열등한 존재로 인정하고 공부를 시작하면 기적적으로 소원을 이루었다가도 대부분 내리막으로 갑니다. 새로운 소원을 이루기 위해서 더 노력해야 하고 다시 떨어질 수 있습니다. 오래 공부해도, 이런 식으로 소원성취는 할 수 있지만 진정한 인격자는 될 수 없습니다. 주위에서 "공부 오래 했다면서 왜 저 모양이야. 소원성취 기적을 이루는 도사면 다야. 사람이 돼야지. 인격자가 되어야지." 합니다. 반성할 부분이 있습니다.

우리 공부의 가장 근본적인 대의는 '나 자신은 부처님과 같은 전지전능한 존재'에서 출발하는 것이고, 이럴 때 공부가 순조롭습니다. 자신은 열등한 존재이며 피조물이니, 가행정진으로 노력해서 목표를 이룬다는 생각으로 출발하지 않습니다.

비우기만 하면 되는 공부와 매달리는 공부

인격 수양과 소원성취는 상관관계가 있을까?

부처님이라면, 선생님이라면, 밝은이라면, 어떻게 말씀하실까요?

'전지전능한 존재'라는 것을 아무리 강조해도, 소원을 성취하고자 하는 대부분의 도반은 자신의 전지전능함을 어느덧 잊어버립니다. '나는 부처님께 매달리는 존재이고 비는 존재입니다. 부처님의 힘을 입어야만 도약할 수 있습니다. 전지전능은 너무 과분한 말씀입니다.' 이렇게 생각하면서 열등감으로 매달리는 가행정진을 해왔습니다. 그러다 보면 소원이 이루어졌어도 제 속에 있는 무한 능력이 나와서 이루어진 것이 아니라 부처님께 매달려 가피로 되었다고 생각하고, 매달리지 않으면 또 떨어진다고 생각합니다. 항상 열등감에서 벗어나지 못합니다. 난관이 있으면 매달리고 또 매달리는, 인격자가 되는 것과는 거리가 먼 수행을 하고 있습니다. 이것은 보살행의 정신과 근본적으로 다릅니다.

백 박사님께서는 이렇게 말씀하셨습니다.

"매달리는 공부가 아니다. 우리는 전지전능하기 때문에 단지 비우기만 하면 된다."

발원은 바치는 것이며 무주상 보시의 연습

제가 매달리는 공부를 하고 있다고 말씀드리는 증거는 발원문發願文입니다. 법당에 처음 오시면 제일 먼저 발원문 쓰는 것에 대해 질문합니다. 돈 버는 예를 들어 봅니다. 제가 법문 시간에 이런 말씀을 드렸습니다.

"돈 벌어서 내가 잘 먹고 잘살겠다고 하면 돈이 안 벌립니다. 돈 벌어서 부처님 드리기를 발원해야 돈을 벌 수 있습니다. 돈 벌어서 자식 주겠다고 하면 돈은 자식에게 가지 내게는 안 옵니다. 돈 벌어서 부처님 드리겠다고 해야 돈이 내게 옵니다."

그랬더니 이렇게 생각하시는 것 같습니다.

'아하, 발원을 잘해야 돈이 벌리겠구나! 발원문은 목표를 달성하기 위한 지침으로, 꼭 필요한 것이다. 발원문을 읽지 않고 그냥 미륵존여래불 하거나 금강경만 읽어서는, 인격자가 될지는 몰라도 소원을 이룰 수는 없다.'

이번 부산 금강경 연수원 수련회에 가서 깜짝 놀랐습니다. 금강경 한 번 읽고 발원문 한 번 읽고, 한 시간 정진하고 발원문 한 시간 읽는다는 소감발표를 들었습니다. 또 이런 질문도 수없이 받습니다.

"발원문을 어떻게 써야 합니까? 효과적으로 소원을 이루기 위한 발원문은 무엇입니까?"

어느 틈에 우리 법당이 이런 식으로 변질되었나! 깜짝 놀랐습니다.

소사에도 발원을 굉장히 중시하는 사람이 있었습니다. '발원을 중심으로 수행해야 한다. 발원은 자신의 희망과 목표를 설정하는 지침으로, 발원을 잘하기만 하면 반드시 소원이 이루어진다.'라고 생각하는 사람이었습니다. 물론 발원해서 소원이 이루어지는 경우도 있습니다. 돈 벌어서 내가 잘 먹고 잘살겠다고 하지 말고 부처님 드리겠다는 발원을 했더니 돈을 벌었다는 체험의 이야기를 하며, 그런 발원문을 쓰자는 풍토가 있었습니다. 그때 제가 밝은이에게 여쭤보았습니다.

"발원의 의미가 무엇입니까?"

"발원은 바치는 것이다."

바친다는 게 뭡니까? 비운다는 뜻입니다. 내려놓는다는 뜻입니다. 우리가 생각하는 것처럼 발원은 목표에 대한 희망, 목표 설정이 아닙니다. 발원을 목표로 생각하지만, 발원은 목표의 설정이 아닙니다. 확실히 아셔야 합니다. 백 선생님의 말씀대로 발원은 바치는 것, 내려놓는 것, 비우는 것입니다. 바치는 것이라는 게 가장 정확합니다.

자신을 전지전능한 존재로 알고 한과 원을 바치기만 하면 된다

"그럼 제 소원은 이루지 못하는 것일까요?"

본래 전지전능에서 출발합니다. 바랄 필요가 없습니다. 그런데 어느덧 우리는 자신의 전지전능함을 잊어버리고, 한恨과 원願이 많은 탕자가 되어, 바라고 매달리는 생각만 하게 한심해졌어요. 여기에 또 발원문까지 합니다. 그러나 바라고 매달리는 생각을 내려놓기만 하면 됩니다.

이미 태어날 때 '대통령이 되었으면,' '대통령은 필요 없고 부자가 되었으면,' '부자도 싫고 권력도 싫고 착한 배우자를 만나서 행복한 가정만 이루었으면' 하는 각자의 한과 원을 다 가지고 왔어요. 자기가 가지고 온 한과 원은 소원을 이루는 데 장애가 됩니다. 그것을 내려놓기만 하면 됩니다. 따라서 밝은이가 볼 때는 새로운 소원을 위해 발원문을 쓸 필요가 없습니다.

돈을 벌고 싶은 한이 있다면 '돈 벌어서 부처님 드리기를 발원'합니다. 그리하여 돈을 버는 게 아니라, 돈 벌고 싶은 마음을 내려놓는 것입니다. 돈 벌어서 내가 잘 먹고 잘살겠다고 하면 희망과 목표가 되지만, 돈 벌어서 부처님 드리겠다고 하면 그 희망과 목표를 제거하는 것입니다. 돈 벌겠다는 마음을 바쳐서 소멸하는 것입니다. 돈 벌겠다는 마음을 소멸하기만 하면 나의 전지전능한 능력이 드러납니다. 이것을 잘 알고 공부하셔야 합니다.

새로운 가행정진은 '전지전능'에서 출발합니다. 지금까지는 자기를 바라는 것이 많은 열등한 존재로 알고, 화끈하게 가행정진해서 자신의 소원을 이루기 위하여 공부했을 것입니다.

오늘부터 그런 탕자의 사고방식에서 벗어나기를 제안합니다. 우리는 전지전능합니다. 하지만 어느덧 전지전능함을 잊어버리고 전생부터 가지고 온 한과 원을 이루기 위한 수단으로 발원하고 있습니다. 희망과 목표를 이미 가지고 왔으니 더이상 바라고 매달릴 필요가 없습니다. 발원은 희망과 목표를 이루기 위한 수단이 아니라 추진력입니다. 발원을 더 하는 것은 탐욕의 연습입니다.

발원은 바치는 것이요, 내려놓는 것이요, 무주상 보시의 연습입니다.

이번에 사고방식을 화끈하게 바꿔서
순수한 마음을 연습하자

백 선생님께서는 눈뜨자마자 조건 없이 그냥 "부처님 시봉 잘하기를 발원, 부처님 전에 복 많이 짓기를 발원"만 하라고 하셨습니다. 참 밋밋했어요. 여기서 삼십 년 공부한 사람도 그 뜻을 못 깨치고, 끝까지 발원문 써서 소원을 이루는 데만 급급했어요. 이번에는 패러다임을 완전히 바꾸시기 바랍니다. 인격자가 되어야 합니다. 내려놓기만 하면 소원은 저절로 이루어지고 점잖은 인격자가 됩니다.

이에 가장 근접하게 실천하는 분은 지난 부산 금강경 연수원 수련회 때 특강을 한 수보리 보살님이 아닌가 생각합니다. 그이가 어느덧 소원은 저절로 이루어지고 있다고 얘기했어요. 바라고 매달리지 않아도 소원은 저절로 이루어집니다. 매달릴 필요가 없어요. 그 이 공부는 괜찮은 편이라고 생각합니다.

어떤 사람은 발원을 반대로 사용합니다. 발원문 한 번 읽고 금강경 한 번 읽고, 나중에 금강경도 잘 안 읽어요. 계속 앉아서 발원만 자꾸 하다 보면, 그러다 되기도 합니다만, 바라는 마음으로 꽉 차서 인격은 실종됩니다. 그러다가 이루어지지 않으면 퇴타심이 나서 보따리 싸고 갑니다. 다른 데 간다고 되는 줄 아세요? 자기가 만드는 겁니다. 다른 데 가도 그런 용심이면 똑같이 오르락내리락하는 삶의 패턴을 반복합니다.

이번 기회에 화끈하게 소원을 이루는 게 아니라, "화끈하게 사고방식을 바꿔서 순수한 마음을 연습하자."라고 말씀드립니다. 내려놓기만 하면 됩니다. 비우기만 하면 됩니다. 바치기만 하면 됩니다. 오직 부처님을 섬기기만 하면 됩니다. 얼마나 점잖아요. 조건 없이 한번 해보세요. 안 될 것 같아요? 더 빨리 됩니다. 인격도 갖춰지고 소원도 이루어집니다. 우리는 전지전능하기 때문에 인격이 동반될 때 한마디에 소원이 저절로 이루어집니다.

새로운 방식,
금강경 5독과 정진 1시간

이번 가행정진 기간에는 지난 금강경 연수원 수련회에서 한 것처럼 금강경 5독을 하고, 정진 30분을 금강경 1독으로 간주하여 1시간 정진합니다. 효과로 친다면 금강경 7독과 비슷하지 않을까 싶습니다. 금강경 독송이나 정진이나 다르지 않습니다. 금강경 독송은 마음을 쉬게 하는 것이고, 정진은 목표 달성이라고 계산하는 사람이 있어요. 아닙니다. 금강경 독송도 정진도 똑같이 내려놓는 것이며 바치는 것입니다.

내려놓고 바치고 비우기만 하면 전지전능한 능력은 항상 드러나게 되어 있습니다. 이런 원칙으로 공부해야 합니다. 앞으로 발원문을 어떻게 쓸지 저한테 묻지 마세요. 쓸 필요 없습니다. 우리는 모든 것을 구족하고 있기 때문입니다. 내려놓는 방법의 하나가 발원문입니다. 이렇게 아시면 틀림없습니다.

부처님께서 기뻐하시는 가행정진

새로운 가행정진을 시작하면서, 그전에 잘 몰랐던 부분에 대해 집중적으로 말씀드렸고, 부처님께서 기뻐하시는 가행정진을 해야 효과가 있다고 말씀드렸습니다.

삼사 년 전에도 가행정진을 했었고, 평소에도 종종 자시에 일어나서 가행정진했습니다. 주말 출가할 때에는 제가 직접 원당 법당 환희정사에서 선창을 했습니다.

그때 제가 잘못 생각한 것이 있어요. 법사인 제가 솔선수범하면 다 되는 줄 알았어요. 알아서 따라오려니 생각을 했어요. 제가 놓쳤던 것이 두 가지 있습니다.

올바른 철학을 심어줘야 한다

내려놓는 것을 아니 하지만 않는다

첫째, 오리엔테이션을 제가 해야 했습니다. 그런데 다른 사람이 했어요. 오리엔테이션을 할 때는 우리 공부의 기본철학을 반드시 심어줘야 합니다.

가행정진 오신 분들은 '화끈하게 해보자!' 하고 오셨을 겁니다. 옛날 사람들은 '간절하게'라는 말을 썼습니다. 간절하게나 화끈하게나 비슷합니다. 요새 사람들은 '빡세게' 공부해서 재앙은 소멸하고 소원은 성취하려는 목표로 공부하는 것 같습니다. 우리는 너무나 한과 원이 많아서 소멸해야 할 재앙도 많고 이루어야 할 소원도 많습니다. 보통 실력으로는 안 되고 화끈하게, 간절하게, 빡세게 해야 하는데, 그러기 위해서는 발원문이 견인차가 된다고 생각하셨나 봅니다. 발원문을 잘 쓰는 게 법당의 유행이 되었습니다.

앞서도 강조했지만, 발원문은 어떤 목표를 확실하게 하기 위한 수단으로 쓰는 게 아닙니다. 일을 성취하기 위한 동력일 뿐입니다. 우리는 이미 목표나 원은 가져왔습니다. 내려놓기만 하면 목표는 다 이루어집니다. 발원은 내려놓는 데 쓰는 수행 수단이지 어떤 목표를 확실하게 이루기 위해서 집중하는 수단이 아닙니다.

언제 주말 출가가 시작될지 모르지만, 앞으로는 제가 직접 오리엔테이션을 하여 부처님이 기뻐하시는 가행정진의 철학을 반드시 심어주려고 합니다.

이 공부는 탐심으로 할 필요가 없어요. 우리는 전지전능하고 모든 것을 갖추었기 때문에 내려놓기만 하면 됩니다. 발원, 금강경 독송, 정진, 모두 내려놓는 것입니다. 내려놓는 것 이외에는 더 할 것이 없어요. '내려놓는 것을 아니 하지만 않으면 된다.'라는 것이 우리 가르침의 특성이고 대승의 정신입니다.

우리는 오랫동안 탕자 생활을 해서 전지전능하다는 생각을 할 수가 없습니다. 열등감에 찌들어 완전히 쫄아 있어요. 어릴 때부터 들어온 '화끈하고 간절하게 노력해야만 목표를 달성할 수 있다.'라는 사고방식이 친근하지요. '내려놓기만 하면 된다.'라는 건 들어본 적도 없습니다. 희유한 선지식을 만나서 처음으로 들으셨을 겁니다. 이제 이런 식으로 해야지, 화끈하게 노력해야 한다는 식으로는 도저히 안 됩니다. 이 철학을 심어주는 것을 소홀히 했던 것이 큰 불찰입니다.

감독도 해야 한다

올바른 자세가 중요하다

솔선수범에 더하여 감독까지 해야 했습니다.

공부하다 보면 졸리니까 고개를 숙이지요? 가능한 고개를 숙이지 말아야 합니다. 백 선생님께서 강조했던 것 중의 하나가 자세입니다. 반가부좌나 가부좌로 코끝과 단전을 일치시키고 명치뼈를 펴라고 했습니다. 코끝하고 단전하고 일치시키려면 고개를 숙이면 안 됩니다. 그리고 허리는 펴야 합니다. 자세가 불량하면 병이 생기고 자세만 올바르게 갖춰도 모든 병이 해탈된다는 한의사의 지혜로운 소견도 있습니다. 한의사의 이야기 때문이 아니라, 공부할 때는 우선 고개를 들어야 합니다. 졸면서 고개를 숙이면 각종 궁리가 다 납니다. 고개를 세우기만 해도 모든 궁리가 사라지고 공경심이 납니다. 자세가 공부에 미치는 영향이 매우 큽니다.

그리고 가행정진하면서 왔다 갔다 해서는 공부가 잘 안 됩니다. 소사에서는 한자리에 딱 앉아서 서너 시간 부동자세로 했어요. 머리가 가렵죠, 긁지 못했어요. 바쳐야 합니다. 바치는 것으로 다 해결했습니다. 머리 긁고 고개 숙이는 순간 궁리가 쏟아집니다. 반듯한 자세로 움직이지 않으면 궁리가 생기지 않습니다.

제가 좀 감독을 하려고 합니다. 백 선생님도 직접 감독하셨어요. 다른 사람을 대신 시키지도 않았어요. 제가 참 잘못했습니다. 오리엔테이션도 감독도 대신 시켰습니다. 솔선수범만 하면 다 따라올 줄 알았더니 그것이 결국은 실패의 원인이 되었습니다. 제가 한 달만이라도 철학을 심는 오리엔테이션을 하겠습니다.

저는 그때 하던 습관이 있어서 고개를 잘 숙이지 않고 허리를 폅니다. 사관학교에 들어가면 초기에는 오전 내내 허리에 연필을 꽂고 허리를 꼿꼿이 세운다는 이야기도 들었습니다. 군대라서 그렇기도 하지만, 그 자세가 궁리를 일으키지 않게 하는 데 괜찮습니다.

절에서는 졸면 죽비를 때리지만, 백 선생님께서는 다니시다가 시원치 않으면 따귀를 때리셨어요. 저는 앞에서 죽비를 치려고 합니다. 그리고 한 번 째려볼 겁니다. 감독을 해야만 합니다.

또, 왔다 갔다 해도 안 됩니다. 저도 감기가 들었을 때는 더운물을 마셨지만, 마시는 것도 될 수 있는 대로 안 마셔야 합니다. 꼭 필요할 때만 마시고 한자리에서 뜨지 마세요. 어쩔 수 없을 때 화장실도 가긴 가지만, 되도록 물도 적게 마시고 자리를 이동하지 마시길 바랍니다.

이제까지 상당히 방만하게 되어 온 것은 감독을 제대로 못 한 제 책임이 큽니다. 제가 직접 감독하고 오리엔테이션하고, 다만 49일이라도 솔선수범한 뒤에 주말 출가가 진행됐다면 괜찮았을 것입니다. 뭘 모르는 사람에게 다 맡겨놓은 것이 큰 문제였습니다. 선지식이 아니면 안 돼요. 말로만 선지식이지, 선지식의 법식이 어떤지 하나도 몰랐잖아요.

우리 공부의 방향은 인격자가 되는 것이다

제가 매일 열두 시 반에 오리엔테이션 비슷하게 얘기할 겁니다. 잘하면 굉장히 효율적인 공부를 해서 기적을 창조할 것입니다. 기적을 창조할 때 기적에 감격하면 안 됩니다. 오랫동안 탕자의 삶에 찌들어 있었기 때문에 기적이 오면 '야! 신난다.' 하고 감격하며, 탕자의 궁한 마음으로 끌어내려요. '이 기적은 당연한 내 권리다.'라고 해야 합니다.

탕자의 궁한 삶에서 기적이 일어나면 붕 들떠서 다 까먹고, 그러니까 늘 오르락내리락해서 인격 형성이 안 됩니다. 소원성취를 목표로 공부를 하니, 소원성취가 안 되면 보따리 싸서 더 좋은 데로 갑니다. 이렇게 철새처럼 다니는 사람은 아무리 공부해도 인격자가 못 됩니다.

인격만 갖추려고 하면 소원성취는 저절로 됩니다. 앞으로 공부의 방향은 인격자가 되는 것을 목표로 합니다. 인격자가 되면 밥은 굶는 것으로 아는데 그렇지 않습니다.

이제 잔소리하며 감독도 하고 철학도 심으려 합니다. 앞으로 새롭게 태어나 새사람이 되어야 합니다. 이 공부의 가치를 극대화하여서 전 세계 모든 사람이 신심 발심하게 해야 합니다.

우리는 전지전능한 존재

우리는 시시각각 소원을 성취하는 전지전능한 존재이다.

○ 우리는 전지전능한 존재

심여공화사 능화제세간 오온실종생 무법이부조
心如工畵師 能畫諸世間 五蘊實從生 無法而不造

약인욕요지 삼세일체불 응관법계성 일체유심조
若人慾了知 三世一切佛 應觀法界性 一切唯心造

○ 우리는 시시각각 소원을 성취하는 위대한 존재

- 불교의 유식무경唯識無境
- 성경의 "믿는 대로 되리라."
- 당신의 소망에 대한 응답은 반드시 실재한다.
- 그것이 무엇이든 네가 바라는 것을 기도할 때는 이미 그것을 얻었다고 믿어라.
- 백번 싸워서 백번 이기는 사람은 싸우기 전에 미리 이기고 있다.

오늘 무슨 생각이든지 바치는 것에 대한 철학적인 말씀을 드립니다. 왜 바쳐야 하는가를 깊이 이해할 수 있을 것입니다.

바치는 것의 반대는 매달리는 것이고 마음 밖에서 구하는 것입니다. 우리는 스스로 약하다고 생각하며, 전지전능하다고 생각하지 못합니다. 마음 밖에서 무엇을 구합니다. 그러나 모든 것을 바치는 사람은 그 배경에 자신이 전지전능하다는 생각이 깔려있습니다. 모든 것을 마음속에서 구하고, 반드시 구해진다고 믿습니다. 제 경험으로는 바쳐야 하는 당위성과 필요성을 알고 바치면 훨씬 빠릅니다.

어제도 말씀드렸지만, 금강경 독송을 효율적으로 하기 위해서 올바른 자세를 갖추시기 바랍니다. 제가 감독도 합니다. 우리는 자발적으로 알아서 할 수 없기 때문입니다. 알아서 하도록 맡겨놓으면 무시겁으로 지어왔던 살생, 투도, 사음과 같은 못된 짓을 하게끔 되어 있습니다. 본능적으로 동물적인 경향대로 갑니다. 제대로 하는 데는 감독과 꾸중이 필요합니다. 우리가 알아서 잘하는 존재가 아니라는 것을 오랜 공부의 경험으로 알고 있습니다. 제가 백 선생님처럼 따귀를 때리거나 하지는 못합니다만, 그저 주의를 좀 줄 생각입니다. 이것을 달게 받으신다면, 저와 함께 하는 동안에 공부가 더 잘될 것으로 생각합니다.

자신이 전지전능한 존재인 줄 알아야 한다

저는 어렸을 때부터 키도 작고 겁도 많았을 뿐 아니라 감수성이 예민했어요. 전생의 인연이라고 해야 할지 상당히 조숙해서, 대여섯 살 때부터 사랑의 감정이 풍부하였습니다. 책 읽기를 좋아했고, 책을 읽으며 눈물도 많이 흘렸습니다. 이런 사람들은 대개 겁이 많고, 매달리고 의지하기를 참 좋아합니다. 하지만 매달리고 의지한다고 되는 것이 아닙니다. 저의 젊은 시절은 참 고달팠습니다.

선지식을 만나지 않았다면, 매달리는 종교인 기독교나 매달리는 불교인 관세음보살 염송을 하며 일생을 지냈을 것 같습니다. 저뿐만 아니라 대부분 그런 식으로 인생을 고달프게 살다가, 진정한 인생의 참맛이 뭔지도 모르고 떠나는 것 같아요.

저는 선지식을 만났으니 참으로 운이 좋았지요. 백 선생님은 우리에게 "너희는 복이 많다."라고 하셨습니다. 그때는 믿지 못했지만, 이제는 믿습니다.

왜 복이 많은 존재인가?

우리는 열등한 존재가 아니라 전지전능한 존재라고, 사고방식이 바뀌었기 때문입니다. 이것을 인식하는 것은 매우 중요합니다.

전지전능함을 일깨워 주는 이야기는 부처님의 법문 외에도 예수님, 공자님 등 성인의 말씀과 『손자병법』에도 나옵니다. 미국 전 대통령 트럼프가 애독한다는 『손자병법』의 손자나 제갈량 같은 분은 상당히 지혜롭고 밝은 분입니다. 육체적인 힘과 얄팍한 머리로는 세상을 지배할 수 없습니다. 밝은이, 영웅호걸, 세상을 지배하는 사람들은 자신 속에 있는 무한한 신의 위력, 전지전능한 능력을 활용하는 사람이라고 보면 틀림없습니다. 누차 이야기했습니다만 오늘 또 들으면 새롭게 마음속에 이 내용이 각인되고, 바칠 필요성과 당위성을 느끼게 될 것입니다.

세상 모든 것은 전지전능한 내가 만들어 낸 허상이다

심여공화사 능화제세간 오온실종생 무법이부조

자주 말씀드리는 화엄경 사구게 중 하나입니다.

심여공화사心如工畵師

마음은 그림을 그리는 화가와 같다.

내 마음은 이 세상이 만든 피조물이 아닙니다. 하지만 우리는 피조물로 보고 있어요. 눈앞에 보이는 것은 내가 만든 것이 아니라 누구에 의해 만들어졌다고 생각합니다. 사실은 내가 만들었습니다. 부처님께서는 "네가 조물주다. 네가 전지전능하다."라고 말씀하십니다. 내 마음은 무엇을 만들고 그려내는 최고의 달인이라는, 굉장히 중요한 뜻입니다.

능화제세간能畵諸世間

능히 세상의 모든 것을 다 그려낸다.

이 세상의 모든 것은 실지로 존재하는 팩트fact가 아닙니다. 내가 다 그려낸 것입니다. 이 말만 들어도 상당히 희망이 있습니다. 우리는 어쩔 수 없는 피조물이고 세상의 영향을 받는 나약한 존재인 줄 알았습니다. 저는 어렸을 때 아버지가 무섭고, 학교 선생님이 무섭고, 나보다 키 큰 애들의 주먹이 무섭고, 세상이 무섭고, 귀신이 무서웠습니다. 이런 것들이 있는 줄 알았어요. 그런데 그렇지 않다는 것입니다.

"네가 다 만들어냈다. 모두 허상이다."

매우 혁신적인 말씀입니다. 바쳐야 하는 필요성과 당위성이 여기에 있습니다.

오온실종생五蘊實從生

정신세계, 물질세계를 다 내 마음이 만들었다.

이 말씀 역시 혁신적인 말씀입니다. 전 불경을 잘 외웠지만, 그 뜻은 '바치고 나서' 실감하였습니다.

무법이부조無法而不造

세상의 모든 색성향미촉법은 실제로 존재하는 것이 아니라 내 마음이 만들어냈다.

"사구게 수지독송 위타인설 기복 심다"라는 금강경 구절처럼, 화엄경의 뜻을 나타내는 사구게만 하나 외워도 밝아진다고 합니다.

백 선생님께서는 전지전능하다는 것을 좀 더 쉬운 말로 실감 나게 표현했습니다.

"우리는 시시각각으로 소원을 성취하고 있는 위대한 존재다."

우리는 신神이나 하나님 등 누군가가 좋은 것을 주는 것으로 알지만, 사실 내가 불러온 것입니다. 재앙도 내가 만든 것임을 믿으셔야 합니다. 믿는 순간, 남을 원망하지 않게 됩니다. 내가 불러왔다고 할 때 희망이 있습니다. '내가 불러왔으니 내가 해결할 수 있다.' 할 때 전지전능을 간접적으로 인정하는 것입니다.

현실에 응용할 수 있는 지혜

대표적인 화엄경 사구게를 하나 더 살펴봅니다.

약인욕요지 삼세일체불 응관법계성 일체유심조

若人慾了知 三世一切佛 應觀法界性 一切唯心造

만일 어떤 사람이 부처님의 세계를 알고자 할진대

마땅히 법계의 성품을 보면 일체유심조이다.

'모두 다 내 마음이 만든 것임을 알아라. 내가 전지전능하다.'라는 화엄경의 핵심 사구게입니다. 불자라면 이 구절을 알고 있습니다.

문제는 현실에서 적용할 수 있는 응용성입니다. 이말이 그럴듯하지만, 현실로 이루어진 실례가 있는지 의문이었습니다. 스님들은 무조건 화두 들고 참선만 하면 다 깨친다고 하면서 현실에서의 응용성은 전혀 말씀하지 않았습니다. 저는 현실에서 응용할 수 있게 가르쳐 주는 스승을 몹시 찾았습니다.

대학생 때, 천재라고 알려진 학자 밑에서 불교를 몇 년 열심히 공부했습니다. 모르는 경전이 없다고 할 정도로 완벽한 한국 최고의 불교 학자였습니다. 불경을 다 알았지만 현실에서는 속수무책인 분이었습니다. 그분은 1962년에 인간은 달나라에 갈 수 없다는 것이 부처님의 말씀이며 그 근거가 경전에 있다고 하였습니다. 그러나 1969년, 아폴로 11호가 달나라에 가고 말았습니다. 그분의 예언은 틀렸습니다. 그뿐 아니라 인생의 난제에 대해 여쭤보면 대답을 전혀 못 하세요.

지금 스님들께 난제를 의논하면 난제 해결은 불교의 소관이 아니라며 심리학자에게 미루거나 현실 감각이 전혀 없는 답을 내놓습니다. 그러니까 승려가 환속하면 세상에 적응을 못 하는 겁니다. 죄송합니다만 학교 선생, 공무원 노릇을 열심히 하다가 세상에 나가면 백전백패하고 맙니다. 현실을 가르쳐 주는 것이 아니라 지식만 가르쳐 준 것이며, 지혜를 가르치지 못했다는 뜻입니다.

부처님의 말씀과 예수님의 말씀이 모두 일체유심조

믿는 대로 되리라

마음이 세계를 만들었다는 이야기는 부처님만 하신 것이 아닙니다. 예수님도 믿는 대로 된다고 말씀하셨어요. '신이 있다고 믿으면 신이 존재하지만, 신이 있다고 믿지 않으면 신은 없다. 신이 꼭 있는 것은 아니다.'라는 암시가 성경에 있습니다. 믿는 대로 세상은 전개된다는 것입니다. 성경의 말씀은 쉬운 말로 표현되어 있으며 상당히 현실적이고 사람을 더 지혜롭게 만들어서 서양 사람들이 일찍이 얕은 지혜는 더 발달했다고 봅니다.

유식무경唯識無境

오직 내 마음이 만들었다는 것이 유식 학자들의 이야기입니다. 백 선생님의 가르침은 유식무경 진리를 바탕으로 하고 있습니다. 오직 내 마음일 뿐입니다. 현실에 나타난 것은 허상이지 실지로 있는 것이 아닙니다. 그러니까 반드시 바쳐야 할 필요가 있습니다.

성경 말씀도 마찬가지입니다. 신에게 무엇을 구하라는 게 아닙니다. 일체유심조의 진리를 그대로 담고 있습니다.

곧 『크리스천과 함께 읽는 금강경』 책이 재발간됩니다. 그 책은 불교와 기독교가 둘이 아니라는 관점에서 쓴 책입니다. 금강경을 공부하다 보니, 기독교 방송에서 목사들이 해석하지 못하는 성경 구절도 저는 어느덧 쉽게 이해하게 되었습니다. 부처님의 말씀과 예수님의 말씀이 모두 일체유심조이며, 우리가 전지전능하다는 것에 기초하고 있습니다.

한때 금강경 해설서인 『성자와 범부가 함께 읽는 금강경』 책이 세상에 나오지 못했습니다. 제가 책을 써서 다른 사람 이름으로 출판했는데, 그분이 돌아가시자 가족들이 판권을 달라고 소송을 걸어서 그만 절판했습니다. 그 책이 영원히 세상에 못 나올 것 같아서 새로 쓴 책이 『크리스천과 함께 읽는 금강경』입니다. 2005년에 나와서 곧잘 팔려 2쇄 3쇄까지도 갔는데 그 뒤로 절판되었습니다. 몇 년 동안 묵혀 있었는데 이 책을 찾는 사람들이 많아요. 지금 봐도 괜찮게 쓴 것 같습니다. 이번 달 말이면 세상에 다시 선보입니다. 예수님의 말씀 또한 부처님 말씀과 유사하다고 믿습니다.

내 마음이 현실을 만든다

"당신의 소망에 대한 응답이 반드시 실재한다."라는 어느 목사의 이야기는 일체유심조를 그대로 나타냅니다. 김○○ 전 대통령은 어렸을 때부터 어쩐지 대통령이 되고 싶다는 생각이 들었다고 합니다. 고등학생 때부터 대통령이 되기를 바랐다고 합니다. 실지로 자기가 바라는 그대로 됩니다. 예전에는 가정 폭력이 심했습니다. 매우 거친 가정에서 자라면서, 부모가 그러니까 자기도 그런 그림을 그립니다. 어쩐지 거친 남편을 만나 불행한 결혼생활을 할 것 같아 불안해한다면, 실지로 그렇게 된다고 합니다. 이런 게 꼭 정해진 것은 아니에요. 자기가 바라는 대로 끌어온다는 뜻입니다.

어쩐지 금강경 연수원이 될 것 같다고 생각한다면 됩니다. 내 소망에 대한 응답은 반드시 있습니다. 내 바람이 현실을 만든다는 뜻입니다. 만약 금강경 연수원은 아무래도 안 될 것 같다고 하면 안 됩니다. 내가 그렇게 만들기 때문입니다. 이 이야기는 잘 기억해 두시는 것이 좋습니다.

가끔 우리 가르침을 공부하는 분들이 물어봅니다.

"제가 합격하겠습니까? 제가 진급하겠습니까?"

"바치세요."

"바쳐도 자신이 없습니다."

불안해하는 사람에게 "됩니다." 했다가 "되기는 뭐가 돼. 당신은 순 엉터리야." 이런 소리를 들을 수도 있으니, 저는 자신 없는 질문에 대답하지 않습니다. 가끔 기독교식으로, 성경 구절을 인용하기도 합니다.

"그것이 무엇이든, 네가 바라는 것을 이미 얻었다고 믿고 감사하며 기도하라."

자신이 합격할 수 있을지 묻는 것은 바라는 마음이지요. 바라는 것이 무엇이든, 될까 말까 하는 식으로 생각하면 안 됩니다. 자꾸 갈등하고 의심하면 안 되는 쪽으로 가는 수가 많습니다. 내가 마음 내는 대로 됩니다. 이미 다 되었다고 믿고 감사하는 것이 좋습니다.

자신이 합격하기를 바라지만 어쩐지 불안합니다. 대개 불안하면 잘 안 됩니다. 불안한 것을 소원하기 때문에 안 됩니다. 일체유심조, 다 내 마음이 만든다는 진리에 근거해서 이미 합격했다고 믿고, 한술 더 떠서 감사하는 마음을 연습하는 것이 좋습니다.

뭘 바라거든 이미 다 되어있다고 믿고 감사한 마음을 내어 기도하세요. 그러면 안 될 것도 되는 수가 있어요. 왜냐하면, 자기가 만드는 것이기 때문입니다.

믿는 대로 된다

도인이 다 된다고 해도, '내 직감이 얼마나 잘 맞는데. 안 될 것 같아.'라고 하면 안 되는 수가 많습니다. 자기가 다 만드는 것이니까요.

제가 취직 시험을 치고 나서 백 선생님께 여쭈었어요.

"이번에 될까요?"

"공부한 사람이 하는 것은 다 되지."

'되려나 보다.'

"만약 떨어지면 견습공이라도 신청해라."

'된다면 되는 것이지, 왜 견습공이라도 하라고 하시나.'

떨어졌어요. 그때만큼 자존심 상했던 때가 없습니다. 아마 견습공으로 갈 수도 있었을 겁니다. 도인의 말씀이 정확히 맞았어요. 1971년도였는데 제가 지망한 기업은 대기업이었습니다. 면접 보는 상무가 저를 무척 안타까워했거든요. 내 친구들이 그 회사의 과장이니 부탁할 수도 있었습니다. 한 친구는 나를 도와주려고 무척 애썼어요. 동창이 사오 년이나 늦게 와서 취직 시험을 친다니까 안타까워서 여러 가지 정보도 주었습니다. 선생님 말씀대로 견습공이라도 가겠다고 했더라면, 당장 직원으로 써 주었을 것 같은 생각이 듭니다.

"견습공이라도 가라. 안 뽑아줄 리가 없다."

선생님 말씀을 꼭 믿어야죠. 선생님 말씀을 믿지 않아서 결국 떨어졌다고 봅니다.

끝까지 포기하지 마세요. 될 수 있어요. 믿는 대로 됩니다.

백번 싸워서 백번 이기는 사람은 싸우기 전에 미리 이기고 있다

『손자병법』에 "선승이후구전先勝而後求戰, 백번 싸워 백번 이기는 사람은 싸우기 전에 미리 이기고 있다."라는 이야기가 있습니다. 자신감 없이 싸우면, 싸우면서 요행으로 이기기를 바라면 진다고 합니다. 백번 싸워서 백번 이기는 사람은 싸우기 전에 자신감으로 출발합니다. 자신감은 마음이 만듭니다. 확실한 일체유심조입니다.

세계 해전 사상 불후의 장군, 이순신의 23전 23승은 어떻게 가능했을까요? 해전사를 연구하는 사람들은 이순신 장군은 싸우기 전에 미리 이기고 있었다고 이야기합니다. 자신 없는 싸움은 아예 안 나갔다고 해요. 반드시 자신감을 가졌을 때 싸웠고, 싸울 때마다 다 이겼다고 합니다. 『손자병법』 그대로 한 겁니다.

지금부터 금강경 5독 하고 정진 1시간 하시길 바랍니다. 정해진 것은 아닙니다. 제가 있는 한 달 동안만은 이렇게 하시고 그 뒤에는 다시 금강경 7독으로 해도 되지 않을까 합니다.

수마를 해탈해야 성불한다

가행정진한다는 것이 쉬운 일이 아닙니다. 제가 소사 수도장에서 일이 비교적 한가한 겨울에 49일 자시 가행정진을 한 번, 저 혼자만 했습니다. 그에 비해 낮에 활동하고 저녁에 가행정진하는 여러분은 참 대단하십니다. 소사에서 공부했던 분들 못지않아요.

제가 한 두어 번 돌아봤는데 그래도 경을 읽을 때는 대체로 자세를 잘 갖추세요. 나중에 정진할 때는 이만하면 되었다는 생각인지 또는 감독을 또 나오지는 않는다고 생각하는지, 고개를 숙이는 분이 계십니다. 고개를 10도가 아니라 90도로 숙이는 분도 계십니다.

제가 매일 잔소리를 하겠습니다. 알아서 잘하는 게 없습니다. 특히 자세와 가행정진의 의의에 대해서 한 번 더 말씀드리려고 합니다.

가행정진과 수마 해탈은 제자리로 돌아가는 필수 과정

수마睡魔가 무엇인지 잘 모르실 겁니다. 가행정진은 수마를 해탈하려고 하는 것입니다. 수마가 해탈되면 지혜가 나온다고 해요. 수보리 보살님은 4년 넘게 가행정진을 하셨고 양○○ 보살님도 약 200일 가까이 되었어요. 대단하십니다. 가행정진하다 보면 '무엇 때문에 내가 이렇게까지 하지? 이러지 않아도 행복하게 사는데. 내가 먹을 게 없는 것도 아니고 명예가 없는 것도 아닌데, 왜 이리 하나?' 하는 생각이 들 수 있습니다. 그렇지 않습니다. 꼭 해야 하는 필수 과정입니다. 우린 언젠가 제자리로 돌아가야 합니다. 성불해야 합니다. 성불하는 데는 가행정진과 수마 해탈이 필수적입니다.

저는 한때 수도가 하도 힘들어서 기독교적인 방법이 훨씬 쉬울 것 같다고 생각하기도 하였습니다. 기독교적인 방법으로 천당에 가기는 얼마나 쉬울까 생각했어요. 하지만 아무리 생각해봐도 가톨릭이나 기독교식의 방법으로 천당은 겨우 갈 수 있어도 열반에는 도저히 못 갈 것 같습니다. 고달파도 이 길을 택할 수밖에 없습니다.

초장에 어설프게 시작하면 수마 해탈이 더 어렵다

수마를 간단히 설명합니다. 수마를 실감하는 분은 그리 많지 않을 것입니다. 잠을 해탈하려고 노력해본 사람이 아니면 수마의 뜻이 뭔지 모릅니다. 수마에 한 번 걸리면, 마치 수면제를 먹은 것처럼 체면이 없어요. 체면도 없이 정신없이 잡니다. 고개를 90도로 구부리면서 잡니다.

어떤 사람이 수마에 걸리는가?

또 어떤 사람이 수마에 잘 안 걸리고 잠을 해탈하는가?

초장에 확실하게 엄한 선생님 밑에서 제대로 공부한 사람은 수마에 잘 안 걸립니다.

수마가 얼마나 지독한지 잘 모르실 겁니다. 소사에서 엄한 선생님 밑에서 공부했어도 잠을 해탈하지 못하고 법당을 떠난 사람이 있어요. 그이는 아는 것도 많고 보는 것도 많아서 제자들이 구름같이 몰려들었습니다. 처음에는 뭣도 모르고 잠을 해탈할 수 있으리라 생각하고 제자들과 같이 공부하다가 제자들 앞에서 망신을 당했습니다. 가행정진이 아니라 2시엔가 일어나서 했다고 해요. 가행정진을 잘 몰랐던 것 같습니다. 수마가 쉽지 않습니다. 참선하는 분들에게 물어보면 잘 아실 것입니다.

수마에 한 번 걸리면 7독을 못 합니다. 1~2독부터 고개가 구부러지기 시작하여, 아무리 애를 써도 안 돼요. 심지어는 날카로운 송곳으로 찌른다고 해도 잠을 못 쫓아요. 그게 수마입니다. 여기에도 '나는 정신력이 투철하니까 송곳으로 찌르지 않아도 할 수 있다.' '며칠 밤을 새우는 것은 어려울지 몰라도 자시에 일어나서 새벽까지는 견딜 수 있다.'라고 생각하는 사람이 있을 수 있습니다. 한 번은 견디겠지요. 하지만 며칠 쭉 하다 보면 아무리 송곳이나 바늘로 찌르고, 대야를 머리 위에 올리고 조금만 움직이면 물이 쏟아지게 하는 등 별짓을 다 해도 잠을 못 쫓습니다. 그걸 수마라고 합니다. 수면제 먹은 것 이상인 것 같아요.

왜 수마에 걸릴까요?

초장에 어설프게 해서 마가 깃들어서 그런 것 같아요. 그래서 제가 지금 잔소리하고 돌아다니려 합니다. 제가 도인에게서 배운 유일한 사람이기 때문에 조금 나을 것 같습니다. 비교적 잠에 대해 괜찮았던 편이고 자세를 꼿꼿이 유지하는 편입니다.

고개를 똑바로 들고 하라

어떻게 하면 수마에 안 걸릴까?

잠은 완벽하게 쫓을 수 없어요. 약간 졸 수 있어요. 졸지도 말라는 말씀을 드리지 않습니다. 단, 졸아도 고개만 똑바로 드세요. 궁리가 덜 합니다. 고개를 숙이는 데서 모든 문제가 생깁니다. 농담이 아닙니다. 사람이 졸지 않을 수 없습니다. 천하의 잠을 해탈했다는 유명하신 큰스님들도 다 좁니다. 또 육체가 있는 한, 좀 자야 해요. 그런데 고개를 숙이는 게 문제에요. 갖은 궁리가 몰려들어 옵니다. 궁리가 몰려오면 각종 재앙과 무지의 원인이 됩니다.

가행정진은 해야만 하는 것입니다. 잠을 해탈해야 항복기심降伏其心이 됩니다. 항복기심이 쉽게 되는 것이 아닙니다. 앞으로 새 출발을 해서 명실공히 세계적인 수행단체가 되기 위해 제가 솔선수범하도록 하겠습니다.

가행정진으로만 잠을 해탈할 수 있다

탐진치는 식색食色으로, 식색은 다시 먹고 자는 것으로 스며든다.
잠을 해탈하면 모르는 마음이 아는 마음으로 변화한다.
가행정진으로 잠을 해탈할 수 있으며, 밝아질 수 있다.

○ 잠을 해탈하는 방법

- 화두로 장좌불와 하는 수행은 눌러 참기 쉽다.
- 금강경 실천수행
  금강경 독송으로 바치는 가행정진
  금강경 독송으로 바치는 장좌불와

○ 실천 방법

- 적게 먹는다.
- 탐진치가 착각인 줄 알고 바친다.

저는 백 선생님 제자 중에서 가행정진에 가장 관심이 많았습니다. 제게만 특별히 시키셨습니다. 이제 가행정진은 우리 법당만의 특징이 되었다고 생각합니다. 백 박사님 제자들이 여럿 있었고 그 중에는 꽤 크게 번성했던 법당도 있었지만, 지금은 거의 다 자취 없이 사라졌어요. 우리 법당만이 남았고 찾으시는 분들도 가장 많은 것 같습니다. 우리 법당의 특징은 가행정진입니다.

가행정진의 유래

가행정진은 해도 좋고 안 해도 좋은 것일까요?

처음에는 하면 좋지만 안 해도 별문제는 없을 것으로 생각했습니다. 가행정진이 육체적, 정신적 건강에 매우 도움이 된다고 알았지만, 반드시 해야 한다고는 생각하지 못했습니다.

소사 수도장에 있을 때 가행정진을 49일간 한번 했는데 너무 좋았습니다. 그러다 사회에 나와서 가행정진을 하며 좋다는 것을 확실히 알게 되었습니다.

소사 수도장에서 처음에는 3시에 기상했습니다. 백 선생님의 말씀입니다.

"우주가 밝아지는 3시에 기상을 하면 금강경을 독송하지 않아도 밝아진다. 밝아지는 시간에 잠을 자면 그 밝음에 역행하는 깜깜한 연습이 되지만, 밝아지는 시간에 자지 않고 깨어있기만 해도 지혜로워진다."

지금도 일본 등지에서 아침형 또는 새벽형 인간이라고 하여, 일찍 일어나는 사람이 성공한다는 내용의 책이 대단히 많습니다. 그런데 저는 어렸을 때부터 늦게 자고 늦게 일어나는 것이 습관이었어요. 집에서 어른들도 항상 일찍 자고 일찍 일어나라고 강조하셨습니다만, 적성에 맞지도 않고, 죽었다가 깨도 도저히 할 수 없다고 생각했습니다. 일찍 자고 일찍 일어나는 것이 정신적 육체적 건강에 좋다는 말에도 동의할 수 없었습니다.

하지만 백 선생님께서 적어도 5시엔 일어나야 한다고 하셔서 수도장에 들어가기 전부터 5시에 일어나는 연습을 했습니다. 그러다가 수도장에서는 본격적으로 3시에 일어나서 공부했습니다.

어느 날부터인가 백 선생님께서 "12시 자정이 우주가 밝아지는 시간이다. 자정부터 잠들지 않고 그냥 깨어만 있어도 밝아지지만, 경을 읽으면 더욱 좋다." 하셔서 자시子時 가행정진이 시작되었습니다. 또 "온종일 눕지 말고 초저녁부터 계속 경을 읽어라." 하시며 오랫동안 앉아 눕지 않고 수행하는 장좌불와를 잠시 시키실 때도 있었습니다. 그러나 장좌불와 수행은 체계적으로 진행되지는 않았고, 지금 기억에 남는 것은 가행정진 수행입니다.

본능이 착각인 줄 알고 바치면
해탈하여 밝아진다

사람의 본능이 뭡니까? 식과 색입니다. 요새 성폭행이 많이 일어나죠. 색심이 동하면 성폭행을 할 정도로 매우 본능적입니다. 먹는 본능, 색의 본능, 잠의 본능. 이걸 삼대 본능이라고 하는 것 같아요.

본능의 다른 표현은 아상입니다. 아상을 소멸해야 또는 아상이 본래 없음을 알아야 밝아집니다. 바꾸어 말하면, 본능이 착각이고 본래 없음을 알아서 해탈하여 밝아진다는 뜻입니다.

아상의 또 다른 표현은 바로 탐진치입니다. 본능, 아상, 탐진치, 모두 동의어로 보시면 됩니다. 이것을 극복해야 밝아집니다.

저는 늦게 자고 늦게 일어나는 것을 생활화하였고, 먹지 않으면 살 수 없다고 생각하였습니다. 먹는 본능을 해탈한다는 것은 상상할 수가 없었습니다. 그것은 신의 영역이라 생각했습니다. 예전에 굉장히 어렵게 살던 시절에 꽈배기가 그렇게 맛있었어요. 초등학교 4학년, 6.25 전쟁이 한창일 때는 흰 쌀밥이 먹고 싶었어요. '먹는 것을 해탈하는 건 불가능하다. 그런 수행이라면 난 열반이고 뭐고 다 포기한다. 그럴 필요 없다.'라고 생각했습니다.

본능이 바로 아상이며, 아상이 탐진치와 동의어라는 것조차 몰랐습니다. 이제 공부를 차츰 하고 보니 본능을 해탈해야만 한다는 것을 알게 되었습니다.

백 선생님은 본능을 해탈하라고 무섭게 가르치시질 않았어요. 『초발심자경문』 중 원효 스님의 「발심장」에 보면 '배슬이 여빙이라도 무연화심이요拜膝如氷 無戀火心', 추워도 따뜻한 것을 생각하지 말라고 합니다. 저는 먹고 자는 본능에 굉장히 약했습니다. 젊었을 때는 그리워하는 것이 그렇게 고통인 줄도 몰랐어요. 하지만 추위에는 견디지 못했습니다. 추운데 발가벗고 밖에 나가 있으라면 죽음보다 더 심한 고통일 것 같았습니다. 본능을 극복하는 것이 수행이라면 난 죽었다가 깨도 수행을 못 한다고 생각했습니다.

백 선생님도 본능을 없애라는 얘기는 잘 안 하세요. "바쳐라."로 출발했습니다. 나중에는 "본능은 본래 없는 것이다. 바치면 된다." 하셨지, 절대로 "극복해라." 이런 말씀을 안 하셨습니다. 극복이라는 표현은 잘못된 것 같아요. 극복이라고 하면 겁나서 못 해요. 먹는 것, 자는 것, 그리움, 추위를 어떻게 극복합니까? 인간인 이상, 피조물인 이상 거기에 굴복할 수밖에 없을 겁니다.

"본능이 본래 없는 것이니, 없는 줄 알고 바치면 해탈이 된다."

이러면 좀 할 만하다는 생각이 듭니다.

잠은 무지의 대명사, 잠을 해탈하면 지혜로워진다

금강경의 핵심 정신이 무엇입니까?

"약보살 유아상인상중생상수자상 즉비보살"

아상을 소멸하는 것, 정확히 말해서 아상이 본래 없는 줄 알고 바쳐서 소멸함으로써 밝아지는 것이 부처님 가르침의 핵심입니다.

아상의 다른 표현은 본능이요 탐진치입니다. 탐진치라 하면 이해가 잘 안 가요. 현실적으로는 식색食色에 대한 착을 탐진치라 합니다.

"탐진치인 식색食色에서 색에 관한 생각은 점점 둔해지고 먹는 것만 남는데, 먹고 자는 형태로 남는다. 맨 나중에는 잘 먹지도 않고 잠만 남는다. 잠은 어두컴컴한 마음이며 아상의 대명사이다. 달리 말해서 잠만 해탈하면 밝아질 수 있다."

백 선생님의 말씀입니다. 바다 밑 조개 중에 먹지도 않고 3천 년을 자는 것도 있다고 합니다.

잠이 보통 문제가 아니라는 생각이 들지요.

힌두교나 위파사나 하는 분들도 항상 "알아차려라. 깨어있어라."라고 합니다. 무엇이 깨어있음이고 알아차림인가? 잠자는 것은 깨어있는 게 아니며, 깨어있지 않으면 알아차릴 수도 없습니다. 만일 잠을 해탈한 세계가 있다면 그것은 깨어있는 세계입니다. 잠자는 착着을 끊지 못한 상태에서는 도저히 깨어있을 수가 없습니다. 잠은 무지의 대명사, 잠의 해탈은 지혜라고 할 수 있습니다. 그 당시에는 이런 얘기가 그럴듯했지만 전혀 실감이 나질 않았습니다.

스님들도 잠을 해탈하기 위해 무지하게 애를 씁니다. 장좌불와로 아주 유명하신 스님들이 있지요. 도저히 인간이 할 수 없는 일을 저이는 어떻게 할까? 십 년을 장좌불와 하신 ○○ 스님에 완전히 압도될 수밖에 없습니다. 저에게 잠은 도저히 극복할 수 없는 아킬레스건, 약점이었습니다. 그뿐만 아니라 저는 본능에 취약한 소인배라는 생각에, 한없는 열등감 속에서 젊은 시절을 보냈습니다.

잠을 눌러 참는 방법

잠만 자지 않으면 도인이 되는 겁니다. 그래서 절에서는 잠을 자지 않는 수행을 대단하게 생각합니다. 지금도 가행정진, 용맹정진이라는 말이 있습니다. 절에서 안거할 때 대개 세시에 일어나는 것 같아요. 화두를 받고 참구합니다. 안거 마지막 일주일 동안 잠을 아예 자지 않으며 용맹정진을 합니다. 일주일 동안 잠을 자지 않으면 나중에는 쓰러지기도 한답니다. 스님들한테 얘기를 들었어요. 안거할 때 제일 어려운 게 용맹정진이라고 합니다. 눌러 참는 방법이에요.

깨어있을 때나 잠잘 때나, 움직일 때나 보통 때나 화두만을 참구합니다. 잠자면 화두를 잃어버리니까 잠을 잘 수가 없어요. 굉장히 어려운 일로 생각되지요? 천하의 영웅호걸도 ○○ 스님 앞에서 기가 팍 죽습니다. 저도 그 스님을 대단한 사람이라고 생각해 기가 죽을 수밖에 없었어요. 송곳을 턱밑에 놓고 고개를 숙이면 찔리게 하여 수행한다는 얘기를 많이 들었습니다. ○○ 스님께서 물이 담긴 대야를 머리에 이고 수행하여, 고개를 숙이면 물이 쏟아지게 했다는 유명한 얘기가 있습니다.

고개를 숙이는 순간 궁리가 몰려듭니다. 궁리가 몰려오면 병이 생겨요.

병의 원인은 무엇일까?

의사들이 이야기하는 병의 원인과 밝은이가 이야기하는 병의 원인이 다릅니다. 밝은이는 병의 원인이 궁리라고 합니다. 궁리할 때에는 보통 머리를 숙입니다. 고개만 들고 있어도 저절로 바치는 효과가 나타나요. 허리를 펴고 꼿꼿이 가부좌 자세를 합니다. 또 장궤 자세도 좋습니다. 장궤는 저절로 코끝하고 단전하고 일치가 되면서 허리가 펴지는 효과가 있습니다. 장궤 자세로 금강경을 읽으면 복식호흡도 저절로 되고, 장수에 도움이 됩니다.

저는 그 모든 것들을 싫어했습니다. '안 먹고 안 자는 수행은 죽어도 못 한다. 그저 금강경이나 읽고 공부하는 건 내 적성에 맞는다. 먹고 자는 것이 얼마나 즐거운데, 그런 수행 나는 못 한다.'라고 생각했습니다.

대개 절에서 스님들이 용맹정진할 때 화두를 참구하면서 눌러 참아요. 머리에 물을 올려놓는 방법, 턱밑에 송곳이 찌르게 하는 방법 등은 눌러 참는 방법이라고 생각합니다.

잠을 바치는 방법

그럼 눌러 참는 방법이 아니면 어떤 방법이 있을까요? 바로 바치는 방법입니다. 바치는 방법과 눌러 참는 방법, 두 가지입니다. 자신을 조물주라고 인정하지 않으니 수행하려면 눌러 참을 수밖에 없어요. 반면 바치는 방법은 자기가 전지전능하다고 인정하고 시작합니다. '잠이 이미 해탈되었다.'라고 믿고 시작하는 것입니다. 이것이 수행의 요령입니다. 잠이 이미 해탈되었다는 걸 믿는다면, 내려놓기만 하면 되지 눌러 참을 필요가 없어요. 눌러 참는 것은 잠의 존재를 인정하는 것입니다. 잠이 있다고 보는 한, 일시적인 수행이 됩니다.

나처럼 잠 많은 사람은 눌러 참는 방법으로는 도저히 잠을 해탈하지 못합니다. 죽었다가 깨도 못 해요. 그렇지만 잠이 본래 없는 줄 알고 자꾸 바치고, 자세를 곧추세우기만 해도 잠이 상당히 줄어드는 것을 느낄 수 있습니다. 또 금강경을 읽고 바치기만 하면, 턱 밑에 송곳을 놓지 않아도 잠이 많이 줄어듭니다. 지금 여기 계신 분들은 아마 잠이 많이 줄었을 것이고, 잠이 본래 없음을 알고 바치는 것과 금강경 독송만으로도 잠이 사라진다는 사실을 알게 되셨을 겁니다.

소사에서 나와서도 가행정진을 했는데 잠이 폭포수처럼 쏟아진다는 표현이 딱 맞습니다. 잠의 원인을 분석해보니 먹는 것도 있어서 먹는 것을 줄였습니다. 오후 불식이 아니면 잠을 이길 수가 없습니다. 오후 불식하고 자세를 바로 하니 잠이 상당히 줄었어요. 성질내고 다투면 그대로 잠이 옵니다. 우울해도 잠이 옵니다. 누굴 그리워하거나 색심이 동하면 잠이 옵니다. 모든 분별은 잠으로 다 통합니다. 모든 길이 로마로 통하듯이 모든 분별, 모든 본능, 모든 아상의 행위는 다 잠으로 연결됩니다.

잠을 진정으로 극복하고 해탈하는 방법은 올라오는 모든 생각을 착각으로 알고 바쳐서 소멸하는 것입니다. 졸립다는 생각을 바치는 것도 잠을 해탈하는 방법이지만 화가 나는 것, 그리움, 우울함을 바치는 것도 잠 해탈로 이어집니다. 저는 그것을 체험하였습니다. 스님들의 눌러 참는 방법으로는 잠을 해탈하지 못하는 것 같아요. 유명한 ○○ 스님의 제자인 스님의 강의를 여러 번 들었는데 그이가 솔직하더라고요. ○○ 스님도 잠을 완전히 해탈하지 못한 것 같이 말합니다. 고개를 숙이면 송곳에 찍히니까 고개를 잽싸게 옆으로 돌리는 것이 ○○ 스님의 방법이라고 하는 것을 방송에서 들은 적이 있습니다.

가행정진하며 사회생활이 가능하다

백 선생님은 "일단 자세를 바르게 해라, 가능하면 장궤로 하는 것도 좋다. 그리고 금강경을 읽어라. 밤새도록 눕지 말고 금강경을 읽어라." 하십니다.

'밤새도록 눕지 않고 금강경을 읽는데 낮에 사회생활을 할 수 있을까?' 이런 의문이 들지요? 저도 장좌불와는 도저히 넘을 수 없는 벽으로 알았어요. 그런데 한번 해봤더니 장좌불와가 가능해요. 금강경을 읽는 것 자체가 휴식이며, 잠자는 효과도 있다고 합니다. 의사는 하루 7~8시간은 자야 한다고 하지만, 금강경을 읽는 시간은 분별이 쉬기 때문에 잠자는 휴식의 효과가 있답니다. 잠자지 않고 앉아서 금강경을 읽으며 사회생활할 수 있던데요. 백 선생님께서 실제로 은행에 다니는 사람에게 장좌불와 수행을 시킨 적이 있습니다.

장좌불와는 덜컥 겁부터 나죠? 그래서 제일 좋은 게 가행정진입니다. 서너 시간 정도 잠자고 일어나서 금강경을 쭉 읽으세요. 서너 시간 수면으로 충분합니다. 하다 보면 잠이 점점 줄어들어요. 한 시간 자도 괜찮을 때가 있고 어느 때는 밤새도 괜찮아요. 잠을 자지 않을수록 세상은 더 밝고 명랑하며, 일상생활에 전혀 지장이 없습니다. 의사의 소견 역시 참이 아닙니다.

가행정진하면 세상이 밝아지고 모른다는 생각이 사라진다

밝음이 모든 우울증을 해소합니다. 잠을 해탈하면 세상이 굉장히 밝아 보입니다. 깨친 이의 경지가 뭔 줄 아세요? 태양이 백 개 뜬 것처럼 보입니다. 세상이 밝으면, 그 순간 근심 걱정이 착각임을 알게 됩니다. 밝은 세상에서는 근심 걱정이 용납되지 않습니다.

빛, 즉 광명이 물질입니까? 마음입니까? 뉴턴은 물질, 입자라고 했습니다. 뉴턴의 이론은 200년 만에 깨졌습니다. 토머스 영(Thomas Young, 영국 의사이자 물리학자, 1773~1829)이 빛은 입자가 아니라 파동이라고 했습니다. 빛을 파동이라고 보면 마음도 파동임이 틀림없는 것 같아요. 빛을 물질로 알았는데 마음의 영역으로 점차 옮겨갑니다. 아인슈타인은 상당히 지혜로운 사람입니다. 아인슈타인은 파동과 입자를 다 인정하는 듯합니다. 이중성duality이라고 얘기합니다. 빛에는 물질적인 요소가 있고 마음의 요소도 분명히 있습니다.

밝으면 세상도 밝아지지요. 마음과 직결됩니다. 모든 탐진치는 다 사라집니다. 태양이 백 개 뜬 것처럼 밝다고 생각합시다. 그런 세계에 가면 극락세계를 바로 이룰 겁니다. 가시덩굴이 없는 게 극락세계가 아니에요. 밝기만 하면 극락세계입니다. 그래서 백 선생님은 이렇게 얘기하십니다.

"부처님께서는 '나는 밝은 빛이다' 외에는 아무 하실 말씀이 없다. 밝은 빛은 부처님의 특색이다."

잠이 본래 없음을 알고 자꾸 바치면서 자시 가행정진을 계속하시기 바랍니다. 재앙이 소멸되고 마음이 굉장히 편안합니다. 낮에는 태양이 100개까지는 아니어도 두 개쯤 뜬 것을 실감합니다. 잠을 안 자고 견딜 수 있고, 몸이 대단히 가볍습니다. 먹고 싶은 생각도 줄어들어요. 가행정진을 오래 하면 안 먹어도 괜찮습니다. 피로하지 않습니다. 그리운 생각도 전혀 안 납니다. 여자 생각이 안 나는 정도가 아니라, 본래 없는 건데 그동안 깨어있지 못하고 착각속에 살았다고 알게 됩니다.

잠이라는 게 '모르는 마음'의 대명사입니다. 잠이 점점 없어지면 '아는 마음'으로 바뀝니다. 모른다는 생각이 점점 없어진다고 합니다. 나중에는 모를 일이 없어져요. 세상에 자신감이 생깁니다.

가행정진은 반드시 해야 한다

왜 우리는 중생적인 고통을 받고 탐진치에서 헤맬까요?

식색을 나의 본질로 알기 때문입니다.

큰 깨달음, 대각에 도달하려면 가행정진은 반드시 거쳐야 할 관문이라고 생각합니다. 백 선생님의 가르침 중에서 가행정진은 우리만이 할 수 있습니다. 해도 좋고 안 해도 좋은 상대적인 게 아닙니다. 반드시 꼭 한번 해봐야 합니다. 일상생활을 그대로 하면서 할 수 있습니다. 점점 세상일이 싱거워져요.

요령이 무엇인가? 처음에는 식사를 적게 하는 것만으로 다 됐어요. 하지만 소식小食만으로는 안 통해요. 특히 진심, 화내면 바로 잠으로 연결되던데요. 저는 그걸 몰랐어요. 화가 잘 납니다. 특히 여기서 대중들이 같이 독경할 때 '저이가 금강경 읽는 소리를 들으면 소름이 끼쳐. 제발 좀 조용히 했으면. 저이가 없어졌으면.' 이럴 수 있지요. 진심입니다. 진심이 나면 가행정진을 성공하지 못합니다. 바로 잠으로 연결되기 때문입니다. 아무리 옆에 있는 사람이 괴성을 발하더라도 올라오는 불평이 착각인 줄 알고 자꾸 바쳐서 진심의 고비를 넘겨야 합니다.

잠을 해탈하고 밝아지면 화날 일이 없는 것 같아요. 밝으니까요. 극락세계인데 왜 화가 납니까. 아마 수보리 보살님이 제 말에 상당히 공감하실 것 같습니다. 다른 분들도 수보리 보살님 이상으로 충분히 될 수 있다고 생각합니다. 가행정진의 원리와 당위성을 알고 하는 것이 매우 중요합니다. 그리고 자세도 중요합니다.

오늘도 금강경 읽고 정진하는 동안 제가 또 돌아다닐 겁니다. 될 수 있는 대로 잠자는 것은 삼가십시오. 손뼉을 쳐서라도 경종을 울리겠습니다. 우리는 스스로 편안하게 알아서 할 수 있는 존재가 아닙니다.

눌러 참지 않고, 바치는 금강경식 잠 해탈

가행정진 끝나고 나서 몸을 푸는 운동을 하라고 말씀드리지 않습니다. 끝날 때마다 몸을 푸는 운동을 하면, 그것이 법이 됩니다. 법을 세우지 않는 것이 금강경 정신입니다. 실례를 들어 봅니다. 절에서는 예불할 때 향을 피우고 염불할 때 염주를 돌립니다. 염주를 돌려야 염불이 잘 되고, 향을 피워야만 공경심이 난다고 생각하는 것 같습니다. 이러한 분별심이 하나하나 뭉쳐서 삿된 기운이 섭니다. 그래서 백 선생님께서는 여느 절의 형식이 고착화하는 것을 절대 금하셨습니다.

"염주 돌리지 마라. 향도 피우지 마라. 향 피울 생각도 바쳐라."

"알람에 의지하지 마라. 알람에 의지하는 버릇이 들면, 알람 없이 일어날 수 없게 된다."

내 몸에 유리한 방법이 자꾸 보일 거예요. 그러나 배운 대로 하십시오. 가행정진 끝나고 몸을 푼다든지, 음악을 듣는다든지, 뭘 마신다든지 하지 마십시오. 이 모든 것을 끝까지 바치기 바랍니다.

오늘 이야기한 것이 중요합니다. 복습하여 계속 귀에 박히도록 들어야 합니다. 될 수 있는 대로 한 달 동안 잔소리를 할 거예요. 전에는 제가 주로 묵언 수행을 했습니다. 원만 세우면 다들 알아서 잘하실 것으로 생각했는데 원을 잘못 세워서 그런지 알아서 하는 사람이 아무도 없었습니다. 제가 묵언하는 것을 기회로 삼아, 각자 자기 본능을 유감없이 발휘해 법당에 재앙이 생겼다고 생각합니다. 이제 알아서 하길 기대하지 않습니다. 제가 잔소리하고 감독할 것입니다. 오늘도 몇 사람 지적했습니다. 제가 돌아다니는데도 여전히 졸아요. 백 선생님처럼 따귀를 때리진 않지만, 약간 격한 방법을 동원할 수도 있다고 말씀드립니다.

탐진치는 식색으로,
식색은 다시 먹고 자는 것으로 스며든다

번뇌의 종류에는 8만 4천 가지가 있고 크게 셋으로 세분화해서 탐심, 진심, 치심으로 인한 분별이 각각 2만 8천 가지라 합니다. 모든 분별은 탐진치에서 나옵니다. 탐진치라는 분별심만 없으면 본래 부처처럼 밝은 자리로 되돌아간다는 것이 부처님 가르침의 핵심입니다. 탐진치를 한번에 말하자면 '아상'이라고 하는데, 좀 추상적이지요. 쉽게 이해할 수 있는 말로는 '본능'입니다. 본능은 먹는 본능, 생식과 성에 대한 본능, 잠자는 것, 이렇게 세 가지로 크게 나눌 수 있습니다. 탐진치, 아상, 식색과 자는 것 모두 본능이라 말할 수 있습니다.

백 선생님의 가르침을 말씀드립니다.

“우리 수행은 아상 소멸, 더 정확히 말하면 아상이 본래 없음을 아는 것이다. 달리 말하면 본능 소멸이며 본능이 본래 없음을 아는 것이다. 본능은 식색食色이지만, 최종적으로 ‘잠’이라는 하나의 본능으로 귀결된다. 그러므로 잠자는 착만 해탈이 된다면 아상, 본능, 탐진치가 동시에 소멸되어 드디어 밝아질 수 있다.”

수도를 처음에 시작할 때 탐진치부터 다 닦아야 하지만, 나중에 먹는 착을 닦아야 하고, 최종적으로 잠을 닦는 것이 필수입니다.

금강경 실천수행으로 잠 해탈

어떻게 잠을 해탈할 수 있을까요? 잠은 소위 본능으로, 저절로 해탈되지 않습니다. 두 가지로 말씀드립니다.

하나는 장좌불와, 절에서 하는 방법입니다. 스님들은 장좌불와만 하면 도인으로 쳐요. 장좌불와 몇 년 했느냐가 경력이 됩니다. 안거 때도 용맹정진으로 장좌불와를 시킵니다. 잠을 극복하는 훈련, 장좌불와가 최후의 관문입니다. ‘잠이 있다’라고 보기 때문에 눌러 참아서 극복하고 화두로 대체합니다. 용맹정진을 오래 한 사람들도 잠이 줄질 않더라고요. 제가 스님을 모시고 있어 봐서 압니다.

우리 방법은 금강경 실천수행입니다. 장좌불와 또는 가행정진하면서 금강경을 읽는 방법입니다. 저도 장좌불와는 좀 해봤습니다만, 백 선생님께서 장좌불와를 잠시 시키시다가 아무래도 안 되겠다 싫으셨는지, 최종적으로 시키신 게 가행정진입니다. 장좌불와는 잠을 하나도 안 자는 걸 원칙으로 밤새도록 앉아 있어야 하니 덜컥 겁부터 납니다. 이에 비해 가행정진은 잠을 서너 시간씩은 잘 수 있다고 미끼를 던지는 것입니다. 일곱 시부터 자면 5시간도 잘 수가 있어요. 잠을 자면서 하라고 살살 달래며 하는 것이 잠을 해탈하는 데 훨씬 좋습니다.

장좌불와든 가행정진이든, 눌러 참는 게 아니라 잠이 본래 없는 것으로 아는 금강경 수행법을 접목하면 반드시 잠이 줄어들다가 없어지는 경지를 체험한다고 확신합니다.

수행의 출발조건, '나는 전지전능하다'

여기 필수 조건이 있어요. 우리 가르침은 자기가 전지전능하다고 알고 출발해야 합니다. 분별 망상을 내려놓기만 하면 돼요. 이 조건을 자주 잊어버립니다.

초기에는 간화선 하시는 조사님들도 '전지전능하다.'에서 출발했을 겁니다. 그런데 중간에 그걸 다 잊어버린 것 같습니다. 지금 절에서 하는 참선은 '열등하다.'라는 생각으로 출발하여, 잠을 극복의 대상으로 삼고 도전하는 것 같아요. 그래서는 거의 잠을 해탈하지 못할 뿐만 아니라, 죄송합니다만, 스님 노릇 오래 했어도 진심을 닦지 못합니다.

우리 가르침은 자기가 전지전능하다는 것을 일단 자각하고 출발합니다. 탐진치를 내려놓을지언정 눌러 참지 않습니다. '잠이 있다.'라고 보면 잠을 소멸하고 눌러 참으려 하겠지만, '잠이 본래 허망하니 바치기만 하면 된다.'에서 출발하면 잠이 쉽게 해탈됩니다. 잠을 눌러 참으면 잠시 잠이 줄었다가도 또 늘어나요. 내생에라도 생깁니다. 우리는 잘만 하면 내생까지 잠 없는 사람이 될 수도 있어요.

신기하게도 잠을 해탈했다고 하는 분들이 꽤 있어요. 특히 종정을 지낸 ○○ 스님은 일생 오십 년을 안 자고 지냈다고 하십니다. 대단하지요. 저는 그분을 만나 뵙고 인사드린 적이 있습니다. 그런데 이 스님, 화를 잘 내세요. 잠만 해탈하고 탐진치는 그대로 있는 거예요. 잠과 탐진치가 둘이 아니거든요. 둘이 아닌 데서 출발하는 것이 바로 금강경입니다. ○○ 큰스님도 화 잘 내시고 고집 센 것으로 유명합니다. 상좌 스님한테 제가 직접 들었습니다.

우리 가르침은 '잠이 본래 없다.'라는 대전제, 즉 '나는 전지전능하다.'를 인식하고 출발한다는 것이 굉장히 중요한 요점이에요. 이것을 설명한 뒤에 가행정진을 시작해야 효과가 있습니다. 마치 『손자병법』에서 백전백승하는 사람은 미리 이기고 시작한다는 것과 같습니다. '나는 전지전능하다. 잠이란 본래 없는 것, 착각이고 내가 만든 것이다.' 이렇게 생각하고 바치면, 잠만 없어지는 게 아니라 탐진치도 동시에 없어져요.

잠과 탐진치가 동시에 없어지며 지혜가 생긴다

잠을 해탈했다고 하면서 잘난 척하고 성질내고 불평하면 가짜 해탈입니다. 가행정진 한번 해보세요. 즐거움이 가득하고 화낼 일이 없어요. 화가 착각이라고 느껴져요. 잘난 척할 필요가 없어요.

자기가 구족하여 가득 차 있는데 왜 잘난 척을 합니까?

스님들은 잠 안 자고 가벼운 일은 하지만 에너지가 보충되지 않아서 사회 활동은 못 합니다. 하지만 우리 식으로 하면 사회 활동, 심지어 노동도 할 수 있어요. 잠이 본래 없는 것을 알고 탐진치가 본래 없는 것을 알기에, 부처님 광명이 임하고 기쁨으로 가득 차기 때문입니다. 이건 확실합니다.

금강경 식으로 가행정진을 하면 직장에서 일을 더 잘할 수 있다고 생각합니다. 직장에 가서 계속 존다면 잠을 눌러 참은 것이지, 잠이 본래 없음을 안 것이 아닙니다. 저도 가행정진하다가 졸아서 자동차 사고를 낸 적이 있습니다. 초기에 잠을 억지로 눌러 참는 식으로 했기 때문입니다. 그때는 잠을 잘 안 자려고 했어요. 여덟 시쯤부터 자면 네 시간은 자거든요. 충분해요. 자동차 사고도 나지 않을 뿐만 아니라 직장에서 일도 잘할 겁니다. 세 시간만 자도 괜찮던데요.

세 시간 자도 잠을 자는 것이니 잠이 없어지지는 않는다고 생각하는데, 아닙니다. 세 시간 잘 정도가 되면 나중에 한 시간 자도 된다는 자신감이 생겨요. 아마 수보리 보살님은 그럴 것으로 생각합니다. 잠이 본래 없다는 것이죠. 잠이 본래 없음을 알면, 모르는 것 투성이였던 세계에서 모를 일이 없을 것처럼 자신감이 생겨요. 모르던 것을 금방 알게 됩니다. 잠을 해탈하면, 아는 지혜가 저절로 생깁니다.

잠은 취해 있는 것이며 깨어있는 것의 반대입니다.

'늘 깨어있어라.' 하지만, 잠을 해탈하지 않는 한 깨어있을 수 없어요. 잠을 해탈하여 깨어있을 수 있고, 동시에 모르는 마음이 아는 마음으로 변한다면, 이것이 견성성불의 시초입니다. 잠을 해탈해야 합니다.

제 2 장

새로운 패러다임의 잠 해탈

새로운 패러다임의 잠 해탈법

새로운 패러다임의 잠 해탈법은 일체유심조, 공, 불이의 원리를 적용한 금강경 실천수행의 가행정진이다.

○ 수행하기 전의 '나'

- 나我相는 존재하며, 정신도 육체도 존재한다.
- 식욕, 색욕, 수면욕 등 몸뚱이 착은 '나'를 보호하기 위해 필요하다(있다)고 생각해왔다.

○ 새로운 수행을 시작하며

- '나'의 소멸은 밝아지는 길이다.
- 아상(식, 색, 수면)의 소멸은 건강한 사회인이나 대승의 도인이 되는데 꼭 필요하다고 생각하였지만, 지금까지 모두 실패하였다.
- 승려들은 식, 색, 수면욕을 해탈하기 위해 전력투구한다.
  예) 하루 한끼一日一食나 장좌불와는 승려의 생명과도 같은 수행
- 모든 번뇌 망상의 근원은 '잠'이다.
- 잠을 해탈하면 아상을 소멸하여 밝아진다.

새로운 패러다임으로 수면욕睡眠欲을 해탈하는 방법은 바로 금강경 독송 및 실천을 통한 가행정진이라는 내용을 말씀드리겠습니다. 지난 며칠간 가행정진하면서 시작하고 끝날 때 드린 말씀을 종합한 것으로, 가행정진의 지침입니다.

가행정진이나 용맹정진이라는 말은 본래 절이나 선방에서 예전부터 있었습니다. 가행정진은 잠을 조금 자고 하는 수행이며, 용맹정진은 전혀 잠을 자지 않고 하는 수행입니다. 선방에서 쓰는 가행정진이나 용맹정진이라는 말 앞에는 '간화선 수행을 통한'이라는 말이 생략되어 있습니다.

우리의 가행정진은 화두를 들고 하는 간화선 수행이 아니라 '금강경 독송을 통한 가행정진'으로, 새로운 패러다임의 수행법입니다.

고통은 내가 있다는 생각,
나를 보호하기 위한 몸뚱이 착에서 시작한다

새로운 패러다임의 수행법이 기존의 수행법과 어떤 차이가 있을까요?

우선, 고통은 어디에서 시작되고 깨달음은 무엇에서 비롯하는지부터 이야기하고자 합니다. 밝은이는 이렇게 말씀하십니다.

"고통은 내가 있다는 데서 시작되었다. 내가 있기에 생로병사가 있고 내가 있기에 본능이 있다. 본능을 거스르는 모든 행위는 다 고통이다."

내가 있지요? 당연히 내가 있다고 생각해요. 공부를 하다 보면 '내가 있다.'라는 생각이 얼마나 어리석은지 알게 됩니다. 부처님 같은 도인을 모시면서 시키는 대로 해 보니 부처님의 경지를 느낄 수 있었습니다.

처음엔 내가 꼭 있는 것 같아요. 육체가 있는 것 같고 마음도 있는 것 같았습니다. 꼬집으면 아프고 자존심이 상처받으면 기분이 나쁩니다. 나는 분명히 있다고 생각했습니다.

그런데 바치는 수행을 지속하다 보니 어느 때는 내가 완전히 없어진 것 같아요. 꼬집어도 아프지 않아요. 내가 본래 없다고 하는데, 정말 그런 것 같다는 느낌이 들어요. 이것은 수행하는 사람만의 체험입니다.

나는 존재한다고 생각합니다. 정신도 육체도 존재한다고 생각합니다. 내가 존재한다면 나를 보호해야 한다고 생각할 수밖에 없습니다. 내 몸뚱이를 잃어버릴까 봐 늘 두렵습니다. 내 자존심을 지키는 것은 내 의무입니다.

내 몸뚱이를 사랑하는 그 마음을 '몸뚱이 착'이라고 합니다. '몸뚱이 착'은 아상, 탐진치와 같은 용어라고 백 선생님께서는 자주 말씀하셨습니다. 용어의 정의를 정확하게 규정하는 것은 공부하는 데 도움이 됩니다. 몸뚱이 착과 아상, 탐진치가 동일하다는 것을 알고 수행하여야 올바른 방향을 설정할 수 있습니다.

내가 존재하니까 아상, 즉 '가짜 나'가 존재합니다. 또 탐심도 있는 것 같고 진심도 있는 것 같고 치심도 있는 것처럼 느껴집니다.

내 몸뚱이를 잃어버릴까 봐 두려워 다양하게 방어합니다. 먹고 잠자고 공부하는 것은 모두 몸뚱이를 보호하기 위한 수단입니다. 각종 근심 걱정은 자기 몸뚱이를 잃어버릴까 두려워서, 보호하고자 하는 착着에서 생깁니다.

내 몸뚱이, 내 가족, 내 직장, 내 나라, '나'자가 붙은 것은 다 내 몸뚱이 착의 연장입니다. 나를 지키기 위해 각종 생각을 하고, 내 가족을 지키기 위해 근심 걱정을 합니다. 내 국가 사회를 지키기 위해 노력하고 걱정하고 지혜를 짜냅니다. 우리의 모든 행위는 나를 보호하고 잘 지키고 유지 발전하려는 데서 비롯됩니다.

다른 표현으로, 모든 근심 걱정은 죽음이 두려워서 생깁니다. 내가 죽기 싫어서, 나를 '죽음'에서 보호하기 위해 여러 가지 근심 걱정이 생깁니다. 백 선생님께서도 자주 강조하셨어요.

아상 소멸은 밝아지는 길

화두만 들고 깨쳐라, 금강경만 읽어라, 이게 아닙니다. 원리를 알아야 합니다.

왜 금강경을 읽어야 하는가?

무엇을 제거하기 위해 금강경을 읽어야 하는가?

나를 보호하기 위해 먹어야 합니다. 내 몸뚱이를 보호하기 위해 다양한 애착이 생기고, 자손을 계속 번식하기 위하여 성욕이 생깁니다. 또 잠을 안 자면 정신이 얼얼하니, 하루에 몇 시간 이상 자야 한다고 생각합니다. 여기에 욕망을 붙여요. 몸뚱이를 보호하기 위해 식욕 성욕 수면욕이 생깁니다. 이것들이 나를 보호하기 위해 꼭 필요하다고 생각합니다.

그러나 밝은 도인은 '가짜 나'가 진짜 있는 줄로 착각하는 데서 모든 고생이 시작한다고 봅니다. 나는 본래 없습니다. 내가 생각하는 내 가정, 아버지, 어머니, 처자 등은 내 궁리가 만든 허상입니다. 허상을 위해 피땀 흘리고 노력하고 싸움을 하는데, 이것은 업보 놀음이며 허상의 놀음이고 무지의 연장선입니다.

밝은이는 '나'라는 생각, 즉 아상에서 벗어나라고 합니다. 아상의 소멸입니다. 더 정확한 표현은 내가 본래 없음을 알라는 것입니다. '나'의 소멸은 밝아지는 길입니다. 나를 소멸하기 위해서는 식욕 색욕 수면욕을 있는 것으로 보지 말고 본래 없는 것으로 알아 소멸해야 합니다. 그래야 아상이 죽고, 아상이 죽어야 밝아집니다. 그래서 성직자, 스님들은 식욕 색욕 수면욕을 해탈하는 데 전력투구합니다.

왜 ○○ 스님을 대단하게 봅니까? 그분은 십 년 동안 장좌불와를 했고 하루에 한 끼 드셨습니다. 수면욕 식욕을 해탈한 분, 모든 욕망에서 해탈한 분을 도인이라 합니다. 본능을 거슬러 가는 행위를 아무나 할 수 없습니다. 그래서 그분을 존경합니다.

우리는 이력서에 자신의 화려한 이력과 경력을 씁니다. 스님은 안거 몇 번 했다, 하루에 한 끼만 먹는 일종식一種食을 몇 년 했다, 장좌불와 몇 년 했다는 것이 이력서입니다. 그것을 잘해야 도인의 반열에 오른다고 생각하는 것 같아요.

건강한 사회인이 되는 불교 최초의 시도

아상, 식욕 색욕 수면욕의 소멸은 도인이 되는데 필요하지만, 한층 더 나아가 건강한 사회인이 되는데도 꼭 필요하다는 가르침이 대승 경전에 있습니다. 대승 경전에서는 대승의 도인이 되는 것을 강조합니다. 소승 경전은 식욕 색욕 수면욕을 해탈하여 성자 아라한이 되는 것만 최고로 알지, 건강한 사회인이 되는 데까지 연결하지는 못해요. 화엄경에서는 식욕 색욕 수면욕을 해탈하는 것은 성자가 되는 길이기도 하지만 건강한 사회인이 되는 길이라고 강조하고 있습니다. 잠과 먹는 것에 대한 애착을 해탈하여야 건강한 사회인이 될 수 있다는 가르침이 화엄경에 있습니다. 우리가 말하는 건강한 사회인과 똑같습니다.

이것을 최초로 시도한 사람이 있습니다. 동국대학이 낳은 가장 자랑스러운 학자, 박○○ 교수입니다. 지금 90세가 넘었을 겁니다. 그전에 가끔 만나서 이야기했던 적도 있습니다. 그이는 본래 불교를 대단히 좋아했습니다. 의과대학 졸업을 거의 앞두고 의사라는 좋은 직업을 던지고 동국대학교로 편입했습니다. 졸업과 동시에 동국대학교 교수가 되어 활발하게 활동하면서 수행도 병행했습니다. 그러다 교수로는 깨달음을 얻을 수 없다고 생각하였는지, 교수직을 던지고 승려가 됩니다. ○○ 스님 밑에서 2년간 승려 생활을 하다가 계를 반환합니다. 결혼도 하고 미국으로 유학 가서 새롭게 시작합니다. 본래 불교 전공이고 승려 생활도 했지만, 버클리 대학에서 박사를 하고 미국에서 교수 생활을 하다가 한국으로 돌아옵니다. ○○ 스님을 찾아뵈어야 하는데 ○○ 스님한테는 이미 마음이 떠나 고향으로 돌아갔다는 얘기가 그의 책에 나옵니다. 불교에 대한 열의는 식지 않았습니다. 미국에서 교수 생활을 하면서도 주로 불교를 가르쳤습니다.

그에게는 식, 색, 수면욕을 해탈하는 것은 깨달음의 길, 성자가 되는 길이기도 하지만 바로 건강한 사회인이 되는 길이기도 하다는 믿음이 있었습니다. '낮에는 공부하고 밤에는 참선해라. 참선해서 수면욕을 해탈하면 낮에 공부가 더 잘 되고 건강한 사회인이 될 것이다.' 이런 이론으로 논문도 썼습니다. 수면욕을 해탈하면 건강한 사회생활이 가능하다고 주장하며, 그것을 실현해 보자는 운동을 한국 최초로 시도했습니다. 대학생 불교연합회가 생긴 초창기에 대학생을 중심으로 출발했습니다. 동국대 교수가 한다고 해서 매스컴에서도 주목받았고, 큰스님들도 지원했습니다. 불교계에서 최초로 건강한 사회인이 되는 시도를 했다는 점에서 굉장히 선풍적이었다고 봅니다.

밤중에 잠을 자지 않고 계속 가행정진 비슷하게 합니다. 서너 시간은 잤겠죠. 학교에서 공부가 더 잘되는 게 아니라 졸기만 합니다. 학점도 나빠요. 그렇다고 저녁에 수행이 될까요? 이론적으로는 그럴듯하지만, 현실에서는 한 달도 안 돼서 무참하게 실패로 끝났습니다.

잠이 본래 없다는
도인의 가르침으로 출발해야 한다

왜 실패할 수밖에 없었을까? 도인의 가르침으로 출발하지 않았습니다. 본래 간화선이나 조사선은 도인이 지시한 가르침이고, 그 가르침에는 공空의 사상이 들어 있습니다. 하지만 그 뒤로 도인이 출현하지 않아서인지 '나'라는 것이 있고 식욕과 색욕도 있다고 봅니다. 있다고 보니까 눌러 참습니다.

몹시 졸릴 때 잠을 어떻게 해탈하는가? 눌러 참는 것밖에 없어요. 바치는 걸 모르는 겁니다. 눌러 참으면 나중에 졸립니다. 눌러 참는 것은 '잠이 본래 있다.'에서 출발합니다.

반면 우리는 '잠이 착각이고 본래 없다.'에서 출발합니다. 또 잠은 식욕 색욕, 모든 탐진치의 근본이라는 것에서 출발합니다.

새로운 패러다임의 잠 해탈법,
금강경 실천을 통한 가행정진

백 선생님의 금강경 수행을 통한 가행정진은 새로운 패러다임의 잠 해탈 방법입니다. 잠이라는 애착이 본래 없는 것, 잠의 뿌리가 되는 탐진치 또한 본래 없는 것이라는 금강경 실천을 바탕으로 합니다. 잠, 애욕, 탐진치 등 모든 번뇌 망상이 착각이고 본래 없다는 금강경 가르침의 핵심을 실천해야 합니다. 금강경을 읽거나 잠을 바치는 것은 '본래 없다.'라는 금강경 가르침을 실천하는 것입니다.

저녁때 잠이 오는 것을 금강경 독송으로 대처합니다. 잠이 본래 없다는 것을 알고 바치면 잠이 상당히 줄어듭니다. 밤중에 잠을 자지 않고도 사회생활을 할 수 있습니다. 또 오후 불식不食하면 잠도 줄지만, 밥을 안 먹어도 배가 든든하고 식욕도 줄어듭니다. 더불어 애욕, 성욕도 줄어듭니다. '본래 없다.'라는 금강경 가르침에 뿌리를 둔 수행이기에 시간이 지나면서 모든 번뇌 망상이 동시에 가라앉습니다. 번뇌 망상이 소멸되며 그 자리에 부처님 광명이 옵니다.

가행정진하면 낮에 굉장히 밝아집니다. 수보리 보살님이 산증인입니다. 그분은 한 번도 쉬지 않고 가행정진을 4년 이상 했어요. 낮에 졸지 않고 더 맑은 정신으로 일합니다. 모든 일이 더 잘될 것으로 믿습니다. 저도 가행정진을 오래 하면서 사회생활을 한 적이 있습니다. 지금 가행정진하는 분들도 낮에 회사에 가서 졸지 않으실 겁니다. 수면욕이 사라지면서 머리는 맑아지고 활력이 넘치기 때문에 일의 능률이 오릅니다. 이것이 바로 건강한 사회인을 만드는 새로운 패러다임의 가행정진입니다.

긴장감을 유지하라

여기서는 아직 자료를 수집하고 있지 않지만, 30여 년 전에 가행정진했을 때는 가행정진 하는 사람마다 전부 기적을 체험했습니다. 긴장감을 가지고 제대로 가행정진을 해야 합니다. 제가 돌아다니는 것은 긴장감을 가지라는 뜻이에요. 긴장감을 가지고 49일만 하시면 큰 기적적인 일을 체험하게 될 것입니다. 몸과 마음이 굉장히 건강해집니다. 49일씩 몇 번 하면 더욱 밝아질 것입니다. 약이나 의사가 필요 없습니다. 그리고 하버드대학교에 유학 갈 필요가 없을지도 모릅니다.

오늘 한 번에 끝내지 않습니다. 앞으로 한 달 동안 계속 잔소리를 할 것입니다.

가행정진은 우리 법당만의 정체성입니다. 금강경 독송을 통한 새로운 패러다임의 잠 해탈 수행방법, 이것은 우리만이 실천할 수 있는 매우 바람직한 가르침입니다. 이 가르침과 만남으로써 재앙이 소멸하고 소원이 빨리 성취되며 더 빨리 행복을 체험할 수 있습니다. 더 건강한 사회인이 될 뿐 아니라 더 큰 깨달음, 도통, 부처님과 만남을 속히 이룰 수 있습니다. 꼭 될 것으로 믿습니다.

도인 식의 가행정진은 출발부터 다르다

○ 보통사람과 도인의 수행 비교

보통 사람		도인
열등한 존재	자신의 모습	전지전능, 무소불위의 존재
극복할 대상이 존재한다.	대상	극복할 대상은 허상이다.
눌러 참는다.	수행법	바친다, 내려놓는다.
단순하고 획일적 길들이기 방법	지도 방법	다양하고 자율적 수기설법
잠은 있다有. 분노 애욕 아상과 별개이다.	잠 (수면)	잠은 착각 현상이다無. 분노 애욕 아상과 같다.

매일 가행정진하시느라 수고 많습니다.

가행정진하면서 종종 군대 생활이 연상됩니다. 학생 때 1963년에 처음으로 한 달간 ROTC 군대 훈련을 받았습니다. 생전 처음 하는 군대 생활은 굉장히 생소하고 거칠고 괴로웠습니다. 수업 시작할 때 교관들이 이런 얘기를 해요. "연일 계속되는 훈련에 수고들 많다." 그저 교관으로서 할 수 있는 상식적인 이야기인데도, 들을 때 얼마나 마음이 편안하고 위로가 되는지 몰라요. 그만큼 고독하고 힘들고 외로웠다는 뜻입니다.

즐기고 놀며 가행정진을 하는 분들도 있겠지만, 잠과의 투쟁이라는 비장한 결의로 가행정진을 한다는 분들에게 "가행정진을 하시느라 수고가 많다."라는 제 말은 적지 않게 위로가 될 것 같습니다.

긴장감을 유지하며 공부해야 한다

본래 불법에서 불립문자不立文字, 문자를 내세우지 않는다고 하여 책도 잘 안 봅니다. 특히 선방에 있는 분들은 경전도 잘 안 보고, 법문도 거의 안 듣는 것 같습니다. 경전도 안 보고 부처님 말씀도 안 듣고 혼자 스스로 알아서 합니다.

불립문자, 분별을 내지 말라는 뜻입니다. 나중에 알고 보니 이 말은 상당히 경지가 높은 사람, 어느 정도 수행이 된 사람에게 해당하는 것이었습니다.

보통 사람은 법문을 자주 들어야 하고 때에 따라서는 책, 특히 금강경 등 부처님의 말씀을 자꾸 읽고, 밝은 스승으로부터 잔소리도 자주 들어야 합니다. 스님들뿐만 아니라 일반 신도들도 책 보지 않고 법문도 거의 안 듣거나 온라인으로 듣는다면 도저히 밝아질 수 없습니다.

밝은 스승께서는 매일 법문도 하시고 잔소리처럼 똑같은 얘기를 반복하셨습니다. 이렇게 매일같이 듣고 긴장했던 것이 공부에 많이 도움이 되었습니다. '자율적'이라는 것은 보통 사람에게 전혀 도움이 안 됩니다. 긴장감을 가져야 합니다. 꾸중을 듣거나 시험을 칠 때 긴장합니다. 마찬가지로 매일매일 스승한테 법문 듣고 잔소리 들을 때 긴장감을 가지게 됩니다. 집에서 두 다리 뻗고 온라인으로 들어서는 안 됩니다.

그래서 제가 가능하면 매일 부처님 말씀을 전하고, 긴장감을 유지하기 위해서 조는지 깨어있는지도 볼 것이며, 자세가 나쁜 사람은 허리를 펴게 할 겁니다. 지금까지는 자율적으로 알아서 하게 했는데, 이것이 우리 법당을 내리막길로 가게 했고 결국 심각한 재앙을 불러왔다고 생각합니다.

자기 자신을 가장 못난 존재로 알아야 합니다. 꾸중을 들어야 겨우 정신을 차리고 긴장감으로 공부해야 겨우 되는 열등한 존재로 알고 출발할 때 오히려 공부의 성과는 매우 빠를 것입니다. 그래서 이번 수행에는 매일 법문을 하려고 합니다.

이것은 우리를 위대한 존재로 보는 방법은 아니며, 열등한 존재로 보는 방법일 수도 있습니다. 우리 공부는 자기 자신의 무소불위

전지전능을 깨닫는 것을 목표로 하는 훈련 중 하나이지만, 처음에 시작할 때는 스스로 알아서 하는 것이 통하지 않습니다.

세계적인 수행 방법,
새로운 패러다임의 잠 해탈 가행정진

오늘도 새로운 패러다임의 잠 해탈 가행정진 수행 방법에 대한 소견을 말씀드립니다.

우리 법당은 정해진 회원, 조직, 상하가 없습니다. 그렇다고 해도 스스로 알아서 하게 해서는 실제로 수행이 안 됩니다. 회비를 내거나 많이 출석한다고 회원이 되는 것이 아닙니다. 앞으로 바른법연구원의 회원은 가행정진을 생활화하는 사람만이어야 한다는 것이 제 생각입니다.

아무리 회비를 잘 내고 출석을 잘하고 계율을 잘 지켜도, 가행정진을 생활화하지 않는다면 그 사람은 생활이 나아지지 않습니다. 그날이 그날인 생활일 뿐, 부처님 세계로 갈 수 없습니다. 진정한 수행자가 되기는 어렵다는 것이 제 생각입니다.

물론 가행정진을 생활화하려면 오랜 수행이 필요합니다. 회원 개개인이 가행정진을 생활화할 수 있을 때, 반드시 밝아지는 모임이 되고 전 세계에서 찾아와서 배우는 세계적인 수행단체가 될 것으로 확신합니다.

새로운 패러다임의 가행정진을 할 때, 처음에는 약간 힘들어도 곧 어렵지 않게 평화와 행복, 능력과 지혜의 세계에 도달할 수 있습니다. 그렇게 되면 여기는 전 세계에서 찾아와서 배우려고 하는, 세계를 움직이는 위대한 모임이 될 것이 분명합니다.

도인은 자기 자신을 '참나'로, 보통 사람은 '가짜 나'로 규정한다

새로운 패러다임의 잠 해탈 가행정진은 어떤 특색이 있을까요?

새로운 패러다임의 잠 해탈 가행정진은 도인 식式의 가행정진입니다. 보통 사람의 가행정진과 비교하여 도인 식의 가행정진을 이해해 봅니다.

보통 사람은 세상에서 무엇을 하건 출발하는 마음가짐이 지혜로운 도인과는 상당히 다릅니다. 우리는 자기 자신을 굉장히 열등한 존재로 알고, 좀 더 나아지려고 노력하며 수행합니다. 출발부터 자기 자신을 열등한 존재로 놓고 시작합니다. 반면 도인은 자기 자신을 전지전능한 무소불위의 존재로 알고 출발합니다.

똑똑한 사람은 이렇게 질문을 하실 수 있지요.

"늘 자기 자신을 못난 존재로 알라고 법문 시간에 말씀하시지 않았습니까? 자기 자신을 못난 존재로 알라는 것과 전지전능한 무소불위의 존재로 알고 출발하라는 것과는 좀 다르지 않습니까?"

못난 존재인 '나'는 '가짜 나'를 의미합니다. 사실 우리는 '가짜 나'라는 게 있는지도 몰라요. 보통 사람들은 그저 자기의 육체와 정신이 자기 자신이며, 그것이 '진짜 나(참나)'라고 압니다. 하지만 도인은 다릅니다. 도인은 자기의 육체와 정신은 인연에 의해 형성된 '가짜 나'이며, 참나가 별도로 있다고 생각합니다.

도인에게 자기 자신은 '참나'입니다. 참나를 전지전능한 무소불위의 존재로 압니다. 보통 사람은 참나가 있는지조차도 모릅니다. 이 육신과 마음을 자기 자신으로 여기며, 당연히 자신을 열등한 존재로 압니다. 보통 사람과 도인은 우선 자신에 대한 정의부터가 달라요.

자신을 전지전능한 무소불위의 존재로 알고 출발한다는 것은 도인에 국한합니다. 우리는 자신을 가장 못난 존재로 알고 출발합니다. 여기서 못난 존재로 알아야 하는 자신은 가짜 나이지, 진짜 나가 아닙니다.

'가짜 나'를 '진짜 나'로 알면 재앙

누구의 아들 딸, 누구의 어머니 남편 아내로 인식하는 자신은 참 못나고 어리석은 '가짜 나'입니다. '진짜 나'는 부처님 시봉하는 사람, 전지전능 무소불위의 존재입니다. '가짜 나'는 참 못나고 하찮은 존재입니다.

"나는 누구의 남편, 아버지, 부하, 상전도 아니다. 나는 부처님 시봉하는 사람이다."

제가 늘 강조했습니다.

실제로 자기 모습을 알게 되면 잘난 척하고 싶은 생각이 뚝 떨어진다고 합니다. 우리는 잘난 척하는 맛, 폼 잡는 맛에 삽니다. 남편으로서의 긍지를 내세우고 부인을 자기 소유로 아는 것은 착각도 보통 착각이 아닙니다. 또 부인도 마찬가지예요. 자기가 돈 좀 벌어서 남편을 먹여 살린다고 남편한테 폼 잡고 막말하고 거칠게 대하는 부인들도 꽤 있습니다. 전부 다 '가짜 나'입니다. 이 '가짜 나'를 '진짜 나'로 알면 고통이요 재앙이요 무지요, 내생에는 악도입니다.

자신에 관한 정의를 잘 알고 출발하는 것이 중요합니다. 법문 시간에 이런 얘기를 수도 없이 했지만, 또 잊어버리고 도루묵이 돼요. 이번 기회에 확실하게 하십시오. 앞으로도 틈나는 대로 자주 말씀드리겠습니다.

도인도 수행한다
아직 닦아야 할 업보가 있기에

보통 사람은 자기가 잘되기 위해 노력하고, 향상 발전하려고 애씁니다. 또는 깨친 이나 부처가 되기 위해 수행합니다. 보통 사람의 수행과 도인의 수행은 다릅니다.

도인은 수행할 필요가 없을까요?

아닙니다. 도인도 수행해야 합니다. 도인은 깨치긴 깨쳤지만 아직 닦아야 할 업보가 너무나 많습니다. 보살을 각유정覺有情이라고 합니다. 도인도 아직 부처가 아니므로 부처가 될 때까지 수행합니다. 보통 사람과 똑같이 가행정진으로 수도할 수 있습니다.

한 제자가 백 선생님께 여쭤봤어요.

"선생님께서도 금강경을 읽으십니까? 선생님은 도인이시니까 금강경도 안 읽으시고 바치지도 않으시죠?"

"아니다. 나도 금강경을 읽는다. 나도 바친다."

백 선생님도 금강경을 읽으셨습니다. 한 가지 다른 점이 있습니다. 우리는 금강경 몇 달만 읽으면 책에 손때가 새카맣게 묻죠. 선생님의 금강경을 나중에 봤는데, 오래 읽으셨을 텐데 손때가 하나도 안 묻었습니다. 백 선생님이 읽으시는 금강경이 하도 깨끗해서, 그 이유를 생각하다가 방한암 스님 생각이 났습니다.

오대산 방한암 스님은 일제 강점기 때 일본 총독이 찾아왔을 정도로 존경의 대상이었다고 합니다. 방한암 스님은 목욕을 잘 하시지 않는대요. 하루라도 샤워를 하지 않으면 못 견디는 사람이 많지요. 하루에 두 번씩 하는 사람도 있습니다. 방한암 스님은 왜 목욕을 안 하셨을까? 백 선생님께서 말씀해주셨습니다. 땀이 나야 때가 생기는데, 진심을 많이 닦은 사람은 몸에 땀이 잘 나지 않는다고 합니다. 땀이 중생적인 특징인가 봐요. 방한암 스님은 땀을 안 흘리시니 목욕할 필요를 느끼지 않으셨다고 합니다. 도인의 세계는 좀 다릅니다.

도인에게는 '너'가 없다

보통 사람의 수행 방법은 '잠은 존재한다. 분노 사랑 고생 열반

극락세계가 존재한다. 나도 존재하고 너도 존재한다.'라는 존재감을 가지고 출발합니다. 중생에게는 '나와 너'가 있습니다. 그러나 도인에게는 '나'가 있을지 모르지만 '너', 즉 인상 중생상 수자상이 없어요. 착각으로 봅니다. 나는 전지전능한 존재라고 아는 것이 도인의 특색입니다.

보통 사람은 자기가 어느 정도 나아지면 상대를 가르치려고 합니다. 공부 1년만 하면 대개 법문을 하려고 합니다. 자비를 베푸는 것이 아니라 폼 잡고 자기 부하, 자기 사람 만들려는 것입니다. 금강경에 위타인설 하라고 하셨으니까 위타인설을 하지 않을 수 없다고 하는데, 위타인설은 자비로운 뜻으로 상대가 간절히 물어볼 때 해야 합니다. 공부한 지 1년만 지나도 발원문 써주고 지도하고 법문하고, 가만히 보면 자기 사람 만들려고 해요. 위타인설이라는 명목으로 과시하려 하고 반드시 법문을 해야 한다고 생각합니다. 하지만 다른 사람을 진정으로 위하는 법문은 아무나 하는 게 아닙니다.

저도 사실은 법문하고 싶지 않았던 때가 많았습니다. 그런데 왜 법문을 할까요? 잘난 척하려고 하는 것이 아닙니다. 선생님의 가르침이 참 좋은데 너무나 알려지지 않았기 때문입니다. 잘하는 다른 사람이 있으면 안 나섰을 겁니다. 저는 한때 백 선생님의 법문을 더 잘 이해하고 위타인설 하는 사람이 있으면, 모든 재산을 다 드리고 혼자 조용히 수도하려고 여러 번 생각했습니다. 나이 70이 될 때까지 그 생각을 계속했습니다. 그런데 그런 사람이 눈에 안 띄어요. 더 열심히 하는 사람이 없어서 제가 나서게 되었습니다.

70세 넘어서 처음으로 외부 강의를 했습니다. 그전에는 외부 강의에 불러주지도 않았을 뿐만 아니라 불러도 제가 사양했을 겁니다. 책을 쓰거나 법문을 한다는 것이 알고 보면 자기 자신을 드러내려는 치심이라는 것을 너무나도 잘 알죠. 그래서 책도 안 쓰고 법문도 안 하려고 했던 게 솔직한 심정입니다.

도인의 수행 방법, 바친다

보통 사람들은 각종 번뇌 망상, 잠 등이 반드시 존재한다고 보고 극복의 대상으로 압니다. 자기 자신을 열등한 존재로 알기에 극복의 대상을 제거하려고 합니다. 제거하지 못하면 일단 기라도 죽이고 눌러 참으려고 합니다. 그렇게 하지 않으면 자신이 그것에 지배당한다고 생각합니다.

스님들은 잠이나 분노를 극복의 대상, 제거의 대상으로 알고 제거하고 해탈하려고 하며, 안 되면 눌러 참습니다. 눌러 참으면 일시적으로 사라지는 것 같아요. 대부분의 스님이 잠을 극복하기 위해 굉장히 고생하세요.

어느 정도 피나는 노력을 하면 사실 잠이 줄어드는 것 같기도 하고, 해탈하는 것 같기도 합니다. 하지만 출발부터 잠을 극복의 대상으로 알고 눌러 참는다면 잠의 뿌리는 그대로 남습니다. 환경이 바뀌면 다시 잠이 많은 보통 사람으로 되돌아가는 것이 눌러 참는 수행의 특징입니다.

반면 도인은 잠이나 분노 애욕 등을 '있다'라고 생각하지 않고 극복하거나 제거해야 할 대상이라고 생각하지도 않습니다. 물론 눌러 참는 방식의 수행도 하지 않습니다. 세상에서는 '내려놓는다'라고 합니다. '바친다'는 백 박사님만의 독특한 수행 술어입니다.

'바친다'라는 말은 너무 종교적이어서 사람들이 거부감을 가집니다. 내려놓는다고 하면 종교적이 아니고 누구나 할 수 있는 것으로 느껴져, '내려놓는다'라는 용어를 선호합니다.

왜 선생님께서 '바친다'라는 용어를 처음으로 만들어서 사용하셨을까?

내려놓는 수행에는 공경심이 동반되지 않습니다. 바친다고 하면 반드시 공경심이 동반됩니다. 내려놓는다고 할 때는 나를 전제합니다. 내가 내려놓지요. 바친다고 하면 나를 희석합니다. 나를 소멸한다는 뜻이 동반되고, 또한 공경심이 전제되는 것을 느낍니다. 내려놓는다는 대원칙은 같지만, 바친다고 해야 아상을 소멸하고 부처님에 대한 공경심이 생기기 때문에 '바친다'라는 용어를 택하신 것입니다. 이 심오한 뜻을 이해하면서 잘 바치시길 바랍니다.

내려놓기만 하면, 즉 바치기만 하면 됩니다. 더는 눌러 참거나 잘난 척할 필요가 없어요. 번뇌 망상을 극복 대상이라고 할 필요도 없어요. 허상이고 본래 없기 때문입니다.

도인의 수기설법,
그 사람에게 맞는 방법으로 가르친다

종교 지도자는 수많은 사람을 움직일 수 있습니다. 하지만 밝은이는 대부분을 사이비로 보실 것 같아요. 불교 가톨릭 기독교 마호메트교 등 다양한 종교가 있고 불교에도 조계종 천태종 태고종 등 종파가 많습니다. 밝은이는 일단 단체를 만들면 정법이 아니라고 하실 것입니다. 물론 가톨릭이나 기독교로 마음 닦아서 수행하면 천당에 가고 해탈도 할 수 있을지 모르지만, 어떤 제도권 틀 속에서 단체를 만드는 종교 교육으로 정법, 밝음에 이르기는 몹시 어렵다고 생각합니다. 어느 종교의 신자라고 내세울 필요가 없어요.

보통 사람은 단체를 통솔하기 아주 쉽게 만듭니다. 계율 열 개를 잘 지키면 천당 간다, 관세음보살만 열심히 부르면 재앙을 소멸하고 소원을 성취한다, 단순하고 획일화되어 있습니다. 반면, 도인은 단체를 만들지 않습니다. 단체를 만들면 도인이 아닙니다. 백 선생님은 단체를 만들려고 하지도 않았고 우리가 단체를 만든다고 했을 때 말리셨습니다. 우리는 그 뜻을 따르고자 회원, 회원명부, 조직을 만들지 않습니다.

사람마다 설법이 달라야 합니다. 똑같으면 안 됩니다. 굉장히 마음이 여린 사람이 있어요. 백 선생님께서는 그런 사람에게 하드 트레이닝을 절대로 안 시키십니다. 사람마다 다르게 해요. 야단도 치시지만, 대개는 스스로 알아서 자발적으로 하도록 유도합니다. 또 그래야 합니다. 처음 백 선생님을 뵙고 그렇게 해야 한다는 것을 뒤늦게 알았습니다.

사람마다 대하는 방법이 달라요. 매일 새벽 법담에 들어가면 제 옆의 사람을 벼락같이 야단칩니다. 두 번째 도반도 야단맞습니다. 세 번째인 나는 질문도 못 하고 주눅이 들었어요. '보나 마나 세 번째인 나도 야단치시겠지.' 세상일은 그런 식이죠. 하지만 두 사람한테 야단을 치셔도 제게는 다르게 얘기하세요. 이 사람 야단쳤다고 옆 사람까지 야단치는 것은 화를 옮기는 것입니다. 불천노不遷怒, 화를 옮기지 않는 것이 도인의 특색이에요.

수기설법은 사람마다 다르며 획일적이지 않습니다. 항상 자율적, 자발적으로 하게 합니다. 자기 자신 속에 위대한 부처의 불성이 있기 때문입니다.

잠은 착각 현상, 해탈하면 능력과 지혜가 생긴다

잠에 대해서 정리합니다. 지금 절에서 하는 수행을 보통 사람의 수행이라고 생각합니다. 잠이 있다고 알고, 잠을 극복하고 제거해야 할 대상으로 압니다. 제거할 수 없으면 눌러 참는 식으로 합니다. 예전에 잠을 해탈했다거나 장좌불와 했다는 큰스님은 대개 잠을 제거의 대상으로 알고 눌러 참는 수행을 했습니다. 잠을 해탈한 것 같이 보여도 환속하거나 자유로워지면 또다시 잠의 노예가 될 것입니다. 뿌리째 뽑지 않았기 때문입니다.

잠을 해탈한 사람은 화를 내지 않으며, 이성을 보아도 마음이 동하지 않습니다. 전쟁이 나더라도 마음이 흔들리지 않아야 합니다. 그런데 잠을 해탈했다는 우리나라의 역대 도인을 보면, 화를 곧잘 내십니다. 화도 두 가지 종류가 있어요. 상대를 도와주기 위해서, 아버지가 어린 자식을 나무라기 위해서 화내는 모습을 보일 때가 있는데 그렇게 화내는 것은 탐진치가 아닙니다. 하지만 대다수가 자기 자존심 상하는 것을 견디지 못하고 화내는 수가 많거든요. 잠을 해탈했다고 하면서 화를 낸다면 잠을 뿌리째 뽑지 못한 것이라고 보면 됩니다.

잠을 해탈했다면 세상에서 유능한 일을 해야 합니다. 잠은 무능이라는 마장이기 때문입니다. 잠을 해탈했을 때는 마음이 상쾌하고 명랑하며 능력과 지혜가 생깁니다. 승려 생활을 하면서 잠을 해탈했다면 세속에 나가서도 능력을 발휘합니다.

보통 사람은 '잠이 있다.'라고 보고 분노 애욕 아상과는 별개로 보기 때문에, 잠이 없어진 것 같아도 분노 애욕 아상은 그대로 남아 있습니다. 반면 도인의 수도 방법은 잠을 착각 현상으로 보니까 내려놓기만 해도 해탈이 되고, 분노 애욕 아상이 모두 동시에 없어집니다. "일즉일체 다즉일 一卽一切 多卽一"이라는 의상 스님 「법성게」의 뜻을 잘 알아야 합니다. 모두 착각 현상으로 보고 출발하면, 하나가 제거되면서 동시에 다른 것도 다 제거됩니다.

잠을 해탈하는 가행정진을 하면 잠이 엷어짐과 동시에 상쾌하고 명랑한 기분이 들고 능력과 지혜가 더욱 커지기 때문에, 가행정진 하면서 직장생활을 해도 보통 사람보다 더 나을 것으로 확신합니다. 얼마나 바람직합니까? 하지만 잠을 해탈한다고 폼만 잡고 직장에 가서 조는 사람이 있어요. 그럼 쫓겨나요. 세상에서 무능한 사람을 양산하는 수행은 의미가 없습니다. 출발부터 우리의 공부법을 이해하고 하시기를 바랍니다.

가행정진의 정의

가행정진을 이렇게 정의해 봅니다.

첫째, 본능을 거스르는 수행으로, 자기가 즐겨 하는 대로 하지 않는다.

둘째, 지금까지 부귀영화, 가족, 업보에 끌려서 사는 삶이었다면 이제는 자기중심의 삶을 살게 하는 수행이다.

셋째, 세상의 가치를 최고로 알고 사는 사고방식에서 부처님의 가치를 최고로 아는 사고방식으로 전환하는 수행이다.

본능을 거슬러 산다는 것은 굉장히 괴로운 일입니다. 먹는 취미, 잠자는 취미, 사람들하고 어울리는 취미, 이런 것이 사람들의 일반적인 즐거움입니다. 하지만 먹고 싶은 것 마음대로 먹으면 절대 가행정진 못 합니다. 잠자고 싶을 때 잠자면 가행정진 못 해요. 사람들 만나서 지껄이고 수다 떨면 가행정진에 절대로 성공하지 못합니다.

이런 것을 하지 말라니 얼마나 괴로우십니까? 이런 말이 저절로 나옵니다.

"가행정진하느라고 정말 수고가 많으십니다."

진심으로 위로의 말씀을 드립니다. 수행의 열매는 굉장히 달 것입니다.

긴장감을 유지하며 철저하게 가행정진해야 한다

어제 아침에 도반들과 아침 식사를 하면서 가행정진을 해보신 적이 있는지 질문을 드렸습니다. 주말 출가 때 해봤다고 해요. 그때 주말 출가에서 가행정진을 제대로 한 것일까요?

저는 가끔 여러 가지 난제를 호소하는 이메일을 받습니다. 제 나름대로 답변하고 조언합니다. 가행정진도 해보라고 조언했더니 이런 질문을 해요.

“주말 출가에서 가행정진을 일곱 번 해야 법사를 만날 수 있다고 해서 그대로 했지만, 가행정진은 저에게 아무런 효과가 없었습니다. 저는 지금 이 공부에 대한 갈등을 느끼고 다른 스승을 찾아가려고 합니다. ○○○ 선원에 찾아가 영가천도를 하려는데, 해도 좋겠습니까?”

이게 질문입니까? 협박입니까? 이런 말을 듣고 느끼는 게 참 많았습니다. 가행정진을 제대로 했다면 행복해져서 절대로 다른 가르침을 찾아갈 마음이 나질 않습니다. 또 가행정진을 제대로 했다면 법당에 심각한 재앙이 터지지 않았을 것입니다.

가행정진을 제대로 하려면 법문을 통해 가행정진의 당위성과 필요성에 대한 철학을 확실히 마음에 새기고 출발해야 합니다. 가행정진은 하면 좋고 안 해도 그만이 아닙니다. 반드시 해야 합니다. 대충 한다면 약간의 성과밖에는 거둘 수 없습니다. 2박 3일 주말 출가하여 가행정진할 때 올바른 몸의 자세와 마음 자세를 공지하고, 시원찮을 때는 퇴출한다고 겁주는 것도 필요합니다.

저는 수많은 시험과 훈련을 경험했습니다. 특히 소사에서의 훈련이 가장 무섭고 엄했습니다. 긴장하지 않을 수 없었습니다. 소사에서는 조금이라도 방심했다가는 퇴출당합니다. 보통 100일 만에 퇴출이 대부분이지만 100일 전에 퇴출당하기도 합니다. 1년 만에 퇴출당하는 사람도 있어요. 1년 지나면 자발적으로 퇴출이 아니고 선생님이 내쫓으십니다. 2년이 지나 '이제 퇴출 안 시키겠지.' 하는 느긋한 마음을 가질 때 퇴출합니다. 항상 긴장하지 않을 수가 없어요. 긴장감을 가져야 수행이 됩니다.

우리가 주말 출가를 벌써 한 3년째 한 것 같은데 주말 출가를 오죽 어설프게 했으면 법당에 이렇게 심각한 재앙을 불러왔을까요? 그리고 심지어는 "내가 가행정진도 다 해봤는데 안 되더라. 다른 절로 가겠다."라고 협박까지 듣게 됐는지, 아주 서글펐습니다. 제가 언제 오라고 그랬어요? 회비 내라고 그랬어요? 이것이 협박이 아니고 뭡니까? 저는 돈이나 사람 구걸하지 않습니다. 가려면 가세요. 제가 느낀 게 많습니다. 특히 법당의 심각한 재앙이 저의 책임이라고 느낍니다.

가행정진은 긴장감을 유지하며 철저하게 해야 합니다. 가행정진을 제대로 못 했다는 것에 대해 뼈저리게 반성합니다. 그동안 다 알아서 하겠거니 맡겨놓은 것이 완전한 착오였습니다.

긴장감을 유지하는 방법

기조 설법, 가행정진에 대한 올바른 이해

지금부터 한 달간 우선 가행정진의 필요성과 당위성에 대한 철학을 진지하게 강의하려고 합니다. 가행정진 전후로 법문을 합니다. 제대로 하려면 강의도 들어야 합니다. 오늘도 죽비를 두어 번 쳤습니다. 그래도 처음보다 훨씬 나아졌지만 아직은 좀 많이 미흡합니다.

올바른 자세

가행정진할 때 올바른 자세가 심리에 미치는 영향이 큰 것 같습니다. 궁리하는 사람은 자세만 봐도 압니다. 자세만 똑바로 해도 잡생각이 안 납니다. 생각에 젖은 사람, 상념이나 궁리가 많은 사람은 대개 고개를 숙입니다. 또 고개를 숙이는 것은 궁리를 불러옵니다.

자세는 코끝과 단전을 일치시켜야 합니다. 고개를 숙이기만 해도 벌써 코끝과 단전이 일치하지 않습니다. 고개를 옆으로 약간 기울이는 것도 안 됩니다.

고개를 약간 기울이는 것은 지금은 봐줘요. 하지만 절대의 세계에선 안 통합니다. 제가 죽비를 치는 경우는 고개를 숙이거나 옆으로 기울일 때입니다.

철저한 감독

기조 설법을 철저히 하고 자세를 갖추도록 하는 것으로 충분하지 않습니다. 감독도 해야 합니다. 지금까지 자발적으로 하겠거니 했지만 그런 집단은 없는 것 같습니다. 심지어는 최고 성인이라고 하는 로마 교황도 고백 성사라는 트레이닝을 통해서 마음을 다스립니다.

가행정진 여러 번 하였어도, 여기서 10~20년 수행했다고 해도, 알아서 한다는 것은 천만의 말씀입니다. 그걸 모르고 맡겨 놓기만 한 것에 뼈저린 반성을 하며, 이제 미력이나마 솔선수범해서 모든 것을 다 바쳐 앞장섭니다. 잘못된 관행과 분위기를 완전히 바꿔야 합니다.

재앙은 축복의 씨앗

제대로 된 가행정진을 한다면, 제게 협박하는 사람보다는 감사와 공경으로 충만한 사람이 몰려들 겁니다. 또한, 작년 올해와 같은 혹독한 법당의 재앙은 아예 일어나지도 않을 겁니다. 승승장구해서 이 가르침이 전 세계로 퍼져나갈 수 있다고 믿습니다.

우리가 몇 년 동안 꾸준히 가행정진을 하고 무료급식으로 복을 지었습니다. 그 결과 백 선생님의 가르침이 전혀 퍼지지 않을 것 같은 막막한 상태에서 벗어나 최근 우리 가르침을 찾는 사람들이 기하급수적으로 많아졌습니다. 백 선생님의 가르침이 세계적으로 퍼질 수 있다는 희망도 품게 됐습니다.

거기서 '이만하면 되었다' 한 것도 문제였지만 애당초 준비가 안 된 사람들이 가행정진을 시작한 것, 그들에게 믿고 맡겼던 저 자신의 문제 등이 재앙을 불러왔는데, 이 재앙은 결코 나쁜 것이 아니라 전화위복과 축복의 계기가 될 것입니다. 이 재앙으로 인해서 저도 결심을 새롭게 했습니다. 앞으로 〈재앙을 축복으로 만드는 사람들〉이라는 슬로건에 걸맞게 새롭게 태어나서 우리가 바라는 모든 일을 잘 성취할 것으로 확신합니다.

철저히 성의껏 법문 준비하고, 성의껏 감독하겠습니다. 외람되지만 죽비도 크게 치겠습니다. 절대 헛되지 않습니다.

깨어있으면 세상을 확실히 안다

잠 해탈은 참나가 가짜 나(몸뚱이)에게서 분리되는 현상이다. 예로, 달마 대사의 유체이탈과 예수의 부활이 있다.

○ 도인과 범부의 특성

	도인의 특성	범부의 특성
정신상태	오寤, 깨어있음	매寐 혼침昏沈, 제 정신을 잃음
몸뚱이 착	엷어진 상태	심한 상태
마음	아는 마음	모르는 마음

매일 계속되는 가행정진 수행에 대단히 수고 많으십니다. 이것을 고생이라고 생각하시는 분들도 있지만, 어쩐지 다른 고생과는 다르게 즐겁기도 하고 새 정신이 난다는 분들도 많습니다.

큰 고통 없이 부처님의 세계에 어렵지 않게 도달하는 방법이 금강경 독송의 잠 해탈 방법이라고 할 수 있습니다. 간화선 화두를 들고 잠을 해탈하는 기존의 방법과 다른 새로운 방법이어서 '새로운 패러다임의 잠 해탈 방법으로서 금강경 독송법'이라고 말씀드리고 싶습니다.

잠과 죽음

잠이라는 게 무엇일까?

잠들었다는 것은 제정신을 잃었다는 뜻이며, 깨어있다는 것은 제정신을 차렸다는 뜻입니다. 제정신 차린 사람 중에도 각성 상태가 확실한 사람이 있고, 깨어있어도 각성 정도가 낮은 사람이 있습니다. 각성 상태가 높은 사람일수록 세상이 분명하고 밝게 보이며, 확실히 아는 느낌이 들 것입니다. 깨어있지만 세상을 어둡고 불분명하게 느끼는, 확실한 각성 상태가 아닌 사람이 참 많습니다. 누가 칼을 들고 쳐들어오면 피할 정도는 되지만, 마음이 조금이라도 흔들리면 각성 상태가 사라지는데, 이는 잠자는 상태의 일종입니다. 각성 상태가 사라지는 것은 정신을 잃었다는 뜻입니다寐.

잠과 깨어있는 상태에 대해서 정확히 규명된 학문은 잘 보지 못했습니다. 도인의 말씀을 참고해서 말씀드립니다.

사실 죽음은 본래 없습니다. 우리는 전지전능하기 때문에 영생을 삽니다. 우리가 죽음을 있다고 보고, 정신이 나간 상태나 영혼이 없어진 상태가 있다고 생각할 뿐입니다. 알고 보면 가짜 몸뚱이를 나라고 생각하는 정도가 깊어질 때, 즉 몸뚱이 착이 깊어질 때 죽었다고 생각하는 겁니다. 죽음은 없어요. 이 몸이 나라고 생각하고 이 몸에 대한 애착이 강해서 맑은 정신을 잃어버리는 상태를 죽음이라고 느낄 뿐입니다.

수도는 깨어있는 연습

수도를 지속하면 놀라거나 두려운 느낌이 줄어들고, 제정신 나간 상태가 줄어들어 아주 선명하게 깨어있습니다. 이 몸뚱이를 자기 것으로 생각하지 않기에 누가 칼을 들고 와도 두렵지가 않아요. 이 몸이 자기라고 생각하면 몸뚱이를 보호하려는 마음이 생깁니다. 보호하려는 마음은 제정신을 잃어버리는 마음이고 잠은 제정신을 잃어버리는 것의 일종입니다. 몸뚱이 착이 아주 많이 심해졌을 때가 잠자는 때, 몸뚱이 착이 엷어졌을 때가 깨어있을 때입니다.

수도는 깨어있는 연습을 하는 것입니다. 이것을 사마타라고도 합니다. 무슨 생각이든지 바치지 못하고 있을 때, 탐진치에 절어 있을 때는 잠자는 상태입니다. 올라오는 생각이나 쏟아지는 잠을 계속 바치면 몸뚱이 착에서 벗어나는 상태, 깨어있는 상태가 지속됩니다. 깨어있는 상태가 점점 더 커지면 아는 마음으로 바뀝니다. 몸뚱이 착이 심해지면 정신 나간 상태가 되고 제 몸을 보호하려 하며, 깜짝 놀라는 현상이 많아집니다. 이것은 바로 모르는 마음의 특성입니다.

우리는 모르는 마음, 제정신 잃어버리는 마음 때문에 언제부터인가 탕자가 되었어요. 이 몸을 내 것이라 생각하니 이 몸에 대한 애착이 생기고 보호하고 싶어요. 이 몸을 보호하고자 하는 욕망이 탐진치, 아상입니다. 사람들은 이게 없으면 죽는 것으로 알아요.

이 몸이 내 것이 아니라고 알게 되면 이 몸을 벗어날 수 있습니다. 이 몸을 벗어나는 것이 수도인의 목표입니다. 이 몸에서 확실히 벗어나고 자유자재로 들락날락할 수 있는 것이 수도의 결과라고 해도 됩니다.

잠 해탈,
참나가 몸뚱이에서 분리되는 현상

본래 전지전능한 나를 참나라고 합니다. 무소불위한 '참나'가 몸뚱이에 깊이 박혀있는 것을 '잠'이라고 생각해도 됩니다. 공부를 지속하면 몸뚱이에 깊이 박혀있던 참나가 하나하나 드러나면서 몸뚱이에서 분리됩니다. 이 몸뚱이를 자기 것으로 생각하지 않는 것이 깨달음입니다. 깨달은 사람은 잠을 완전히 해탈한 사람입니다. 가행정진을 생활화하면 점점 즐거움까지 느끼게 될 겁니다.

스님들이 일주일 동안 잠을 자지 않는 용맹정진을 합니다만, 실제로 정신이 맑은 게 아닙니다. 혼미해요. 혼미하면 어떻게 될까요? 군대에서 사격연습할 때를 예로 들어봅니다. 군대 가기 전에는 총소리가 두려워서 어떻게 군대에 가나 했습니다. 처음 총소리를 들을 때 가슴이 두근두근했습니다. 그런데 한번 듣기 시작하니까 총소리가 별거 아니고, 나중에 콩 볶듯이 총소리가 나도 졸아요. 졸음이 무섭더라고요.

'졸음'은 몸뚱이를 자기 것으로 안다는 뜻입니다. 꼬집고 별의별 짓을 해도 안 통합니다. 잠속에 깊이 들어가 있어서, 멀쩡히 길을 가다가 자기가 죽을 줄도 모르고 쓰러지기도 하는 게 중생의 특징입니다. 그런데 공부를 지속하면 이 몸뚱이가 자기가 아니라는 것을 알게 되고, 잠을 자지 않아도 정신이 아주 맑아집니다.

참나가 가짜 나의 몸뚱이에 깊이 박힌 상태가 중생의 특징입니다. 그러니 이 몸을 자기 것으로 알고, 자기 가정을 내 가정으로 알고, 내 부모를 정말 나의 보호자로 알아요. 공부를 계속하면 이 몸뚱이가 내 것이 아니라고 알게 되면서 부모, 처자, 선생들이 다 내가 만들어낸 허상이라는 느낌이 점점 커지지요. 그래서 공부가 깊어지면 유체이탈이라는 현상을 체험하는 것 같아요.

달마 대사의 유체이탈

달마 대사의 유체이탈은 한번 검토해볼 필요가 있습니다. 몸뚱이가 제 것이 아니라고 알게 되면 설사 사형을 당한다고 해도 아프지도 않고 두렵지도 않고 '웬 것이 하나 죽는구나.' 이렇게 되나 봅니다. 내 것으로 생각하지 않기 때문에 내 혼은 내 몸에서 벗어나는 것도 들어가는 것도 자유롭다고 합니다.

정확한 역사적인 사실은 모릅니다마는 이 이야기는 기록에도 있고 백 선생님께도 들었습니다. 저는 기록에 있는 이야기는 잘 말씀드리지 않습니다. 기록이 가짜가 많기 때문입니다. 백 선생님께서 말씀하시면 기록이 진짜라고 믿었습니다.

달마 대사가 양무제에게 쫓겨서 도망갔을 때 이야기입니다. 양무제와 나쁜 업보인가 봐요. 달마 대사는 마음대로 유체이탈을 할 수 있는 정도이기 때문에 누가 죽여도 끄떡도 안 할 수 있지만, 업보가 있으면 도인도 피할 때는 피하는 모양입니다. 히말라야산맥을 넘어가는데 큰 구렁이가 하나 죽어서 길을 막고 있어요. 아직 완전히 썩지는 않았는데 그게 거기서 썩으면 적어도 한 달 동안은 길이 완전히 차단될 것 같습니다. 큰 구렁이를 어떻게 치우나? 자기 몸을 벗어던지고 완전히 썩지 않은 구렁이 속으로 혼이 들어가면 순간적으로 구렁이가 되어 구렁이를 움직일 수 있다고 합니다. 달마 대사가 자기 몸을 두고 구렁이 속으로 들어가서 그 시체를 옮겼다는 이야기가 있어요. 사람이 지나가는 통로를 만들어놓은 뒤에 다시 자기 몸으로 돌아가려고 생각을 했답니다.

수도하는 이들은 대개 관상도 외모도 다 좋다고 합니다. 못생긴 사람은 알고 보면 수도를 잘못한 사람이고 역대 성인들이 다 잘생겼다는 게 백 선생님의 말씀입니다. 얼굴은 자기 마음의 표현이니 마음을 잘 닦으면 관상도 외모도 훤하겠죠. 달마 대사가 그림에 흉악하게 나오잖아요? 본래 잘생긴 왕자였다고 합니다. 자기 몸을 벗어놓고 구렁이 몸속으로 들어갔을 때, 유체이탈을 할 수 있는 다른 도인이 왔나 봐요. 그이는 굉장히 몸이 추해서 고생이 심했는데, 슬슬 돌아다니다 보니까 잘생긴 몸이 하나 있단 말이에요. '옳지 이건 내 것이다.' 하고 그 몸에 들어가서 도망갔어요. 달마 대사는 구렁이를 옮기고 자기 몸으로 들어가려고 돌아왔는데, 제 몸 대신 웬 추한 게 있네요. 이이가 도인이기 때문에 애착이 없대요. 그 몸으로 들어가서 달마 대사 행세를 했다고 합니다.

이 몸은 내가 가지고 있으니까 남이 날 쳐들어오지 못하지요. 우린 잘 못 느끼지만, 가끔 남이 내 몸을 쳐들어올 때가 있습니다. 내 정신이 들락날락하는 게 무당의 특성입니다. 들락날락 얼빠질 때 웬 혼이 싹 들어오는 것을 접신, 귀신이 몸에 들어와서 주인행세 하는 것을 무당의 신내림이라고 합니다. 도인의 말씀에 의하면 그렇다고 합니다.

깨친 이의 유체이탈

달마 대사뿐만 아니라 깨친 이들이 제법 많다고 합니다. 백 선생님께서도 가끔 유체이탈을 하셨다고 그 당시 제자들이 이야기합니다. 방문을 걸어 잠그고 가만히 앉아서 좌선에 들면 정신은 빠져나간대요. 빠져나가면 어디든지 단시간에 마음대로 다닐 수 있습니다. 몸으로 나타나든지 그 사람의 꿈으로 들어갈 수 있대요.

백 선생님이 금강산 동굴 속에서 공부하고 있을 때, 손 선생님께서 백 선생님을 제도하는 방법을 생각해보니 꿈속에 관세음보살 모습으로 나타나 "동굴 밖 장안사에 도인이 있다. 나와라." 하면 나올 것 같더래요. 그래서 백 선생님의 꿈으로 들어갔는데, 선생님은 그런 데 흔들릴 분이 아니라서 나오게 하지 못했다는 이야기가 있어요. 고집이 대단하신 거죠.

백 선생님께서는 해방 직후에 어떻게 해서든지 ○○○을 설득하고 싶었다고 해요. 유체이탈을 하셔서 ○○○의 꿈에 들어가 "고집부리지 말고 남쪽과 함께 통일방안을 모색해야지, 왜 소련의 앞잡이가 됐느냐?" 이런 식으로 설득했다고 합니다. 그런데 ○○○이 보통 고집이 세지 않더래요. 대가 세서 움직이지를 않더랍니다. 협상이 실패한 거예요. '야, 이 고집 센 놈.' 하고 만들어놓은 게 ○○○의 혹이라는 이야기가 있어요. 믿거나 말거나 자유입니다만, 도인들은 그런 능력이 있다고 참고로 말씀드립니다.

예수의 부활

예수의 부활에 대해서 제 소견을 말씀드리고자 합니다. 기독교 신자들은 예수의 부활을 믿습니다. 기독교 신자가 아닌 대부분 사람은 부활은 있을 수 없다고 하며 예수의 부활을 믿지 않습니다. 하지만 수도하는 이는 얼마든지 부활이 가능하다고 봅니다.

예수는 십자가에 못 박혀서 죽음을 맞이합니다. 죽기 전에 통증이 있고 정신도 약간 혼미했다고 합니다. 어느 정도까지 사실인진 모르지만 백 선생님께선 그런 말씀을 두 번씩이나 하셨어요. 그때는 이 몸뚱이를 자신으로 알았을 때라고 보면 됩니다. 죽음을 맞이하는 순간 확 깨치면서 이 몸뚱이가 자기 자신이 아니라는 것을 확실히 아셨겠죠. 몸뚱이에서 벗어나는 것도 자유로웠을 것입니다. 이 몸뚱이를 나로 알면 누가 꼬집을 때 인상 쓰고 싸우는데, 이 몸뚱이가 내 것이 아니라고 하면 누가 나를 때린다고 해도 화낼 일도 없고 아프지도 않게 되는가 봅니다.

최후의 순간, 가슴에 못이 박히면 세상 식으로는 죽음입니다. 추측건대 도인은 유체이탈을 자유롭게 하여 죽음에 이를 때 마음은 이미 빠져나왔을 것입니다. 혼이 빠져나오고 등신이 됐습니다. 육체적으로는 죽었지만 정신은 깨어있어요. 그날 예수의 시체가 돌무덤으로 갑니다. 돌무덤으로 들어갔을 때 시체가 썩기 전이었기 때문에 빠져나온 예수의 혼은 다시 그 시체로 들어가 시체를 움직일 수 있었을 겁니다. 유체이탈하는 사람에게 충분히 가능한 이야기입니다.

예수는 법을 받은 미륵존여래불이라고 백 박사님이 여러 번 이야기 하셨어요. 성경에는 예수님의 열세 살부터 서른 살까지 기록이 없습니다. 생이지지한 예수님은 일찍이 열세 살에 인도로 가서 불교를 배워 깨달음을 얻고 서른 살에 이스라엘로 다시 돌아가서 포교했다는 책도 있습니다. 예수님은 생이지지한 도인이기 때문에 유체이탈은 자유롭습니다. 그는 깨어있는 사람이었습니다. 십자가에 못 박히기 전에 몸을 빠져나왔습니다. 산 척하면 계속 죽이려고 할 테니 죽은 척해야 합니다. 완전히 죽은 척한 뒤에 돌무덤 속에 있는 몸뚱이로 다시 들어가서 살아나왔습니다. 부활은 유체이탈한 예수가 다시 본래 몸속으로 들어간 것이라고 해석하고자 합니다.

이 몸뚱이를 자기 자신으로 알고 있는 한, 항상 고통과 재앙 속에서 살게 됩니다. 이 몸을 자유자재로 할 수 있는 것이 바로 생사해탈이고, 몸뚱이를 벗어나는 순간 상쾌하고 유쾌하다고 느낍니다. 가행정진할 때는 부분적이나마 몸뚱이에서 마음이 벗어납니다. 저와 함께 가행정진하신 지 일주일 가까이 됩니다만, 고행이 아니라 점점 맑아지는 것을 느끼지 않으세요? 가행정진을 자꾸 하면 우리도 언젠가 달마 대사나 예수처럼 자기 몸뚱이를 자유롭게 할 때가 오지 않을까 생각합니다. 그 길을 위해서 가행정진한다 생각합니다.

탐심과 진심을 뛰어넘는 완전한 잠 해탈

공부하시느라고 수고 많으셨습니다. 대체로 조금씩 자세가 나아지고 있습니다. 올바른 자세로 시작하는 것은 장기적으로, 나아가서는 세세생생 가행정진하는 데 필요합니다. 익숙한 자세를 취하기는 쉽지만 올바른 자세는 귀찮습니다. 편한 자세를 취해서 가행정진이 잘 진행된다면 그대로 해도 되겠죠. 하지만 편한 자세는 처음에는 쉬워도 갈수록 가행정진을 어렵게 합니다.

가행정진의 첫 출발, 밝은 선지식 밑에서 시작한다

첫 출발이 매우 중요합니다. 물론 마음의 자세가 더 중요하지만, 못지않게 몸의 자세도 중요하다고 생각합니다. 첫 출발을 밝은 선지식 밑에서 시작해야 해요. 초발심시변정각初發心時便正覺이라는 말이 있듯이 첫 출발을 잘하는 것은 매우 중요합니다. 저는 다행히 선지식 밑에서 제대로 가행정진을 시작했습니다. 그때 배웠던 자세가 지금까지 유지되어서 가행정진할 때만은 비교적 올바른 자세를 유지하고 있습니다. 이것이 몇십 년 동안 가행정진을 놓지 않고 지속하는 동력이라고 생각합니다.

올바른 스승한테서 배우지 못한 사람은 몸과 마음의 자세도 제멋대로 됩니다. 그러면서 "나도 가행정진할 만큼 했다. 가행정진 49일씩 세 번 하면 깨친다더니, 세 번의 몇 배도 더했는데 별거 없더라." 이럽니다. 제대로 선지식 밑에서 배우지 않고 했기 때문에 그렇습니다.

법당에 주말 출가가 시작되면서 사람들이 많이 왔습니다. 제가 그때 가행정진을 하며 오리엔테이션을 철저히 맡아서 하고 정신적, 육체적 자세를 가다듬기 위해 죽비를 들고 매일같이 돌아다녔더라면 법당에 재앙이 쏟아지지 않았을 것입니다. 그때 첫 출발을 올바로 하지 못했기 때문에 가행정진의 본래 정신을 잃어버리고 제멋대로 주먹구구로 운영되었고, 삿된 기운이 판치고 정법이 사라지면서 재앙의 쓰나미가 쏟아진 것입니다. 이제 다행히 기사회생의 기미가 조금 보입니다.

가행정진은 반드시 선생님께서 가르쳐주신 올바른 마음과 몸의 자세로 출발해야 한다고 생각합니다. 이와 관련해서 조금 더 말씀드립니다.

1차 가행정진,
탐심을 외면한 수행

첫 가행정진은 백 선생님께서 시키시는 대로 저 혼자 했습니다. 그때 제대로 했기 때문에 백 박사님의 가르침이 이 세상에 남았고 나아가서는 세계적으로 뻗어나갈 희망이 생겼다고 생각합니다.

첫 가행정진은 참 맑고 투명했습니다. 몸과 마음이 매우 가벼웠습니다. 밖에 나가서 무엇을 해도 그 누구보다 잘할 것 같았습니다. 소사에서 3년째였습니다. 그러다가 방심했나 봅니다. 공부를 한 10년은 해야 했는데, 3년이 지나서 이만하면 되었다고 생각하였더니 집에서 저를 부르러 왔고 저는 끌려 나갔습니다. 선생님도 나가라고 하셨습니다. 나갈 때가 되었다고 생각하셨던 것 같습니다. 소를 다 팔고 나가라고 그러셨어요. 제가 소사에서 나오면서 목장은 사라졌습니다.

그때는 몸에 대해서 아주 자신 있었습니다. 하루에 한 끼 먹고 세 시간 잠자면서 지낼 수 있을 것 같았고, 몸은 아주 가벼웠습니다. 골골했던 저 자신이 이렇게 놀랍게 변한 것은 오로지 출가수행 덕분이라고 생각했습니다. 탐심도 깨치고 진심도 깨쳤다고 생각했고 잠과 애욕에서도 상당히 벗어났다고 생각했습니다.

다 좋은데 저는 취직, 먹고사는 문제를 해결해야 했습니다. 수도장에 있을 때는 먹고사는 문제는 관심의 대상이 아니었습니다. 가행정진만 잘하면 먹고사는 문제도 해결되는 줄 알았어요. 소사에서의 1차 가행정진은 탐심, 즉 먹고사는 문제 해결을 외면한 가행정진이었고, 지금 생각해보면 완전한 잠 해탈이 아니었습니다.

먹고사는 문제에 부딪히고 그것이 쉽게 해결되지 않으니 잠이 쏟아지고 배가 고프기 시작했습니다. 수도장에서 식탐과 잠자는 탐, 그리고 애욕을 해탈했다고 생각했는데 먹고사는 탐심이라는 거대한 벽에 부딪힌 거예요. 완전히 뿌리를 뽑은 해탈이 아니었기 때문에, 전에 공부한 것이 무색할 정도로 두 끼 먹으면 견딜 수가 없었고 잠도 세 시간 정도로는 안 될 것 같았습니다. 소사에서 공부한 보람이 뭔가, 망연자실했습니다. 잠자는 착, 음식 착, 애욕의 착을 해탈하는 것보다 나에게 당면한 더 큰 문제는 먹고사는 문제를 해결하는 것이었습니다.

공부의 뜻이 무엇인가?

공부는 먹고사는 문제를 해결하지 않고서도 될 수 있는가?

제가 경험자입니다. 지금은 종합적으로 제대로 가고 있다고 생각하는데, 그때는 상당히 갈등했습니다. 소사에서 3년 수도하면 다 끝나는 줄 알았어요. 얄팍한 사람은 "가행정진해 봤는데 소용없어. 먹고사는 벽에 부딪히니까 별거 아니야." 이렇게 이야기합니다. 절대 맞는 말이 아닙니다.

저는 먹고사는 문제, 즉 탐심을 외면하였습니다. 잠 해탈만을 위한 수행은 완전한 잠 해탈이 아니었다는 것을 알았고, 잠이나 먹는 착의 해탈을 제치고 먹고사는 문제에 전념하기 시작했습니다.

2차 가행정진, 탐심을 해결한 후의 수행

먹고사는 문제가 몇 년 만에 완전히 해결된 뒤, 2차 가행정진을 했습니다. 선생님께서 세상을 떠나신 후 저 나름대로 도반들과 함께했습니다.

백 박사님이 말씀하시는 세 번은 의미가 깊은 것 같습니다. 49일을 세 번만 하면 다 된다고 했는데, 백 선생님께서는 탐심을 깨치는 것을 한 번으로 보셨던 것 같아요. 저는 49일이라는 기간만을 한 번으로 봤고, 기간만을 한 번으로 보는 사람은 세 번 해봐도 별볼 일 없다고 하는 겁니다. 백 선생님 표준에서는 탐심을 깨치는 기간을 49일로 보았다는 것을 뒤늦게 알았습니다.

처음 가행정진할 때 굉장히 어려웠어서 다시 시작할 엄두가 안 났어요. 지금은 그래도 사람이 많이 모입니다만 그때는 20명 정도 모였어요. 주로 나이 드신 분들이었습니다. 제가 "소사에서 가행정진을 한 번 했는데 참 좋았다. 세 번 하면 깨친다고 하셨는데 잠이 이렇게 어려운가를 알고 나니, 엄두가 안 나서 못 하겠다." 그랬더니 한 어르신이 하시겠다고 해요. 하룻강아지 범 무서운 줄 모르고 덤비는 격이었습니다. 그 기상이 가상해서 한번 해보시라고 했죠. 용감하게 하시더라고요. 그 뒤로 너도나도 하게 되었습니다. 자세나 마음가짐은 제대로 하고 있는지 불안했어요. 제대로 안 했겠죠. 지금처럼 기조법문도 제대로 못 했어요. 그저 세 번 하면 된다, 자시에 일어나서 7독 해야 한다는 막연한 이야기로만 시작한 겁니다. 그런데도 여기저기서 기적이 매일같이 속출했습니다.

제가 첫 번째 가행정진 때 하도 혼나서 한 일 년쯤 관망하다가 뒤늦게 시작했습니다. 두 번째는 굉장히 쉬웠어요. 먹고사는 문제를 해결했기 때문입니다. 탐심의 벽을 넘고 나서 시작한 가행정진으로 잠을 더 해탈했습니다. 선생님 밑에서 했던 가행정진으로 잠을 완전히 해탈하지 못했고 탐심이라는 복병을 만나 원점으로 되돌아가는 느낌도 있었습니다. 하지만 먹고사는 문제라는 탐심을 해결하고 상당히 자유로워진 뒤에 한 가행정진으로 한층 높은 경지를 체험하였습니다.

비록 선생님이 안 계셨지만, 그 정신만은 가지고 있었습니다. 때로는 1시 넘어서 일어났고 2시 넘어서 일어날 때도 종종 있었지만, 가행정진을 2년 넘게 했습니다. 거의 완전히 잠에서 해탈했다는 자신감을 가지게 되었고, 머리는 상당히 맑고 경쾌했습니다. 그때 알았습니다.

'아, 이게 두 번째 자시 가행정진이로구나. 49일이라는 기간이 한 번이 아니라 마음의 안정의 벽을 넘는 것, 탐심의 벽을 넘는 것이 한번이구나.'

탐심 다음에 진심의 벽이 기다리고 있다는 것을 몰랐습니다.

진심을 해탈해야 잠 해탈이 가능하다

저는 잠을 마음대로 할 수 있었습니다. 밤새워가면서 대화를 해도 괜찮았고, 토론하면서 책을 읽어도 괜찮았어요. 우리의 정신력이나 체력이면 충분히 히말라야를 돌파할 수 있다고 생각했습니다. 그때 히말라야에 갔던 게 큰 실수였습니다. 이만하면 되었다는 오만한 마음, 자신 있다는 마음으로 혼자가 아닌 10여 명의 대중을 데리고 히말라야를 등정했습니다. 지금 생각해보면 너무 철이 없었던 것 같아요. 사실 히말라야에서 가행정진한다는 것은 굉장히 무모한 일인데, 겁도 없이 가행정진했습니다. 『성자와 범부가 함께 읽는 금강경』 책을 내기 위하여 검토하느라 밤을 꼬박 새워도 끄떡없었습니다. 산소가 상당히 드문 해발 2,900m에서도 밤을 새웠습니다. 그만큼 잠에 대해서 자신 있었어요.

하지만 저를 절망에 떨어트린 일이 발생했습니다. 대중에 진심嗔心이 많은 사람이 있었어요. 서로 싸우는 거예요. 제가 지도자니까 나무랐죠. 그 바람에 제가 얼마나 진심을 냈겠습니까? 공부의 리듬이 깨지고, 진심은 잠으로 연결되었습니다. 그날 산소가 지극히 희박한 해발 3,900m에서 5,400m를 올라가면서 산소결핍으로 죽음에 이를 것 같은 정도로 심하게 고통을 받았습니다. 법당이 해산할 정도의 위기였습니다.

저를 진심嗔心 내게 했던 도반은 공부를 결정적으로 방해하는 나쁜 업보였습니다. 공부를 방해하기 위해서 법당에 들어온 사람입니다. 공경심은 전혀 없이 제멋대로 법당을 휘저어 저를 진심내게 했고, 잘나가던 잠의 해탈이 무색해졌습니다. 진심의 해탈 없이 잠 해탈은 있을 수 없다는 것을 절실히 느꼈습니다.

업보를 해탈해야 완전한 잠 해탈이다

스님들께는 죄송합니다만 사찰에서 승려 생활하면서 먹고사는 걱정 없잖아요? 업보와 부딪치는 것도 없어요. 저는 업보와 부딪치는 것 없고 먹고사는 문제가 없이 가행정진만 하라면 자신 있어요. 상당히 높은 경지, 깨쳤다고 할 만한 경지에도 올라갈 것 같습니다.

백 박사님은 왜 저를 사회에 내보내셨을까요?

먹고사는 탐심의 벽을 넘고, 가정과 사회에서 나를 억누르는 진심도 극복할 수 있어야 완전한 잠의 해탈입니다. 완전한 해탈을 위해 저를 사회에 나가게 하신 것입니다. 내보내기 전에 제대로 가르쳐주지 않았다고 생각하며 잠시 선생님을 원망도 했지만, 한고비 넘길 때마다 선생님의 가르침에 깊이 감사하였습니다.

저는 이제 업보 해탈하기 전의 가행정진은 제대로 된 것이 아니라고 생각하고 업보 해탈에 전념하기 시작했습니다. '잠만 쫓는 것은 일시적이며, 조용한 데서는 얼마든지 할 수 있다. 업보 해탈까지 하는 잠의 해탈은 몹시 어렵다. 업보 해탈을 해야 완전한 잠의 해탈이다.'라고 생각하고 업보 해탈에 중점을 두었습니다.

가행정진 세 번은 횟수가 아니다

가행정진 세 번 하고 나서 "별거 없더라." 하며 초치는 사람이 있다면, 그 사람 말을 믿고 관둬야 하겠습니까? 가행정진 세 번은 숫자가 아닙니다. 탐심의 벽을 넘는 먹고사는 문제 해결, 진심의 벽을 넘는 업보 해탈, 이것만 하면 됩니다. 치심까지는 아니에요. 진심까지만 해탈해도 견성성불이라고 합니다. 치심의 벽을 넘으면 부처라고 합니다. 백 선생님의 말씀입니다.

저는 탐심의 벽은 넘은 것 같아요. 진심의 벽에 부딪히면서 업보가 괴롭히고 있는데 많이 희석되었고 조금 있으면 이 벽도 넘을 것 같습니다. 지금 가행정진이 상당히 쉽습니다. 일주일밖에 안 됐는데 정신이 점점 맑아져요. 그동안 가행정진했던 것이 헛된 게 아니라는 뜻입니다.

어설프게 하고 "해봐야 소용없어." 이러는 건 다 가짜입니다. 흔들리지 마세요. 제 말을 믿고 씩씩하게 나가면 반드시 잘 될 겁니다.

제 3 장

가행정진 수행자의 마음가짐

핵심번뇌인 잠을 해탈해야 모든 분별이 소멸한다

잠은 탐진치를 비롯한 분별심, 번뇌 망상을 종합한 것이다. 분별심은 궁리와 스트레스 등이며 병과 재앙으로 이어진다.

○ 분별심의 특징

- 상층부 분별심
  공포, 분노, 슬픔으로 거친 번뇌이며 주변 번뇌
  상층부 분별심의 소멸은 하층부 분별심의 소멸로 연결되지 않는다.
- 하층부 분별심
  음탐심과 잠, 보드라운 번뇌이나 핵심 번뇌
  하층부 분별심을 소멸하면 상층부 분별심까지 다 소멸된다.

○ 분별심의 소멸 빙법

- 최하층부 분별심인 잠을 해탈하면 모든 분별을 다 소멸할 수 있다.
- 그 방법은 금강경 독송 실천 수행으로 잠을 눌러 참는 것이 아니라 바치는 것이다.

주경야독, 낮에는 일하고 밤에는 금강경 공부하는 생활 방식을 만든 것은 우리가 세계 최초일 것입니다. 이러한 생활 습관은 우리를 상당히 능력 있고 지혜롭게 만드는데, 그 근거는 바로 금강경 실천에 있다고 확신합니다. 가행정진하면서 낮에 생업을 이어가는 우리의 수행 방법은 언젠가 세계적으로 주목을 받게 될 것입니다.

얼마 전에 우리 법당을 다녀간 재미교포가 있습니다. 그분의 의견이 다는 아니지만, 어제도 전화해서 우리의 가르침은 정말 세계적인 가르침이 될 것이라는 찬사를 보냈습니다. 그이도 지혜가 있는 사람이라 그런 이야기를 할 수 있다고 생각합니다.

오직 금강경 독송으로만 잠을 해탈할 수 있다

우리가 하는 가행정진은 '금강경 독송을 통해 잠을 해탈하는 수행'이라고 정의합니다. 절에서도 특히 간화선 수행을 하는 스님들은 잠과 음식을 해탈하는 것이 거의 필수 코스입니다. 이것이 아상을 소멸하는 길이고, 아상을 소멸해야만 밝아질 수 있다고 보는 것 같습니다. 잠과 음식에 자유롭지 못하면 큰스님의 축에 끼지 못해요. 큰스님 본인은 그렇게 하셔도 일반 신도에게는 그 이유를 명확하게 설명하지 않으십니다. 잠과 음식의 해탈은 오직 스님, 특히 큰스님만의 전유물처럼 되어 있습니다.

백 선생님께서는 왜 잠을 자지 않을 수 있어야 하고 음식을 적게 먹어야 하는지 이유를 설명하셨습니다. 잠과 음식에 대한 애착을 벗어나야 재앙소멸과 소원성취가 이루어짐은 물론, 능력 있고 지혜로운 삶을 살게 되어 큰 깨달음의 세계에 도달한다고 강조하셨습니다.

오직 금강경 독송법으로만 잠을 해탈할 수 있다는 것을 아셔야 합니다. 눌러 참는 방법으로는 잠이 절대 소멸되지 않습니다. 간화선 화두를 들어 잠을 해탈하는 방법도 잘 안 되는 것으로 알고 있습니다. 완전한 잠 해탈이 아니기 때문입니다. 잠을 해탈했다는 스님들이 화를 내시는 것은, 잠과 화를 다르게 봤기 때문입니다. 이는 언젠가 다시 잠으로 빠질 수 있다는 것을 의미합니다. 간화선 수행법으로는 완전한 잠 해탈을 할 수 없고 금강경을 통해서만 잠을 해탈할 수 있다고 확신합니다. 잠은 모든 번뇌 망상을 종합한 것입니다. 어째서 잠이 모든 탐진치를 비롯한 분별심, 번뇌 망상의 뿌리가 되는지 말씀드리겠습니다.

분별을 일으키는 순간 에너지가 빠져나간다

판단하고 이름 짓는 것이 분별을 일으킵니다.

'이 사람은 예쁘네. 어쩐지 저 사람은 싫어.' 하고 올라오는 감정은 분별을 일으킨 것입니다.

'이것이 그랜드 피아노구나.'라고 이름 짓는 것도 분별입니다.

'고층빌딩이 참 멋있네.' 하는 판단도 분별입니다.

분별을 일으키는 순간, 깜깜해지고 에너지가 빠져나간다고 합니다. 에너지가 빠져나간다는 것을 잘 실감하지 못할 거예요. 예를 들어봅니다. 소사에서 조용히 무슨 생각이든지 바치고 있으면 마음이 참 편안합니다. 어쩌다 서울에 가면 옷 잘 입은 사람이나 잘 생긴 사람이 너무나 많고 고층빌딩도 더 많아진 것을 봅니다. '멋있네, 서울이 이렇게 변했나?' 하며 궁리하고 수도장에 들어오면, 그날 잠을 자지 못하고 맥이 쭉 빠지는 경우가 종종 있습니다. 에너지가 빠져나가는 것을 느낄 수 있어요. 분별을 일으키는 것이 얼마나 해로운지 우리는 잘 모릅니다.

상층부 분별심과 하층부 분별심

이러한 분별심을 번뇌라 하기도 하고 망상, 궁리라고도 합니다. 분별심에는 탐심, 진심, 치심으로 인한 분별이 있는데, 이를 상층부와 하층부로 나누어 봅니다. 상층부 분별심은 공포 분노 슬픔 등, 거친 번뇌이기 때문에 금방 드러나지만, 하층부 분별심은 음란한 생각이나 잠으로, 보드라운 번뇌라서 눈에 잘 띄지 않습니다. 이런 표현은 제가 최초로 쓰는 것 같습니다. 선생님의 말씀을 종합해 보면 이런 표현을 쓸 수밖에 없다고 생각합니다.

잠은 분별이에요. 하지만 잘 드러나지 않아서 분별 같지가 않아요. 이것은 하층부 분별심이고 보드라운 번뇌이며, 핵심 번뇌라고 이름 지을 수 있습니다.

상층부 분별심의 소멸은 하층부 분별심의 소멸로 연결되지 않습니다. 마음속 공포, 분노, 슬픔을 바친다 해도 음란함이나 잠까지 소멸되지는 않습니다. 하층부 분별심이 아주 뿌리가 깊어요.

탐진치의 뿌리는 음란한 데, 보드라운 데 있다고 백 선생님께서 말씀하십니다.

"음란한 생각을 마음속에서 소멸하면 탐진치가 다 사라진다."

또 잠이 모든 번뇌 중에서 제일 바닥에 있다고 보십니다. 그래서 잠을 없애면 모든 번뇌를 소멸할 수 있다고 보고, 빨리 밝아질 수 있다고 합니다.

모든 것에는 서열이 있다

이게 재미있어요. 분별에만 상하가 있을까? 아니에요. 사람도 다 등급이 있습니다. 인간이 평등하다고 하지요? 물론 불성은 평등하지만 복 지은 것은 제각각 다르기에, 사람에도 등급이 있고 서열이 있습니다.

동물의 세계에서는 금방 서열이 생깁니다. 예를 들어 에버랜드에 호랑이 70마리가 있으면 순식간에 서열이 딱 정해져서 제일 사나운 호랑이가 고기를 먹기 전에 나머지는 못 먹는다고 해요. 백 선생님께서 그러시는데 사람, 동물만 서열이 있는 게 아니라 귀신도 서열이 있다고 합니다. 귀신도 복 지은 순서대로 서열이 있대요. 아들이 아버지와 어머니의 제사를 같이 지내도 제사 음식을 먹을 때는 순서가 있다고 합니다. 살았을 때 아버지가 먼저 밥상을 받고 어머니가 받듯이, 죽어서 귀신이 되면 더 서열이 엄하다고 해요. 이것은 밝은이가 한 이야기입니다.

사람, 동물, 귀신만 아니라 에너지에도 서열이 있습니다. 제가 자연과학을 해서 말씀드립니다. 에너지는 물질이 아닌데 작용은 있습니다. 작용을 느끼면 다 에너지입니다. 에너지에는 전기에너지, 빛에너지, 그리고 운동, 일, 열에너지 등 종류가 매우 많습니다. 이것들이 서열이 없는 것 같지요? 아니에요. 서열이 다 있어요. 가장 낮은 에너지가 열입니다. 왜냐하면 일은 열이 될 수 있지만 열은 절대로 자연스럽게 일로 되지 않습니다. 전기는 열로 변환하지만, 열은 100% 전기로 변하지 않습니다. 빛은 모두 열로 변할 수 있지만, 열은 자동으로 100% 빛으로 되지 않습니다. 이렇게 에너지에도 서열이 있어요. 모든 것에는 다 서열이 있습니다.

하층부 분별심의 소멸은 상층부 분별심까지 소멸한다

일은 열로 되어도 열은 일이 안 되는 것처럼, 상층부 분별심의 소멸은 하층부 분별심의 소멸로 연결되지 않습니다.

마음속에 두려움이 많고 분노가 있으면 바쳐서 소멸하려고 하지만, 마음속 미세한 분별인 음란함과 잠, 잘난 척은 죄가 된다고 생각하지도 않고 소멸하려 하지도 않습니다. 하지만 만약 이 하층부 분별심이 소멸된다면, 동시에 상층부 분별심이 소멸됩니다.

음란한 생각만 없으면 모든 분별이 다 없어진다는 것이 백 선생님의 말씀입니다. 화가 난다면 화를 바치라고 하지만, 이렇게도 말씀하십니다.

"화의 뿌리가 무엇인 줄 아느냐? 그 뿌리는 음란한 마음이니, 음란한 것을 잘 바치면 분노나 슬픔, 공포도 같이 없어진다."

소사에서 우리는 모두 젊고 혈기가 왕성한 젊은이였습니다. 이성에 대한 그리움이나 음란한 생각이 많이 날 때 이렇게 하라고 자주 말씀하셨습니다.

"특히 그것에 대하여 미륵존여래불해라."

밖에서는 음란한 것, 이성을 그리워하는 것이 그렇게 해롭다는 생각을 못 하는 것 같아요. 오히려 그것을 예찬하고 즐기라는 세상의 추세에 우리의 가치관이 많이 전도되었다고 생각합니다. 백 선생님께서는 음란함을 마음속에서 제거하면 모든 분별의 뿌리까지 없어진다고 하며, 특히 음란한 것을 많이 경계하셨습니다.

나중에는 잠이 모든 분별의 뿌리가 된다고 하셨습니다.

닦았던 것은 사라지지 않는다

어제도 말씀드렸습니다만 티베트 여행 전에는 잠을 다 해탈한 것으로 알았습니다. 웬만하면 화도 잘 안 났습니다. 두고두고 생각해도 그 도반은 저를 화나게 만들었고 저의 공부를 상당히 방해했던 것 같습니다. 부부도 여러 종류가 있잖아요. 화 안 나게 하는 관계가 있고, 이상하게 약점을 살살 건드려서 꼭 화내게 하는 업보가 있어요. 이게 공부를 방해하는 업보입니다. 업보에 의해서 분노가 대폭발하는 바람에 잠을 완전히 해탈했다는 자신감을 유지하지 못했습니다.

잘 깨치는 것도 중요하지만 깨친 것을 유지하는 것도 상당히 중요합니다. 이것을 보림保任이라고 하지요. 깨친 것이 없어졌다 하더라도 과거의 수행이 완전히 없어지지는 않더라고요. 비록 화를 내서 잠을 해탈하는 능력이 상실되어도 닦았던 게 아직 남아 있어서 적당한 때에 다시 시작하면 그전보다 빨리 복구되는 것이 확실합니다. 한번 닦았던 것은 없어지지 않습니다. 한번 선행을 했던 것은 언젠가 잠재의식이 기억해서, 반드시 복 받는 것으로 연결된다고 합니다.

금강경 실천으로
모든 분별을 해탈할 수 있다

분별심을 어떻게 효율적으로 닦을까?

보통 눈에 잘 띄는 상층부 분별심은 닦으려고 합니다. 상층부 분별심만 닦는 것은 핵심을 모르는 것입니다. 겉으로만 착한 척하고 속으로 착하지 않은 경우는 너무나 많습니다. 하지만 속이 착하면 당연히 겉도 착하지요. 속으로 일어나는 분별심, 즉 7식의 분별심은 바로 하층부 분별심이고 보드라운 번뇌입니다.

심신이 피로할 때 잠으로 해소될까요? 의사를 비롯하여 대부분의 사람은 잠은 피로 해소에 필수이며, 잠을 자야 육체와 정신이 건강할 수 있다고 이야기합니다.

잠자고 나면 피로하지 않을 것 같지요? 그러나 밝은이 입장에서 보면 잠자는 순간 깜깜해지고 피로도 더해요. 저는 이제 잠을 자면 더 피로하다는 것을 알 정도가 되었습니다. 잠은 완전한 휴식이 아니에요. 이것을 아는 사람은 없지 않을까 싶습니다.

잠자고 났는데도 피로가 더 심합니까? 잠을 자고 나면 피로가 조금 가라앉는 것 같지만, 피로감을 지연시키는 효과가 있을 뿐 독소까지 뿌리 뽑지는 못합니다. 잠을 자면 분별을 일으켜서 피로감이 더 증가할 수 있습니다. 자도 자도 더 멍해지는 것을 체험했을 것입니다.

금강경 공부를 하는 분은 잠을 안 자고 금강경을 독송하면 더 명랑해지는 것을 압니다. 잠이 절대로 피로 해소의 대명사는 아닙니다. 피로나 독소에서 벗어나게 하는 것은 잠보다도 금강경 실천이라는 게 도인의 말씀입니다. 밤새도록 경을 읽고 잠을 자지 않아도 그 이튿날 말짱한 것은 금강경 식式으로 피로라는 독소, 분별심을 해탈했기 때문입니다. 이 원리를 알아야 금강경 식으로 잠을 해탈할 수 있고 이에 대한 믿음을 가질 수 있습니다.

잠만 해탈하면 거친 번뇌인 공포, 분노, 슬픔은 쉽게 다 사라질 수 있습니다. 상당히 괜찮은 방법이지요? 도인은 우리에게 가행정진 방법으로 번뇌를 아주 쉽게 해결하도록 하셨습니다.

오늘도 제가 좀 돌아다닐 겁니다. 공부에는 긴장감이 꼭 필요하기 때문입니다. 이제는 온라인 시대입니다. 그런데 온라인 시대가 허점이 참 많아요. 온라인 공부로 지식교육은 가능하지만, 인격교육이나 지혜교육, 능력교육은 온라인으로 안 됩니다. 긴장감을 불러일으키고 공경심을 갖게 하는 것은 지혜나 인격을 키우는 좋은 교육 방법이고, 이 방법으로 밝아질 수 있습니다. 특히 새사람으로 다시 태어나거나 지혜를 개발하기 위해서는 반드시 스승과 스승의 질책이 필요합니다. 제멋대로 하는 것은 역행하는 것입니다. 물론 제가 다니면서 거친 행동은 하지 않을 것입니다만, 긴장감을 가지고 잠을 쫓는데 전력을 다해 주시기 바랍니다.

수행자의 올바른 자세

잠을 해탈하는 수행을 하시느라 수고 많으셨습니다.

가행정진은 우리 법당에만 있는 수행법이며, 시작한 지는 굉장히 오래되었습니다. 주말 출가도 가행정진의 연속이었습니다. 그렇지만 가행정진에 재미를 붙여서 계속 유지하는 사람은 아주 적습니다. 수보리 보살님은 아주 성공적으로 하고 계신 분 중에 한 분이지만, 많은 분이 중도에 탈락하고 심지어는 가행정진을 비난하는 사람까지 있습니다.

왜 중도에 탈락하고 유지하지 못하는가?

첫 단추를 잘못 끼우면 밑에 단추까지 잘못 끼우게 되듯이, 처음 시작을 올바른 가르침, 올바른 마음과 몸의 자세로 출발해야 한다고 봅니다. 이렇게 49일이라도 제대로 한 분은 상당히 효과를 실감하고 계속 이어갈 수 있습니다. 그러나 대충 자기 마음대로 하면 100일 이상을 해도, 첫 단추를 잘못 끼운 것처럼 결국 유지하지 못하게 됩니다.

올바른 마음가짐

올바른 마음가짐은 무엇일까요?

가행정진은 사실 대충 해도 다른 어떤 수행보다 효과가 좋습니다. 우선 당장 머리가 맑아집니다. '아상'인 잠을 금강경이라는 방법으로 해탈하기 때문에 당장 효과가 나타납니다. 그러나 이 효과를 이용해 소원을 성취하려 하면 결국 이기적인 출발이며, 첫 단추를 잘못 끼우는 것입니다.

잠을 해탈해서 부처님 기쁘게 해 드리기를 바라는 마음

가행정진은 소원성취 등의 이기적인 목적으로 수행하지 말고 오로지 잠을 해탈해서 부처님 기쁘게 해 드리기를 바라는 마음으로 하시기 바랍니다. 아무리 급해도 그저 미륵존여래불 할 뿐입니다.

화끈하게 자시 가행정진해서 소원을 이루겠다고 하면 소원이 이루어지지만, 그것 하나만 이루고 나머지는 못 이룹니다. 또 하나를 이루기 위해서는 처음부터 다시 시작해야 합니다. 소원을 이루려고 하지 말고 잠을 해탈해서 부처님 기쁘게 해 드리려고 하면, 그 소원이 당장은 이루어지지 않는 것 같아도 동시에 모든 소원성취가 저절로 뒤따릅니다. 부처님 시봉하는 마음이 그렇게 되게 합니다. 부처님의 말씀을 잘 따라서 실천하려는 공경심만 있으면 이미 절반 이상 된 것입니다.

잠은 분별이며 해탈할 수 있다는 확실한 믿음

잠에 대해 어떠한 견해를 가지고 있느냐가 잠을 해탈하는 데 중요한 요소입니다. 우리는 알지 못하게 '잠은 본능이고 도저히 제어할 수 없다.'라고 인식합니다.

도인의 올바른 견해를 말씀드립니다.

"잠은 본능이어서 어쩔 수 없는 것이 아니다. 잠은 본능의 반대인 분별이며, 본래 없으므로 바쳐서 해탈할 수 있다."

잠이 본능이고 천성이어서 해탈할 수 없다고 믿는 한, 결코 잠의 노예에서 벗어날 수 없어요. 잠은 착각적 현상입니다. 잠이 본래 없다는 것을 알고 계속 바쳐야 합니다. 잠이 쏟아져 눈이 저절로 감길 때, 눈이 감기려는 것이 착각인 줄 알고 자꾸 바쳐야 합니다.

올바른 몸의 자세

올바른 마음은 올바른 몸에서 비롯합니다. 각종 분별의 소멸은 올바른 자세에서 출발합니다. 바른 자세는 잠을 쫓는 데 굉장히 효과적입니다. 편한 자세는 처음 출발부터 잠과 타협하겠다고 하는 것과 같습니다.

백 선생님이 가르쳐주신 자세를 말씀드립니다. 참선하시는 분들은 가부좌 또는 반가부좌를 하고, 용맹정진할 때 장궤 자세를 취하기도 합니다. 이런 자세가 모두 좋습니다. 번뇌 망상을 물리칠 뿐만 아니라 마음을 안정시키는 바람직한 일반적인 자세는 가부좌 또는 반가부좌입니다. 코끝하고 배꼽 아래 세 치, 단전하고 일치시키는 것입니다. 그러면 똑바른 자세가 됩니다. 그리고 명문혈命門穴(2번과 3번 요추 극상돌기 사이에 위치하는 경혈, 배꼽의 정반대 위치)을 세워야 합니다.

어떤 자세일 때 번뇌 망상이 잘 침입하는지는 물어보지 않아도 알 수 있습니다. 팔베개하고 비스듬하게 누워있다든지, 턱을 괸다든지, 다리를 뻗는다든지, 누워있든지 하면 번뇌 망상이 아주 쉽게 침투합니다.

자세가 중요할까요?

허리와 등을 펴고 명문혈을 바로 세웠을 때 눈빛이 나고, 구부리면 눈빛이 어두워집니다. 백 선생님의 말씀입니다. 가행정진하실 때는 등을 의자에 기대지 말고 허리를 펴세요. 의자에 기대어 앉는 것은 출발부터 잠을 불러오겠다고 약속하는 것과 같습니다.

눈빛이 중요할까요?

눈빛이 있을 때, 기가 살아나고 위력이 발생합니다.

허리를 펴면 어떤 효과가 있을까요?

반드시 허리를 펴야 전지전능한 힘이 나옵니다. 천하의 영웅호걸 중에 허리를 구부리고 다니는 사람은 없을 겁니다. 대통령감이라도 허리가 구부정하다면 자세에서 낙제점을 받습니다.

본래 의자에서 하는 가행정진은 없어요. 바닥에 앉아서 할 때는 방석을 깔아서 엉덩이를 높이면 저절로 허리가 펴집니다. 요새는 독경할 때 보면대를 쓰지요. 소사에서는 경 읽을 때 항상 책을 눈높이까지 들고 읽었어요. 언제나 고개를 바로 들고 앞을 바라봅니다.

가행정진할 때 눈을 감으면 안 됩니다. 눈을 감으면 잠이 쏟아집니다. 반면 눈을 크게 뜨면 각성 상태가 커져서 잡념이 들어온다고 해요. 눈을 감지도 말고 뜨지도 않는 참선 자세와 똑같이 하는 것이 바람직한 잠 해탈의 자세입니다.

그 자리에서 바치고 견디어라

자세를 갖추고 금강경을 읽어도 잠이 온다는 분별이 올라올 수 있습니다. 그럴 땐 바치면 됩니다. 본능이 아니기에, 바쳐서 해결할 수 있습니다. 특히 이 말씀을 꼭 기억해 두시기 바랍니다.

"궁리를 따라가지 마라. 궁리는 착각이고 본래 없는 것이다. 궁리가 떠오를 때는 착각인 줄 알고 얼른 부처님께 바쳐라."

'잠이 본래 없다.'라고 해도 됩니다. 금강경 사구게 '범소유상 개시허망 약견제상 비상 즉견여래'를 쏟아지는 잠에 대고 계속 100번만 해도 효과가 있을 겁니다. 또는 도인이 일러주시는 '미륵존여래불' 염불이나 '나는 무시겁으로 졸은 적이 없노라.'를 계속합니다.

잠이 오면 일어서고 싶어요. 그러나 일어서는 방법 역시 일시적 효과이지, 잠의 뿌리를 뽑는 데는 전혀 도움이 되지 않습니다. 일어서려는 생각 자체가 분별입니다. 가능한 대로 그 자리에서 바치고 그대로 견디는 게 좋습니다. 그 자리에서 해탈하는 것이 좋습니다.

가행정진할 때 잠이 쏟아지니까 박카스라도 마시고 싶죠? 뭘 마시는 것도 바람직하지 않습니다. 카페인 같은 물질에 의존해서 잠을 쫓는 일시적인 방법은 그저 잠만 약간 가라앉힐 뿐 주변 번뇌까지 소멸하지 못합니다. 먹고 싶은 생각이 들어도 따라가지 말고 자꾸 바치세요.

그리고 금강경만 잡고 앉았다 하면 평소에 화장실에 잘 안 가던 사람도 자주 가고 싶어져요. 한번 갔다 오면 그만인데, 또 가요. 알고 보면 공부하기 싫은 마음이 발동한 것입니다. 그대로 따라가지 말고 자꾸 바쳐야 합니다. 바치다 바치다 안 되면 나중에 바치면서 가세요. 소변보러 가는 것은 괜찮다고 쓰윽 허용하면 잠을 못 쫓습니다. 이것은 도인의 말씀입니다.

한마디로 산만하지 말아야 합니다. 왔다 갔다 하지 말고, 일어서지 말고, 마시지도 말고, 허리도 굽히지 말고, 시계 보지도 마세요. 끝날 때 '벌써 죽비 칠 때인가?' 하는 정도까지 되어야 합니다. 궁리를 따라가지 말고 오로지 바치고 부처님 시봉하는 데 전력을 다하시기를 바랍니다.

금강경을 읽어서 잠을 해탈하는 사람이 있다면 부동자세일 겁니다. 처음부터 끝까지 그 자리에 그대로 단정하게 앉아서 부처님만 향하는 것이 잠을 뿌리 뽑는 가장 바람직한 자세입니다.

정리

다시 강조합니다. 소원성취 목적이 아니라 부처님 시봉 잘하기 위하여 이 수행을 하자는 것이 대원칙입니다. 잠은 본능이어서 어쩔 수 없는 것이 아니라, 착각이고 분별이어서 바쳐서 해탈할 수 있다는 것이 두 번째 원칙입니다.

올바른 자세를 취할 때 잠을 해탈할 수 있습니다. 가행정진할 때만은 허리를 펴세요. 허리와 등을 펴면 눈빛이 납니다. 눈빛이 날 때 기가 살아납니다.

물 마시고 싶고 왔다 갔다 하고 싶을 때, 원숭이처럼 왔다 갔다 해야 합니까? 왜 이렇게 참을성이 없습니까? 바치세요. 소변보고 싶더라도 바치세요. 백 선생님께서 차라리 그 자리에서 볼일을 보라고 말씀하셨을 정도입니다. 잠이 폭포수처럼 쏟아져도 일어서지 말고 그 자리에서 해결해야 합니다. 그 자리에서 미륵존여래불 해야 번뇌가 해탈됩니다.

나이롱으로 가행정진하고서 "49일을 세 번 했는데 되긴 뭐가 돼?" 하는데, 절대 아닙니다. 이 원칙을 지켜서 잠에서 깨면 낮이 더 밝아 보입니다. 어두침침하게 보이는 것은 잠 속에서 살았다는 뜻입니다.

'잠이 쏟아지는 것은 고생의 길이 남았다는 뜻이다. 앞으로 고생하지 않고 행복하게 살기 위해서 잠의 노예 상태에서 벗어나야겠다.'

이런 마음으로 결의하는 것이 좋습니다.

가행정진 수행자의 마음가짐

○ 가행정진 수행자의 세 가지 각오

첫째, 오직 마음 닦는 목적으로 가행정진하여 부처님 시봉 잘하기를 발원합니다.

둘째, 잠은 본능이나 천성이 아니요, 분별심分別心임을 깨달아 부처님께 바쳐 복 많이 짓기를 발원합니다.

셋째, 올바른 자세를 유지하며, 끝까지 궁리를 따라 행동하지 않아서 부처님(성인)을 기쁘게 해 드리길 발원합니다.

가행정진 계속하시느라 다들 수고 많으십니다.

어제 개인적인 사정으로 지방에 갔다가 늦게 와서 '오늘은 약간 느긋한 마음으로 가행정진을 하면 어떨까.' 하는 꾀가 납니다. 그럴 때 소사 수도장에서의 생활을 상기하곤 합니다. 조금 힘들다 해서 늦추고 조금 잘했다 해서 이만하면 되었다고 한다면 결국, 수행을 오래 이어 갈 수 없다는 사실을 너무나 잘 알고 있습니다.

피곤하다고 해서 느긋한 생각, 이만하면 되었다는 생각을 내지 않고 올바른 수행 원칙을 지켜서 부처님 시봉 잘하겠다고 다짐해 봅니다. 가행정진 수행자의 세 가지 각오를 말씀드립니다.

첫째, 오직 마음 닦는 목적으로 가행정진하여 부처님 시봉 잘하기를 발원

가행정진을 화끈하게 해서 소원을 이루겠다는 생각이 드는 수가 많습니다. 소원을 이루겠다는 생각을 이번 가행정진 시에만 한 번 포기해 보십시오. 포기한다고 안 되지 않습니다. 이번 기간만은 이기적인 목적으로 하지 않고 오로지 부처님 제대로 시봉하겠다는 마음을 가지기 바랍니다. 그럴수록 모든 것이 더 잘 이루어질 수 있습니다.

자시 가행정진을 하면 곧 알게 됩니다. 탐심이나 진심을 내면 기도가 깨집니다. 잘난 척하면 깨집니다. 분별을 낼 필요가 없어요. 기도하면서 새로이 무슨 발원을 할 필요가 없습니다. 발원하면 기도가 깨집니다. 그저 '부처님 시봉 잘하길 발원' 하나만 하면 됩니다. 그 어떤 분별도 용납하지 않습니다.

둘째, 잠은 본능이나 천성이 아니라 분별이니, 부처님께 바쳐 복 많이 짓기를 발원

우리는 무의식적으로 '잠을 어떻게 해탈해! 잠 안 자고 살 수 있나? 먹지 않고 어떻게 살아?'라고 생각합니다. 잠이 본능이며 천성이라고 생각하는 한, 잠에서 벗어날 수 없습니다. 조금 되는 것 같아도 다시 제자리로 돌아갑니다.

잠은 본능이나 천성이 아니라 분별이며 착각입니다. 분별임을 알아 부처님께 바쳐 복 많이 짓기를 발원합니다.

셋째, 올바른 자세를 유지하며 끝까지 궁리를 따라 행동하지 않아 부처님 기쁘게 해 드리길 발원

자세가 굉장히 중요합니다. 자세가 흐트러지면 걷잡을 수 없이 잠이 쏟아집니다.

자세가 먼저일까요? 잠이 먼저일까요?

피로하면 바른 자세를 유지하지 못하여 잠을 불러오는 수가 많습니다. 끝까지 자세를 유지하는 것이 좋습니다. 자신도 모르게 자세가 흐트러지는 것까지는 어쩔 수 없지만, 일부러 의도적으로 자세를 흩트리지 않는다는 원칙을 지키시기를 바랍니다. 코끝하고 단전을 일치시키고 명치를 펴세요. 처음에는 좀 힘들지만 가능한 대로 원칙을 지키세요.

백 선생님께서 처음엔 머리 긁고 싶은 생각도 바치라고 그러셨어요. 화장실에 갔다 와도 또 가고 싶어요. 공부하기 싫으니까 그렇습니다. 무얼 하고 싶은 충동, 즉 궁리를 따라가는 습관은 결국 가행정진에 성공하지 못하게 합니다.

여러 생각이 나고 그 생각에 따라서 움직이고 싶지요. 어쩔 수 없이 물을 마실 때가 있지만 일부러 마시지는 마십시오. 그 생각도 자꾸 바치세요. 시계 보는 습관도 들이지 마십시오. 궁리를 따라가는 습관은 하지 말아야 가행정진이 제대로 유지되고 효과를 볼 수 있습니다.

오늘도 가행정진을 잘하셔서 부처님 시봉 잘하시기를 발원드립니다.

궁리를 따르지 않아야 법이 선다

잠과 전쟁을 하시느라 수고 많으셨습니다. 전쟁이 아니라 잠이 본래 없음을 깨닫는 것인데, 본래 없음을 깨달을 정도로 우리가 한가하지 않아요. 잠이라는 '적'이 무차별 공격을 하므로 잠이 본래 없다, 허망하다고 생각하기에는 너무나 마음이 촉박합니다.

수행자의 마음을 분명하게 다지기 위하여 보충해서 말씀드리겠습니다.

오직 마음 닦는 목적으로 가행정진하라

"오직 마음 닦는 목적으로 가행정진하여 부처님 시봉 잘하기를 발원."

우리는 대부분 마음 닦는 목적으로 가행정진을 하지 않습니다. 반대로 무엇을 구하거나 소원을 이루려는 목적으로 가행정진을 하는 수가 많습니다.

잠을 해탈하기만 하면 뭘 구할 필요가 없습니다. 잠을 해탈하는 것이 바로 마음 닦는 것입니다. 이것만 잘하면 본래 전지전능한 참나가 드러나기 때문에 뭘 따로 구할 필요가 하나도 없어요. 가행정진을 '구하는 수단'으로 한다면 그 참뜻을 훼손하여 오래 하지 못하고 옆길로 새게 됩니다.

왜 우리는 구하는 것에 너무나 익숙할까요?

아주 오랫동안 탕자 생활을 해서, 구하고 보충해야만 살아남을 수 있다고 스스로 생각하기 때문입니다. 끊임없이 구하고 바라는 마음으로 가득 차 있습니다. 그러나 구할 필요 없이 바치기만 하면 되고, 잠을 해탈하기만 하면 됩니다.

일찍 일어나 금강경을 읽으면 저절로 밝아진다

본래 우리는 자연의 산물입니다. 천지가 한 뿌리고 만물이 일체天地同根萬物一體라는 표현이 있듯이 우리는 자연과 둘이 아닙니다. 공부를 잘해서 분별이 많이 사라지면 주위에 영향을 주는 존재가 되는가 봅니다. 하지만 우리는 아직 마음을 다 닦지 못하였기에, 해 달 바람 등 자연이나 우주의 여러 가지에서 영향을 받습니다. 자연에 순응하는 것이 좋다고 해요.

백 선생님의 말씀입니다.

"새벽 3시는 우주가 밝아지는 시간이다. 이 시간에 자는 것이 본래 좋지 않다. 잠들지 않고 깨어있어야 한다. 깨어있으면 금강경을 읽지 않아도 저절로 마음이 편안하고 밝아진다. 밝아지는 시간에 깨어있는 것이 자연에 순응하는 것이며, 이러면 몸과 마음이 건강해진다. 3시에 그냥 깨어있는 것보다도 금강경을 읽는 것이 더욱 좋다."

그런데 어느 때부터 바꾸셨어요. 이것이 자시 가행정진의 시작이었습니다.

"자시子時부터 해봐라. 자시가 우주가 밝아지는 시간이다."

특히 저에게 자시에 일어나서 금강경 7독을 하라고 가르치셨습니다.

일본에서는 아침형 인간, 새벽형 인간이 행복하고 능력 있는 삶을 산다고 하는 책이 많이 나옵니다. 우리나라에서도 예전부터 일찍 자고 일찍 일어나라고 했습니다.

"일찍 일어나는 것은 자연에 순응하는 것이다. 일찍 일어나서 금강경을 읽지 않아도 밝아지지만, 금강경을 읽으면 더욱 밝아진다. 자시에 일어나라."

백 선생님의 가르침입니다. 그저 자시에 일어나서 경을 읽으면서 잠을 해탈하기만 하면 저절로 밝아져요. 더 구할 필요가 없습니다. 오직 마음 닦는 자세로 가행정진해서 부처님 시봉 잘하기를 발원, 이것이 첫 번째 원칙입니다. 우린 너무나 궁하고 탕자의 삶을 오래 살아서 구하는 데 익숙합니다. 이제 그러지 맙시다.

바라지 마세요! 구하지 마세요! 매달리지 마세요!

잠은
본능이나 천성이 아닌 분별심

잠을 안 잘 수는 없다고 생각해요. 저도 백 선생님의 가르침을 만나기 전에는 여덟 시간을 꼭 잤어요. 그 전날 잠을 조금밖에 못 잤다면 다음날 보충해서 평균 여덟 시간을 잤습니다. 잠은 평균 여덟 시간 자는 것이며, 잠은 안 자면 안 된다는 고정된 사고방식이었습니다. 본능이니 어쩔 수 없다고 생각했습니다. 또 마찬가지로 음식을 먹지 않으면 살 수 없다, 옷을 입지 않으면 추위에 견딜 수 없다는 생각은 변치 않았습니다. 이런 확고한 생각들이 출가해서 깨졌습니다.

"무슨 생각이든지 착각인 줄 알고 바쳐라. 추위도 바쳐라, 배고픔도 바쳐라, 졸음도 바쳐라."

이렇게 가르치셨습니다. 잠은 본능도 천성도 아닙니다. 본능은 안 할 수 없는 것인데, 자꾸 바치다 보니 잠이 줄었습니다. 고칠 수 없는 것이 천성인데, 고칠 수 있다는 것을 하나하나 터득하며 잠이 없어질 수도 있다고 실감했습니다. 잠이 본능이나 천성이라는 것은 팩트fact가 아니며 분별, 착각, 허상임을 확실하게 알아야 잠을 쫓을 수 있습니다. '잠은 본능인데 어떻게 안 자!'라고 한다면 잘 수밖에 없지요.

억지로라도 눈을 떠서 잠과 투쟁한다

제가 오늘도 몇 번 돌아다녔습니다. 많이 좋아졌습니다. 이제 고개는 잘 숙이지 않는데, 여전히 눈을 많이 감으십니다. 고개도 들고 눈도 감지 않으시면 좋겠습니다.

본래 정진할 때 눈을 감지도 말고 뜨지도 말라고 합니다. 눈을 감으면 졸음이 쏟아지기 때문입니다.

졸음이 쏟아지면 어떻게 해야 할까요?

눈이 저절로 감기려고 할 때, 자꾸 경을 읽거나 바치셔야 합니다. 눈을 감는 게 버릇이 되면, 자시 가행정진해도 낯이 그렇게 밝지 않습니다. 물론 안 한 것보다는 낫습니다. 자시에 일어나서 금강경을 읽으면서 억지로라도 졸음을 자꾸 바치고 5시에 밖에 나가면, 바치지 않았을 때와 비교해서 굉장히 밝아집니다. 밝아졌다는 것은 재앙이 소멸하였다는 뜻입니다. 아마 공부를 많이 하신 분은 이미 체험하셨을 겁니다.

될 수 있는 대로 졸지 마세요. 고개만 꼿꼿이 하고 눈은 감는 것, 봐주지 않습니다. 다른 사람이 경을 읽으니까 졸면서 7번 따라 읽는 것도 안 됩니다. 독경 횟수만 채우지 말고 졸음이 와도 경을 자꾸 읽어서 잠을 쫓아야 합니다. 잠과 투쟁해서 끝까지 정신이 아찔하지 않아야 합니다. 눈을 감고 있었다는 것은 졸음에 항복했다는 뜻입니다. 여기 오실 때 저녁 일곱 시에서 아홉 시부터 세 시간 정도 주무세요. 그 시간으로 충분해요. 세 시간 자고 여기 와서 또 존다면 가행정진의 보람이 없습니다. 눈을 떠야 합니다.

졸리기 시작할 때 금강경을 읽어서 잠을 몰아내고, 될 수 있는 대로 눈을 떠야 합니다. 눈감고 대충 적당히 며칠 하는 것과 눈을 뜨고 일시적으로라도 잠과 투쟁한다는 기분으로 며칠 공부하는 것을 비교해 보세요.

잠을 억지로라도 쫓으면 각성 상태가 굉장히 커집니다. 기분도 상당히 상쾌하고 밖에 나가면 세상이 밝아 보입니다. 그것이 재앙소멸의 시작입니다. 잠은 이렇게 점차 극복됩니다. 자꾸 졸면 잠에 대한 착着이 줄어들지 않습니다.

무엇에도 의지하지 말고 잠과 정면 대결한다

잠이 자꾸 쏟아지죠? 습관이기도 하고 저녁을 먹어도, 화를 내도 잠이 쏟아집니다. 우울하거나 슬퍼도 잠이 쏟아집니다. 각종 분별은 다 잠으로 연결됩니다.

잠이 쏟아질 때 가능한 무엇에도 의지하지 말았으면 좋겠어요. 박카스나 커피 같은 각성제, 물에도 의존하지 마십시오. 왔다 갔다 하면서 잠을 쫓으려고 하지 마세요.

잠이 폭포수처럼 쏟아질 때 바로 그 자리에서 정면 대결하여 해결하세요. 잠을 좁은 사각 링의 코너에 몰아넣고 '일대일로 부딪혀

보자. 죽기 살기로 한번 해보자.' 하는 결의를 다지세요. 몸이 약해도 할 수 있습니다. 링이 없으면 도망이라도 다니겠죠. 마시거나 왔다 갔다 하는 게 의존하는 것이며 도망 다니는 겁니다.

잠이 쏟아지면 우리는 눌러 참습니다. 자는 것보다는 참는 게 나을 것 같지만, 참는 것보다는 경을 계속 읽는 게 좋습니다. 금강경에 최고의 각성 효과가 있습니다. 잠은 본래 없는 것이기 때문에 금강경 식으로 계속 원을 세우며 바치는 방식으로 한번 해보세요. 결의하고 이런 식으로 하면 분명히 극복됩니다.

'4시간 동안 정면 대결해서 끝내주자. 눌러 참지 말고 금강경 식으로 바치자.'

잠에게 퇴로를 열어주지 말고 각오하고 결의해야 잠이 극복됩니다. 다만 며칠이라도 확실하게 해보면 각성 상태가 또렷해져서 세상이 굉장히 밝아 보이고 마음이 상쾌하고 명랑해집니다. 재앙이 소멸하고 소원은 저절로 성취되며, 몸과 마음이 굉장히 건강해진다고 자신 있게 말씀드립니다.

궁리를 따라가지 않아야 법이 선다

자세를 바르게 하는 것은 잠을 쫓는 데 매우 도움이 됩니다. 자세를 올바로 했는데 이제 궁리가 납니다. 이 궁리가 문제에요. 찌개를 가스 불에 올려놓고서 정진하다가 '타는 거 아니야?' 하는 생각이 나면 정진을 그만두고 가스 불을 끄러 갑니다. 이렇게 왔다 갔다 하는 동안에 잠을 쫓을 수가 없어요. 정면 대결하는데 뒤에서 누가 방해하는 것과 같습니다. 궁리를 따라가면 안 됩니다.

소사에서 공부할 때 이런 적이 있어요. 밖에다 자전거를 세워 놓고 정진하고 경을 읽는데, 누가 자전거를 가져갈 것 같아요. 대부분의 사람은 '경을 읽으면 부처님이 자전거를 지켜주나? 내가 자전거를 지켜야지!' 하면서 나갑니다. 그러나 백 선생님은 밖에서 무슨 일이 일어나도 움직이지 못하게 합니다.

"윗목의 도반을 호랑이가 물어가도 분별 내지 마라."

선생님의 유명한 말씀, 아시지요? 공부가 다 끝나고 나가 보니 자전거가 사라졌어요. 이튿날 그이가 선생님께 말씀드렸습니다.

"경을 읽는데 누가 밖에 세워둔 자전거를 가져갈까 봐 불안한 생각이 들었습니다. 나갈까 말까 하다가, 그대로 경을 읽었습니다. 자전거를 잃어버렸습니다."

"잘했다."

선생님께서 칭찬하셨습니다. 그 자세가 좋습니다. 경을 읽다가 나가서 자전거 가지고 가는 사람을 잡았다고 칩시다. '경을 읽다가 나가서 잡았으니 참 잘됐다.' 하며 그 뒤로는 공부 중에 무슨 궁리가 나면 항상 따라가게 돼요. 공부의 리듬이 끊깁니다. 경을 읽기 전에 미리 다 차단하고 궁리에 따라가지 마십시오.

궁리하면 지겨워요. 요새 한 시간 정진하니까 언제 끝나나 시계 보고 싶지요? 이것도 궁리입니다. 시계는 될 수 있는 대로 보지 마세요. 에디슨도 시계 보지 말라고 했습니다. 궁리를 따라가면 공부의 리듬이 깨집니다. 겉으로 보기에는 금강경 공부를 잘하는 것 같아도 속으로는 시계 보고 싶고, 자전거 잘 있는지 나가 보고 싶고, 가스 불 제대로 껐나 보고 싶고, 이렇게 자꾸 궁리를 따라가다 보면 공부 시간이 아주 지루해집니다. 그리고 법이 서질 않으니 잠을 이길 수 없습니다.

궁리를 따르지 말고 모든 생각을 계속 바치고 바칩니다. 누구에게 연락해야겠다는 생각도 바치고, 전화 오면 받아야지 하는 생각도 바칩니다. 공부 잘하는 사람은 전화가 와도 아예 안 받습니다. 대개 그때 안 받아도 별일이 없더라고요. 그리고 상대도 알아서 공부하는 시간에 전화 걸지 않게 됩니다. 그렇게 해야 자기중심, 공부 중심으로 살고 법이 섭니다. 굉장히 중요합니다. 궁리를 따라가지 마세요.

이 가행정진 수행자의 세 가지 각오를 철저히 지켜서 49일 만이라도 잘하신다면 반드시 빛나는 효과를 볼 수 있을 것으로 생각합니다.

공경심으로 부처님 기쁘게 해 드리기를

○ 가행정진 수행자의 세 가지 각오

첫째, 오직 마음 닦는 목적으로 가행정진하여 부처님 시봉 잘하기를 발원합니다.

둘째, 잠은 본능이나 천성이 아니요, 분별심分別心임을 깨달아 부처님께 바쳐 복 많이 짓기를 발원합니다.

셋째, 올바른 자세를 유지하며, 끝까지 궁리를 따라 행동하지 않아서 부처님(성인)을 기쁘게 해 드리길 발원합니다.

어제와 똑같이 칠판에 썼습니다. 가행정진 수행의 원칙을 매일 반복해서 설명해 드리는 것은 가행정진을 성공적으로 수행하여 잠을 해탈하는 데 도움이 될 것입니다. 백 선생님께서 살아계신다면 지금 우리에게 이런 대원칙을 세워서 자꾸 발원하라고 말씀하지 않을까 싶어요.

"오직 마음 닦는 목적으로 가행정진하여 부처님 시봉 잘하기를 발원."

백 선생님께서 현대생활에 맞게 만드신 수행법, 금강경 독송을 통한 가행정진

금강경 7분의 마지막 구절입니다

일체현성 개이무위법 이유차별

一切賢聖 皆以無爲法 而有差別

모든 깨친 이들은 형상이 없는 법으로

상황이나 처소에 따라서 각각 다른 가르침을 낸다.

이것이 무슨 뜻일까요? 제 생각에는 세계 3대 성인이라 할 수 있는 부처님 공자님 예수님의 깨달음은 동일한 것 같습니다. 깨친 바는 같지만 상황에 따라서 제각각 다른 가르침을 내셨다고 생각합니다. 부처님은 인도라는 환경에 걸맞게 불교 가르침을, 공자님은 중국의 시대 환경에 맞는 유교 가르침을, 예수님은 로마의 지배를 받는 이스라엘에 맞는 기독교 가르침을 내셨다고 생각합니다.

마찬가지로 불교도 그 당시 많은 수행법이 있었지만 달마 대사라는 걸출한 분이 인도에서 중국으로 와서 조사선 수행법을 새로 만들었습니다. 달마 대사의 제자이신 대혜종고 스님은 그 시대 상황에 맞추어 간화선이 낫다고 생각하셔서 간화선을 만들었다고 봅니다. 또 고려시대 나옹 스님은 그 시대에 걸맞게 염불선을 제창하셨다고 합니다.

백 선생님께서 우리를 행복하고 지혜롭게, 더 나아가서 밝아지게 하려고 현대 상황에 맞게 만든 수행법이 '금강경 독송을 통한 가행정진'이라고 생각합니다.

물론 백 선생님의 가르침을 다르게 주장하는 후학들도 있을 겁니다. 제가 알기로 백 선생님의 정체성을 가장 잘 나타내는 수행법은 금강경 독송을 통한 가행정진입니다.

바른법연구원의 정체성, 가행정진

우리 법당은 정해진 회원, 회원명부, 조직이 없습니다.

바른법연구원의 특징, 정체성을 나타내는 것이 무엇인가? 가행정진입니다.

가행정진을 제대로 하는 사람이 우리 법당의 회원입니다. 30년을 다녔어도 가행정진하지 않는 사람은 회원이 아닙니다. 아무리 회비를 많이 냈어도 수행, 특히 가행정진을 안 한다면 진정한 회원이 아닙니다. 언젠가 우리 법당이 커져서 매우 큰 단체가 되었을 때, 단체라고 하니 이상합니다만, 돈 많이 낸 사람이나 오래 있던 사람이 아니라 가행정진하는 사람이 법당의 주인이 되고 단체의 모든 특권을 누릴 것입니다. 가행정진이 우리 법당의 정체성입니다.

오직 닦는 마음으로 잠자는 착을 해탈해서 부처님 시봉 잘하기를 발원

금강경 8분의 구절입니다

일체제불 급제불 아누다라삼막삼보리법 개종차경 출

一切諸佛 及諸佛 阿耨多羅三藐三菩提法 皆從此經 出

모든 부처의 탄생, 새로운 사람의 탄생, 그리고

밝아지는 방법은 다 이 경을 통해서 나온다.

금강경을 수행하는 가행정진으로 밝아지고, 능력이 생기거나 지혜로워지는 것이 가능합니다.

그러려면 가행정진을 어떤 이기적인 목적, 바라는 목적으로 할 필요가 없어요. 오히려 바라는 목적으로 한다면 그것 하나밖에 이루지 못합니다. 우리는 하나만 이루는 작은 그릇의 사람이 되어서는 안 됩니다. 보현행, 잠 해탈이라는 하나의 수행을 통해서 모든 것을 이루는 위대한 사람이 되어야 합니다.

우리 가르침을 바라는 마음으로 하지 마세요. 오직 닦는 마음, 잠을 해탈하는 마음으로만 하면 됩니다. 가행정진해서 내가 잘 먹고 잘살자는 게 아니라 부처님 시봉 잘하길 발원하는 마음으로 하는 게 좋습니다.

"잠자는 착을 해탈해서 부처님 시봉 잘하길 발원."

소사에서도 역시 가르침의 핵심이 잠 해탈에 있다고 생각해서 늘 이런 원을 세웠습니다. 잠이 가장 원초적인 번뇌이기에 잠을 해탈함으로써 아상을 소멸하고 주변 번뇌를 다 해탈해서, 쉽고 빠르게 부처님 세계에 바로 도달할 수 있다고 믿었습니다.

잠을 바치면 늘 깨어있고 지혜로워진다

잠이 천성이며 본능이라 해탈할 수 없다는 선입견이 있으면, 잠을 해탈할 수 없습니다. 잠을 해탈해서 부처님 세계에 도달하기 위해 제일 먼저 가져야 할 마음가짐은 잠은 천성이나 본능이 아니라, 그저 착각적 현상이고 분별이며 허상이라고 아는 것입니다.

"잠이 분별임을 깨달아 부처님께 바쳐 복 많이 짓기를 발원."

'복 많이 짓는다.'라는 의미도 생각해 봅니다.

재앙, 가난, 실패는 좋지 않은 것의 대명사입니다.

실패를 좋아하는 사람은 없지요?

그런데 실패를 바치면 성공이 된대요.

재앙을 좋아하는 사람은 없지요?

그런데 재앙을 바치면 축복이 되네요.

빈곤을 좋아하는 사람은 없지요?

그런데 빈곤이 풍요의 근본이 된대요.

빈곤을 바쳐서 부자가 되지, 돈 많이 번다고 부자가 되는 게 아닙니다. 빈곤을 부자가 되는 근원으로 생각한다면 빈곤을 나쁘게 생각할 이유가 하나도 없습니다.

바로 이것이 금강경 가르침, 부처님 가르침의 특징입니다.

같은 논리로, 사람들은 잠이 좋은 게 아니라고 생각합니다. 잠자는 시간은 죽은 시간, 잠자는 인생은 죽은 인생입니다. 그런데 잠을 바치면 지혜가 된다고 합니다. 그러니 잠이 나쁜 게 아닙니다.

물론 잠이 휴식이 되기는 하지만 휴식이라는 명목으로 온종일 잔다면 인생은 끝입니다. 고양이, 호랑이, 사자는 24시간 중 20시간을 잡니다. 살생 업보거든요. 잠자는 인생은 동물적 인생, 죽은 인생입니다. 그런데 그 잠을 바치면 늘 깨어있고 지혜가 샘솟아요. 얼마나 좋습니까?

'부처님께 바쳐 복 많이 짓는다.'라는 말에는 '복 많이 지어서 지혜로 바꾼다.'라는 뜻이 포함되어 있습니다. 이 문장을 그저 발원문으로 달달 외우지만 말고 깊은 의미를 한번 생각해보세요.

잠을 바치기만 하면 하버드 대학으로 유학 갈 필요가 없습니다. 잠을 바치고 잠에 도전하면 각성 상태와 집중력이 커지고 지혜가 납니다. 깨어있는 상태가 잠의 해탈입니다.

가행정진 시 올바른 자세를 유지하며, 끝까지 궁리를 따라가지 않는다

이건 행동의 원칙이 되겠습니다만, 올바른 자세는 잠을 쫓을 뿐만 아니라 보기에도 좋아요. 항상 뭔가 생각하면서 고개를 푹 숙이고 다니는 친구가 있었는데, 서울대학교에 들어갔고 상당히 똑똑했어요. 똑똑해서 고개를 숙이고 생각을 많이 한다고 여겼지요. 그런데 그 친구는 벌써 몇 년 전에 세상을 떠났어요. 고개를 숙이거나 삐딱하게 하는 것은 건강에 좋지 않을 뿐 아니라 올바른 지혜에 이르지 못하게 합니다.

첫 단추를 잘 끼워야 하듯이 첫 시작부터 똑바로 하세요. 제가 돌아다니는 동안만이라도 긴장감을 유지하시기 바랍니다. 긴장감이 없으면 공부의 성과가 없습니다. 편안하게 공부할 수는 없습니다.

우리에게 공부하지 않으려는 속성이 있어요. 금강경 7독을 하고 싶지 않습니다.

'가행정진을 왜 하나? 가행정진이 밥을 먹여주나? 가행정진하면 뭐가 되나?'

이런 생각을 수시로 하면서 공부하지 않는 것이 우리가 무시겁으로 지은 업보 업장의 특색입니다. 우리는 좀 못됐어요.

본인은 좀 괜찮다고 생각하십니까?

이런 분들은 공부하기 어렵습니다. 자기가 스스로 못됐다고 생각하고, 부지런히 못된 점을 고치려는 마음이어야 가행정진에 성공할 수 있습니다.

몸을 왔다 갔다 하면, 바람 한번 쐬고 오면, 자리에서 일어나면 잠이 깰 것 같다는 별의별 생각이 수시로 납니다. 궁리가 날 때 궁리를 따라서 행동하면 산만해지지요. 고개를 숙이고 싶고 옆으로 기대고 싶고 등도 뒤로 기대고 싶어요.

그런 생각이 날 때 눌러 참지 말고 계속 바치기를 바랍니다.

가행정진 잘하여 그분을 기쁘게 해 드리길 발원

그냥 '자세를 똑바로 하자. 궁리를 따라가지 말자.'라고 결의하는 것만으로는 자세를 유지하기 힘듭니다. 이제 '부처님 기쁘게 해 드리길 발원'을 강조하려 합니다.

이렇게 생각해볼까요?

나를 사랑하는 부모님이 계세요. 내가 효도하고 봉양하는 것보다, 가행정진 잘하는 것을 가장 좋아하시는 부모님이 계신다고 생각해보세요. 단정한 자세를 유지하고 궁리를 따라가지 않으려고 노력합니다. 효자는 부모님을 기쁘게 해 드리기 위해서 열심히 하여, 드디어 가행정진에 성공할 것입니다.

무엇을 성취하려면 성취해서 기쁘게 해 드릴 대상이 있는 게 좋습니다. 우리가 가행정진을 잘하면 정말 기뻐하실 분이 있는가 봐요. 제가 올바른 자세를 갖추고, 생각에 따라가지 않고, 왔다 갔다 하지 않고 오로지 가행정진한다면, 그 누구보다도 가행정진을 가르쳐 주신 백 선생님께서 정말 기뻐하실 겁니다.

정답은 성인聖人, 정확하게는 부처님 기쁘게 해 드리기 위하여 하는 것입니다. 하지만 부처님은 형상이 없으니까 실감이 안 나지요?

부처님, 성인 대신에 인격을 갖춘 부모님, 인격을 갖춘 성자를 기쁘게 해 드리길 발원합니다. 그분은 진정으로 우리가 가행정진을 잘하길 바라시거든요.

'그분을 기쁘게 해 드리기 위해서라도 해야 한다. 나는 하기 싫어도 그분이 기뻐하는 모습을 보면 정말 좋다.'

이것이 바로 공경심입니다. 공경심을 바탕으로 해야만 성공할 수 있어요. 내가 잘되려는 마음으로는 성공하지 못해요. '나 잘되는 것은 필요 없다. 그분을 기쁘게 해 드리겠다.'라고 생각하며, 부처님 같은 분이 기뻐하시는 모습을 상상만 해도 가행정진에 성공할 수 있습니다. 그것이 공경심입니다.

공경심, 공부의 원칙 등을 마음속에 새기시고 오늘도 또 새로운 마음으로 가행정진하시길 바랍니다.

가행정진을 즐겁고 효과적으로 실천하는 길

○ 가행정진을 즐겁고 효과적으로 실천하는 지침

하나, 긴장감을 가지고 100% 각성 상태를 유지한다.
둘, 좌절할 때 포기하지 말고 끊임없이 도전한다.
셋, 금강경을 공경심으로 읽으며, 보이지 않는 업보 업장을 바친다.

즐거운 마음으로 가행정진하는 효과적인 방법을 말씀드립니다.

가행정진은
힘 안 들이고 도통하는 길

우리는 가행정진이 우리에게 큰 도움이 된다고 생각하지 않습니다. 그저 확실하게 재앙을 소멸하고 소원을 이루는 방법 정도로 생각할 뿐, 그 의미를 크게 생각하지 않는 경우가 많은 것 같아요. 그러니 그저 대충 하다가 적당히 끝내게 됩니다. 가행정진을 단순히 재앙소멸과 소원성취의 확실한 수단으로만 생각해서는 안 됩니다.

우리는 도통을 굉장히 어렵게 생각합니다. 도통은 염불이나 간경으로는 안 되고, 오직 참선으로 된다고 생각하기 쉽습니다. 도통하기 위하여 출가해서 절구통 수좌가 되어 동정일여 몽중일여 오매일여로 화두를 일심으로 참구하며, 안 자고 안 먹고 일체 여색을 끊어야 한다면, 생각만 해도 얼마나 어렵습니까? 어렵다는 생각은 도통에서 멀어지게 합니다.

또 도통했다는 사람도 드물어요. 말로는 누가 깨쳤다고 하지만, 사실 밝은이께서는 "어렵게 하였지만 실제로 깨친 게 아니며, 사람들한테 어렵다고 인식만 시켰을 뿐이다." 이렇게 말씀하실 것 같습니다.

반면 우리가 하는 가행정진은 '힘 안 들이고 도통하는 길'이라고 생각합니다. 일상생활을 그대로 다 하면서 실제로 확실하게 인생을 바꿔서 도통도 하는 길입니다.

긴장감으로 100% 각성 상태를 유지한다

그럼 가행정진을 효과적으로 즐겁게 하는 길이 무엇일까?

긴장감으로 100% 각성 상태를 유지합니다.

제가 돌아다니며 보면, 경을 읽으실 때는 대개 눈을 뜨고 계세요. 경을 읽을 때도 눈을 감는 분은 경을 안 읽겠다는 뜻이지요. 자시 전에 주무시고 독송할 때는 각성 상태를 유지해야 합니다. 눈 뜨고 긴장해야 100% 각성 상태가 유지됩니다.

그러다가 정진하실 때는 대개 눈을 감아요. 눈을 감으면 바로 각성 상태가 사라집니다. 제가 눈을 뜨지도 감지도 말라고 말씀드렸습니다. 참선하시는 분, 선방에 다니시는 분은 아실 겁니다. 눈을 크게 뜨면 많은 것이 눈에 보이고 잡념이 들어온다고 합니다. 바로 1~2m 앞만 보일 정도로 눈을 뜨면 잡념이 덜 들어오고 각성 상태가 유지됩니다.

우리는 껌껌한 연습을 하도 많이 했기 때문에 수시로 각성 상태를 잃어버립니다. 각성 상태를 유지한다는 것은 깨어있으라는 뜻입니다. 깨어있지 못하면 지혜가 전혀 나올 수 없습니다.

좌절할 때 포기하지 말고 끊임없이 도전한다

오늘 가행정진을 했는데 각성 상태가 100%이었다면 참 괜찮습니다. 스스로 평가해야 합니다. 누가 평가해 줄 사람이 없습니다. 수행일지에 '100% 각성 상태 유지' 이렇게 써보세요. 하지만 졸다가 읽다가, 죽비로 얻어맞아도 존다면 각성 상태가 50%도 안 되지요. 실패한 가행정진입니다. 실패해도 포기하지 마세요. 도전 또 도전, 계속해서 재도전해야 합니다. 사실 처음부터 완전한 각성 상태는 쉽지 않아요.

세상에서 성공하는 사람은 능력이 뛰어난 사람, 재주가 좋거나 바탕이 좋은 사람이 아닙니다. 어떻게 보면 실패를 많이 한 사람이 성공한다고 봐도 됩니다.

그런 분 중 하나가 김우중 씨입니다. 그이가 쓴 자전적 저서 『세계는 넓고 할 일은 많다』를 자주 읽었습니다. 그이의 성공 비결을 생각해 봅니다.

우리가 어릴 때는 깡패가 매우 많았습니다. 그이는 깡패를 만나서 싸우면 대개 얻어맞았다고 합니다. 체력이 약했나 봅니다. 신문, 옥수수, 군고구마 등 노점 장사에는 텃세라는 게 있습니다. 먼저 선점한 사람이 주먹을 휘두르고 싸움을 겁니다. 거기에 한 번 밀리기 시작하면 신문팔이고 뭐고 다 못하거든요. 김우중 씨의 특징이 얻어맞아도 다시 가서 싸움을 거는 것입니다. 힘이 약하니까 처음엔 얻어맞지만 몇 번 도전하면 상대가 거의 다 무릎을 꿇었다고 해요. 좌절해도 항복하지 않고 끊임없이 도전하는 정신이 그이를 크게 만들었다고 생각합니다. 능력이 뛰어나고 머리가 좋아서가 아니에요. 가까운 친구 중에도 그런 경우를 봤어요.

좌절과 실패를 극복하고 끊임없이 도전해서 결국은 마지막에 이기는 사람이 성공하는 사람입니다.

마찬가지로 자꾸 도전하여 이 가행정진에 성공하셔야 합니다. 가행정진 성공은 도통의 길입니다. 이름을 지칭해서 죄송하지만 수보리 보살님은 성공한 사례라고 생각합니다. 아직 도통까지는 아니더라도 재미없는 가행정진을 재미있게 만드는 데 성공했습니다. 이제는 힘 들이지 않고서도 그대로 각성 상태가 유지됩니다. 이게 바로 도통의 길입니다. 좌절할 때 포기하지 마시고 끊임없이 끈질기게 도전하시길 바랍니다.

각성 상태를 유지하는 지혜로운 방법

도전할 때는 실패의 원인을 생각해야 합니다. 싸울 때 내가 왜 얻어맞았는지 원인을 분석하듯이, 머리를 쓰고 지혜를 써서 재도전해야 합니다. 지금 가행정진 시 각성 상태가 50% 밖에 안 되어도, 머리를 써서 도전하면 60%, 70%가 되고 계속 도전하다 보면 100% 각성 상태를 유지할 수 있을 것입니다. 지혜를 써야 합니다. 무모하게 도전하면 자꾸 실패해요. 지혜로운 방법을 찾아 봅니다.

초기에는 초저녁에 숙면을 취한다

우리는 숙면을 취하지 못하고 어설프게 길게 자요. 밤새웠다고 낮에 직장에서도 좁니다. '밤새웠다는 생각'이 계속 졸게 합니다. 조는 시간이 따지고 보면 70~80% 돼요. 이렇게 하면 안 됩니다. 각성 상태를 확실히 유지하다가 자면, 짧은 시간에 숙면을 취하면서 피로가 풀립니다. 효과적인 가행정진을 위해 바짝 긴장하여 100% 각성 상태를 유지하면 낮에 잘 안 졸려요. 어설프게 하면 밤낮없이 졸립니다. 잠 안 잤다는 생각을 완전히 떨쳐버리지 못하기 때문에 잠이 옵니다.

잠을 언제 주무시는 게 좋을까요?

밝은 기운이 서서히 사라지는 초저녁에 자연에 순응하여 자는 것은 각성 상태를 훼손하는 게 아닙니다. 처음에는 좀 많이 자도 돼요. 일곱 시부터 대여섯 시간 확실히 자고 가행정진하는 게 낫습니다. 밤새고 낮에도 거의 안 잤다면서 가행정진할 때 계속 존다면, 아무 효과도 발전도 없습니다. 각성 정도가 점점 높아지면 서너 시간만 자도 됩니다. 나중에는 각성 상태가 확실히 유지되며 그 자체가 휴식이 됩니다. 잠을 거의 안 자도 됩니다.

우리는 지금 비장한 결의로 잠과 전투를 하고 있어요. 그러나 잠을 점점 줄여서 각성 상태가 또렷해지면, 가행정진이 즐거워지고 더 이상 참기 힘든 고행으로 느껴지지 않습니다. 사실 가행정진은 전투가 아닙니다. 승려들은 날카로운 송곳을 턱밑에 놓아 졸면 찔리게 합니다. 하지만 이런 눌러 참는 방법보다도 금강경을 읽는 방법, 잠을 바치는 방법으로 접근하는 것이 좋습니다.

낮에 잠을 자지 않는다

잠이 와도 적어도 아침에는 주무시지 말고, 확실히 깨어있어야 합니다. 이때 잠자면 아주 해롭습니다. 낮에는 각성 상태를 유지하기 위해서 일해야 합니다. 소사에 있을 땐 밤중에 잠을 안 자고 공부해도 낮에 계속 일했기에, 각성 상태를 유지하지 않을 수 없었습니다.

자시 가행정진이 끝나면 살살 졸리고, 아침 공양을 드시고 나면 더 졸릴 것입니다. 밤새 가행정진 잘하고 아침에 한 시간, 낮에 또 한 시간 자고 나면 다 까먹는 수가 있습니다. 물론 그렇게 해도 가행정진을 안 하는 것보다는 낫습니다. 그러나 본격적으로 가행정진 하려면 낮에 자지 않아야 합니다.

처음부터 잠을 안 자는 것이 어렵다면, 아침에 자는 한 시간을 30분으로 줄이고, 낮에 자는 시간도 줄여가며 점점 잠을 자지 않아야 합니다.

세상의 낙을 다 즐기면서 할 수 없다

세상의 낙을 다 포기해야 합니다. 말하자면 줄리어스 시저가 루비콘강을 건너가는 심정으로 기도해야 합니다. 즐거운 데도 가고, 가끔 놀러 가고, 이런 기분으로 하면 잘 안 될 겁니다.

실제로 잠이 줄어야 한다

사람들은 잠을 자지 않는 척하면서 잡니다. 앉아 있는 척하지만 경을 읽으며 졸고, 저녁에 세 시간 자는 척하지만 낮에도 대개 졸아요. 그러면서 폼 잡고 "나는 49일 자시 가행정진을 세 번 했다." 합니다. 그것은 엄밀하게 말해 가행정진이 아닙니다. 그렇게 하면 몇 년을 해도 나아지는 것이 없습니다.

가행정진을 제대로 하면 잠이 실제로 줄고, 각성 상태로 명랑하게 경을 읽게 되어 그 뜻을 알 수 있습니다. 본능에서 벗어나 부처님 세계로 갑니다. 각성 상태, 깨어있는 상태(사마타)가 유지되면 집중력이 커지고 지혜가 나서(위파사나) 세상에서도 성공합니다.

저녁에 세 시간 정도 자고, 낮에는 자지 않고 또렷하게 깨어있는 자시 가행정진을 세 번만 해보세요. 틀림없이 문수보살의 서원대로 구원을 받을 뿐만 아니라 생사가 본래 없음을 깨쳐서 모든 영웅호걸의 반열을 뛰어넘어, 틀림없이 부처님 세계에 들어갈 것을 확신합니다.

보이지 않는 업보 업장에 대한 경계, 금강경을 공경심으로 읽는다

이렇게만 하면 성공할까요?

그렇지 않아요. 숨겨진 방해 요소를 말씀드립니다. 보이지 않는 광의廣義의 방해꾼이 있어요.

소사에서 열심히 공부를 잘했습니다. 백 선생님께서 "너 잘하면 도통할 거다." 하셨을 지도 모르지요. 저는 '나는 이제 탄탄대로를 걸어서 도통할지도 모른다.'라는 생각을 했는지도 모릅니다. 그러던 어느 순간, 어머니가 이제 공부 그만하라며 저를 잡으러 왔어요. 결국, 소사에서 끌려 나가서 고생을 잔뜩 했습니다. 지금 와서 보면 끌려 나간 것도 내가 불러온 거예요.

가행정진하면서 놓쳤던 것이 공부를 방해하는 업보의 씨앗이 되어 서서히 자랐습니다. 잠이 쏟아지는 것은 눈에 보이니 긴장감을 가지고 끊임없이 도전하면 해탈할 수 있습니다.

하지만 보이지 않는 업장의 씨앗인 자만심, 오만함, 남을 무시하는 마음 등은 자라는 것이 보이지 않습니다. 보이지 않는 곳에서 공부와 함께 성장합니다. 성장하는 것을 미리 알아채고 자꾸 바쳐야 하는데, 도인이 주의하라고 말씀하셔도 잊어버리고 바로 눈앞에 있는 적들하고만 투쟁하거든요. 그것이 어느 정도 커지면 밖으로 끌어내서 공부를 못하게 만듭니다. 결국, 금생은 망치는 거예요.

알고 보면 전생에 남의 공부를 방해했던 것이 그런 식으로 나타납니다. 전생에 죄지은 것을 모르기에, 눈앞에 있는 잠과 사투를 벌이다가 업보 업장에 희생당합니다.

공부할 때는 눈앞에 있는 잠이나 음식과도 싸워야 하지만 '보이지 않는 업보 업장'에 대한 경계도 항상 게을리 하지 않아야 합니다.

그 방법은 금강경을 공경심으로 읽는 것입니다. 그러면 숙세의 업보가 해탈되어서 보이지 않는 적이 공부를 방해하는 일이 없어질 것입니다.

오늘 말씀드린 세 가지를 잘 유념해서 가행정진한다면, 어렵지 않게 도통의 길로 들어설 것으로 생각합니다.

제 4 장

생활 속에서 잠을 해탈하는 수행

효율적 가행정진과 진정한 잠 해탈

가행정진은 생활하며 도통할 수 있는 유일하고 효과적인 수행법이다.

○ 효율적 가행정진과 진정한 잠 해탈

- 긴장감을 가지고 각성 상태를 유지한다.
- 완전하게 깨어있지 못하고 수마睡魔에 물들 때, 절대로 포기하지 말고 도전하여 퇴치한다.
- 수마에 항복당하는 업보(탐심, 진심, 애욕)를 제거한다.
- 기도 기간을 정해서 꾸준히 한다.

가행정진의 목적은 핵심 번뇌인 잠 해탈입니다. 잠 해탈은 극기 훈련, 한층 더 나아가 지옥 훈련이라 해도 틀리지 않습니다. 그러나 가행정진에 처음부터 그런 명칭을 붙인다면 시작할 기분이 나지 않지요. 중간에 보따리 싸서 가버릴 겁니다.

백 박사님께서는 처음에 이렇게 말씀하셔서 어렵지 않다는 느낌을 주셨습니다.

"바치는 방법으로 잠을 해탈해라. 그 효과가 매우 크다."

본능을 눌러 참는다면 몹시 고통스럽다

대충대충 한다면 49일 100일 해도 어렵지 않습니다. 대충하고 별것 아니라고 생각할 수 있습니다.

그러나 뿌리를 뽑는다고 생각하면 잠이라는 업장이 아주 강력하게 도전합니다. '나는 뿌리 뽑히기 싫다. 그대로 유지하고 싶다. 영원히 너와 함께 살면서 너를 들들 볶겠다.' 이 업장의 유혹을 물리치는 것이 잠 해탈입니다. 뿌리 뽑을 때 몹시 고통스럽고, 비장한 결의가 아니면 성공할 수 없습니다.

『초발심자경문』은 초심과 발심과 자경, 세 분야로 나누어져 있습니다. 보조 스님이 쓰신 「초심」은 초심 수행자들의 마음 자세로, 전부 극기 훈련입니다. 원효 스님의 「발심」은 더 혹독한 극기 훈련입니다. 「발심」 중에서도 기억에 남는 구절이 있습니다.

"절하는 무릎이 얼음과 같이 차더라도 불 생각을 하지 말라(배슬拜膝 여빙如氷 무연화심無戀火心)."

엄동설한에 혹독하게 추울 때는 따뜻한 방이 그립습니다. 수도장에 있을 때 그런 것을 자주 느꼈습니다. 소사가 서울보다 더 추운데, 겨울에도 목욕탕에 가지 못하고 물을 데워서 목욕했습니다. 매우 춥고 고통스러웠습니다. 그때마다 위 구절을 생각했습니다. 춥더라도 따뜻한 불을 생각하지 말라는 겁니다.

"굶주린 창자가 찢어질 것 같아도 밥 생각을 하지 말라(아장餓腸 여절如切 무구식념無求食念)."

식탐은 본능입니다. 추위를 면하고자 하는 것도 본능입니다. 본능을 따라가면 탐진치가 발동되고 재앙이 생기며, 본능을 해탈하는 본능과의 싸움이 수도입니다.

눌러 참지 말고,
본래 없는 줄 알고 바쳐라

배가 고파서 굶주린 창자가 끊어질 것 같을 때가 있었습니다. 물론 가난해서 그런 적은 없습니다만, 소사에서 수도할 때 일을 많이 하면서 하루 한 끼 먹는 훈련을 해본 적이 있습니다.

소사에서는 두 끼를 먹었습니다. 두 끼 먹어도 일을 많이 하니까 오후가 되면 창자가 끊어질 정도로 배가 고플 때가 많았습니다. 배고픈 삶이었습니다. 농담입니다만 그때 외출했던 도반이 삼립빵을 사 왔는데, 도반들이 35개까지 먹었던 기억이 있습니다. 그런 정도로 배가 고팠습니다. 그래도 자꾸 식탐을 바치면 두 끼로 어느 정도 견디게 됩니다. 차츰 두 끼 먹어도 배가 고프지 않고 든든해집니다. 든든할 때가 아니면 식탐 제거 훈련을 하지 않습니다.

식탐을 더 끊기 위해서 한 끼만 먹어 봤습니다. 배고픈 생각이 올라오면 눌러 참지 않고, 배고픈 생각을 바칩니다. 눌러 참으면 효과가 없으며, 식탐을 끊을 수 없습니다. 한 사흘은 견딜 수 있었습니다. 저는 어쩐지 일주일을 해보고 싶었습니다. 백 선생님께 말씀드렸더니 표정이 조금 어두워지셨지만, 한번 해보라고 하셨습니다. 일주일 동안 괜히 했다는 생각을 몇십 번도 더 했습니다. 주린 창자가 끊어지는 것 같다는 말이 실감 납니다.

단식하는 사람은 가만히 앉거나 누워서 하지만, 소젖을 짜는 중노동을 하면서 하루에 한 끼 먹는다는 것은 굉장히 고통스럽습니다. 이럴 때는 잘 안 바쳐지니 눌러 참을 수밖에 없습니다. 눌러 참으면 그땐 어떻게 해서든지 넘기지만, 오래 못 갑니다. 그래서 바치라고 합니다. 식탐이 본래 없음을 깨치는 훈련을 하는 겁니다.

몹시 추울 때 옷을 벗고 찬물을 끼얹는 것은 견딜 수 없는 고통입니다. 억지로 추위를 눌러 참는 방법밖에 없습니다. 식탐, 추위와 같은 본능이 본래 없음을 알고 부처님께 바쳐 제거하는 게 우리 공부입니다. 그래도 조금 수도하면 이런 것들은 가능합니다.

처음에 수도장에 가면 젊은이니까 이성이 그립고 애욕이 발동할 수 있습니다. 그러나 식탐을 줄이면 애욕도 생각나지 않습니다. 온종일 일하고 매일 법문 들어가 꾸중 듣기 바쁘니 이성이 생각날 틈이 없습니다.

그다음, 화나는 것과 잘난 척하는 것입니다. 화나는 것도 자꾸 바치니까 화도 잘 안 나고 도와주고 싶은 생각이 나요. 확실히 변합니다. 잘난 척하는 것도 자꾸 바치다 보면 잘난 척하는 의미가 없어집니다.

나중에는 먹고 자는 것만 남습니다. 먹는 낙, 잠자는 낙, 그게 유일한 낙입니다. 먹는 것은 그래도 하루에 두 끼 정도 먹으면 견딜 만합니다. 제일 마지막으로 남는 것이 잠입니다.

가행정진은 결국 잠과의 투쟁이 됩니다. 이런 얘기를 들으면 그런 수도는 못 한다고 하겠지요. 수도 안 하고 편안히 살 수 있으면 얼마나 좋겠어요. 하지만 이 과정을 반드시 거쳐야 합니다. 인내는 쓰고 열매는 달다는 말처럼 그 열매는 너무나 달 것입니다. 눌러 참는 방법으로는 성공하지 못합니다. 본래 없는 줄 알고 바치는 게 가장 중요합니다.

금강경 독송과 바치는 법으로 완전한 각성 상태를 유지한다

잠 해탈을 위해서 스님들도 굉장히 애씁니다. 그러나 잠 해탈에 관한 책은 거의 없는 것으로 알고 있습니다. 잠을 효과적으로 해탈하는 방법이 우리가 하는 '금강경을 독송하는 가행정진'입니다.

수시로 졸며 반수면 상태로 하는 것은 큰 공덕이 되지 못하고, 잠도 완전히 항복 받지 못합니다. 그런 식으로 10년을 하더라도 전혀 잠이 줄어들지 않습니다.

효과적인 잠의 해탈을 위해서는 저녁에 미리 주무세요. 금강경을 딱 잡는 순간부터는 철저히 깨어있는 각성 상태를 유지해야 합니다.

이때 잠이라는 본능이 강력하게 저항하며 도전합니다. 마치 사랑하는 애인 같아요.

"그렇게 극기 훈련하지 마세요. 수도하지 마세요. 그게 다예요? 그거 한다고 도통해요? 도통해야 별거 있어요? 별거 없어요. 그러지 말고 우리 가정을 이루고 행복하게 살아요."

유혹을 많이 받았습니다. 수도장에 있을 때 친구와 부모가 "수도 그만둬라. 수도가 별거냐? 와서 같이 살자."라고 하며 달콤하게 유혹했고, 제 마음도 저를 유혹했습니다. 각성 상태를 유지하려니, 잠이 다정하게 '나하고 같이 살자.' 합니다. 업보가 발동하는 것입니다.

잠의 세력이 대단하다는 것을 느끼시지요?

잠과의 전쟁입니다. 눌러 참으면 안 됩니다.

반드시 바치는 방식으로, 확실하게 긴장하여 완전한 각성 상태를 유지해야 합니다. 잠이 오면 어떻게 해서든지 쫓아내려고 노력해야 합니다. 옛날 사람들은 송곳 등 별수단을 다 사용했습니다만, 가장 좋은 것은 금강경 독송입니다.

수마의 고비를 넘어라

잠이 없어진 것 같아도 잠의 뿌리를 뽑지 못했기 때문에, 닦으면서도 진심 치심을 냅니다. 수마에 물들어서 가행정진도 반수면 상태로 합니다. 이렇게 되면 낮에도 졸고, 안 졸아야 할 때도 졸아요.

금강반야바라밀경 시작하고 채 5분도 안 돼서 코를 드르렁드르렁 골아요. 있을 수 있는 일입니까? 수마에 물들어서 그렇습니다.

교묘하게 잠에 물들게 됩니다. 소사에서 소를 먹이기 위해서 지게 지고 풀을 베러 나갑니다. 보통 풀 베러 가는 것을 싫어하는데, 그걸 좋아하는 사람이 있습니다. 선생님도 멀리 계시니 '천하의 도인이시지만 내가 잠자는 걸 어떻게 아시나.' 생각하고 풀을 베면서 한가한 시간에 잠을 즐깁니다. 하지만 잠들면 5분 잔다는 게 한 시간, 그냥 꿀잠입니다. 수마에 한 번 취하면 지게 지다가도 자고, 밥 먹고 나서도 자고, 일하면서도 반수면 상태로 됩니다.

소사에서 장궤 자세로 경을 읽었습니다. 물론 보면대도 없었지요. 고개를 숙이지도 못하게 했습니다. 면벽하고 읽다가 조금 있으면 딱딱 소리가 납니다. 이마가 벽에 부딪는 소리입니다.

그럴 때쯤 되면 선생님께서 아래채에서 랜턴을 들고 올라오시는 모습이 보입니다. 눈치 빠른 사람은 랜턴 빛만 보면 긴장하고 깨어 있는 척 하지만, 알아채지 못하는 사람도 있습니다. 선생님이 어떻게 귀신같이 알고 오셔서 따귀부터 올리십니다. 따귀 맞으면 그 뒤에 안 졸 것 같지요? 이상하게 수마에 한 번 취하면 따귀고 뭐고 없습니다. 또 졸아요. 수마가 얼마나 무서운지 아세요? 수마에 물들면 체면이고 뭐고 없습니다. 공부가 어렵다는 것을 느낍니다. 요령 부족입니다. 처음부터 수마 해탈의 의의를 모르고 출발하였으며 확실하게 긴장감을 가지고 출발하지 않았기 때문입니다.

하지만 부처님에 대한 공경심과 수마 해탈의 의의를 알고 출발하면 다릅니다. 초장에 확실하게 수마 해탈의 마음 자세로 출발하면 대개 수마에 물들지 않습니다. 폼만 잡는 사람이 있습니다. "나는 몇 년간 하루에 한 끼 먹었다. 가행정진, 용맹정진을 몇 년 했다." 이런 것이 큰스님으로 대접받는 중요한 요건이 되는가 봅니다. 겉에 나타난 명예를 위해 대충하면, 잠을 항복 받지 못하고 계속 끌려갑니다.

저는 '수마'를 상당히 실감합니다. 일단 수마가 오면 무엇에도 아랑곳하지 않고 수마에 물듭니다. 그 고비를 한 번 넘겨야 합니다. 그 고비에서 가행정진을 포기하지 말고 계속 도전하면, 결국은 수마를 항복 받게 됩니다. 잠이 참 무서운 것 같아도, 원칙을 잘 갖춘다면 한번 해볼 만합니다.

수마를 해탈해야 재앙이 오지 않는다

힘들어도 잠을 자지 않고 금강경 독송을 하면 상당히 맑고 기분이 좋은 것을 느낍니다. 아상이 옅어집니다. "잠만 안 자면 대수냐." 할지 모르지만, 잠을 자지 않고 가행정진해서 각종 재앙이 다 물러간다면, 정신의 병, 육체의 병, 빈곤 무지 무능을 다 벗어날 수 있다면, 짧은 시간에 가행정진으로 큰 소득을 얻는 것입니다. 잠을 해탈하지 않고 재앙 없이 살 수 있으면 오죽 좋겠어요!

잠을 해탈하지 못하면 어떤 형태로라도 반드시 재앙이 일어납니다.

반복해서 도전하다 보면 결국은 잠이 없어집니다. 제가 잠이 없어졌던 경험을 했기에 말씀드립니다. 잠이 없어지는 과정에서 세상이 참 밝고, 모든 근심 걱정이 다 사라지고, 공부의 보람을 느끼는 것을 도통이라고 합니다. 직장생활, 사회생활하며 도통하는 방법이 가행정진입니다.

수보리 보살님–자꾸 어떤 특정인을 얘기해서 죄송합니다마는–본인은 나름대로 상당히 고생했겠지만 누가 보기에는 할 일 다 하고, 돈 벌 거 다 벌고, 가정생활 유지해가면서 결국 영원의 세계에 가는 과정을 잘 밟으셨습니다. 이분은 반드시 좋은 결과를 얻을 것으로 확신합니다. 도통의 세계가 곧 전개될 것으로 생각합니다. 수보리 보살님뿐만 아니라 우리도 다 할 수 있습니다. 상당히 근처에 와 있는 사람들도 있다고 생각합니다.

이번에 '잠 해탈'의 개념을 확립해서, 생활하면서 영원의 세계도 동시에 추구할 수 있는 세계 유일의 수행으로 행복하고 능력 있고 지혜로운 삶을 사는 모임이 되기를 바랍니다. 그렇게 될 수 있다고 생각합니다. 지금 이 정도만 되어도 거의 90% 성공으로 봅니다.

'잠 해탈'은 작은 밑천을 투자해서 큰 이익을 얻는 것입니다. 금강경 독송으로 수행하면 그렇게 고통스럽지도 않습니다. 물론 약간의 대가는 치러야 하지만 그 결과는 매우 큽니다.

잠을 완전히 해탈하면 도인이 되겠지만, 잠을 자면서 공부해도 일생을 상당히 행복하게 살 수 있습니다.

잠과 동시에 업보 업장도 해탈해야 한다

근본 업장인 잠을 해탈하면 탐심과 진심이 동시에 해탈되고, 단기간에 부처님 세계로 들어갈 수 있다는 말씀을 강조했습니다만, 분노나 애욕, 남의 공부를 시샘하는 업장 등 전생의 업장도 동시에 해탈해야 합니다. 이것을 해탈하지 않고 공부하면 결국 방해하는 업장에게 끌려 나갑니다.

실례를 말씀드립니다. 소사 도량에서 공부하니 몸과 마음이 참 가볍고 몸이 건강해졌습니다. 그때를 잊을 수가 없습니다. 잠을 별로 안 자도 되고 안 먹어도 좋았습니다. 늘 골골하고 병약하며 신경증이라 할 정도로 근심 걱정에 사로잡혀 있는 상태에서 말끔히 벗어나, 맑고 가벼웠습니다. 만 3년 조금 지났을 때 백 선생님께서 "너는 한 10년 하면 괜찮을 것이다."라고 말씀하셨습니다. 그 상태로 10년을 선지식 모시고 공부했다면 상당히 높은 경지에 이르게 되었을 것으로 확신합니다.

전생의 업장이 있는지, '이만하면 되었다'라는 생각 때문인지, 수도장에서 저를 너무 괴롭혔던 업보 때문이었는지 잠재의식 속에 나가고 싶은 생각이 났고, 어머니가 저를 부르러 오게끔 하였습니다. 결국, 출가 수도 생활은 끝났습니다. 그때는 어머니가 부르니까 안 갈 수가 없다고 했지만, 나중에 곰곰 생각해보니 '여기가 비록 맑고 밝고 상쾌하긴 하지만 수도 생활이 너무 고달프다. 밖에 나가서 공부 좀 했으면.' 하는 생각이 잠재의식에 있었던 것 같습니다.

『마음을 어디로 향하고 있는가』 책에 나오는 묘향산 금선대 도인의 이야기와 비슷하다고 할까요? 수도를 잘해서 높은 경지에 갔으면 괜찮았을 텐데, 한양 구경 한번 하러 가고 싶어서 갔다가 한 생이 금방 지나갔습니다. 저 역시 마음속에 '수도가 좋기는 해도, 동창들은 출세하고 성공했는데 나는 이게 뭔가? 밖에 나갔으면.' 하는 생각이 있었고, 이 생각이 어머니가 저를 부르러 오게 만들어 수도 생활을 청산한 것입니다.

밖에 나가서 식당을 하다가 그만둘 때 백 선생님께서 다시 들어오라고 하셨습니다. 저를 생각해서 자비심으로 그러셨던 것 같습니다. 그런데 들어갔다가 또 나갈 일을 생각하니 아찔해서 선생님께서 들어오라고 하셔도 손사래 치고 말았던 기억이 있습니다. 그때 제가 용감하게 들어갔다면 어땠을까 생각해 봅니다.

번뇌 망상은 주기적으로 온다

번뇌 망상이 주기적으로 돈다고 합니다. 퇴타심을 내는 사람들이 우연히 내는 것이 아닙니다. 전생에도 공부를 잘하다가 어느 순간에 화를 내며 '이런 사람들과 사귀기 싫다.'라고 한 적이 있습니다. 처음에는 스승에게 화내지 않습니다. 도반들하고 토닥토닥하다 화가 납니다. 화내는 마음이 먼저이고, 이 화내는 마음이 제일 허약한 A와 부딪히면서 A한테 화를 냅니다. 바치지 못하면 화내는 마음이

B에게 연결되고, 그러다 스승에게까지 연결되면서 퇴타심으로 이어집니다. 우리는 전생에 공부하다 이렇게 퇴타심을 냈다고 합니다.

여러분은 어느 전생에 반드시 수도장에 가셨고 스님 노릇을 하셨을 겁니다. 여기 오신 분들은 대개 숙세에 많은 선근 인연이 있고, 비구 비구니가 되었거나 속가에서 부지런히 닦았던 때가 있었어요. 계속 닦았으면 깨쳤겠지만 퇴타심을 내서 보따리를 쌌고 금생에 범부로 다시 왔습니다. 금강경 가르침을 만나서 수도를 하지만, 전생에 퇴타심을 냈던 그 시점이 되면 금생에도 다시 퇴타심을 내서 보따리 싸고 갑니다. 스승께서는 말씀하십니다.

“네가 전생에도 그때 가더니, 금생에도 이때가 되니 또 가는구나.”

이처럼 번뇌는 주기적으로 돕니다. 최초 제일 짧은 주기가 3일, 그다음 7일, 21일, 49일, 100일, 3년마다 한 번씩 나타나는 번뇌가 있습니다.

기도의 기간과 방법

번뇌를 한번 제거하면 다음에 그 번뇌가 다시 나타날 때는 훨씬 쉽다고 합니다. 강도가 줄어들다가 몇 번 되풀이하면 번뇌가 완전히 없어진다고 그럽니다.

가행정진을 시작한다면 최소한 3일부터 시작해봅니다. 3일 하고 웬만하면 검토할 시간, 쉬는 시간을 좀 갖고 다시 3일을 하는 게 좋습니다. 주말 출가 방식은 괜찮은 것 같습니다. 주말 출가해서 금토일 가행정진을 하시고, 월화수목은 가행정진까지는 하지 않고 집에서 7독을 유지하시는 게 좋습니다. 직장에 나가서도 틈틈이 금강경을 읽을 수 있습니다. 전에 은행에 다니는 사람은 7독을 연이어 독송하기 어려우니까 직장에서 쉬는 시간마다 1독씩 했다고 하는데, 그 방법도 상당히 좋습니다. 가행정진은 어려우니 주말에 하고, 평일에는 생활하면서 금강경을 읽는 것이 좋습니다.

주중 출가를 하여 7일 주기로 할 수도 있습니다. 좀 더 발전시켜서 21일, 49일, 100일을 할 수도 있습니다. 저는 동국제강의 창업주 장경호 거사(1899~1975)를 대단히 훌륭하게 생각합니다. 현대판 부설 거사가 아닐까 생각합니다. 이분은 하안거나 동안거 때는 동국제강의 회장직을 던지고 안거에 참여합니다. 안거 기간에 가행정진을 한다는 뜻입니다. 여름과 겨울에 100일씩 1년에 200일, 절반을 공부하는 겁니다. 절반은 하는 게 좋습니다. 나머지 절반은 쉬어도 됩니다.

수보리 보살님처럼 매일매일 계속할 수 있으면 그렇게 해도 괜찮습니다. 재미있으면 매일 할 수 있지만, 눌러 참으면서 하면 오래 못 합니다. 공부하는 데 재미를 붙이는 것이 지혜입니다. 자기가 잘 정해서 하는 게 좋습니다. 반드시 매일매일 계속 다 해야 하는 것은 아닙니다. 하지만 중간에 쉬면 삼천포로 빠지기 쉬우니, 검토하면서 가행정진을 계속하여 주기적으로 오는 번뇌를 잘 퇴치하는 것이 좋습니다.

소사에서는 49일을 원칙으로 했습니다. 그렇지만 49일 하고 쉬고 또 49일 하고 쉬는 것보다, 기간을 정하기는 하지만 쉬지 말고 꾸준히 하십시오. 백 선생님께서는 제가 나갈 때쯤 "앞으로는 한 주기가 3년이다."라고 얘기하신 적도 있습니다.

생업을 포기하지 않고 할 수 있다는 점에서 우리의 가행정진은 굉장히 효과적인 수행 방법입니다. 생업에 종사하면서 도통할 수 있는 유일한 방법이며, 약간의 대가를 지불하여 더 큰 것을 얻을 수 있는 매우 효율적인 수행 방법이라고 생각합니다.

가행정진의 유래

'잠으로부터의 해탈' 보다도 더 실감 나는 표현으로 '잠과의 투쟁,' '잠과의 전쟁' 하시느라 수고 많으셨습니다. 지금은 해탈 상태가 아니라 투쟁과 전쟁의 상태라고 봅니다. 반드시 승리하여 잠을 극복하고 부처님 시봉 잘하시기를 발원드립니다.

대체로 경을 읽을 때는 경을 봐야 하니 눈을 뜰 수밖에 없습니다. 그래서 비교적 자세가 괜찮습니다. 미륵존여래불 정진은 대부분 눈을 감고 하다 보니, 점점 고개가 떨어지고 드디어는 정진을 할 수 없게 됩니다. 잠에 항복하는 것입니다.

긴장감을 유지하고
눈을 감지 않는다

잠을 극복하는 방법에는 여러 가지가 있겠지만 긴장만으로 되지 않습니다. 가행정진할 때는 각성 상태를 유지하여 눈을 뜨고, 부처님을 향해야 합니다. 일단 눈을 뜨면 잠의 절반은 사라집니다. 미륵존여래불 정진을 할 때도 눈을 뜨세요. 미륵존여래불 정진할 때 눈 감는 것은 주무실 준비를 하는 것이나 마찬가지입니다. 여기 오기 전에 미리 주무세요. 한숨도 자지 않고 꼬박 밤을 새라는 게 아닙니다. 잠에 승리하면 생활하고 돈 벌면서 도통하는 방법이 된다고 분명히 말씀드릴 수 있습니다.

가행정진이 상당히 익숙해져서 무르익은 분들이 있는 것 같습니다. 아직은 소수입니다만 점점 더 많아질 것입니다. 그때는 우리 법당이 바로 서는 정도를 넘어서 세계적인 법당이 될 겁니다. 잠과의 전쟁에서 항복하면 안 됩니다. 항복하면 가라앉습니다. 개인적으로 불행해지고 법당도 역시 좌초하게 될 것은 분명합니다.

가행정진의 유래

오늘은 왜 백 박사님께서 잠의 해탈 방법으로 자시에 일어나서 금강경 7독을 하라고 하셨는지, 즉 가행정진의 역사에 대해서 말씀드리고자 합니다. 역사를 아는 것이 꼭 필요합니다. 가행정진은 무조건 7독을 한다고 다 되는 게 아닙니다. 철학적 배경을 아는 것은 매우 중요합니다.

백 선생님께서는 잠이 모든 번뇌의 근본이므로 잠을 해탈하기만 하면 탐진치 등 각종 번뇌가 자동으로 해탈되며, 아주 쉽게 부처님 세계에 들어갈 수 있다고 생각하셨던 것 같습니다. 금강산에서 수도하셨을 때에는 잠을 해탈하는 공부를 본격적으로 시키시지 않았습니다. 머리 깎고 승복 입고 출가자처럼 수행했다고 합니다. 반면 소사에서는 공부만 하는 게 아니라, 낮에는 목장이라는 생업을 하면서 저녁에 공부하는 주경야선으로 수행한 셈입니다. 소사에서 '잠 해탈'로 공부의 방향을 잡으신 것 같습니다.

잠을 해탈하는 방법이 무엇일까?

백 선생님께서 대뜸 가행정진 방법을 내놨던 것은 아니었는데 힌트를 얻으신 게 있었던 것 같습니다. 저 나름대로 짐작하는 것이 있습니다.

그 당시 아주 유명한 보살이 있었는데 바로 황○○ 박사의 부인입니다. 황○○ 박사는 상당히 유명하셨고 스스로 자신을 대통령감으로 생각할 정도였는데 그 부인도 역시 보통 분이 아닙니다. 다양하게 활동하고 각종 불교 행사에 남편보다 더 적극적으로 참여했던 분입니다. 낮에는 다양한 사회 활동으로 바빠서 금강경을 읽을 시간이 없어서 저녁에 잠을 안 자고 읽었다고 합니다. 금강경을 읽으니 그전에 안 풀렸던 난제들이 풀리고 세상의 이치가 훤하게 알아졌다고 합니다. 백 선생님께서는 그이 이야기를 자주 하셨습니다. 그 말씀을 하시며 우리에게 장좌불와를 시키셨습니다.

소사 도량에서 장좌불와

장좌불와, 눕지 않고 오랫동안 앉아 있어야 합니다. 산속에 출가한 스님들은 낮에 활동이 적으니 가능합니다. 백 박사님의 제자 중에는 스님이 거의 없었습니다. 모두 생업에 종사하는 속인으로, 낮에 직장에 나갔고 우리는 소사에서 목장 일을 했습니다. 이런 경우 장좌불와는 쉽지 않겠지요.

백 선생님의 1차 처방이 잠자지 않고 금강경을 읽는 것이었습니다. 화두를 드는 게 아닙니다. 소사에 있는 우리뿐 아니라 밖에 있는 직장인 중에서 할 만한 사람한테는 그렇게 시키셨습니다. 안 될 것으로 생각했습니다. 그 당시 박○○ 교수가 주경야선을 시도하였지만 보기 좋게 실패했습니다. 장좌불와가 얼마나 힘든데, 성철 스님 같은 도인이나 하지 우리 같은 사람은 도저히 장좌불와를 못 한다고 생각했습니다. 그런데 밖에서 직장에 다니며 하는 사람들이 말하길, 장좌불와가 가능하다고 합니다. 그래서 소사에 있는 우리도 한번 해봤습니다.

자세에 대해서는 강조하지 않았습니다. 밤새도록 꼿꼿이 앉아 있는 것은 어려운 일입니다. '앉아서 금강경을 읽는데, 고개를 숙여도 좋고 끄덕여도 좋다. 고개를 숙이고 등을 구부려도, 누워서 일부러 잠을 청하지 마라. 자기도 모르게 쓰러져서 잘 수는 있다. 자기도 모르게 쓰러져 자는 건 좋지만 일부러 잠을 청하지는 마라.' 이것이 장좌불와의 원칙이었습니다.

저는 그걸 한 번 해봤습니다. '일이 중노동에 가까운데 밤에 장좌불와가 될까?' 겁이 났지만 해보니까 되었습니다. 거의 밤새도록 졸다 읽다 그랬습니다. 잠을 하나도 안 자고, 졸다 읽다 하며 고개도 숙였습니다. 단지 눕지는 않았습니다. 거의 밤을 새운 거나 다릅없습니다. 등을 땅에 대지 않았기 때문에 밤을 새웠다고 해도 됩니다. 그랬더니 웬걸요, 아침에 몽롱하지 않고 맑았습니다. '하루만 더 해보자.' 한 것이 21일까지 했습니다. 괜찮았습니다. 그렇게 시작하여 소사 도량에는 밤낮으로 장좌불와를 하며 금강경을 수지독송하는 것이 유행했습니다.

장좌불와의 부작용

소사에 우리보다 댓 살 아래인 젊은 친구가 있었습니다. 그 당시는 젊었을 때라서 댓 살 아래는 완전히 어린 애로 생각했습니다. 스무 살밖에 안 된 아이가 왔는데, 배우지도 못했고 늘 열등감으로 절어 있었습니다. 그 친구는 시골 사람인데, 서울 사람이고 좀 배웠다는 우리를 새카맣게 높게 봤습니다. 우리도 댓 살 아래인 그 친구에게 반말을 썼습니다. 이 친구가 아마 선배들을 제압하고 싶었나 봐요.

잠을 자지 않고 금강경을 읽으며 장좌불와를 시작했습니다.

처음에는 금강경을 읽기 싫은 마음이 올라오는데, 자꾸 읽다 보면 법력이 생겨서 읽기 싫은 마음이 덜하고, 깨어있는 상태가 오래 유지됩니다. 금강경을 많이 읽으면 읽을수록 점점 더 선명해집니다.

그 친구가 하루는 금강경을 15독 정도 하니 굉장히 기분이 좋았습니다. 머리가 맑아지고 몸이 날아갈 것처럼 됩니다. 거의 잠을 안 자는 게 가능합니다. 재미가 났습니다. 그 이튿날 밥도 안 먹고 딱 버티고 앉아서 계속 금강경을 읽었습니다.

18시간을 읽었습니다. 금강경을 읽는 데 지금은 30분이 걸리지만, 그때는 20분밖에 안 걸렸습니다. 밥도 안 먹고 화장실도 안 가고 그 자리에서 금강경을 54번쯤 읽었습니다. 댓 시간에 한 번은 화장실에 가야 한다고 하지요. 생리적으로 그런지도 모르지만 백 선생님이 보시기에는 공부하기 싫어서 화장실에 가는 것이라고 하십니다. 공부에 취미가 붙으면 화장실 갈 생각이 안 납니다.

18시간 동안 그 자리에 앉아서 금강경을 54번 읽고 나서 머리가 말끔해졌습니다. 그러고는 아래채에 계신 선생님께 점검받으러 갔습니다. 누가 들었는데 "나는 금강경을 크게 깨쳤으니, 오늘부터 재네들하고 자지 않고, 이 밑에 내려와서 선생님하고 자겠소." 했다고 합니다. 나이도 댓 살 더 먹은 선배를 재네들이라고 하면서 말씀드렸는데, 선생님께서 당연히 승낙하지 않고 쫓아내셨습니다. 그때부터 이 젊은 친구가 목에 힘을 주고 얼마나 거만한지!

금강경을 계속 읽으면 머리가 맑아지고 각성 상태가 됩니다. '깨어있음' 다음엔 '알아차림'입니다. 지혜가 나와 전생이 아주 훤히 보이더랍니다. 그리고 공중돌기를 두 번이나 할 정도로, 날아갈 것 같이 몸이 가벼워졌습니다. 연습하지 않으면 공중돌기 한 번 하기도 어렵습니다.

자기는 지금 배우지 못한 사천 사람이지만 알고 봤더니 전생에 큰스님이었다며 오만해졌고, 법당은 파탄이 났습니다. 선생님께서는 그 뒤 장좌불와나 금강경을 7독 이상 하는 것을 완전히 없애셨습니다. 그리고 1년 후 그 친구는 결국 내쫓겼습니다.

백 선생님께서 만드신 자시 가행정진

새로운 방법이 바로 가행정진입니다. 금강경을 마냥 읽게 해서는 안 되겠다 해서 7독으로 제한한 것 같아요. 장좌불와를 계속 하다 가는 그런 놈들이 자꾸 생기는 거예요.

"장좌불와 하지 말고 초저녁에 자라. 그리고 자시에 일어나서 독경해라."

그렇게 새로이 만드신 것이 자시 가행정진인데, 저한테만 일러주셔서 특별히 받아 내려왔습니다.

세상에서 생활도 해가면서, 잠도 적절히 자면서, 가행정진하면서, 차츰차츰 단계별로 합니다. 장좌불와와 같이 급격한 방법이 아니라, 차츰 잠을 줄여 가다가 잠이 본래 없음을 알아 부처님 세계에 들어가고 의식주를 구족具足한 명실공히 진실한 불자로 태어나는 것이 우리가 하는 가행정진의 역사입니다.

모든 것을 총동원해서라도
잠을 극복하여 재앙을 예방하자

주의 사항을 우선 말씀드립니다.

절대로 졸지 마세요.

졸고 나서 반수면 상태로 밖에 나가면 별로 기분이 유쾌하지 않아요. 안 한 것보다야 좀 낫긴 낫습니다. 사흘만이라도 각성 상태를 유지하면 상당히 상쾌한 걸 느낍니다. 상쾌하지 않다면 반은 잤다고 보면 됩니다. 공부의 효과는 우선 상쾌하고 세상이 밝아 보인다는 것입니다. 밝아 보이지 않고 상쾌하지 않으면 공부를 잘못했다고 생각해도 됩니다.

초저녁에 좀 주무시고 확실하게 각성 상태를 유지하여 경을 읽습니다. 초저녁에도 자고 경을 읽으면서도 교묘하게 자면 안 됩니다. 몸뚱이 착이 아주 약아요. 졸음이 물밀듯이 쏟아지고 눈꺼풀이 내려올 때 금강경으로 막아야 합니다.

제가 그 무엇에도 의존하지 말라고 그랬는데 오늘 하도 눈을 감으시는 분들이 많아서 멘소래담 같은 약이라도 사와야 하겠습니다. 눈 밑에 바르고 하면 잠이 덜 올까요? 약에 의존하지 않는 게 좋은데, 수마에 몰리면 바치는 것만으로는 안 됩니다. 앉아서 자고, 밤에 자고 낮에도 자고, 깨어있는 게 이상할 정도로 됩니다. 수마가 무섭습니다.

수마를 퇴치하는 방법은 물질에 의존하지 말고, 왔다 갔다 하지도 말고 '그 자리에서 해탈하라.'라는 것이 백 선생님의 가르침입니다. 아로마 향 같은 것을 바르면 좋다는 얘기도 있는데 그걸 사다 놓고 조는 사람한테 하나 주든지 가져가게 하든지, 하여튼 제 눈에 조는 모습을 보이지 말았으면 좋겠습니다.

사실 제가 죽비로 손바닥을 치는데, 손이 너무 아파요. 아파하면서 "이분들이 모두 이번에 잠을 해탈하시기를." 하고 빌었어요. 이번에 모두 잠을 해탈하셔야 합니다.

제가 알람에 의존하지 않고는 도저히 못 일어나겠다고 했을 때, "그러면 억지로 알람에 의존해서라도 일어나야 하지 않느냐?" 하시는 것이 도인의 방식입니다.

모든 것을 총동원해서 일단 잠을 극복하세요.

교묘하게 자면 하늘이 알고 땅이 알아서 우울한 기분이 연장됩니다. 잠을 극복하고 아침에 상쾌하다는 것은 무에서 유를 창조했다는 뜻이고, 부처님 광명이 들어갔다는 뜻이며, 재앙이 소멸되었다는 것입니다.

재앙이 얼마나 무서운지 모르시지요. 제가 오래 살기도 했지만, 공부도 비교적 오래 해 봐서 압니다. 재앙은 정말 교묘하게 흘러들어옵니다. 재앙이 오면 정말 처참합니다. 그때 가서 후회하면 안 됩니다. 잠 해탈이 재앙을 예방하는 것이고, 부처님 세계로 들어가는 것입니다.

절대 졸면 안 됩니다. 방법을 강구해야 합니다.

번뇌를 해탈하게 하는 도인의 법식

○ 도인의 법식

하나, 몹시 낯을 가리고 외로움을 심하게 느끼는 제자에게 외로움을 해탈하게 하는 도인의 법식

둘, 음란한 마음으로 불타는 제자에게 음란한 마음을 해탈하게 하는 도인의 법식

셋, 수마에 지배받는 제자에게 수마에서 해탈하게 하는 도인의 법식은?

잠과의 해탈 투쟁에서 물러서지 말고 반드시 승리하셔서, 잠을 해탈하여 새롭고 밝고 행복한 세상을 맞이하고 부처님 시봉 잘하시길 발원드립니다.

잠을 해탈하는
자시 가행정진의 어려움

처음 자시 가행정진에 임하는 사람들, 특히 주말 출가에 참여한 사람들은 자시 가행정진이나 '잠 해탈'의 의미를 모르고, 단순히 금강경 독송 시간을 3시에서 자시로 옮겨놓은 것 정도로만 알고 시작했던 것 같습니다. 하지만 알고 보면 그 이상의 의미가 있습니다.

자시 가행정진은 잠을 해탈하라는 의미가 있습니다. 처음에 자시 가행정진을 아주 쉽게 해석했던 사람도 점점 잠과 싸움을 전개하는 자기 자신을 발견할 겁니다. 잠을 3시간 자고 자시 가행정진을 하면서 '나는 자시 가행정진을 다했다. 아주 쉽더라. 머리도 맑아지고 좋더라.' 이렇게 생각하던 사람들도 본격적인 의미를 알고 하면, 잠을 해탈하는 자시 가행정진이 굉장히 어렵다고 느낄 수 있습니다. 수마가 생각보다 만만치 않기 때문입니다.

수마는 생명체와 같습니다. 무생물이라면 한번 크게 제압해서 사라진 후에는 다시는 반항하지 못합니다. 그런데 수마나 식탐은 꼭 생명체와 같아서 한번 제압하여도 더 강력한 힘을 가지고 다시 살아납니다. 잠을 해탈할 때 수마라는 놈이 죽기 살기로 덤벼드는데, 그 세력이 아주 큽니다. 대부분 거기에 항복 당하고 물러섭니다.

금강경에 나오는 항복기심降伏基心은 핵심 번뇌, 근본 번뇌인 수마의 항복에 있는 것 같습니다. 이게 만만치 않습니다. 하지만 금강경 읽는 방법으로 잘하면 쉽게 제압할 수 있고, 그러면 아주 쉽게 열반의 세계, 행복의 세계에 도달할 수 있다고 생각합니다.

도인들은 어려운 수마를 효과적으로 제도하는 방식이 있는 것 같습니다. 수마뿐만 아니라 음란한 마음, 외로운 마음도 효과적으로 제압하는 방식이 있는 것 같습니다. 이것을 도인의 방편方便이라고 합니다.

도인의 법식,
인연 중생의 제도

백 선생님을 비교적 오랜 기간 금강산에서 모시고 있었던 제자, 10년쯤 선배인 제자, 동료들을 통해서 각종 번뇌를 제압하는 도인의 방식은 너무나도 다양하다는 것을 알게 되었습니다.

몹시 낯을 가리고 외로움을 심하게 느끼는 어떤 제자가 백 선생님을 찾아왔습니다. 어떻게 하면 나의 외로움, 낯가림을 해탈할 수 있을지 질문을 할 수 있습니다. 질문하지 않더라도 도인은 그이의 핵심적인 번뇌가 무엇인지 알기에, 그 번뇌를 다스려서 해탈하게 하는 지혜가 있습니다. 도인이라면 외로움을 느끼고 낯가림을 하는 사람에게 어떤 방법으로 해탈하게 하실지 자문자답自問自答을 해볼 수 있습니다. '백 선생님이면 보나 마나 그 외로움을 바치라고 하시겠지.'라고 생각하기 쉽습니다.

또 음란한 마음으로 불타서 음욕의 지배를 받는 어떤 젊은이가 있습니다. 어떻게 음란한 마음을 해탈할지 질문한다면 도인은 그 번뇌에 어떻게 대처할까요? 상식적으로 백 선생님의 브랜드, "바쳐라. 안 바쳐지면 거기에 대고 미륵존여래불 하라."를 떠올리실 겁니다.

물론 틀린 이야기는 아닙니다. 하지만 바치고 미륵존여래불 해도 잘 되지 않을 때, 음란한 마음이나 외로운 마음을 해탈하게 하는 도인의 다른 법식이 있을까요? 세상에 많이 알려지지 않은 법식인데, '도인은 이런 식으로도 그 인연 중생을 제도하는구나.' 하는 생각이 들 정도로 아주 특이한 도인의 법식이 있습니다.

일단 한두 가지만 소개하고, 오늘의 핵심인 수마에 지배받는 제자에게 수마를 해탈하게 하는 도인의 법식은 같이 연구해야 할 과제로 남겨놓겠습니다.

외로움을 해탈하게 하는 도인의 법식

백 선생님의 제자 중에는 별의별 사람들이 많았다고 합니다. 번뇌에 8만 4천 가지 종류가 있다고 하듯이 8만 4천 가지의 다양한 사람들이 도인을 향해, 부처님을 향해 오면서 "나의 이 특이한 번뇌를 해탈하게 해 주십시오." 하고 매달리는 수가 있겠지요.

몹시 낯을 가리고 외로움을 느끼는 제자가 있었습니다. 아주 깔끔하고 점잖은 분인데, 제가 그분에게 직접 들은 이야기입니다. 제자를 해탈하게 하시는 방편이 독특해서 말씀드립니다.

스승은 장충동에, 제자는 돈암동에 살았습니다. 지금 따져보니까 거리가 4 km입니다. 제자는 오후에 직장에서 퇴근하면서 장충동에 있는 스승의 자택에 방문하여 법문을 청해 들었나 봅니다. 법문이 조금 길어져서 어느덧 저녁이 되었습니다. 예전에 통금도 있었고 가로등이 별로 없어서인지, 친한 친구끼리는 어깨동무하고 서로 집까지 바래다주는 일이 흔했습니다. 날이 어두워져 제자가 혼자 돈암동으로 가니까 스승이 바래다준다고 하십니다.

백 박사님이 그렇게 다정하지 않으세요. 하지만 사람에 따라 굉장히 다정한 모습을 보여 천의 얼굴을 가졌다는 것을 종종 느낍니다. 어떤 사람은 백 박사님을 너무 무섭게 생각해서 별명을 히틀러라고 부릅니다. 이렇게 무섭게 느끼는 제자가 있는가 하면 아주 다정하게 느끼는 제자들도 있습니다. 도인은 천의 얼굴을 가지고 제도 방법에 따라 다양한 모습을 나타냅니다. 마치 수기설법을 하는 것과 같습니다. 사람에 따라 자비롭게도 하고 엄하게도 하는 것은 도인만이 가능하다고 합니다. 이 사람은 백 박사님을 매우 자비롭게 느낍니다.

"그래. 너 바래다주랴?"

보통은 혼자 갈 수 있다고 하겠지요. 하지만 윗사람, 더군다나 어려운 분이 이렇게 물어보시면 거절하지도 못하고, 아마 속으로는 은근히 좋기도 했을 겁니다. 자신이 스승의 귀여움을 받는 존재라는 생각이 들어서 기뻤을 수도 있습니다.

선생님께서 돈암동까지 바래다주시니 과분한 영광이지요. 제자는 당연히 미안하고 감사하였습니다.

"선생님 댁에 제가 바래다 드리겠습니다."

다시 장충동으로 바래다 드렸다 합니다. 이게 한 번입니다. 상당히 천천히 걸으셨을 테니까 한 시간도 더 걸렸을 겁니다.

"어두워졌는데 너 혼자 가기 힘들지?"

이상하게 선생님께서 이렇게 말씀하시고 또 돈암동까지 왔다고 합니다. 그럼 제자가 미안하니, 바래다 드리고 다시 오기를 대여섯 번, 날이 거의 새려고 했답니다. 참 희한하지요? 제가 직접 들었습니다.

백 선생님께서 그렇게 하시는 데는 어떤 이유가 있었을까?

정다워서 그런 것 같지가 않아요. 그이를 제도하는 방식이 아니었을까 생각합니다. 그 제자는 낯을 몹시 가리고, 다른 사람하고는 거의 말도 섞지 않는 사람입니다. 몇 번 왔다 갔다 하면서 따뜻한 마음이 충만하고, 한편으로는 미안하고 감사한 마음이 점점 커지는 과정에서, 외로움을 완전히 해탈할 수 있겠다는 도인의 판단이었다고 봅니다.

마음에 드는 사람이 아니면 말도 안 하던 그 제자는 나중에 상당히 활달해졌습니다. 선생님께서 실제로 몸으로 행동으로 보여주셔서, 미안한 생각이 점점 커지고 무르익어 감동하게 하는 방식으로 제자의 외로움을 해탈하게 한 것이 아닌가 생각합니다.

아주 특이한 도인의 법식입니다. 그이는 나하고 좀 친했기 때문에 오직 나에게만 이야기 했습니다. 내가 이 이야기를 하면 "백 선생님이 그렇게 다정한 데가 있어?"하며 놀라는 사람이 많았습니다.

음란한 마음을 해탈하게 하는
도인의 법식

음란한 마음으로 불타는 어떤 청년이 있었습니다. 백 선생님이 동국대학교 총장이던 시절에 국문학과 학생이었어요. 그이는 총장님을 보면서 첫눈에 아주 깊은 인상을 받았고, 만나서 고민을 호소하면 해결할 것으로 생각했습니다. 그 당시에 대학 총장은 학생이 도저히 면담할 엄두를 내지 못하는 대상이었습니다. 그래도 만나서 하소연하고 매달리고 싶은 생각에 불타올랐습니다. 용감하게 총장님을 면회하려 했는데 비서실에서 보기 좋게 퇴짜를 맞았습니다. 그래도 끈질기게 도전을 했고, 그 소리를 백 박사님이 들으시고 만나겠다고 하셨습니다. 학생이 총장을 만났던 최초의 사례가 아닌가 싶습니다.

총장님을 만나서 체면 가리지 않고 하소연했는데, 제일 문제가 음탐심이었나 봅니다. 탐진치의 뿌리는 '나'지요. 나의 본질은 음탐심이라고 합니다. 그래서 음탐심을 해탈할 때 탐진치가 동시에 해탈된다고 합니다. 세계적으로 유명한 심리학자 프로이트Sigmund Freud는 모든 욕망의 근원에는 성욕이 있다는 이야기를 했는데, 그건 지금 심리학자들에게도 다 통하는 이야기입니다. 모든 번뇌의 뿌리에는 음탐심이 있고 이게 '나'라는 것의 본질입니다. 이 청년은 음탐심에 불타는 자기 자신의 어려움을 총장님한테 호소하였습니다.

저는 야단을 치시든지, 바치라고 하시든지, 미륵존여래불 하라고 하셨을 것으로 생각했습니다. 물론 그런 처방도 생각하셨을 것 같습니다. 하지만 이 청년은 그렇게 해서는 말도 안 들을 것 같고 음탐심의 지배를 받아 고생을 몹시 하겠다고 판단하셨는지, 색다른 처방을 내리셨습니다. 역시 제가 본인에게 직접 들었습니다.

당시 서울역 근처에 양동 사창가가 있었습니다.

"너 참기 힘들지?"

"힘듭니다."

"그래. 거기 가서 욕망을 채우는 게 좋아. 너는 돈이 없을 것이고 내가 돈을 줄 테니 거기 가서 음란한 마음을 충족시켜라."

'총장님 맞나? 도인이 맞나? 좋기는 좋은데 어쩐지 미안한데.' 하고 생각했겠지요. 어쨌든 한번 갔다 왔습니다.

"너 또 가고 싶지?"

"네."

"그래, 또 가라."

실제로 서너 번을 갔다 오며, '계속 이렇게 즐기라는 건가.'라는 생각도 했다고 합니다. 대놓고 "나는 돈 받고 오입한 사람입니다."라고 합니다.

그러던 어느 날 갑자기 총장님께서 지시하셨다고 합니다.

"이젠 그만 가고 내가 시키는 대로 해라. 금강경을 읽고 올라오는 생각에 미륵존여래불 해라."

이렇게 말씀하신 뒤에 엄하게 대하셨다고 합니다. 그 뒤로 사창가에 가고 싶은 생각이 싹 없어졌다고 합니다.

그 이야기를 듣고 백 선생님이 사람을 제도하는 방법이 너무나 다양하다는 것을 알았습니다. 백 선생님은 얼굴이 매우 희세요. 남자가 얼굴이 그렇게 흰 것을 본 적이 없습니다. 김일엽 스님의 수기 『청춘을 불사르고』를 보면 백 선생님을 그렇게 사모하고 그리워했다고 해요. 이목구비가 훤해서 많은 여자의 연모 대상이 되었던 모양입니다. 도인의 모습은 저럴 것이라고 보통 사람도 느낄 정도였습니다. 그런 도인이 돈을 주고 사창가에 가라고 했다는 게 상상이 안 됩니다.

왜 그러셨을까? 선생님의 뜻을 생각해 봅니다. 사창가에 가지 말라고 하면 그 사람은 음란한 마음을 해결하지 못했을 것입니다. 오히려 돈을 주고 미안한 마음을 내게 하는 겁니다. 그것도 한 번만이 아니라 두 번 세 번 돈을 줘서 욕망을 채워주며 동시에 미안한 마음을 커지게 하고, 드디어는 감동하게 하여서 음란한 마음을 해탈할 준비를 시키신 것 같습니다. 안 그러실 분이 돈을 주니까 미안한 마음이 나고 '내가 여기에 빠져들어서는 안 된다.'라고 생각할 수밖에 없었을 것 같아요.

그이는 상당히 높은 경지에 이르렀고, 선생님의 지혜로 큰 부자까지 되었습니다. 지금 80대 중반인데 수백억의 재산을 갖고 있습니다. 제가 "당신 정도라면 대학은 몰라도 고등학교를 세울 수 있는 재력이 있는데, 백 선생님의 뜻을 받드는 고등학교라도 세우는 것이 어떻겠냐?"라고 건의했습니다. 가족이 많고 업보가 많아서 그런지, 실제로 하나도 이루지 못했습니다. 10여 년 전부터 미국에 사는데, 요새 소식도 듣지 못하고 있습니다. 참 아쉽습니다.

수마를 해탈하게 하는 도인의 법식

이제 수마에 지배받는 제자에게 수마를 해탈하게 하는 도인의 법식을 생각해봅니다. 백 선생님은 효과적인 방법으로 자시에 일어나서 금강경 7독 하는 방법을 제시하셨습니다. 그 방법만 잘 실천하면 해탈할 것 같습니다.

백 선생님의 특징을 살펴봅니다.

"잠을 바쳐서 해탈하라. 자신의 마음속에서 해법을 구해야지, 내 마음 밖의 물질, 사람, 법식 등 어떤 것에도 의존하지 말라."

'향을 피워서 마음을 안정시키려 하지 마라. 염주를 돌려서 집중하지 말라.' 하는 논리나 마찬가지입니다. 그런 물질에 의존해서 마음의 안정을 얻는다면 나중에 '향과 염주에 붙은 마음'이 해탈해야 할 새로운 과제가 됩니다. 그래서 마음 밖 그 무엇에 의존해서 해탈하려는 방법을 적극적으로 말리십니다.

알람에도 의존하지 말라고 하십니다. 계속 알람에 의존해서 일어나면 알람이 아니면 못 일어나는 사람이 됩니다. 알람에 의존하는 마음을 해탈의 과제로 남겨두기 때문에, '무여열반 이멸도지無餘涅槃 而滅度之' 하는 방법이 아니라는 거지요.

바로 그 자리에서 바쳐서 해결하라는 것이 백 박사님의 특징입니다.

"물질, 사람, 법식, 그 무엇에도 의존하지 마라."

한편, 제가 하도 잠이 많아서, 알람이 아니면 못 깰 때는 이렇게 이야기하신 적도 있습니다.

"그럴 땐 알람이라도 해서 금강경 읽어야 하지 않느냐?"

미안한 마음을 일으켜
해탈하게 하는 도인의 법식

어제도 보니까 정진하시는 분들이 계속 조세요. 눈 뜨라고 해도 안 뜹니다. 그래서 백 선생님이 "때에 따라서 알람이라도 해놓고 금강경 읽어야 하지 않느냐?"라고 말씀하신 것에 착안해서 멘소래담 이야기를 꺼내기 시작했던 겁니다.

어제 멘소래담을 사려고 약국에 나갔더니 약사들이 펄쩍 뛰면서 그걸 눈에 바르면 눈이 먼다고 하더라고요. 제가 너무 무식했다는 데 대해서 아주 많이 반성했습니다. 그러면 잠을 깨는 각성효과가 있는 물질이나 약이 있다면 뭐가 있냐고 물었더니 바르는 건 없다고 그럽니다. 제가 약국 세 군데를 돌아다녔는데, 한결같이 이야기해요. 바르는 건 없대요. 그럼 뭐가 있냐고 했더니 먹는 것, 박카스를 이야기합니다. 나도 알죠. 누가 박카스나 커피가 각성효과 있다는 것 모릅니까?

그러다 돈을 주고 오입을 시키는 도인의 법식으로 미안한 마음이 일며 음란한 마음을 해탈한 제자가 생각났습니다. 그걸 먹고 잠이 깨신다면 드시도록 하세요. 그 박카스는 자기가 사서 먹는 박카스가 아니에요. 제가 사드리는 박카스입니다.

박카스를 먹고 잠을 깨는 것과 동시에 미안한 생각이 들까요, 안 들까요? 자기가 사면 미안한 생각이 안 들지요. 마치 돈 받고 오입을 해서 음란한 생각을 해탈하는 것과 마찬가지로, 미안한 생각이 들면 잠을 해탈하는 데 도움이 될 것입니다. 이게 맞는지 안 맞는지 모르지만 자기가 사서 먹고 잠을 해탈하는 것보다는 나을 것 같습니다.

제가 그런 수단으로 박카스를 사 왔습니다. 모자라면 또 사 올 겁니다. 언제까지? 25일까지 사 올 겁니다. 그럼 미안한 마음이 점점 커지겠지요? 미안해서라도 졸지 마세요. 박카스를 드시고라도 경을 읽으셔야 합니다. 박카스도 안 먹고 졸겠다고 하면 잠을 해탈하지 못합니다. 물론 도인이 한 것만 못하지만 제가 자꾸 사다 드리면 좀 미안한 생각이 들겠지요? 그게 쌓이다 보면 저절로 잠을 해탈하는 자정 능력이 생기면서 잠을 해탈하는 데 도움이 되지 않을까 생각합니다.

잠과의 투쟁에서 반드시 승리해서 잠이라는 것이 착각이고 본래 없음을 깨달아 부처님 시봉 잘하기를 발원드립니다.

도인이 사주시는 박카스와 도인의 원력

잠과 투쟁 하시느라 대단히 수고가 많으셨습니다.

제가 박카스를 사 왔다고 말씀드렸습니다. 자기가 박카스나 커피 같은 각성제를 먹고 잠을 쫓으려 한다면 잠이 일시적으로 사라지는 효과만 볼 뿐, 근본적으로 잠의 뿌리를 해탈시키는 것은 불가능합니다.

만약 도인을 만나는 행운이 있어서 도인이 정성스럽게 원을 세우면서 사주신 각성제를 먹고 공부한다면 그 각성제는 자기가 사서 먹는 각성제하고는 효과가 다를 것으로 생각합니다. 마치 돈을 주고 오입을 시킨 스승의 원력에 힘입어 음란한 마음을 해탈하듯이, 정성스럽게 원을 세우면서 사주시는 각성제를 먹는다면 잠을 일시적으로 정지시키는 효과 외에도 잠의 뿌리까지 뽑는 데 상당히 도움이 되는 효과를 얻을 수 있으리라 생각합니다.

잠의 뿌리까지 뽑는 게 중요합니다. 그것이 행복의 근원이라고 보기 때문입니다.

오늘부터 더욱더 정성을 들이고 원을 세우겠습니다. 지금 보니까 박카스 2박스 40병을 사 왔는데 금방 없어졌어요. 그래서 내일부터는 3박스, 3박스 다 없어지면 4박스 사 오겠습니다. 정성스럽게 원을 세운 각성제라 생각합니다. 이 각성제를 먹고 정진하면 잠의 뿌리까지 빠진다는 생각으로 공부하시면 조금 낫지 않을까 싶습니다.

가장 효과적인 재가 수행

가행정진은 세상에서 생활하며 잠을 해탈하는 수도이다.
핵심 번뇌인 '잠'을 해탈하는 가장 효과적인 수행법이다.

○ 올바른 가행정진의 성과

- 상쾌함, 자신감, 행복감
  재앙소멸과 소원성취로 자연스럽게 이어진다.
- 집중력 향상
  재앙은 축복으로, 무능함은 유능함으로 무지는 지혜로 된다.
- 흔들리지 않는 마음不動心 성취
  인격이 향상되고 세상을 자기중심대로 살게 된다.

연일 계속해서 가행정진하시느라 수고가 많으십니다. 그동안 가행정진 의의, 방법, 효과를 부분적으로 말씀드렸습니다. 오늘은 그것을 종합적으로 정리해서 말씀드리고, 기회가 되는대로 반복하겠습니다. 반복해야 잠재의식 속에 깊이 박혀서 자신도 모르게 가행정진이 몸과 마음에 철저히 배기 때문입니다.

세상에서 그대로 생활하면서 잠을 해탈하는 수도

가행정진은 더할 가加, 행동할 행行, 이라는 말을 더 붙여, 정진精進을 더 보탠다는 뜻이 됩니다. 보통 가행정진은 잠을 줄이고 남이 곤히 자는 자시에 일어나서 금강경 7독을 하는 것이라 합니다. 그러나 이것은 가행정진의 참뜻을 모르는 해석입니다.

우선 이 의미를 알아야 합니다. 12시에 일어나서 금강경 7독을 하면 대개 5시 이전이면 다 끝나지요. 낮에는 세상에서 일상생활을 하고, 어두워지면 잠을 자고, 12시에 일어나서 경을 읽는다는 뜻입니다. 왜 이것을 강조하는 것일까요?

가행정진, 용맹정진이라는 말은 본래 선방에서 나온 이야기입니다. 선방 스님들은 낮에 생업에 종사하지 않고 절 일만 하는데, 이것은 먹고살기 위해 돈 버는 것을 의미하지 않습니다. 이렇게 절에서 하는 가행정진을 그대로 연장해서 생각하면, 우리는 낮에도 수도하고 밤에도 수도하는 승려라는 생각을 하기 쉽습니다.

그러나 우리가 말하는 가행정진은 잠자기 전에는 세상에서 돈도 벌고 가족도 거느리는 등 모든 생활을 하고, 저녁에 퇴근해서 집에서 잠을 자고, 가행정진해서 다른 사람보다 더 공부를 많이 한다는 뜻입니다. 이것은 '세상 사람들의 정진, 세상 사람들의 수도'이며, 곧히 잠자는 시간에 일어나서 수도한다는 뜻에서 '잠을 해탈하는 수도'라고 하는 게 제대로 설명하는 것입니다.

가행정진이라는 말은 출가해서 산속에서 전문적인 수도를 하는 수도자에게도 통용되지만, 세속에서 생업에 종사하는 사람에게 해당하는 용어라는 것을 확실히 이해하고 출발해야 합니다. 세상의 생업에 종사하여 돈을 벌어야 먹고살 수 있습니다. 먹기 위해, 먹여 살리기 위해 돈을 법니다. 먹어야 하고 잠도 자야 한다고 생각합니다. 먹는 것과 잠자는 것에 대한 착심着心, 즉 붙은 마음을 떼는 게 수도입니다. 가행정진의 의미가 굉장히 깊습니다.

가행정진이 가장 효과적인 재가 수행이 되는 이유와 원리, 그리고 이것을 시행하는 방법을 말씀드리고자 합니다.

나에 대한 애착이 없으면 모든 번뇌와 본능에서 벗어난다

우리의 번뇌는 8만4천 가지가 있고, 그것을 크게 탐심 진심 치심으로 인한 번뇌라 보는 부처님의 말씀이 있습니다. 우리는 번뇌가 해롭다는 생각을 하지 못합니다. 하지만 밝은이는 번뇌 망상, 즉 탐심 진심 치심을 해탈하지 않고 가지면 그것이 독소가 되어서 정신적 육체적으로 굉장히 해롭다고 말씀하십니다. 그래서 탐심 진심 치심에 독毒자를 붙여 '삼독三毒'이라고 합니다.

이런 독소를 해탈하는 것이 수도입니다. 우리는 탐심이 올라오면 탐심을 제거하는 수도, 진심이 올라오면 진심을 제거하는 수도를 합니다. 밝은이는 이렇게 생각이 올라올 때마다 분별을 제거하는 것은 비효율적이라고 합니다. 삼독에는 깊은 뿌리가 있고, 근본이 되는 번뇌가 있다고 보시기 때문입니다.

이 근본이 '나我'라는 것입니다. 우리는 내가 존재한다고 봅니다. 몸도 존재하고 마음도 존재한다고 봅니다. 특히 몸을 보호하기 위해 여러 가지 정신적 육체적 행위를 하는데, 나를 보호하기 위한 모든 행위가 정신적으로는 탐진치로, 육체적으로는 식, 색, 수면으로 나타납니다. 정신적 육체적으로 내가 존재한다고 보기 때문입니다.

'나'라는 것의 존재, 나에 대한 애착이 모든 정신적 번뇌의 뿌리이고 행동의 근원이기도 합니다. 밝은이는 나에 대한 애착을 몸뚱이 착이라고 합니다. 몸뚱이 착만 없으면 탐진치라는 번뇌를 낼 필요도 없이 해탈하고 식, 색, 수면이라는 본능에서도 벗어납니다.

모든 번뇌의 뿌리인 '잠'을 해탈하는 가장 효과적인 수행법

프로이트Sigmund Freud는 모든 번뇌의 근본에는 성욕이 있다고 이야기했습니다. 선생님도 번뇌의 근원에는 '나,' 몸뚱이 착이 있고, 몸뚱이 착은 음탐심이라고 하십니다. 탐심도 바치고 진심도 바치고 치심도 바치라고 하시다가, 나중에는 번뇌의 가장 근본 뿌리인 음탐심을 굉장히 많이 강조하셨습니다.

"음탐심에 대고 미륵존여래불 해라."

알고 보면 세상의 모든 문제의 뿌리에는 다 음탐심이 개재되어 있다고 합니다. 그러나 우리는 그것을 모릅니다.

예를 들어 히틀러와 스탈린이 2차 대전 때 스탈린그라드에서 격렬하게 싸운 경우를 보겠습니다. 그때 수십만 명이 죽었다는 이야기가 있습니다. 자기의 이익을 위해, 국익을 위해서 싸웠다고 이야기하지만, 밝은이가 볼 때는 그 배경에 음탐심이 있다고 합니다. 모든 번뇌 망상, 모든 나쁜 행위의 뿌리에는 반드시 음탐심이 있고, 음탐심만 제거하면 탐진치도 다 제거되며 식 색 수면에서도 자유로울 수 있다고 이야기하십니다.

"음탐심이 가장 적나라하게 나타나는 번뇌가 '잠'이다."

백 선생님께서는 가장 근원적인 번뇌를 음탐심으로 보셨고, 음탐심의 뿌리가 되는 번뇌는 잠으로 보셨습니다. 잠만 해탈하면, 잠에 대한 착심着心만 바치면 음탐심이 소멸되고, 음탐심이 소멸되면 식 색 탐진치가 동시에 소멸되기 때문에 수면을 가장 원초적인 번뇌, 근원의 번뇌라고 이야기합니다. 따라서 잠자는 애착만 해탈하면 모든 탐진치가 소멸되며 부처님 세계로 성큼 다가설 수 있습니다. 잠을 해탈하는 것이 가장 효과적인 수행법이라고 보신 것 같습니다.

잠을 해탈하는 가행정진은 가장 효과적인 재가 수행입니다.

잠을 해탈하는 방법은 무엇일까?

잠과의 투쟁,
궁리에 따라가지 않는다

선생님께서 처음부터 잠을 해탈하라고 하시지 않습니다. 탐진치가 많이 올라오니까 "탐심을 바쳐라, 진심을 바쳐라, 치심을 바쳐라, 외로움을 바쳐라, 빈곤함을 바쳐라." 하십니다. 조금 지나면 탐심도 바쳐지고 진심도 바쳐지고 별로 어렵지가 않은 것 같아요.

다 바쳐지는데 배고픔, 음식에 대한 착은 본능 같아서 잘 안 바쳐집니다.

바치면 먹는 착이 없어질까요?

바쳐봤더니 안 먹어도 든든한 것을 느꼈습니다. 음식을 꼭 먹어야 하는 것이 아니라고 알게 됩니다.

도인이 보시기에 가장 뿌리가 깊은 것이 먹고 자는 것입니다. 화나는 것, 사랑, 성욕 등은 바치기 쉬운데, 먹고 잠자는 것은 본능인 것 같아서 안 바쳐집니다. 결국 잠으로 귀결됩니다.

제일 먼저 탐진치를 바치고, 다음에 먹는 것을 바치다가, 나중에는 잠과의 투쟁이 됩니다. 잠이라는 게 생명체와 같아서 몹시 반항합니다.

잠자기 위해서 별 방법을 다 꾸며 냅니다. 머리 긁기, 눈감기, 등 구부리기, 고개 숙이기, 화장실 가기, 물 마시기, 왔다 갔다 하기 등. 밝은이가 보면 모두 자고 싶어서 별 잔꾀를 다 써서 핑계 대는 것이라고 합니다. 커피나 박카스를 마시고 싶은 것도 다 잠자는 착이 시키는 것이랍니다.

잠이 자꾸 쏟아지고 눈이 감깁니다. 언제 끝나나? 자꾸 시계 보고 싶을 때 바치세요. 그리고 옆 사람이 졸까? 안 졸까? 관심을 두는 것도 잠자고 싶어서 그러는 것이랍니다. 자꾸 옆 사람에게 관심을 두거나 남을 꾸짖는 것도 바로 잠으로 연결됩니다.

우리는 이미 아주 오래전부터 빙의되어 있습니다. 그러나 궁리에 절대 따라가지 마십시오. 모든 궁리는 바로 잠으로 연결됩니다.

잠과 정면 대결하여 결사 항전하라

궁리에 따라가지 않으면 잠과의 정면 대결이 남습니다. 잠이 돌진하는 것을 느낍니다. 공부하면 할수록 잠과의 전투라는 말이 실감납니다. 잠이 본래 있는 것 같을 때, 정면 대결, 결사 항전의 정신이 필요합니다. 눌러 참는 것도 한계가 있어서, 참다 보면 저도 모르게 잠이 듭니다. 참지 말고 정신 똑바로 차리고 온 힘을 다해 잠에 대고 자꾸 미륵존여래불 하시길 바랍니다.

잠이 쏟아지고 눈이 감길 때, 눈을 감으면 벌써 반은 항복하고 들어가는 겁니다. 각성제 효과에 의존하지 말고, 그냥 눈을 떠야 합니다. 눈을 억지로 뜨면서 미륵존여래불 하나로 나아가야 합니다. 이것은 잠과의 투쟁이고 잠과의 기 싸움입니다. 한참 하다 보면 잠이 가라앉습니다. 이미 경험하신 분도 있을 겁니다.

정진하면서 잠 때문에 힘들 때 '내가 박카스라도 사서 먹어야겠다.' 하면 궁리가 되어서 또 잠으로 연결됩니다. 법사가 사주는 것을 먹는다면 궁리가 덜 하지요. 박카스라도 드시고 미륵존여래불 하면서 정면 대결, 결사 항전해야 합니다. 자연과학에서 말하는 임계점critical point을 넘는 순간 잠이 사라지고 일차적으로 잠에서 벗어나게 됩니다.

'나는 잠을 항복 받았다.'라는 생각은 세상에 대한 자신감으로 이어집니다. 그런데 잠이 오면 자고, 졸리면 눈감고, 이런 식으로 7독을 겨우 하면 '나는 번뇌에 항복했다.'라는 느낌이 들어서 세상에 대한 자신감이 생기지 않습니다.

자기를 이기는 사람이 세상을 이긴다는 말이 있듯이, 우선 잠부터 한번 이겨보세요. 잘하면 이길 수 있어요. 잠은 보드라운 번뇌입니다. 거세지 않아 만만해 보이니까 한번 해볼 만합니다. 공포 같은 것은 부드럽지가 않아요. 한번 오면 그냥 그대로 자지러지고 맙니다. 공포를 항복 받으려면 힘듭니다. 하지만 공포의 뿌리가 되는 잠은 잘하면 항복 받을 수 있거든요.

잠이 거세게 밀려들어 올 때는 반드시 정면 대결을 해야 합니다. 항복하기 시작하면 우선 세상에 대해서 자신이 없어지고 상쾌한 기분도 없어지고 집중력도 떨어집니다. 수마에 빙의됩니다. 물론 안 하는 것보다는 조금 낫겠죠. '나는 잠에 이겼다.'라고 하는 순간, 상당히 상쾌함을 느낍니다. 잠에 항복하지 말고 정면 대결, 결사 항전하세요.

올바른 가행정진의 성과

상쾌함, 자신감, 행복감이 반드시 재앙소멸 소원성취로 이어진다

정진을 계속하면 점점 상쾌한 기분이 듭니다.

정진하면서 계속 졸다가 끝을 알리는 죽비소리에 '살았다.' 하고 일어나면, 그 뒤로는 가행정진의 보람을 느끼지 못합니다. 죽비소리에 '살았다.'가 아니라 '상쾌한 리듬을 깨네.' 이 정도가 낫습니다.

상쾌한 것 자체가 재앙을 소멸했다는 뜻이 됩니다. 밑천 안 들이고 재앙을 소멸한다는데 얼마나 좋습니까? 그 효과를 생각할 수 있어야 합니다. 그리고 번뇌를 이겼다는 자신감이 생깁니다. 이런 사람은 세상에서 승리자가 됩니다. 자기를 이기는 사람은 천하를 이길 수 있기 때문입니다. 그리고 기쁨과 행복감까지 넘치는데, 이것은 재앙소멸 소원성취로 반드시 연결됩니다.

돈 안 들이고 점쟁이한테 가지 않고도 이 자리에 앉아서 재앙소멸하고 소원성취할 수 있다면 효과적인 이 방법을 택하는 것은 매우 바람직합니다. 더군다나 출세하고 성공하기 위해서 하버드 대학에 유학을 가지 않고도 이 자리에서 달성할 수 있다면 얼마나 좋습니까?

집중력 향상으로 지혜가 난다

깨어있는 상태가 됩니다.

잠자는 귀신이 붙어있는 한, 깨어있을 수가 없습니다. 명상하는 이들은 늘 깨어있으라고 말하지만 어떻게 깨어있을 수 있습니까? 깨어있으려면 잠자는 귀신부터 내 속에서 제거해야 합니다. 용감하게 정면 대결하셔야 합니다. 여긴 여성 남성이 없습니다. 선근, 신심, 공경심이 정면 대결의 원동력이 됩니다.

집중력이 상당히 향상됩니다.

저는 뒤늦게 세상에 나가서 과학자의 길을 걸었습니다만, 국내 대석학들이 칭찬하는 좋은 논문들을 썼습니다. 그 원동력은 집중력이었던 것 같습니다. 집중력이 향상되면 반드시 재앙이 축복으로 연결되는 지혜가 나옵니다. 무능력이 능력으로, 무지가 지혜로 됩니다. 깨어있음이 알아차림, 즉 지혜로 연결됩니다.

부동심과 인격이 생기고 세상을 자기중심대로 산다

이렇게 되면 세상의 웬만한 일에 흔들리지 않아요. 흔들리기를 잘하고 변덕 부리기를 잘하는 것이 중생의 특징이라면, 수도인은 웬만한 일에 흔들리지 않습니다. 부동심不動心을 성취합니다. 부동심이 있어야 인격이 있습니다. 돈, 여자, 이권에 달려드는 사람은 인격이 있다고 할 수 없습니다. 돈이든 무엇이든 모든 것을 본인이 가지고 있다는 것을 알면 거기에 매달리지 않습니다. 부동심이 생기고 인격이 생깁니다.

세상을 자기중심대로 살게 됩니다. 수도하기 전에는 절대 자기중심대로 살 수 없습니다. 자기도 모르게 가족 중심, 직장 중심, 종교

중심, 신神 중심, 이념 중심으로 살고 있을 수 있습니다. 자기중심이라는 것은 대단히 철학적인 말입니다. 본인이 모든 것을 구축했다는 것을 깨달아야만 자기중심대로 살 수 있습니다. 자기중심대로 살게 되면, 자신이 조물주가 된 것과 같은 기분이 듭니다.

가행정진은 일상 생활해가면서, 돈 벌어가면서, 가족을 거느리면서 도통하는 방법이라고 거듭 말씀드립니다. 여기 계신 분들도 그렇게 믿고 가행정진 기간에 이 뜻을 잘 헤아리며 용감하게 정진 잘해서 바람직한 성과를 거두시기를 발원드립니다.

제2부

건강한 사회인이 되는 주경야선

제
5
장

사회생활에서 꼭 필요한 주경야선 가행정진

주경야선 가행정진 수행발표의 의의

매일 계속되는 가행정진이라는 최고의 수행으로 대단히 수고가 많으십니다.

가행정진 수행발표, 확실한 철학과 감독을 바탕으로 얻은 확실한 결과

칠판에 오늘부터 24일 차까지 가행정진 수행발표자 명단을 쭉 적어봤습니다.

일할 때 목적과 의의를 확실히 알고 하는 경우와 그냥 남들이 좋다고 해서 하는 경우는 그 결과가 상당히 다릅니다. 가행정진의 배경 철학을 이해한다면 신심이 더 우러나서 제대로 하게 될 것입니다. 거기에 감독까지 곁들이면 확실한 결과를 얻는 데 더욱 도움이 될 것입니다.

이번 가행정진 기간에 가행정진의 의의와 목적, 그 결과도 확실히 말씀을 드렸습니다. 미흡하지만 죽비를 들고 다니면서 올바른 수행 자세를 갖추지 아니하는 분들에게 다소 자극을 주기도 했습니다. 이번에는 확실한 철학과 감독을 바탕으로 한 가행정진으로, 거기에 걸맞은 확실한 결과를 얻을 것으로 생각합니다.

길지 않은 기간이지만 다른 사람이 들어서 신심 발심할 수 있는 괄목할 만한 결과를 얻으신 분들이 있는 것 같아요.

수행발표자 구성

수행발표자에 선택된 것은 상당히 영광스럽고 자랑스러운 일입니다. 이분들은 주경야선 가행정진을 성공적으로 이끌 수 있는 유력한 후보자라고 생각합니다.

12명의 소속이 상당히 의미가 있습니다. 청년조가 4명이고 나머지 8명은 장년입니다. 또한 거사님과 지방 도반의 발표가 적절하게 있어 골고루 다 갖추었습니다.

발표자는 바뀔 수 있습니다. 자신의 이야기가 많은 사람이 가행정진 수행하는 데 도움이 된다고 생각하는 분은 자발적으로 신청하셔도 됩니다. 오래 하셨던 분들은 흔쾌하게 양보하실 수도 있습니다. 가행정진하신 연륜이 있으신 분들의 수행발표는 그전에 배경 철학이나 감독이 없었을 때의 수행과 지금 하는 수행과의 차이를 이야기하실 수 있을 것 같습니다. 이번 주경야선 가행정진 수행발표는 매우 의의가 있을 것입니다.

회향

제가 회향을 26일로 계획하였고 25일 토요일에는 백 선생님께서 지정하신 수안보에서 회향 법회를 하려고 합니다.

참여 대상은 이번 가행정진 참여자이고, 특별한 분들도 초대합니다. 회향 법회의 모든 비용은 제가 부담할 생각이며, 주경야선 가행정진 수행발표를 중심으로 진행하겠습니다. 수안보에서의 회향 법회는 침체된 법당에 활력을 불어넣고, 나아가서는 우리 가르침을 세계화하는 데 상당히 결정적인 역할을 할 것입니다.

단지 좀 유감스러운 것은 아무나 참석할 수 없다는 점입니다. 아무나 법회에 참석해서는 안 됩니다. 여기에는 상당한 노력과 원이 있어야 합니다. 장난으로 해서는 더더욱 안 됩니다. 지금까지 적당히 알아서 한다고 맡겨 놓은 것이 상당히 잘못되었고 그 잘못은 심각한 재앙으로 연결되어서 고통을 받았기 때문입니다. 이제는 철저한 계획과 감독 아래, 성심성의를 다하는 사람만이 참여할 수 있습니다. 우리 법당에는 정해진 회원이 없습니다. 물론 체계적인 조직이나 회원명부도 없습니다. 진심과 성의를 가지고 참여하는 사람이 회원이고, 진정한 회원은 무한한 자격과 권리를 가질 수 있습니다.

이것을 기점으로 다사다난했던 금년까지의 어두운 기운을 완전히 청산하고 내년에는 새로운 기운, 제대로 된 수행체계로 재가 수행을 통해서도 도통할 수 있고 성불할 수 있는 가행정진의 바탕을 확실히 마련하겠습니다.

오늘은 이○○ 보살님이 말씀하십니다. 이번에 새롭게 시작한 가행정진의 소감, 결과, 깨친 것, 질문을 말씀해 주시면 좋겠습니다. 가행정진이 끝나는 4시 30분에 깨친 것에 대한 제 소견과 질문에 대한 답변을 말씀드리는 것으로 정리하도록 하겠습니다.

잠이 오지 않게 철저히 방비해야 한다

안녕하세요? 부처님 시봉하는 사람 이○○입니다.

이제 겨우 자시 가행정진을 열흘째 했을 뿐입니다. 공부가 많이 부족한데도 이렇게 훌륭하신 도반님들 앞에 나와서 발표할 기회를 주셔서 영광으로 생각하며 이 마음도 부처님께 바칩니다. 제가 이 자리에 선 것은 아마 저 같은 초심자의 경험을 공유하는 것도 의미가 있기 때문이지 않을까 조심스럽게 생각해 봅니다.

시작할 때의 마음가짐

자시 가행정진을 시작할 때의 마음가짐에 대해 먼저 말씀드리는 것이 좋을 것 같습니다. 저는 이번 자시 가행정진으로 게으르고 남 탓하고 잘난 척하는 못된 용심을 반드시 뿌리째 뽑고 싶었습니다. 이번 기회가 아니면 다시는 기회가 없을지 모른다는 절박한 심정이기도 했습니다. 어떻게 보면 꽤나 독하게 마음을 먹고 시작했다고 할 수 있습니다. 제가 본래 그렇게 무슨 일을 독하게 하는 성품은 절대 아닙니다. 도저히 그러지 않을 수 없는 상황에 몰려 있어서였습니다.

이중 삼중의 재앙을 한꺼번에 당하고 있습니다. 이렇게 재앙이 끊이지 않다 보니-핑계 같기도 합니다만- 제가 하려고 원 세우고 있는 일에 도저히 집중할 수가 없었습니다. 이 재앙을 모두 축복으로 만들기 위해서 제가 이제까지 살아왔던 방식, 즉 제 용심을 근본적으로 바꾸어 철저히 부처님 향하는 마음을 낼 수 있어야 한다고 생각했습니다.

그동안 집에서 금강경을 읽고 미륵존여래불 정진도 하고 할 수 있는 것은 다 해봤지만, 너무 진전이 느려서 이래 가지고는 번역도 제대로 못하고 재앙에서 벗어나지도 못하는 것이 아닌가 하는 불안감이 늘 있었습니다. 그래서 이런저런 이유로 도저히 못할 것 같다고 생각했던 자시 가행정진을 이제는 아무래도 시작해야겠다고 원을 세우고 있었습니다.

그런데 마침 법사님께서 도반들과 함께 자시 가행정진을 시작하신다는 소식을 듣고 정말 뛸 듯이 기뻤습니다. 너무나 영광된 기회였고 평생에 한 번 있을까 말까 한 기회라고 생각했습니다. 이 나이까지 무엇 하나도 제대로 끝맺음을 못하고 살아왔지만, 이번 자시 가행정진만큼은 반드시 잘 해내겠다고 원을 세웠습니다.

잠을 해탈하기 위해 강구한 방법

기쁘고 감사한 마음으로 시작한 만큼 처음에는 어느 정도 자신감도 있었던 것 같습니다. 그런데 첫날부터 그 자신감은 완전히 무너졌습니다. 정진하는 동안 졸음이 끝도 없이 밀려들어 제정신을 차리기가 힘들었습니다. 어떻게 얻은 기회인데 하루 기도를 날려버렸습니다.

무엇이 문제였을까 스스로 점검을 해보았더니 저녁 시간에 잠을 좀 자고 왔어야 하는데 집안일을 하고 아이들 챙겨주느라 잠을 못 자고 온 것이 문제였던 것 같아 다음날은 시간을 정해서 잠을 푹 자고 나갔습니다. 그런데도 안 됐습니다. 자시 가행정진할 때도 졸고 다 끝내고 집에 와서도 졸고 거의 종일 잠에 취해 있었습니다. 잠이 줄기는커녕 오히려 더 많아진 것 같았습니다.

운전을 다시 시작하다

그래서 생각을 한 것이 운전이었습니다. 집이 판교인데 지하철을 타고 법당까지 오려면 2시간 가까이 걸립니다. 이 시간 동안 몸과 마음을 쉬지 못하고 시달리니 기도가 잘 안 되는 것 같았습니다. 사실 집에 차도 있고 운전도 대학생 때부터 했으니 20년은 족히 넘게 해왔는데도 저에게는 도저히 극복하지 못할 것 같은 운전 공포증이 있었습니다. 그래서 운전은 동네에서 마트나 백화점 다닐 때나 하고, 좀 먼 곳이나 넓은 주차 시설이 갖춰져 있지 않은 곳에 갈 때는 거의 대중교통을 이용해왔습니다. 그런데 이 자시 가행정진을 제대로 하기 위해서는 꼭 운전을 해야 할 것 같았습니다.

운전하려고 생각했더니 신기하게도 예전처럼 겁이 나지 않고 할 수 있겠다는 생각이 났습니다. 그래서 3일째 되는 날부터 차를 가지고 법당에 오기 시작했습니다. 첫날은 운전대를 잡고 벌벌 떨면서 왔는데 다음날부터는 운전이 조금씩 재미도 나고 편안하게 느껴지는 신기한 경험을 했습니다.

1일 1식, 소식

운전해서 법당에 오니 기도할 때 잠도 조금 덜 오고 머리도 더 가벼워진 것 같았는데 그래도 여전히 잠을 극복할 수가 없었습니다. 낮에도 맑은 정신으로 생활을 하는 것이 아니라 자꾸만 졸게 되고 졸지 않을 때도 잠에 취해 있는 기분이었습니다. 이렇게 하라는 뜻이 아닐 것 같았습니다.

먹는 것을 줄이는 게 도움이 된다고 법사님께서 말씀하신 것이 생각나서, 다음날은 아침 한 끼만 먹는 것을 시도해 보았습니다. 그 방법은 확실히 효과가 있었습니다. 잠과 투쟁을 할 필요가 없었습니다. 잠이 전혀 오지 않고 정진하는 내내 맑은 정신이 유지되었습니다. 법사님께서 자주 인용하시는 '전쟁에서 이기는 장수는 싸우기 전에 먼저 이기고 있어야 한다.'라는 『손자병법』의 구절이 생각났습니다. 그 다음에는 아침 대신 점심 한 끼만 먹는 방법도 시도해

보았는데 그것도 괜찮았습니다. 똑같이 맑은 정신으로 100% 각성 상태를 유지할 수 있었습니다.

100% 각성 상태로 기도를 하고 나니 고통스러울 것 같던 자시 가행정진이 전혀 고통이나 투쟁으로 느껴지지 않고 너무 재미가 나고 환희심이 났습니다. 머리는 가볍고 마음도 우울한 생각에 물들지 않고 밝아졌습니다. 그렇게 변화가 느껴지고 나니 대조적으로 제가 이제까지 얼마나 우울감에 찌들어서 살아왔는지 극명하게 느껴졌습니다. 이렇게만 한다면 21일이나 49일이 아니라 1년 내내라도 할 수 있을 것 같았습니다.

잠이 오지 않도록 철저하게 방비하는 것의 중요성

그런데 바로 그 다음날은 또 흔들렸습니다. 기도할 때 다시 잠이 밀려들기 시작했습니다. 금강경 읽는 힘으로, 미륵존여래불 부르는 힘으로 잠을 밀어내보려고 했지만 역부족이었습니다. 후반으로 갈수록 잠에 더 빠져들어 결국 제대로 정진하지 못하고 말았습니다. 먹는 것은 똑같이 조절하고 있었는데 기도가 잘된다고 들떴던 것이 원인인지 아니면 그날 집에 조금 걱정스러운 일이 생겨 마음을 뺏겼던 것이 원인인지 정확하게 알 수는 없었습니다.

하지만 이날의 경험으로 한 가지 확실히 알게 된 것이 있었습니다. 자시 가행정진할 때는 처음부터 아예 잠이 오지 않도록 철저하게 방비해야 성공한다는 것입니다. 제가 아직 힘이 부족해서인지 모르지만 일단 잠이 오기 시작하면, 아무리 용쓰고 아무리 미륵존여래불을 불러도 소용이 없었습니다. 이것이 바로 싸우기 전에 이기고 있어야 한다는 말의 참뜻이구나 하고 실감했습니다.

이제부터는 낮에 모든 행동이나 생각은 밤에 자시 가행정진을 잘하기 위해 최적의 세팅을 하는 것으로 그 초점이 맞춰졌습니다. 과식하거나 화를 내면 기도가 잘 안 되기 때문에 자연스럽게 그런 행동에서 멀어졌습니다. 먹는 것에서 자시 가행정진을 완벽하게 해내는 것보다 더 큰 기쁨을 찾을 수 없었기 때문에, 먹는 착은 쉽게 떨어져 나갔습니다. 지금은 그렇지만 언제든지 방심하면 다시 식탐이 올라오리라는 것은 충분히 느끼고 있습니다. 그래서 방심하지 않아야겠다고 생각하고 있습니다.

또 화를 내면 기도를 망치기 때문에, 화에서 아주 조금은 멀어졌습니다. 이틀 전에 조심해서 법당으로 가고 있는데, 뒤에서 오는 차가 계속해서 하이빔을 쏘는 것이었습니다. 평소 성격이었으면 울컥해서 화를 냈을 것이고 상대 운전자를 꾸짖는 마음에 빠져 꽤 긴 시간을 허비했을 것입니다. 하지만 법당에 가는 길이고 화를 내다가는 그날 기도를 망칠 수 있기 때문에 열심히 미륵존여래불 하면서 바쳤습니다. 그랬더니 순간적으로 그 이유가 알아졌습니다. 제가 라이트를 켜지 않고 운전 중이었던 것입니다. 그 지점이 강변북로였는데 여기까지 이렇게 불을 끄고 왔다고 생각하니 아찔했습니다. 얼른 라이트를 켜고 저에게 사인을 준 그분에게 감사했습니다.

제가 조금 느리게 운전해서 웬 녀석이 쌍라이트를 켜며 위협을 한다고 멋대로 생각했다면 오랫동안 화를 내고 기도까지 망쳤을 텐데, 며칠간의 기도로 조금은 공부가 되었는지 순간적으로 감정에 빠지지 않고 잘 넘길 수 있었습니다. 부처님께 감사합니다.

가행정진 중 보게 된 나의 용심

아직 열흘밖에 안 되었지만 기도하면서 또 한 가지 깨달은 것이 있습니다. 자시 가행정진은 미적지근한 마음으로 하면 더 힘든 것 같습니다. 무슨 일을 할 때 너무 돌진하면 힘들 것 같으니까 살살 하려고 할 수가 있습니다. 그런데 그렇게 어중간한 자세로 하니 시간이 더 안 가고 더 지치고 어떤 의미를 찾을 수가 없었습니다. 백전백승하는 장수의 마음가짐으로 무조건 100%를 채우겠다는 자세로 임하는 것이 가장 쉬운 길인 것 같습니다.

자시 가행정진 중에 기도하기 싫어하는 마음을 보았습니다. 앞서 말씀드렸듯이 일생일대의 기회라고 생각하고 시작했는데도 불구하고 허리 펴기 싫고 경 읽기 싫다고 하는 마음이 일어나는 것을 보았습니다. 다른 때와 달리 저와는 분리된 어떤 객체처럼 그 '싫다, 싫다.' 하는 마음이 보였습니다. 그 순간 '아, 저 놈이구나! 저놈만 잡으면 아상이 죽겠구나!'라고 생각하고 '어떻게 죽일까?' 하며 궁리에 빠졌습니다. 그러다 문득 조금 전에 '싫다, 싫다.' 하던 그놈이 순간 모양을 바꿔 '어떻게 죽일까?' 하고 있다는 것이 느껴져 소름이 끼쳤습니다. 이렇게 교묘하게 생각과 생각의 틈을 파고드는 것이 아상인 모양입니다. 왜 법사님께서 일어나는 모든 생각이 다 착각인 줄 알고 부처님께 바치라고 강조하시는지 다시 실감할 수 있었습니다.

법사님께서 밀착 지도해주시는 이런 영광되고 귀한 기회에 자시가행정진하시는 모든 도반님들이 전력으로 정진하셔서 스스로 전지전능한 존재임을 깨달아 부처님 시봉 잘하시기를 발원드립니다. 감사합니다.

필요에 의해서 수행해야 한다

우리의 수행은 불교 수행 역사상 일찍이 유례가 없었고 성공한 전례가 없었던 주경야선 가행정진입니다. 그냥 가행정진이 아니며, 낮에 직장에 다니거나 활동을 하고 밤중에 선을 하는 '주경야선 가행정진'입니다. 지금까지 여러 선사들이 시도해왔지만 거의 다 실패로 끝나고 말았습니다. 주경야선 가행정진을 반드시 성공해서 잠이 본래 없다는 것을 깨우쳐 부처님 전에 복 많이 지으시기를 발원드립니다.

가행정진의 빛나는 성과로 극락세계를 창조

주경야선 가행정진에 임할 때는 확실한 철학과 이론 강의를 듣는 것이 매우 필요합니다. 또 가행정진에 성공하기 위해서는 감독과 질책이 필요합니다. 엄격한 감독하에서 가행정진을 철저하게 한다면 반드시 빛나는 성과가 있을 것입니다.

오늘 이○○ 보살님의 수행발표는 가행정진의 빛나는 성과라고 생각합니다. 이○○ 보살님의 수행발표를 듣고 어떻게 수행해야 하며 어떻게 해야 가행정진에 성공할 수 있는지, 그 원칙을 이해하고 더욱더 신심 발심하셨을 것입니다. 그래서인지 오늘은 다른 어느 때보다도 가행정진의 분위기가 아주 안정됐고 심지어는 엄숙하리만큼 잘 되어서 이제 비로소 수행단체의 모습을 갖추게 되었다고 느꼈습니다.

출발이 괜찮다고 생각합니다. 이것을 계속해서 이어나간다면 불교 수행 역사상 일찍이 유례가 없었던 주경야선 가행정진을 반드시 성공시킬 수 있을 것입니다. 지상에서 극락세계를 창조하여 생활하면서, 돈 벌어가면서, 가정을 거느리면서도 도통할 수 있다는 신화적인 이야기를 분명히 창조할 수 있다고 생각합니다.

오늘 이○○ 보살님의 수행발표에 대해서 새롭게 추가할 것은 없습니다. 단지 몇 가지를 정리해서 앞으로 공부하는 데 참고가 되는 말씀을 드리고자 합니다.

필요에 의해서 수행해야 한다

"왜 가행정진을 하십니까?"

이렇게 물어보면 어떻게 대답하실지 생각해봅니다. 효과적인 수행 방법이라고 하니까, 소원성취를 위해서, 남들이 하니까, 나만 안

하면 뒤처지는 것 같으니까, 가행정진해야 법당 회원 자격이 있다고 하니까, 등등 여러 가지 이야기가 있을 것 같습니다. 선지식께서는 어떻게 대답하실까요? 백 선생님께서는 독일의 속담을 빌려서 '레벤스 베뒤르프니쎄lebens bedrüfnisse'라는 말씀을 자주 하셨습니다. 이게 '생활의 필요'라는 뜻인가 봅니다. 필요에 의한 수행을 해야 합니다.

왜 수행을 하는가? 왜 종교를 믿는가?

천당에 가기 위해서 종교를 믿는다면 제대로 믿는 게 아닙니다. 우리는 생활 속에서 여러 가지 난제에 봉착합니다. 하지 않을 수 없는, 꼭 해야 할 일이 있는데, 이것이 수행을 통해서 바르게 성취될 수 있다는 것을 아는 지혜로운 사람이 있습니다. 그런 사람들이 하는 것이 진정한 종교입니다. 천당에 가기 위해서 종교를 믿으면 대개 오래 못 믿습니다.

잘살기 위해 돈을 벌고자 하면 돈이 모이지 않아요. 반면 가족들을 먹여 살리기 위해 돈을 벌어야만 하는 경우가 있습니다. 생활의 필요에 의해서 돈을 벌 때 돈이 모입니다. 마찬가지로 수행도 '꼭 해야 하는 필요'에 의해서 절박한 심정으로 출발해야 제대로 됩니다. 남이 좋다니까, 안 해도 되지만 안 하면 낙오자가 되는 것 같으니까, 가행정진한다고 과시하기 위해서, 이렇게 이기심으로 출발하는 경우는 대개 가행정진에 성공하지 못합니다. 필요에 의해서, 안 할 수 없어서 해야 오래 갑니다.

이○○ 보살님은 안 할 수 없는 절박한 심정이었습니다. 재앙이 이중삼중으로 겹치고 여러 가지 어려운 일들이 많이 생겼습니다. 그동안 수행한다고 했지만 잘 안 됐습니다. '최후의 결심을 하지 않는다면 나는 끝이다.' 이런 절박한 심정으로 출발했다는 것은 굉장히 바람직한 수행 태도입니다. 독일 속담대로 생활의 필요에 의해 종교를 찾는 것이지, 천당에 가기 위해 종교를 찾는 것이 아닙니다. 필요에 의해 출발할 때, 그 수행은 진실하고 오래 가며 반드시 거기에 걸맞은 결실이 있습니다. 그런 점에서 출발이 상당히 바람직했다는 점을 말씀드리고 싶습니다. 이것을 다른 사람한테도 일깨워 드리고 싶습니다.

꼭 필요에 의해서 출발하십시오. 그래야 진실한 자세로 수행하고 반드시 빛나는 결과를 얻게 됩니다.

백전백승하는 장수는 싸우기 전에 미리 이기고 있다

『손자병법』은 이천오백 년 전 춘추전국시대 공자님 전후로 만들어졌습니다. 요즘 한국 사람들은 이 책의 진가를 잘 모르는데, 유럽이나 미국에서 굉장히 인기가 높습니다. 트럼프 대통령이 애독서로 『손자병법』을 꼽았다는 얘기는 너무나도 유명합니다. 『손자병법』은 그대로 밝은이, 지혜로운 이의 이야기이고 부처님의 말씀이라고 해도 전혀 틀리지 않습니다.

『손자병법』에 백 번 싸워서 백 번 다 이기는 장수는 싸우기 전에 미리 이기고 있다는 이야기가 있습니다. 이것은 사실인 것 같습니다. 이순신 장군은 세계 해전 사상 가장 빛나는 23전 23승이라는 업적을 이루신 분입니다. 그분은 자신이 없으면 싸움에 나가지 않았다고 합니다. 자신감을 가지고 하면 백전백승이라고 합니다. 반면, 자신은 없지만 싸우다가 용케 이기기를 바라는 사람은 백전백패한다고 합니다. 가행정진도 자신 없으면 출발하지 않는 게 좋습니다. '나에게 꼭 필요하다. 이것을 안 하면 안 된다.' 이렇게 자꾸 필요를 다지다 보면 언젠가 자신감이 생깁니다. 그때 출발해야 합니다.

이○○ 보살님이 필요에 의해 출발했고 간절함도 있었지만, 꼭 자신감이 있었던 것 같지는 않습니다. 그래서 처음 시작하고 난관에 봉착했습니다. 잠이 만만치 않거든요. 우리 법당에도 "나는 가행정진 성공적으로 100일 했다."라고 하는 사람이 있어요. 거의 다 가짜입니다. 그렇게 자신 있게 얘기할 성질이 아닙니다. 피아노나 성악 등 예술을 하는 분에게 "한가한데 피아노 한 곡 쳐주십시오. 노래 한 곡 들려주십시오." 그러면 진실한 피아니스트나 성악가는 "노래 한번 하는 게 얼마나 어려운 줄 아시오? 피아노 한번 제대로 치는 게 얼마나 어려운 줄 아시오? 왜 장난삼아 이야기합니까?" 이렇게 화를 내는 수가 있습니다. 가행정진도 장난삼아 하는 것이 아닙니다.

쉽게 했다는 것은 다 거짓말입니다. 쉽게 될 수가 없습니다. 출발했더니 정말 저항이 거세다는 것을 실감했을 것입니다. 잠이 얼마나 어려운지를 모르는 사람이라면 성공할 수 없습니다. 무섭거든요. 그런데 어떻게 쉽게 성공했다고 할 수가 있겠어요.

하루 한 끼 식사,
거친 잠의 저항에 발휘한 지혜

세 끼 먹고 잠을 이기려고 하는 것은 마치 모래주머니를 몇 개 달고 경주하는 것과 똑같습니다. 백전백패입니다. 두 끼 먹어도 힘들더라고요. 하루에 한 끼로 결단 내린 것은 굉장히 지혜롭다고 생각합니다. 이것은 참고할 만합니다. 한 끼 먹으면 어떻게 사느냐고 하지만 하루에 한 끼만 먹고도 살 수 있습니다. 필요한 에너지는 금강경으로 보충됩니다. 이것은 확실합니다. 의사도 잘 모릅니다. 저는 분명히 압니다.

하루에 한 끼 드셔도 충분합니다. 여기에는 조건이 있어요. 스트레스를 동반하지 않아야 합니다. 한 끼 먹고 스트레스까지 받으면 저녁때 배가 고파서 견딜 수가 없어요. 화내지 않고 우울하지 않고 슬프지 않다면 한 끼만 먹어도 든든합니다. 스트레스를 동반하지 않는 한 끼, 분별을 내지 않는 한 끼로 충분히 살 수 있습니다.

이○○ 보살님은 한 끼만 먹으니까 정진이 잘 됐어요. 아침에 그 명랑한 기운은 이루 말할 수가 없습니다. 각성 상태의 즐거움, 정말 퍼펙트하게 가행정진에 성공했다고 생각합니다. 잠이 안 와야 합니다. 눈 감았다 하면 벌써 잠자는 것입니다. 눈 감고 미륵존여래불 해도 잠자는 것입니다. 성성적적惺惺寂寂이라는 말씀이 있듯이, 눈 뜨고 계속해서 또렷한 상태로 가행정진하면 아침에 기분이 참 명랑하고 상쾌하고, 세상이 밝습니다. 이런 기분일 때는 재앙이 침투하지 못합니다. 자신감이 생깁니다. 제대로 가행정진을 하셨다고 생각합니다.

분별은 곧 잠, 분별도 내지 말아야 한다

한 끼만 먹어도 잠이 오더라, 그것은 분별을 내서 그래요. 분별까지 안 내야 되겠다. 화도 안 내야 되겠다, 슬퍼하지도 말아야 되겠다, 누굴 측은하게 생각하지도 말아야 되겠다, 비판도 하지 말아야 되겠다. 나중에는 이름만 지어도 에너지가 소실됩니다.

소사에서 살다가 오래간만에 서울 시내에 나갔습니다. 1968년, 서울에서 제일 높은 삼일로 빌딩이 처음으로 생겼을 때입니다. 빌딩이 참 멋있고 화려하다고 이름을 짓습니다. 보통 사람은 이름 짓는 것 가지고 맥이 빠진다는 게 이상하다고 하지만, 서울 시내에 나갔다가 이름을 짓고 오면 그날은 KO 펀치 몇 번 맞고 그로기 상태가 된 것 같이 맥이 빠져서 공부가 안 됩니다. 금강경이 안 읽힙니다. 이해가 안 되지요. 이름만 지어도 그럽니다.

화를 내면 더합니다. 화를 크게 내면 금강경도 못 읽고 잠은 쏟아집니다. 분별이 곧 잠이라는 것을 그때 실감합니다. 잠자는 사람은 분별을 많이 내는 사람이고, 그 잠을 해탈하기 전에는 금생에 재앙 속에서 살 수밖에 없습니다. 왜 겁을 주느냐고 해도 어쩔 수 없어요. 겁을 줘도 정신을 못 차려요.

이번에 우리는 행운의 배를 탔습니다. 반드시 성공하시기 바랍니다.

뒤에서 하이빔을 켜고 인상을 쓰는데 화도 안 내셨잖아요. '그게 나를 도와주는 천사인 걸 알았다.'라고 하셨습니다. 이○○ 보살님이 굉장히 똑똑하다고 생각했습니다. 예전에 수행발표 때 이야기한 것이 있어요. 어렸을 때 천재라는 소리를 들었다고 합니다. 어렸을 때 천재라는 소리만 들으면 뭐 합니까. 지금 천재가 아니면 사실 의미가 없지요. 언젠가 공부를 방해하는 업보에 둘러싸여서 그 천재성을 상실했던 것 같습니다. 좀 안타까운데, 가행정진을 통해서 방해하는 업보를 물리치고 옛날에 본래 가졌던 소질을 잘 발휘했으면 하는 마음이 많이 듭니다. 충분히 발휘할 수 있을 것으로 생각합니다.

마치 살얼음 위를 걷는 것처럼 조심해야 한다

이때가 참 조심해야 할 시기입니다. 조심해야 할 사람에게 백 박사님이 자주 쓰는 『초발심자경문』의 말씀이 있습니다. 여리박빙如履薄氷입니다. 수행하는 사람은 살얼음을 밟듯이 해야 합니다. 살얼음이 깨져서 물에 빠지지 않도록 항상 조심조심 수면 위를 걸어가야 합니다. 잘난 척하면 금방 잠으로 빠집니다. 이름 지으면 잠으로 빠집니다. 가행정진을 기복祈福으로 하면 잠이 바로 옵니다. 소원성취를 위해서 화끈한 수행 방법인 가행정진을 택하시는 분들이 있어요. 기복의 마음은 이기적입니다. 이기심을 가지고 하면 잠을 해탈하지 못합니다. 참 예민해요.

또 분별을 내면 바로 깨집니다. 제가 티베트에 가서 경험했습니다. 티베트의 라싸라는 곳은 해발 3,600m입니다. 티베트 전체가 해발 400m입니다. 산소가 지상의 1/2밖에 없어요. 산을 아주 잘 타는 ○○암의 주지 스님이 당시 승려들의 출입이 어려웠던 티베트의 라싸에 잠입했습니다. 산에 대해서는 자신 있다고 하던 스님이 해발 3,600m 고도의 라싸에 도착하자마자 그대로 쓰러졌습니다. 같이 갔던 사람에게 들었습니다. 라싸에서 네팔 카트만두까지 먼 거리를 택시를 타고 계속 달렸대요. 라싸에는 의료시설이 너무나 미비했기 때문에 그 먼 거리를 달려갈 수밖에 없었지요. 카트만두도 상당히 높은 지대이지만 거기에 오니까 산소가 있어요. 산소만 있으면 낫는 겁니다. 그럴 정도로 티베트는 무시무시한 곳입니다. 그런 줄도 모르고 1997년에 우리 도반 열여섯 명이 겁도 없이 갔는데, 분별을 내서 여지없이 깨졌습니다. 잘난 척해도 깨집니다. 이상하더라고요. 잘난 척하는 게 죄가 아닌 것 같지요. 티베트에 가면 그 검증을 받아요. 완전히 KO패입니다. 화를 내면 끝장납니다.

수행하는 사람들이 겁 없이 수행합니다. '잠자면 어때. 선생님 욕하면 어때. 부처님 욕하면 어때.' 지금은 괜찮은 것 같지요. 그런데 절대의 세계에 들어가서 부처님 흉을 봤다 하면 작살납니다. 죽을 수도 있어요. 사실 수행이 무시무시한 것입니다. 함부로 들어가면 안 됩니다. 차라리 고생하면서 동물적인 삶을 사는 것이 낫다고 할 때가 올지도 모릅니다. 절대의 세계에 들어갈 때에는 그만한 대가를 치러야 합니다. 저는 고생도 했고 깨져도 봤고 도인도 모셔봤기 때문에 이 말씀을 드릴 수 있습니다.

원효 대사를 떠올리게 하는, 전생에 잘 닦았던 사람의 수도

저는 이○○ 보살님이 전생에는 상당히 잘 닦았던 큰스님이었을 것이라고 생각합니다. 원효 대사의 이야기를 아실 겁니다. 원효 스님과 의상 스님이 중국으로 도를 구하러 나섰습니다. 평택 어디쯤이었을까요? 밤에 곤하게 자다가 목이 말라서 근처 물웅덩이를 찾아 물을 마셨습니다. 감로수처럼 달게 마시고 그 이튿날 가봤더니 그게 해골 안에 고인 물이었더라는 겁니다. 원효 스님은 깜짝 놀라서 토했고 그 뒤에 크게 깨쳤습니다. 해골에 담긴 물인 줄 모르고 마셨을 때는 감로수였다가, 해골에 담긴 물인 줄 알게 되자 구역질을 하는 것을 보니 실제로 해골 물이 지저분한 게 아니라 내 마음이 그렇게 만드는 것이라고 깨쳤습니다. "종종심생 종종법생種種心生 種種法生"을 말하고는 중국으로 가는 것을 포기했다고 합니다.

이○○ 보살님은 그전에도 불교를 믿었는지 모르지만 자기계발서를 탐독했고 꼭 불교는 아니더라도 진리를 향하는 구도심이 내면에 있어서 어느 수행자를 만나기 위해 미국의 록키산맥에 갔었나 봅니다. 그 사람을 만나기 전에 마침 유튜브로 우리 법문을 듣고 '아! 여기에 내가 구하는 것이 있구나.' 하고 한국으로 돌아왔다는 이야기에서 원효 스님을 생각합니다. 보통 지혜가 있기 전에는 이런 결단을 내리기가 쉽지 않습니다. 미국에 간다는 것도 어려운 일이고 가서도 용감하게 되돌아온다는 것은 더더욱 어려운 일입니다. 전생에 상당히 닦았던 분이 아니면 안 된다고 생각합니다.

이렇게 말하면 너무 이○○ 보살을 미화한다고 생각하실지 모르지만, 그렇지 않습니다. 우리는 우리의 전생이 뭔지 모릅니다. 소사에서도 박복하고 별 볼 일 없는 사람들이 많이 모여 있다고 생각했습니다. 선생님은 훌륭하시지만 저 사람들은 별것 아니라는 생각을 많이 했습니다. 그런데 나중에 어느 정도 전생을 인정했을 때 백 선생님께 들어보니, 별 볼 일 없다고 느꼈던 소사 도반들의 전생이 깜짝 놀랄 정도로 화려했습니다. 임금도 있고 중국의 큰 황제도 여자 몸을 받아서 와 있는데, 금생에는 아주 초라하기 짝이 없었습니다. 전생에 우리나라 큰스님이었던 사람도 여자 몸을 받았고 학력은 국졸도 안 됐습니다. 뚝심 하나는 좋았지만 하는 일은 다 깨졌습니다. 그런데 백 선생님은 다른 사람이 보지 못하는 그의 장점을 보십니다. 저 뚝심은 어디서 생겼을까, 그의 전생을 얘기해주셔서 뒤늦게 알고 깜짝 놀랐습니다.

이○○ 보살님의 전생은 상당히 큰 그릇이었을 것입니다. 전생에 닦았던 것을 살린다면 좋은 결과가 있을 것으로 봅니다. 전생에 닦았던 사람이 금생에 더 큰 고생을 한다고 합니다. 그 고생이 수도의 필요를 만듭니다. 이 고비를 잘 넘기면 반드시 빛나는 결과가 있을 것입니다. 흔들리지 마시고 계속 잘해 주시기 바랍니다.

모든 분별에 흔들리지 않고 잠을 해탈하면 부분적인 도통을 체험한다

이렇게 가행정진의 맛을 보시는 걸 보면, '도통이 어려운 건 줄 알았는데 가행정진해보니까 별거 아닐 것 같다. 도통은 아무나 하는 게 아닌 줄 알았는데 잘하면 우리도 할 수 있겠다.' 이런 생각이 드실 것 같아요.

분명히 그렇습니다. 옛날 분들은 도통은 세수하면서 코 만지기보다 더 쉽다고 했습니다. 우리도 한번 해볼까요?

우리 도반들의 공부 수준이 굉장히 높은 것 같습니다. 어디 가면 주지 노릇 하실 정도로 대단하신 것 같습니다.

하지만 이러다가 내 자식, 내 남편 하는 순간 땅바닥으로 푹 떨어집니다. 앞으로 '나'자를 붙이지 말아 봅시다. 어느 모임은 '나'자를 쓰지 말고 얘기하자고 한답니다. 그건 괜찮아 보입니다. 사실 나도 없고 내 자식, 내 부모도 없어요. 나의 이상도 나의 이념도 없어요. 다 착각입니다. 나도 허상, 내 자식도 허상, 내 주장도 허상입니다. 허상으로 알기 위해 '나'라는 말을 안 쓰는 게 옳습니다. 이제 차츰차츰 '나'라는 용어를 쓰지 않을 것입니다. 알고 보면 내가 없습니다. 세상이 바로 다 내 것입니다.

외식제연 내심무천 심여장벽 가이입도

다음 달마 대사의 말씀으로 저의 소감을 정리합니다.

외식제연 내심무천 심여장벽 가이입도

外息諸緣 內心無喘 心如障壁 可以入道

이○○ 보살님이 오전에 화도 안 내고 밥도 안 먹고, 완전히 준비했더니 가행정진이 좀 되더라고 했습니다. 사람들 만나고, 분별 내고 판단하고 이름 짓고, '나'자 붙이고, 음식 먹고, 이러다 보면 잠에 쫓겨서 가행정진을 성공하지 못합니다. 잘하면 성공할 수 있어요. 이○○ 보살이 하듯이 미리 방해가 되는 모든 것, 음식 분별 판단을 다 그만두는 것이 바로 '외식제연外息諸緣'입니다. 밖의 모든 것들을 쉬어야 합니다.

자꾸 궁리가 납니다. 사람이 먹는 맛에 살지, 조금만 먹어야지, 그러고 먹습니다. 이상하게 보통 때는 밥 한 그릇을 먹어도 그렇게 잠이 안 오는데, 수행을 많이 하면 밥 한 숟가락만 먹어도 꼭 수면제 같습니다. 밥 한 숟가락도 안 먹어야 합니다. 배가 좀 출출해야 합니다. 마음속에 밥을 그리는 마음만 있어도 잠으로 연결됩니다. 먹으면 더합니다. 바깥으로도 끊어야 하고, 마음속으로 끊임없이 일어나는 궁리도 차단해야 합니다. 이것이 '내심무천內心無喘'입니다.

누가 나를 부르면 돌아보고, 흉을 보면 인상을 씁니다. 이렇게 해서는 또 잠에 깨집니다. 잠이 기준지표입니다. 모든 분별은 잠으로 귀결됩니다. 분별을 내면 바로 잠으로 빠집니다. 잠의 범위가 굉장히 넓습니다. 잠을 해탈해야 합니다. 마음이 분별에 끄달리지 않고 여여부동할 수 있으면 도통을 체험한다고 합니다. '심여장벽 가이입도心如障壁 可以入道.' 가행정진하는 동안 잠들지 않고 새벽에 밖에 나가면 맑고 청량하고 온 천지가 내 것 같이 느껴집니다. 이것이 도통입니다.

직장인에게 꼭 필요한 주경야선 가행정진

부처님 시봉하는 ○○석입니다.

어제 새벽에 이○○ 보살님이 너무 히트를 치셔서 상당히 부담스러운 자리에 올랐습니다. 이제 공부를 시작한 지 겨우 2주 정도 되었기 때문에 이렇게 말씀드리는 것은 부담이 되긴 하지만 간단하게 보고드리겠습니다.

저는 2019년 4월 7일 망원동 법당 일요 법회에 처음 참석하였고 5월 3일부터 주말 출가를 시작하여 코로나로 인해 주말 출가 프로그램이 중단될 때까지 주말 출가에 한 번도 빠지지 않고 참여하였습니다.

가행정진 참여의 두려움

저는 직장을 다니고 있습니다. 독일계 자동차 부품사에서 개발 영업을 총괄하는 임원으로 29년째 자동차 산업에 종사하고 있습니다. 일이 매우 많고 빠르게 변화되기 때문에 부서가 분주합니다.

다른 회사 임원들도 그러겠지만 제가 유독 스케줄이 바빠서, 자시 가행정진을 하고 싶어도 마음을 내지 못했었습니다.

제가 자시 가행정진을 여태까지 두려워했던 이유는 출근 시간은 아침 7시로 고정되어 있으나 퇴근은 늦고 불규칙하기 짝이 없기 때문입니다. 통상적으로 퇴근은 밤 9시이고 늦으면 11시입니다. 제가 다니는 회사가 외국계 기업이어서 독일, 미국, 그리고 한국에서 동시에 회의를 진행해야 하기 때문에 때로는 새벽 1시까지 전화 회의를 합니다. 코로나 사태 이후 회의가 더욱 잦아졌습니다. 불규칙한 퇴근 시간으로 자시 가행정진을 할 수 있는 환경이 만들어지지 않아 법당에서 자시 가행정진을 매일 하는 도반들은 저에게 부러움의 대상이었습니다.

지난해 하반기부터 회사에 어려운 난제가 많이 발생하였는데, 저의 공부가 부족해서 나타나는 현상이라 판단하고 기도에 참여할 시점을 찾고 있었습니다. 이런 상황을 진주법당 이전개원 법회를 마치고 돌아오는 버스 안에서 말씀드렸습니다. 그 당시 버스 안에는 일심공경시봉 중창단이 타고 있었는데 모두가 자시 가행정진을 하는 공경심이 대단한 분들입니다. 이○희 보살님께 "저도 참여를 하고 싶은데 괜찮겠습니까?"라는 질문을 드렸고 보살님께서 환영한다는 말씀을 해 주셨지만, 참여할 용기가 나지 않았습니다.

그러던 중 법사님께서 원흥 법당에서 곧 자시 가행정진을 하신다는 말씀을 하셨습니다. 저는 선뜻 발심하지 못했습니다. 불규칙한 퇴근 시간으로 일관성 있는 공부를 하지 못할 것 같았고, 더 중요한 것은 다른 도반의 공부에 폐를 끼칠 수 있다고 생각했기 때문입니다. 기도 시간 중간에 들어오는 것은 열심히 공부하는 다른 도반들의 주위를 산만하게 만들 수 있겠다고 생각했습니다.

하지만 제가 그렇게 원했던 자시 가행정진이고 특히 선지식께서 지도까지 해주시니 무조건 참석하자고 마음을 먹었습니다. 앞으로 이런 기회는 언제 또 있을지 모르는 행운이고, 이는 선지식의 부름이라는 판단을 하여 발심하게 되었습니다.

예전 환희정사에서 법사님을 모시고 자시 가행정진을 경험해본 저에게는 너무나 설레는 일이었습니다. 그곳은 비록 비닐하우스이고 이곳 원흥 법당과는 비교도 안 될 정도의 열악한 시설이었지만 선지식께서 계셨기 때문에 참 좋았습니다.

가행정진하며
하루하루를 살펴보다

저는 하루 세 끼를 먹습니다. 저녁은 소량으로 오후 5시 이전에 먹고 그 이후는 금식입니다. 이렇게 생활한 지 좀 오래됐습니다.

평소에도 느꼈고 가행정진 첫째 날과 둘째 날 경험을 한 것이지만, 화를 내면 새벽 공부 시 잠도 많이 오고 몸이 상당히 무겁다는 느낌을 받습니다. 그래서 부하 직원에게 화를 내는 것을 지극히 자제하고 있습니다. 저 자신의 공부를 위해서 하는 일이지만 팀원들을 위해서도 꼭 해야 하는 행위인 것 같습니다. 화를 내면 분명히 저에게 뭔가 반사적인 영향이 나타나고, 제 말 한마디에 따라 움직여야 하는 직원들도 상당히 힘들어합니다. 임원도 말과 행동을 조심해야 하는 것 같습니다.

비록 가행정진을 시작한 지 2주일도 되지 않았고 회향까지는 약 2주가 남았지만, 저에게 일어난 것과 알아진 것에 대해 말씀을 드려봅니다. 자시 가행정진은 잠을 해탈하는 것이요, 잠이 해탈되면 밝아지며 지혜를 가질 수 있다는 법사님의 법문에 따라 제 하루하루를 살펴보았습니다. 공부한 지 얼마 되지 않은 상황에서 섣불리 말씀을 드린다는 느낌도 있지만, 중요한 특징은 제가 지금까지 하지 못했던 경험을 하고 있다는 것입니다.

가행정진의 필요성

가행정진 참여에 대해 머뭇거린 이유는 단순하게 용기가 없고 시간이 없다는 것으로 해석할 수 있으나, 좀 더 근본적으로 보니 공부하기 싫은 마음 때문이었습니다. 직장에 다니며 자시 가행정진을 할 수 없다는 것이 착각이었음을 알았습니다. 제 게으름이 원인이었습니다. 가행정진 참여는 저의 이런 못난 마음을 치유하고 상황을 해탈하기 위해서라도 필요한 것이었습니다.

몰입과 집중으로 업무 효율이 향상되다

자시 가행정진을 하면 정신이 맑아지는 것 같습니다. 그래서 그런지 업무에 대한 몰입도와 집중도가 높아졌습니다. 이것이 결국 업무 효율 향상으로 연결되고 있습니다. 막연히 잠을 충분히 자지 못하니 머리가 무겁고 온종일 정신이 몽롱할 줄 알았는데, 실제 상황은 그 반대입니다. 정말 믿기지 않습니다. 사람이 통상적으로 잠을 못 자면 다음 날은 세상 식의 표현으로는 해롱해롱하죠. 그렇지 않다는 것을 제가 몸소 체험으로 느꼈습니다.

가행정진하면서 가장 힘든 시간은 공부 종료 후 자가용을 이용하여 출근할 때뿐입니다. 이때가 진짜 힘듭니다. 사고도 날 뻔했는데 '왜 그럴까?' 하고 고민을 해봤습니다. 겨울이라 차 시트 열선과 핸들의 열선을 켜니 엉덩이와 등이 따뜻해집니다. 법당에서 조용히 공부하다가 따스한 환경에서 운전해서 그런지 잠이 순간적으로 옵니다. 차에 있는 차선 이탈 장치의 경보음이 삐삐 울립니다. 안전장치가 없었으면 사고가 났을 수 있었겠다는 느낌도 듭니다. 출근 시간이 지금 저한테는 가장 힘든 시간입니다.

법사님께서는 차담 시간에 저에게 "정신이 맑아지지 않았습니까? 어떤가요?"라고 질문하셨습니다. 저는 머뭇거림 없이 "맞습니다. 그래서 그런지 업무에 집중이 더 잘 되고 있습니다."라고 대답했습니다. 모든 상황이 뚜렷하고 정확하게 보이고 해석됩니다. 이러니 바치는 것도 잘 되는 것 같습니다. 법사님께서 바치고 바쳐야 한다는 말씀을 하시는데, 바치는 것도 정신이 밝을 때 바쳐야 하는 것 같습니다.

어떤 사업장에서는 집중 근무 시간이라고 해서 개인별로 업무 중 연락을 받지 않고 업무에 집중하는 시간을 설정하여 시행 중인 곳이 있는데, 가행정진을 통해 정신이 맑아진다면 굳이 이런 제도가 필요하지 않을 것 같다는 생각이 듭니다.

저는 보통 7시에 책상에 앉습니다. 아침 7시부터 점심시간 전까지는 뭔가 소비하는 것 자체, 점심 먹으러 가는 것도 어느 때엔 짜증이 날 정도로 시간이 지나는 것이 매우 아깝습니다. 정신이 아주 맑고 뚜렷뚜렷합니다. 업무 집중 시간을 따로 설정할 필요가 없을 뿐만 아니라 이 시간 안에 뭔가를 만들어내고 싶고 완성하고 싶은 욕심이 많이 생깁니다. 오전 시간은 너무 아까운 시간입니다. 정신이 맑아서 밥먹는 시간이 아깝습니다.

난제가 심각하게 느껴지지 않다

세상이 밝아지고 그로 인해 상쾌함을 느낍니다. 마치 일반 컬러 TV에서 고화질 컬러 TV로 바꾼 것과 같이 선명하고 또렷해졌습니다. 더 상쾌함을 느낍니다. 매일 같은 시간, 제일 먼저 출근해서 모든 등을 켜고 들어가는 사무실이 정말로 밝습니다. 제 방 또한 많이 밝습니다. 신기할 정도입니다. 흐릿하게 보이는 게 아니라 분명히 모든 것이 다 보이고 훨씬 더 뚜렷하게 보입니다. 그러다 보니 기분이 좋아집니다. 법사님께서도 말씀하신 것 같은데 지금 그걸 정확하게 느끼고 있습니다. 이런 상쾌함은 즐거움으로 이어져 유지되고 있습니다.

그 결과 회사에서의 각종 난제가 희석됩니다. 직장생활에서 예전과 같은 문제가 발생할 수도 있고 때로는 새로운 문제들이 발생할 수 있습니다. 특이하게도 예전과 비슷한 상황인데, 그것을 받아들이는 제가 변했습니다. 예전 같았으면 방방 뛰었겠죠. 제가 차분해지고 즐거워져서 그런지 그 난제가 심각하게 여겨지지 않습니다. 이렇게 제 주변의 상황이 변화되고 있습니다. 참으로 예상치 못한 체험입니다. 난제가 쉽게 느껴집니다.

지금 국제적으로 원자재, 특히 스틸과 플라스틱 단가가 가파르게 오르고 있습니다. 저는 고객의 제품 가격 보상 업무를 담당하고 있는데, 예전처럼 엄청난 스트레스를 받지 않고 당당하게 요구할 것은 요구합니다. 예전에는 그렇지 못했습니다.

원자재 단가가 가장 적게 오른 것이 30%, 많이 오른 것은 200%까지 올라갔습니다. 아무리 제 물건을 사주는 고객이지만 단가 인상 공문을 안 쓸 수는 없습니다. 어떤 이유든 단가 인상 요청 공문을 발송할 때, 바이어는 제게 등을 돌리기 시작합니다. 상당히 냉랭합니다. 개발 영업에서 가장 힘든 업무가 영업입니다. 현 직장에서 15년 3개월째 근무하고 있는데, 이런 일이 7번 있었습니다. 유사한 업무를 몇 번 했지만, 이번에는 제가 당당해지고 있습니다. 예전처럼 꿀리고 들어가지 않고 당당하게 하는 것이 큰 변화입니다.

앞으로 더 공부하면서 지켜보도록 하겠습니다. 수행발표가 아니라 제가 느끼고 알아차린 것에 관한 정리이기에, 시간을 갖고 더 공부를 열심히 하도록 하겠습니다.

선지식의 지도로 바쁜 직장인도 수행이 가능하다

주말 출가 프로그램 참여시 경험해보았던 자시 가행정진 금강경 7독은 하나의 수행과정이라고 단순하게 생각을 했습니다. 하지만 자시 가행정진 자체는 잠을 해탈하는 공부요, 잠을 해탈하여야 밝아지고 지혜가 생기며 건강한 사회인이 될 수 있다는 법사님의 법문을 통해 직장인도 평일에 수행이 가능하다고 판단해봅니다. 아니, 꼭 필요한 공부입니다. 동시에 이것은 선지식의 선호념 선부촉이 있어야 가능하다는 강한 신념을 가져봅니다.

지금까지 막연하게 '난 시간이 없어서 공부 못 해.'라는 핑계를 댄 것을 많이 반성하고 있습니다. 직장인은 시간이 없어서 공부를 못 한다는 이야기는 핑계일 뿐이라는 행복한 결론입니다. 저처럼 불규칙한 생활을 하는 분들도 용기 내서 가행정진했으면 좋겠습니다. 사회에서 통상적으로 알고 있는 것은 완전한 착각이니, 모든 이들이 주경야선 가행정진이 법당과 사회가 둘이 아님을 깨닫는 지름길임을 알게 되길 발원합니다.

저는 개인적으로 주경야선 가행정진 이전의 금강경 공부는 제1기라 하고 싶습니다. 지금부터 선지식과 함께하는 금강경 공부를 제2기라 명명합니다. 법사님의 금강경 가르침과 법식을 생활 속에서 실천하는, 진정으로 건강한 사회인이 되기를 원 세워 봅니다. 이렇게 제 몸에서 뭔가를 알면서 하는 공부는 처음입니다. 그래서 제가 2기라고 감히 말씀을 드립니다.

현 직장을 15년 3개월 다녔는데 커브를 그려보면 변곡점 2개가 나옵니다. 2022년 3월이면 제가 바른법연구원과 인연 맺은 지 3년이 되는데 이제야 어떠한 변곡점 하나가 저한테 오는 것 같습니다. 이 기회를 잘 살려서 더 열심히 공부하도록 하겠습니다.

주경야선 가행정진이라는 버스에 도반들을 태우고 출발해주신 법사님, 감사하고 또 감사합니다. 도반님들 감사합니다.

4차 산업 혁명 시대,
흔들리지 않는 삶을 위한 대안

○ 가행정진의 결과

- 금강경 독송으로 기분이 상쾌해지고 집중력이 커진다.
- 바쁜 직장인도 주경야선 가행정진으로 생활을 향상 발전시킬 수 있다.
- 금강경 독송은 불행을 행복으로, 무지를 지혜로, 무능을 능력으로 바꿀 수 있다.

○ 결론

이 공부는 복잡다단한 이 시대, AI가 주도하는 4차 산업 혁명 시대에 무력한 삶, 스트레스로 흔들리는 삶을 정반대로 바꿀 수 있는 훌륭한 대안이다.

마치 전쟁터와 같이 매일 계속되는 잠과의 투쟁에 수고가 많습니다. 적절한 비유인지는 모르지만, 비장한 결의를 하고 최초로 중국에서 인도로 경전을 구하러 갔던 법현 스님(法顯, 337~422)의 이야기가 떠오릅니다. 인도와 중국 사이에 있는 타클라마칸 사막을 넘고 파미르 고원을 넘는, 악귀와 열풍이 반기는 험난한 길이었습니다. 함께 간 사람들이 거의 다 죽었다고 합니다. 잠과의 전쟁은 마치 법현 스님이 경전을 구하기 위해서 머나먼 길을 떠나는 것과 같이 느껴집니다.

결사항전, 잠을 극복하고 해탈하라

가행정진을 시작한 지는 불과 열흘 조금 넘습니다만, 가파르게 열기가 상승하면서 백 명 가까이 모였습니다. 누가 보아도 열기가 뜨겁습니다. 그런데 어제오늘, 사람들이 하나둘 빠져나가기 시작합니다. 한 달 하기에 망정이지, 만약에 한 일 년쯤 한다고 했다면 어땠을까? 일 년도 어설프게 하면, 잠자면서 먹어가면서 얼마든지 할 수 있지요. 그런데 죽비를 치며 감독하고 야단치면서 엄하게 하면 하나하나 빠져나가서 나중에 성공하는 사람이 얼마나 될까요? 법현 스님의 인도 여행처럼 되지 않을까 생각합니다. 끝까지 살아남기를 바랍니다. 모두 다 살아남으시면 더욱 좋겠습니다.

정진하실 때 눈을 뜨셔야 합니다. 눈을 감는 것 자체가 잠자겠다는 뜻입니다. 공부하러 오셨지, 잠자러 온 것이 아니지요? 졸릴 때 억지로라도 눈을 뜨면서 결사항전의 정신으로 임하십시오. 또 잠과의 투쟁이라는 단어가 생각이 납니다만, 본래는 투쟁이 아니에요.

극복이라는 말이 더 좋겠지요. 잠과 투쟁하고 결사항전을 하는 심정으로 물러서지 않을 때, 무시겁 업보업장이 녹습니다. 하지만 잠에 항복하여 눈 감고 졸 때, 발전이 멈춥니다. 어렵더라도 밀어붙이기 바랍니다.

밖에 나가서 몇 년 고생할 것을 가행정진 며칠 동안에 다 해탈한다면 얼마나 보람 있습니까? 가행정진을 한 달해서 미국 하버드 대학교 학위를 얻은 것 이상으로 지혜로워진다면 얼마나 효율적입니까?

특히 마구 잠이 쏟아질 때 절대 항복하지 마세요. 이때가 내가 업그레이드되어 상승할 때이고 무시겁 업보업장이 녹을 때라고 생각하면서 전력투구하여 해탈하시길 바랍니다.

바쁜 직장인도 주경야선을 하며 생활을 향상 발전시킬 수 있다

오늘 ○○석 선생의 수행발표를 들으며 몇 가지 생각해보았습니다.

가행정진이라고 말하고 있습니다만, 주경야선 가행정진입니다. 가행정진은 스님들도 합니다. 정확하게 말하자면 스님들도 제대로 못 하고 안거 때나 겨우 합니다. 승려들은 직업이 없고, 매여 있는 분들이 아닙니다. 오직 수도하러 출가하신 분들입니다. 사실 그분들에게 가행정진은 그렇게 어렵지 않습니다. 어디에 매여 있는 사람들은 그 일에 전념하다 보니까 가행정진이 매우 어렵습니다.

그래도 시간이 많은 주부는 할 만합니다. 저는 대학교수 생활을 오래 했습니다. 대학교수도 제대로 하려면 굉장히 바쁘지만, 최소한으로만 논문을 쓰고 유지한다면 시간이 많습니다. 대학교수가 가행정진을 하는 것은 어려운 일이 아니라고 생각합니다. 그리고 농사짓는 일은 다른 상공업에 비해서 머리를 덜 쓰기 때문에 농사를 지으면서 가행정진을 하는 것도 가능하다고 생각합니다.

농경시대에서 산업 혁명 시대가 되며 시대가 점점 복잡해졌습니다. 요새 등장하는 구호는 '바쁘다 바빠'입니다. 학생도 바쁘고 직장인도 바쁘고 직장의 임원이 되면 더욱 바쁩니다. 바쁜 사람이 가행정진한다는 것은 매우 놀랄만한 일입니다. ○○석 선생이 전쟁터와 같이 바쁜 생활을 하며 도저히 엄두도 낼 수 없는 가행정진을 했다는 것 자체만으로도 매우 큰 의의가 있다고 생각합니다. 비장한 각오로 출발하셔서, 상당히 맛을 보고 있는 것 같습니다. 좋은 모범을 보이셨습니다. 앞으로 '가행정진을 통해 더더욱 생활을 향상 발전시킬 수 있다.'라는 수행 역사상 최초의 선례가 될 것도 같습니다.

퇴근이 없을 정도로 굉장히 바쁜 분이 가행정진했다는 것은 대단히 큰 의의가 있습니다. 오늘 ○○석 선생의 발표에서 느낀 첫 번째 교훈입니다.

불행이 축복으로 되는 불이법의 실천

우리는 보통 잠을 안 자도 하루쯤은 견딥니다. 수다를 떨면서 또는 고스톱을 치면서, 하루 이틀은 잠을 안 자고 견딥니다. 그렇지만 재미있게 놀아도 새벽이 오면 몽롱합니다. 가행정진도 벌써 열흘 이상 지속하지 않았습니까? 상식적으로 보면 몽롱해야 하는데, 오히려 더 상쾌하고 집중력이 커지고 밝아 보인다고 했습니다. 몸이 가볍고 상쾌하며, 회사에서 능력이 더 향상되었다는 것을 검토해야 합니다.

잠에 취해 몽롱한 상태를 어떻게 각성 상태로 전환하여 상쾌해지고 능력과 지혜가 생기는가?

바로 금강경 독송입니다. 금강경 독송은 불행을 행복으로, 무지를 지혜로, 무능을 능력으로 바꿀 수 있습니다. 기분 나쁜 것을 상쾌하게 바꿀 수 있습니다. 불이不二법을 실천하는 것, 이것이 ○○석 선생의 발표에서 느낀 두 번째 교훈입니다

4차 산업 혁명 시대, 스트레스에 흔들리지 않는 삶

능률이 오르고 지혜가 나서 회사에서 많은 실적을 낼 수 있음에도 불구하고, 지금 스틸 철강 플라스틱 등 원자재 가격이 급속히

오르고 있습니다. 그러면 제품 가격도 덩달아 오르고, 판매에 차질이 옵니다. 비싼 가격으로는 안 팔리고, 만든 물건을 팔지 못하면 회사를 운영할 수 없습니다. 임원이 된 사람은 상당한 스트레스를 받습니다. 가장이 회사에서 쫓겨나면 먹여 살릴 가족에 대한 책임을 다할 수 없어 고민하고 고민하다가 자살하는 사람이 있듯이, 강력한 스트레스입니다.

비록 잠을 해탈해서 상쾌하고 능력이 생기고 지혜가 생겼지만, 스트레스에 대해서 여여부동해진다는 것은 생각할 수 없었습니다. 전에는 이런 스트레스가 오면 요새 말로 쫄고 주눅이 들고 맥이 빠지고, 불안이 몰려왔습니다. 이제는 스트레스에도 그전보다 덜 흔들리게 되었습니다.

우리 시대에 산업 개발을 많이 했는데, 새벽에 별 보고 나가서 별 보고 들어온다는 말도 그때 생긴 것 같습니다. 요새도 전쟁터와 같을 것입니다. 스트레스와 함께 생활합니다. 비공식으로 조사해봤더니 대기업의 임원이 된 사람치고 골병들지 않은 사람이 없습니다. 성인병에 안 걸린 사람이 없습니다. 중소기업의 임원도 마찬가지입니다. 책임자는 성인병에 걸려서 일찍 죽는 경우가 많습니다. 그런 것에 흔들리지 않았다는 것, 이게 참고할 가치가 있습니다.

결론적으로 이 공부는 복잡다단한 이 시대, AI가 주도하는 4차 산업 혁명 시대에 무력한 삶, 바빠서 제정신을 잃어버리기 쉬운 삶, 스트레스로 흔들리는 삶을 정반대로 바꿀 수 있는 훌륭한 대안입니다.

오늘 ○○석 선생님의 소감발표가 우리에게 많은 희망과 용기를 주었고 가행정진을 할 마음을 내게 했다고 생각합니다. 이것이 오늘 제가 느낀 교훈입니다. 더욱더 신심 발심하셔서 부처님 전에 복 많이 지으시길 발원합니다.

나의 소원성취로 이루어진 주경야선 가행정진

안녕하세요?

부처님 시봉하는 김○○입니다.

자시 가행정진의 수행과정을 자발적으로 발표하는 것은 저의 부족한 공부에 대한 어떤 성과를 말씀드린다기보다 그동안의 못난 제 모습을 부처님께 드러내어 바치는 영광의 시간인 것 같습니다. 귀한 시간 내어주시고 너그러우신 부처님 마음으로 부족한 수행 과정을 들어주시는 법사님과 도반님들께 진심으로 감사드립니다.

그럼 존경하는 법사님과 도반님들께 경건한 마음으로 씩씩하게 발표하겠습니다. 원 세우고 시작하겠습니다.

제도하시는 용화교주 미륵존여래불 공경을, 전 세계 모든 사람이 세세생생 선지식 만나 신심 발심해서 부처님 전에 복 많이 짓기를 발원드립니다.

법사님께서 오직 사람 몸을 받아야 마음을 닦을 수 있다고 말씀하셨습니다. 사람 몸 받아 선지식님과 인연 되어 공경심을 바탕으로 마음 닦을 수 있는 지금은 일생에 단 한 번뿐인 기회라고 생각합니다. 매 순간 선지식님과 함께하며 지혜롭게 살아가고 싶다는 생각이 절실히 듭니다.

부처님 시봉하는 사람은 오직 선지식을 만나 밝아지기 위한 순간을 살아가는 사람일 뿐, 정해진 성별이나 역할이 없다는 것을 느끼게 되었습니다. 저는 그렇게 부처님 시봉하는 사업을 7월 초 운영하기 시작하였습니다.

피하는 마음이 잠으로 이어지다

'부처님 시봉한다.'라는 법사님의 그 큰 뜻을 사업에 어떻게 적용해야 할지 부족한 제가 감히 헤아릴 수 없었습니다. 엄청난 시행착오와 내면의 한계를 마주했습니다. 이번에 난제를 겪으며 재앙소멸과 소원성취가 저절로 이루어지는 것을 실감하였습니다. 동시에 법사님 가르침의 절대성과 현실성을 마주하면서 마음 한편에 묵직하게 남겨져 있는 두려움 공허함 우울함이 불쑥 올라왔습니다.

일이 잘될수록 오히려 삶의 의욕이 낮아지는 것 같은, 알 수 없는 마음이 생겼습니다. 그 후 드디어 법사님을 친견하게 되었으나 결국 또다시 업보 업장에 휘둘려 스스로 그 마음을 유지할 수 없었습니다. 스스로 각성하고자 법사님께 바쳤던 이메일의 무게가 한없이 저를 짓눌렀습니다. 이 잘못된 공경심은 피하는 마음으로, 피하는 마음은 저절로 잠으로 연결되었습니다. 다시 마음을 다잡아 법사님께 점검을 받고자 하였지만, 마음이 탁 막히기만 할 뿐 단어나 문장으로 표현할 수 없었습니다. 가슴이 메어왔고 눈물만 흘렀습니다.

간절한 마음으로 '법사님이라면 어떻게 하셨을까?' 생각하니 문득 떠오른 법문이 있었습니다. 난제를 빙산에 빗대어 말씀해주신 법문이었습니다.

"바쳐도 바쳐지지 않은 듯하고 난제에 머물러 있는 것 같지만 분명 바쳐졌다. 부처님을 시봉하는 수행과정의 일부일 뿐 지금 잘 바쳐지고 있다."

이 환희로운 법문을 매일 들었습니다. 동시에 난제의 모든 과정을 온전히 느끼고 관찰하며 솔직하고 철저하게 기록하였습니다.

오직 금강경 연수원 수련회만을 기다리며 버텨 온, 표현되지 않아 가슴 절절했던 모든 순간이 아직도 생생합니다. 저는 이 모든 순간을 감히 퇴타심이라고 이름 짓고 싶지 않습니다. 이 생생했던 수행과정은 바른법연구원과 인연 맺은 순간부터 지금까지 단 한 순간도 법당을 떠난 적 없는 사람임을 당당하게 말할 수 있는 용기를 주었습니다. 공경하는 법사님 그리고 만나면 늘 반갑고 감사한 도반님들과 가슴 벅찬 시간을 보내고 있는 지금, 온전히 느끼고 있음에 진심으로 감사합니다.

나의 소원성취
주경야선 가행정진

불면 날아갈까 건드리면 터질까 고귀한 마음으로 모든 도반을 부처님 대하듯 한 분 한 분 따뜻하게 보듬고 헤아려주시는 법사님의 가르침 아래, 존경하는 도반님들과 함께 주경야선 가행정진을 하고 있는 것이 제가 현재 이룬 소원성취입니다.

오직 거룩하신 도인만이 기획할 수 있는, 금강경 핵심과 응용이 담긴 이 센세이셔널한 프로그램으로 건강한 공경심이 절로 났습니다. 법사님께서는 아가 마음으로 매번 흔들렸던 저에게, 우주와 같은 부처님 공경심까지도, 모든 것을 내어주시는 듯하였습니다. 어느 날은 금강경 연수원이 이미 되어졌음을 실감하며 온몸에 소름이 끼쳤습니다. 법사님께서 말씀하신 '이미 이기고 있다.'라는 『손자병법』의 문구가 이런 것이구나! 법사님의 법문은 살아 숨 쉬고 있다는 것을 느꼈습니다.

법사님께서는 백 박사님과 함께했던 순간을 법문으로 비추어, 수많은 중생을 밝아지게 해주십니다. 지금 선지식님의 거룩한 지침 아래 실행되고 있는 자시 가행정진 또한 앞으로 세세생생 업보 업장을 해탈 탈겁 하는 과정에서 감히 잊어서는 안 될 절대적인 순간이라고 생각했습니다. 지금 경험하고 체험하고 있는 이 순간이 너무너무 신비롭고 소중합니다. 전 세계 모든 사람이 금강경을 독송하는 날이 머지않았음을 느낍니다.

자신처럼 허송세월 보내지 말라며, 늘 낮은 자세로 모든 것을 내어주시는 법사님께서는 어디에서도 맛볼 수 없는 박카스 맛이 나는 법문을 해주십니다. 그리고 기도를 마치면 항상 잠과 투쟁하시느라 수고가 많다며 오히려 도반들을 따뜻하게 격려해주십니다. 법사님의 자비와 은혜에 몸 둘 바 모르겠습니다.

법사님의 무량한 자비심에, 이기적인 두 마음으로 기도를 해온 못난 저는 결국 참회의 눈물을 흘립니다. 요즘 벅찬 마음으로 하루하루 기도하고 있습니다. 함께 공부하게 되어 진심으로 영광입니다. 법사님의 크신 자비 사랑 세세생생 잊지 않고 부처님 시봉 잘 하겠습니다.

이와 연관하여 저절로 성취된 소원이 있습니다. 자가용을 구입하여 법당에 조금 더 수월하게 향할 수 있게 되었습니다. 법사님께서 올해 초 자가용에 대해 한번 넌지시 일러주셨는데, 그때 생각이 많이 났습니다.

도인께서 해주시는 말씀은 왜 항상 시간이 흐른 뒤에서야 와 닿는지 모르겠습니다. 앞으로는 더욱 방심하지 않고 법사님의 말씀을 새겨들어야겠습니다. 10월 말, 자시 가행정진하는 원과 함께 차를 구입하는 원을 세웠지만, 속마음까지는 원하지 않았던 것 같습니다.

금강경 연수원 수련회를 마치고 돌아오는 비행기에서 바로 당일 출고 되는 차를 알아보았고 일사천리로 구입하였습니다. 또 요즘 자시 가행정진 일정에 맞추느라 매장 운영시간이 들쑥날쑥한데, 차량 비용을 지불하라고 매출도 상승시켜 주시는 것 같습니다. 정말 감사합니다. 코로나 시국에 반도체 공급난으로 차량 출고가 몇 개월 정도 걸린다고 하였는데 일주일 만에 차가 나왔고, 마치 부처님께서 선물하신 것처럼 번듯한 새 차를 할인받아 구입하였습니다.

현재 상태
주경야선 가행정진하며 달라진 점

5시간 거리를 왕복하며 자시 가행정진을 하는 현재, 잠은 아예 못 자거나 법당에서 한 시간에서 한 시간 반 정도 자고 있습니다. 처음에는 오래 할 생각하지 않고 너무 무리하는 것은 아닌가? 순간뿐이면 어쩌나? 하는 마음도 있었습니다. 하지만 걱정했던 것에 비해 정신이 또렷합니다. 세상이 선명하고 빛이 환하게 비추는 듯합니다. 햇빛이 가끔은 가짜 조명처럼 느껴질 때도 있었습니다.

생활하다 보면 졸음이 오는 순간이 있는데, 예전처럼 수면제를 먹은 듯 취해있는 묵직한 졸음이 아닙니다. 정신은 가만히, 몸은 부지런히 움직이도록 해주는 가볍고 자유로운 졸음으로 느껴집니다. 자시 가행정진을 지혜롭게 이어나가 이 각성 상태를 조금 더 잘 다듬어 나아가고 싶다는 원을 세웁니다.

음식은 하루 한 끼 먹고 출출하면 어묵을 먹습니다. 법당을 향해 오는 길에 원흥역 1번 출구에서 먹는 어묵이 참 맛있습니다. 수십 년 동안 스트레스를 푸는 방법이 잠과 음식이어서 잠과 음식은 저와 떼려야 뗄 수 없다고 생각했는데, 지금은 약간 조절이 되며 몸이 매우 가볍고 행복합니다.

사회생활을 하며 고통받은 가장 큰 이유는 난제를 재앙으로 이름 지었기 때문인 것 같습니다. 이제 난제를 재앙으로 이름 짓는 일이 확연히 줄었습니다. 일어나는 여러 난제를 밝은 마음, 감사한 마음으로 받아들입니다. 문지방을 빗대어 말씀해주신 법사님의 법문이 실감 나게 다가왔습니다. 손님을 대할 때나 매장을 운영할 때, 예민해지고 스트레스 받았던 부분이 줄어들거나 사라진 듯합니다. 마음이 너무너무 시원하고 평온합니다.

법당을 오가는 시간이 긴 덕분에 법사님의 귀하신 법문을 다섯 번이나 반복해서 들을 수 있어서 너무 행복하고 신이 납니다. 설레고 신나는 마음으로 방실방실 웃으며 지하철 계단을 세 칸씩 뛰어올라갑니다. 몸이 날아갈 듯 가볍습니다. 매일 공부하러 다니다 보니 가족들도 응원합니다. 친언니는 법사님의 책을 직접 사서 읽어보기도 하며 금강경에 관심을 갖게 되었습니다.

선지식 점검의 필요성

이번을 계기로 부처님 시봉하는 사람은 법사님께 자발적인 점검을 반드시 받아야 한다는 것을 절실히 느끼게 되었습니다.

도인의 칭찬은 칭찬이 아니고 도인의 꾸중은 꾸중이 아닌 것 같습니다. 법사님의 칭찬과 꾸중은 좋고 나쁨, 잘하고 못했다는 의미가 아닌 오직 중생을 밝아지게 해주시는 도구가 되어 부처님이 계신 방향만을 일러 주시는 듯합니다. 칭찬으로 제가 향하고 있는 그 방향은 형상 없는 부처님을 향하는 밝은 방향임을, 꾸중으로 그 방향이 부처님이 아니 계신 어두운 방향임을 일러주십니다.

모든 사람을 부처님으로 바라보시는 법사님을 실감 나게 느낍니다. 존재만으로 밝게 빛나시어 묵묵히 중생들의 나침판이 되어주시는 법사님, 제 업보 업장 해탈 탈겁에 꼭 필요한 핵심적인 지침을 내어주심에 마음 깊이 감사합니다. 오직 도인만이 해주실 수 있는 선호념 선부촉에 가슴이 뻥 뚫리고 살아있는 기분이 납니다.

무엇보다 일러주신 방향을 지침 삼아 무소의 뿔이 되어 한마음으로 나아가는 것은 오직 제 몫이라는 것, 그리고 자발적으로 난제를 꺼내야만 점검을 받을 수 있는 영광을 누릴 수 있다는 것을 느꼈습니다. 무지하고 아둔한 저에게 법사님의 가르침은 형상 없는 부처님께 향하는 나침판이자 지침서입니다. 잘 받들어 세세생생 부처님 시봉 잘하겠습니다.

마치며

못나고 보잘것없는 삶을 살았던 제가 법사님의 선호념 선부촉으로 부처님 시봉하는 사람이 되었습니다. 장차 20만 명의 조선 청년을 깨우치는 데 평생을 바치겠다는 백 박사님의 발원문과 그 뜻을 한평생 받드시는 법사님의 거룩하신 공경심은 제 마음에 일출이 되어 올라옵니다. 바른법연구원 도반님 한 분 한 분은 20만 명 중 영광스러운 단 한 명이며 스승님의 뜻을 한평생 받드신 법사님의 거룩한 공경심의 결정체라는 자부심이 생겼습니다. 법사님과 인연 맺은 바른법연구원 도반들은 존재만으로도 귀중하다는 것을 일깨워주심에 마음 깊이 감사드립니다.

부처님께서 모든 사람은 불성이 있다고 말씀하셨습니다. 퇴타심이라는 착각에 머물러 다가오지 못하는 도반님이 혹시 있다면, 그 마음을 수행하고 기록하여 선지식님께 씩씩하게 점검받고 밝아져서 부처님 전에 복 많이 짓길 발원드립니다.

법사님, 앞으로도 건강하시고 청불주세請佛住世를 발원합니다.

제도하시는 용화교주 미륵존여래불 공경을, 나와 인연 맺은 모든 사람이 세세생생 선지식 만나 공경심 환희심 넘치는 자시 가행정진하여 부처님 시봉 잘하기를 발원드립니다.

법사님의 크신 은혜에 감사드립니다.

업보 업장에 흔들리지 않는 수행

○ 가행정진의 결과

- 나의 난제는 물리적 재앙이 아닌 업보 업장에 휘달리는 내 마음, 퇴타심, 피하는 마음이다.
- 법사님께서 주도하시는 가행정진을 오래전부터 바라고 있었다. 나의 소원성취인 셈이다.
- 내가 마음이 안정되니 가족도 더불어 안정적이다.
- 새로 시작한 사업도 잘되는 것 같다.

잠과 힘겨운 투쟁을 하면서 잠이 본래 없다는 깨달음을 얻고자 하는 수행, 대단한 수행입니다. 수고 많으셨습니다. 오늘은 도반들이 차츰 잠에 대한 자신감이 생기고, 나아가서는 극복할 기미가 보이는 것 같습니다.

제가 죽비치고 다니며 겁을 주는 게 아닙니다.

눈에 띄는 사람 사람마다 잠을 해탈해서 부처님 전에 복 많이 짓기를 발원합니다. 이 원이 계속 이어질 것이고 언젠가는 이루어질 것입니다. 이루어질 때가 우리 법당이 바로 설 때이고 세계적으로 알려질 때이며 우리 모두 다 행복하게 성불할 때라는 거창한 말씀을 드립니다.

불교 역사상 최초 주경야선 가행정진

우리의 수행을 그냥 가행정진이라고 부르는 것은 적합하지 않습니다. 가행정진은 스님들도 다 하십니다. 우리가 낮에 생활하면서 저녁에는 참선하는 수행을 불교 수행 역사상 최초로 시도하였고, 성공할 가능성이 높아 보입니다. 잘 되고 있습니다. 속인들도 생업에 종사하고 결혼 생활을 하면서도 성불할 수 있다는 희망과 용기를 주는 수행법입니다.

앞으로 신의 영역이 점점 축소됩니다. 불가능이 없다고 할 정도로 과학기술은 매우 빠른 속도로 발달해서 인간의 수명도 마음대로 조절하고 투명 인간도 되고 빠른 속도로 이동하는 등, 신의 영역에 거의 도달할 것입니다. 언젠가 구체적으로 설명할 때가 있겠지만, 우리의 주경야선 가행정진은 이 시대에 종교로서 역할을 할 수 있는 유일한 대안이라고 말씀드리고 싶습니다.

오늘 김○○ 보살님의 발표는 주경야선 가행정진을 실천한 실감 나는 사례입니다. 첫날은 가정주부이신 이○○ 보살님이 수행발표를 하셨습니다. 그다음에는 굉장히 바쁜 기업의 임원분이 수행발표를 하셨습니다. 모두 쉬운 게 아니에요. 오늘은 가정주부도 아니고 기업인도 아닌 자영업자가 가행정진해서 몸과 마음이 건강해졌다는 사례를 발표했습니다.

들을만한 내용이 꽤 있다고 생각하는데, 긴 문장의 발표를 듣고 이해가 잘 안 되는 분들이 있을 것 같아요. 제가 알기 쉽게 정리해서 알찬 수행발표의 내용을 대신 전달해 드리고 싶은 심정입니다.

나의 난제는
업보 업장에 휘달리는 내 마음

"나의 난제"라고 그랬어요. 흔히 난제라고 하면 시험에 실패했다, 가정불화다, 돈이 떨어졌는데 돈을 구할 길이 막막하다는 것을 말합니다. 그런데 김○○ 보살의 난제는 그런 물리적인 것이 아니에요. 법사의 법문을 듣고 공부하는데 퇴타심만 나고 공부가 잘 안 되는 게 난제입니다. 요리 피하고 조리 피하고, 피하는 마음이 나서 도저히 공부에 진전이 없는 것을 난제로 표현했습니다. 도인만이 할 수 있는 표현입니다. 어떻게 나이 삼십의 젊은이가 이런 것을 난제로 생각할 수 있었을까. 지혜롭다고 할지 기특하다고 할지. 사실 이게 난제거든요. 절체절명의 위기가 난제가 아니에요.

나의 소원 성취는
법사님 주도의 가행정진

그다음에 "소원성취"라는 말을 했어요. 소원성취라고 하면 대개 실패를 딛고 성공을 했다, 오랫동안 가난한 삶을 살다가 풍요롭게 되었다, 좋은 배우자를 만나려고 전전긍긍했다가 드디어 좋은 배우자를 만났다는 것을 말합니다. 세상 식의 소원성취, 일반적인 소원성취입니다.

김○○ 보살은 공부가 지지부진하고 퇴타심이 났는데 '그것은 퇴보가 아니다. 조금씩 나아지고 있는데 실감하지 못하는 것이다.' 이런 법문으로 위안 삼고 겨우 버텨왔습니다. 법사님의 주도로 가행정진을 해서 화끈한 법문을 들어봤으면 하는 게 소원이었고, 이번 가행정진이 소원성취였다고 표현했습니다. 어때요, 상당히 지혜롭지 않습니까? 이거 쉬운 게 아니에요.

이번 열흘 동안의 법문이 지금까지 공부한 모든 것을 대표할 수 있으며, 이로 인해 새 정신이 났고 새로 바뀌었다고 이야기합니다. 지금 읽어드릴 구절이 특히 이번 열흘간 느꼈던 강한 인상입니다. 이것을 본인의 소원성취로 표현했습니다.

"오직 거룩하신 도인만이 기획할 수 있는, 금강경 핵심과 응용이 담긴 이 센세이셔널한 프로그램으로 건강한 공경심이 절로 났습니다."

이걸 바라왔던 것 같아요. 일요 법문이나 새벽 법문 정도로는 양이 안 찼던 모양입니다. 이렇게 잠을 쫓아가면서 했더니 화끈하게 마음에 와닿았나 봅니다. 이것을 소원성취라고 표현했습니다.

"법사님께서는 아가 마음으로 매번 흔들렸던 저에게, 우주와 같은 부처님 공경심까지도, 모든 걸 내어주시는 듯하였습니다."

제가 넘겨줬을까요? 이분이 잘 받아들일 준비를 해서 그렇게 느꼈을까요?

그동안 퇴타심과 피하는 마음을 내고 공부가 지지부진했던 것이 아주 헛수고는 아니고, 이러한 가르침을 받아들일 준비를 해왔던 과정이었습니다. 받아들일 준비가 된 자신이 이번 자시 가행정진 열흘간의 법문을 마치 스펀지에 물이 스며들 듯 유감없이 받아들인 것입니다. 본인이 보기엔 법사님이 다 내주신 것처럼 생각해서 이렇게 표현한 것 같습니다.

"금강경 연수원이 이미 되어졌음을 실감하며 온몸에 소름이 끼쳤습니다."

소원을 이루고자 하는 사람은 먼저 이미 다 되었다고 믿고 감사하는 마음을 가지라고 해요. 그 마음이 소원을 이루는 것입니다. 될까 안 될까 하면 소원이 잘 안 이루어져요. 김○○ 보살은 연수원이 다 되어있음을 실감하고 소름이 끼쳤다고 하는데, 아마 연수원이 이루어질 것 같습니다. 이것이 소원성취입니다.

나의 현재 상태
마음이 안정되니 물질적으로도 번영

그다음에 "나의 현재 상태" 이렇게 표현했습니다. 현재 상태는 소원성취 마음으로 출발했어요. 백번 싸워서 백번 이기는 사람은 싸우기 전에 미리 이기고 있다는 『손자병법』의 말처럼 이미 금강경 연수원이 이루어졌다고 믿는 마음을 가졌더니 마음의 안정을 얻었어요. 마음의 안정을 구체적으로 이렇게 표현합니다.

우선 잠을 아니 자기도 하고 자도 한 시간 반 밖에 안 잔다고 합니다. 대단합니다. 조는지 안 조는지는 유심히 안 봤습니다만, 이러고서도 잘 견디나 봐요. 이게 쉽지 않거든요. 그리고 상당히 행복감이 넘친답니다. 매일 오산에서 전철로 오는데 왕복 5시간 걸린대요. 이 5시간이 짜증 나지 않고 법문을 다섯 번이나 반복해서 들을 수 있어서 행복감이 넘친다고 합니다. 이것도 큰 소득이요 깨침이라고 봅니다. 음식 착도 다 떨어졌어요. 하루에 한두 시간 자고 하루에 한 끼 먹고, 도인이 다 됐어요. 밤에 한두 시간 자고 생활하다 보면 졸음이 오는데 예전에는 수면제를 먹은 듯한 졸음이었지만, 이제는 취해있는 졸음이 아닌 가벼운 졸음이라고 합니다.

그동안 퇴타심을 내고 피했던 것이 공부의 정체가 아니라 보이지 않게 조금씩 나아져 상당히 성장해오는 과정이었고, 가행정진을 계기로 깨달음의 세계로 단숨에 들어가지 않았나 추측합니다.

그리고 물질적인 변화를 체험했습니다. 차가 없었던 모양인데, 이렇게 잠도 줄고 식사량도 줄고 마음도 즐거워지면서 차도 샀어요. 차를 사고 나서 장사가 더 잘된다고 합니다. 아마 다른 분들은 한 번 그냥 들어서 잘 모르셨을 겁니다. 녹화해서 다시 들어도 제가 정리한 것처럼 알기 어려울 겁니다. 그런데 저는 봤어요. 출고에 몇 달 걸리던 차가 일주일 만에 빨리 나와요. 그리고 차 살 돈을 갚아야겠다고 해서 그런지 그에 걸맞게 장사도 잘됩니다.

가족까지 좋아합니다. 그전엔 형제도 부모도 그렇게 좋아하지 않았던 모양인데 법사의 책을 사서 읽는 걸 보면 가족도 발심한다는 이야기입니다.

마음의 안정도 얻고 가족도 해탈하고 물질적으로도 괜찮습니다.

수행발표가 매우 알찹니다.

제 6 장

공경심으로 하는 공부는 즐겁다

매 순간 올바른 방향으로 이끄시는 선지식의 가르침

안녕하세요. 부처님 시봉하는 ○○연입니다. 아직 이 공부를 만나고 시작한 지 얼마 되지 않았는데, 존경하는 법사님께서 직접 이끌어주시는 평생에 한 번 있을까 말까 한 소중한 공부 기회에 참여하고 또 작은 소회를 밝힐 기회를 주셔서 감사드립니다. 벌써 열흘이 넘는 기간 동안 포기하지 않고 이 자리에 있는 많은 선배 도반님과 잠과의 전쟁에 씩씩하게 함께하고 있음에 감사드립니다.

저는 아직 공부한 지 일 년이 채 되지 않았고 저의 공부 성과가 크지 않게 느껴져서 누구 앞에 내놓을 만한 것이 되나 의문이 들기도 하고, 기도 중에 느낀 바를 저만의 언어로 표현하는 것이 어렵습니다.

그러던 중 출근길에 본 글에서 내가 배운 것을 남에게 내어놓는 것이 가장 좋은 공부법이라는 구절을 보고 '매시간 부처님과 선지식의 가르침이 나를 옳은 방향으로 이끄시는구나.' 싶어 용기 내어 이 자리에 서게 되었습니다.

처음 하는 수행발표이니 부족한 부분도 너그러운 부처님 마음으로 들어주시고 작은 부분이라도 부디 들으시는 분들이 신심 발심 하셔서 하루하루 나아가시는 걸음마다 부처님과 선지식의 가르침이 함께하는 날을 맞이하시길 발원드립니다.

자시 가행정진에
참여하게 된 배경

저는 9시 출근 6시 퇴근을 규칙적으로 하는 직장인으로서 올해 초 사회생활의 어려움을 난제로 느껴서 공부를 시작하게 되었습니다.

난제라고 이름 붙였던 여러 상황은 100일이 채 안 되어 자연스레 해소되었고, 결과적으로는 저와 안 좋은 업보로 얽혀있던 주변인들과는 멀어지고, 같이 지낼수록 마음이 편안하고 힘써 구하지 않아도 마치 법사님의 가르침을 알고 실천하는 듯한 인연이 사회에서도 더욱 많아졌습니다. 코로나로 복잡한 여건에도 회사생활은 많이 편안해졌고 이 공부에 더욱 집중할 수 있게 되었습니다.

저의 고민은 주로 인간관계에서 출발하였습니다. 자연스레 왜 어떤 문제는 나에게 쉽고 어떤 문제는 어려운지, 어떤 사람은 좋고 어떤 사람은 밉고 불편한지에 대해, 그 시작점을 내 안에서 찾아야 한다는 법사님의 말씀이 많이 마음에 와닿았습니다. 시간이 날 때마다 경을 읽으면서 그날 있었던 상황을 생각해보고, 법사님의 법문에 비추어 왜 그랬던 것인지, 나는 그때 왜 그런 마음이 일어났는지 되돌아보게 되었습니다. 그렇게 하나하나 스스로 답을 구하고 업보의 실마리를 찾아가면서 금강경 공부에 더욱 재미를 느끼게 되었고, 좀 더 용기를 내어 평일에도 종종 원흥 법당 자시 가행정진에 참여하였습니다.

평일에 회사에 다니면서 편도 2시간 거리의 법당까지 오기가 쉽지 않은데, 몇 번 법당에 나올수록 물리적으로 힘든 것보다는 '당장 엄청난 난제가 있는 것도 아닌데 이렇게까지 할 필요가 있을까? 집에서도 경을 읽을 수 있는데, 내일 중요한 회의가 있어서 지각하면 안 되는데 그냥 집에서 7독 할까? 내일은 엄청 춥다는데 푹 자고 회사를 가는 게 좋지 않을까?' 등등 한 번씩 습관처럼 내 몸을 생각하는 마음이 올라와 적당히 타협하는 저 자신을 발견했습니다.

그러면서도 지금 이렇게 시간을 낼 수 있을 때 열심히 공부하는 습관을 들여서 하나하나 저 자신에 대한 수수께끼를 풀어야 한다는 생각으로 금강경 연수원 수련회에 이어서 자시 가행정진에 참여하게 되었습니다.

정진 후
맑고 또렷한 상태

많은 분이 말씀하신 것과 마찬가지로 저도 정신이 더욱 맑고 또렷해져서 회사생활에 긍정적인 영향을 주고 있습니다.

출근 시간 이동 중에는 잠시 잠들기도 하는데 오히려 잠자고 일어났을 때는 정신이 몽롱하고 더욱 잠을 갈구하게 되며, 자지 않고 곧장 업무를 시작했을 때는 더욱 맑고 환한 상태를 경험하곤 했습니다. 이전에도 종종 신체적 컨디션이 좋다는 느낌은 받은 적이 있지만, 이내 긴 잠과 휴식을 원하게 되는 일시적인 경험이 많았습니다. 또 이렇게까지 각성하여 두뇌활동에 집중할 수 있었던 적은 극히 드물었습니다.

특히 처음 1~2일은 밤을 새우고 낮에 일해도 저녁까지 지치는 기색이 없어서 연달아 3일까지 이동 중 말고는 잠을 한숨도 자지 않고 자시 가행정진을 했습니다. 그러나 3일이 되니 아직 저에게는 무리였는지 눈이 건조하고 집중이 되지 않으며 올라오는 진심에 기도시간이 무척 길고 힘들게 느껴졌습니다. 지금은 법사님의 말씀대로 짧게라도 저녁에 잠을 잡니다. 욕심내지 않고 편안히 휴식한 후에 참여하니, 훨씬 안정된 상태를 유지하고 있습니다.

분별심을 면면이 살펴
깨닫는 마음의 변화

법사님과 자시 가행정진을 시작한 날, 처음으로 올라오는 생각 모두를 부처님께 바쳐야 한다는 의미를 진정으로 깨친 것 같은 느낌을 받았습니다. 이전에는 청소해도 청소해도 너저분한 방 같아서 '어딘가 불편하긴 한데 이 정도면 다 치운 거 아닌가. 이상하네.' 하는 기분을 느끼면서 바쳤던 것 같습니다. 자시 가행정진 첫날은 반짝반짝하게 빛나는 새 방처럼 마음속이 환하게 닦인 것 같은 느낌이 들었고, 그 이후로는 들어오는 좋은 생각 나쁜 생각 모두를 부처님께 바쳐야 한다는 법사님의 말씀이 정말 실감 나게 와닿아서 하나하나 바치고 있습니다.

또 저의 못난 마음이 더욱 또렷하게 보이는 경험을 하고 있습니다. 예전 같으면 온갖 업보와 마음이 뒤섞여서 진흙 같고 불편하게만 느꼈을 상황이 이전보다 더 또렷하게 느껴지는 듯합니다. 누군가 미운 마음이 들 때면 어떤 것은 내가 설쳐서, 어떤 것은 스스로 이게 옳고 저것은 그르다고 이미 답을 정해놓고 그 사람에 대한 분별을 내서, 어떤 것은 나와 그 사람을 비교하는 마음에서 나왔으며 아직 형체가 완전하지 않고 이름 짓지 않은 모든 것은 분별심에서 나왔다는 것을 면면이 깨닫게 되었습니다. 콩알 하나하나 살피며 집어내듯이 덜고 있습니다. 아직 완전하다고는 할 수 없는 새싹 정도에 불과한 마음이지만, 공부의 실마리를 또 한 가닥 잡은 것 같아 감사한 마음입니다.

마치며

이전에 혼자 종종 법당에 나와서 어설픈 자세로 자시 가행정진을 시도할 때도 어딘지 모르게 홀가분함을 느끼고 머릿속이 정리되는 듯한 느낌이 좋아서 법당을 찾았습니다.

이번에는 법사님의 가르침에 따라 제대로 된 자시 가행정진을 하니, 그때 느낀 것은 철저한 수행에서 오는 결과물이라기보다는 저 자신을 한 단계 극복했다는 뿌듯함 정도였고, 스스로 이만큼 마음을 내어서 하고 있다는 자체에 이미 만족하고 있었던 것은 아닌가 생각이 듭니다. 그래서 뿌듯한 한편 한 번씩 '오늘은 쉬어도 되지 않을까? 누가 시킨 것도 아닌데 이렇게까지 해야 할까?' 하는 괜히 서러워하는 아가 마음도 있었던 것 같습니다. 아직 아가 마음인 저를 선호념 선부촉으로 이끌어주시기라도 하듯, 몸과 마음만 준비해서 오면 모든 것이 이미 다 갖춰져 있는 이 공부 자리가 더없이 감사하고 소중하게 느껴집니다.

내가 하는 것은 하나도 없고 다 부처님이 하시는 일이고, 그저 되어지는 일이라는 사실에 감사한 마음이 샘솟고 저 또한 부처님 시봉 잘하겠다는 마음을 내봅니다. 저는 어느 때보다 법당이 조용한 시기에 공부를 시작해서 늘 조용한 법당이 익숙했는데 이번 자시 가행정진이 우리 법당의 축제처럼 느껴지기도 합니다. 그래서인지 회사를 마치고 법당으로 향하는 발걸음이 하나도 무겁지 않습니다. 오히려 하루하루 회향일이 다가오는 것이 벌써 아쉽기만 합니다. 마치 수련회가 끝난 것을 아쉬워하는 모두의 마음이 그대로 소원성취 되는 것이 아닌가 생각도 듭니다.

매일매일 환희심 가득하고 감사한 마음을 부처님께 바치며, 소중한 이 순간을 만들어 주시는 부처님과 존경하는 법사님, 그리고 소중한 도반님들께 감사드립니다.

바라지 말고 저절로 최고가 되어야

잠과의 투쟁 또는 전쟁이라고 할 만한 어려운 수련을 하시느라고 대단히 수고가 많으십니다. 반드시 잠을 극복하여 잠이 착각이고 본래 없음을 깨달아 부처님 시봉 잘하시기를 발원드립니다.

오늘은 ○○연 보살의 소감 발표입니다. 소감이라고 하지만 이게 깨친 것입니다. 수행발표에 대한 제 소견을 말씀드리겠습니다.

여러 생 별러서 왔다

우선 우리 공부가 얼마나 희유한지 잠깐 말씀드리고자 합니다.

선생님께서는 종종 공부를 독려하시며 퇴타심을 내지 말라고 "너희들은 여러 생 별러서 여기 왔다."라는 말씀을 자주 하셨습니다. 그만큼 백 선생님은 벼르고 별러서 만나기를 기원해야 겨우 만날 수 있는 대단한 존재라는 뜻이 그 안에 포함되어 있습니다.

"여러 생을 별러서 온 이 기회를 놓치지 말고 공부 잘해서, 지금 나를 만났을 때 반드시 그 몸뚱이 착을 해탈하도록 해라."

이런 간곡한 부탁을 여러 번 들었습니다.

자신의 정체를 나타내는 말씀은 거의 안 하시지만, 간혹 어떤 분에게 자신이 그저 동국대학교 총장 수준이 아닌 대단한 존재임을 암시하신 적도 있었다고 합니다.

"내가 어떤 사람인 줄 안다면, 네가 나를 만나서 제대로 공부하지 못한 것을 땅을 치고 후회할 것이다."

백 선생님의 가르침이 위대하여 그분을 만나려면 여러 생을 별러야 한다는 말씀에 걸맞은 이야기가 있습니다. 소사에 금생에는 겉으로 특이한 장점이 있어 보이지 않는 젊은이인데 전생에는 사실 대단했던 사람도 있다고 하셨습니다. 소사에서 공부하던 사람들 중에는 중국의 황제, 한국의 유명한 임금도 있었을 뿐만 아니라 더욱더 놀랄 만한 것은 석가여래 당시의 오백 나한들, 심지어는 부처님의 10대 제자인 라훌라까지도 왔었다나 봅니다. 오백 나한이나 라훌라는 당시에 아라한 도를 얻었다고 하지만 완전히 윤회를 벗어날 정도가 되지는 못했고 생사를 윤회하면서 보살도를 닦는 과정의 수행자였던 모양입니다. 또 금생에 우리가 알 수 있는 큰스님들도 소사에 사람 또는 축생, 소의 몸으로 백 선생님을 향해서 왔다고 합니다. 그만큼 백 선생님은 위대하고 그 가르침이 대단하다는 것을 저희에게 암시하셨습니다.

여러 생 닦았던 사람의 특징

"여러 생 별러서 왔다."라는 말은 "여러 생 닦았다."라는 것을 의미합니다. 여러 생 닦았다는 말씀은 세상을 주름잡는 큰 인물이었던 때도 많이 있었다는 뜻입니다. 영웅호걸이었을지 몰라도, 세상의 복을 많이 누렸을지 몰라도, 깨치지 못했기 때문에 아직 중생의 삶을 벗어나지 못하여 금생에 깨치려고 밝은 법을 찾아서 백 선생님을 찾아왔다는 것 같아요. 깨치지는 못해도 닦은 것은 있습니다.

닦은 기운은 대개 공통적으로 고집을 세게 합니다. 여기 계신 분들은 겉으로는 순해 보여도 한가락 하는 고집이 분명히 있을 것입니다. 남들이 보기엔 잘난 척하거나 자존심을 내세울 만한 것이 없는 왜소한 존재로 생각되어도 고집 못지않게 자존심도 대단할 것으로 생각합니다. 이것이 닦는 사람들의 특징이라고 합니다.

이 사람들은 대개 태어나기 전부터 일류를 좋아하는 기질이 있어요. 학교를 가더라도 일류, 직장도 일류, 스스로 일류가 되고 최고가 되기를 좋아합니다. 그리고 전문가가 되는 걸 좋아합니다. 닦았던 사람들 중에는 전문가, 일류, 또는 최고가 아니어도 사람다운 사람이 되려는 고결한 뜻을 가진 사람들이 많다고 그래요.

이렇게 자존심이 매우 강한데 복을 지었던 때도 있었고 까먹었던 때도 있어서 금생에는 대개-죄송합니다만- 여자의 몸으로 오는 경우가 많습니다. 물론 여자 중에서도 복 지은 몸으로 올 수도 있습니다. 그렇지만 복을 지었다가 까먹어서 왔을 때는 뜻만 크고 복

지은 건 없으니까 다른 사람들이 우습게 보지요. 이런 사람들이 수도하는 과정에서 굉장히 고생을 많이 한대요. 전생에 닦았던 알량한 자존심이, 수도하면서 잠을 많이 잔다든지, 망신을 당한다든지, 경천을 당한다든지 하는 여러 가지 재앙으로 빈번하게 나타난다고 합니다. 전생에 닦은 기운이 고집과 자존심을 세게 해서 그런 재앙을 불러온다고 합니다.

또 이 공부를 하는 사람 중에서 돈키호테와 같은 허영심을 내는 사람도 많다고 합니다. 전혀 분수에 맞지 않게 자기 자신을 과대망상으로 포장하고 있는 수가 있는데, 누가 보면 웃긴다고 하죠. 그러나 밝은이들은 전생에 잘 닦았고 자랑할 만한 무엇이 있었기 때문에 저렇게 돈키호테처럼 된 것도 근거가 있다고 이야기합니다. 세상 사람들은 다 비웃어도 밝은이들은 돈키호테와 같은 허영심 망상을 그렇게 나무라지 않는다고 합니다.

닦던 소질로 공부를 시작하다

바로 ○○연 보살님 이야기를 하려고 이 이야기를 합니다. ○○연 보살님이 지금 소개한 것처럼 공기업에 다닌다는 것은 대충 알지만 자세히는 모릅니다. 지금 소감 발표한 것을 보면 전생에 상당히 닦았다는 증거를 여러 군데에서 느낍니다. 나이는 비교적 어리지만 상당히 지혜가 있었는지 일찍 불교를 만나서 가행정진을 바로 시작했고, 모든 난제의 해답은 자기 마음속에서 구한다는 지혜도 있었습니다. 이 가르침과 잘 맞아서 빠져들어 갔습니다.

어느 학교를 나왔는지 모르지만 닦았던 기질로 인해 고집과 자존심이 있고 일류를 좋아하는 것이 틀림없으니 일류 대학을 희망했거나 졸업했을 것이라 생각합니다. 그리고 일류 대학에 만족하지 않고 일류 기업을 원했어요. 일류 기업에서도 비주류 그룹이 아니라 최상위 그룹이 되어서 대장 노릇을 하고 싶은 생각이 없지 않았을 것입니다. 이로 인해 분수도 모르고 허영심만 많다며 세상에서 비웃음을 당했을지 몰라도, 이것이 전생에 닦던 사람들의 거의 공통적인 특성 중 하나라고 합니다.

이분이 기업에 들어와서 적지 않게 어려움을 당했는데, 이것은 바로 나쁜 업보를 만났다는 의미입니다. 난제는 언제 생기는가? 나쁜 업보를 만났을 때, 살생 업보를 만났을 때입니다. 직장에서도 살생 업보를 만날 수 있고 결혼하면 더더욱 살생 업보를 빠른 속도로 만날 수 있으며 어딜 가나 항상, 해외에 나가도 살생 업보를 만날 수 있습니다. 살생 업보는 사업 실패, 건강 악화, 재산 손실 등 각종 괴로움의 형태로 나타납니다.

○○연 보살도 직장에서 나쁜 업보를 만나서 시달려 직장생활이 어려웠고 그로 인해 우리 공부법을 찾는 마음을 냈다고 생각합니다. 직장에서 탄탄대로였다면 여기 오지도 않았을 것이며, 가행정진도 하지 않았을 것이 틀림없습니다. 다행히 닦던 소질이 있어서 그런지, 이 공부를 빨리 소화하고 가행정진도 상당히 잘해요. 사흘을 밤새고 했다는 표현이 있지 않습니까? 그뿐 아니라 방을 깨끗이

청소한 것 같이 마음이 아주 청량해졌다는 표현도 닭았던 소질을 잘 나타내고 있습니다.

다가올 유혹

이제 조금 걱정이 됩니다. 닭던 것에 걸맞게 고집과 자존심이 세요. 누구한테도 지기 싫고 2인자가 되는 것을 굉장히 싫어합니다. 우선 처음 나타날 수 있는 복병이 직장에서 최고가 되고 싶어 한다는 것이에요. 그건 누구나 당연하지요. 자기가 어느 정도 능력도 있다고 생각할 겁니다. 그다음은 결혼하고 싶어 할 거예요. 미혼이니 결혼에 대한 유혹이 있을 겁니다.

그러나 최고가 된다는 것이 쉬운 게 아닙니다. 결혼도 자기가 칼자루를 쥐어야 행복한데 그것이 쉽지 않습니다. 칼자루를 쥐려는 사람끼리 만나는 결혼이라면 서로 기 싸움이 되는 수가 많아요. 기 싸움에서 다행히 승리하면 자기가 칼자루를 쥐는 겁니다. 그러나 기 싸움에서 승리하는 것보다, 바쳐서 칼자루를 줄 수 있다면 가장 바람직하다고 생각합니다.

가능하면 직장에서 최고가 되고 싶다는 유혹이 있어요. 닭았던 기질이 그렇게 만듭니다. 또 결혼해서 행복해지길 바라는 마음도 분명히 있을 것으로 생각합니다. 지금도 행복한 결혼을 위해서 뭘 준비해야 할까 생각하고 있는지도 모릅니다.

앞으로 성공적인 인생, 바람직한 인생을 살기 위해서 제가 꼭 드려야 될 몇 가지 고언苦言이 있습니다.

저절로 최고가 되는 것이 바람직하다

가능한 대로 최고가 되기를 바라지 말았으면 좋겠어요. '하겠다고 하지 말고 실제로 하라.'는 얘기가 있는데, 실제로 자격을 키워서 저절로 최고가 되는 것이 가장 바람직합니다. 저 사람을 가장 윗자리로 모셔야 한다는 공감대가 모든 사람에게 형성될 때까지는 자기가 나서서 최고가 되려고 하지 마세요. 최고가 되려고 하면 반드시 재앙이 뒤따를 것입니다.

보통 우리는 그런 재앙에 아랑곳하지 않습니다. 주위에서 전부 최고가 되려 하고 연봉을 많이 받으려 하고 잘하려고 하니까, 그 추세에 휩쓸려서 최고를 향해 달려가다가 공부했던 본연의 자세를 잃어버립니다. 선지식의 지시가 있어도 그게 쉽지가 않습니다. 아마 좀 고생하게 될 것 같습니다. 분명히 예언합니다. 내가 아무리 얘기해도 최고를 향해서 달려갈 것 같습니다. 그것은 운명적으로 정해져 있는지도 모릅니다.

지금 공부를 잘해서 정말 미세한 생각까지도 철저히 잘 바쳐 허영심에 들뜨지 않고 자기 고집도 세우지 않고 한층 더 나아가서 자기가 못난 줄 알고 직장 생활에 임한다면 저절로 최고가 될 겁니다.

수도를 잘하는 것만이
직장이나 결혼 생활에서 행복해지는 길이다

또 내가 좀 경고를 하여도 운명적으로 결혼을 할 수밖에 없을 것 같아요. 좀 늦게 할지 빨리 할지 몰라도 거의 운명적으로 결혼도 할 것 같습니다. 행복한 결혼은 오히려 수도에도 도움이 될 수 있습니다. 행복한 결혼을 위해서라도 결혼하기 전에 미리 충분히 공부하세요. 칼자루라는 표현이 좀 그렇습니다만, 칼자루를 쥐고 상대를 부릴 수 있는 준비가 될 때까지 아무리 상대가 꼬시고 접근해도 일단 바치라고 하고 싶습니다.

결혼 안 하면 어때요. 안 하고 부처님 시봉한다고 하면 더 좋을 것 같습니다. 그러나 운명적으로 할 것 같고, 못 말릴 것 같아요. 결혼해서 행복하시기를 바랍니다. 행복하려면 주위의 유혹이 있어도, 나를 천사니 여왕이니 하며 꼬시는 사람이 있어도 그 생각을 바쳐야 합니다. 상대를 부처님처럼 모실 자격이 생길 때까지 수도를 하고 상대를 부처님처럼 모실 수 있을 때 결혼하는 것이 좋습니다. 불행은 바라는 데서 옵니다. 상대를 부처님처럼 모실 준비를 하고 결혼하면 절대 불행하지 않아요. 그렇게 될 때까지 준비를 잘해야 합니다.

직장에서도 최고를 지향하지 마십시오. 닦던 습관으로 최고를 지향해서 결국 부분적으로 성공할 수 있는데, 복 지은 것이 원만하게 뒷받침되지 않으면 상당히 까먹습니다. 때에 따라 닦던 사람은 더 심각하게 고통을 당할 수 있습니다. 이것은 열심히 닦으라는 뜻입니다. "왜 닦는 길로 가지 않고 세상의 부귀영화를 위해 나서느냐?" 하는 경종입니다.

이상 제가 ○○연 보살님의 발표를 듣고 느낀 소감입니다. 전생을 잘 아시고 여러 생 전생을 보시는 도인 밑에서 제가 비교적 오래 생활을 하였기에 이런 분석이 가능합니다. 또 저의 쓰라린 경험도 분석하는 데 한몫합니다. 제 말이 상당히 도움이 될 것으로 생각합니다. 잘 실천하셔서 모든 재앙에서 벗어나고 개인의 행복을 얻음은 물론, 국가 사회의 건설에 큰 일꾼이 되는 인재가 되시기를 바랍니다.

잠 해탈,
진정한 나를 발견하기 위한 기록

안녕하세요, 부처님을 일심으로 공경 시봉하는 윤○○입니다.

작년 1월부터 바른법연구원과 인연을 맺어 이제 2년이 되어갑니다. 법사님의 선호념 선부촉이 아니었으면 지금 이 자리까지 절대 올 수 없었을 것입니다. 법사님께 깊이 감사드립니다.

제가 자시 가행정진을 한 기간은 400일 남짓 됩니다. 작년 100일을 시작으로 86일을 하고 코로나로 한 달 정도 쉬고, 49일을 3번하고 오늘로 44일째 되었습니다. 처음 100일, 86일, 두 번의 49일은 집에서 하였고, 세 번째 49일, 그 이후 44일째 되는 오늘까지 원흥 법당에서 하고 있습니다.

첫 자시 가행정진으로
남편과의 업보 해탈 시작

남편과 지중한 업보로 인해 힘들었을 때 법사님께 질의를 하게 되었습니다. 그때 법사님께서 100일 기도를 해 보라고 하셔서 작년

9월 말부터 자시 가행정진을 시작하였습니다.

100일 기도에 들어갈 때 남편은 폐암 진단을 받고 치료를 거부한 상태로, 저는 심신이 많이 지쳐 있어서 모든 것을 내려놓을 수밖에 없었습니다. 남편을 낫게 해 달라는 소리도 제가 힘들다는 소리도 하지 않고 오직 부처님 뜻에 따르겠다는 생각으로 기도했던 것 같습니다. 매일 새벽, 스탠드 불빛 아래 가부좌를 하고 혼자 하는 금강경 독송의 울림은 아름다웠고 마치 우주와 내가 하나가 된 듯 마음의 평화와 고요함이 깊게 느껴졌습니다.

그러나 시간이 조금 지나자 잠과의 전쟁이 시작되었습니다. 스트레스를 잠으로 해결하는 습관이 있어서, 다른 사람보다 잠의 업장이 더 두터운 것 같았습니다. 잠은 비 오듯 쏟아졌고 그 잠을 쫓아가며 독경을 하니 끝나는 시간은 항상 1시간 30분씩 늦어졌습니다. 법당에서는 살짝 눈을 감고 있어도 도반들 덕에 금강경 페이지가 넘어갔는데, 집에서는 그대로인 것이 아쉬운 점입니다.

진심이 많은 날, 나도 모르게 음식에 탐욕을 부리는 날은 금강경을 읽기가 힘들었고 머리는 깨질 듯 아프고 몸은 뒤틀렸습니다. 그래도 참고 정진을 계속하였습니다. 업장이 올라와서 그런지 눈은 침침해서 글이 잘 보이지 않았고 아무리 물을 마셔도 침이 마르고 목은 갈라져 소리도 잘 나오지 않았습니다. 그래도 부처님을 향해 정진해 나가자 점차 눈의 침침함도 사라지고 목이 아픈 것도 가라앉았습니다. 오히려 지금은 목이 조금 트여 소리가 더 우렁차게 나옵니다.

인내를 가지고 정진을 하니 뜨거운 열기가 정수리로 빠져나가 시원함을 느꼈습니다. 완강히 병원 진료를 거부하던 남편은 기적적으로 폐암이 완치되었습니다. 그리고 자시 가행정진 100일째 되는 날, 남편에게 참회하는 마음이 가슴 깊은 곳에서 울려 나와 주체할 수 없이 눈물이 흘렀습니다.

자시 가행정진을 하며
발견하는 가짜 나의 모습들

100일 기도를 회향하고 며칠 쉴까 생각했지만 나태해질 것이 염려되었습니다. 그리고 이번에는 자신의 변화가 필요하다고 생각되어 바로 자시 가행정진을 시작하였습니다. 여전히 잠과의 전쟁이었지만 단번에 해결될 것이 아니기에 조금씩 천천히 가자고 생각했습니다. 집에서 하는 금강경 독송은 잠시 눈을 감으면 10~20분이 휙 지나가서, 법당에서처럼 오전 5시에 마치려고 노력하였으나 여전히 오전 6~7시 사이에 마무리되었습니다. 그러나 시간에는 개의치 않았습니다. 밤 12시 30분이면 눈이 자동으로 떠져 독경했고 친구들과 놀러 갈 때도 구석에서 혼자 금강경을 읽는 등 빠지지 않으려고 노력했습니다.

하지만 점차 시간이 지나자 긴장감이 풀려서, 며칠은 잘 읽히다가도 업장이 올라오는지 밀렸던 잠이 몰려와, 어떤 날은 1독부터 졸리기도 하였습니다. 86일이 지나자 코로나에 걸려 자시 가행정진을 한 달 쉬게 되었습니다. 코로나에 확진되어 기가 죽어 있는데 법사님의 새벽 법문 덕으로 힘을 내어 다시 일어설 수 있었습니다. 그리고 새로이 마음을 다잡고 자시 가행정진 49일 기도에 입재하였습니다.

이번에는 남편에 대한 미움의 뿌리가 내가 싫어하는 사람과 연결되어 있다는 사실을 알게 되었습니다. 먼저 남편과의 업보를 뿌리 뽑아야 한다는 확고한 생각이 들었습니다. 몸이 좋은 상태가 아니었기에, 정진이 끝나면 바로 잘 것 같아서 아침에 혼자서 포행을 하였습니다. 포행하면서 무수히 떠오르는 생각을 바치고 또 바쳤습니다.

참으로 많은 분별에 제가 마치 원숭이처럼 살고 있다고 생각했습니다. 겉은 순해 보이지만 속을 한번 휘저어 놓으니 구정물이 따로 없구나! 라고 탄식할 정도였습니다. 구정물 같은 부정적인 마음을 계속 바치니 잘난 사람, 고집이 센 사람, 우울한 사람, 음란한 사람, 궁핍한 사람 등 나의 업장을 보게 되었습니다.

28일째 되는 날 가슴에서 뻥 소리가 날 정도로 뭔가 터지더니 사라졌습니다. 늘 가슴 밑바닥이 무겁고 답답했는데 시원하게 뚫려서 너무나 깜짝 놀랐습니다. 100일 기도 할 때는 정수리에서 뜨거운 기운이 쓱 빠져나가더니 이번에는 가슴이 뚫려 저의 업장이 소멸됨을 느꼈습니다.

부처님께 감사한 마음으로 49일 기도를 회향했습니다.

양파처럼 올라오는 업장과 잠 해탈의 과정

이제는 원흥 법당에서 자시 가행정진을 해야겠다고 생각하고 원흥 법당에서 93일째 부처님 향하고 있습니다.

업장을 닦으면 양파를 까듯 새 업장이 올라오는 것 같습니다. 우울감이 한 달 이상 지속하기도 하고 알 수 없는 슬픔으로 하염없이 눈물을 흘린 적도 많이 있습니다. 이유 없는 진심으로 화가 났던 적도 있습니다. 이 분별을 바치고 또 바쳤습니다. 그래도 바쳐지지 않을 때는 장궤 자세로 1시간 동안 정진하면 머리가 맑아져 조금씩 나아짐을 느꼈습니다.

자시 가행정진을 하면서 지하철에서 졸다가 지하철 차고지에 갇힌 적도 있습니다. 졸다가 내려야 할 역에 못 내리는 경우도 많았습니다. 여전히 합창 연습할 때 서서 졸기도 하지만 전에 잠 오는 것과는 많이 다릅니다. 10분을 졸더라도 깨면 머리는 맑고 몸은 가벼움을 느낍니다.

저같이 어리석고 무지하고 근기 없는 사람도 자시 가행정진-모두 각성 상태로 한 것은 아니지만-한 지 1년이 넘자 잠과의 전쟁에서 조금 자신감이 생겼습니다.

저도 이러한데, 지혜롭고 현명한 도반님은 말할 것도 없겠지요!

밝은 빛을 향하여

나는 무엇을 얻으려 한밤중에 찬바람을 맞으며 매일 법당으로 향하고 있는가? 엄마 몸 상한다고 이제 그만하라는 둘째 아이의 말, 택시 기사와 이웃 사람들의 이상한 눈길, 모두 잠든 이 시간에 무엇을 찾고자 버스와 전철을 갈아타며 법당으로 향하는가? 이런 생각을 부처님께 바치고 있을 때 불현듯 느껴졌습니다.

나에겐 그동안 생명의 빛이 꺼져 있었으며 어둡고 침침한 곳에서 한 줄기 밝은 빛을 찾아 헤매고 있었습니다. 그 무엇으로 채울 수 없고 그 어떠한 것도 이 기쁨을 줄 수 없다는 것을 이제는 여실히 알게 되었습니다.

또한, 밝게 빛나고 기쁨에 충만한 전지전능한 모습이 저의 참모습이라는 것도 알게 되었습니다. 그리고 금강경을 통한 자시 가행정진만이 나를 부처님께 인도할 수 있는 가장 빠른 길이라는 것도 알게 되었습니다.

또 제가 부처님에게로 향할 수 있도록 모든 것을 내어주며, 티내지 않고 인도하시는 분이 바람과 같고 물과 같은 선지식님임을 알게 되었습니다. 법사님의 은혜에 다시 깊이 감사드립니다.

집을 나와 법당으로 향할 때 항상 다음과 같이 원을 세우고 나섭니다.

"제도하시는 용화교주 미륵존여래불 공경을. 법당으로 향하는 한 걸음 한 걸음이 위대하고 거룩하고 숭고한 보살들이 깔아놓은 비단길임을 알고 참으로 영광되고 영광됨을 알아 정성스러운 자시 가행정진하여 부처님 시봉 잘하기를 발원."

감사합니다.

업보, 인연,
이름 짓지 않게 되는 수도의 과정

○ 발표의 특징

- 잠의 극복체험을 가장 실감 나게 기록하였다.
- 자신의 분별심(업장)을 발견하고 솔직히 털어놓았다.

○ 업보와 업장

- 잠의 업보(6식, 현재의식)의 극성
  잠이 비 오듯. 독송 시간이 늘어남, 차고에 갇힘, 합창시 졸음
- 새로운 업장(7식, 잠재의식)이 드러남
  우울한 1개월, 하염없는 슬픔, 이유 없는 진심

○ 잠은 모든 분별심의 근원

- 스트레스가 잠으로 된다는 것을 실감하였다.
- 남편에 대한 분노는 다른 사람과 연관되었음을 깨달았다.
- 자신이 어떤 존재인지 알게 되었다.

○ 가행정진 1년의 성과로 잠이 줄다

- 첫 100일 가행정진, 뜨거운 열기가 정수리로 빠져나감
- 다음 가행정진 28일째 가슴이 뻥 뚫림

제도하시는 영산교주 석가모니불 시봉 잘하겠습니다. 용화교주 미륵존여래불 공경을. 주경야선 가행정진하는 모든 사람이 잠의 극복 과정에서 일어나는 여러 가지 어려움과 괴로움을 모두 쉽게 해탈 탈겁해서, 잠이 착각이며 본래 없음을 깨달아 부처님 시봉 잘하기를 발원합니다.

윤○○ 보살님이 주경야선 가행정진 소감을 여러 페이지로 상당히 자세히 쓰셨어요. 이분이 자신의 속마음을 정확히 읽어서 표현하는 능력이 누구보다도 뛰어나다고 느꼈습니다. 저는 공부하는 사람이 자기 마음의 현재 상태를 잘 표현하지 못하는 것을 자주 봅니다. 마음의 현재 상태를 정확히 표현하는 것도 능력이고 재주인 것 같아요. 이분은 핵심을 바로 짚어 표현하고 발표하였습니다. 앞으로 전문가가 될 소질이 있다는 것을 느꼈습니다. 공부하는 데 도움이 되도록 제가 자세하게 정리해보겠습니다.

벗어나기 어려운 깊은 잠의 업보

우선, 잠의 극복 체험을 이처럼 실감 나게 기록한 도반이 없었다고 해도 될 것 같습니다. 잠의 극복과 잠 해탈 과정이 쉽지 않다는 것을 자신의 체험사례를 들어서 실감 나게 표현하였습니다. 잠의 극복이 어렵다는 것, 잠을 극복한 과정, 그리고 어떤 성과를 얻었는지를 표현했습니다. 이것은 다른 사람들이 잠을 극복하는 데 상당히 도움이 됩니다.

잠이 비 오듯 한다는 표현을 썼어요. 저도 잠을 극복하는 과정을 체험한 사람으로서 이 표현이 상당히 적절한 표현이 아닐까 생각합니다. 저는 잠이 폭포수처럼 쏟아진다는 표현을 썼습니다.

잠이란 것은 그리 쉽게 해탈되지 않습니다. 밤을 며칠씩 꼬박 새워도 끄떡없다는 사람도 있습니다. 용맹정진했더니 잠이 완전히 없어졌다고 말하는 스님들도 있습니다. 그런데 없어진 것 같았다가도 또 나오고, 없어진 것 같았다가도 또 나오는 것이 잠이에요. 잠의 뿌리는 깊고 또 깊고 깊습니다. 아마 성불할 때까지 잠의 업장에서 해탈하기는 쉽지 않을 것입니다.

공부하면 잠이 쏟아집니다. 자시 가행정진하면 1시에 시작해서 5시에 끝나는데, 여럿이 같이할 때는 졸아도 5시에 같이 끝납니다. 혼자 집에서 할 때는 자꾸 길어져서 6시 30분에 끝날 때가 있다고 했습니다. 금강경을 한번 읽는 데 30분이 아니라 한 시간 반이 걸렸다고 했는데, 이것은 그래도 양호한 편입니다. 실제로 어떤 사람은 "금강반야바라밀경" 시작하고 나서 몇 시간을 그냥 앉아 있어요. 중간에 곯아떨어지는 게 아니라 아무리 깨려고 해도 못 깨는 것입니다.

잠의 세계는 불가사의합니다. 그런 경험이 일천한 사람은 "그걸 왜 못하나?" 합니다. 달나라에 갈 때, 달나라에 갔던 체험을 한 사람이 없으면 달나라에 가는 방법을 모를 수밖에 없지요. 잠 해탈은 어떻게 보면 미지의 세계를 탐험해서 들어가는 것이나 마찬가지입니다. 제가 비교적 미지의 세계를 체험했다고 할 수 있습니다. 그 세계를 체험하면 잠이라는 게 보통이 아니라는 것을 압니다. 금강경을 한번 읽는 데 대여섯 시간 걸리는 사람이 있습니다. 아무리 노력해도 잠을 마음대로 할 수가 없습니다.

잠뿐만 아니라 모든 욕망이 다 그렇습니다. 화를 낼 때 멈추려고 하면 멈출 수가 있잖아요, 현재의식 상태에서는 그렇습니다. 잠재의식 상태에서는 욕망의 제어가 마음대로 안 됩니다. 잠도 역시 마음대로 제어할 수 없습니다. 예정된 운명 그대로 가게 되어있습니다. 그래서 평소에 닦아 놔야 합니다. 평소에 닦아 놓은 것이 없으면 죽을 때 아무리 발버둥 쳐도 천당에 갈 수가 없듯이, 잠이라는 업장에 한 번 사로잡히면 자기 마음대로 컨트롤이 거의 불가능합니다. 특히 잠재의식에 들어가면 그렇습니다. 공부하면 할수록 지금 제 말이 좀 생각날 것입니다.

저도 자동차 충돌의 역사가 있습니다만, 이분도 재미있는 이야기가 있어요. 전철 속에 졸다가 종점에 못 내리고, 차고에 가서도 안 내려서 차고에 갇혔어요. 또 합창 연습하다가 졸았다고 합니다. 그런데 저는 더했어요. 강의하다가 교단에서 떨어질 뻔했어요. 합창할 때 조는 것보다 더하지요. 이렇게 잠이 무섭습니다. 아, 강의하다가 떨어지는 게 뭡니까! 선생 망신이지요. 이것을 잠의 업보라고 할 수 있습니다.

양파껍질 까듯 드러나는
새로운 업장

업보와 업장이라는 말이 다르다는 것을 알아 두셔야 합니다. 용어를 알아 두셔야 나중에 잠을 해탈하는 지도를 할 수 있을 뿐만 아니라, 잠을 해탈하는 데도 굉장히 도움이 됩니다. 업보라는 표현과 업장이라는 표현은 상당히 다릅니다.

업보는 현재의식이며 6식六識으로, 내가 컨트롤이 가능합니다. 업장은 7식七識, 즉 잠재의식을 이야기합니다. 잠재의식의 업장은 자기가 컨트롤할 수 있는 대상에서 제외됩니다. 어제도 이야기하였지만 시집가게끔 되어있으면 아무리 발버둥 치고 조심해도 결국 가게 되어있습니다. 재앙을 받게 될 운명이면 그 재앙을 받게 되어있습니다. 재앙을 받게 된다고 잠재의식에서 그려놓고 있습니다. 아무리 발버둥 치고 천도재를 해도 소용없습니다. 금강경 공부를 해서 미리 예방해 놓고 해탈하기 전에는 예정된 운명을 그대로 받을 수밖에 없습니다. 아무리 발버둥 쳐도 안 됩니다. 업보와 업장의 구별을 분명히 하셔야 합니다.

이분은 업보는 상당히 극복했어요. 조금만 수도하면 잠이 비 오듯 쏟아지는 것도 멈춰지고 다 괜찮아질 때가 와요. 지금도 그 정도는 되었을 것입니다. 그런데 업장은 좀 다릅니다. 아주 두꺼워서 뚫으려고 해도 잘 안 뚫어집니다. 잠이 비 오듯 하는 것을 멈추면, 양파 까듯이 속에 있는 잠의 뿌리가 고개를 들고 또 나옵니다. '네가 나를 만만하게 봐? 내가 죽은 줄 알아? 나 안 죽었어.' 하고 잠이 다시 고개를 듭니다. 속에 있는 업장이 고개를 들고 드러나는 것입니다.

또 잠은 안 오는데 우울한 생각이 자꾸 나요. 이 우울한 생각의 이유를 모르겠어요. 날씨 탓인가도 하지만 사실 전생에 원인이 있을 때는 대개 이유를 모른다고 합니다. 이 우울한 것이 한 달씩 가네요. 용케 미치지 않고 살아있는 게 다행이지요. 자칫하면 우울증에 걸려요. 이런 상황에서 병원에 안 가신 것이 다행입니다. 그다음, 하염없는 슬픔이랍니다. 보통은 눈물이 나도 5분 이내에 대개 끝나고 길어야 1시간 이상 가지 않아요. 아마 이분은 며칠을 두고 울었던 모양입니다. 또 이유 없는 진심, 화가 많이 나요. 이유 없이 화가 나는 것은 원인이 반드시 전생에 있다고 보면 됩니다.

이런 해석은 선지식밖에 못 합니다. 선지식 없이 혼자 공부할 수 없습니다. 달마 대사께서 하신 '선지식 없는 공부는 모두 헛것이다.'라는 말을 굉장히 실감합니다. 그러니 '세세생생 선지식 만나서 부처님 시봉 잘하기를 발원.' 이라는 원을 늘 세워야 합니다.

잠, 모든 분별심의 근원

이분이 상당히 철저히 공부한 느낌입니다. 모든 분별심의 근원은 잠이라는 걸 상당히 실감하시는 것 같습니다. 잠이라는 거품을 어느 정도 걷어내면 잠의 근원이 되었던 분별심이 보이기 시작합니다.

스트레스를 잠자는 것으로 푸는데, 스트레스는 거친 번뇌이고, 잠은 보드라운 번뇌입니다. 거친 번뇌에는 고통을 느끼지만 보드라운 번뇌에는 고통이 아닌 편안함을 느낍니다. 둘 다 재앙의 근원이 된다는 점에서는 다르지 않습니다. 겉으로 보기에 잠은 보드라운 번뇌니까 거친 번뇌인 스트레스보다 훨씬 좋은 것 같지요. 그러나 스트레스를 잠으로 푼다는 것은 휴식이 아닙니다. 번뇌를 잠으로 전환한 것뿐입니다.

또 남편에 대한 분노만 있는 줄 알았더니, 가만히 보니까 남편에 대한 분노의 뿌리는 또 다른 사람하고도 관계되어 있다는 것을 발견했습니다. 분노의 뿌리는 단순하지 않습니다. 이것을 잠이라고 느끼신 것 같아요. 제가 모든 분별의 뿌리는 잠이라고 말씀드린 적이 있는데 그것을 잘 깨치신 것 같습니다.

견성, 자신의 정체를 보다

보시다시피 이분은 참 순하고 착해 보입니다. 얼굴을 보면 생전 화를 낼 것 같지 않은 분으로 보입니다. 그런데 본인이 계속 공부를 하며 자신의 정체를 보기 시작했습니다. 내 마음이 어떤가를 보기 시작했습니다. 내 마음을 보는 것이 지혜입니다. 백 선생님께서는 자기 자신을 확실히 보는 것을 견성見性이라고 하셨습니다. 견성의 뜻도 알아 두시길 바랍니다.

자기 정체를 보기 시작하니까 순하고 착한 존재가 아니라 구정물 같고 원숭이처럼 수시로 변하는 존재임을 압니다. 원숭이가 한시도 가만히 있지 않습니다. 점잖고 말 없는 사람을 보면 마음도 부동심이라고 생각하지요. 실지로 자기 마음을 한번 들여다보면 부동심이 없다는 것을 압니다. 부처님이 아니고는 부동심이 없어요. 아무리 점잖게 보이고 과묵하고 말이 없어도, 설사 묵언 정진을 십 년을 해도, 그 마음은 늘 원숭이처럼 날뛰고 있습니다. 깨치기 전에는 그렇습니다.

그리고 끝도 없이 잘난 척을 합니다. 잘난 척을 한 번만 하면 되는데, 하고 또 하고 반복합니다. 그전에는 안 그런 줄 알았지요. 순하고 겸손하다는 소리를 많이 들었을 겁니다. 하지만 그게 아니라 잘난 척하고 고집이 센 존재임을 알게 됩니다.

가짜 나에 속지 않도록 가르쳐주시는 선지식

이걸 아셔야 합니다. 여기서 자신은 '가짜 나'입니다. 진짜 나는 이렇지 않습니다. 구정물 같은 나, 원숭이 같은 나, 잘난 척하는 나는 가짜 나입니다. 그게 진짜 나라면 살맛이 안 나지요. '내가 이렇게 못났어?'라는 생각이 들고 맥이 빠집니다. 나는 다 가짜에요. 진짜 나라고 하며 좌절하지 마십시오. 진짜 나라고 하며 좌절하고 자살까지 하려 할 수 있는데, 속지 마세요. 이게 다 가짜 나가 장난질 치는 것입니다. 가짜 나에 속아서 그렇다고 반드시 아시길 바랍니다.

'가짜 나'가 '참나'에서 분리되는 것을 견성이라 합니다.

한번은 숨 막히는 것 같이 답답하고 막막해서, 선생님께 푸념했습니다.

"저는 최선을 다해 살았는데 왜 이렇게 힘이 듭니까? 저처럼 착하고 성실하게 노력하는 사람이 어디 있습니까? 그런 저에게 왜 이렇게 가혹한 시련이 떨어지는 것입니까? 선생님도 책임지셔야 하는 것 아닙니까? 선생님께서 3년이나 붙들어 두지 않았습니까?"

그러니 뭐라고 그러시는 줄 아세요?

"그건 가짜 나가 중얼거리는 소리다. 가짜 나에 속지 마라."

선생님께 푸념하려고 달려갔다가 시원하게 해탈이 되었습니다.

가짜 나에 속지 마시길 바랍니다. 이걸 가르쳐 줘야 선지식입니다. 그런데 가짜 나와 진짜 나를 보통 지혜로는 구별하지 못하기 때문에 이걸 가르쳐 주는 사람이 없어요.

이분은 가짜 나가 못난 존재라는 걸 발견한 것만으로도 상당히 수준 높은 공부를 하셨다고 말하고 싶습니다.

업장 해탈의 청신호

처음에는 잠이 비 오듯 쏟아지고 잠이 영원히 없어질 것 같지 않았다고 했습니다. 그런데 가행정진을 꾸준히 1년 이상 하고 보니 청신호가 보입니다.

가슴이 뻥 뚫리는 것같이 시원해졌다는 표현이 나옵니다. 뻥 뚫린다는 것은 업보가 아닌 업장 해탈의 징조입니다. 꿈에 돼지를 봤다는 것도 업장 해탈의 증거입니다. 돼지꿈을 꾸고 복권에 당첨되었다는 데는 다 이유가 있습니다. 탐심의 업장 소멸이 돼지꿈입니다. 업장 해탈은 꿈으로도 나타나고 뭐가 빠져나가는 듯이 느껴지기도 합니다. 빈대나 벼룩이 보이거나 몸에서 이를 집어냈다면 이것도 업장의 해탈로 보시면 됩니다.

그리고 정수리에서 뜨거운 기운이 빠져나가면서 시원함을 느꼈다고 했는데, 이것도 일종의 잠 해탈입니다. 그전에는 한 번 졸면 정신없이 잤고, 자고 나면 기분이 나빴습니다. 이제는 졸더라도 기분이 나쁘지 않고 머리가 시원해지는 것을 느끼면서 잠에 대한 자신감이 생겼다고 표현하고 있습니다.

우리 법당은 회원이 없고 회원명부가 없습니다. 30년을 매일 같이 나왔다고 해도 회원이 아닙니다. 주경야선 가행정진을 해서 잠에 대해 어느 정도 자신이 있는 분이야말로 진정한 회원의 자격이 있다고 생각합니다.

남편, 업보, 인연으로 변화하는 수도의 과정

또 몇 가지 검토할 것이 있어요.

이분이 다른 용어는 잘 안 써요. 도반이라는 용어가 두어 번 나왔을 것입니다. 친구라는 표현도 나왔습니다. 제일 많이 나온 게 무엇인 줄 아세요? '남편'이 다섯 번이나 나왔어요.

남편을 남편이라고 부르지 뭐라고 하나? 지금은 남편으로 보이고 남편으로 부를 수밖에 없어요. 그전 같으면 "집에 있는 키 크고 잘생긴 저 사람 누구지?" 하면 "우리 남편이지!" 하고 남편이라는 말이 즉각적으로 나와요. 그런데 공부를 계속하면, 내 남편이라는 소리가 얼른 잘 안 나옵니다. 남편이라는 느낌이 안 들기 때문입니다. 아직은 좀 괴롭다면 '업보'라는 것이 더 정확한 표현입니다. 그런데 업보 같지도 않아요. 업보보다 약간 부드러운 표현은 '인연'입니다. 나중에는 그 생각도 없어집니다.

남편을 남편이라 부르지 그럼 무엇으로 부르느냐고 이야기하는 것은 아직 공부가 안 되었기 때문입니다. 공부를 계속하면 남편이라는 소리가 절대 안 나옵니다. 저는 그 정도는 된 것 같아요. 가족, 누님, 친구, 제자, 자식이라는 말이 안 나옵니다. 자식이 자식 같지도 않아요. 공부하시면 그렇게 될 것입니다. 이것을 참고하고 검토하시기 바랍니다.

주경야선 가행정진으로 정토를 만들자

반드시 잠을 극복하는 데 성공하시길 바랍니다. 지금 한 달은 그럭저럭하다가 법사가 안 나오면 다시 원점으로 돌아가는, 한때의 추억으로 끝나서는 안 됩니다. 끝까지 계속해서 잠이 착각이고 본래 없다는 것을 깨달으면 굉장히 좋으실 겁니다.

주경야선 가행정진 운동이라고 해도 좋겠습니다. 이것이 계기가 되어, 좁게는 우리 주위에서 넓게는 전국과 전 세계로 확산해 나간다면, 모든 전쟁은 종식될 것입니다. 주경야선 가행정진을 해야 정토淨土의 세계가 옵니다. 그렇게 되기를 바랍니다.

참뜻을 알고 하는 가행정진과 마음의 변화

안녕하세요?

부처님 시봉하는 사람 ○○림입니다.

자시 가행정진을 20일 남짓 하고 있는 시점에 이렇게 좋은 기회를 주서서 선배 도반님들 앞에서 수행발표를 하게 되었습니다. 아직 공부가 부족하지만 저의 수행발표로 저와 같은 초심자 도반님들께서 조금이나마 신심 발심할 수 있기를 바라며 이 자리에 섰습니다. 세세생생 선지식 만나 법문 듣고 부처님 시봉 잘하길 발원합니다.

먼저, 법사님과 같은 시간 같은 공간에서 함께 자시 가행정진을 하며 법사님께 직접 지도받을 수 있는 것을 무한한 영광으로 생각하며 감사드립니다. 법사님 정말 감사합니다.

그동안 자시 가행정진을 하면서 많은 깨달음과 교훈을 얻었습니다. 먼저 이전의 자시 가행정진과의 차이점, 그리고 새로운 패러다임의 자시 가행정진을 경험하며 변화한 것에 대해 말씀드리고자 합니다.

참뜻을 모르고 했던 주말출가 가행정진

2019년 11월, 어머니의 손에 이끌려 원당 법당 주말 출가에 참여하며 처음 자시 가행정진을 경험했습니다. 자시 가행정진이 왜 우리 삶에 필요한 것인가에 대한 당위성과 철학적 이해 없이 그저 '금강경 7번 읽으면 소원이 성취되겠지.'라는 매달리고 바라는 마음, 이기심이 가득한 탐심으로 독송했습니다. 자시 가행정진의 참뜻을 모르고 가행정진을 하며, 내가 왜 여기서 금강경을 7번 읽고 있는지에 대한 의문이 들었습니다. 그 의문은 하기 싫은 마음, 억지로 하는 마음 등 온갖 진심과 분별을 만들었습니다. 그렇게 첫 출가의 고된 기억으로 매번 주말 출가를 할 때면 자시 가행정진의 고됨을 보상하고자, 법당에 오기 전 편의점에 들러 정진을 하며 먹을 간식을 양손에 두둑이 사서 원당 법당에 들어왔던 기억이, 부끄럽게도 생생합니다.

입재부터 열흘 동안 가행정진의 의의, 마음가짐과 자세에 대한 법사님의 오리엔테이션을 듣고 속으로 적잖이 충격을 받았고 반성했습니다. 그 모든 것을 반대로 행하고 있었다는 생각에 부끄러움으로 고개를 들 수가 없었습니다. 자시 가행정진은 잠과 먹는 것에서의 해탈을 위한 공부인데 오히려 식욕이라는 탐심과 '공부가 왜 안 될까.' 하는 진심만을 더욱 키워왔습니다. 환희정사에서 했던 가행정진은 소위 나이롱이었나 봅니다. 독송 중에 화장실 가는 것이

나 간식을 먹는 것이 당연하던 분위기였습니다. 공경심보다는 7독을 다 했다는 뿌듯함에 의미를 두었던 것 같습니다. 이러한 마음가짐과 자세로 독송을 하지 않았나 생각하며 그동안의 가행정진을 반성합니다.

새로운 가행정진,
전지전능하고 구족한 사람으로 세상에 당당해지다

선지식과 함께하는 자시 가행정진을 통해 크고 작게 변화한 것들을 말씀드리고자 합니다.

세상에 대한, 없던 자신감이 생겼습니다. 우리는 전지전능한 존재이며 희망과 목표를 가지고 온 구족한 존재라는 것을 일깨워주셔서, 열등감에 찌들어 살던 의식에 변화를 느끼고 있습니다. 사고방식을 바꿔 순수한 마음, 조건 없는 마음으로 공부에 임하니, 그저 내려놓기만 하면 된다는 사실을 모르고 매달리기만 했던 지난날의 공부가 참으로 아쉽게 느껴집니다.

저는 천성이 잠이 많은 편은 아닙니다. 어릴 때부터 집에서 가장 일찍 일어났고 자기계발에 관심이 많아 아침형 인간으로 새벽 4시 30분에 기상하는 습관, 아침에 에너지를 많이 받았던 좋은 경험이 있기에 금강경 독송이 어렵지 않겠다는 생각을 했습니다. 하지만 그 생각은 오만하기 짝이 없었습니다.

자시 가행정진은 역시나 달랐습니다. 교묘하게 속임수를 써 숨바

꼭질을 하듯, 정신이 또렷하다가도 금세 잠이 물밀듯 몰려와 잠의 파도에 잠식되기 일쑤였습니다. 진정한 업보를 만나는 시간이라는 생각이 들었습니다. 그러나 한편, 이것을 내가 해탈하기만 하면 세상이 두렵지 않겠다, 뭐든 할 수 있겠다는 든든함과 자신감이 느껴졌고 하버드 대학을 나오지 않아도 그에 걸맞은 지혜를 내 안에서 찾을 수 있겠다는 생각이 들었습니다.

그동안 자시 가행정진을 하면서 부끄럽게도 저는 7독을 제대로 해본 적이 한 번도 없습니다. 일요 법회에서 하는 1독 조차도 수마에 꼼짝 못하고 당하면서 잠에 취해 독송을 했습니다. 열심히 하는 다른 도반님들의 모습에 더욱 진심嗔心을 냈습니다. '나는 왜 저렇게 공경심이 나지 않는 걸까? 나는 이 공부랑 맞지 않나? 금강경 7독도 제대로 읽지 못하는데 사회에서 유능한 인재가 과연 될 수 있을까?' 하는 온갖 진심과 분별로 가득 찼습니다. 그러다 보니 세상을 내 중심대로 살지 못했고 이끌려 살았습니다. 남이 좋다고 하는 건 다 따라 했고, 줏대 없이, 자신의 철학 없이 인생을 허비하며 살았습니다. "내 안內心의 지혜를 따르는 것"이라는 법사님 법문이 있는데, 저의 열등감이 이러한 지혜를 어둡게 만들었습니다.

법사님의 오리엔테이션 지도 하에 가행정진을 한 지 9일째 되던 날, 100% 각성 상태에서 또렷이 즐겁게 독송을 했던 희유한 경험으로 업보를 해탈할 수 있겠다는 자신감을 얻었습니다. 정말 상쾌한 기분이 들었습니다. 눈이 총명해지고 머리는 시원했습니다. 긴장이 되어 눈을 자꾸만 깜빡거리게 되고 눈에 힘이 들어갔습니다.

눈에 힘이 들어가니 잠이 들어올 틈이 없었습니다. 세상에 대한 자신감이 생겼습니다. 뭐든 이룰 수 있고 할 수 있을 것 같은 든든함도 생겼습니다. 우리가 지금 공부하고 있는, '모두 다 내 마음'이라는 일체유심조의 위력을 다시 느꼈습니다. 100% 각성 상태에서 기쁘고 즐겁게 독송했던 기억은 이번이 처음입니다. 한자로 독송한 적이 없었는데 이번 자시 가행정진은 한자로 독송할 수 있을 것 같은 자신감이 생겼고, 그 자신감은 현실이 되었습니다. 법사님께서 열등감으로 덮인 잠재의식을 변화시켜 주심에 감사하며, 이 귀한 시간을 영광으로 생각합니다.

그리고 잠을 한 시간만 잤던 날에도 독송이 무난하게 잘 되었습니다. 평균 4~5시간 자도, 잠은 본래 없다는 것을 알고 바쳐 비워내니 잠에 대한 집착이 떨어졌습니다. 혹여 일상생활에 지장이 있지는 않을까 생각했지만, 6시간 내리 수업을 들어도 전혀 피곤하지 않아 고도의 몰입과 집중상태를 유지하며 디자인 스케치를 했습니다. 눈이 총명해지고 정신이 맑아진 상태에서 번뜩이는 아이디어로 즐겁게 디자인을 했습니다. 이 뿌듯한 경험은 앞으로의 사회생활, 그리고 제가 하려는 일에 많은 영감과 도움이 될 것 같습니다. 세세생생 공부하겠다는 자신감과 재미가 생겼습니다. 이것은 오로지 선지식과 함께하는 금강경 실천수행이 있었기에 가능했습니다. 법사님 감사하고 공경합니다.

참뜻을 확실히 알고 공부하니 신심과 공경심의 싹이 트다

매일 자시 가행정진 전후, 법사님의 선호념 선부촉으로 그동안 잘못 가고 있던 방향을 올바르게 잡아주시고 솔선수범해서 시범을 보여주시니, 이것이 무한한 영광과 감사하는 마음 그리고 공경심으로 이어지는 싹을 틔웁니다. '공경심을 동반하지 않은 금강경 독송은 헛공부다.'라는 말을 듣고서도 '공경심'을 실감하기까지 꽤 오랜 시간이 걸렸습니다. 공경심이라는 마음을 한 번도 느껴보지 못했기에 누군가를 공경하는 마음을 처음 느끼게 되었고 그 공경심은 공부하는 데 있어서 원동력이 되었습니다. 법사님의 죽비 소리가 영광스럽게 들렸고, 그 마음은 곧 금강경 독송하는 즐거움의 원천이 되었습니다. 처음 느껴보는 감정에 신기하기도 하지만 불경불포불외하며 세세생생 선지식 만나 금강경 공부하여 부처님 시봉 잘하길 발원하였습니다. 공경심은 곧 공부하는 마음가짐을 더욱 견고하게 만들고 심지가 굳어지게 합니다. 느슨한 생각으로 '어서 공부해서 소원성취해야지.' 하는 미적지근한 마음에서 '세세생생 부처님 시봉 잘하길 발원.' 하는 단단한 마음으로 정신 무장을 하니 독송이 쉽고 즐거웠습니다. 기쁜 마음으로 독송했습니다.

또 어젠 잠을 자다가 희유한 꿈을 꿨습니다. 법당에서 법문을 듣던 중 오른쪽 코에서 온갖 진물이 섞인 노란 콧물이 폭포수처럼 쏟아져 놀라 화장실에 달려갔습니다. 화장실에 있던 저를 보시곤 법사님께서 "자네 큰일 치뤘네! 이제 깨쳤구나!"라고 말을 해주셨습니다. 평소 다른 도반님들께서 법사님이 꿈에 나왔다는 이야기를 하시면 나는 아직 공부가 부족한 것 같다는 생각이 들었는데, 꿈에 처음으로 법사님이 나오셔서 환희심이 절로 났던 경험은 공경심을 키우는 자양분이 되었습니다.

공부의 필요성을 제대로 느끼다

법사님과 함께 26일간의 자시 가행정진을 처음 시작할 때는 20일, 못하면 10일이라도 꾸준히 해보자며 스스로 마지노선을 정했습니다. 예상치 못했던 자시 가행정진이었기에 예정된 약속과 스케줄로 주말을 비우기가 힘들다고 생각했고 현재 하고 있는 일도 밤낮이 바뀌어 자시 가행정진하는 데 어려움이 있지는 않을까, 26일을 빠지지 않고 할 수 있을까 하는 많은 궁리가 들었습니다. 입재하는 날, 법사님께서 "○○림 보살님, 꾸준히 계속하실 건가요?"라는 질문을 하셨습니다. 질문을 듣고 속으로 깜짝 놀라버렸습니다. 제 마음을 들킨 것 같았습니다. 이 말씀에서 중생이 잘못된 길로 혹여나 가지는 않을까 하여 올바르게 인도해 주시는 선호념 선부촉의 마음을 느꼈습니다. 어머니 보살님께서도 이번 한 달은 오로지 부처님 향하는 마음으로 공부하는 게 어떠냐고 하시면서 생활비를 어느 정도 지원을 해주시며 저의 부담을 내려주신 덕분에 확실하게 공부를 시작할 수 있었습니다.

이번 주말에 부산에서 제일 친한 친구의 결혼식이 있어 일찍 다녀오려고 했습니다. 엊저녁에 검색하지도 않았는데, 유튜브에 결혼식과 장례식장에 가지 않는 게 좋다는 법사님의 법문이, 저를 위한 영상인 듯 떡하니 떠 있었습니다. 법문을 들으며 오로지 부처님 향하겠다고 한마음을 내니 더이상 업보에 끄달리지 않는 삶을 살겠다는 생각이 들었습니다. 그리고 자기중심으로 세상을 바라보겠다는 마음을 가지게 되었습니다.

친구에게 미안한 마음도 바치며 오로지 부처님 향해, 부처님 기쁘게 해 드리길 발원하며, 부산행 티켓을 과감히 취소했습니다. 이렇게 제가 마음을 낼 수 있었던 것은 선지식님의 선호념 선부촉을 실감 나게 느꼈고 이 공부가 제 삶에 꼭 필요하다는 것을 실감했기 때문입니다.

세상사가 싱거워지다

공부하면서 가장 크게 변한 점은 저 스스로가 맑아지고 밝아졌다는 것입니다. 허영, 과시, 남을 무시하는 못난 마음들이 수면 위로 올라와 직면하는 순간은 더욱 공부의 필요성을 느끼는 계기가 되었습니다. 자시 가행정진하면서 지난날을 돌아보는 시간을 가졌습니다. 저는 노는 것을 좋아하여, 노는 것에 목숨을 걸 만큼 주말과 휴일은 약속으로 가득 찬 삶을 살았습니다. 내면의 공허함을 밖에서 찾으려 했습니다. 밑 빠진 독에 물 붓듯이, 아무리 부어도 내면의 공허함을 채우기는 어려웠습니다. 원하는 꿈을 이뤄도 마음 한편이 늘 허했고, 가슴이 뻥 뚫린 듯 그렇게 20여 년을 넘게 살아온 것 같습니다.

이제야 선지식을 만나 바른 법을 공부하게 되면서, 늘 재미나고 화려한 것들로 가득 채워야만 행복한 인생이라는 생각이 깨졌습니다. 자시 가행정진을 하면서 자연스레 저녁 약속과 주말 약속에서 멀어지고, 공부하기 전에 만났던 업보와 인연들에서 서서히 멀어지는 것 같습니다. 오로지 내 안의 마음을 들여다보고 나만을 바라보는 연습을 하면서 공허함을 채워나갔습니다. 그러면서 지난 화려했던 인생들이 부질없게 느껴졌고, 그저 마음의 평온만을 바라게 되었습니다. '부처님 시봉하는 삶이 행복한 인생이구나!'를 깨달으며, 인생사가 참으로 싱거워졌습니다.

아직 덜 닦은 연유인지, 늘 함께 놀던 친구들의 근황을 보면 같이 놀고 싶다는 생각도 불쑥 올라오는 건 사실입니다. 그러나 이런 마음을 늘 경계하는 태세를 갖추게 되었습니다. 이전의 습성을 버리지 못하고 똑같이, 비슷하게 산다면 결코 내 운명을 바꿀 수 없다는 것이 직감으로 느껴집니다. 선지식의 가르침을 믿고 행하는 이 삶이 단조롭고 싱겁고 미적지근할지 몰라도 마음의 풍요와 든든함이 있으니 세상사가 두렵지 않습니다. 세상을 자기중심을 가지고 살아갈 수 있게 늘 깨우침의 지혜를 주시는 법사님께 감사하고 또 감사합니다.

모든 것을 명확히 보는 지혜

모든 사람을 부처님처럼 보는 마음

공부하면서 이런저런 분별이 올라올 때가 있습니다. 하지만 이 공부를 하면서 특히 자시에 금강경 독송을 하는 도반님들을 보면 참 대단하다는 생각이 들고, '우리가 전생에 어떤 인연으로 이렇게 다시 만나서 공부를 하는 걸까?' 하는 마음이 듭니다. 모든 도반님을 여러 생을 별러서 온 부처님이라고 보니, 인색했던 마음에서 주고 싶은 마음으로 바뀌고 분별이 사라지는 것을 경험했습니다. 재앙이 축복과 둘이 아니라는 것도 조금은 알 것 같습니다. 귀한 시간 함께 자시 가행정진하는 도반님, 감사합니다.

재앙과 축복은 둘이 아니다

그동안의 자시 가행정진이 있었기에, 명확한 오답의 기준이 생긴 덕분인지 이전의 모습으로 돌아가지 않을 수 있는 '중심'이 생겼습니다. 덕분에 법사님과 함께하는 영광의 자시 가행정진을 실천하며 저 스스로 역시 크고 작은 변화를 느끼게 되었습니다. 지난날의 공부 방법이 잘못되었음을 일러주시고 깨닫게 해주신 법사님께 다시 한번 감사드립니다. 함께 공부하고 있는 도반님들 감사합니다.

이렇게만 세세생생 공부한다면 머지않아 하버드 대학보다 더 뛰어난 인재를 양성하는 금강경 연수원을 만들수 있을 것입니다.

공경심으로 하는 공부는 즐겁다

새로운 패러다임의 가행정진은 공경심으로 출발하였다

○ 이기적인 가행정진

공경심 없이 소원성취를 위한 금강경 7독은 즐겁지 않았고,
잠에 매몰 당했다.

○ 새로운 패러다임의 가행정진은 공경심으로 출발하다

- 잠 해탈 원리 및 배경 철학의 법문을 들으니 명쾌하였다.
  (정법正法의 시원함과 자신감을 느꼈다.)
- 법사의 언행일치와 솔선수범으로 공경심이 나다.
- 공경심으로 시작하니 공부가 즐겁고, 잠이 달아나다.
- 각성 상태가 유지되며 잠 해탈 및 깨침으로 이어졌다.

○ 가행정진의 결과

- 바쳐서 제일 친한 친구의 결혼식을 과감하게 불참
- 세상사가 부질없다.
- 모든 사람을 부처님으로 보게 되다.
- 모든 것이 명확하고, 지혜가 생기다.

연일 계속되는 천하의 난적인 잠을 극복하는 과정에 대단히 수고가 많으십니다. 반드시 잠을 극복해서 잠이 착각이고 본래 없음을 깨달아 부처님 전에 복 많이 지으시기를 발원드립니다.

오늘 ○○림 보살님의 수행발표에서 꼭 점검해야 할, 아주 훌륭한 내용이 몇 가지 있어서 정리해 봅니다. 가행정진하는 도반 중에서 가장 젊은 나이입니다. 세상의 가치를 최고의 가치로 알고 마음속의 가치는 그리 중요시하지 않는 나이를 젊은 나이라고 합니다. 세상의 가치와 부귀영화를 최고의 가치로 아는 젊은 나이에, 그쪽을 지향하지 않고 가행정진에 참여했다는 것이 대단하고 그 성과도 궁금합니다. 놀랄만한 성과를 발견하며 오늘도 '후학가외後學可畏(젊은 나이지만 두려워할 만한 대단한 존재, 크게 깨칠 수 있는 재목)'를 느꼈습니다.

공경심이 없는 가행정진은 극기 훈련일 뿐, 깨달음에 이르지 못한다

○○림 보살이 2019년에 가행정진 수행을 만나서 벌써 2년이 지났습니다. 그때는 남한테 이끌려 했었고, 자발적으로 깨달음 또는 필요에 의해 시작한 것은 아니었습니다. 무엇을 할 때는 자기 철학 또는 어떤 필요나 깨침으로 해야 성과가 있습니다. 남이 좋다고 하니까 뚜렷한 철학이 없이 따라서 하면 큰 성과를 이루기 어렵습니다. 2년 전에는 뚜렷한 철학적 배경도 없이 좋다고 하니까, 도움이 된다고 하니까 가행정진을 시작했습니다. 다시 말하면 이기적인 가

행정진, 소원성취를 위한 가행정진을 했던 것입니다. 따라서 우리 공부에 가장 필요한 덕목인 공경심이 부재했습니다.

방만하게 했다는 것은 몸뚱이 착에 이끌려 이기심으로 했다는 뜻입니다. 금강경 7독을 했다는 보람이 목표라고 하면, 그것은 극기 훈련이지 종교가 아닙니다. 불교를 수련으로 아는 사람들이 아주 많습니다. 그러나 부처님이 아니 계신 수련으로는 큰 깨달음에 이를 수 없어요. 2019년의 가행정진은 공경심이 부재한 수련일 뿐, 즐겁지가 않았습니다. 즐겁게 수행해야, 즐겁게 일해야 지혜가 납니다. 이 원칙을 잘 알아야 합니다.

밝아지는 삼 단계를 계정혜라고 합니다. 수련이나 훈련은 계戒에 속합니다. 절에서 지키는 오계와 십계도 계입니다. 계를 지키면 마음이 안정定되고 지혜慧가 납니다. 마음이 안정된다는 것은 즐거워진다는 뜻입니다. 훈련한 끝에 즐거움이 생기지 않는다면, 이 훈련은 중간에 그만두게 될 것입니다.

마라톤은 약 42km를 달립니다. 처음 1km를 달리기도 너무 힘들고 숨 막히는데 42km를 달리는 것은 고통의 연속이라고 생각할 수 있습니다. 고통을 견디다 보면 결국 신기록을 세우고 성공해서 이름을 날린다고 생각하기 쉽습니다. 실제로 유명한 마라토너들은 지옥 훈련이라는 표현을 씁니다. 그러나 지옥이라고 생각해서는 마라톤에 성공할 수 없어요. 마라톤 하는 사람들의 이야기를 들어보면 처음 몇 킬로까지는 고통이지만, 그 고비를 넘기면 즐거움으로 바뀌어서 그 뒤에는 고통의 질주가 아니라고 합니다. 즐거움을 체험하지 못한다면 세계 신기록을 세울 수 없습니다.

고통으로 생각하고 하면 중간에 포기할 수밖에 없습니다. 마라톤도 그렇지만 모든 일이 다 그렇습니다. 이기적인 마음으로 출발하면 거의 즐거움을 맛보지 못하고 '가행정진은 고통스러운 것이구나.' 하며 끝나게 됩니다. 그렇게 해서 공부가 즐겁지 않고 잠에 매몰당하고 이기심은 오히려 더 커졌어요. 탐심 진심이 커졌으며 인격은 부재不在하였습니다.

도인은 올바른 가르침에 근거하여 자기만의 소리를 한다

그러다가 새로운 패러다임의 가행정진을 만났다는 게 ○○림 보살의 표현입니다. 새로운 패러다임의 가행정진이 무엇일까요? 명쾌한 법사의 잠 해탈 원리와 배경 철학에서 시원함을 느꼈을 것으로 생각합니다.

세상에는 여러 종류의 사람들이 있습니다. 개중에는 자기가 깨쳤다고 하는 도인들이 있습니다. 말을 잘한다고 모두 도인이 아닙니다. 어떻게 하는 것이 도인인가? 도인은 이러한 특성이 있습니다. 남의 이야기, 부처님이나 선사, 유명한 영웅호걸의 이야기를 끼워 맞추어 멋지게 말을 잘하는 사람이 도인이 아닙니다. 어떤 사람의 이야기나 가르침을 인용하여 말을 하는 사람은 절대로 깨친 사람이 아닙니다. 깨친 사람은 자기만의 소리를 할 수 있어야 합니다.

물론 누구의 말을 잠시 빌려올 수 있지만, "내가 그렇게 해봤더니 새로운 깨달음이나 확신이 생겼다." 이렇게 자기 소리를 할 수 있는 사람이 도인입니다.

노래도 모창으로 시작하듯이 글씨를 잘 쓰는 사람도 처음에는 스승의 글씨를 따라서 씁니다. 한참 하다 보면 자기 필체가 나와요. 서예도 자기 필체가 나올 때 대가라고 합니다. 그림이나 음악도 마찬가지입니다. 자기만의 소리가 나와야 도인이라 할 수 있습니다. 자기 소리가 나오니까 자신감이 있고 시원합니다. 특히 올바른 가르침에 근거해서 나온 자기 소리는 무한한 힘이 있습니다. 자기가 전지전능하다는 것을 부분적으로 깨달았기 때문에 자신감이 있고 상대에게 시원함을 줍니다.

백 선생님을 만나기 전에 여러 선사와 학자의 불교 강의를 대학 1학년 때부터 졸업할 때까지 계속 찾아다녔습니다. 불교를 학교 공부보다 훨씬 좋아했습니다. 그러다 백 선생님을 보고 반했다고 해야 할까요. 그 이유는 시원했어요. 남의 이야기를 꿔다 하지 않으셨습니다. 자신감으로 자신의 소리를 하시는데, 돈키호테같이 엉뚱하게 큰소리치는 것이 아니고 부처님이나 선사들의 가르침과 궤를 같이하면서도 시원했습니다. 그래서 백 선생님께 끌렸습니다. 깨친 이, 지혜로운 이는 자기 소리를 합니다. 절대 남의 것을 꿔다 이야기하지 않습니다.

또 백 선생님께 감동했던 것은 노인인데도 손수 빨래를 하시고 연탄을 갈았습니다. 선생님께는 시봉이 없었습니다. 처음에 제가 가기 1~2년 전만 하더라도 제자들이 오면 손수 밥상을 차려서 겸상해서 먹였다고 합니다. 저보다 1년 선배의 이야기입니다. 스님처럼 상좌가 있지도 않았고 공양을 정기적으로 해주는 신도도 없었습니다. 단체가 아니었습니다. 본인이 마련한 돈으로 오는 제자들을 먹여 살리고 키웠습니다. 이것을 솔선수범이라고 해야 할까요?

○○림 보살도 법사의 어떤 점에 끌렸는지 분석해봅니다. 제가 잠 해탈의 원리와 배경 철학을 자신의 소리로 이야기했기 때문에 실감이 났습니다. 남이 말한 것을 꿔다 이야기했으면 실감이 안 났을 것입니다. 백 선생님께서 명쾌하게 말씀하신 것을 꿔다 이야기하는 게 아닙니다. 제 나름대로 깨쳐서 내 소리를 한 것에 자신감이 있었으니 시원했을 것입니다. 이렇게 설명을 해주는 사람이 없습니다. 뿐만 아니라 언행일치, 솔선수범하는 것에 생전 처음으로 공경심을 느꼈다고 했습니다.

공경심으로 즐겁게 공부하면 각성 상태가 유지되고 크게 깨친다

공경심의 반대는 무엇일까요? 자기가 잘난 것입니다. 자기 잘난 맛에 살면 60~70살, 죽을 때까지 공경심이라는 것은 구경도 하지 못합니다. 절에 가서 삼천 배 하는 것이 공경심일까요? 이기적으로 절하면 공경심이 아닙니다. '위대하신 부처님께 내가 삼천 배를 안 할 수 없다.'라고 생각하고 한다면 공경심의 삼천 배입니다. 아쉽게도 대부분의 삼천 배는 재앙소멸과 소원성취가 목적이므로 공경심이 없습니다. 대부분의 처절한 수행은 공경심으로 하는 것이 아니라 자기 잘되려고 하는 것입니다.

공경심을 처음으로 느꼈다는 것은 솔직한 고백이지요. 공경심이 바탕이 되면 공부가 탄력을 받습니다. 공경심이 발동하면 공부가 즐거워요. 공부가 즐거워지면 잠이 달아납니다. 잠을 지겨워하면서 해탈하려고 하면 절대 해탈할 수 없습니다. 즐겁게 바치다 보면 잠이 착각인 줄 알게 되고 각성 상태가 유지됩니다. 각성 상태는 굉장한 즐거움을 동반합니다.

공부의 맛을 본 사람은 공부가 어렵다고 하지 않습니다. 수행의 맛을 본 사람 역시, 수행이 어렵다고 이야기하지 않습니다. 고3 때 열심히 공부하다가 운 좋게 좋은 대학에 들어가서 후배들에게 "나 명문 대학에 들어갔어. 4당 5락, 네 시간 자면 붙고 다섯 시간 자면 떨어져!" 하며 겁주며 폼 잡았던 기억이 있습니다. 그러나 어렵게 공부해 합격한 사람이 아니라 공부를 즐겁게 하는 사람, 공부의 맛을 아는 사람이라야 실력이 있습니다.

각성 상태가 유지되며 깨친 것이 꿈속에서 법사를 본 것으로 나타났습니다. 꿈에 나타난 법사는 법사가 아닙니다. 자기 법력의 발현, 자기 법력이 섰다는 증거라고 해요. 현실에서 법사를 쉽게 볼 수 있지만, 꿈에 법사를 보기는 매우 어렵습니다. 그래서 꿈에서 선생님을 뵙게 되면 굉장히 좋았어요. 공부를 더 하면 선생님을 뵙기만 하는 게 아니라 선생님의 법문까지도 들어요. ○○림 보살이 법사를 보고 법문까지 들은 것은 깨친 정도가 더 깊다는 뜻입니다. 아주 크게 깨쳤다고 해석할 수 있습니다.

지혜로운 젊은이의 차원 높은 공부 성과

그러면서 가행정진의 맛을 보기 시작합니다. 그 결과를 길게 이야기했는데, 몇 가지를 생각해보겠습니다. 상당히 지혜롭습니다.

젊었을 때 놀러 다니는 것 좋아하지요. 젊었을 때부터 산속에 들어가서 도통하는 것이 좋다는 사람은 거의 없어요. 그리고 산속에 들어간 사람 중에 도통이 좋아서 들어간 사람은 거의 없다고 해요. 서산 대사도 과거시험에 붙었으면 절대로 승려가 안 됐을 겁니다. 사명 대사도 마찬가지입니다. 세상일에 출세하려고 하지만 과거시험에 떨어져 출세의 길은 막히고 제2의 선택으로 승려가 되는 수가 많습니다.

제가 젊은 나이에 도인을 찾아서 집을 떠났다니 대단하다고 느끼시는 분이 있겠죠. 부끄러운 얘기이지만 궁지에 몰리고 몰려서 올 데 갈 데가 없어서 백 선생님을 찾았는지도 모릅니다. 밖에 나가서는 그렇게 얘기하지 않지요. 좋은 대학을 버리고 부모의 애정을 등지고 왔다고 합니다. 하지만 세상에서 성공할 자신이 있고 여건이 뒷받침되었다면 수도하러 가지 않았을지도 모릅니다.

젊은이가 부귀영화를 찾는 것은 너무나 당연합니다. ○○림 보살님, 어린 나이에 참 기특해요. '세상의 가치가 별거 아니구나. 결혼이라는 것이 꿈 같구나. 결혼식 안 가!' 얼마나 씩씩합니까. 안 갔어요. 그런데 참 재밌지요. 제가 결혼식 가지 말라고 한 적도 없고 초치지도 않았어요. 이상하게 동영상이 바로 떠요. 자기 마음이 결혼식에 안 갈 생각이니 동영상이 뜨는 거예요. 상당히 지혜로워요. 공부의 대단한 성과입니다.

허전한 마음을 레크리에이션, 음악 감상, 데이트, 미팅 등으로 채워 봐도 여전히 허전했는데, 각성 상태로 공부해 보니 충분히 채워지는 것을 느꼈다는 표현이 있습니다. 굉장히 지혜롭기 전에는 이렇게 깨치기가 어렵습니다. 대개 상 받는 즐거움, 논문 쓰는 즐거움으로 공허함을 채우려고 합니다. 부처님께 바쳐서 채우려는 것은 굉장히 차원 높은 사람의 경지라고 생각합니다.

그리고 '모든 사람을 부처님처럼 본다.'라는 표현도 나오지요. 나중에는 거창하게 '재앙과 축복은 둘이 아니다.'라고 했는데, 그런 경지까지 가려면 조금 더 있어야 하지 않을까 하는 게 내 생각입니다. 그건 조금 시간이 걸릴 것 같아요. 아직 실패를 짭짤하게 맛보지 않았기 때문에 '재앙이 축복이다.'까지는 못 갔을 것으로 생각합니다.

명확하고 지혜로운 언어 표현

제가 여기에서 다른 사람이 보지 못한 걸 봅니다. 본래 국어를 잘했는지 아나운서가 되려고 연습을 해서 그런지 몰라도, 언어 표현이 상당히 정확하고 명확하고 지혜롭습니다. 그 증거를 댈 수 있어요. 아나운서라서? 본래 지혜로워서? 가행정진을 잘해서? 여러 생각이 듭니다.

우선 다른 분들은 대개 어머니, 아버지, 남편, 아내라고 표현합니다. ○○림 보살은 어린 나이인데도 '어머니'라고 표현하지 않고 '어머니 보살'이라고 하였습니다. 얼마나 지혜롭습니까. 어머니가 아니거든요. 그렇다고 어머니가 아니라고 하면 어머니가 섭섭하겠지요. '어머니 보살'이 정확하고 지혜로운 표현입니다.

또 한 가지가 있어요. 이것은 다른 사람이 못 볼 겁니다. 법사에 대한 두 가지 표현이 나옵니다. 하나는 "○○림 보살님, 가행정진 끝까지 할 거예요?" 상당히 존대하는 표현을 했어요. 생시에 제가 그렇게 존댓말을 씁니다. 그대로 썼어요. 또 한 가지 표현이 있어요. "잘 깨쳤구먼!" 그때는 존댓말이 아니고 반말을 썼어요. 다른 사람들은 이걸 유심히 보지 않았을 겁니다.

생시에 나타난 법사는 대개 존댓말을 써요. 왜냐하면, 제가 존대를 쓰는 게 상당히 익숙하고 생활화되어 있기 때문입니다. 그런데 꿈에 나타난 법사는 절대 존대를 안 씁니다. 꿈에 존댓말을 쓰면 가짜 법사입니다. 꿈에 나타난 법사는 법입니다. 그래서 반말을 쓰거나 야단을 치거나 명령을 하는 수가 많습니다. ○○림 보살의 꿈에서 법사는 존댓말을 안 쓰잖아요. 정확한 표현을 했다고 봅니다. 생시에 존대를 썼으면 꿈에서도 존대를 쓸 공산이 있는데 어떻게 그걸 구분해서 쓸 수 있었을까? 상당히 지혜롭기 전에는 구분할 수 없습니다.

후학가외라 표현했듯, 어린 나이인데도 참 크게 깨칠 재목이 아닌가요? 나를 비롯해서 나이 드신 선배들이 두려움을 느껴야 할 것으로 생각합니다.

뗏목이 강 기슭에 걸리지만 않으면 결국 바다로 갈 수 있다

단, 나쁜 업보를 만나면 안 됩니다. 이게 걱정이에요. 유지만 잘하면 참 좋겠습니다. 백 선생님께서 자주 얘기하셨습니다.

"뗏목이 강을 따라 가다가 양안兩岸(강의 양쪽 기슭)에 걸리지만 않으면 결국은 바다로 갈 수 있다."

지금 뗏목이 잘 떠내려가고 있어요. 전생에 좋은 일만 했다면 반드시 훌륭한 선지식을 만나고 공부에 탄력을 받아서 결국 뗏목이 바다로 갑니다. 그러나 전생에 혹시 퇴타심을 냈거나 남을 괴롭히거나 공부를 방해하는 나쁜 일을 했다면 결국 방해하는 업보를 만나게 되는 경우가 많다고 합니다. 장래 유망주인 ○○림 보살님, 뗏목이 양안에 걸리지 않고 바다로 나가듯이, 방해하는 업보를 만나지 않고 부처님 공경심을 끝까지 유지해서 큰 바다로 나가 꼭 성공하시길 바랍니다. 큰 깨달음을 이루길 바랍니다.

오늘 수행발표에서 참고할 것이 많다고 생각합니다.

제 7 장

오로지 부처님 시봉 잘하기만을 발원

구사일생의 기회, 주경야선 가행정진

안녕하십니까, 부처님 시봉하는 사람 ○○호입니다.

어느 날 불교 방송에서 법사님의 금강경 법문을 듣고 기쁨으로 충만했습니다. 법사님의 법문을 듣는 순간, 내가 그렇게 원하던 선지식을 만나 탕자의 삶에서 벗어나 새로운 불자로 태어날 수 있겠다는 확신이 들었습니다. 저는 오래전부터 선지식 만나기를 간절히 소원했습니다.

"선지식을 만나기 전에 한 공부는 헛공부다. 부처님이 어디에 계신지 찾지 말라. 그대가 생각하는 부처님은 아무 데도 계시지 않는다. 나를 밝게 해주는 이가 내 부처일 뿐이다."

이런 말씀은 곧바로 저를 원당 법당으로 향하게 했습니다. 자신이 못난 줄 알아야 한다는 선지식의 말씀에 한없이 하심하게 되었습니다. 나를 밝게 해주는 선지식의 품 안에서 공부할 수 있는 것을 무한한 영광으로 생각합니다. 선지식을 만난 구사일생과 같은 이 기회를 놓치지 않을 것을 부처님 전에 원 세우며 바칩니다.

주말 출가할 때의 가행정진

기존 가행정진과 현재 주경야선 가행정진 시 느낀 점을 말씀드리고 싶습니다. 원당 법당에 처음으로 주말 출가해서 첫 자시 가행정진을 환희심으로 했습니다. 저녁을 먹지 않아도 배가 고픈 줄 몰랐습니다. 봉사하는 사람들은 법당 근처에 식당이 있으니 저녁을 먹고 와도 된다고 하였습니다. 저를 생각해서 하는 말인 줄은 알았지만, 법사님께서 오후 불식을 해야 가행정진을 잘할 수 있다는 말씀을 하셨기에 그 뜻을 받들어 대답만 하고 저녁은 먹지 않았습니다.

원당 법당의 공부 분위기는 집중이 되지 않을 때도 있었으나, 나름대로 법사님의 올바른 가르침과 법식을 생각하면서 금강경 독송을 하였습니다. 지금까지 원당 법당이나 지방 법당에서 가행정진 시 잠이 오면 일어나서 독송하기도 하고, 커피를 마시러 움직이고, 화장실도 갔습니다.

이 공부는 수마를 해탈하지 않고는 안 된다는 생각을 하고 있었기에 더욱 간절하게 공부할 수 있었습니다. 은퇴 후 직장 생활을 더 할 수도 있었지만, 선지식을 만난 이 기회에 꼭 무시겁 업장을 해탈하여 밝아지기를 간절히 원했기 때문에 공부에만 전념하고 있습니다. 그리고 나와 같은 많은 사람이 이 법을 공부할 수 있도록 어떤 일이든지 봉사에 참여하고 싶습니다.

법사님께서는 2021년 부산, 대구, 진주, 창원 법회와 금강경 연수원 수련회를 개최하셨습니다. 〈재앙을 축복으로 만드는 사람들〉

이라는 슬로건으로 개최된 수련회에서 도반들의 공부 열기는 뜨거웠습니다. 수련회 둘째 날 해운대 포행에서 본 장엄한 일출은 새로운 도약의 기운을 확실히 느끼게 하였고, 우리 가르침이 국민 불교를 넘어서 세계로 우주로 나아가리라는 광명과 같았습니다. 그 광명으로 오색 무지개가 태양을 둘러싼 장엄한 기운이 법사님과 온 우주를 향해서 활기차게 펼쳐지는 것을 느꼈습니다.

부산에서 법회, 법당 준비, 수련회 등 행사 준비로 자시 가행정진 후 오후 늦게까지 현장에서 움직이다 보니, 어느 날 자연스럽게 잠에서 조금 벗어나 맑고 밝은 느낌을 체험하게 되었습니다. 자시 가행정진 후 오후 늦게까지 운전하고 다녀도 피곤함이 없었고 정신은 더 또렷하였습니다. 부처님께 감사했습니다.

법사님과 함께 하는 주경야선 가행정진

새로운 법당이 만들어질 때마다 법사님께서 진두지휘하시는 자시 가행정진 공부를 기대하였으나 때가 아니었는지 실행되지 않았습니다. 그래서 이번 주경야선 가행정진에 참여한 것을 너무나도 영광스럽게 생각하고 있습니다. 하루하루 울력이 힘들고 할 일이 많아도 즐겁고 행복합니다. 선지식과 함께 하는 금강경 독송 시간이 너무나 감사하여 저절로 체루비읍하게 됩니다.

“잠은 아상이고 부드러운 번뇌이다. 탐진치가 아상이며, 바로 몸뚱이 착이다. 몸뚱이 착은 식·색이라 한다. 잠이라는 번뇌를 해탈한다면 다른 번뇌는 자동으로 소멸하여 지혜가 나서 무능이 능력으로, 무지가 지혜로 바뀌고 재앙을 축복으로 만들게 된다."

희유한 법문, 너무나 감사합니다.

2021년 겨울에 법사님과 함께하는 주경야선 가행정진을 시작한다는 소식을 듣고 환희심이 났습니다. 공부에 참석하는 것만으로도 즐거운데, 심지어 가행정진의 철학과 원칙 및 필요성에 관한 법문까지 해주시니 더욱더 즐거웠습니다. 선지식을 직접 모시고 불교역사상 최초로 시도하는 주경야선 가행정진을 실천하는 수행으로 잠이 본래 없는 것인 줄 알게 되어 감사의 눈물을 흘리기도 했습니다.

그래서 그런지 이번 가행정진에서는 집중이 더 잘 되고, 각성 상태가 또렷해졌으며 전보다 오래 유지되는 것 같습니다. 그리고 낮에 오랜 시간 울력을 해도 피곤한 줄 모릅니다.

법사님의 죽비소리,
잠자는 참나를 깨우다

13일 차였습니다. 우리를 일깨워주는 죽비소리는 그날따라 더욱 웅장하고 장엄하게 들렸고, 잠자는 내 마음을 일깨워주어 체루비읍 하였습니다. '부처님 감사합니다. 부처님 기쁘게 시봉하길 발원.' 하면서 감사 기도를 하였습니다. 주경야선 가행정진을 시작한 지

벌써 18일이 지나고 있습니다. 남은 기간에는 법사님의 죽비 소리를 듣지 않고도 정진하는 도반들 각자 잠에서 해탈하시어 이 위대한 법이 온 세계로 펼쳐지기를 발원합니다.

지금 원흥 법당에서 하는 주경야선 가행정진이 지방 법당에서도 똑같이 진행되기를 간절히 바랍니다. 여기 계신 부산 도반님들과 같이 배워서 함께 좋은 공부 분위기를 만들어 법사님의 뜻을 받들기를 바랍니다.

이번 가행정진에 청년 도반님들이 대거 참여하여 공부하는 모습을 보니 너무나 희망적이고 마음이 든든합니다. 이와 같은 가행정진이 자리 잡는다면 우리 법이 머지않은 시간 안에 많은 사람에게 알려질 것입니다.

저 역시 이 공부에 올인하는 건강한 불자로 부처님 시봉, 밝은 날과 같이 부처님 전에 복 많이 짓기를 발원합니다. 또한, 이번 주경야선 가행정진을 계기로 법사님의 뜻을 더욱 잘 받들기를 발원합니다.

부처님 감사합니다. 법사님 감사합니다. 도반님 감사합니다.

영광으로 알고 공부하면 빛나는 결과를 얻는다

잘못된 관행에 흔들리지 않는 숙혜宿慧가 있었다.

○ 타고난 공경심으로 수행

- 직장보다 수도를 우선
- 영광스런 가행정진 참여
- 정진의 즐거움

○ 가행정진의 결과

- 세상이 밝은 느낌
- 오후 늦게까지 운전하여도 피로하지 않음
- 주경야선 자시 가행정진의 역사적 의의를 알고, 잠이 없다는 것도 알게 됨
- 미래에 대한 밝은 희망

주경야선 가행정진하는 모든 사람이 비 오듯 쏟아지는 잠을 해탈해서 잠이 착각이요 본래 없음을 깨달아 부처님 시봉 잘하시기

를 발원드립니다.

오늘 ○○호 선생님의 소감 발표를 요점 정리하겠습니다. 한 분 한 분의 소감 발표가 다 귀하고 주옥같은 말씀이며 가행정진에 참고가 될 말씀입니다. 잘 받들어 가지면 결국은 모든 불행을 딛고 행복의 길로 가게 될 것입니다. 그런 점에서 이것을 잘 기록하고 보존하는 것이 바람직합니다. 한 번 듣고 그냥 지나치면 거의 도움이 되지 않습니다. 다시 한번 마음속에 새기는 뜻으로 복습 겸 정리합니다.

잘못된 가행정진 관행은 공부를 지속할 수 없게 한다

어제 발표하셨던 ○○림 보살님이 지금까지 가행정진이 상당히 잘못된 관행으로 진행되었다는 것을 지적했습니다. 잘못된 관행인지도 몰랐어요. ○○호 선생은 주말 출가에서 저녁 식사 권유에 동조하지 않았고, 가행정진하면서 화장실에 가거나 잠을 깨려고 물을 마시는 관행에 합류하지 않았다고 합니다.

만약에 저녁도 먹고 화장실도 가고 물도 아무 때나 마시고, 이렇게 몸뚱이가 하자는 대로 했다면 어떻게 되었을까요? 선배의 이야기를 정답으로 알고 그 말을 그대로 따랐다면 공부한 보람도 없이 중간에 재앙에 휩쓸렸을 것이고, 오늘과 같이 훌륭한 발표를 도저히 할 수 없었을 것입니다.

○○호 선생은 그이가 나보다 먼저 공부하러 온 선배이지만 분위기가 어쩐지 마음에 들지 않아서 따라가지 않았다는데, 이것이 바로 지혜라고 봅니다. 그 지혜는 전생부터 닦아온 숙혜입니다.

법당의 바람직한 분위기,
스스로 못난 줄 알라

소사에 들어가서 공부할 때도 그랬습니다. 물론 백 선생님의 말씀이 시원하고 올바른 것 같아서 그분의 말씀을 듣고 출가했지만, 출가의 풍토를 조성하는 것은 꼭 선생님만이 아니었습니다. 선배라는 사람이 자리 잡고 앉아서 법당의 풍토를 좌지우지했어요.

이게 좀 이상했습니다. 바치는 것을 원칙으로 한다지만, 바칠 게 하도 많아서 그런지, 길을 걸으며 심지어는 소젖을 짜면서도 "미륵존여래불" 하는 것이 관행이었어요. 먼저 온 사람이 그렇게 하니까 그것이 일하면서 공부하는 것이라 생각하고 우리도 그대로 따라 했습니다. 잘하는 것인지 못하는 것인지 생각할 틈도 없어요. 그럴 듯하니까 그대로 따라갔어요.

선생님께서 늘 "하심하라. 자기가 가지껏 못난 줄 알아야 공부가 된다."라고 하셨는데, 이 말씀은 자신의 몸뚱이 착, 다시 말하면 '가짜 나'가 못난 줄 알라는 뜻입니다. 못난 줄 알아야 몸뚱이 착이 기가 죽고 드디어 사라집니다. 자기가 못난 줄 알고 모든 사람을 부처님처럼 보라는 백 선생님의 가르침이 수도의 근간이며 소사의 풍토입니다.

그런데도 선배는 제일 따뜻한 아랫목에 앉는 서열이 있는 풍토, 선배를 내세우는 관행이 있는 풍토를 만들었습니다. 나는 그게 옳은 줄 알았습니다. 선배도 반은 선생님이니까 선배로 깍듯이 대접해야 하고, 선배의 말도 존중해야 한다고 생각했습니다.

선배의 말은 모두 가짜

또 그이가 만든 풍토가 있었어요. 그이는 금강경 독송은 확실하지 않고 정진이 더 낫다는 생각으로 금강경 독송보다는 정진을 더 우선했습니다. 선생님께서 하라고 한 것도 아닌데 그이가 그렇게 하는 거예요. 저는 어쩐지 그 분위기가 마음에 안 들었어요. 그대로 따르다가 아무래도 이상해서, 새벽 법담 시간에 여러 사람 있는 데서 선생님께 내놓았습니다. 선생님의 말씀은 전혀 다릅니다.

"정진은 정갈한 자리에서 자세를 바로 갖추고 공경심을 가지고 하는 것이다."

그렇게 정진해도 될까 말까 한데 걸을 때, 소젓 짜다가, 방목하다가 미륵존여래불 정진하면 공경심이 붙습니까? 안 붙지요.

선배가 아랫목에 앉는 것이 선후배 질서로 알았습니다. 세상에선 그렇게 합니다. 동물의 세계는 말할 필요 없고 귀신의 세계에도 선후배가 있어서, 복 많이 지은 귀신이 가장 윗자리에 앉고 복 못 지은 귀신은 천대받는다고 합니다. 선배의 말을 반쯤은 선생님의 말씀으로 생각하는 풍토가 소사에서 주류를 이루고 있었는데, 매일 같이 법담에 들어가서 어쩐지 이상한 것은 선생님께 다 내놓다 보니까, 그 선배가 만든 풍토가 가짜라는 것을 하나하나 알게 되었습니다.

그 선배는 드디어 아랫목 자리를 내놓고 제일 꼴찌에 앉기도 하고 망신당하기도 했습니다. 한 번 나갔다 오면 기득권은 없습니다. 선후배도 없습니다. 망신당하는 게 싫으면 나가라는 겁니다. 이것이 소사의 풍토였습니다.

여기도 그래왔던 것 같습니다. 법사하고 선배 도반하고 생각이 비슷한 것 같아도 근본적으로 상당히 다릅니다. 잘못된 관행이 여기서도 만연하여 결국은 재앙의 원인이 됐다고 생각합니다. 그런데 흔들리지 않았다는 것이 오늘 ○○호 선생 발표의 골자입니다. 이게 쉽지가 않아요. 보통은 눈치를 보며 대세에 따라가게 됩니다. 흔들리지 않고 '어쩐지 그게 아닌데' 하는 것은 닦던 지혜입니다. ○○호 선생은 출발을 괜찮게 했다고 생각합니다. 거기에 줄 섰던 사람은 퇴타심을 내서 지금 법당에 안 나와요. 어쩐지 마음에 들지 않았다는 분들은 꾸준히 법당에 나왔고, 이분들은 결국 최후의 행복을 맞이할 것으로 생각합니다.

영광으로 알고 하는 공부는 즐겁고 반드시 빛나는 결과가 있다

이 글을 보면 ○○호 선생은 타고난 공경심이 있는 것 같아요. 삼사 년 전에 공부를 만나고 나서 직장 생활을 더 할 수도 있음에도 불구하고 직장보다 공부에 시간을 투자하는 것이 더 낫다고 과감하게 결단하였습니다. 이거 쉬운 게 아닙니다. 법의 진가, 법의 참맛을 아는 사람 또는 공경심이 있는 사람이 아니면 도저히 할 수 없는 일을 했습니다. 직장 생활을 포기하고 영광스러운 마음으로 참여합니다. 가행정진을 귀한 법으로 알고, 참여하는 것만으로도 영광으로 알고 오신 것 같습니다. 그 결과 정진이 어렵지가 않아요.

영광으로 아는 것은 수도를 즐겁게 합니다. '영광으로 알고 오다니, 이게 무슨 영광으로 생각할 것이라도 되나? 갈 데가 없어서 왔지, 다른 데 가니까 이만큼 친절하지가 않아서 여기 왔지.'라고 생각하는 사람도 있습니다. 영광으로 알지 않으셔도 됩니다. 갈 데가 없어서 여기 오셔도 돼요. 이것이야말로 자기 자유입니다. 하지만 마지못해 온 사람은 즐겁게 수도할 수 없고 금방 관두게 됩니다. 영광으로 알고 오는 사람은 즐겁게 수도하고 오래 공부하여 빛나는 결실을 얻을 수 있습니다.

심지어는 '내가 이런 데 오게 됐어? 와주는 거지.' 하는 사람도 있어요. 우리 법당뿐 아니라 교회에도 있나 봅니다. 어떤 목사가 비분강개하는 걸 봤습니다. 한 장로가 '내가 와준다.' 하고 교회에 온다고 합니다. 그래도 교회는 하나님이라는 절대자가 있기 때문에 그런 사람이 적은 편이지만, 여기는 '내가 와주는 거지.' 이러는 사람이 꽤 많은 것 같습니다. 제가 보기에는 그렇습니다. 사실 그런 사람은 오지 말라고 그럽니다. 오라고 하지 않습니다. 내가 화나서 그러는 게 아니에요. 그런 사람은 공부의 성과가 없어요. 하심하고 영광으로 알아야 합니다. 여러 생 별러서 왔다는 마음을 가져야 공부를 즐겁게 할 수 있고 빛나는 결과를 얻을 수 있다고 생각합니다.

○○호 선생은 타고난 공경심이 있는 것 같습니다. 타고난 공경심은 아무에게나 있지 않습니다. 우리 도반들은 여러 생 수도하셨던 분들이에요. 전생에 도인을 만나 수도를 했어요. 수도하다 갈등이 있을 때 팩하고 화내며 가버렸을수록 영광으로 알고 오지 않을 공산公算이 꽤 많고, 와서 또다시 보따리 쌀 공산이 많아요. 처음부터 저같이 좀 모자라는 법사한테도 체루비읍하고 영광으로 아는 사람이 어쩌다 있습니다. 그러다가도 또 금방 바뀌기도 하니 다 믿을 수는 없지만, 진정 영광으로 알고 오는 사람은 공부가 어렵지 않고 공부를 즐겁게 할 수 있어서 반드시 빛나는 결과가 있습니다.

전생에 신심을 낸 사람은 도통이 어렵지 않다

○○호 선생님은 전생에 비록 도인을 떠났지만 팩하고 화내거나 심지어는 도인한테 침 뱉고 떠나지 않았던 것 같습니다. 도인을 욕

하지 않았던 것 같아요. 떠나기 싫지만 마지못해서 어쩔 수 없이 떠났고, 떠나면서도 늘 그리워했던 것 같습니다. 그리워했기 때문에 금생에 또 만났어도 영광과 기쁨으로 오게 되었습니다. 그것이 공부를 즐겁게 한 동력이라고 생각합니다.

전생을 안 믿는 분들도 많을 겁니다. 저는 믿긴 믿었지만 실감하지는 못했습니다. 소사에서 백 선생님은 전생 이야기를 현생 이야기처럼 그대로 말씀하세요. 전생 얘기를 너무나 자연스럽게 하시는데, 그것이 현실에도 딱 맞고 미래를 분석하는 토대가 됩니다. 그래서 저는 전생이라는 사고방식이 아주 자연스럽게 몸에 배어 있어요. 전생에 퇴타심을 냈었던 그때, 정확하게 금생에도 반복하여 퇴타심이 납니다.

왜 퇴타심을 내지 말아야 할까요?

공부하지 못하게 하는 악순환의 고리를 끊고, 축생의 몸을 받지 않고 영원한 행복을 얻기 위해서입니다. 퇴타심을 내는 것은 굉장히 큰 잘못입니다.

또 하나 제가 뼈저리게 느낀 게, 선배는 말짱 꽝이더라고요. 이분이 숙혜가 있어서 다행인데, 저는 선배가 반은 선생님인 줄 알았어요. 그래서 어려운 일이 있을 때 일일이 백 선생님께 찾아가기 어려우면 선배와 상의하고 결정을 내린 때가 한두 번이 아니었습니다. 선배의 이야기는 다 틀렸어요. 자기 생각만 얘기할 뿐이었습니다.

"가장 정확한 것은 선생님 말씀이야. 선생님 말씀을 이해하지 못한다면 자꾸 바쳐봐. 네가 깨쳐봐." 하는 이는 드물지만, 그런 사람이 진짜 선배입니다. 자기 식대로 가르치는 선배, 주도권을 잡으려는 선배는 다 가짜라고 보면 틀림없습니다. ○○호 선생은 다행히 그 그늘에서 벗어나 열심히 공부하셔서 빛나는 성과를 얻었습니다.

깨치는 것은 세수하다가 코 만지기보다도 쉽다는 얘기가 있지요. 깨치는 것이 사실 어렵지가 않은가 봅니다. 도통이라 하면 상식적으로 하버드 대학에서 박사 하는 것보다 백배는 더 어렵다고 생각합니다. 도통은 희유한 것, 어려운 것이라는 생각에 갇혀 있습니다. 그러나 금강경을 통해서 신심을 낸 사람, 그리고 전생에 신심을 낸 사람은 도통이 별로 어렵지 않다고 생각할 것입니다. ○○호 선생님도 그런 후보자 중 하나로 기대하고 있습니다.

잠은 분별이고 본래 없는 것이다

공부하면서 벌써 세상이 아주 밝아졌습니다. "내 세상 만났다. 오후 늦게 운전해도 전혀 피로하지 않더라. 이것은 역사적으로 유례가 없는 진정한 최초의 주경야선 수행이라는 생각에 체루비읍을 했다. 잠이 없다는 것을 알게 되었다."라고 했습니다.

여기서 한번 검토해야 합니다. 잠은 천성이고 본능이어서 꼭 있는 것으로 알 때, 잠이 비 오듯 쏟아질 때는 도저히 잠을 제어할 수가 없어요. 오래간만에 가행정진을 시작했더니 또 잠이 나를 못살게 굽니다. 그래도 옛날같이 고개를 푹 숙이지는 않아요. 버티기는 하는데 잠이 꼭 있는 것 같이 느껴집니다. '잠이 있다.'라고 하면 항복 받지 못합니다.

'잠은 분별이고 본래 없다.'라고 하면 잠을 극복하기가 쉬워져요. 잠이 '분별'이라는 것은 '있다고 하니까 있지 없다고 하면 없다, 본래 있는 게 아니다.'라는 뜻입니다. 그러면 잠이 대수롭지 않게 생각되고 쉽게 벗어날 수 있을 것 같아요.

주의할 점이 있습니다. 잠 해탈이 그렇게 만만치가 않습니다. 잠이 분별이고 본래 없다고 하면 만만해 보이죠? 하지만 만만하게 생각하면 큰코다칩니다. 공부하는 데 이 점을 꼭 알아둬야 합니다. 이래서 스승이 필요합니다.

수마, 잠이 생명체처럼 된다

한 번 분별을 내면 그래도 금방 사라집니다. 예를 들어서 누구를 미워하다가 알고 봤더니 내 잘못이라고 한번 깨치면, 미워하는 마음이 금방 사라집니다. 그런데 이 증오심이 완전히 사라지지 않나 봅니다. 그러다가 또 미워지고 또 깨쳐요. 이렇게 되풀이되면 뭐가 문제일까요? 백 선생님께서 하신 말씀입니다.

"분별심을 몇 번 되풀이해서 내면 생명체처럼 된다."

분별심이 생명체처럼 된다는 게 무슨 뜻일까요? 잘 이해가 안 가시죠? 마魔가 붙는다는 겁니다. 수마睡魔, 음식食의 마魔가 있을 수 있습니다. 마魔라는 것은 생명체처럼 됐다는 거예요. 우리가 잠자는 것을 무시겁으로 연습했고 잠을 해탈하는 것도 연습했겠죠. 그런데 잠자는 연습을 하도 많이 해왔기 때문에 잠이 일시적인 현상이 아니라 생명체와 같은 수마가 됩니다.

수마는 점잖게 얘기하는 거죠. 기독교인들은 사탄이라고 합니다. 사탄은 생명체입니다. 사탄은 꾀가 몹시 많아요. 지혜도 있고 악랄해요. 교묘하게 괴롭히고 심지어는 생명을 앗아가고 완전히 짓이기는 게 사탄입니다. 불교에도 사탄과 비슷한 단어가 있어요. 파순波旬이라고 하는데, 부처와 그의 제자들의 수행을 방해하는 마왕입니다. 잠이 그냥 분별이고 본래 없다고 생각하면, 즉 생명체가 아니라고 생각하면 별것 아닌 것 같습니다. 하지만 잠은 생명체처럼 되어 악랄한 사탄, 악마, 파순이 됩니다.

○○호 선생이 지금 잠이 없다고 얘기했는데, 겁 없는 말씀이라고 생각합니다. 잠이 그렇게 만만치가 않더라고요. 잠은 꼭 머리 좋은 악랄한 사람 같아요. 작전상 후퇴해서 없어지는 듯하다가 방심하고 있을 때 치고 나옵니다. 잠이 완전히 없어졌다고 큰소리치다가 바로 이튿날 대중 앞에서 코를 드르렁드르렁 골아서 망신당한 사람이 있었어요.

잠이 본래 없다고 큰소리치면 절대 안 됩니다. 큰소리치는 순간 잠이라는 악마가 노립니다. 잠은 분별이요 본래 없다는 말이 사실이기는 하지만, 분별심이 계속 되풀이되면 생명체처럼 됩니다. 진짜 사람 같고 실제로 존재하는 것 같은 인공지능처럼, 굉장히 머리가 좋아요.

지극한 공경심으로 잠을 뿌리째 뽑는다

선지식 밑에서 공부를 해야만 언젠가는 잠이 뿌리째 뽑힐 것 같습니다. 선지식 밑에서 공부하는 것이 굉장히 중요하지만, 밝은 선지식이 안 계실 때 대신할 수 있는 것은 '지극한 공경심'입니다. 공경심으로 끝까지 꾸준히 하셔야 합니다.

잠이라는 악마를 뿌리째 뽑으려고 하면 단순하게 일회성의 가벼운 상처를 주고 슬쩍 스쳐 지나가는 게 아니라, 아주 격렬하게 저항하는 기질이 있어요. 잠을 뿌리째 뽑으면 바로 부처의 세계로 들어갑니다.

오늘 분위기가 굉장히 좋고 열기가 느껴져요. 사람이 천 명이면 뭐 합니까? 사람 수가 많아도 다들 졸고 계시면 열기는 하나도 느껴지지 않을 겁니다. 물론 조는 분들도 있지만 눈이 반짝반짝한 분들이 더 많습니다. 이런 밝은 느낌이라면 천하의 악마도 쉽게 항복받을 것 같습니다. 악마도 사실 본래 없습니다.

난제 속에서
금강경 가르침을 실감하다

이러한 자리를 마련해주신 부처님, 법사님, 도반님들께 감사합니다.

안녕하세요? 저는 일산에 사는 ○정○입니다.

2019년에 길을 걷다가 문득 대학 시절 금강경이 최고라고 권하셨던 스님의 말씀이 떠올라, 유튜브에 금강경을 검색하여 법사님의 법문을 만나게 되었습니다. 그 후 부산 법회와 2020년, 2021년 금강경 연수원 수련회에 참가하였습니다.

저는 초등학생 때 안방에 걸린 사찰 달력을 보고 어린이 법회가 있다는 것을 알았고, 직접 절에 전화하여 다니게 되었습니다. 그 후 초중고 대학까지 불교학생회 활동을 하였습니다. 일찍 불교에 입문하여 여러 가지 수행과 법문을 접했으나, 난제 앞에서 좌절할 때마다 퇴타심으로 연결되어 좌절하고 실망하면서 때때로 부처님과 멀어지기도 하였습니다. 부처님 법을 제대로 이해하지 못해서 재앙을 축복으로 만들지 못하고 '나는 얼마나 죄가 많은 걸까?' 생각하며 재앙을 죄책감으로 받아들이곤 하였습니다. 그러나 법사님의 법문을 접하고 자시 가행정진을 하면서 모두 내가 불러온 것이고 착각이라는 것을 체감하였습니다.

주경야선 가행정진 중 금강경 실천 사례

이번 주경야선 가행정진 중 일어난 일을 통해 금강경 가르침을 실천한 사례를 발표하겠습니다.

주경야선 가행정진한 지 2주째 되었을 때였습니다. 초등학생 외아들이 학교에서 선생님께 억울한 대우를 받았습니다. 학교에 문의하는 과정에서 진심嗔心이 났고, 그 마음은 바로 차 사고로 이어졌습니다. 걱정되는 마음으로 평소 친분이 있는 보살님들과 상의를 하였습니다. 지혜가 부족하니 설치지 말고 입을 다물라고 조언해주셨습니다. 이런 조언에 감사했지만 눌러 참다 보니 더욱 분별심과 진심이 올라왔습니다. 금강경 독송을 마치고 금강경을 실천해보자고 생각했습니다.

첫째, 다른 사람이 잘되길 바라는 마음으로 '담임 선생님과 아이들이 부처님 전에 복 많이 지어 부처님 시봉 잘하길 발원.' 하였습니다. 그러자 사과받고 싶다는 피해자의 마음이 사라졌습니다.

둘째, 불평하거나 재앙이라 이름 짓지 않았습니다. 학교의 대처가 마음에 안 들었다는 생각이 '나 잘났다'라는 마음에서 왔다는 것을 느끼며, 반 엄마들에게 함구하고 계속 바쳤습니다.

그 후 남편이라는 사람에게 그간의 일을 말했습니다. 그러자 남편이 학교 측과 대화를 하는데, 제가 생각하지도 못한 말을 하여 제가 나서지 않기를 정말 잘했다는 생각이 들었고 감사했습니다. 항상 따지기 좋아하고 좋게 넘어가는 일이 없어서 남편이라는 사람을 싫어하였는데, 이런 때에는 논리적인 것이 장점으로 보였습니다. 또한, 아이가 공부에 관심이 없어서 이 험한 세상을 어떻게 살아가나 걱정하였는데, 선생님께 당당하게 자신의 의견을 말하고 친구들이 아이의 편을 들어주는 것을 보면서 아이에 대해 긍정적인 생각을 하게 된 이러한 상황에 감사하였습니다. 이 마음 모두 부처님께 바칩니다.

난제 앞에서 내가 이 모든 상황을 만들었으니 나는 피해자가 아니라는 생각을 했습니다. 그리고 이 일과 관련된 모든 이들이 지혜가 생겨나 부처님 시봉 잘할 수 있게 만들자고 생각하였습니다. 아무런 결론이 없지만, 마음이 불편하지도 않고 결과에 조바심도 나지 않았습니다. 이렇게 모든 재앙이 축복으로 연결된다는 것을 깨달았습니다. 그리고 단점도 장점으로 작용하는 것을 체험하였습니다. 모든 이가 부처님 전에 복 많이 지어 부처님 시봉 잘하길 발원합니다.

항상 위기상황을 모면하려고 임기응변식으로 사고하고 이기적인 마음, 나 잘났다는 마음, 내가 손해 봤다는 마음, 복수하고 싶다는 마음으로 가피를 바라는 기복신앙을 해왔던 저 자신을 마주하였습니다. 이제는 부처님께 바라는 마음을 버리고, 인격자로 거듭나고 싶다는 발원을 합니다.

부처님, 법사님 진심으로 감사드립니다.

이러한 자리를 마련해 주신 도반님들께 감사합니다.

즉시 바쳐서 나오는 지혜로 난제를 해결한다

부처님이시라면, 선생님이시라면 우리의 가행정진을 어떻게 말씀하실까요?

"최상의 차원 높은 수련, 잠 해탈 공부는 대단한 공부요 결국은 밝아지는 공부다. 장한 일을 하느라고 애 많이 쓴다. 반드시 성공해서 잠을 해탈하여 부처님 시봉 잘하거라."

이렇게 격려하실 것으로 생각합니다.

자식에 관한 일은 바치기 힘들다

오늘은 ○정○ 보살 수행발표에 대한 제 소견을 말씀드리겠습니다. 그동안 칠판에 써 왔습니다만, 오늘은 이야기하면서 정리하는 것이 훨씬 더 나을 것 같아서 칠판에 쓰지 않았습니다.

○정○ 보살의 초등학교 다니는 외아들이 학교에서 선생님과 문제가 있었던 모양입니다. 아들이 "나는 아무 잘못도 안 했는데 선생님이 억울하게 대해서 너무 힘들다."라고 불만을 토로했습니다.

자식이 선생에 대해 불만을 가진 것으로 문제가 시작되었습니다.

우리나라 사람은 자식 사랑이 지극하다 보니, 애들 싸움이 어른 싸움이 되기 쉽습니다. 일본 사람이 지은 책을 읽은 적이 있는데, 자기 문화를 과시하려고 했는지 모르지만, 일본에서는 애들끼리 싸우면 자기 아이를 그 아이의 집에 데려가서 사과시킨다고 합니다. 일본인들은 어렸을 때부터 남에게 폐 끼치지 않는 것을 철저히 교육하는 것으로 미루어 보아 그럴 수도 있겠다고 생각합니다. 한국은 사실 그렇지 않은 경우가 많지요. 아들의 이야기에 ○정○ 보살님도 역시 예외 없이 불만스러웠습니다. 아무리 생각해 봐도 내 자식이 옳고 선생님이 잘못된 것 같아요.

전통적으로 옛날 어른들은 자식이 선생님께 꾸중을 듣고 올 때 "선생님께 가서 빌어라." 하지, 절대로 자식 편을 들지는 않았습니다. 한국의 전통은 일본하고 비슷했습니다. 요새는 상당히 바뀌었습니다. 슬기로운 사람, 지혜로운 사람은 꾸중을 듣고 온 자식에게 "선생님께 빌어라." 하지 않습니다. 전생을 믿고 인과응보를 믿기 때문에 '네가 전생에 선생한테 그렇게 못되게 했으니까 선생님이 네게 그렇게 하는 것이다.'라고 생각합니다. 저는 선생님에게 항의하지도 않고, 거기에 대해서 분별을 일으키지 않을 것 같습니다. 하지만 ○정○ 보살은 한국의 여느 어머니처럼 굉장히 불만스러웠습니다. 이것이 1차 분별심의 발동입니다.

처음 분별이 올라왔을 때
즉시 바쳐야 한다

1차 분별심이 났을 때 즉시 바쳤어야 합니다. 바치면 알아집니다. 그런데 바치지 않고 오히려 궁리를 자꾸 합니다. 이것을 2차 분별심의 발동이라고 합니다.

이분은 다행히 주위 보살님하고 상의했다고 합니다. 보살님이라고 하는 것을 보면 공부하는 사람하고 상의했다는 얘기인 것 같습니다. 주위 보살님들은 슬기롭게 경거망동하지 마라, 참으라고 하였고 더 슬기로운 사람은 침착하게 대처하라고 얘기를 해주었습니다. 이것을 보면 주위 사람들이 상당히 지혜롭다고 생각합니다. 주위 사람들이 그렇게 얘기를 했음에도 불구하고, ○정○ 보살님은 상당히 분하고 억울합니다.

밝은이는 이 억울함은 아들과의 업보 때문이고, 아들이 엄마를 자꾸 충동해서 선생과 싸움하게 만드는 업보가 있다고 할 것입니다. 역시 그 업보에 걸려들어서 1차 분별심에 이어 또다시 화가 납니다. 2차 분별입니다. 1차 분별을 내고 주위 보살님들에게 상의했을 때 바로 바쳤으면 더 이상 분별이 안 났겠죠. 그런데 참다 참다 폭발했습니다. 분노가 터졌어요.

이분은 다행히 금강경 공부를 합니다. 화가 날 때 바로 바치는 사람은 굉장히 슬기로운 사람입니다. 대뜸 바쳐지지는 않습니다. 분별을 내서 깨져도 안 바쳐요. 두 번째 깨지면 '안 바치니까 깨졌구나! 이제 바쳐야지!' 합니다. 두 번째에 바치는 사람이 많습니다. 두 번째에도 잘 안 바쳐요. 세 번, 네 번 분별을 내다가 올 데 갈 데 없으면 그때 바치는 것이 우리의 특색입니다.

가장 현명한 것은 즉시 바치는 것입니다. 이분이 두 번째에 바친 것은 그래도 상당히 양호한 편입니다. 어떻게 바치셨냐 하면 '선생님이 나쁜 게 아니다. 선생님을 원망하지 말자. 선생님이 신심 발심하여 복 많이 짓기를 발원해 보자.' 이렇게 기원했어요. 이건 상당히 바람직합니다. 우리 공부의 보람입니다. 그리고 또 한 가지, '불평하지 말자. 우리는 늘 불평하는 존재다.' 하며 선생님에 대한 불평, 학교에 대한 불평을 바쳤습니다. 그렇게 바치니까 2차 분별이 거의 소멸되었습니다. 여기서 완전히 끝났으면 좋았을 것 같습니다.

분별과 궁리의 끝은 항상 퇴타심으로 이어진다

여기서 끝나지 않았다는 증거가 나와요. 2차 분별에서 끝났으면 남편이나 주위에 다시 얘기를 안 했을 것입니다. '남편한테 얘기해서 학교에 가서 한번 따지게 해볼까?' 이런 생각이 났던 것 같은데, 이것은 2차 분별을 완벽히 바치지 못하고 미련이 남았기 때문이라고 해석합니다. 자식에게도 "너 이렇게 선생님께 꾸중 듣고 아무 소리도 하지 못해서 어떻게 사회생활을 하느냐. 선생님에게 할 말 해라. 따질 거 따져라." 이렇게 얘기했나 봐요. 글의 내용으로 봐서는 그러지 않았나 싶습니다.

분별을 확실하게 바쳐서 남편과 자식에게 다시 얘기하지 않는 게 가장 좋은데, 얘기했어요. 대개 하게 됩니다. 그래도 2차 분별을 상당히 바쳤기 때문에 충동하지는 않았을 겁니다. "내가 바쳤더니 선생님이 미운 것은 아니지만, 당신에게 얘기를 안 할 수가 없어." 하며 남편한테 얘기했을 겁니다. 하지만 말하지 않는 것이 가장 좋습니다. 남편 성질을 알잖아요?

남편은 역시 학교에 가서 조리 있게 따졌습니다. 자식도 선생님에게 가서 대항했어요. 남편이 따지는 걸 보면서 그전에 남편에게 불만도 있었는데 남편도 쓸 만하다고 생각합니다. 그리고 남에게 꾸중 맞고 핀잔 들으면 꼼짝도 못 하는 아들인 줄 알았더니 자식도 선생한테 잘 따집니다. '잘 따지네.' 하는 것도 분별입니다. 이것이 3차 분별입니다. 여기서 끝났습니다. 참 다행입니다. 여기서 더이상 4차 분별로 가지 않았습니다.

4차 분별은 퇴타심입니다. 3차에서 더 분별을 내면 '이렇게 기원해도 소용없네.' 하며 공부에 대한 퇴타심으로 이어집니다. 여기 교훈이 있습니다. '분별과 궁리의 끝은 항상 퇴타심'이라는 것입니다. 궁리나 분별을 1차 2차 3차 4차로 이어가지 말아야 합니다. 결론은 악심惡心이고 퇴타심退墮心이며 보따리 싸는 것입니다. 이분은 바치는 공부의 힘으로 3차에서 그나마 정리했습니다. 이것은 바치는 공부의 공덕입니다.

바치지 않으면 4차까지 가서 '제대로 바쳐도 소용이 없구나.' 하며 퇴타심의 씨앗으로 이어집니다. 이게 참 중요합니다.

나도 바치지만,
아들에게 바치는 것을 가르친다

가장 좋은 것은 1차로 분별이 올라올 때 바로 바치는 것입니다. 아들이 불평할 때, 밝은이라면 전생의 인과응보라고 생각하실 겁니다. 옛날식으로 스승의 그림자는 밟지도 않는데 하물며 항의할 수 없다고 생각하는 것은, 1차에서 바친 것이라기보다 눌러 참은 것입니다. 눌러 참는 것 같아서 저는 그 방식을 썩 좋아하지 않습니다. 요새 그런 식으로는 사회생활 못 합니다. 저도 선생 노릇을 오래 했지만 고약한 선생들도 있어요. 스승답지 않은 스승이 많아서 스승의 그림자는 밟지도 않는다는 사고방식으로는 현대를 살 수 없습니다. 자녀를 그런 식으로 가르치는 것은 현명하지 않습니다. 좀 더 지혜로운 사람이라면 전생의 인과응보에 의한 것이니 바치라고 할 것입니다. 아들에게 바치는 것을 가르쳐줍니다.

난제는 주위 사람에게 상의하지 않고
바쳐서 나오는 지혜로 스스로 해결한다

남편에게도 상의하지 않는 것이 좋습니다. 왜냐하면, 남편이 꼭 그렇게 지혜롭지가 않거든요. 사실 어린애 같은 경우가 많아요. 어린애 같은 사람한테 자세히 얘기해서 뭐합니까? 어쩌다 도움이 되는 수도 있겠지요.

대부분 어려운 문제는 가족에게 호소하고 상의하게 됩니다. 상의해서 도움이 되었는지 안 되었는지 한번 되돌아보세요. 지혜로운 남편, 지혜로운 배우자라면 도움이 되는 수가 있습니다. 하지만 대개 도움이 되기보다도 일을 크게 저지르는 경우가 훨씬 많습니다. 배우자가 아무리 지혜로워도 얘기하지 않는 것이 가장 좋습니다. 자기 스스로 해결하는 것이 가장 좋다고 밝은이는 말씀하실 것입니다.

여기서 꼭 알아야 할 것을 정리합니다. 분별을 자꾸 내면 결국은 악심이 나고 퇴타심으로 이어지니 분별은 처음 일어날 때 바쳐서 반드시 초반에 진화해야 합니다. 그리고 아무리 슬기로운 사람이라도 다른 사람과 상의하지 마십시오. 자기 자신에서 끝내는 것이 가장 좋습니다.

오로지 부처님 시봉 잘하기만을 발원

존경하는 법사님, 법사님과 함께하는 주경야선 가행정진에 참여할 수 있게 되어 대단히 감사합니다. 저는 법사님과 함께하는 자시 가행정진에 꼭 참석할 수 있기를 간절히 발원하고 바쳤습니다. 이번 기회를 통해 오직 공부를 제대로 해야겠다는 생각뿐이었습니다. 자시 가행정진에 참석할 수 있는 것만으로도 너무 영광스러운데, 이렇게 많은 도반님 앞에서 수행발표할 수 있는 기회까지 주셔서 정말 감사할 따름입니다.

제가 지금 이 자리에 선 것은 저에게 큰 의미가 있습니다. 저는 사람들 앞에 서서 말을 하는 것에 대한 트라우마가 있었습니다. 많이 망설였지만, 이 트라우마를 이번에 극복하지 못하면 법사님께서 늘 말씀하시는 건강한 사회인이 되지 못할 것이 너무나 분명하여 큰 용기를 내 보았습니다. 못한다는 생각이 착각인 줄 알고 바칩니다. 그리고 20여 일 함께 가행정진을 이어가는 도반님, 정말 감사합니다. 귀하고 훌륭한 수도장에 함께 할 수 있는 영광스러운 마음을 부처님께 바칩니다.

삼천 배 백 일 기도로 채우지 못하는 갈망

저는 원래 불교를 좋아하여 기도를 많이 했습니다. 하루 3,000배를 100일씩 하는 기도를 유명 사찰을 돌아다니면서 여러 차례 했습니다. 좀 더 나은 삶을 살고 싶었기 때문입니다. 하루 삼천 배 백 일 기도를 하고 나면 모든 소원이 성취된다고 생각했지만, 만족스러운 결과를 얻지 못했습니다. 그래서 다시 또 백 일 기도에 도전하고 또 도전하기를 4차례 정도 했습니다. 이 외에 주력 기도도 하고 불공도 드렸습니다. 때론 소원이 이루어지는 체험도 했지만, 완전한 행복을 느끼지 못하고 저는 또다시 올바른 공부를 갈망하게 되었습니다.

유튜브로 금강경 공부를 만나다

그러던 어느 날 길을 가는 데 문득 이번에 금강경 내용을 제대로 알고 공부해 보고 싶다는 마음이 올라오더니, 며칠 후 유튜브를 통해서 법사님의 법문을 바로 만나게 되었습니다. 법사님의 법문에 확 꽂혀서 밤낮없이 시간이 나는 대로 듣고 또 들었습니다. 저는 어느덧 법사님 법의 전도사가 되어 동생 도반들에게 법사님 법을 알렸습니다. 동생 도반들은 자유롭게 바른법연구원을 다니면서 금강경 공부를 했습니다. 동생 도반은 너무나 즐거워 보였고, 직장에 얽매여 있는 저는 너무나 부러웠습니다. 하루에 13시간 일을 하는 저는 언감생심 동생 도반이 하는 자시 가행정진은 꿈을 꿀 수도 없었습니다. 집에서 간혹 금강경 3독과 정진을 하기도 했습니다만, 일하면서 병행하니 쭉 이어서 한다는 것이 쉽지 않았고, 공부에 대한 갈망을 쉽게 잠재울 수도 없었습니다.

직장을 그만두고
본격적으로 금강경 공부를 시작하다

드디어 직장을 그만두고 다음 날 바로 부산 법당에 나가서 백 일 기도를 시작했습니다. 직장을 그만두고 기도하면 잘 될 것으로 생각했는데, 자시 가행정진은 만만하지 않았습니다. 가행정진에 대한 올바른 방법을 배우지 못한 채, 발원문을 많이 읽으며 가행정진을 했었습니다.

일을 그만두고 바로 기도에 들어가서 그런지 처음엔 온몸이 몸살처럼 아프고 고통스러웠습니다. 너무나 고통스러워서 기도하다가 잠시 방에 가서 누워서 쉬기도 했습니다. 그래도 공부에 대한 열정은 포기할 수가 없었습니다. 그렇게 힘겹게 100일이 되어가자 목소리가 조금 수월하게 나왔습니다.

지난 금강경 연수원 수련회 원만성취를 위해서 기도를 입재하고, 수련회에서 봉사를 열심히 했습니다.

선지식과 함께하는 주경야선 가행정진

드디어 '선지식과 함께하는 주경야선 가행정진'에 첫날부터 부산 도반들과 같이 입재하고 참여하게 되었습니다. '나는 복이 있구나! 이 자리는 복이 있는 사람만이 올 수 있는 자리!'라는 생각이 들었습니다. 법사님과 한 공간에서 가행정진하는 것도 너무나 영광스러운데, 법사님께서 가행정진 전후에 법문까지 해주셨습니다.

그동안 알고 있던 기도법과 달라서 너무나 놀라웠고 또 새로웠습니다. 한 마디로 새 정신이 났습니다.

저는 평상시에 법사님을 자주 뵙지 못하여 참 어렵게 생각했습니다. 법사님께서 도반들을 위해 롤케이크 등 간식을 직접 사서 원당 법당에 들고 오시는 모습을 보고, 아버지처럼 따뜻한 사랑을 느꼈습니다. '법사님께 저런 모습도 있구나!' 하며 크게 감동하였습니다.

자시에 일어나 선지식의 법문을 듣고 훌륭한 도반님들과 금강경을 정성껏 독송하고 가행정진을 마치면 또 법사님께서 법문을 해주십니다. 그리고 아침 공양을 하고 포행 가면 몸은 날아갈 듯이 가볍습니다. 포행에서 돌아와서 마시는 차 한 잔에서 그대로 행복감이 느껴집니다. 오전에는 원당 법당에서 울력을 합니다. 울력은 힘들었지만, 몸이 가볍게 느껴지고 기분이 좋습니다.

새로운 패러다임의 주경야선 가행정진에서 법사님께서는 11일 동안 가행정진 시작할 때와 마치고 나서 법문을 하셨고, 12일째부터는 도반들이 수행발표를 하고 법사님께서 점검을 해주셨습니다. 도반의 수행발표를 들으니 또다시 공부가 크게 다가왔습니다. '아, 저분은 저렇게 공부했구나.' 참 대단하다는 생각도 들고 부럽다는 생각도 들었습니다. 약간 주눅이 들기도 했지만, 다시 신심 발심하게 되었습니다.

가행정진 중에 법사님께서 금강경 독송과 정진할 때 각각 한 번씩 죽비를 들고 다니며 애쓰시는 모습이 눈에 들어왔습니다. 졸고 싶지 않은데 나도 모르게 졸고 있는 자신이 너무나 싫었습니다. 이 자리에서 우리 모두 잠을 해탈하여 부처님 기쁘게 해 드리기를 간절히 발원드립니다. 법사님 정말 감사합니다.

발원문을 써서 기도하는 습관을 끊다

이번 주경야선 가행정진이 저에게 특별했던 또 하나는 개인적인 원을 세우지 않고 오직 '부처님 시봉 잘하기를 발원' 하면 된다고 알게 된 것입니다. 사실 저는 부산 법당에서 발원문을 많이 읽으며 기도를 했습니다. 그전까지는 어떤 발원을 해야 지금의 난제가 해결될까, 어느 업보를 집중적으로 공부를 해야 하나 하는 쓸데없는 고민을 많이 했고, 오히려 이런 생각들은 궁리를 불러왔습니다. 지금은 그저 한마음 한뜻으로 부처님 시봉 잘하기만을 발원하면서 공부를 하니 이렇게 마음이 편하고 좋을 수가 없습니다.

지금은 처음 부산 법당에서 100일 기도했을 때 느꼈던 몸의 고통은 없습니다. 몸은 가볍고 정신은 또렷한 각성 상태가 오래 유지되며 오히려 잠을 푹 잔 것과 같은 개운함이 있습니다. 그리고 낮에는 잠을 자지 않아도 피로함을 느끼지 않습니다. 조금 아쉬운 것은 독송 중에 잠깐잠깐 졸고 나면 아까운 시간을 졸았다는 분별이 약간 올라오기도 합니다. 졸지 않고 기도를 잘한 날은 기분이 몹시 상쾌하고 몸은 더욱 가볍습니다.

이번 주경야선 가행정진을 하면서 특별하게 소원을 이루어야겠다는 마음이 사라졌습니다. 부산 집에 대한 걱정도 없습니다. 생각조차 안 나요. 정말 이래도 되나 하는 생각이 들 정도입니다. 이번에 법사님께 잠 해탈에 대한 새로운 법문을 듣고 나니 기도를 어떻게 해야 하는지 무언가 확실히 잡히는 것이 있습니다. 부산 법당에 가서도 원흥 법당에서 했던 방식으로 공부를 이어갈 것입니다.

그리고 이번 출가 기도를 하면서 법사님의 따뜻하고 크신 사랑을 느꼈습니다. 그동안 여러 곳을 찾아 헤매었지만, '바른법연구원 우리 법사님의 법이 최고'인 것을 다시 한번 확신하게 되었습니다. 이 귀한 가르침을 주신 법사님께 무한히 감사드리고, 함께 공부하는 도반님들께 감사드립니다. 부처님 감사합니다.

이기심만 버린다면 피나는 노력이 필요 없다

○ 법사를 만나기 전의 부산에서의 수행

난행고행의 3,000배 100일 기도를 4회 수행하였다. 선지식의 지시 없이 좋다니까 했고 난제를 마음 밖 형상에 의지해 해결하려 하였다. 자신을 열등한 존재로 알고 출발, 부처님께 매달리는 기복으로 완전한 행복에 이르지 못하였다.

○ 법사를 법문으로 만난 후의 수행

법문에 심취하여 밤낮없이 듣고 또 들어 신심발심 되었다.

○ 부산 법당에서 스스로 시작한 금강경 공부

직장을 그만두고 금강경 실천 및 가행정진에 전념하였으나 선지식의 가르침이 없어서인지 어려웠다.

○ 서울(원흥) 법당에서 법사와 함께하는 자시 가행정진

가행정진의 확실한 철학을 심어주는 법문, 기도의 긴장감, 법사의 솔선수범으로 이 공부는 최고라 생각하게 되었다.

낮에는 일하고 저녁에는 정진하는 주경야선 가행정진, 세계 불교 수행 역사상 초유의 수행을 하시느라 대단히 수고가 많습니다. 저는 늘 원을 세웁니다. 저를 비롯한 여기 계신 모든 분이 이 주경야선 가행정진에 반드시 성공하셔서 부처님 전에 복 많이 지으시기를 발원드립니다.

저는 가행정진을 오래간만에 합니다. 몇년 전에 49일 기도 세 번을 했어요. 그때는 그저 제가 잘하면 다른 사람들은 저절로 따라오리라고 생각하였습니다. 맨 앞에서 하니 뒤에서 무슨 일이 일어나는지 전혀 알 수 없었습니다. 결과적으로 제가 솔선해서 하면 저절로 따라오려니 했던 것은 완전히 착각이었습니다.

제가 솔선하는 것은 물론이요, 죽비를 들고 또 몸을 부지런히 움직이면서 일일이 감독하고 채근하고 결과를 수시로 검토하는 노력이 동반되지 않고서는, 스스로 알아서 한다는 것은 도저히 있을 수 없다는 점을 새로이 알았습니다. 이번에 제가 마음을 단단히 먹고 처음 가행정진하는 기분으로 바짝 정신을 차려서 시작했는데, 다행히 도반들의 호응이 상당히 좋고, 더 신심 발심을 하십니다. 그런 신심 발심의 결과가 더 빛나는 수행 체험으로 나타난 것을 무척 보람 있게 생각합니다.

조○○ 보살님의 발표는 서울에서 하는 가행정진으로 완전히 새로운 수행의 맛을 보고 새로 태어나신 아주 위대하고 실감 나는 사례입니다. 원흥 법당은 경기도 고양시에 있지만 서울이라 하였습니다.

오늘 발표의 내용을 칠판에 적어봤습니다. 이 전체를 잘 본다면 가행정진의 철학과 성공에 이르는 지혜를 반드시 터득할 것입니다.

스스로 정해서 하는 삼천 배 백일 기도

이 발표에서 매우 중요한 점이 있습니다. 이분은 가행정진하기 전에 아주 처절한 수행을 하셨기에, 그러한 수행의 장점과 단점을 알고 있었습니다. 그 단점을 느끼다가 숙세宿世의 선근善根으로 이 공부를 만나서 신심 발심할 수 있었습니다. 그 과정까지도 상세히 기록해주셨어요. 오늘 수행발표는 공부하는 데 훌륭한 참고가 될 것입니다.

이분이 하신 것은 초인적인 수행이에요. 저는 도저히 그렇게 못해요. 1962년인가, 제가 한참 불심이 올랐을 때 서울 도선사에서 천 배를 시도했습니다. 그때도 절하는 수행이 은근히 유행했지만, 아직 성철 스님이 유명하기 전이라 3천 배는 유행하지 않았습니다. 청담 스님이 계시던 도선사에서 천 배를 하고, 걸어 내려올 수 없을 정도로 다리가 꼬였던 경험이 있습니다. 그 이후로 다시는 하지 않았습니다.

3천 배를 하는 사람을 보면 대단히 존경하는 마음이 듭니다. 그런데 이분은 3천 배를 한 번만 한 것이 아니라, 100일씩 4번이나 했다고 합니다. 따져봤더니 백만 배가 넘어요. 이런 분이 성불하지 못하면 누가 할까요? 하지만 결과적으로는 부분적인 소원성취는 했지만 완전한 행복을 느끼시지 못했습니다. 3천 배라는 가혹한 수행을 하지 않아도 부분적으로 소원을 성취하는 사람은 아주 많다는 것을 알게 되면서, 3천 배 기도에 대한 회의를 느끼셨나 봅니다.

백 선생님의 말씀에 의하면 이렇게 회의를 느끼는 것 자체가 선근의 발동이라고 합니다. 우리의 공부법이 정법正法이라고 얘기하기는 외람스럽습니다만, 백 선생님께서는 늘 말씀하셨습니다.

"희유한 법, 만나기 어려운 법이다. 여러 생 별러서 만날 수 있는 법이다."

조○○ 보살님은 숙세에 닦은 선근이 인도하여 이 정법을 만났다고 할 수 있습니다. 숙혜가 있으니 만나자마자 마음에 확 꽂혔고 심취해서 밤낮없이 듣고 또 들은 것입니다.

밝은이가 정해주시는 공부법

삼천 배 절하는 수행과 지금 하는 주경야선 가행정진이 어떤 차이가 있을까?

삼천 배 수행은 좋다니까 한다는 이기적인 마음으로 출발하였고, 자기가 정해서 했습니다. 선지식의 지시에 의해서 하지 않고 본인이 정해서 기복으로 출발했다는 것이 다릅니다. 여기서 오래 공부하신 분들은 물론, 많은 분이 제일 소원성취가 잘되는 기도가 가행정진이라고 합니다. 상당히 잘못된 사고방식입니다. 우리는 출발부터 '좋다고 하니까 자기가 정해서 하는 기도'가 아닙니다. '밝은이가 정해주시는 공부법'입니다.

밝은이는 출발부터 '아무것도 밖에서 구할 필요 없다.'고 합니다. 그래야 선지식입니다. '이 기도를 하면 기가 막히게 소원이 성취된다.'고 하면 밝은이나 선지식이 아닙니다. 선지식은 "밖에서 구하지 마라. 네 속에서 충분히 찾을 수 있는데 왜 밖에서 찾아 헤매느냐?" 하시며 우리의 전지전능함을 일깨워줍니다. 이러한 철학을 바탕으로 하는 선지식의 말씀은 아주 시원했습니다.

조○○ 보살님이 선근이 있고 숙혜가 있는 분입니다. 지금까지 선지식의 지시도 없이 좋다는 말에 매달려서 기복으로 수행했지만, 어쩐지 시원찮다는 생각에 숙혜가 발동했습니다. 힘들게 해봐도 별 것 없고 좋은 것을 찾기 위해 노력이 많이 필요하지 않다는, 자기 자신의 위대성을 깨치고 확 꽂히셨습니다. 제가 해석하면 그렇습니다. 법문을 듣고 또 들으면서 참된 신심이 서서히 생기기 시작했습니다.

이기심만 버리면 피나는 노력 없이 다 된다

부산 사람들 대단한 것 같아요. 지방 법회를 울산에서 시작해서, 그다음 대구 섬유박물관에 사람들이 입추의 여지가 없이 많이 모였고 그 열기가 뜨거웠습니다. 그 뒤로 대구 사람들이 매사에 굉장히 솔선수범하셔서 우리의 가르침에 앞장섰기 때문에 제가 대구를 불심佛心의 도시라고 이름 지은 적이 있습니다. 그런데 대구는 요새 상당히 주춤하고 있어요. 그 사이에 부산은 무섭게 도약하고 있습니다.

지난 발표 때 ○○호 선생님 말씀이 수행을 위해서 직장을 관뒀다고 하지 않습니까? 쉬운 일이 아닙니다. 이 수행을 위해서 조○○ 보살님도 역시 직장을 관두셨다고 합니다. 먹고 사는 것을 최고의 가치로 아는 세태에, 직장을 그만두고 더 높고 고귀한 가치를 위해 나서는 사람들을 보면서, 부산이 불심의 도시가 아닌가 생각합니다. 부산의 열기가 대단히 뜨겁습니다. 부산에서 언젠가 우리 가르침이 큰 빛을 볼 것으로 생각합니다.

이분도 직장을 그만두고 금강경을 실천해서 가행정진에 전념했어요. '나 같은 뚝심이라면 가행정진 100일만 하면 확실히 끝낼 수 있다.' 이런 자신감으로 출발했던 것 같습니다. 하지만 더 어렵네요. 3천 배보다도 훨씬 어려워요. 잘 안 됩니다. 가행정진도 힘들고 금강경 읽기도 힘듭니다. 금강경 7독이 3천 배보다 어렵다는 사람이 있어요. 저는 3천 배는 도저히 못 하겠지만 금강경은 즐겁게 읽습니다. 반대로 조○○ 보살님은 3천 배는 아주 쉬워도 금강경 읽기는 어렵다고 할 것 같습니다.

가행정진은 더 안 됩니다. 왜 안 될까요?

아직 습기習氣가 남아있습니다. 좋다니까 해봤던 것입니다. 하버드 대학에 가고, 노벨상을 받고, 피나는 노력으로 영웅호걸이 되는 것은 다 이기심으로 출발하는 겁니다. "출발부터 이기심을 버려라. 이기심만 버리면 노력할 필요도 없이 된다."라는 우리 공부의 철학과는 매우 다릅니다. 이러한 이유로 가행정진을 어렵게 느꼈을 것으로 생각합니다. 사실 금강경 7독이 형상이 없기 때문에 만만하지 않고 쉽지 않아요. 그걸 느꼈습니다.

철학과 긴장감을 심어주는
선지식의 지도가 필요하다

조○○ 보살이 서울 가행정진이 새로운 발심의 계기가 되었다고 합니다. 법사가 말하는 가행정진의 확실한 철학이 새로운 패러다임을 정립하는 결정적인 계기가 되었다고 해석합니다. 그전에는 좋은 것, 나 잘되는 것만 찾아서 전력투구했습니다. 이후 우리 법문을 심취해서 들었지만, 그 뿌리가 아직도 있었습니다. 서울 가행정진에서 "내 속에 모든 것이 구족해 있다. 특히 잠이라는 핵심 번뇌만 해탈하면 모든 것은 다 해결할 수 있다."라는 확실한 정법의 철학을 심어주어, 확실하고 깨끗한 믿음이 생기면서 완전히 바뀌었습니다.

확실한 철학만 심어주고 가만히 있으면 안 됩니다. 긴장감을 조성하는 것이 반드시 필요합니다.

예전에 교수들이 교수불자연합회로 모여서 한국불교의 중흥을 야심차게 모색했던 적이 있습니다. 1987년이니까 꽤 오래됐네요. 교수면 최고의 지성인이고 인격도 훌륭할 것이니 다 알아서 할 줄 알았습니다. 감독이 필요 없는 사람이 교수라고 생각했습니다. 그 정도로 교수의 가치를 높게 봤어요. 그러나 교수 생활을 하면서도 그렇고 교수불자연합회 일을 추진하면서, 스스로 알아서 하는 사람은 하나도 없다는 것을 확실히 알았습니다. 틈만 나면 요리 빠지고 조리 빠지고, 몸뚱이 착의 노예가 되고, 잔머리 굴리고, 퇴타심을 냅니다. 어떤 모임도 어떤 사람도 중생의 세계에서 벗어날 수 없다는 것을 확실히 알았습니다. 결국, 화려하게 시작한 교수불자연합회는 첫해에만 조금 반짝하다가 점점 침체하고 말았습니다. 교수를 믿고 맡겨두기만 하면 되는 것으로 알았던 저의 철학은 확실한 실패였습니다.

이번에 제가 솔선해서 철학을 심어주고 감독하고 수행발표의 점검도 했습니다. 이것이 조○○ 보살님의 마음에 확 꽂혔습니다. 긴장감, 솔선수범, 그리고 오리엔테이션입니다. 오리엔테이션이 굉장히 중요합니다.

지난 몇 년간 주말 출가로 사람들이 몰려왔을 때 오리엔테이션을 제가 하지 못한 것이 아주 큰 실수였고, 지금 땅을 치고 후회합니다. 저만이 할 수 있는 일을 다른 사람이 할 수 있다고 믿고 맡겼습니다. 이것이 잘못된 가행정진 철학이 되어 재앙의 쓰나미 속에서 굉장히 고생했습니다. 그래서 이번에 새로 바꿨습니다.

제가 감독합니다. 백 선생님은 소사에서 우리에게 맡겨두시지 않았습니다. 제가 오늘 한 것처럼 아침에 법문하시고 낮에 감독하시고 또 저녁에 법문하셨습니다. 초기에는 저 자신이 못됐는지도 몰랐어요. 이렇게 하다 보니 아주 못되고 악랄하고 잔머리 굴리고 비겁하고, 나쁜 것은 다 갖춘 저 자신에게도 서서히 햇빛이 들어왔습니다.

온라인 교육으로는 절대 안 돼요. 퇴타심만 남습니다. 서울(원흥) 법당에서 오프라인으로 교육해야 합니다. 감독하고 채근해야 합니다. 이러한 사례의 빛나는 결과를 말씀드립니다.

수행의 빛나는 결과, 이 공부가 최고다

그전에는 3천 배를 했고 부산에서 울력도 했지만, 재미있지 않았습니다. 여기서 새로운 철학으로 가행정진하면서 울력이 즐거워졌습니다. 이렇게 되기 전에 우선 소원을 비는 마음이 깨끗이 사라졌습니다.

하나, 소원을 빌지 않는다

불자들은 대개 자식 잘되고 남편 잘되고 사업 잘되는 게 우선입니다. 그러고 나서 시간이 남으면 부처님한테 바치는 식입니다. 우선순위를 자기 또는 자기 가족에 두는 것이 현대 한국불교의 특성입니다. 이렇게 해서는 불교 신자가 늘어날 수 없습니다. 소원만 비는 무속 불교, 치마 불교, 산중 불교 등. 불교 앞에 붙는 나쁜 형용사들이 너무나 많습니다. 그런 식으로 해서는 안 됩니다. 새로운 불교를 해야 합니다.

이분이 새로운 불교를 만난 것과 마찬가지입니다. 소원을 비는 마음이 사라졌어요. 제가 소원을 빌지 말라고 늘 이야기합니다. 내 속에 다 있는데 왜 빌어요? 바로 끄집어내기만 하면 됩니다.

둘, 각성 상태를 유지하여 마음이 늘 즐겁다

몸이 가벼워지니까 울력이 즐거워졌어요. 계속 각성 상태를 유지하고 깨어있는 겁니다. 명상하는 분은 늘 깨어있으라는 소리를 많이 하는데, 잠이라는 착着을 해탈하지 못하면 아무리 해도 깨어있을 수 없습니다. 호흡 명상하지 않습니까? 호흡하면서 호흡을 관하는 자기 마음을 각성하라고 합니다. 명상을 해도 자기가 얼마나 각성 상태에서 멀어져 있는지 모릅니다. 왜냐하면, 잠이라는 놈이 자기도 모르게 머리끝에서 발끝까지 스며들어, 깨어있는 능력을 교묘하게 마비시키기 때문입니다.

잠을 금강경이라는 방법으로 쫓아내지 않으면 깨어있는 상태가 유지되지 않고 효율적인 명상이 안 됩니다. 효율적인 명상을 위해 금강경 공부부터 먼저 하라고 말씀드립니다. 그러면 명상이 상당히 빠른 속도로 잘 되고 각성 상태가 유지되며 마음이 늘 상쾌하고 즐거워집니다.

셋, 이 시절이 제일 좋다

공부하는 어르신이나 세상을 성공적으로 사셨던 분들에게 가끔 "어느 시절이 제일 좋습니까." 하고 물어봅니다. 대개 공부의 맛을 본 분들은 공부하던 시절이 제일 좋다고 합니다. 저는 그때 많은 보람을 느낍니다. 아마 조○○ 보살님도 지금이라고 할 겁니다.

그것을 더 실감 나게 표현하였습니다. 남자들은 좀 덜합니다만 여자들은 남편하고 자식, 집밖에 모릅니다. 그런데 집 생각이 안 난대요. 얼마나 큰 성과입니까. 부산에 남편과 자식을 두고 왔으면 집 생각이 나는 게 너무 당연하고, 중간에 관두고 내려가는 사람도 많을 겁니다. 이번 수행의 최고 성과를 단적으로 표현한 것이 "집? 생각조차 안 나요."입니다.

앞으로 한술 더 뜨면 '그 집이 내 집이 아니었구나.' 이렇게 됩니다. 아직 거기까진 안 되시죠? 조금 있으면 그렇게 될 겁니다. 아니, 그렇게 되는 게 정상입니다. 그 집이 내 집이 아니면 내 집은 어디에 있을까요? 이 우주가 내 집이에요. 얼마나 시원하고 좋습니까! 그렇게 되시기를 바랍니다.

결론을 "이 공부가 최고"라고 한마디로 얘기했어요.

수행하기 전의 과정, 수행과 만남, 가행정진의 난제와 소득을 일목요연하게 짧은 시간인 10분 안에 다 정리하셨습니다. 아주 괜찮은 발표입니다. 이 발표를 참고하시면 가행정진에 큰 성과가 있을 것으로 확신합니다.

제 8 장

모든 사람을 부처님처럼 보아라

주경야선 가행정진, 단기간 21일간의 변화

안녕하세요? 부처님 시봉하는 사람 ○○민입니다.

먼저, 소감발표 자리를 마련해 주시고 발표할 자신이 생기도록 격려해주신 법사님께 감사드립니다. 제 개인적인 자시 가행정진 체험담을 이 자리에서 공유함으로써 여기 계신 모든 법우님과 인연 닿는 전 세계의 도반님들이 자시 가행정진에 대한 새로운 시각과 태도를 가지고 새로이 신심 발심하는 계기가 되어 부처님 기쁘게 해 드리기를 발원드립니다.

저는 이번에 처음으로 법사님으로부터 주경야선 가행정진에 임하는 태도와 참여 의의를 배우면서, 정법을 제대로 배우고 실천하는 것이 얼마나 중요한지 깨닫고 있습니다.

코로나가 없었다면, 과연 이런 가르침을 받을 수 있었을까요? 요즘은 매일 재앙이 축복으로 변하는 순간입니다. 선지식 없는 가르침은 모두 다 헛것이라는 달마 대사의 말씀이 실감 날 정도로, 이번 가행정진은 우리가 비로소 진정한 선지식의 진실한 제자로 새롭게 태어나는 계기가 아닌가 싶습니다. 개인적으로 건강한 사회인을 추구하고 많은 이들에게 보살행을 실천하는 CEO가 되고자 하는 저는 이번 주경야선 가행정진이 더욱더 의미 깊었습니다. 전에 며칠간 전일 출가할 때와는 달리, 사회생활을 하는 직장인으로서 참여하는 것이라 의의가 더 크게 느껴집니다. 현재 제 삶의 터닝 포인트이자 일생일대의 빅 이벤트라고 생각됩니다.

삼칠일 단기간에 변화한 열 가지

가행정진의 시작부터 오늘 발표까지 어느덧 삼칠일 기간이 되었고, 저는 그사이 많은 변화를 실감합니다. 입재부터 조금씩 나타난 변화를 차례대로 나열해 보겠습니다.

첫째, 불안 근심 걱정이 사라지고 난제 앞에서도 당당해졌습니다. 이는 가행정진을 시작한 지 하루 만에 깨달은 바입니다. 매일 법사님과 함께 기도하고 법문을 들으며 선지식의 희유한 가르침을 따른다는 사실만으로도 제 마음은 든든해지고 밝아지며 편안함을 느끼게 되었습니다.

둘째, 매일 아침에 느끼는 피로감이 사라졌습니다. 이번 주경야선 가행정진을 하면서, 충분한 휴식을 취하거나 잠을 자야 개운할 것이라는 선입견에서 벗어날 수 있었습니다. 1시간 반 정도밖에 자지 못하고 기도에 참여했는데 기도 후 정신이 또렷해서 잠에서 해탈한 듯한 느낌이 들 때, 저 자신이 신기하고 기분이 묘하게 짜릿했습니다. 이러한 경험으로 평소에 7시간 이상 잠을 푹 자도 피로했던 것은 분별심과 궁리 망상 때문임을 알게 되었습니다. 그래서 올라오는 생각을 부처님께 기쁜 마음으로 더 잘 바칠 수 있게 되었습니다. 또한, 내 몸을 보호하고 싶은 몸뚱이 착에서 조금 해탈하게 되면서 기존의 게으름에서 점차 벗어날 수 있었습니다. 확실히 이전보다 몸이 가벼워지고 스스로 부지런해짐을 느꼈습니다.

셋째, 이번 자시 가행정진에 참여하면서 혼자서는 엄두도 못 낼 금강경 공부를 지속할 수 있었습니다. 마치 서울발 부산행 기차에 올라탄 생쥐와 같이 법사님, 도반들과 함께 법당에서 공부하니 기도가 참 잘 되는 느낌입니다. 저는 평소 주말에는 법사님의 법문과 자시 가행정진, 법당 봉사 생활에 젖어 시간을 보내지만, 주중에는 직장을 다닌다는 핑계로 금강경 독송을 안 하는 경우도 제법 있었습니다. 이제는 매일 금강경 5독과 1시간 미륵존여래불 정진을 하고 있으니 마음이 절로 편안해지고 스스로 수행하는 사람이라는 생각이 들며 몸가짐도 더욱 조심하게 되는 것 같습니다.

넷째, 금강경 독송을 하면서 이전에는 경험하지 못했던 여러 가지 체험을 하게 됩니다. 3일 차에는 처음으로 향냄새를 맡았습니다. 고개를 들 때마다 향냄새가 나서 '이게 정말인가? 진짜인가?' 생각하고 바쳤습니다. 6일 차부터 촬영 봉사 선생님의 부재로, 대신 법문 촬영을 시작했습니다. 처음에는 긴장을 많이 했지만 이젠 제 발표를 제가 찍게 될 정도로 여유가 생겼습니다. 9일 차에는 잠을 잘못 잤는지 목이 너무 결려서 기도 내내 집중적으로 바쳤습니다. 이틀간 지속됐는데 당연한 결과로 11일 차부터 목 근육이 풀리기 시작하고 컨디션도 정상화되었습니다. 19일 차에는 드디어 향기로운 꽃향기를 맡게 되었습니다. 사실 전에도 좋은 향을 맡은 적이 있었는데 알고 보니 주변 도반의 핸드크림 냄새였습니다. 이번에는 주변에 핸드크림을 사용한 사람이 없었고, 서로 기도를 잘했는지는 몰라도 다른 이들도 좋은 향을 맡았다고 하여 신기했습니다. 또한 독송 시 앞에 앉은 도반들의 펼쳐진 금강경이 눈부실 정도로 환하게 빛이 나는 경계를 보기도 하였습니다. 그리고 금강경 글자에서 색색의 폭죽들이 팡팡 터지고 그 파편들이 자글자글 움직이며 빛이 나는 듯하였습니다. 고개를 휘젓고 눈을 비비고 다시 봐도 그대로여서 매우 인상 깊었습니다.

다섯째, '안 된다, 못한다'라는 저 스스로의 한계와 규정에 정면으로 도전하게 되었습니다. 저는 직장에 다니면서 자시 가행정진하는 도반들이 굉장히 대단하게 보였습니다. 평소 몸뚱이 착이 있는 편이라 '나는 일하기 위해 낮에 깨어있으려면 밤 12시에는 자야 하는 사람이다. 주말에는 몰라도 주중에는 온전히 직장에 몰입하는 것이 내 건강과 인생의 균형을 맞추기 위해서 최선이다.'라고 생각했습니다. 제 마음의 표현인지는 몰라도 이번 주경야선 가행정진을 앞두고 컨디션 저조에 대한 주변의 우려도 있었을 뿐만 아니라 저 스스로 졸음으로 인한 재앙에 대해 공포가 있어서 미리 걱정하고 있었습니다. 이러한 선입견이 있었기에 가행정진을 시도할 엄두조차 내지 못했습니다.

저는 지난 2년간 거의 매주 주말 출가를 했지만, 잠을 자고 싶고 내 몸뚱이를 보호하고 싶은 집착에서 벗어나지 못하는 상황이었습니다. 지금 생각해보면 가행정진을 제대로 배우지 못했고 이를 진지하게 실천하려는 태도 역시 갖추지 않았기 때문인 것 같습니다. 실제로 일요일 오후에 법당 일정을 마치고 집에 들어가면, 벌써 저녁 6시입니다. 피곤하다는 생각에 사로잡혀 그대로 지쳐 쓰러져 12시간을 자고 다음 날 아침에 출근하는 일이 다반사였습니다. 그렇게 자야만 성에 찼습니다.

11월 말 금강경 연수원 수련회를 마치고 난 이후 환희심으로 가득 차 있던 저에게 곧이어 시작하는 주경야선 가행정진은 마치 거부할 수 없는 운명이었습니다. 제 마음은 법사님과 함께하는 자시 가행정진에 대한 기대감과 설렘으로 충만했습니다. 동시에 잘 해낼 수 있을까 하는 두려움이 여전히 공존했습니다. 그래도 다시 없을지도 모르는 기회, '일단 해보자!'는 마음가짐으로 씩씩하게 참여하게 되었습니다. 시간이 흘러 어느덧 21일째입니다. 지금까지 기도하며 떠오르는 생각은, 선입견을 바친다면 무엇이든 다 된다는 것입니다. '법사님이 시키시는 대로 하니 정말 직장을 다니면서도 성공적으로 가행정진이 되는구나!' 스스로 전지전능함에 대한 작은 깨침을 얻었고 정법에 대해 감사함을 여실하게 느낍니다.

여섯째, 잠이 실제로 매우 줄었습니다. 그리고 잠깐만 자도 정신이 개운하고 또렷해졌습니다. 가행정진 첫 주에는 정말 말 그대로 폭포수 같은 졸음이 쏟아졌습니다. 2주차가 되면서 점점 회사에서 잠도 줄어들고 아침 졸음도 거뜬하고 주말에도 잠을 보충하지 않게 되었습니다. 정신이 또렷하다가도 누울 자리만 있으면 쉽게 잠에 빠지지만, 이제는 꼭 몇 시간 이상 자야 한다는 기존의 착각에서 벗어났습니다. 일시적인 현상일지라도 자연스럽게 수면욕이 줄어서 신기하고 좋습니다.

일곱째, 먹는 것과 번뇌 망상이 잠으로 직결되다 보니 성공적인 잠 해탈을 위해서 식탐과 진심을 적극적으로 바치게 됩니다. 원래도 저녁을 거를 때가 있었는데 1일 1식을 권유하신 법사님의 말씀을 따라 실천하려고 노력하다 보니 얼굴 살이 빠졌다는 소리를 주변으로부터 듣게 되었습니다. 또한, 가행정진하면서 웃음이 더 많아지고 돌고래 하이톤이 되어 청년 도반들과 즐겁게 웃고 봉사하고 법담을 나누는 일이 많아 더욱 즐겁습니다.

여덟째, 가행정진 시 허리를 최대한 펴려고 하고 평소에도 척추를 곧추 세우려고 노력합니다. 자세가 구부정하다는 소리를 듣는 편이었는데 이번 기회를 계기로 늘 바른 자세를 유지하고자 합니다. 독송하시는 법사님을 뒤에서 보면 마치 서 계신 것처럼 허리가 반듯하십니다. 따라 해보니 정말 졸음 극복에 도움이 됩니다.

아홉째, 스승인 공자를 존경하는 제자 안회와 같이, 저 역시 이번 주경야선 가행정진을 통해서 법사님에 대한 공경심을 더욱 키울 수 있었습니다. 법사님을 존경하지만, 현실이 어려울 때 법문을 잊어버리고 현실과 이상의 차이를 느끼며 퇴타심을 내었던 것 같습니다. 그러나 이번에 법사님께서 매일 도반들의 가행정진 소감발표 내용에서 소소한 부분까지 구석구석 발표자들 각자의 용심을 캐치하시고 세심하게 디테일을 코치해주시니 그 배려심과 사려 깊음에 더욱 공경심이 샘솟고 감탄하게 됩니다. 현대에 이런 분이 다시 있을까요? 저는 아직 본 적이 없습니다.

그리고 법사님께서 직접 손이 아프실 정도로 죽비를 치시면서 한 사람 한 사람 정성스럽게 지도해주시고, 박카스도 사주시며, 잠 해탈 법문까지도 집중적으로 해주십니다. 때론 스승님과 같은 근엄한 모습으로, 때론 아버지와 같은 다정한 모습으로 나타나시니 그 사랑을 실감하여 더욱 감동하며, 저절로 신심 발심하여 공경심이 커집니다.

열 번째, 법사님의 법문과 전생에 대한 이해도가 높아졌습니다. 심리적으로도 납득이 가는 합리적인 금강경 가르침입니다. '자고 싶어서 눈을 감는 것'이라는 법문도 정말 공감이 됩니다. 몸뚱이 착에서 벗어나고자 가짜 나와 요란하게 싸우는 제 모습이 낯설고 새롭습니다.

신심이 깊지 않은 이상, 선입견을 바치면 서울역에 있는 시계탑이 눈에 보인다는 말이 의아하게 들리고 말도 안 되는 소리로 느껴질 수 있습니다. 하지만 이번 가행정진으로 이전에는 잘 와닿지 않던 법문 내용도 어쩌면 정말로 실감하고 실현할 수 있겠다는 생각이 듭니다. 그래서 내가 모르는 세계-비록 비단길만 깔려 있지는 않겠지만-를 아시는 높은 경지의 선지식이 해주시는 말씀을 무한한 영광으로 알고 감사하며 잘 실천하고 따라야겠다고 다시 한 번 더 다짐하게 되었습니다.

앞으로의 공부

요즘은 매일 법당을 향하며 주경야선 가행정진 공부를 하고 법사님의 가르침을 실천하고자 하루하루를 절실하게 보내는 제가 새삼 낯설게 느껴집니다. 저는 놀기를 좋아했고, 숙면에서 행복감을 느꼈기 때문입니다. 저는 아마도 전생의 여러 생 중 한때 계율을 엄격하게 지킨 소승 불교의 스님이 아니었나 싶기도 합니다. 그만큼 요새는 스스로 놀라울 정도로 엄격하고 철저하게 자시 가행정진에 집중하고 있습니다.

그리고 이번 잠 해탈 집중 법문과 가행정진 체험은 그저 한 때 마주한 소중한 추억이 아니라 선지식을 모시는 제자로서 반드시 새겨야 할 귀한 가르침이라는 생각이 듭니다. 더불어 마땅히 잠을 해탈해야 할 의무감마저 생깁니다. 이번에 받은 신선한 자극과 체험들이 도로 아미타불이 되지 않도록 회향 후에도 법당이나 집에서 꾸준하게 주경야선 가행정진의 맥을 이어가고자 합니다. 또한, 고집 세고 아상 많고 선입견 가득한 제자에서 벗어나, 보다 나은 제자가 될 것을 약속드립니다. 긴 글 들어 주셔서 감사합니다.

법사님 존경합니다. 사랑합니다. 감사합니다.

모든 사람을 부처님처럼 보아라

○ 주경야선 가행정진 단기간 21일 간의 변화내용

- 불안, 근심 소멸
- 피로감 소멸
- 꾸준한 금강경 공부
- 향냄새, 경계 실감
- 안 되는 것이 없다
- 잠이 줄다
- 진심嗔心 해탈하여 명랑
- 자세 교정
- 공경심
- 지혜 확충

○ 가행정진의 중요성

- 핵심 번뇌(잠) 소멸로 주변 번뇌(불안, 근심 등) 소멸
- 일통다통一通多通
- 지혜교육을 시키는 법당에는 선후배, 선생 제자가 없다.
- 법당에 출가하여 선지식과 함께 하는 1년 공부는 밖에서 하는 10년 공부와 같다.
- 어려도 가벼이 볼 수 없는 세 가지는 독사, 왕자, 소년 수도자이다.

오늘 ○○민 보살의 주경야선 가행정진 수행발표에 대한 소감을 말씀드리겠습니다.

나이가 어려도 두려워해야 할 세 가지

가장 나이가 어린 ○○민 보살의 수행발표를 들으면서, 며칠 전 어린 ○○림 보살의 수행발표와 함께 불경의 옛이야기가 생각났습니다.

나이가 아주 어려도 얕잡아봐서는 안 되고 두려워해야 할 세 가지가 있습니다. 하나는 독사입니다. 새끼 독사라도 물리면 치명상을 입기 때문에 독사는 어리다고 무시해서는 안 됩니다. 그다음은 왕자입니다. 왕자가 어리다고 해도 무시해서는 안 됩니다. 임금의 아들을 무시하면 큰 재앙을 당합니다. 또 어리다고 무시해서는 안 될 다른 존재는 바로 비구와 비구니입니다. 비록 어려서 지식은 부족할지 몰라도 전생부터 가지고 온 지혜까지 부족하지는 않습니다. 부처님께서는 어리다고 해도 가볍게 여기지 않아야 하는 세 가지 존재로 독사, 왕자, 비구를 말씀하셨습니다.

흔히 세상의 나이로 선배를 따지고 스승과 제자를 따진다는 점에서 어리다고 해서 가볍게 여길 수도 있는 ○○민 보살의 발표를 들으며, 조금도 무시하거나 하찮게 여길 수 없었습니다. 대단한 존재임을 느끼면서 옛날 부처님이 말씀하신 교훈을 다시 생각하였습니다.

삼칠일 단기간에 변화한 이유, 선지식에 대한 신심과 공경심

왜 ○○민 보살의 발표가 괄목할만한지에 대해서 적어봤습니다. 우선 달라진 점을 열 가지로 쭉 적었는데, 이것이 대단한 변화 같아 보이지는 않습니다. 그런데 왜 깊이 생각하고 검토하고 대단하다고 여겨야 하는가 하면, 이 변화는 21일이라는 단기간에 이루어졌어요.

○○민 보살이 주마간산走馬看山으로 하도 빨리 읽어서 무슨 얘기를 했는지 잘 못 들으셨을 수도 있습니다. 저는 유인물이 있어서 몇 번 검토하였습니다. 거기서 이런 표현이 나옵니다.

2년간 거의 매주 주말 출가를 했어도 잠을 쫓지도 못했을 뿐만 아니라 불안 근심 피로감이 여전했습니다. 금강경을 형식적으로 읽었고 향냄새나 경계 같은 것은 구경도 하지 못했습니다. 늘 불가능하다는 열등감에 젖어 있었습니다. 일요일에 집에 가면 그날 저녁부터 12시간씩 자고 월요일에 출근하기 바빴다고 합니다. 그동안 주말에 출가한 보람이 뭔지를 모른다고 했습니다. 그런데 불과 삼칠일, 21일밖에 안 되는 공부로 완전히 바뀌었습니다. 이것을 돈오頓悟, 갑자기 깨쳤다고 합니다. 본인도 터닝 포인트, 빅 이벤트라고 할 정도로 아주 실감을 느꼈습니다. 이것은 사실일 것 같습니다.

왜 이렇게 바뀌었을까? 한번 검토해봅니다. 늘 근심 걱정에 사로잡혀 있었는데, 이 짧은 기간에 왜 이렇게 바뀌었을까?

뭐든지 요령이 있어야 한다는 얘기를 많이 하는데, 공부에도 기술을 배우는 데도 요령이 있습니다. 또 수도하는데도 요령이 있는데, 그 요령을 가르쳐주는 것은 선지식이 아니면 안 됩니다. ○○민 보살은 출발부터 법사를 선지식이라 믿어 의심치 않고 확실하게 공경심을 냈습니다. 법사가 설명한 핵심과 요령을 바로 받아들여서, 핵심 번뇌인 잠을 소멸하여 불안 근심 분노 등 주변 번뇌까지 동시에 소멸했다고 봅니다.

백 박사님은 한 번 통하면 여러 가지가 동시에 통한다고 종종 얘기하셨습니다. 또 "일심一心이 청정하면 다심多心이 청정하다."라는 원각경圓覺經의 말씀을 인용해서 하나만 잘 깨치면 나머지가 다 된다고도 하셨습니다. ○○민 보살은 잠이 줄어드니까 열 가지가 한꺼번에 변화되었다고 했는데, 이는 공부하는 사람들이 종종 체험하는 것입니다. 요령 있게 공부하면 그렇게 되는가 봅니다.

오랜 시간에 걸쳐 여러 가지를 한다고 해서 그게 다 깨쳐지는 게 아니라, 핵심적인 번뇌 하나만 소멸하면 나머지는 다 소멸됩니다. 선지식의 지혜에 의해서 핵심이 무엇인가를 알아차리고 공경심을 가지고 정성을 들였더니 핵심적인 것 하나, 잠이 해탈되면서 열 가지 변화가 동시에 이루어졌습니다. 돈오頓悟를 이루었다고 평가하고 싶습니다. 일일이 그 내용을 검토하지는 않겠습니다.

핵심 번뇌인 잠의 소멸로 스트레스, 만성 피로감 등 주변 번뇌 소멸

왜 잠을 자도 피로할까요? 잠을 자는 것은 육체의 고단함을 해소하는 데 어느 정도 필요한 것 같습니다. 하루에 백 리를 걸어서 굉장히 힘들 때, 잠자면 피로가 사라지는 것 같습니다. 하지만 정신적인 피로나 스트레스는 여간해서 사라지지 않고 잠자고 난 후에도 그대로입니다.

○○민 보살은 꽤 낙천적인 것 같고 방글방글 웃는 것 같아 보이지만, 어린 나이임에도 불구하고 속으로는 늘 근심 걱정 분노 등 스트레스에 찌들어 있지 않았나 생각합니다. 이런 스트레스는 잠으로 풀리지 않으며, 잠으로 이어집니다. 잠이라는 몸뚱이 착을 해탈해야만 스트레스가 본래 없음을 알게 되고, 스트레스가 없어져야 정신적인 피로가 사라집니다. 이번에 잠이라는 핵심 번뇌를 사라지게 했기 때문에 스트레스가 없어져서, 늘 있던 만성 피로가 사라졌다고 해석합니다.

향냄새, 경계에 대한 검토

향냄새, 경계에 대해서는 잠시 검토할 가치가 있습니다.

꿈에는 여러 가지 종류가 있지만, 내 마음을 나타내는 꿈이 대부분입니다. 꿈은 다 내 마음 상태의 표현입니다. 꿈뿐만 아니라 현실에 나타나는 모든 느낌도 내 마음의 표현입니다. 보통은 현재의 내 마음 상태를 나타내지만, 조금 더 수도가 된 사람은 미래와 전생을 보는 수가 있습니다. 수도하면서 아상이 소멸할 때 지혜가 나고, 지혜가 나올 때 내가 알고자 하는 미래와 전생을 알게 됩니다.

누구든지 다 전생을 체험하고 미래를 봅니다. 하지만 단편적으로 보기 때문에 그것이 미래에 일어나는 일인지를 모릅니다. 나중에 어떤 일이 일어나면 '내가 그것을 언제 꿈으로 느꼈는데.' 할 때가 있습니다. 전생인지 뭔지 모르다가 도인께서 이야기하시면 '나도 부분적으로 전생을 보는구나.' 하게 됩니다. 공부를 계속하면 전생을 점점 더 많이 봅니다. 전생인지 뭔지 모르던 것을 확실히 알게 되는 것이 공부의 성과입니다. 대개 꿈에 전생이나 미래가 아주 선명하게 나타나고 느껴져요. 그때도 도인의 검증이 필요합니다.

이렇게 전생을 보거나 미래를 보는 데 전제 조건이 있다면, 자신의 분별이 쉬어야 합니다. 예를 들어서 누구를 의심하거나 미워하는 생각이 아주 부글부글 끓어오를 때는 그 생각에 가려서 지혜가 없어짐은 물론, 전생이나 내생을 아는 것은 더더구나 불가능합니다.

진심이나 근심 걱정이 아무리 불타올라도 금강경을 계속 읽으면 마음이 편안해집니다. 편안해지면 잠을 자듯이 금강경을 읽으면 반은 수면 상태가 됩니다. 반수면 상태이면서 반 각성 상태일 때 보이는 것을 경계라고 합니다. 경계는 처음에 반수면 상태에서 보입니다. 공부를 좀 더 잘하면 반수면 상태가 아닌 확실한 각성 상태에서 뭐가 보이기도 하고 들리기도 하고 냄새를 맡게 됩니다.

처음으로 향냄새를 맡고 광명을 보았다고 하는데, 저는 이렇게 해석합니다. 이 공부를 통해서 잠이라는 핵심 번뇌가 소멸되고 동시에 그 주위의 근심 걱정 의심 등 선입견이 소멸되면서, 일단 마음이 편안해지며 반은 가수면 상태가 됩니다. 가수면 상태가 되면 잠은 자지 않아도 경계가 보이는 경우가 많습니다. 그때 향냄새를 맡기도 합니다. 생각이 복잡할 때는 향냄새가 나지 않습니다.

향은 부처님 앞에서 피우는 것입니다. 부처님 앞에서 경건한 마음을 낼 때 향을 피우고 예불을 합니다. 백 선생님께서는 일체유심조의 도리로 해석합니다. 향냄새를 맡은 것을 기적을 체험했다고 해석해서는 안 됩니다. 내 마음이 경건해졌다, 전생에 경건한 마음으로 향을 피우고 부처님께 예배했을 때의 그 마음이 되었다는 뜻입니다. 수도해서 마음이 경건해지고 공경심이 났다고 해석을 합니다. 기적을 체험했다, 뭐가 보였다, 도사가 됐다고 해석하는 게 아닙니다. 마음이 상당히 안정되었고 부처님에 대한 공경심이 싹 트는 징조라고 해석하는 게 맞습니다. 그런 점에서 검토할 가치가 있습니다.

진정한 묵언은 속에 분별이 없는 것

잠이 줄어들고 동시에 진심이 해탈되면서, 그전에 명랑한 것은 가짜이고, 이제는 진짜 명랑해졌다고 하네요. 우리는 될 수 있는 대로 표정이 밝아야 합니다.

우리나라에는 '남아일언중천금男兒一言重千金, 웅변은 은이고 침묵은 금이다.' 같은 이야기가 있어서 말이 많은 사람을 덕이 적은 사람과 동일하게 봤습니다. 절에서도 묵언 수행을 훌륭한 덕목으로 칩니다. 진짜 묵언은 훌륭합니다. 중요한 것은, 묵언하려면 속까지 해야 합니다. 겉으로 입만 딱 닫고 묵언하면서 속으로는 중얼중얼한다면 진실한 묵언이 아닙니다. 백 선생님은 오히려 겉으로는 밝고 명랑하며 지껄이더라도 속에 분별이 없는 것을 묵언이라고 하셨습니다. 이렇게도 말씀하셨습니다.

"겉으로 말이 없는 사람은 도리어 속에 진심이 많다."

말이 많으면 재앙이 뒤따른다고 합니다. 달마 대사는 9년을 면벽하시며 말을 안 하고 뒤도 돌아보지 않았다고 합니다. 큰스님 하면 법문을 청해도 근엄한 표정으로 말을 안 하시는 모습이 연상됩니다. 저도 그렇게 생각했습니다.

그런데 백 선생님께서는 말씀을 참 잘하세요. 농담도 하시는데 그 속에 다 교훈이 있습니다. 물론 말이 없으실 때는 무섭기도 합니다. 중생한테 일부러 부드럽게 해주시기 위해서 그러신지, 보통 때는 아주 밝고 명랑하게 대화를 잘하신다는 느낌을 받습니다. 너무 재잘대고 수다 떠는 거야 바람직하지 않겠지만 명랑하고 활발한 대화는 바람직하지 않나 생각합니다.

○○민 보살은 법사님의 법문을 선지식의 말씀이라 믿고 핵심 번뇌인 잠을 효과적으로 극복하여 단기간에 놀라운 변화를 이루었습니다. 여기 교훈이 있습니다.

법당은 지혜 교육을 하는 곳이며 선후배가 없어야 한다

법당은 무엇을 하는 곳입니까?

법당과 학교의 다른 점을 생각해 봅니다. 학교는 지식을 가르치는 곳입니다. 법당에서는 지혜를 가르쳐 주어야 합니다. 일반 절에 다니실 때 지혜를 배우셨습니까? 아마 못 배우셨을 겁니다. 진짜 법당에서는 지혜를 가르칩니다. 우리 법당은 지혜를 가르치는 곳이라고 감히 말씀드립니다.

지식과 지혜는 어떻게 다를까요?

알기 쉽게 말씀드립니다. 지식은 자꾸 플러스 할 수 있습니다. 자꾸 플러스해서 지식이 많아지면 그 아는 능력을 학문이라고 말하기도 합니다. 반면 지혜는 자꾸 연습하고 훈련해서 알아지는 게 아니라 선천적으로 알아지는 소질입니다. 생이지지生而知之라는 말이 있는데 태어날 때부터 다 안다는 뜻이라고 합니다. 말을 못하는 아가도 아는 능력이 있는지 선생님께 여쭤보았습니다. 도신 대사道信大師 이야기를 해주셨습니다. 도신 대사의 어머니가 성모 마리아처럼 처녀로 임신을 해서 집에서 쫓겨났습니다. 아이를 안고 동냥을 다니는데, 아이가 손가락질하는 데 가면 먹을 게 생깁니다. 이렇게 말을 못 하는 어릴 때부터 다 아는 것을 생이지지라고 합니다. 배우지 않아도 아는 지혜입니다.

법당은 지혜 교육을 하는 곳이어야 하고, 여기에는 선후배가 없어야 합니다. 저도 예전에 소사 도량에 들어갔더니 1년 먼저 들어온 선배가 폼을 잡고 이래라저래라 시킵니다. 그래서 시키는 대로 다 했는데 그렇게 하다 보니까 몸이 견디지 못하겠어요. 이게 공부인가? 생각했습니다. 법당에서 선후배가 있는 줄 알았어요. 법당에서 선후배가 있어서는 공부에 도움이 안 됩니다. 백 선생님께서는 선후배를 인정하지 않습니다.

우리 법당에서도 선배라고 해서 폼을 잡고 후배한테 윽박지르는 일은 있어서는 안 된다고 생각합니다. 이해하지 못할 수도 있겠지만, 우리 법당은 선후배도, 선생과 제자도 없습니다. 지식은 선생이 제자보다 낫지만, 지혜는 절대로 선생이 제자보다 낫지 않습니다. 지식이 많고 나이가 많다고 해서 제자를 마음대로 하려는 것은 굉장히 위험한 일입니다. 법당에서 나이가 어린 후배라고 함부로 대해서는 안 된다는 게 백 선생님의 말씀입니다. 도반을 항상 어려워하고 부처님처럼 대하라고 늘 가르치십니다.

지혜가 모자라는 사람이 스승 노릇을 한다면 도리어 위험에 처한다

한 번은 이런 일이 있었습니다. 제가 백 선생님을 만나기 전에 배웠던 불교 스승이 있었습니다. 그분은 대단한 불교학자로 사서삼경 노자 장자를 훤하게 달통하였고 특히 화엄경의 대가였습니다. 천재라고 볼 수 있습니다. 적어도 불경에 있어서 모르는 것이 없습니다.

그분 밑에서 4년을 배웠는데, 도저히 그분의 머리를 못 따라갈 것 같았습니다. 옛날처럼 과거시험이 있었다면 장원 급제할 정도로 대단하다는 생각을 종종 했습니다. 옛날 과거시험의 경쟁률이 십팔만 대 일입니다. 요새 고시와는 비교가 안 될 정도입니다.

하지만 그분이 진심이 많으신지 꾸짖기를 잘하시고, 부정적인 면이 많다고 점차 느껴졌고 어쩐지 답답했습니다. 백 선생님의 가르침을 알게 되자, 그분께 얘기도 안 하고 제대하자마자 백 선생님 곁으로 달아났습니다. 이분이 저를 기특하게 여기며 후계자로 생각했나 봅니다. 저를 찾다가, 백 박사 밑에 있다는 얘기를 듣고 드디어 소사로 찾아왔습니다.

그분도 대단한 경지에 이르렀기에 백 박사님 앞에서 한두 시간 깨친 얘기를 했나 봅니다. 대석학과 대도인의 대화입니다. 아무리 해도 끝나지 않습니다. 무슨 얘기를 하시는지 무척 궁금했어요. 대화가 끝나고 이○○ 박사께서 우리가 공부하는 방으로 와서 봤더니 그분의 제자들이 다 거기 있는 겁니다. 당신의 제자들을 백 박사님한테 뺏겼다고 생각하니 속으로는 샘도 나고 허탈하기도 하셨던 것 같습니다.

그분이 가신 뒤에 백 박사님이 하시는 얘기가 재미있고 굉장히 중요합니다.

“저 사람은 세상에 모르는 것이 없고, 완벽한 논리로 세상을 분석한다. 그러나 저이가 자신이 이루어 놓은 몇십 년간의 학문적 논리를 자랑하며 긍지를 느끼는 것은, 마치 거미가 뒷간에 거미줄을 화려하게 쳐놓고 회심의 미소를 지으면서 만족하는 것과 똑같다. 뒷간의 거미줄이 아무런 의미나 가치가 없듯이, 일고一考의 가치도 없다."

역시 백 박사님다운 혜안慧眼입니다. 우리를 일깨워주기 위해서 하셨던 말씀 같습니다. 그다음 얘기도 재밌습니다.

"저이는 너희를 제자라고 한다. 그런데 저이가 너희를 제자라고 하면 저이는 몹시 고통을 받을 것이다."

지식으로 비교하면 우리가 백분의 일도 안 되니까 그 분의 제자가 맞겠지요. 그러나 지혜가 있어야 진짜 스승의 자격이 있는데, 지혜가 모자라는 사람이 지식이 많다는 이유로 선배, 연장자, 스승 노릇을 한다면 그이가 다치고 위험하다는 뜻인 것 같습니다.

선후배가 없습니다. 그리고 선생 노릇을 해서는 안 됩니다. 소사에서는 새로 들어온 후배들을 가르치려고 하는 사람이 많았습니다. 법문하려고 하는 사람이 있었습니다. 백 선생님께서는 법문을 절대로 못 하게 하셨습니다. 지혜가 최고의 가치이기 때문입니다. 세상 식으로는 이 말씀이 이해가 안 갑니다. 이해가 안 가기는 다음 이야기도 마찬가지입니다.

모든 사람을 부처님처럼 봐야 한다

여필종부, 남존여비라고 해서 남편이 부인을 아랫사람으로 보고 마음대로 누르려고 합니다. 또 부모가 자식을 누르려고 합니다. 그렇지만 부인이나 자식이 더 지혜가 있는 경우가 있습니다. 절대로 평등은 없습니다. 누구든지 위아래 서열이 분명히 있습니다. 내 자식이이라고 보며 마음대로 하면 부모가 다친다고 합니다. 또 부인의 지혜가 더 높은데, 내 마음대로 하겠다고 하면 남편이 다친다고 합니다.

백 선생님은 제자의 집에 태어나셨답니다. 부모가 모두 전생에 제자였다고 합니다. 백 선생님께서는 공부하는 마음이 점점 서는데 부모는 아들이 도인인 줄 모르고 내 아들, 내 아들 합니다. 공부하는 기운에 치여서 아버지는 열 살에 돌아가시고, 어머니는 열한 살에 돌아가셨다고 이야기해주셨습니다. 우리는 모든 사람을 부처님처럼 봐야 합니다. 어디에서 이렇게 해석할 수 있을까요?

내 마누라이니 내 마음대로 하겠다며 존중하지 않는 남편이 얼마나 많습니까? 자기 자식이 대단한데, 내 자식이라며 마음대로 하는 부모가 얼마나 많습니까? 새로 온 사람을 후배라고 생각하며 가르치려 하고 오만하게 구는 선배가 얼마나 많습니까?

모든 사람을 부처님처럼 봐야 합니다. 그의 잠재적인 선근은 아무도 알 수 없기 때문입니다.

○○민 보살, ○○림 보살, 이렇게 나이 어린 사람들의 수행발표에서 많은 두려움을 느낍니다. 다른 분들도 이 사람들이 나이가 어리다고 함부로 업신여기지 말아야 합니다. 나이가 많은 분들도 나이 어린 사람에게 함부로 해서는 안 된다고 꼭 말씀드리고 싶습니다.

물론 어려서 하나 깨쳤다고 잘난 척해서는 더더욱 아니 되겠습니다. 그건 아주 기본입니다.

주경야선 가행정진은 출가수행에 맞먹는다

백 선생님께서는 이런 말씀을 하셨습니다.

"너희들 출가가 얼마나 소중한 줄 아느냐? 집에서는 공부가 안 된다. 출가해라. 출가해서 1년 공부하면 밖에서 10년 이상 공부하는 것과 마찬가지다."

○○민 보살의 수행을 출가라고 생각합니다. 이번 21일 출가는, 2년 동안 밖에서 주말 출가한 것보다 훨씬 나았습니다. 진짜 선지식을 모시고 하는 출가는 집을 떠나야 합니다. 집을 완전히 떠나 업보에서 멀어져 제대로 하는 출가는 밖에서 하는 공부보다 10배 이상 낫다는 것을 실제로 입증하고 있습니다.

오늘 발표에서 핵심적인 것은 "모든 사람을 부처님처럼 봐라. 소홀히 할 대상은 아무도 없다." 입니다. 주마간산격인 빠른 발표에서 들을 것이 뭐가 있느냐고 하실지 모르지만 저는 많은 것을 느꼈고, 다른 분들도 공감하신다면 공부에 많은 참고가 될 것입니다.

금강경 독송이 즐거워지다

안녕하세요. ○혜○입니다.

제도하시는 용화교주 미륵존여래불 공경을 모든 분이 세세생생 선지식님 잘 모시고 금강경 공부 즐겁게 하여 지혜로워져서 부처님 전에 복 많이 지으시기를 발원드립니다.

공경하는 법사님과 함께 주경야선 가행정진을 하게 되어 무한한 영광입니다. 함께하는 시간이 소중하고 행복하다는 이 마음을 부처님께 바칩니다. 공부할 수 있게 선호념 선부촉 해주시는 법사님께 진심으로 감사드립니다. 함께 공부하는 법우님들께도 감사드립니다. 공부가 부족하지만, 지금까지의 수행 소감을 말씀드리겠습니다.

2020년 7월, 어머니 보살님과 BTN 방송을 보며 법사님을 알게 되었습니다. 유튜브를 통해 질의응답과 법문을 들으면서 집에서 금강경을 독송했습니다. 그 당시 어머니 보살님이 매우 아프셨고 병원에 가도 해결 방법이 없었습니다. 불안한 상황에서 법사님의 법문을 들으면서 겨우 버틸 수 있었습니다. 귀한 법문을 들을 수 있게 된 것에 깊이 감사드립니다.

대구에서의 일차 자시 가행정진,
마음이 편안해지다

2021년 2월, 대구 법당에서 첫 번째 49일 자시 가행정진을 하게 되었습니다. 저와 어머니 보살님은 2020년 7월부터 법사님의 법문을 들으면서 금강경 공부를 하였고, 어머니 보살님의 건강이 조금 나아진 이후 자시 가행정진을 같이 시작하였습니다. 저는 그 당시 마음이 아주 불안한 상태로, 가행정진을 하지 않으면 안 되겠다는 생각이 들었습니다.

가정이라는 곳에서의 생활은 불편함과 부자유함이 많았습니다. 업보에 쫓기듯 부정적인 마음이 많이 올라와서 바치느라 바빴고, 매일매일 힘들었습니다. 법사님의 법문을 들을 때에만 안정을 취할 수 있었습니다. 맞는지는 모르지만 가족이라는 분들과 업보 해탈이 중요하다는 것이 느껴졌습니다.

어느 날 마음이 요동치며 안정을 취할 수 없었습니다. 법사님의 말씀대로 바쳐보았지만 쉽게 가라앉지 않았습니다. 그 순간 청우지혜교육원에서 만든 달력에서 법사님의 법어가 눈에 들어왔습니다.

"아무 걱정하지 마라. 근심 걱정이 본래 없는 것이다."

순간 '아, 그렇구나! 근심 걱정이 본래 없는데.' 하면서 바치는 힘이 되었습니다. 달력을 만들어 주신 청우지혜교육원에 감사드립니다.

대구 법당에서 하는 자시 가행정진에 참여할 수 있는 것이 영광스러웠고 감사했습니다. 공부할 수 있는 법당을 만들어 주신 법사님과 먼저 오신 법우님들께 감사드립니다.

첫째, 법사님을 절대 공경하는 마음을 가지려고 노력했습니다. 법사님의 법문을 듣는 시간은 마치 숨쉬는 것과 같아서, 하지 않으면 살 수 없다는 마음으로 소중하게 생각했습니다. 그리고 내일은 없다고 생각하며 금강경을 읽었습니다. 뜻을 다 알진 못했지만, 법문을 들으면서 알려고 노력하며 읽었습니다.

둘째, 잠은 줄이지 못했고 음식도 평소대로 먹었습니다.

셋째, 금강경을 제대로 읽고 있는지 모르지만, 카페나 유튜브를 통해서 법사님의 법문을 들으며 공부할 수 있었습니다.

넷째, 공부하는 동안 모든 사람이 고통을 해탈해서 부처님 전에 복 많이 짓기를 발원했습니다.

가행정진은 마음을 편안하게 하는 데 큰 도움이 되었습니다. 처음으로 마음이 안정되는 것을 느꼈습니다. 매일 밤에 법당으로 가는 것, 부처님을 향하는 것이 마음이 편해지는 과정이었던 것 같습니다. 법당으로 향할 때 부처님 앞에서 하심하려 노력했고, 하루 동안 불편했던 마음을 착각인 줄 알고 부처님께 바쳤습니다. 독송 자세와 마음가짐을 바르게 하며 부처님 시봉 잘하길 발원하였습니다. 금강경 독송을 할 때는 올라오는 내 생각은 모두 착각이라고, 참회하는 마음을 가지면서 읽었습니다.

그렇게 49일이 지나고 서서히 마음이 편해지자 어머니 보살님의 건강이 많이 좋아졌습니다. 한시름 놓았지만, 또다시 이런 상황이 생기면 어떡하나 하는 근심 걱정이 올라왔습니다. "근심 걱정하지 않는 마음이 근심 걱정하지 않는 상황을 불러온다." 하시는 법사님의 말씀을 믿으며 착각인 줄 알고 계속 바치고, 부처님을 향하려 노력했습니다.

대구에서의 이차 자시 가행정진, 업보 해탈을 발원하다

두 번째 가행정진을 시작하기 전까지 법사님의 법문을 들으며 아침저녁으로 금강경 1독씩 했고 올라오는 생각을 부처님께 바쳤습니다. 혼자 하는 공부는 힘들었습니다. 공부가 되는지 모르겠고 업보 속에서 바친다고 바쳤는데 상황의 변화는 크게 없었습니다. 그래도 부처님을 향하는 것에 감사함을 느꼈습니다.

법사님께서 계신 법당에 출가하고 싶었으나 코로나 시국이라 할 수 없었습니다. 여전히 가정이라는 곳이 불편하고 부자유하게 느껴졌습니다. 자기중심대로 삶을 살아야 한다는 생각이 들어도, 어떻게 해야 할지 몰라 답답한 마음이 많았습니다.

부모님이라는 분들에게 마음을 떼려고 '부처님 감사합니다.' 하면서 부처님께 바쳤습니다. '하루만 살자.'라는 마음이었습니다. 법사님의 법문을 들으며 잠시 마음을 쉴 수 있었습니다. "죽은 듯이 살라. 이번 생은 포기한 셈 쳐라."라는 법문을 보고, 변화되지 않는 현실로 보이는 상황이 착각인 줄 알고 답답한 마음을 바쳤습니다.

두 번째 자시 가행정진을 10월에 시작하면서 부모님이라는 분들과 업보 해탈을 발원하며 공부했습니다. 바라는 마음 없이 금강경을 읽으려고 노력했습니다.

'나는 누구의 자식이 아니라 부처님 시봉하는 사람이다.'를 되뇌었고 불편한 마음에 대고 금강경을 읽고, 미륵존여래불 정진을 하였습니다. 답답한 마음은 바쳐도 계속 올라왔습니다. 불평불만 하는 마음이 올라올 때, "부처님께 바칠 수 있고, 부처님 향했으니 된 것이 아니냐?" 하는 법사님의 말씀에 마음을 쉴 수 있었습니다. 부처님과 함께했기 때문에 행복함을 느낄 수 있었습니다. 진심으로 감사드립니다.

모든 분이 세세생생 선지식님 잘 모시고 금강경 공부 즐겁게 해서 부처님 전에 복 많이 짓기를 발원하며 공부를 하던 중, 기다렸던 첫 주말 출가를 할 수 있게 되었습니다. 법사님과 도반님들이 함께하는 포행과 법회는 큰 감동으로 다가왔습니다. 부처님과 함께하는 시간이 너무 귀중하고 감사했습니다. 부처님과 함께하는 모든 순간이 행복합니다.

법사님과 함께하는 주경야선 가행정진, 독송이 즐겁다

이번 법사님과 함께하는 주경야선 가행정진에 처음부터 참여하고 싶었습니다. 그런데 참여할 상황이 아니라서 걱정이 올라왔습니다. 생각이 날 때마다 참여하고 싶은 마음을 바치며, 부처님 시봉 잘하길 발원했습니다. 시작한 지 2주가 지나고 주말 출가를 했는데 그때부터 회향일까지 공부할 수 있게 되었습니다. 이렇게 공부할 수 있도록 이끌어주시는 법사님의 은혜와 사랑에 깊이 감사드립니다. 함께 공부하는 법우님들께도 진심으로 감사드립니다.

원흥 법당에서 법사님의 지도하에 많은 법우님과 함께 하는 공부는 엄숙하고 경건하게 느껴졌습니다. 금강경 독송이 너무 즐거웠습니다. 시간이 언제 지나간 줄도 모르게 5독을 하고 정진을 했습니다. 정진할 때에도 계속 기쁨이 올라왔습니다.

그러다가 수행 소감을 발표할 생각을 하니 부담스럽게 느껴졌습니다. 저는 남 앞에서 말하는 것을 좀 두려워하는 편입니다. 이 마음도 계속 바치려고 했습니다. 어느 순간 더는 물러설 수 없다는 생각이 들었고, 이제는 할 수 있다고 마음을 다졌습니다. 이런 변화는 다른 사람에게는 아무것도 아닐지 모르지만 제게는 큰 변화입니다. 법사님께서는 이렇게 우리를 세상에 나가서 잘살 수 있도록 지도해주시는 게 아닌가 생각합니다. 법사님 진심으로 감사드립니다.

이번 기도 중에 꿈을 꾸었는데 어둠 속에서 내려가다가 빛이 보이더니 박쥐가 나오는 것을 보았습니다. 그리고 잠이 많이 줄었습니다. 자는 시간이 점점 줄어서 4시간 정도 자는 것 같습니다. 마음은 집이라는 곳에 있을 때보다 훨씬 편안합니다. 저 자신이 부처님과 같이 구족했다는 것을 실감하고자 '부처님 감사합니다.' 합니다. 점점 밝아지고 명랑해지는 느낌이 듭니다.

법사님께서 말씀하셨듯이 지방에서는 영상으로 공부해서 그런지 긴장감과 공경심이 부족한 느낌입니다. 그와 달리 법사님이 계신 곳은 현실감 있게 공부되는 것을 확실하게 느꼈습니다. 공경심과 긴장감이 저절로 생깁니다. 스스로 자신의 독송 자세와 마음가짐을 꼼꼼히 살펴보게 되고 오직 부처님 시봉 잘하길 발원하게 됩니다.

법사님의 법문에 업보 해탈을 하려면 출가하는 것이 좋다는 말씀이 있었습니다. 집을 떠나 12일 정도 공부를 했는데 마음이 예전보다 많이 쉬는 것이 느껴집니다. 처음에는 새로운 상황에 적응하는 과정에서 불안한 마음이 올라왔는데 시간이 지날수록 부처님을 시봉하는 길이라 생각되어 행복합니다. 모든 분이 법사님의 높고 귀중한 가르침을 잘 받들어 즐겁게 실천하여, 일체를 다 바쳐 부처님 시봉 잘하기를 발원합니다.

법사님과 함께하는 시간이 기쁩니다. 죽비 소리에서 공부를 응원해 주시는 법사님의 따뜻한 선호념 선부촉이 느껴집니다. 법문까지 정성스레 해주셔서 무한한 영광이고 행복한 마음입니다.

법사님께서 늘 평안하시고 건강하시고 행복하셨으면 하는 마음도 부처님께 바칩니다. 법사님 진심으로 감사드립니다. 법우님들 감사드립니다. 끝까지 수행 소감을 들어주셔서 감사합니다.

도인이 선호념 선부촉으로 불러서 왔다

○ 가행정진의 결과

가행정진	수행 결과
1차 대구	• 극심한 불안이 비교적 안정되었다. • 어머니 병이 다소 완화되었다.
2차 대구	• '부모님(집) 업보에서 자유' 목표 • 나는 누구의 딸이 아닌 부처님 시봉하는 사람이다.
3차 서울	• 서울(원흥) 법당에서 10일 차 • 독송이 즐겁고 잠이 줄었다. • 기쁨이 충만하고 꿈에 박쥐를 보는 깨침이 있었다.

○ 고찰

도인이 수행하다 깨닫게 되면 가까운 인연부터 제도한다는데, 제도의 방식은?

○ 정리

- 줄탁동시啐啄同時 (천국, 깨침, 위기극복의 예)
- 깨달음의 길은 자력만으로 되지 않는다. 타력이 있어야 한다.
- 깨치면 이기심이 다 사라지고 부처님 뜻대로 산다.

오늘은 경을 읽을 때는 덜 조시는데, 정진하실 때는 잠과 투쟁하시는 모습이 역력합니다. 투쟁하시다가 완전히 항복한 것 같아요. 아무리 죽비를 쳐도 요동하지 않고 졸 정도로 항복했습니다. 투쟁에서 패배했어도 절대로 물러서지 마시고 끈질기게 도전하시기 바랍니다. 반드시 승리하셔서 잠이 본래 없음을 깨우쳐 부처님 전에 복 많이 지으시기를 발원드립니다.

오늘 발표자는 멀리 대구에서 오신 젊은 보살로, 공부를 시작한 지도 얼마 안 되었고 수행발표도 처음인 것 같습니다. 본인은 할 말도 별로 없었을 것입니다. 지금 원흥 법당에서의 가행정진 출가도 불과 열흘 남짓인데, 그동안에 느낀 것이 너무나 인상적이었나 봅니다. 그래서 이번 출가를 상당히 부각하여 발표했습니다. 어제 발표한 ○○민 보살도 그렇고 이번 출가가 상당히 인상적이고 실감 난다고 하는 사람들이 제법 있습니다.

왜 이번 출가가 더 인상적일까요?

우선 ○혜○ 보살의 발표를 요약하고, 이번 출가에 대한 제 소견을 말씀드리고 검토하겠습니다. 이 검토는 매우 의미가 있습니다. 어떤 법회에서도 도저히 들을 수 없는 내용일 것입니다.

집이 꼭 편안하지 않은 이유는 도인만이 설명할 수 있다

○혜○ 보살은 이 불법을 만난 지 얼마 안 됩니다. 2020년 7월, 그러니까 1년 조금 넘었어요. 유튜브와 방송으로만 듣다가 가행정진을 시작한 것은 다음 해 2월, 한 10개월 전에 대구 법당에서 가행정진을 했습니다. 필요에 의해서 출발하라고 했는데 ○혜○ 보살은 무슨 '필요'에 의하여 가행정진을 시작했을까? 글 속에 보면 '가정이 답답하다. 부모님의 그늘, 특히 어머니의 그늘에서 벗어나고 싶다. 부모님과의 업보로 마음이 늘 불안하고 걱정이 많다.' 이런 것이 동기가 되었다고 생각합니다.

집에만 가면 편안하다는 사람들이 있습니다. 또 공부도 학교에서 하는 것보다 집에 가서 하는 게 더 잘 된다고 하는 학생들도 꽤 있습니다. 하지만 정원이 보이는 화려한 공부방이 있는 부잣집에 살아도, 공부는 도서관에서 더 잘 된다고 얘기하는 게 보통입니다. 가정교사도 대고 부모님이 금이야 옥이야 길러주셔도, 어쩐지 집이 답답하다고 느끼는 사람이 대부분인 것 같아요. 그 이유를 설명할 수 있는 심리학자는 세상 어디에도 없다고 생각합니다. 오로지 도인, 그것도 전생을 낱낱이 아는 도인만이 왜 가정이 편안하지만 않고 답답한지 설명할 수 있습니다.

결혼하기 전에도 답답하고, 결혼해도 답답하고, 밖에 나가도 꼭 편치 않은 것은 왜 그럴까? 보통 사람은 이 원인을 해석할 수 있는 지혜가 없어요. 전생의 원인을 알기 전에는 해석을 못 합니다. 도인의 말씀에 의하면 '답답하다'라는 것은 부모님과 맺은 업보, 주고받는 기운이 본인을 몹시 피로하게 하는 것입니다. 이런 답답한 집에서 오래 살면 일이 잘 안 됩니다. 시험에도 떨어질 수 있고 친구 사이도 멀어질 수 있습니다.

도인의 해결책,
밝음을 향해 집을 벗어나라

백 선생님께서도 "빨리 집을 벗어나라."라고 하실 것 같아요. 그러나 집을 벗어나는 것이 가출이라는 형태는 아닙니다. 집을 벗어나서 유학하러 가든가 또는 도인 밑에 가서 수도하든가, 발전적인 쪽으로 집을 벗어나라는 것입니다. 또 다른 이유로 집을 벗어나고 싶을 수도 있는데, 전생에 닦던 이라면 '밝음을 향해서 벗어나고 싶다.'라는 생각이 들 수도 있다고 합니다. ○혜○ 보살은 밝음을 향해서 집을 벗어나는 것이 1차 가행정진의 형태로 전개됐습니다.

1차 가행정진 49일을 했더니 극심하게 불안했던 마음이 비교적 안정을 찾았고 어머니의 병도 많이 좋아졌습니다. 이것을 가행정진의 성과로 봤습니다. 이런 얘기를 하면 요새 과학적인 사고방식을 가진 사람들은 가행정진했다고 어머니의 병이 낫는다는 건 말도 안 되는 소리라고 할 겁니다. 하지만 밝은이는 금강경 공부로 어머니의 병이 충분히 나을 수 있고 그 이유도 설명할 수 있다고 합니다.

그다음 2차 가행정진을 시작했어요. 극심한 불안은 해결했지만, 아직 완전히 없어진 것은 아니고 집이 답답한 건 여전합니다. 그래서 집이 답답하다는 마음에서 벗어나는 것을 주제로 삼아 또 2차 가행정진을 시작했습니다. 부모님과 집의 업보에서 자유로워지는 것을 목표로 했습니다. 법문 시간에 제가 자주 얘기하는 "나는 누구의 딸도 아니고 부처님 시봉하는 사람이다."를 슬로건으로 걸고 49일을 부지런히 했어요. 어떻게 달라졌다는 얘기는 없네요.

2월에 1차 가행정진을 하고 중간에 좀 간격을 두고 10월에 2차 가행정진을 하였지만, 사실 부모 업보에서 벗어난다는 게 쉬운 일이 아니었을 겁니다.

주경야선 가행정진 참여, 독송이 즐거워지다

그러던 중 서울(원흥) 법당에서 법사를 중심으로 가행정진이 시작된다는 얘기를 들은 것 같아요. 장소는 원흥이지만 서울이라고 합시다. 시작한 지 한 열흘이 지난 뒤에 뒤늦게 참석했습니다. 여기 참석한 열흘 남짓에 자신이 변화하였다고 했습니다.

우선 독송이 즐거웠다는 것을 보면 1차와 2차 때는 '억지로 겨우 했다. 안 할 수 없어서 했다. 마지못해서 했다.' 이런 수식어가 붙을 수 있습니다. 하지만 이번에는 '상당히 즐겁다. 괴로운 것이 아니구나.' 하는 것을 깨친 것 같아요. 이건 의미가 있습니다.

가행정진은 어떻게 보면 잠과의 투쟁입니다. 아마 대구에서 2차까지는 졸다 하다 한 것 같습니다. 그때 죽비 쳐주는 사람도 없으니까, 마음껏 자든지 말든지 감독하는 사람도 없었죠. 이러면 공부가 발전이 없습니다. 반드시 감독관이 있고 긴장감이 있어야 합니다.

내 마음속에서 독소가 제거되어 스스로 우러나오는 기쁨

이번에는 잠도 현저하게 줄어서 네 시간만 자도 된다고 했습니다. 그러니 즐거움이 생기네요. 잠이 줄면 몽롱하지 어떻게 즐거울까? 보통 상식으로는 이해가 안 되지요. 우리는 잠을 휴식의 상징으로 생각합니다. 휴식하려면 자야 한다고 생각합니다. 번뇌가 많은 사람은 부드러운 번뇌인 잠을 통해 어느 정도 휴식을 취합니다만, 번뇌가 적은 사람은 자고 나면 오히려 더 안 좋습니다. 잠에는 어느 정도 휴식의 요소가 있어서 업장이 많은 사람에게 휴식입니다. 그러나 다른 한편으로 잠에는 독소의 요소도 있습니다. 그래서 잠을 줄이면 독소가 빠져나가기 때문에 기쁨이 충만합니다. 이거 제대로 깨친 거예요. 잠을 줄이면 몽롱해진다는 게 정답이 아닙니다.

제대로 잠을 해탈하여 뿌리째 뽑으면 맑은 각성 상태가 유지되면서, 이유 없는 환희심이 나옵니다. 보통 상이나 칭찬을 받을 때, 자신이 원하는 소원을 성취했을 때 기쁘지요. 하지만 잠을 해탈해서 나오는 기쁨은 어떤 조건에 의해서 생기는 기쁨이 아닙니다. 내 마음속에서 독소가 제거되어 스스로 우러나오는 기쁨입니다. 이 기쁨은 세상에서 상을 받는 기쁨이나 합격하는 기쁨과는 비교할 수 없이 큽니다. 그리고 반드시 지혜로 연결됩니다. 계정혜戒定慧, 이 공식을 아시지요. 대구에서 49일 기도를 두 번 했어도 도저히 이루지 못했던 괄목할 만한 변화를 여기서 불과 열흘 사이에 이루었다는 것을 잘 생각해야 합니다.

보이는 것이 내 마음이었다

그리고 깨친 게 있어요. 깨침에는 대각(큰 깨침)도 있습니다만 소각(작은 깨침)도 있습니다. 깨침이 꿈으로 나타났는데, 어둠이 사라지고 밝아졌습니다. 태양 빛이 비치고 주변이 밝아졌어요. 이런 꿈을 꾸는 것은 실제로 내 마음에 독소가 제거되고 부처님 광명이 비쳤다는 것을 의미합니다.

그러면서 박쥐를 봤어요. 박쥐가 어떤 마음이죠? 보통 박쥐를 안 좋게 보죠. 박쥐 같은 인간이라는 이야기를 들으면 아마 화를 낼 것입니다. 아마 ○혜○ 보살은 부모님께 늘 불만이 있었고 부모님의 인격을 그렇게 존중하지 않았을 겁니다. '왜 이렇게 점잖지 못할까? 혹시 박쥐같은 이중인격자가 아닌가?' 이런 생각도 했을 것 같아요.

내 꿈은 내 마음의 표현입니다. 부모님이 박쥐가 아니라 내가 박쥐인 것을 깨친 겁니다. 불과 열흘 만에 상당한 성과를 얻었습니다.

여기서 끝나면 참고할 게 없어요. '그 정도 수준을 가지고 가행정진 수행발표라고 하나? 더 실감 나고 기적적인 수행발표가 얼마나 많은데, 거기에 비하면 아무것도 아니다.'라고 얘기할 수 있고, 그것은 틀린 얘기가 아닐 수도 있습니다. 그런데 여기에 꼭 검토할 것이 있습니다.

도인이 불러서 왔다

어떻게 열흘 동안 이렇게 괄목할 만하게 성장했을까?

저 나름의 검토입니다. 도인도 이 얘기에 동의하시지 않을까 싶습니다.

백 선생님 같은 분도 혼자서 깨치신 게 아닌가 봐요. 독일에 가서 공부하시기 전에도 본래 상당히 지혜로웠다고 합니다. 독일에서 대학에 입학할 때 구두 면접시험을 본 이야기를 해주신 적이 있어요. 그때 나라가 없는 식민지의 백성이니 족보가 없는 쌍놈의 자손이나 마찬가지지요. 내세울 것 하나 없는 가난한 식민지 백성이 어디 유학하러 간들 대접을 받겠습니까? 대개 면접관한테 주눅이 듭니다. 그런데 닦던 사람은 나라가 없어도 주눅 들지 않고, 닦던 기운이 있고 자기중심대로 사는 사고방식이 있어서 어떤 역경에서도 당당할 수 있다고 합니다. 독일 대학에서 면접관이 "도대체 코리아라는 나라가 어디 있느냐?"라고 비아냥거리듯 물어볼 때, 조금도 기죽지 않고 설명을 했다는 말씀을 들으면서 백 선생님께서는 그때도 이미 상당히 지혜로웠다고 느낍니다. 당당해야 지혜가 나옵니다. 주눅이 들거나 소위 말해 쫄면 자기 정신을 잃어버리고 지혜는 실종됩니다.

귀국하셨을 때 대한민국에 박사가 몇 명 없었는데, 한국인 최초로 독일에서 박사학위를 하셨으니 프라이드도 대단했다고 해요. 그런데 세상에서 할 일이 없는 거예요. '난 이제 도통이나 해야겠다.' 하고 금강산에 가서 혼자 공부하려고 그랬대요. 혼자서 자력으로 하려 하셨어요. 원당 법당 공경원에 혜정 손석재 선생님의 동상이 있습니다. 손 선생님이라는 선지식의 도움으로 결국은 큰 깨달음을 얻으셨고 숙명통을 얻으셨습니다. 여기에 재미있는 얘기가 있어요.

깨치고 나면 무슨 생각을 할까요?

옛날에 같이 공부했던 도반들이 어디서 뭘 하나? 그들도 공부 잘하고 있나? 나처럼 큰 깨달음을 얻었나? 혹시 내가 도와줄 것은 없나? 이런 생각으로 관찰한다고 합니다. 사람 몸을 못 받는 수도 있고 사람 몸을 받았어도 잘나가지 못하고 고생하고 있는 경우가 많대요. 악도에 떨어지기도 하고, 여기서 깨지고 저기서 깨지고 굉장히 고생하고 있습니다. 깨치면 같이 공부했던 그 사람들을 제도해주고 싶대요. 보살의 마음, 구제하는 마음입니다. 상구보리 하화중생上求菩提 下化衆生이라고 합니다.

어떻게 제도를 해요? 그 사람이 와야 제도하지요. 불러오려고 해도 그들이 원하고 있어야 해요. 도를 갈망하여 선지식을 찾고 복도 좀 지었을 때, 불러오는 능력을 발휘할 수 있나 봅니다. 결국 불러와서 수도하여 깨닫게 하는 것이 제도라고 봅니다. 선생님께서는 우리에게 "여러 생 별러서 왔다." 이런 말씀도 하시지만 "너희들이 제 발로 오지 않았다. 내가 불러서 왔다." 이런 얘기도 또 동시에 하십니다. 자력으로 온 게 아니고 타력으로 온 거지요. 절대로 이 밝은 자리는 그냥 올 수 없습니다.

예를 들어서 좀 낮은 대학은 정원미달이면 그냥 들어가기도 합니다. 좋은 대학은 10대 1의 경쟁률을 뚫고 벼르고 별러서 엄청나게 노력해서 겨우 들어갑니다. 마찬가지로 도인의 가르침을 만날 확률은 10대 1이 아니고 천대 일, 만대 일이 되는데, 그 사람이 간절히 빌기도 해야 하지만 낙점을 받아야 합니다. 도인이 불러주는 낙점을 받아야 도인의 문중에 들어갈 수 있고, 도인의 문중에 들어가서도 키워주셔야 졸업할 수 있다고 합니다. 하버드대학 입학도 어렵지만 공부해서 졸업하는 것도 어려운 것과 마찬가지입니다.

저는 그때 그런 말씀을 이해하지 못했어요. '선생님께서 나를 불러서 왔다고요? 불러서 오긴요. 저는 용감하고 씩씩하게 스스로 왔어요. 부모의 사랑과 친구들의 만류도 물리치고, 다 버리고 용감하게 선생님을 따라서 왔습니다.' 이렇게 생각했습니다. 하지만 제 발로 온 게 아니랍니다. 물론 제가 전생부터 바라기도 했지만, 도인이 불러서 왔다고 합니다.

그리고 오긴 했어도 수시로 달아나려고 하는데, 잘 키우면 괜찮을 것 같은 사람은 도인이 붙들어 둔대요. 도인이 붙들어 두고 싶은 사람이 있대요. 소사에 3년 이상 있었던 사람이 두세 명 정도입니다. 3년이 지나니 "너는 내가 붙들어 두려고 했던 사람이다."라고 하셨습니다. '아니 제가 불굴의 의지로 여기 붙어 있었지, 선생님이 잡아주시려고 했다고요? 꾸중하시고 핀잔도 주시고 냉대하셨지, 언제 선생님이 붙들어주셨나요?'라고 생각했는데 그게 아니래요. 꾸중도 붙들어 두기 위해서 하셨다는 것입니다. 도인의 법식을 참 이해할 수 없습니다.

도인의 줄탁동시

자력으로 다 되는 줄 알았는데, 자력이 아닌 것을 처음으로 느꼈습니다. 지금도 불교는 자력이고 기독교는 타력이라고 흔히 그러는데, 사실은 그렇지 않습니다. 불교에도 타력이 반드시 있습니다. 줄탁동시啐啄同時라는 말이 있지요. 병아리啐가 알을 깨고 나오려면 저 혼자만의 힘으로는 안 됩니다. 우리가 도인을 바라보며 열심히 수행하는 이유입니다. 아무리 금강경 7독을 하고 자시 가행정진 100번을 해도 혼자 힘으로는 깨치지 못합니다. 바로 그때 어미 닭啄이 쪼아야 합니다. 안팎으로 동시에 쪼아서 병아리가 알껍데기를 깨고 나오는 것입니다. 사실 결정적인 것은 타력입니다.

기독교인의 얘기가 틀리지 않습니다. 하나님의 부름에 의해서 된다고, 전부 다 타력으로 이야기해요. 우리가 보면 우습지요. 뭐 그렇게 하나님한테 매달릴까? 일찍 죽는 것도 하나님이 부르셔서 간대요. 우리는 자기가 죽을 짓을 해서 죽는다고 그러지, 하나님의 부름이라는 것은 절대로 이해하지 못합니다. 그러나 천국을 간다든지 큰 깨달음을 얻는다든지 위기를 극적으로 면해서 구사일생의 삶을 산다든지, 여기에는 타력이 반드시 동반됩니다. 자기 혼자 힘으로 절체절명의 위기를 극복하거나 깨달음을 얻을 수 없습니다. 혼자 힘으로 천당에 갈 수 없고, 혼자 힘으로 사람 몸을 받을 수 없습니다.

우리는 내가 잘나서 사람 몸 받고, 위기를 극복하고, 극적으로 성공을 하는 줄 압니다. 하지만 이같이 극적으로 되는 것에는 타력이 꼭 필요합니다. 제가 타력을 자주 강조하지는 않았습니다. 그러나 도인을 몇 년 모시며, 내가 할 수 있는 것은 지극히 적다는 생각을 많이 하게 됐습니다. 공경심이 반드시 꼭 필요해요. 공경심이 있어야 타력, 즉 부처님의 광명이 임합니다. 공경심이 없는 잘난 사람의 마음에는 부처님의 광명이 임할 수 없어요. 거기에 타력의 빛이 비치려 해도 비치지 못합니다. 공경심이 필요합니다.

○혜○ 보살이 여기 온 것은 좋다는 소문을 듣고 본인이 제 발로 온 것 같지요? 저는 아닌 것 같습니다. 어제 발표한 ○○민 보살도 그렇고요. 금생에 처음인 것 같지요? 아닙니다. 전생에 별렀고, 나도 모르게 '이 사람은 공부할 사람인데.'라고 생각하며 불렀어요. 알고 부르는 수도 있고 모르고 부르기도 합니다. 도인은 깨쳐서 알고 부르시기도 해요. 저는 도인처럼 깨치지 못했지만, 모르고서도

부르는 수가 있습니다. 예를 들면 제 외갓집이 윤 씨인데, 저는 외할아버지가 불러서 윤 씨네 집으로 갔다고 합니다. 아버지 쪽은 인연이 없대요. 이렇게 보통 사람도 부를 수 있다면 도인은 더 잘 부르겠지요. ○혜○ 보살은 금생에는 초면이지만 전생에 인연이 있어 내가 구제해주겠다고 약속했다면 내가 무의식적으로 불렀을 것이고 본인도 이리로 향했을 것입니다.

이번 가행정진에서 독송의 즐거움을 느끼고 잠이 줄고 기쁨에 충만하는 등 1차 2차에 비해서 괄목할 만한 발전을 했습니다. 여기에는 줄탁동시, 즉 타력의 요소가 반드시 있습니다. 그렇지 않으면 해석이 안 됩니다. 선호념 선부촉의 타력이 있습니다.

깨치면 이기심이 다 사라지고 부처님 뜻대로 산다

깨쳤다고 가정을 해봅시다. '와! 나 깨쳤다. 내가 전지전능한 존재임을 깨쳤다.' 정말 신날 것 같지요. 그리고 전지전능하기 때문에 깨치면 다른 사람을 제도하고 제멋대로 할 것 같지요? 금방 스스로 부자가 되어 돈도 많이 벌고 가난한 사람에게 도움도 줄 것 같죠? 아니래요. 깨치면 이기적인 마음이 다 사라져요. 전지전능하지만 제멋대로는 하나도 없습니다. 이기심이 다 사라지기 때문에 부처님 뜻대로 삽니다.

목련존자 이야기를 아실 겁니다. 신통이 대단한 목련존자는 돌에 맞아서 비참하게 죽었어요. 그이는 이미 깨쳤고 이기심이 다 없어졌습니다. 미리 알았으니 피하여 도망갈 수도 있었지만, 돌에 맞아 죽어야만 선세 죄업이 소멸하고 내생에 한 단계 더 업그레이드 될 수 있다는 것을 훤히 봅니다. 따라서 이기적인 목적으로는 피할 수 있었지만, 그대로 돌에 맞는 고통을 감수하면서 더 차원 높은 삶을 택했습니다.

실제로 도인들은 고통을 고통으로 여기지 않습니다. 예수님께서도 십자가에 못 박히지 않을 수 있었어요. 그러나 십자가에서 돌아가시는 것으로 많은 중생을 제도하시려고 그 길을 택하신 것입니다. '자기 뜻대로 살지 말고 하나님의 뜻대로 살아라.' 이런 얘기가 성경에도 있을 것이고 불경에도 있습니다. 깨치면 자기 뜻대로 살지 않습니다. 부처님의 뜻대로 살게 됩니다.

이 점을 잘 새긴다면 수행하는 데 굉장히 도움이 될 것입니다. 특히 잘난 척하는 마음이나 자력으로 되는 게 아니라는 것을 확실히 깨칠 것 같습니다.

법당 일과 사회 일이 다르지 않음을 알게 되다

안녕하세요. 부처님 시봉하는 사람 ○○선입니다.

저는 오늘 주경야선 자시 가행정진으로 변화된 몇 가지 사항들을 말씀드리고 공유하려 합니다.

많은 법우님이 주경야선 자시 가행정진에 동참하시어 잠이 분별심임을 깨닫고 해탈 탈겁하여 세세생생 선지식 모시고 공경심 내어 금강경 공부하여 부처님 시봉 밝은 날과 같이 복 많이 지으시길 발원드립니다.

글로벌 캘린더 프로젝트 참여

저는 올해 초 법사님과의 차담 자리에서 법사님의 선호념 선부촉으로 글로벌 캘린더 프로젝트에 도반과 함께 참여하기로 하고, 감사한 마음으로 시작하였습니다. 글로벌 캘린더 제작의 모든 과정은 저의 공부였으며, 선지식님의 크신 사랑과 원력이 있었던 것 같습니다. 법당 일과 사회 일은 다르다고 생각했던 저의 어리석음을 깨우쳐 다르지 않음을 알게 해주시고, 사회 일을 어떻게 해야 하는지 일깨워주셨습니다. 무시겁으로 연습해온 습習을 한 번에 바꿀 수는 없지만, 그래도 점점 의식하는 것 같습니다.

또한 저의 업무가 색성향미촉법에 의거해 상품을 선택하고 판매하는 것과 관련이 있다 보니, '우리 공부와 맞지 않는다.'라는 생각을 하면서 어려움을 느꼈었습니다. 하지만 글로벌 캘린더 프로젝트를 진행하며 상대방을 위하는 마음, 상대방이 신심 발심하여 복 많이 짓기를 기원하는 마음을 낸다면 세일즈도 복이 될 수 있고 홍보가 위타인설이 될 수 있다는 말씀에 그동안의 저의 어려움은 자연스럽게 해결되었습니다.

지금은 법사님께서 말씀해주신 위타인설하는 홍보를 도반님들과 함께 해보고 있습니다. 아직 이루어진 것은 없지만 공부의 과정이라 생각하며 즐겁게 임하고 있습니다.

자연스럽게 좋은 직장으로 옮기다

글로벌 캘린더 제작이 거의 마무리가 되어갈 무렵인 11월 초, 오랫동안 연락이 없던 헤드헌터에게서 연락을 받았습니다. 저의 경력에 딱 맞는 명품 브랜드 회사에 자리가 나왔다며 지원을 권하였습니다. 지금 회사에서 이직을 생각해보지 않았기에 처음엔 거절하였습니다. 하지만 이직하려는 회사가 제가 가고 싶은 브랜드였고, '나에게 맞는 자리라면 부처님께서 되게 해주실 것이고 맞지 않으면 안 될 것이다.'라는 편안한 마음이 들면서 지원해 보기로 하였습니다. 지원하는 그 순간, 알 수 없는 '될 것 같다.'라는 생각이 조용히 올라왔습니다.

예전에는 면접 일정이 잡히면 긴장하며 질문 리스트를 만들어 매일 매일 연습을 하곤 하였습니다. 하지만 이번에는 긴장감이 전혀 들지 않았고, 심지어 면접 준비도 하지 않을 정도로 편하게 느껴졌습니다. 다만 1, 2차 면접 전에 각각 한 가지 질문만이 떠올라 그 질문에 대한 답변을 준비하였는데, 면접에서 그 질문이 나와 성공적으로 대답을 잘할 수 있었습니다. 또한 예정에 없던 3차 면접이 급하게 잡혔을 때도 동요하지 않았고 인터뷰 볼 분이 어떤 분인지만 궁금했습니다. 이번 3차 면접에는 예상 질문이 떠오르지 않았지만 그래도 편안한 마음으로 참석을 하였습니다. 3차 면접이 가장 길게 진행되었고, 그 브랜드에 대한 저의 의견을 많이 물어보았습니다. 예상하지 않았던 질문을 받았음에도 답이 저절로 나오는 신기한 경험을 하였습니다.

1차 면접은 금강경 연수원 수련회 시작일이었고 그 후 면접은 자시 가행정진을 시작한 후였습니다. 이렇게 진행된 면접 이후 빠르고 긍정적인 답변을 받았습니다. 이직의 필요성을 느끼고 진행되었던 것이 아니기 때문에 새로운 곳으로의 이직이 부처님 시봉을 더 잘할 수 있고 기쁘게 해 드릴 수 있는 일인지 심사숙고하며 바치고 있습니다.

선지식과 함께 하는 주경야선 가행정진과 변화

많은 도반님과 달리 저는 자시 가행정진을 필요성에 의해 시작하지 않았습니다. 어렵게만 느껴졌던 자시 가행정진을 법사님과 함께 한다는 말씀에, 이런 기회가 두 번 다시 없을 것 같은 생각이 들어 참석하였습니다. 참석하기 전, 참석할 수 있기를 원 세우고 참석하고 싶은 마음을 바쳤습니다.

선지식과 함께한 자시 가행정진 첫날은 환희심 그 자체였습니다. 제가 근래 주말 출가에서 했던 자시 가행정진은 올바르게 한 것이 아니었고, 왜 해야 하는지조차 모르고 했었다는 것을 알게 되었습니다. 이번에 자시 가행정진의 의의, 반드시 해야 하는 이유, 자시 가행정진의 올바른 방법을 알게 되어 너무나 기뻤습니다.

환희심으로 자시 가행정진을 했지만 잠을 떨쳐내지는 못했습니다. 첫 주에는 회사에서 분명 컴퓨터 모니터를 보고 있었는데 순간 잠에 확 빠지는 일이 있었고, 갑자기 잠이 쏟아져 커피에 의존하기도 했습니다. 자시 가행정진 시작 첫 주에는 집에서 자다가 지각도 하였습니다. 그러나 지금은 더이상 회사에서 업무를 하면서 순간 잠에 빠지는 경우는 없으며, 커피에 대한 의존도도 줄여가고 있습니다. 비록 다시는 지각하고 싶지 않은 마음에 집에서 쪽잠을 자고 있습니다만, 몸이 무겁다거나 피곤하다는 생각은 전혀 들지 않습니다.

또한, 법사님께서 말씀하신 하루 1식을 실천하기 위해 노력하고 있습니다. 1.5식을 하고 있는데, 그전에는 대강 아무거나 막 먹었다면, 이제 1식으로 오히려 건강하고 좋은 음식을 먹게 되는 것 같습니다.

아직은 자시 가행정진하며 잠과의 치열한 싸움을 벌이고 있습니다. 그렇지만 목 뒤에 시원한 바람이 분다거나, 살포시 누군가가 어깨를 꽉 잡아준다거나, 툭 친다거나, 책상을 흔든다거나 하며 잠에서 깨워주려는 것 같은 신기한 경험도 하였습니다. 또한, 법우님들이 다 함께 열심히 독송할 때 백성욱 박사님 초상화와 금강경 병풍 주위가 환해지면서 저의 금강경 책 주변도 마치 조명이 비추듯 환해지는 경험도 하였습니다.

제가 자시 가행정진이 어렵다고 생각했던 이유를 생각해보면, '나는 일이 많다, 바쁘다.'라고 이름 짓고, 잠은 반드시 일정 시간 이상을 자야 하며, 식사는 반드시 해야 한다고 규정해 놓았기 때문인 것 같습니다. 이러한 생각은 저의 분별심이고 착각이었음을 선지식과 함께하는 자시 가행정진을 통해 깨우칠 수 있었습니다.

저는 즐거운 주경야선 자시 가행정진을 26일 회향 이후에도 계속하여 49일 자시 가행정진하기를 원 세웁니다. 49일 자시 가행정진하고 싶은 마음도, 이직하면 계속 이어서 할 수 있을지 고민되는 마음도 부처님께 바칩니다.

오늘도 모든 법우님이 즐겁게 자시 가행정진하시어 부처님 기쁘게 해 드리기를 발원드립니다. 감사합니다.

부처님께 복 지으니 만사형통

'참나'가 드러나서 스스로 재앙소멸하고 소원성취한다.

○ 금강경 수행자의 바른 표현

<table>
<tr><td rowspan="4">업무 특성</td><td>발표자의 표현</td></tr>
<tr><td>업무가 색성향미촉법에 의거해 상품을 선택하고
판매하는 것이다.
우리 공부와 맞지 않는다.</td></tr>
<tr><td>금강경 수행자의 바른 표현</td></tr>
<tr><td>• 업무가 보고 듣는 것에 의거해 언뜻 들은 마음을 부처님께 바쳐 해탈하면, 이때 얻어지는 지혜에 의거해 상품을 선택하고 판매하는 것이다.
• 우리 공부와 맞다.</td></tr>
</table>

<table>
<tr><td rowspan="4">이직 제의</td><td>발표자의 표현</td></tr>
<tr><td>나에게 맞는 자리라면, 부처님께서 되게 해주실 것이고,
맞지 않으면 안 되게 해주실 것이다.</td></tr>
<tr><td>금강경 수행자의 바른 표현</td></tr>
<tr><td>• 내가 진실로 원한다면 반드시 될 것이요,
진실로 원하지 않으면 안 될 것이다.</td></tr>
</table>

○ 구족具足(자신의 전지전능, 선호념 선부촉)의 체험

- 불안을 바쳐서 편안해진 마음으로 예상치 않은 질문에 대답할 수 있었다.
- 이직의 필요성을 느끼고 진행된 것은 아니었다.
- 목 뒤 시원한 바람, 누군가 어깨를 잡아주는 듯하였다.

○ 부처님 전에 복을 지으니 만사형통이다.

- 달력 제작과 자시 가행정진으로 환희심이 나고 좋은 회사로 이직하다.

잠 해탈이 쉽지 않습니다. 자연스럽게 사라질 수 있으면 얼마나 좋겠습니까? 잠은 자연스럽게 사라지지 않습니다. 마치 악마나 마귀처럼, 사라질 듯하면 더 철저히 반응합니다. 잠과 투쟁하느라 대단히 수고가 많습니다. 악마나 마귀도 착각이고 본래 없다는 금강경 가르침을 마음속에 잘 새기면서, 잠이 본래 없음을 알고 해탈해서 부처님 전에 복 많이 지으시기를 발원드립니다.

오늘 청년조 ○○선 보살님이 긴 문장을 써서 주경야선 수행 소감을 발표했습니다. 이 문장을 언뜻 보고 문제점 또는 검토할 것이 있다고 생각하시는 분이 있다면, 상당히 지혜로운 분이라고 생각합니다. 문제점을 지적하고 검토해 줄 수 있는 지혜로운 분이 얼마나 있을까요? 이 문장을 몇 번 읽어보면서 수정이 필요한 것과 찬찬히 검토해서 확실하게 할 필요가 있는 것을 몇 가지 발견했습니다. 제가 드리는 말씀을 잘 숙지하신다면 가행정진을 효율적으로 수행함은 물론, 공부를 확실한 믿음으로 실천해서 행복해지고 밝아지는 시간을 좀 더 앞당기지 않을까 생각해 봅니다.

색성향미촉법에 끌리는 마음을 바쳐서 얻어지는 지혜에 의한 판단

우선, 첫 번째 수정이 필요한 문장입니다. 나는 정확하게 ○○선 보살의 직업이 무엇인지는 잘 모릅니다. 그런데 이 글에서 자기 직업을 얘기합니다.

「업무가 색성향미촉법에 의거해 상품을 선택하고 판매하는 것과 관련이 있다 보니, 우리 공부와 맞지 않는다.」

업무가 색성향미촉법에 의거한다는 것은 상품의 외관만 보고 좋은 상품인지, 잘 팔릴 것 같은지 판단한다는 거예요. 사람도 저 사람이 쓸 만한지 아닌지 관상을 보고 판단한다는 수가 많습니다. 신언서판身言書判은 몸, 말하는 것, 글씨 쓰는 것 등 외관으로 사람 됨됨이를 판단한다는 말입니다. 사람도 그렇고 물건이나 상품은 말할 것도 없이 겉모양을 보고 판단합니다.

직업이 겉모양에 의해서 상품을 선택하고 판매하는 것과 관련이 있다 보니 우리 공부와 맞지 않는다고 했어요. 우리 공부는 색성향미촉법에 주住하지 말라고 강조하는데, 본인이 색성향미촉법에 주해서 상품을 선택한다는 뜻입니까? 검토해야 합니다. 관상을 보고 사람을 택하듯이 상품의 겉모양을 보고 상품을 택한다는 것은 '색성향미촉법에 의거하여 선택하고 판매한다. 겉모양에 주해서 판단한다.'라는 것과 다릅니다.

겉모양에 주하는 마음을 바쳤을 때 떠오르는 지혜가 있습니다. 겉모양에 집착하면 깜깜해져서 그 실상이 보이질 않아요. 이 상품이 정말 실용적인가? 많이 판매할 가치가 있는가? 하는 실상이 보이지 않습니다. 예를 들어서 관상을 보고 사람 됨됨이를 판단한다고 할 때, 미인이라는 데에 마음이 동했다면, 이것은 관상을 보고 판단하는 게 아니라 관상에 집착해서 제대로 실상을 보지 못했다는 얘기입니다. 여기까지 들으면 이 문장이 잘못됐다는 것은 쉽게 알 수 있어요.

이렇게 보충해야 합니다. 색성향미촉법에 의거해서 결정하는 게 아닙니다. 색성향미촉법에 따라 보지만, 어떤 선입견이나 마음이 붙으면 그것을 떼려고 하는 것입니다. 좋다거나 잘 팔리겠다는 선입견이 순간적으로 들 때, 그 생각을 그대로 이어나간다면 상품을 판매하는 데 거의 실패할 수밖에 없습니다.

심사숙고해서 그 마음을 해탈하면 '겉으로 보기엔 화려하게 보여도 잘 살펴보니까 아니네. 좀 더 살펴보니 어떤 상품이 가장 잘 팔리고 실용적일지 알겠다.'라는 해석이 충분히 가능합니다.

「업무가 색성향미촉법에 의거해 상품을 선택하고 판매하는 것과 관련이 있다 보니, 우리 공부와 맞지 않는다.」

이렇게 써 놓으면 말이 되는 것 같지만, 그럴듯하면서도 정답이 아닙니다. 우리는 이런 오류를 종종 범합니다. 우리 공부식의 바른 표현으로 수정해 보겠습니다.

「색성향미촉법에 끌려 언뜻 올라온 들뜬 마음을 부처님께 바쳐 해탈하여, 이때 얻어지는 지혜에 의해 상품을 선택하는 것은 우리 공부법과 맞는다.」

반드시 이렇게 고쳐야 합니다. 지금까지 맞지 않는다고 생각하고 수도와 직장 사이에서 갈등해왔어요. 갈등할 것이 아니라 우리 수도법을 직장생활에 잘 활용할 수 있다면 유능한 세일즈맨, 연봉 많이 받고 인정받는 직장인이 될 것입니다.

겉마음과 속마음이 일치하는 진실한 소원은 이루어진다

두 번째입니다. 회사에서 근무를 잘하고 있는데 능력을 인정받았는지, 외부에서 더 좋은 회사로 이직하라는 제의가 왔습니다. 갈까 말까 망설입니다. 바랐던 자리이긴 하지만 생각이 복잡합니다. 스스로 판단할 자신이 없어요. 부처님에게 미루어버립니다.

「부처님이시여 이것이 나에게 맞는 자리라면 되게 해주시옵고, 맞지 않는 자리라면 되지 않게 해주시옵소서.」

이 기원이 바람직합니까? 아닙니까? 부처님이 되게 해주는 사람이에요? 고쳐야만 합니다. '나에게 맞는 자리라면 부처님께서 되게 해줄 것이고'를 '내가 진정으로 원하면 될 것이고'로 고쳐야 합니다. '부처님'은 빼야 합니다.

진정으로 원한다는 것은 속마음까지도 원한다는 것입니다. 우리는 잘 모르지만 겉으로 원하고 바라는 것 같아도 속으로는 원하지 않는 수가 많습니다. 예를 들어봅니다. 운전하는 사람들은 좋은 차를 타길 원합니다. 만약 좋은 차가 벤츠라면, 누구나 벤츠를 타고 싶어 하겠지요. 하지만 잠재의식은 꼭 원하지 않을 수도 있습니다. 밝은이는 이렇게 얘기합니다.

"너는 겉으로만 원했지 속으로는 원하지 않는다."

계속 원하고 기도하면 될 것 같지만 안 되는 경우가 많습니다. 왜 안 될까요? 현재 의식은 그 원인을 모르지요. 밝은이는 "너는 언젠가 전생에라도 좋은 자동차를 몰다가 큰 사고가 났던 트라우마가 있었다."라고 얘기하십니다.

다른 예를 보지요. 어떤 남자가 키가 크고 고학력에 잘 생겼는데 부자고 인격도 있는 것 같아요. 그런 남자를 보면 호감을 느끼고 결혼 상대자로 원할 수 있습니다. 하지만 전생에 그런 사람을 만났다가 결혼해서 깨진 적이 있다면 잠재의식은 다 기억하고 있습니다. 그런 잠재의식 또는 쇼크를 가지고 태어날 수 있습니다. '그 사람이 좋기는 좋지만 나는 좋은 사람, 내가 그리던 사람, 화려한 사람을 만나면 안 돼. 나에게는 망하는 뭔가가 있어.' 속으로는 그렇게 중얼거립니다. 그러나 겉에서는, 즉 현재 의식에서는 속에 그런 트라우마가 있다는 것을 모릅니다. 전생의 기억이니 더더욱 모릅니다. 겉으로는 그 남자를 만나서 살았으면 좋겠다고 부처님께 빌고 또 빌어요.

부처님께서 이렇게 얘기하실 것입니다.

"진실하면 될 것이다. 속마음까지 빌면 될 것이다."

자기 마음속 전생의 기억에서 그런 좋은 사람을 그리다 만나서 살았더니 멸시당하고 천대받다가 결국은 쫓겨났다는 트라우마가 있을 수 있거든요. 자기도 모르게 속마음에서 거부하고 있어요. 결국은 안 되는 쪽으로 갑니다. 진실하게 원한다는 것은 겉마음뿐 아니라 속마음까지도 동일하게 원한다는 뜻입니다. 진실하게 원하면 다 됩니다. 순수하게 원하는 것은 진실하게 원하는 것입니다. 반대로, 이기적인 마음으로 원하는 것은 진실하지 않은 것입니다.

「나에게 맞는 자리라면 부처님께서 되게 해주실 것이요」

상당히 잘못된 표현입니다. 반드시 이렇게 고쳐야 합니다.

「내가 진실로 원한다면 반드시 될 것이요, 진실로 원하지 않으면 안 될 것이다.」

백 선생님께서는 '원하면'은 빼고 말씀하십니다.

"진실하면 다 된다."

쉽게 말하면 기복이 아닌, 이기적이 아닌, 부처님 시봉하는 뜻으로 원하면 다 된다는 뜻입니다. 발원문이 중요하지 않습니다. 속마음이 중요합니다. 그 원칙이 간단해요. 이기적이 아닌 진실한 원願을 세우면 반드시 됩니다. 속마음과 겉마음이 동일한 것이 진실한 원입니다. 겉으로도 죽이고 싶고 속으로도 죽이고 싶으면, 나의 원이 상대를 죽이는 수가 있어요. 실제로 그렇게 됩니다. 겉으로는 착한 척하면서 속으로 죽이고 싶다면 속마음이 정답입니다. 대개 죽이게 되는 수가 많습니다. 한집에 살면서 자기는 손에 칼도 대지 않고 상대를 저절로 죽게 할 수 있어요.

문장을 제대로 쓰는 것은 수도를 제대로 하는 것

문장의 구조를 잘 이해하고 문장을 잘 써야 합니다.

「업무가 색성향미촉법에 의거해 상품을 선택하고 판매하는 것과 관련이 있다 보니, 우리 공부와 맞지 않는다.」

「나에게 맞는 자리라면 부처님께서 되게 해주실 것이고, 맞지 않으면 안 되게 해주실 것이다.」

이것은 거짓말 같지 않지요. 하지만 밝은이가 보면 거짓말하는 연습이 됩니다. 표현력이 부족한 것일 뿐 거짓말은 아니라고 할 수 있지만, 그렇지 않습니다. '우리 공부와 맞는다.'고 해야 정답입니다. '맞지 않는다.'라고 하면 거짓말이고 거짓말 연습하는 것입니다. 문장을 이렇게 써 버릇하면 거짓말을 연습한 결과로 재앙이 옵니다.

'문장을 제대로 쓰는 것'은 바로 '수도를 제대로 하는 것'과 동일합니다. 문장이 무슨 죄가 있냐고 하겠지만, 아닙니다. 문장이 바로 마음의 표현이기 때문입니다. 잘 알아두시기 바랍니다.

참나가 드러나
스스로 재앙을 소멸하고 소원을 성취한다

공부하면서 구족을 체험했습니다. 자신에게 전지전능한 위력이 있다는 것을 체험한 것입니다. '참나'는 전지전능하기도 하지만, 무한 능력을 가지고 있기 때문에 스스로 선호념 선부촉도 해요. 금강경을 읽다 보니 목 뒤에 시원한 바람이 불고 누가 어깨를 툭 치며 잠을 깨우는 듯한 현상이 나타납니다. 부처님께서 선호념 선부촉하신다고 생각할 수 있지만, 부처님이 아니라 '참나'가 드러나서 스스로 재앙을 소멸하고 소원을 성취하게 하는 것이라고 보면 됩니다.

이 공부를 하면서 구족, 자기의 무한 능력, 자신 속의 보살의 마음, 선호념 선부촉을 체험했습니다. 대표적으로 "편안한 마음은 예상치 않은 질문에 대한 대답을 가능하게 했다."라고 했습니다. 1, 2차 면접에 아주 쉽게 통과했고, 예정에 없던 3차 구두 면접 또한 약간 시간이 길어져도 불안한 마음이 없었고, 예상 질문과 답변을 만들지도 않았는데 대답이 척척 나와서 잘됐다고 합니다. 본래 가지고 있었던 구족한 능력이 드러난 것입니다.

열등감만 바쳐서 소멸하면
전지전능한 능력이 생긴다

우리는 스스로 열등하다고 생각하고 있습니다. 예를 들어보겠습니다. 어떤 사람이 어릴 때부터 아둔하고 리더십도 없지만, 집이 부유합니다. 부모는 좋은 대학을 보내거나 해외 유학 보내서 훈련을 시키면 똑똑하게 될 것으로 생각하고 과외 공부시키고 노력합니다. 요샌 과외 공부하고 요령만 잘 가르쳐주면 대학도 잘 들어갑니다. 그렇게 국내 일류대학 또는 해외 명문 대학에 가서 공부하면 똑똑해지고 능력이 생긴다는 것이 세상의 상식입니다.

밝은이는 어떻게 교육하실까요? 무능하고 열등감 있는 사람을 어떻게 자신감 있고 능력 있는 지도자가 되게 할까요? 열등하다는 생각만 바쳐서 소멸하면 우수한 사람이 됩니다. 근심 걱정만 소멸하면 행복은 저절로 옵니다. 가난한 마음만 없애면 부자는 저절로 된다고 합니다. 부자가 되기 위해서 의사 변호사 자격시험을 치는데, 그 자격을 갖추려면 얼마나 힘듭니까? 노력해야만 부자가 되고 능력이 생긴다고 생각하지만 혹독한 훈련과 난행 고행이 필요하지 않습니다. 마음속의 열등감, 무능하다는 생각, 안 된다는 생각, 모른다는 생각을 계속 바쳐서 소멸하면 본래 부처님 같은 능력이 생깁니다. 믿기지 않지요?

모른다는 생각만 바치면
아는 능력이 생긴다

영어를 못한다면 영어 학원에 다니고 유학도 갑니다. 그렇게 몇 년을 노력했더니 영어에 달통했다고 하지요. 믿으실지 모르지만, 영어를 모른다는 생각을 계속 바쳐서 어느 날 갑자기 영어를 알게 될 수 있답니다. 그런 분을 만났어요. 아주 재밌습니다.

그분이 1900년생 정도니 지금 살아계시면 120살은 됐을 겁니다. 그이는 초등학교 중퇴인데 똑똑하고 인물도 아주 미인입니다. 다 좋은데 아들이 아파요. 백약이 무효입니다. 그래서 대한민국에서 1등 가는 도인을 수소문했더니 금강산에 있는 백성욱이라는 분이 한국 최고 도인이라는 소문을 들었습니다. 그 시절 여자가 찾아갈 수 없어서 금강산에 대신 사람을 보내 여쭤봤습니다.

"내 아들이 병들어서 다 죽게 되었으니, 어떻게 내 아들을 구할 수 있겠소."

백 박사님께서 친필로 '대방광불화엄경' 일곱 자를 써 주면서 말씀하셨습니다.

"자나 깨나 이것만 외우시오. 그러면 아들의 병이 나을 것이오."

자나 깨나 '대방광불화엄경' 하는데, 채 6개월도 안 돼서 슬슬 아는 능력이 생깁니다. 일제강점기 때 초등학교를 겨우 나올까 말까 했으니까 영어는 ABC도 모릅니다. 그런데 해방되고 어느 날 갑자기 미군정청 사령관 하지(John Reed Hodge) 중장이 말하는 영어를 훤히 알아들을 수 있었대요. 또 그이가 유명한 바둑 기사 조○훈의 후견인이었어요. 조○훈은 지금까지도 상당히 승률이 높은 기사로 통합니다. 그이는 조○훈이 바둑 두는 걸 보면 잘못 놓는 게 보인답니다. 이렇게 놓으면 되는데 저렇게 놓아서 진다고 얘기합니다.

그이를 만나려면 며칠씩 별러야 했습니다. 모르는 게 없으니까요.

돈을 굉장히 많이 벌었어요. 그 방법이 '대방광불화엄경' 하는 것이었습니다.

무지, 불안, 근심을 바치기만 하면 무한한 능력을 발휘할 수 있다

사람에게는 본래 이렇게 아는 능력이 있나 봐요. 배우지 않아도 아는 능력이 있습니다. 영어를 전혀 모르는 사람도 모른다는 생각을 자꾸 바치면 영어가 훤히 들리고, 바둑의 '바'자도 모르는 사람이 바둑에 대해서도 알게 된다는 것이 구족의 체험입니다.

마찬가지로 ○○선 보살님도 근심 걱정이 없어지니까 3차 면접에 자신감 있게 임하는 거예요. 훈련하고 교육받고 사전에 예습하고 족집게 과외를 해서 된 게 아니에요. 그저 모른다는 생각, 불안 근심을 내려놓으니까 어디서 나오는지 자신감이 나옵니다. 자기 속의 무한한 능력을 체험한 것입니다. 이건 확실합니다.

도인은 성공을 위해 노력하거나 해외 유학을 가라고 하지 않습니다. 물론 그분은 아주 특수한 경우이지만, 다른 분도 바치는 수행을 원칙으로 해서 조금만 노력하면, 해외 유학 가고 난행 고행하는 것보다 빠른 성과를 거둘 수 있다는 것은 확실합니다. 단기간 내에 부자도 될 수 있고 괄목할 만한 성공을 이룰 수 있다는 것이 확실합니다.

그 자리에서 바치면서
감사하고 기쁘게 일하라

그다음은 이직移職 문제입니다. 이번에 좋은 직장으로 옮기게 되는 것 같은데, 내가 보기에 가는 게 좋을 것 같아요. 현 직장을 고집하지 않습니다.

두 가지 방식이 있습니다.

제 친구가 고등학교 교사를 오래 하다 보니, 대학으로 옮기고 싶었습니다. 어느 날 과감하게 교사직을 던지고, 대학원에 가서 결국 대학교수가 됐습니다. 직장에 불만을 품고 이직의 필요를 느끼며 모험을 하고, 고생이라는 큰 대가를 치르고 이직했습니다.

또 다른 친구도 고등학교 교사였는데 더 나은 데로 가고 싶었지만, 그만두고 대학원에 가기에는 부담스러웠습니다. 그 친구는 우리식으로 바치는 방법을 택했던 것 같아요. 이 친구는 직장에 불만을 품지 않고 감사하며, 교사로서의 전문성을 키우는 데 노력했고, 초빙 교장에 응모하여 당당하게 합격했습니다. 서울대학교에 매년 몇십 명씩 보내는, 일류 고등학교 교장 생활을 오래 하며 명망을 얻었습니다. 고등학교 교장은 대학교수만 못하지 않다고 생각합니다. 이 친구는 이직의 필요를 느끼지 않고, 오히려 감사하면서 기쁜 마음으로 충실하게 전문성을 키워서 자연스럽게 이직했습니다.

우리 공부는 첫 번째 친구처럼 어떤 대가를 치르고 이직하는 게 아닙니다. 두 번째 친구처럼 그 자리에서 감사하고 기쁘게 일하면서 전문성을 키워 발전하는 것입니다. 꼭 이직의 필요를 느껴서, 복을 짓고 노력하여 이직하는 게 아니라는 걸 아셔야 합니다.

○○선 보살도 이직의 필요성을 느끼지 않고 그 자리에서 감사하며 전문성을 키웠기 때문에, 그 능력을 하늘과 땅이 알아 밖에서 스카우트한 경우입니다. 이것을 알아두면 지혜롭게 판단하는 데 도움이 됩니다.

수행의 결과

이제 결론을 내리겠습니다. 결국은 좋은 일이 많이 생겼어요. 달력을 제작해서 복을 짓고 가행정진하여 복을 지었습니다. 달력을 제작해서 복을 지으며 부처님에 대한 공경심이 났고, 그것이 가행정진을 기쁘게 참석하는 마음으로 이어졌습니다. 그 결과 아주 기쁨이 충만했고 좋은 직장으로 옮기게 되었습니다. 복 짓고 만사가 형통하게 되었습니다. 힘들이지 않았어요. 여기서 많은 교훈을 찾을 수 있습니다. 26일 가행정진이 내일모레로 끝나면, '아, 시원하다. 지겨운 거 끝나서 좋다!' 이런 분들도 있겠죠? 그런데 이분은 49일까지 계속한대요. 공부의 맛을 붙인 겁니다. 상당히 바람직한 자세입니다. 여러 가지 많은 교훈을 얻을 수 있습니다.

제 9 장

수마를 제압한 자가 성불한다

수마 해탈을 발원하며

부처님 시봉하기를 늘 원 세우는 ○○지입니다.

법당인연과 공부에 대해 말씀드리겠습니다.

몇 해 전 우울증인지 뭔지, 알 수 없이 눈물이 흐르고 순간순간 무서운 충동을 느낀 적이 있습니다. 이를 극복하고자 하던 중에 지인에게 금강경 독송을 권유받았습니다. 뜻도 모르고 한글로 읽는데도 마음이 안정되고 편안해졌습니다. 제대로 읽고 싶은 마음이 생겼습니다. 한 달쯤 생각하던 중 법사님의 책을 우연히 접하게 되었습니다. 법사님께서 예전에 읽었던 『마음을 어디로 향하고 있는가』의 저자라는 것은 알고 있었지만, 뵌 적도 없는 법사님이 무척 반가웠습니다. 그리고 꼭 뵙고 싶었습니다. 보이지 않는 존재가 인도하시는 것처럼 신기했습니다. 저도 모르는 사이에 원 세운 결과인 것 같습니다.

때마침 수련회가 있어 운 좋게 바로 참석하였고 영광되고 행복한 법당인연이 시작되었습니다. 저는 매주 일요일 법사님의 법문에서 일주일 동안 살아갈 에너지를 얻었고 희망과 자신감을 가지게 되었습니다.

자시 가행정진 시작

2017년에 법사님의 법문에서 자시 가행정진에 관한 이야기를 들었습니다. 새로 오신 몇몇 도반님들이 망원동 법당에서 공부할 마음을 내고 자시 가행정진을 시작하셨습니다. 그때까지 저는 법문 듣고 책 읽는 걸 선호하였고 21일이나 49일 날짜를 정해놓고 공부하는 것에 마음을 내지는 못했습니다. 하지만 새로 오신 분들이 적극적으로 공부할 마음을 내시는데 기존 도반이 가만있자니 숙제를 안 한 듯 마음이 불편하였습니다. 용기는 안 나고 가만있기도 난처해서, 궁리 끝에 7일 정도 공부에 동참하면 어떨지 조심스레 법사님께 여쭤보았습니다.

"삼 년 정도 공부해보면 잠이 분별이고 본래 없다는 것을 알게 될 겁니다. 잠이 착각이고 본래 없음을 알게 되면 재앙 또한 본래 없음을 알게 됩니다."

도반들이 법사님 점검을 궁금해 하였습니다. 3년 공부하라 하셨다고 전해주니 3년을 어찌할 것이냐, 공부해야만 하는 안 좋은 상황이냐고 걱정을 합니다. 정작 저는 3년 공부하라는 말씀이 감사했습니다. 21일 공부도 못하던 제게 도인이 하신 말씀은 '할 수 있다.'라는 격려의 뜻으로 들렸습니다.

공부로 인한 변화

공부와 일을 병행할 수 있냐? 공부도 좋지만, 무리 아니냐? 가족 인연들의 걱정이 많았습니다. 처음엔 틈만 나면 자고 싶은 마음도 있었고 붕 떠 있는 것 같기도 했는데, 7일 정도 지나면서 큰 무리 없이 일상생활과 공부를 병행하는 것이 가능해졌습니다. 몸은 가볍고 전보다 더 활력이 느껴졌습니다. 이런 저를 보는 가족 도반들도 신기해했습니다.

첫째, 마음이 편하고 든든합니다. 전에 예민하게 느꼈을 만한 일도 분별없이 지나가게 됩니다.

둘째, 추위에 약하고 두려워하는 마음도 있었는데 지금은 미리 잘 껴입고 핫팩 준비하고, 걱정하는 마음으로부터는 자유로워졌습니다.

셋째, 짜증, 신경질, 화, 이러한 단어는 일상에서 아예 사라졌습니다. 소소해 보이지만 저를 구속하던 많은 것들로부터 자유로워졌음을 느낍니다.

최고의 난제, 수마

저는 당시 자시 가행정진과 주말 출가를 병행하고 있었는데, 누가 묻지 않아도 '공부에 완성도가 떨어지는 이유는 일, 자시 가행정진, 주말 출가를 다 하기 때문이야. 하나만 하면 나도 완벽하게 할 수 있어!'라고 자꾸 핑계거리를 찾았습니다. 주말 출가 인원이 많아져 대기자까지 생기게 되자, '이제 새로운 분들에게 기회를 드리자.' 하고 스스로 명분을 만들면서 자시 가행정진만 하기로 하였습니다.

그런데 계획처럼 잘 안 됩니다. 전보다 쉴 시간이 늘어났음에도 더 피로합니다. 자시 가행정진할 때만 조는 것이 아니라 틈만 나면 피로한 눈을 쉬어주느라 습관적으로 눈을 감게 됩니다. 뭐가 문제이지? 오래전 일이 생각납니다. 법당에 와서 앉자마자 바로 이마가 바닥에 닿는 도반에게 분별을 낸 적이 있었는데 그것 때문인가? 그래도 분별 한 번이 몇 년의 고통으로 이어질 수 있나?

공부의 의미, 부처님 마음 연습

공부 분위기를 망칠까 우려하면서도 공부를 그만둘 수 없는 이유가 있습니다. 솔직히 공부가 잘 되고 있다고는 생각하지 못하지만, 며칠 공부를 안 하면 빛의 속도로 예전으로 되돌아가는 것 같습니다. 늘 든든한 마음이 들 때는 당연하게 생각되고 공부의 공덕으로 생각 못 할 때도 있습니다. 그러나 공부를 안 하면 이유 없는 분별이 많아짐을 금세 느낍니다.

공부가 선택이 아니고 필수 조건임을 알았습니다. 제가 사람 몸 받아 태어난 이유가 부처님 공부하여 부처님 닮아 가기 위한 것임을 압니다. 순간순간 잊어버리고 눈앞의 것에 마음을 붙일 때도 있지만, 무엇이 진리인지 알기에 돌아올 곳이 있습니다.

전에는 버릇없이 '금강경 독송과 바치는 공부 잘하겠습니다. 그래도 당장 사용할 비법을 하나 주셔요.' 이런 마음이었던 것 같습니다. 이제는 금강경 독송과 바치는 공부를 통해 부처님 마음이 되어 보는 것, 부처님 마음 연습만이 가장 빠른 지름길임을 알고 있습니다.

공부하는 사람에게 성공은 세상 식으로 쌓아 올리는 성공이 아니라, 나를 비우고 탐진치를 바침으로써 그 비워진 만큼의 결과가 성공이라는 형태로 나타난다고 배웠습니다. 서두르지 않겠습니다. 서두르는 그 마음을 바치겠습니다.

법사님과 함께한 주경야선 가행정진

사실 두어 해 동안 법사님께 제대로 인사도 드릴 수 없었습니다. 공부를 안 하지는 않지만 제대로 하는 것도 아니고 면목이 없어 제대로 뵙지 못했습니다. 이번에 법사님께서 원흥 법당에서 자시 가행정진을 하신다는 소식에 당장 함께하고 싶었습니다. 잠을 해탈할 수 있는 동아줄입니다. 김○○ 보살님이 잠의 해탈을 전제로 발표를 권해줍니다. 내놓을 것이 없어 염치없지만 잠의 해탈을 전제로 덜컥 약속하였습니다. 이후 틈틈이 격려와 체크가 이어집니다. 도반의 고마움을 다시 한번 느낍니다.

법사님께서는 죽비를 치며 조는 도반을 손수 깨워주십니다. 정신

바짝 차린다고 했는데, 어느새 옆에 계십니다. 차라리 저를 쳐 주시지, 법사님의 손을 아프게 한 제 마음이 너무 아픕니다. 그러나 죄송한 마음과 달리 눈은 떠지지 않습니다. 그래도 조금씩 나아지는 것 같습니다. 희망이 보입니다. 21일 차, 다시 원점인 것 같습니다. 어렵게 느껴졌습니다. 하지만 이 생각도 착각임을 알고 애써 바칩니다.

"○○지 보살은 나는 일을 해서 독경 시간에 잘 수밖에 없다는, 그 생각 때문에 졸게 된다."

법사님의 말씀을 전해 들었습니다.

이번 법사님과 함께한 주경야선 가행정진을 통해 저 자신에게 공부의 의미, 해야 할 일과 하지 말아야 할 일이 명확해졌습니다.

피곤하다는 생각이 착각임을 알고 바친다. 끝까지 바친다.

잠이 분별이고 본래 없음을 알고 바치고 또 바친다. 수마에 지지 않는다.

언제 어느 때고 부처님 향하는 마음, 부처님 마음을 연습한다.

올라오는 분별 망상은 착각임을 알고 바친다. 특히 분별이 아닌 척 작게 쫑알대는 소리에 속지 말고 바친다. 끝까지 바친다.

공부는 즐겁게, 부처님 기쁘게 해드리는 마음으로 한다. 잠에서 해탈하여 즐겁게 금강경 독송하는 나 자신을 상상한다.

비교, 계산하지 않고 이름 짓지 않는다.

지혜 공부는 지혜 공부답게 한다.

지혜 공부를 지식 공부처럼 하지 않았나 반성해 봅니다. 많이 배우려고 욕심내기보다 가르침을 제대로 실천하도록 하겠습니다.

먼저 이기고 시작한다

이번 주경야선 가행정진 전에 저는 수마에 완전 KO패 상태였습니다. 공부 시작부터 눈이 떠지지 않아 아예 눈감고 외워서 독경을 하다 보니 잠에 빠지는 건 자연스러운 순서였는지 모릅니다.

법사님과 함께 공부할 기회에 참여할 수 있다는 사실만으로도 영광되고 행복합니다. 공부에 임하는 자세를 처음부터 짚어주시니, 지금이라도 제대로 할 수 있어 다행입니다. 그동안 공부하는 시늉만 한 것 같아 부끄럽습니다.

잠의 해탈은 만만치 않지만, 늘 눈이 아프고 피곤한 상태는 거짓말처럼 사라졌습니다. 전에는 잠에 취해 입으로만 습관적으로 금강경을 읽었는데, 이제는 부처님 기쁘게 해 드리는 마음으로 하니 금강경 읽는 것도 재미있고 5독이 금방 지나갑니다. 경을 읽고 나서 든든한 기운은 법사님 말씀을 더 실감 나게 이해하게 하고, 또 그 믿음은 경을 더 즐겁게 읽는 원동력이 됩니다. 이런 기분 좋은 선순환도 있습니다.

이번 기도 중에 어느 날 꿈에서 거대한 돼지가 죽어 있는 것을 보았습니다.

아직 공부가 다 된 것이 아니고 과정에 있지만, 이제는 시작부터 지지 않습니다. 여하한 경우에도 물러서지 않을 것입니다. 반드시 잠을 해탈하여 부처님 기쁘게 해 드리기를 발원합니다.

마무리

금강경 연수원 설립에 쓰실 땅을 한 평이라도 사서 금으로 깔아 드리는 상상을 해 봅니다. 3cm로 펴서 깔아도 30억쯤 들겠네요. 순수하게는 먼저 공부를 접한 우리에게 소명의식이 있다고 생각합니다.

세상 모든 사람이 부처님 공부, 법사님 가르침 받고 실천하여 부처님 기쁘게 해 드리길 발원합니다. 약간 순수하지 않은 것 같기도 하지만, 가장 확실한 투자라고 생각합니다. 세세생생 할 공부인데, 법사님 가르침이 잘 정리되어야 하고 훌륭한 교육기관이 있어야 합니다. 금강경 연수원이 하루빨리 이루어져 많은 사람이 이 가르침을 받고 실천하여 부처님 기쁘게 해 드리길 발원합니다.

부처님 감사합니다. 법사님 감사합니다.

수마를 제압한 자가 성불한다

○ 수마 발생 과정

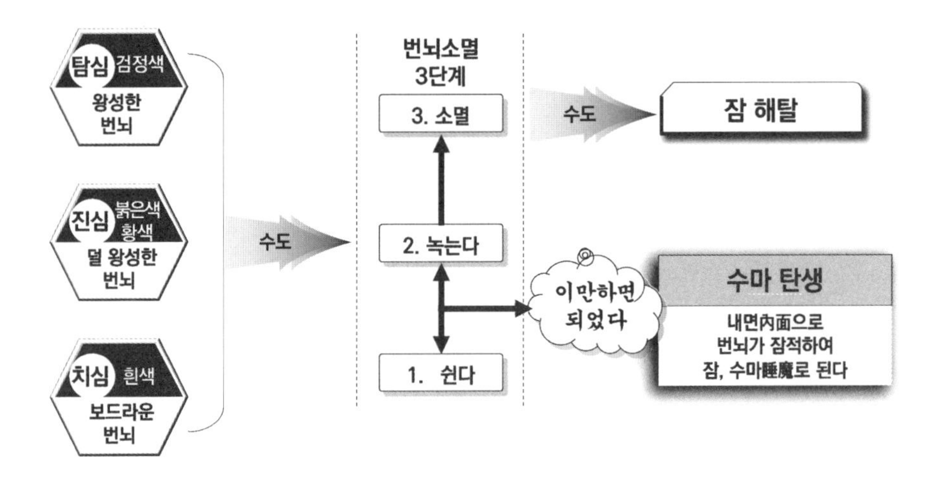

○ 수마 소멸 방법

- 도인의 특별 방편: 아나율
- 주경야선 가행정진

자시 가행정진으로 잠을 해탈하는 것이 우리의 목표입니다.

오늘은 왜 수마를 해탈해야 하는지, 수마를 해탈하는 것이 어떤 깊은 뜻이 있는지 말씀드리고자 합니다. 수마를 해결해야 하는 당위성과 의의가 오늘 발표한 ○○지 보살의 수행발표와 직접 연관되므로 수행발표에 대해서는 구체적으로 언급하지 않겠습니다. 오늘 칠판에 써놓은 이 내용만 잘 이해하시고 나아가서 실감하신다면 ○○지 보살의 이야기를 충분히 소화하는 것입니다.

잠을 해탈하는 가행정진에 대한 정리요 결론입니다.

잠이 본래 없음을 알면 성불한다

수마가 어째서 발생하며, 왜 생명체처럼 되는가?

제가 몇 년 동안 백 박사님 밑에 출가하여 공부했고, 그 뒤에도 열반하실 때까지 한 10여 년을 자주 찾아뵈면서 금강경 공부를 계속했습니다. 결론을 한 문장으로 요약해 봅니다.

수도는 탐진치라는 번뇌를 해탈해서, 정확히 말하자면 탐진치라는 번뇌가 본래 없음을 알아서 본성을 드러내게 하는 것입니다. 이렇게 해야만 성불할 수 있다고 합니다.

탐진치라는 번뇌를 세분하면 팔만 사천 가지가 있다고 합니다. 그러나 백 선생님께서는 이 수많은 번뇌를 요약하면 '잠' 하나로 귀결된다고 하십니다.

"잠을 해탈하면, 잠이 본래 없음을 알면 성불한다."

이것이 백 박사님 수행의 결론이라고 생각합니다.

번뇌 망상을 해탈하는 것이 수도입니다. 정확히 말하면 해탈이란 표현보다도 번뇌 망상이 착각이요 본래 없음을 알아서 사라지게 하여 본연의 무한한 능력이 드러나게 하는 것이 수도 과정이고 성불 과정입니다.

잠을 해탈하면 못할 것이 없고 모를 것이 없어진다

오늘도 잠을 극복하려고 아주 애 많이 쓰셨습니다. 그런데 좀 하다가 관두면 다시 원점으로 돌아갑니다. 이 수마睡魔가 생각보다 굉장히 끈질깁니다. 마치 생명체와 같아요. 악마라고 하는 것이 맞습니다. 기독교에서 사탄은 사람처럼 생명체가 있잖아요. '잠이 분별이며 본래 없다.'고 하면 생명체라는 느낌이 없으며 일시적인 것으로 느껴집니다. 그러나 번뇌를 계속 연습하면 마치 귀신, 생명체처럼 작용한다고 합니다. 우리는 무시겁으로 잠자는 연습을 계속해 왔기 때문에 생명체와 같은 수마 현상이 우리를 빙의憑依시킵니다. 우리는 무시겁으로 잠에 빙의되었습니다.

도인의 수도 방법은 결국 잠을 해탈하는 것입니다. 수도를 계속하면 잠이 점점 엷어집니다. 백 선생님에 의하면 잠이 엷어지는 과정에서 밤낮이라는 구별이 없어진다고 합니다. 세상이 점점 밝아 보이는데, 안팍이 없는 밝음입니다. 대개 밝음이 있으면 건너편에는 응달이 집니다. 하지만 이 밝음은 응달을 용납하지 않는 밝음이라고 합니다. 밤이 없는 밝음입니다.

가행정진을 계속하면 우선 잠이 줄어듭니다. 밤에도 밤이라는 느낌이 안 들며 몸과 마음이 굉장히 상쾌합니다. 상쾌해지는 과정에서 나타나는 현상이 있습니다. 우선 고통이 행복으로 변하고 모든 근심 걱정이 사라집니다. 그리고 못 할 것이 없어져요. 무능이 능력으로 변합니다. 무지가 지혜로 바뀝니다. 특히, 모른다는 생각이 점점 없어진다고 합니다.

여기도 잠을 해탈한 체험을 하신 분들이 있는 것으로 알고 있습니다. 그분들은 지금 몸과 마음이 매우 상쾌할 것입니다. 상쾌함을 느끼지 않는다면, 이는 잠을 해탈하지 못했다는 증거입니다. 상쾌해지면 마음속에 자신감이 생기면서 '못할 것이 없다.'가 됩니다. 더 나아가서 '모를 것이 없어진다.'는 느낌이 들게 됩니다. 결국 잠이 없어지는 과정에서 알게 되고 깨닫게 된다고 백 선생님은 말씀하십니다.

"모든 번뇌의 근본이 되는 잠이 없어지면 줄기, 가지, 열매가 되는 주변 번뇌가 일시에 사라지면서 드디어 부처님 세계에 도달한다."

완전한 잠의 해탈

백 선생님께서 처음에는 탐심 진심 치심을 바치라고 했습니다. 배고픔, 추위, 공포, 불안, 성냄 등은 그런대로 견디고 바칠 수 있습니다. 계속 번뇌를 바치면 맨 나중에 딱 하나가 남는데, 바로 '잠'

입니다. 백 선생님께서 마지막으로 '잠'을 해탈하게 하셨습니다. 도반들이 대개 무시겁으로 수마에 걸려 헤어 나오지 못했던 경험이 있기 때문에, 수마에서 잘 벗어나지 못하였습니다.

하루에 한 끼 먹고, 웬만하면 화도 안 내고, 기본은 합니다. ○○지 보살님도 추위, 성냄, 불안, 공포도 견뎠는데 결국 잠을 견디지 못하고 잠과 사투를 벌이다가 KO패를 당했다는 표현을 썼잖아요. 이제 잠만 남았지요.

소사에서 장좌불와도 했던 어떤 사람은 경을 한번 읽는 데 다섯 시간이 걸려요. 수마에 빙의되었기 때문입니다. 또 굉장히 열심히 공부 잘하는 사람이 있었어요. 그이는 경계도 보고, 앉아서 백두산도 보고, 보기도 잘 봐요. 도인이 다 된 것 같습니다. 그런데 풀을 베러 가서 그대로 자요. 아무리 겉으로 보기에 탐심 치심을 닦은 것 같아도 잠에는 못 견딥니다. 그리고 잠에 잘 견디는 것 같이 보이는 사람이 있었어요. 하지만 그 사람은 앉아서 고개도 까딱하지 않고 잡니다. 속으로는 흐리멍덩한 상태로 있어요.

잠 안 잔다는 스님, 장좌불와 하는 사람들이 대부분 그냥 앉아 있을 뿐입니다. 속으로는 혼미한 상태에 있습니다. 속까지 깨어있어 잠들지 않아야 '잠 해탈'이 가능합니다. 겉으로는 전혀 잠을 자지 않는 유명한 스님이 자주 성질을 낸다면, 이것은 완전한 잠의 해탈이 아닙니다. 겉으로 폼만 잡고 앉아서 잡니다. 반은 수면 상태입니다. 속까지 자지 않아야 합니다.

치심, 음탐심, 잠 등
보드라운 번뇌는 눈에 띄지 않는다

탐심 진심 치심을 나누어 살펴보겠습니다.

탐심은 '하겠다' 하는 것으로, 겉으로 보면 설치는 형태로 나타납니다. 설치는 사람은 탐심이 많은 사람입니다. 가장 두드러진 번뇌로, 동물에게도 있습니다. 두드러지는 검은색으로 나타납니다. 꿈에 내가 검은색 옷을 입었다면 탐심에 빙의되었다고 보면 틀림없습니다. 탐심으로 남을 꾸짖으면 검은색 개의 보를 받습니다. 검은색 돼지는 탐심으로 인하여 돼지의 보를 받은 것입니다. 흰 돼지는 치심으로 인하여 흰색이 됩니다.

탐심이 가장 두드러진 번뇌이고 진심은 그다음으로 왕성한 번뇌이며, 치심은 번뇌인지 아닌지 드러나지 않을 정도로 보드라운 번뇌입니다. 백 선생님께서는 가실가실 하다는 표현을 잘 쓰시는데, 치심, 음탐심, 잠 등은 번뇌이지만 가실가실 하지 않아요. 거친 번뇌가 아닙니다. 보드랍기에 죄 같지도 않고 번뇌 같지도 않아요. 탐심과 진심은 진짜 죄업 같아요. 반면 치심은 죄업이 아닌 것 같습니다. 잘난 척하고 회심의 미소를 짓는 것을 죄라고 생각하는 사람은 아무도 없습니다. 그러나 이것도 번뇌이며, 죄가 되고 재앙의 원인이 됩니다. 수도 과정에서 번뇌의 소멸이 가능합니다.

번뇌 소멸의 3단계
쉬고, 녹고, 완전히 소멸한다

○○지 보살이 화가 다 없어졌다는 표현을 썼지만 아직 없어진 게 아닙니다. 착각이고 본래 없음을 알 때 완전히 없어집니다.

대개는 화를 잘 내다가 어느 날부터 화를 안 냅니다. 화를 안 낸다고 해서 도인이 다 됐다고 생각하면 안 됩니다. 번뇌가 '쉬는 상태'에요. 불같은 화가 수면 아래로 깊이 가라앉아 있을 뿐입니다. 속에는 항상 내재하여 있습니다.

수도를 계속하면 번뇌가 쉬는 정도에서 진일보하여 '녹은 상태'가 됩니다. ○○지 보살이 번뇌가 없어지고 잠이 없어진 것으로 알았는데, 잠깐 방심하면 빛과 같은 속도로 원점으로 되돌아간다고 했습니다. 만약 번뇌가 완전히 없어졌다면 조금 방심하여도 빛과 같은 속도로 빠르게 원점으로 돌아가지 않습니다.

번뇌가 녹은 상태만 되어도 겉으로 보기에는 화내는 기질이 없어진 것 같고 도인처럼 보입니다. 만일 이 사람이 옛날처럼 화내는 일이 생긴다면 번뇌가 완전히 없어진 게 아니라 녹은 수준이라고 보면 됩니다.

아주 점잖았던 사람도 나쁜 업보를 만나서 사업을 한다든가 나쁜 업보와 결혼하는 경우 선근 인연이 많이 파괴된다고 합니다. 성품이 고왔던 사람이 거칠어지고 넉넉했던 사람이 인색해지는 수가 있습니다. 특히 살생 업보를 만나면 굉장히 고통을 당하고, 이를 전화위복의 계기로 만들기가 힘듭니다.

번뇌 소멸에는 쉬는 상태, 녹은 상태, 완전히 소멸한 상태, 세 가지 단계가 있습니다. 백 선생님의 말씀입니다. 번뇌가 완전히 없어지면 방심을 해도 다시 옛날로 복귀하지 않는다고 합니다. 번뇌가 완전히 소멸할 때까지 공부해야 합니다.

'이만하면 되었다' 하면 탐진치가 내면으로 스며들어 수마가 된다

대개 번뇌가 쉬는 상태에서 나는 바뀌었다, 새사람이 되었다 하며 '이만하면 되었다'라고 오만하게 생각합니다. '이만하면 되었다' 할 때 번뇌는 절대 없어지지 않습니다.

탐심이 없어졌다, 바치고 수도했더니 불같은 탐심이 없어졌다고 생각되어도 '이만하면 되었다' 하지 말고 자꾸 바쳐야 해요. 없어진 것 같아도 그 생각을 자꾸 바쳐야 합니다. 그러나 대개 그쯤 되면 무게 잡고 법문하려 하고 잘난 척합니다. '이만하면 되었다' 하는 상태로, 이쯤 되면 더는 번뇌가 소멸하지 않고 내면으로 스며듭니다. '이만하면 되었다'라고 자기가 결정을 했으니 보이지 않아요. 그게 '잠'으로 됩니다.

진심도 마찬가지예요. 화를 아주 잘 내는 사람, 불같이 화내는 사람이 있습니다. 진심의 업이 많아서 그렇습니다. 요새 세상이 하도 험해서, 공중전화를 너무 오래 사용하기에 뒤에서 한마디 했더니 살해했다는 사건이 생각납니다. 진심이 무르익은 사람은 톡 건드리기만 하면, 진심이 일시에 일어나 살인까지 하게 됩니다. 이런 불같은 사람도 수도를 계속하면 진심이 쉬며 너그러워지고, 남의 잘못을 내 잘못으로 보고, 나아가 모든 사람을 부처님처럼 본다고 합니다. 스스로 진심의 뿌리가 다 빠졌다고 할 것입니다.

로마 교황이나 달라이 라마 같은 분께 물어보면 "나는 진심의 뿌리가 다 빠졌다."라고 하실 겁니다. 큰스님들께 "스님도 여자 좋아하십니까?"라고 물어본다면 대부분 "그런 소리 하지 마라. 나는 여자에 대한 번뇌의 뿌리가 다 빠졌다." 하는 분들이 많습니다. 그렇게 대답하지 못해도 망신이지요. 하지만 알고 보면 '쉬는 상태'에 머무는 사람이 참 많습니다. 완전히 없어질 때까지 계속 바쳐야 합니다.

진심이 '녹은 상태'만 되어도 '이만하면 되었다' 하면서 내면으로 스며드는데, 겉으로는 아주 성자같이 보입니다. 이렇게 번뇌가 내면으로 스며들면서 겉으로 드러나지 않는 것을 업장業障이라고 합니다. 이 업장은 결국 잠자는 착着으로 나타납니다. 치심도 마찬가집니다. 이처럼 탐진치 번뇌가 내면으로 스며들며 잠이 되고, 생명체처럼 점점 성장해 수마가 됩니다.

수마에 지배받는 사람은 성불의 희망이 없다

백 선생님께서 우리에게 장좌불와를 시키셨어요. 저도 앉아서 삼칠일을 해봤는데 앉아서 지낼 만하더라고요. 나중에 좀 익숙해지면 폼 잡고 장좌불와 하면서 "나는 잠을 해탈했다."라고 충분히 얘기할 수 있을 것 같았습니다. 하지만 잠의 뿌리가 없어진 것이 아닙니다. 녹은 상태이거나 잠시 쉬는 상태라고 봐야 합니다.

장좌불와 하는 사람도 잠이 없어진 게 아닙니다. 앉아있지만 가수면 상태라고 보시면 틀림없습니다. 외부적으로는 경을 한 번밖에 못 읽는 것으로 나타납니다. 여기도 그런 분들이 있습니다. 완전히 깨어있는 상태로 읽으면 30분이면 읽습니다. 그런데 반수면 상태로 읽으면 한 시간 삼십 분, 두 시간, 다섯 시간이 걸려도 못 읽습니다. 수마의 지배를 받는 것입니다.

백 선생님께서 수마에 지배받는 사람은 3년이 되기 전에 대개 내쫓습니다. 희망이 없다고 보시는 것 같아요. 수마에 한 번 걸리면 굉장히 힘듭니다. 소사에서 어떤 이는 틈만 나면 미륵존여래불 하고 경전 읽고, 굉장히 정진을 잘합니다. 보이는 것도 많습니다. 상쾌하다, 부처님 공경심이 충만했다고 말합니다. 이런 걸 보면 겉으로는 도인 같은데, 잠에 취약합니다. 선생님께서는 그 사람도 성불이 힘들다고 보셨던 것 같습니다.

수마 극복,
천안제일 아나율

어떻게 수마에서 벗어날까?

수마를 벗어나야 성불합니다. 수마를 극복해야만 '가짜 나'를 이기고 '참나'가 드러납니다. 석가여래 당시에도 모두 수마 때문에 고생했다고 합니다. 그런 표현이 나오지는 않지만 백 선생님의 말씀에 의하면 그렇습니다. 석가여래가 법문하실 때 석가여래 앞에서도 졸았다고 합니다. 수마에 걸린 것입니다. 천하에 누가 와도 졸음에는 못 당합니다.

그때 아나율이 졸았나 봅니다. 아나율을 천안제일天眼第一이라고 하지요. 부처님이 불러서 특단의 조치를 하셨습니다. 석가여래는 꾸중을 안 하실 것 같지요? 꾸중도 대단하시고 잔소리도 하시고 무서웠다고 합니다.

"바다 밑의 조개는 삼천 년을 잔다는데, 너는 조개만도 못하다."

꾸중하셔서 여러 사람 앞에서 망신을 주었습니다. 가끔 망신을 주는 것도 필요합니다. 망신을 줘도 여전히 조는 사람도 있지만, 아나율은 선근이 있었던가 봅니다. 왕자였다는 것 같습니다. 대단히 자존심이 강한 사람인데 여러 사람 앞에서 망신을 당하니까 '그래, 내가 어디 잠자나 봐라.' 하며 뜬눈으로 밤을 새우고 일절 잠을 안 잡니다. 눌러 참으며 일주일을 지냈다고 합니다. 독하지요. 졸다 깨다 일주일은 가능해요. 그걸 용맹정진이라 합니다. 하지만 완전히 뜬눈으로 일주일을 지내는 것은 굉장히 어렵습니다.

그 결과로 아나율은 실명하였습니다. 시력을 잃어버리게 하려고 부처님께서 일부러 그렇게 야단치셨는지도 모릅니다. 부처님의 꾸중은 진짜로 화가 나서 야단치시는 게 아닙니다. 그 사람을 밝게 인도해주며, 무시겁 업보 업장을 녹이는 효과가 있다고 합니다.

실명했으니 큰일 났습니다. 부처님께 갔더니 우리 식으로 말하면 "실명했다는 생각조차도 바쳐라." 하셨나 봅니다. 실명했다는 생각을 바쳤더니 육체적인 눈(시력)은 잃었지만, 마음의 눈이 생겼다고 합니다. 가끔 얘기했던 것처럼, 여기서 서울역 시계탑이나 부산 해운대의 일출을 보는 것은 육신의 눈으로는 절대로 볼 수 없으며 마음의 눈으로만 볼 수 있습니다. 또 누가 죽어서 영혼이 어디에 태어났는지도 마음의 눈으로 볼 수 있다고 합니다. 육신의 눈을 잃었지만 그 생각을 바쳤더니 마음의 눈이 뜨여서 천안제일 아나율이 되었습니다. 완전히 잠을 해탈했다고 보면 됩니다. 정상적인 방법으로는 수마를 해결할 수 없다고 생각합니다.

수마 극복,
백 박사님께서 제시하신 자시 가행정진

또 하나의 방법이 백 박사님께서 제시하신 자시 가행정진입니다. 가행정진이라고 아예 안 자는 것이 아닙니다. 잠을 자지 않으려 하지 말고 서너 시간 주무세요. 조금 더 주무셔도 됩니다. 오후 7시부터 주무셔도 됩니다. 그러면 비교적 맑은 정신입니다. 5시간 자고 어떻게 잠을 해탈하느냐? 자정부터 깨어있으면 됩니다. 공부하고 나서 새벽에 졸리더라도 이때 자지 말아야 합니다.

잠은 저녁 7시에서 12시까지 자면 됩니다. 사실 다섯 시간 자면 충분하거든요. 낮에는 계속 깨어있는 것을 연습합니다. 그렇게 며칠만 하면 네 시간만 자도 됩니다. 단, 음식은 절대 금물입니다. 음식은 조금만 먹어도 수면제 같아요. 배가 부르면 잠을 해탈할 수 없습니다. 점점 세 시간에서 두 시간으로 잠이 줄어듭니다. 자시부터는 계속 깨어있고 아침에 잠이 와도 자지 말아야 합니다. 오후에 어두울 때 자는 것은 그렇게 해롭지 않다고 합니다. 처음에는 다섯 시간에서 시작하여 수면 시간을 점점 줄이라고 권합니다. 처음부터 두 시간만 잔다면 성공하기 어렵습니다.

잠을 차츰차츰 줄이다 보면 어느 때는 '잠이 없다'가 됩니다. '잠이 없다'가 됐을 때 잘 유지해야 합니다. 성질을 내거나 화를 내면 바로 잠을 부릅니다. 잘 유지하면 모른다는 생각이 안다는 생각으로 바뀐다고 합니다. 세상이 밝고 자신감이 생깁니다.

저도 지금 한 이십 일 했는데, 오랜만에 하니 힘들기는 하지만 머리가 맑아집니다. 이것만이 수마를 쫓는 유일한 방법입니다. 잠에 지배받는 인생은 죽은 인생입니다. 나폴레옹, 아인슈타인 같은 천하의 영웅호걸이면 뭐합니까? 밝은이는 다 잠자는 인생이라고 보실 것입니다. 잠에서 벗어나야 합니다.

우리는 가행정진이라는 은총을 받았습니다. 잠을 자고 생활하면서 출발합니다. 밝을 때 계속 깨어있고 저녁에 일찍 잡니다. 잠이 다섯 시간에서 세 시간으로 점점 줄면서 잠에 대한 자신감이 서고, 어느 때는 잠이 없어지는 순간이 옵니다. 이때 보림保任을 잘하면 결국은 성불할 수 있습니다.

백 선생님께서 저한테만 가행정진 방법을 일러주셨습니다. 다른 제자한테는 왜 알려주지 않으셨을까? 다른 제자들이 샘을 냈어요. 가만 살펴보니 다른 사람에게도 시도하신 것 같습니다. 그러나 다른 이들은 수마에 걸린 것을 아시고 금생에 희망이 없다고 보셨던 것 같아요. 이것은 백 선생님의 말씀이 아니라 제 추측입니다.

이 방법으로는 그리 어렵지 않게 생활 속에서 잠을 해탈할 수 있습니다. 잠을 해탈하는 것이 고생이라고 하면 잠을 해탈하지 못합니다. 잠 해탈이 쉽지는 않지만 자시 가행정진하면서 얻는 상쾌한 기분, 세상이 밝아 보이는 기분, 근심 걱정이 소멸하는 즐거움이 가행정진을 계속하게 합니다.

중요한 것은, 어느 정도 됐을 때 자만하지 마시고 화내지 마세요. 모두 다 까먹습니다. 몇 가지만 주의한다면 드디어 잠을 해탈해서 성불의 길로 갈 수 있습니다. 잘못하면 금생에도 못 하고 여러 생 지나도 못 합니다. 겁주는 것이 아니고 들은 대로 얘기하는 것입니다. 그래서 저도 내일로 끝내지 않고 꾸준히 할 것입니다.

자시 가행정진을 꾸준히 잘해서 반드시 잠이 본래 없음을 깨달아 부처님 전에 복 많이 지으시길 발원드립니다.

직장에서의 난제와 금강경 공부

안녕하세요? 부처님 시봉하는 ○○석입니다.

가행정진에 참여한 배경을 먼저 말씀드리겠습니다.

2020년 5월에 자시 가행정진 수행발표에서도 말씀을 드렸듯이, 2019년에는 고객으로부터 과분할 정도의 신규 프로젝트를 수주하였습니다. 그러면서 이만하면 되었다는 치심이 발동하였는지, 차량 개발에서 양산까지 업무를 진행하면서 저에게는 엄청난 난제들이 발생하였습니다. 기업 대 기업 거래(B2B)라는 사업모델 특성상, 난제에 뒤따라 관련 업무 담당자들로부터 엄청난 경천을 당하는 이중고를 겪었습니다. 통상적으로 직장에서의 난제는 경영환경, 즉 개발 업무 진행 및 양산 대응이라고 볼 수 있습니다. 이는 협력사로서 당연히 해야 할 업무이기에 난제의 수준에 무관하게 감내해야 하고 또 할 수 있지만, 업무 담당자로부터 받는 경천은 전혀 예상하지 못했습니다.

저는 우리 가르침에 따라 원을 세우고 난제는 바쳐가며 업무에 대응했으나, 2월부터 지속해서 발생하는 난제들과 고객의 경천은 대단했습니다. 이런 현상을 매일 점검하면서 제가 요즘 금강경 공부를 잘못하고 있나 의심하였고, 저의 실천수행에 문제가 있다고 생각하게 되었습니다. 상황을 지혜롭게 극복하고 싶어 돌파구를 찾고 있었습니다. 법당 생활과 사회생활이 둘이 아니라는 것을 알고 있었기에 건강한 사회인이 되고 싶은 생각이 간절했습니다.

제가 올해에 직면한 난제들을 정리하여 보았습니다.

첫째, 주력 사업부서 직원 23명 중 7명 이직

둘째, 특정 직원의 부적절한 행동에 의한 개발 업무 차질과 고객의 경천

셋째, C○VID19로 인한 개발 업무 지연, 자재 공급 차질과 고객의 경천

넷째, 요소수의 품귀 현상으로 인한 자재 납품 차질

다섯째, 국제 원자재(철강/플라스틱) 가격 상승에 따른 고객사 판매가 보상 요청

마지막 난제는 지금도 고객과 협의를 하면서 진행 중입니다.

가행정진에 참여하다

이렇게 난제와 경천이 지속되면서 저 자신이 더 지혜로워져야 한다는 생각이 들어 자시 가행정진을 생각했습니다. 하지만 직장 생활을 하는 저는 쉽게 결심을 하지 못했습니다. 퇴근 시간을 장담할 수 없었고, 잠을 못 자면 피곤해서 직장에서 업무를 제대로 할 수

없을 것이라는 걱정이 많았습니다. 선지식께서 원흥 법당에서 자시 가행정진을 지도하신다는 말을 듣고서도 바로 발심하지 못했습니다. 일관성 있게 가행정진할 수 없다는 생각이었습니다.

하지만 제가 그렇게 원했던 자시 가행정진이고 선지식께서 지도까지 해 주시니 무조건 참여하기로 마음을 먹었습니다. 앞으로 언제 또 있을지 모르는 행운의 기회이며, 선지식의 부름이라 판단하여 발심하였습니다.

직장에서의 난제

올 한해, 저에게는 경천의 융단 폭격이 있었습니다. 쉽게 경험하지 못한 일들이 발생하였습니다.

첫째, 가장 큰 난제는 금년에 집중적으로 발생한 직원들의 사직입니다.

저를 포함하여 총 23명이 있는 부서에서 7명이 사직을 했는데, 이들은 모두 2019년에 수주한 신규 사업을 담당하는 핵심 직원이었습니다. 가장 큰 충격을 준 직원은 제가 2017년에 삼고초려를 하여 데려온 W입니다. 도로에는 차량의 원활한 흐름을 위해 교통신호기가 있듯, 자동차 부품개발업무에서 그 역할을 하는 사람이 프로젝트 관리자Project Manager입니다. 저는 이 직원과 함께 신규 사업의 방향을 구상하고 구체적으로 준비하였습니다. 9개 프로젝트를 동시에 개발하는 엄청난 업무에서 신호기 역할을 하는 중요한 직원이기에, 사직한다고 했을 때 하늘이 무너지는 것 같았습니다. 또한 개발이 활발하게 진행되는 상황에서 다른 프로젝트 관리자를 찾는 것은 비용과는 무관하게 거의 불가능한 일이라 더욱 힘들었습니다.

고객은 어떻게 사람을 관리했기에 개발 중에 프로젝트 관리자가 사표를 내느냐며 저를 경천하였습니다. 실제로 개발 업무를 함께 해야 하는 직원이 그만둔다고 하니 본인의 업무가 걱정되었겠지만, 그 당시의 언어와 분위기는 견디기 힘들었습니다. 직원이 업무가 힘들어서 사직하겠다고 한 것이 제가 고객으로부터 경천 받을 일이 될 줄은 꿈에도 몰랐습니다.

이런 상황을 겪으며 남에게 의지하는 마음이 얼마나 해로운지를 깨달았습니다. 지금 생각해 보니 남에게 의지하는 마음을 해탈하라는 부처님의 가르침이었습니다.

둘째, 특정 직원의 업무 태도로 인한 업무 진행의 어려움과 그로 인한 고객으로부터의 경천입니다.

P라는 직원은 채용 인터뷰를 할 때부터 한 성깔 하겠다는 느낌을 받았습니다. 그러나 개발 업무에 바로 투입할 사람이 필요했기 때문에 저는 좀 더 시간을 갖고 사람을 찾으려는 욕심을 버리고, 일단 일부터 하겠다는 조급한 마음으로 P를 채용하였습니다. 이 직원이 독일 본사 연수를 다녀와 업무를 시작하면서 문제가 발생

하였습니다. 동료 직원들과 말다툼을 서슴지 않았고, 업무에 결과 output가 없는데도 퇴근 시간은 칼같이 지켰습니다. 토요일 특근으로 급한 업무를 처리해 달라고 요청하면, 다섯 번 중에 한 번 들어줍니다. 한마디로 주인의식이 없고, 희생이라고는 찾아볼 수 없는 친구였습니다. W와 대비되는 캐릭터로, 관리자 입장에서는 미운털이지요.

지난번에 제가 법사님께 여쭤보았습니다.

"왜 제 휘하의 직원들이 많이 퇴사할까요?"

"사람을 급하게 찾으면 안 됩니다."

법사님께서 정확하게 일침을 주셨습니다. 프로젝트를 시작해야 하니까 사장님이나 저나 더 급하게 진행했어요. 제가 지금 톡톡히 당하는 것 같습니다.

고객을 이끌어주어야 하는 이 직원은 그런 능력도 태도도 보여주지 않았습니다. 또한 특정 사안에 대해 고객을 이기려 했고, 고객을 고객으로 인정하지 않았습니다. 결국 이 친구는 있을 수 없는 행동을 하며 넘지 말아야 하는 선을 넘고 말았습니다. 멱살만 잡지 않았을 뿐 고객과 심한 말다툼을 했고, 화가 많은 것인지 고집인지는 모르겠지만 고객에게서 오는 전화를 의도적으로 받지 않았습니다. 물론 저는 "이건 예의가 아니다. 업무에 이견이 있을 수 있으나 오는 전화를 받지 않는 것은 별개의 문제이다."라고 설득도 했고 경고도 했습니다. 이 직원은 "예의는 저쪽이 더 없으며, 뻔한 소리를 할 것이니 전화는 받지 않겠다."라고 했습니다.

P의 상식이 통하지 않는 행동으로, 그렇지 않아도 업무가 많은 동료 직원들이 이 직원의 업무까지 해야 했습니다. 동료 직원들이 P 때문에 업무를 못 하겠다고 공식적으로 저에게 건의하기도 했습니다. 그 당시 4명의 기술지원 엔지니어Application Engineer가 9개 프로젝트를 해야 하는 상황으로 1인당 2개의 프로젝트를 진행하고 있어 눈코 뜰 새 없었고, 모든 엔지니어가 스트레스를 받고 있었습니다.

동시에 고객 측으로부터 세 번의 경고가 왔습니다. 업무를 못하겠으니 담당자를 바꾸어 달라는 요청이었습니다. 두 번은 고객의 업무 담당자였고 한 번은 팀장의 명을 받은 그룹장의 항의 전화였습니다. 하지만 업무 담당자를 바꿔 달라는 요청에는 대응할 방법이 없었습니다. 문제의 직원을 포함한 모든 직원이 그 업무에 관여하고 있었기 때문입니다. 그 당시 저는 그래도 P가 있는 게 나을 것 같다고 생각하였습니다. 고객의 불만에 제가 할 수 있는 대답은 "개발 업무에 신중하게 임하라고 지도하겠습니다."가 전부였습니다.

그 어떤 말을 해도 변화가 없는 P를 해고하고 싶은 마음이 굴뚝이었지만 그래도 있는 것이 낫다고 생각했고, 저 모습이 내 모습이라는 우리의 가르침에 따라 바치며 힘든 시간을 보내고 있었습니다. 저는 몹시 고통스러웠지만 고객에게는 우리 회사가 아무런 행동을 하지 않는 것으로 보였는지 "상무씩이나 되어서 직원 관리를 그렇게밖에 못 합니까? 도대체 귀사는 직원 관리를 어떻게 하는 겁니까?"라며 격양된 어조로 퍼붓기 시작했습니다. 이때부터 고객은 말이 안 되는 요청을 계속해서, 기본 업무인 개발 업무에 집중할 수 없을 정도로 부가적인 업무가 늘어났습니다.

결국 P는 사직서를 가지고 왔습니다. 그렇게 미워했어도, 첫 번째에는 갈 데를 찾아놓고 사직서를 써오라고 이야기하며 거절했습니다. 두 번째는 갈 곳을 찾아놓고 왔기에 사표를 수리했습니다.

순간적이지만 저는 바친다는 것에 대해 의심했습니다. 하지만 매일 원 세우고 또 세웠습니다. 다음과 같이 발원하면서 사태를 극복하고자 했습니다.

"제 방을 들어오는 모든 이들이, 나에게 메일을 보내는 모든 이들이, 나에게 문자를 주는 모든 이들이 회사 일을 함에 있어 못한다, 어렵다는 생각이 착각임을 알아 부처님 전에 복 많이 짓기를 발원."

셋째, 반도체 소자 품귀 현상과 코로나로 인한 물류대란, 그리고 그로 인한 고객으로부터의 경천입니다.

현재 반도체 소자 품귀 현상이 우리나라 기간산업에 미치는 영향이 큰 것은 누구나 잘 알고 있습니다. 우리 회사도 고객사의 생산라인을 멈추지 않기 위해 하루하루 살얼음판 위를 걷고 있습니다. 우리 회사가 납품하는 제어기에 들어가는 소자류(반도체)의 품귀 현상으로 주문에 100% 대응을 못 하고 있었고, 제어기Electronic Control Unit를 만드는 협력사 역시 일부 소자를 정상적으로 공급받지 못하였습니다. 고객사는 "시장에서 소자를 구매해서 제어기 업체에 갖다 주어라. 도대체 이런 상황에 1차 협력사로서 하는 역할이 뭐냐?"라고 감정 섞인 말을 하였습니다. 고객사로서는 무슨 이유이든 자기가 책임지는 부품 때문에 공장이 멈추어서는 안 되므로 이런 거친 표현과 요구가 이어졌습니다. 절박한 상황은 이해하지만, 하루는 "상무님, 이 시간에 전화를 받네요. 지금이면 소자를 구하기 위해 시장에 돌아다녀야 하는 것 아닙니까?" 합니다. 욕은 안 했는데 최고의 경천이었습니다. 순간 '저런 고객도 부처님으로 보아야 하나.' 하는 생각도 했습니다.

또한 코로나로 인해 물류망이 정상적으로 작동이 되지 않아 중국에서 생산된 완제품이 한국에 도착하지 못하여, 최종적으로 고객사가 필요한 시점에 납품을 못 하는 일이 왕왕 발생하였습니다. 이런 상황에서 납품 및 생산의 최일선에 있는 고객사 관계자는 평소와는 전혀 다른 반응을 보이기 시작했습니다. 자기가 책임지는 부품에 의해 조립 공정이 정지해서는 안 되기 때문입니다. 잠자는 시간을 빼고는, 고객사의 불만과 경천에 시달려야 했습니다.

"도대체 당신 회사는 업무를 어떻게 하는 겁니까? 배로 못 오면 당연히 비행기로 오도록 바로 추진해야지, 평소에 자재의 동선을 모니터링한다고 자랑했는데, 눈감고 했습니까? 이상하다 싶으면 중국으로 날아갔어야지!" 등 고객사는 현실을 이해하지 않고 공장이 정지되면 안 되니 물건 가지고 오라는 말로 일방통행을 했습니다. 그 당시 저는 행정적, 물리적으로 할 수 있는 모든 조치를 하고 속으로 "무시겁으로 고객을 무시한 적이 없노라. 미륵존여래불 미륵

존여래불 미륵존여래불." 할 뿐이었습니다.

그 덕분인지 우리 회사 제품보다 먼저 조립되어야 하는 제품에 필요한 제어기가 부족하여, 차의 생산 수량 자체가 변경되었습니다. 즉, 앞 공정에서 이미 조립이 안 되니 아예 차량 자체가 조립이 안 되는 겁니다. 이렇게 도와주네요. 이제는 확보한 자재가 남은 수준에 이르렀습니다. 지금은 다행히 여유 있게 자재 확보가 된 편입니다.

넷째, 요소수 사태는 짧게 종료되었지만, 물류사의 요소수 미확보로 직원들의 차량을 이용해서 긴급 대응하였습니다.

다섯째, 원자재 단가 상승에 따른 판매가 보상 작업을 진행 중입니다.

원자재 단가 상승은 세계적인 현상이기에, 이 업무는 우리 회사 그룹 차원에서 전 세계의 모든 고객과 동시에 진행하고 있는 절실한 업무입니다. 고객으로부터 보상을 받지 못한다면, 시간이 지나며 엄청난 누적적자를 기록할 수밖에 없기 때문입니다. 이 업무를 하면서 고객으로부터 받는 경천은 없지만, 워낙 민감한 부분이라 조심스럽게 진행하고 있습니다.

제가 판매자의 입장이기에 고객을 설득해야 하나, 고객사 A는 원체 큰 고객이라 현재 협상에서 난항을 겪고 있습니다. 고객사 A도 원자재 시장의 변화를 정확하게 알고는 있지만, 다른 고객과 해결하는 방법이 달라 문제입니다. 하지만 제가 예전과는 달리 스트레스를 덜 느끼고 당당해서인지, 여유 있게 일을 처리하고 있습니다. 고객사 A를 제외한 다른 고객사는 저희가 제시한 것을 무리 없이 인정해 주었고, 어떤 고객은 더 인정해 주기도 하였습니다.

이는 제가 주경야선 가행정진을 하면서 본격적으로 해결하고 있는 난제로, 이제는 7부 능선을 넘었다고 생각합니다.

제2기 금강경 공부,
주경야선 가행정진

저는 예전에 주말 출가 프로그램이 운영될 때 자시 가행정진을 했습니다. 사회생활을 지속하는 힘을 만들어 준 소중한 공부였습니다. 그러나 평일에는 불규칙한 퇴근 시간 및 스케줄 때문에 자시 가행정진을 해 볼 엄두를 지금까지 내지 못했습니다.

독일 본사와 오후 3시에 회의하고 미국 공장과 자시 가행정진하는 시간에 회의하니 출근은 있는데 퇴근이 없는 생활입니다. 절대적 수면시간이 모자란 상황에서 주경야선 가행정진을 하고 있습니다. 졸려서 업무가 되지 않을 것 같다는 생각은 모두 착각이었고, 저는 오히려 어느 때보다도 맑은 정신으로 상쾌하게 집중하여 일하고 있습니다. 오전이 어떻게 지나갔는지 모를 정도입니다.

지금 원흥 법당에서 진행되고 있는 주경야선 가행정진은 저에게 특별한 의미가 있습니다. 지금까지의 공부는 제1기요, 이번 가행정진 1일 차부터를 제2기로 명명할까 합니다. 한 차원 높은 공부를 하고 있기 때문입니다. 그 이유는 다음과 같습니다.

첫째, 주말에 한정된 가행정진에서 평일까지 확대.

일상적인 사회생활을 하면서 평소에 공부한다는 개념을 갖게 되었습니다.

둘째, 도반의 지도에서 선지식의 선호념 선부촉으로 공부.

선지식의 지도와 감독으로 긴장감을 유지하는 효과가 배가 됩니다. 참여자가 정법을 제대로 배운다는 정신 자세를 갖게 해줍니다.

셋째, 기존 프로그램 참여는 다소 수동적이었다면, 지금은 공경심을 근간으로 개인의 주도적 발심이 있어야 합니다.

넷째, 30분의 자율 정진에서 같이하는 1시간 집중 정진.

집중적으로 난제에 대해 바쳐볼 수 있는 소중한 시간입니다. 잠과의 해탈을 위한 싸움이 시작되는 시간입니다. 몸뚱이 착이 얼마나 지중한지를 여실히 느낄 수 있는 순간이며, 분별심이 많이 올라오기에 정말로 많은 공부가 됩니다.

다섯째, 이기적인 가행정진에서 소원성취를 바라지 않는 가행정진.

잠을 해탈하여 밝아져 건강한 사회인이 되고 탐진치 소멸의 지혜를 얻게 하는 가행정진입니다. 진정으로 부처님 시봉하겠다는 마음만이 필요한 순간이며, 온전히 부처님을 향해야 하는 시간입니다.

법사님의 죽비소리

다음은 법사님께서 도반들을 살피시며 잠에서 깨라고 쳐 주시는 죽비소리에 대한 저의 소감입니다. 법사님이 치시는 죽비소리는 "이 못난 놈들아, 눈을 뜨고 깨어나라."라고 하시는 것 같이 느껴집니다. 첫 번째 죽비 소리는 '눈을 뜨라.'라는 것이요, 두 번째는 '마음이 맑아져야 하니라.' 하시는 것 같고, 세 번째는 '세상이 밝아졌느니라, 넌 뭘 하고 있느냐?'로 들립니다.

그래서인지 저는 법사님의 죽비소리를 들으면 단전 저 아래에서부터 에너지가 나온다는 느낌을 받고, 갑자기 법당 안이 더 환하게 밝아짐을 느낍니다. 지금까지 이어지는 느낌입니다.

또 설명하기는 힘들지만 지난 21일 차에 금강경 4분을 독경하며 향냄새를 맡았습니다. 너무나 이상하여 바로 앞에서 독경하시는 노보살님께 "어제 향냄새가 나던데요." 했더니, "그럼 그건 선생님만 맡은 것입니다." 하시더군요.

정리

저는 현재 직장을 다니면서 가행정진에 참여하기 위해 사생활을 철저하게 관리하고 있고, 잠은 3시간 이상 자지 않고 있습니다. 직장인도 발심만 된다면 충분히 자시 가행정진할 수 있다는 것을 느꼈고, 가행정진은 건강한 사회인이 되기 위한 좋은 방법이라는 확실한 신념이 생겼습니다.

선지식의 지도와 감독이 있어야만 공부의 효과가 배가되고, 이것이 밝아지기 위한 지름길이라 생각합니다. 사회에서 통상적으로 알고 있는 것은 완전한 착각이니, 모든 사람이 자시 가행정진을 통해 법당과 사회가 둘이 아님을 알게 되길 발원합니다.

개인적으로 이번 주경야선 가행정진에 참여하여 제2기의 금강경 공부라는 한 차원 높은 공부할 수 있음에 부처님과 법사님께 감사하고 감사합니다. 금강경의 가르침, 법사님의 가르침과 법식을 생활 속에서 실천하는 진정으로 건강한 사회인이 되길 원 세우겠습니다.

요즘은 하루가 26시간인 듯합니다. 기존의 5시간 취침의 24시간 관념에서, 3시간 취침이니 하루가 26시간입니다. 그만큼 하루를 일찍 시작하고 유의미한 시간으로 만드니, 지혜로운 직장인이 될 수 있다고 생각합니다.

법사님 감사합니다. 도반님 감사합니다.

선입견으로 보지 말고 백지로 대하라

직장에서의 난제도 주경야선 가행정진 수행으로 해결할 수 있다.

○ 업보와 업장의 정의

- 업보는 자기 행위에 대한 인과응보며, 경천은 업보에서 온다.
- 업장은 업보가 차곡차곡 쌓여서 이루어진 장벽이다.

○ 발원문

- 화급한 난제 소멸에 발원문은 직접적인 효과를 나타내지는 않는다.
- 업보가 누적되어 집단으로 밀려올 때는 발원문도 필요하다.
- 이기적인 발원문은 차라리 하지 말라.

○ 난제 해결

- 첫 단추는 "내가 불러온 내 죄업"이라고 알고 바치는 것이다.
- 이름 짓는 순간 존재감이 생기며, 바칠 수 없게 된다.

○ 대인관계

- 상대를 부처님으로 보는 것은 선입견 없이 백지로 대하는 것이다.
- 상대를 선입견 없이 보아서 나오는 지혜로 대하라.

○○석 선생님의 발표는 요새 직장 생활이 얼마나 어려운가 또는 전 세계를 상대로 살아남기 위한 생존 경쟁 속에서 국가 사회를 위해 기여하는 것이 얼마나 어려운 일인가 하는 것을 상당히 실감 나게 표현했습니다. 가행정진 소감이라고 하셨지만 수행발표나 마찬가지입니다.

발표에 대한 저의 소감을 말씀드리기 전에 아주 근본적인 용어 설명을 먼저 하는 것이 난제에 대한 해법을 구하는 데 상당히 도움이 될 것입니다.

업보는 자기 행위에 대한 인과응보

업보와 업장이라는 말을 사용합니다. 그런데 업보와 업장을 정확히 구분하는 것은 그렇게 쉬운 일 같지 않아요.

업보라는 것은 자기 행위에 대한 과보, 업에 대한 과보입니다. 남한테 경천을 당했다는 말이 많이 나오지 않습니까? 경천은 내가 남을 무시했던 업에 대한 과보입니다. 경천이 올 때는 굉장히 불쾌하고 고통스럽습니다. 고통스럽고 화가 나는 것, 이것을 업보라 합니다. 각종 분별은 모두 업보라고 보면 됩니다. '화가 난다, 탐심이 난다, 음란한 생각이 난다'는 것은 언젠가 지었던 내 행위에 대한 과보입니다. 이게 업보입니다.

좀 더 쉽게 이해하려면 구체적인 예를 드는 게 가장 좋습니다. 부부가 살다 보면 부부싸움을 하는데, 대개 상대가 나를 무시하는 것이 그 원인이 됩니다. 밝은이들은 업보에 대해 이렇게 설명합니다.

"그렇게 불평 불만할 일이 아니다. 네 속마음을 들여다보면 너는 남을 무시하는 경향이 아주 많다. 전생에 남편을 무시했던 행위가 네게 그대로 되돌아오는 것이다."

업장은 업보가 차곡차곡 쌓여서 이루어진 장벽

업장은 무엇일까요?

업보가 차곡차곡 쌓여서 장벽을 이루는 것을 업장(업 업業, 가로막을 장障)이라고 합니다. 일본과의 관계를 예로 들겠습니다. 우리나라가 일본을 우습게 알았다는 것은 역사적으로 증명됩니다. 우리가 항상 일본보다 선진국이라 생각해왔고, 일본 사람을 하찮은 존재로 여기며 무시했다고 합니다. 개인적으로 무시해도 무시당하는 과보를 받는데, 집단으로 무시하면 역시 집단으로 무시당하는 과보를 받는다는 것이 밝은이의 말씀입니다. 이런 것은 달라이 라마도 모르는 것 같아요. 백 선생님께서는 이렇게 해석하십니다.

"우리가 일본에 36년 동안 지배를 받으며 각종 고통을 당한 것은, 우리 조상들이 일본 사람을 발톱의 때만큼 하찮게 여기고 무시했던 결과, 경천 당하는 업이 한 사람이 아닌 여러 사람에게 집단으로 형성되어 나타난 것이다. 결국, 36년의 지배로 이어졌다. 얼마나 많은 조상이 일본인에 의해 무참하게 학살당했느냐? 이것이 다 우리가 한 일에 대한 과보, 즉 업보가 쌓인 업장의 결과이다."

업보를 해결하려면 바치기만 하면 된다

바치는 것이 바로 그 업보를 해탈하는 길입니다. 남에게 경천을 당하면 자존심이 상합니다. 사실 이것이 참이 아니거든요. '내가 상대를 무시했다.'라는 생각이 불러온 일종의 메아리이며 허상입니다. 이 허상은 참이 아니므로 착각인 줄 알고 부처님께 바치면 해소됩니다. 무시당했다고 분하게 생각하지 말고, 메아리이며 허상이라고 알고 바치기만 하면 분한 생각이 없어지며 동시에 상대가 나를 미워하는 것도 사라집니다.

착각인 줄 알고 바치기만 하면 모든 업보는 다 해결됩니다. 따로 발원문이라는 게 필요 없어요. 당장 눈앞에 닥친 화급한 재앙을 소멸하는 데는 발원문이 꼭 직접적인 효과를 나타내지는 않습니다.

바치는 것과 동시에 발원문이 필요한 때도 있습니다. 업보들이 잔뜩 모여서 업보의 벨트가 거대하게 형성되어 집단으로 나를 괴롭힐 때입니다. 누적된 집단적인 업보를 업장이라고 하는데, 업장을 해결하고자 할 때는 발원문이 필요합니다. '모든 사람'이라는 용어를 써서, 모든 사람을 위해 기도하는 마음이 때로는 필요합니다.

하지만 사실 그런 일은 좀 적기도 하고, 당장 눈앞에 닥친 난제를 해결하는 것이 가장 화급합니다. 난제가 닥쳤을 때 발원문을 읽으면 벌써 비껴가는 겁니다. 바로 그 생각이 착각인 줄 알고 부처님께 힘써 바치기만 하면 됩니다. 발원문은 필요 없습니다.

난제가 일회성으로 끝나지 않고 집단으로 온다든지 쓰나미가 되어서 오기도 합니다. 지금 ○○석 선생님에게 닥친 일은 개인 한 사람의 문제가 아니지요. 주위의 고객들이 한 사람이 아닙니다. 이렇게 고객들이 집단적 연쇄적으로 공격하는 것은 누적된 업보가 집단으로 밀려오는 것입니다. 그럴 때는 착각으로 알고 바치는 것과 동시에, 발원문도 읽고 필요하면 고사도 지내는 등 다른 해탈법을 병행하는 것이 필요할 수 있습니다.

난제 해결의 첫 단추,
착각인 줄 알고 바치는 것

가장 먼저 해야 할 일은 이 고통이 착각인 줄 알고 바치는 것입니다. 바치기 전에 내가 불러온 내 죄업이라고 아는 것은 난관을 해결하는 데 굉장한 도움이 됩니다. 바치더라도 억울해하면서 바치면 굉장히 효과가 더뎌요.

예를 들어서 남이 나를 경천합니다. 부부싸움에서도 상대가 나를 무시한다고 생각하는 경우가 많아요. 일단 억울하다고 생각하고, 즉 이름을 지어 놓고 바치려 하면 안 돼요. 억울하다고 이름 짓기 전에나 착각이 되지, 먼저 억울하다고 하면 착각을 부정하는 것이지요. 재앙이 생겼을 때 '억울하다'라고 이름 짓지 마세요.

'내가 불러왔다, 내 죄업이 불러왔다.'라고 하는 것이 해결의 첫 단추입니다. 그래야만 착각으로 알게 되고 바칠 수 있게 됩니다.

억울하다고 이름 지으며 발원문에 의지한다면 한참 돌아가는 것입니다. 이것을 잘 알아야 난제 해결의 핵심과 난제 해결 방법을 알 수 있습니다.

○○석 선생은 개인적이나 가정적으로는 별문제가 없는 것으로 알고 있습니다. 따라서 회사의 문제, 나아가서는 국가적인 문제를 해결하려 합니다. 어떻게 보면 지금 보살의 길을 걷고 있는 것입니다. 국가 사회의 일을 잘되게 하는 것은 개인의 문제를 떠난 겁니다.

국가 사회의 일에도 인과응보는 엄격하게 적용됩니다.

배신감 억울함 등
이름 짓지 않는다

직원의 문제를 생각해 봅니다. 직원 W는 중간에 사표를 내서는 안 되는 사람입니다. 공을 들여서 뽑았으니까 '이 사람은 적어도 이 일을 끝낼 때까지는 나와 같이할 사람이다.'라고 기대합니다. 그이도 어쩔 수 없어서 그랬겠지만, 중간에 일이 생각보다 어려워지니까 사표를 내고 나갑니다. 그이가 나가고 아무 일이 없었으면 모르는데, 고객들로부터 엄청난 항의를 받았기 때문에 고생하셨다는 이야기입니다. 믿고 스카우트해 온 사람에게 결국 고통을 당한 경우입니다. P라는 직원은 그렇게 공들이지 않고 뽑았는데, 일을 아주 엉망으로 해서 결국은 고객으로부터 엄청난 고통을 당했다고 했습니다.

아마 고객들로부터 고통을 당하지 않았다면 이런 발표를 하지도 않았을 겁니다. 그냥 새 사람을 쓰면 되지요. 하지만 상황이 그렇게 한가하지 않아요. 극복해야 하는데 직원들이 나가니까 상당한 배신감을 느끼셨을 겁니다.

배신감을 느낀다는 것 자체가 내 책임임을 부인하는 것입니다. 밝은이는 배신감을 느끼지 않습니다. 내가 불러온 내 탓이라고 해석해야 합니다. 배신감이라고 이름을 지으면 그 난제에서 결코 벗어날 수 없습니다. 그러니까 배신했다고 생각하지 말기 바랍니다.

내가 불러온 내 허물이라고만 생각해도 절반은 풀립니다. 배신해서 괴롭다, 이 괴로움을 해탈해야겠다고 하면서 바치면 잘 바쳐지지 않습니다. '배신했다'로 이름을 지었기 때문입니다. 애초에 '허상이다, 내가 불러온 내 죄업이다'라고 하여서 남을 원망하는 마음을 멈춰야 합니다.

내가 불러왔다고 해야 쉽게 바칠 수 있다

이런 표현이 나옵니다.

「전방위적으로 개발 업무를 하며 어려움이 많았습니다. 순간적으로 저는 바친다는 것에 대해 의심하기도 했습니다.」

바쳐도 안 되니까 의심을 합니다. 하지만 바치면 됩니다. 단, 바치는 데 조건이 있습니다. '억울하다, 배신이다'라고 이름을 지어 놓고 바치면 안 됩니다. 그렇게 이름을 짓고 바치니까 안 되는 것인데, 단순히 바치는 것이 효과가 없다고 하면 안 돼요. 일단 '내가 불러왔다, 억울한 것도 아니고 당연한 일이다, 허상이다'라고 인정만 하면 바치는 바탕을 잘 마련한 것이며, 쉽게 바칠 수 있습니다. 바치기 전에 그 정도만 해도 이미 절반은 해결이 된 거예요.

○○석 선생은 그럴 수가 있나, 믿는 도끼에 발등 찍혔다고 생각해 분노하고 억울해합니다. 고객들로부터 빗발치는 항의가 돌아오니까 고통스러워요. 이 고통도 '있다'고 하면 바치기가 어렵습니다. 그러니까 이름을 지어 놓으면 못 바쳐요. 이름 짓는 순간, 존재감이 생깁니다.

바치는 데 전제 조건이 있습니다. 내가 불러왔다고 생각하고, 이름 짓지 마십시오. 허상으로 아는 마음의 자세가 필요합니다. 이렇게 하면 바치는 게 굉장히 쉬운데, 그것을 놓치고 바친다는 것에 대해 의심하기 시작했습니다.

이기적인 발원문은 차라리 하지 말라

그러면서 이렇게 표현했습니다.

「제 방에 들어오는 모든 이들이, 나에게 메일을 보내는 모든 이

들이, 나에게 문자를 주는 모든 이들이 회사 일을 하면서 못한다, 어렵다는 생각이 착각임을 알아 부처님 전에 복 많이 짓기를 발원.」

이 말이 틀리지는 않습니다. 그런데 이 말은 그 사람의 마음을 바꾸라는 것입니다. 그 사람이 회사 일을 잘하라고 하는 것은 그 사람을 바꾸라는 뜻입니다. 발원문을 이렇게 쓰시면 안 됩니다. '모든 사람'을 대상으로 해야지 '내 방에 들어오는 사람'으로 국한한다면 올바른 발원문이 아니며 이기적인 발원문이 됩니다. 내 방에 들어오는 사람은 회사에 좋은 마음을 내라고 하는 것에는 이기적인 용심이 포함돼 있어요. 발원문에는 이기적인 내용이 하나도 들어가면 안 됩니다.

발원문은 마음 밖에서 찾는 행위이기 때문에 이차적인 방법입니다. 당장 문제를 해결하는 데 발원문을 쓰는 것은 좋지 않습니다. 일단 '내 잘못이다, 내가 불러왔다, 허상이다, 나쁜 것이라고 이름 짓지 말자!' 이런 마음으로 준비하고 바치면, 바치기도 쉽고 난제가 해결됩니다.

내 방에 들어오는 사람은 좋은 마음을 내라는 발원문 속에는 이기심이 포함돼 있습니다. 내 방에 들어오는 사람만 좋은 마음을 내라고 하는 발원문은 있을 수 없습니다. 모든 사람을 대상으로 해야 합니다. 그래야 내 마음속 이기심이 사라지기 때문입니다. 그런데 모든 사람을 어떻게 한다는 건 너무 거창하잖아요.

차라리 발원문을 하지 마십시오. 이름 짓지 말고, 그 생각이 착각인 줄 알고 바쳐서 바로 해결해야 합니다. 발원문도 오래 하면 효과는 있을 수 있지만, 오래 해서 효과 있는 방법을 택하기보다는 당처즉시, 바로 되어야지요. 지금 얼마나 바쁜 세상입니까?

가행정진으로 수행해서 올바른 깨달음으로 갈 수 있습니다. 더불어 직장에서의 문제도 가행정진으로 해소되어 국면을 돌파할 것입니다.

상대를 부처님으로 보라, 선입견 없이 백지로 대한다

또 이런 것을 생각해 봅니다.

"고객을 부처님으로 보아라." 하는 구호를 듣습니다. 부처님처럼 알고 정성껏 대해야 고객들이 감동해서 또 가고 싶습니다. 만일 어떤 집단이나 모임에 갔을 때 선배가 함부로 지시하며 친절하지도 않게 한다면 그런 데는 다시 가고 싶지 않겠지요. 어느 사회에서나 고객을 끌기 위해서 고객을 부처님처럼 보라고 하는데, 이것은 고객을 끄는 데도 도움이 되지만 마음을 닦는 데도 도움이 됩니다.

기독교에서는 하찮은 사람도 예수님처럼 보라는 얘기가 있다고 해요. 그래서인지 가톨릭 신부들은 아프리카에 있는 몹시 가난한 사람들을 위해 희생하러 갑니다. 위대한 예수님의 정신을 따르기 위해서입니다. 슈바이처 같은 사람들도 마찬가지지요.

"고객은 왕이다. 고객을 부처님으로 봐라."라고 흔히 얘기하지만,

조심해야 합니다. 고객은 사실 부처님 같은 존재가 아닙니다. 틈만 나면 자기 이익을 취하고 물건 값을 깎으려 합니다. 다른 데 가다가 다 안 되니까 찾아오는 것이지, 절대로 나를 도와주러 오는 게 아닙니다. 업보들이 오는 것이지 부처님이 오는 게 아닙니다. 고객을 부처님처럼 보라는 것이 틀린 얘기는 아니지만 잘 소화해야 합니다.

저는 "고객을 부처님처럼 봐라." 보다는 "선입견으로 보지 말고 백지로 대하라." 이렇게 얘기하고 싶습니다. 선입견으로 나쁘게 보면 의심하게 되고, 결국은 고객을 내쫓게 됩니다. 만약 나쁜 선입견으로 보지 않고 백지로 대할 수 있다면 올바른 지혜가 나와서 어떻게 대처해야 할지 알게 됩니다.

상대에게 칼자루를 주지 않는다

백 선생님께서 이승만 박사는 국내 정치는 잘못했어도 외교에는 귀신이라는 얘기를 하셨습니다. 지금 정치외교가들도 외교에 있어서 가장 훌륭한 분은 이승만 박사라고 이구동성으로 얘기하는 것 같아요. 그분은 상당히 지혜가 있었대요. 그래서 미국을 다룰 때, 한국을 이렇게 만든 게 다 미국 책임이라고 하며 선제공격으로 나갔다고 합니다. 결국 미국이 한국을 원조하게 만들었습니다. 백 박사님은 박○○ 대통령을 상당히 평가 절하합니다. 미국에 당당하게 나가지 못하고 눈치를 보며 쩔쩔맸다고 하지요. 외교는 이 박사가 한 수 위라고 합니다.

마찬가지입니다. 우리는 우리 중심대로 살아야 합니다. 항상 자기중심적으로 살아야 합니다. 상대를 부처님처럼 본다고 해서 칼자루를 그한테 주면 안 됩니다. 상대를 부처님처럼 보면 까딱하다가 칼자루를 상대한테 쥐여 주게 돼요. 아무리 고객을 잘 구워삶아서 내 물건을 팔고 싶어도, 그이한테 칼자루를 주면 안 됩니다. 그이는 부처님이 아니기 때문입니다. 그이를 야단칠 순간에는 야단도 칠 수 있어야 합니다. 고객이 도망갈까 봐 겁내면 안 됩니다.

지난해 코로나 사태로 ○○시청에서 직원들이 떼로 몰려왔습니다. 나이로 봐서도 딸 같이 어린 직원들이 많이 왔어요. 그중에 한 사람이 저를 마치 사이비 종교의 교주처럼 대하며 막말을 하기 시작했습니다. "거룩한 일을 한다는 미명 하에, 이렇게 집단 감염을 일으킬 수가 있느냐?" 합니다. 관청에서 나왔다고 빌빌했다간 더 밟을 것 같아요. 그래서 제가 화냈어요. "미명이라니!" 큰 소리를 쳤죠. 그랬더니 자기는 미명이라고 그러지 않았대요. 그게 기선을 제압하는 겁니다.

고객을 부처님, 왕으로 보고 칼자루를 고객에게 주는 일은, 모든 사람을 부처님처럼 보라는 부처님의 말씀을 잘못 이해한 것입니다. 백지상태로 선입견 없이 보고 올바른 지혜의 판단으로 대하는 게 좋습니다.

남편이 부인에게 절절매면 부인이 더 잘해줄 것 같아요? 더 밟을 것 같아요? 대개는 더 잘해주지 않습니다. 중생의 마음이 그렇습니다. 고객도 여러 종류가 있습니다. 전생의 업보가 있다고 합니다.

고객이 큰소리치고 엄하게 나올 때 절대로 주눅 들지 않아야 합니다. 일단 주눅 들면 칼자루를 상대한테 쥐어 주는 겁니다. 냉정하게 보고 조금 더 상대의 약점을 면밀하게 파악한 뒤에 상대의 기선을 제압해 놓고, 즉 칼자루를 자기가 쥐고 상대를 대하는 것이 가장 현명한 방법입니다.

난제 해결의 중요한 원칙

제일 중요한 것을 정리해 봅니다.

난제를 해결할 때 자신의 마음속에서 해답을 찾고, 겉으로 보이는 유형적인 것에 의존하지 마라. 절, 영가천도, 다라니, 그리고 발원문이나 부적에 의존하는 것은 간접적인 효과만 있을 뿐이다.

당처즉시, 바로 해결하려면 그것이 착각인 줄 알고 바로 바쳐라. 착각인 줄 알고 바치려면 이름 짓지 말고 억울해하지 마라. 허상으로 알아라. 허상으로만 알아도 절반은 해결된다.

상대를 부처님으로 보라는 말은 틀리지 않지만, 부처님으로 본다고 해서 칼자루를 그에게 줘서는 안 된다. 선입견 없이 잘 대해서 올바른 지혜에 이르도록 해라.

이것이 제가 오늘 드리고 싶은 말씀입니다.

제가 이야기한 부분만이라도 잘 숙지하시고 가행정진을 통해서 보충하신다면 CEO로서의 길을 성공적으로 가실 것으로 생각합니다.

제3부

재가자 성불의 길

제 10 장

주경야선 가행정진 회향 법회

주경야선 수행법 확립과 『크리스천과 함께 읽는 금강경』 재출간의 의의

수도를 계속하여 불이不二의 진리를 깨치며, 무에서 유, 병약에서 건강, 빈곤에서 풍요의 삶으로 변화하였다.

○ 수도 생활과 소원성취 생활의 관계

제1기 수도와 소원성취	
一次不二 수도 생활	• 10여 년 열등감으로 가득 찬 고달픈 생활. 도인을 모시고 4년간 수도 도인의 지시대로 6년간 사회생활 • 열등감은 경천을 불러왔다. • 열등감을 바쳐 자신감으로 바꾸다. 병약한 몸이 건강하게 변화하다.
소원성취	• 세상 표준으로 넉넉한 생활이 25년간 이어지다. • 고교 교사에서 전문대 교수, 4년제 대학교 교수가 되고 우수 교수로 정년퇴임

제2기 수도와 소원성취	
二次不二 수도 생활	• 8여 년 배신과 경천의 어려운 생활. • 무료 급식으로 주는 것이 곧 받는 것임을 알게 되고 빈곤한 생활이 풍요롭게 되다. • 『크리스천과 함께 읽는 금강경』 출간
소원성취	• 법당을 건설하고 회원이 증가하는 '천인아수라 개응공양'이 5년간 지속되다.

제3기 수도와 소원성취	
三次不二 수도 생활	• 다시 2년여 고달픈 생활. • 배신과 재앙이 축복으로 되다. • 가행정진을 주경야선 가행정진으로 확립하다. • 『크리스천과 함께 읽는 금강경』 재발간
소원성취	• 정토淨土의 세계를 바라본다.

오늘은 『크리스천과 함께 읽는 금강경』 재출간과 주경야선 수행 회향을 축하하는 법회입니다.

먼저 이 호텔에 온 소감을 말씀드리려 합니다. 해외여행 자유화로 국내 신라호텔을 비롯한 해외 여러 좋은 호텔을 많이 구경하였습니다. 그래도 이 수안보 ○○ 호텔에 오면, '호텔이 아담하고 참 괜찮다. 우리도 이런 호텔이 하나 있었으면!' 하는 생각이 듭니다. 아주 괜찮아요. 연회장, 식당, 식당에서 내다보는 전경도 매우 아름답습니다. 업장을 씻어준다는 수안보 온천물은 이 호텔을 더 매혹적으로 느끼게 합니다.

마음으로라도 우선 기쁘게 바치면 세계적인 연수원을 이룰 수 있다

저는 어쩐지 이 호텔이 마음에 상당히 끌립니다.

부처님 같은 분이 이렇게 질문하셨다고 합시다.

"이런 좋은 호텔을 부처님께 바칠 생각을 낼 수 있느냐?"

"못 바칩니다. 내 것이 아닌데 어떻게 바칩니까? 싼 것도 아니고 굉장히 비싼 이 호텔을 주인의 승낙도 듣지 않고 부처님께 바친다는 것은 세상 이치나 법으로 맞지 않고, 저에게는 있을 수 없는 일입니다."

제가 이렇게 대답하면 부처님께서 말씀하실 것입니다.

"너는 호텔 지을 자격을 잃었다. 이런 용심으로는 호텔을 구경이나 하지, 절대로 짓지는 못할 것이다."

남의 호텔이지만 마음으로라도 바치라는 거예요. 실제로 바치는 것은 법적, 경제적 문제가 뒤따르는데, '마음으로라도 못 바칠 게 있느냐?'라는 게 도인이 질문하신 의도입니다.

저는 마음으로도 못 바치고 있어요. '내 것도 아닌, 비싼 호텔을 어떻게 바칩니까?'라고 하면서 바치는 것 자체를 거부하고, 도인의 말을 부정하고 있습니다. 도인은 분명히 이렇게 얘기하실 겁니다.

"이 호텔을 마음으로라도 바칠 자세가 되어 있지 않다면, 이런 호텔을 지을 수 있는 능력을 영원히 상실할 것이다. 마음으로 못 바친다면 그것이 네 것이어도 못 바친다. 네 것을 바칠 수 없다는 말은 물건에 대한 애착이 그만큼 강하다는 뜻이다. 물건에 대한 애착이 강하면 결코 이런 호텔을 소유한 법당을 지을 수 없다."

우리는 어떻게 해야 할까요? 부처님을 절대 공경하는 사람이라면 마음으로라도 바쳐야 합니다. 좋은 호텔을 바쳐서 부처님 기쁘게 해 드리길 발원하는 마음이 충만하면 드디어 더 좋은 법당을 지어서 대망의 금강경 연수원도 이룰 것입니다. 이런 호텔을 보자마자 바쳐서, 부처님 시봉하는 마음을 내시기를 바랍니다. 그럴 때 큰일을 할 수 있습니다. 애당초 마음으로도 못 바치는 편협한 생각이 우리를 무능하게 하고 제동을 겁니다. 이것이 오늘 호텔을 본 제 소감입니다.

오늘 사실 그 얘기를 하려고 여기 올라온 게 아닙니다. 그런데 호텔이 마음에 듭니다. 이런 것을 짓고 싶거든요. 마음으로 먼저 기쁘게 바친다면, 이 호텔의 백 배 되는 규모의 호텔도 즐겁게 바칠 수 있다면, 세계적인 금강경 연수원을 이룰 수 있다고 분명히 말씀드립니다.

『크리스천과 함께 읽는 금강경』 재발간과 주경야선 가행정진

오늘은 주경야선 가행정진 수행법의 가능성을 실감하고 확증하는 날입니다. 『크리스천과 함께 읽는 금강경』의 재출간과 주경야선 가행정진 수행법의 확립은 밀접한 관계가 있어서, 같이 기념 법회를 하는 것은 매우 의미가 있습니다. 그 연관성을 말씀드리고자 합니다.

우리는 그동안 주말에 자시 가행정진을 해왔지만, 평일에 일하면서 하는 '주경야선 가행정진'은 처음입니다. 가행정진은 스님들이 하시는 전통 수행법이지만, '주경야선 가행정진'에는 생활과 불법이 둘이 아니라는 가르침이 담겨 있습니다. 주경야선 가행정진은 그 누구도 성공한 적이 없습니다. 수많은 선각자의 시도는 다 실패로 돌아갔습니다. 우리는 주말 출가로 실천해서 부분적으로 성공했고, 이번 25일 동안 이론적인 배경, 철학적인 배경과 수행 결과를 일일이 검토하면서 가능성을 실감했습니다.

유유제정실

저의 지나온 생활을 법화경과 함께 말씀드립니다. ○○종에서는 부처님께서 가장 하시고 싶은 이야기가 법화경에 담겨 있다고 합니다. 법화경은 이렇게 시작합니다.

사람들이 법문을 들으러 모였습니다. 그곳에는 진짜 불자나 진실한 사람도 있는가 하면 염탐꾼, 사기꾼, 약장수, 장사하러 온 사람 등 별의별 사람이 다 있어요. 그런 사람을 모아 놓고는 법문이 안 돼요. 부처님께서는 아무 말씀도 안 하시고 가만히 계십니다. 문수보살이 그 뜻을 아시고 말했습니다.

"진실로 법문을 듣고자 하는 사람들만 남아라. 자기 양심에 비추어 약을 팔러 왔든지 사람을 사귀거나 꼬이러 온 사람은 이 자리를 떠나라."

다 떠나고 소수만 남습니다. 그제야 부처님께서 말씀하셨습니다.

"법화경을 진실로 설할 때가 됐다. 유유제정실唯有諸貞實, 오로지 진실한 사람들만 남았다. 이제 내가 정말 하고 싶은 이야기를 할 때이다."

왜 이 구절과 오늘 법회를 동일하게 생각할까요?

여기에는 진실만 남았습니다. 법화경 방편품에 "차중무지엽 유유제정실此衆無枝葉 唯有諸貞實, 여기 있는 대중들은 곁가지와 잎이 아니다. 오직 잘 익은 열매들만 남았다."라고 한 것과 마찬가지입니다. 여기 아무나 오지 못합니다. 26일 가행정진 중에 70~80%를 참여한 사람만 참가 자격이 있습니다. 약 팔러 온 사람, 사람 사귀러 온 사람, 염탐하러 온 사람이 아닙니다. 공부를 좋아하지 않는 사람은 26일 가행정진을 오롯이 할 수 없어요. 졸거나 싫증 나서 가게 되어 있습니다. 진실한 사람들만 여기 남았습니다.

부처님께서 당신이 가장 하시고 싶은 이야기를 하셨듯이, 저도 오늘 가장 하고 싶은 말씀을 드리는 건지도 모릅니다. 제가 가장 말하고 싶었던 핵심입니다. 어찌 보면 법화경을 설하시는 부처님의 심경이 되었는지도 모릅니다.

저는 스물다섯 살부터 지금까지 55년을 거의 수도만 했습니다. 제 일생을 크게 두 파트로 나눌 수 있는데, 굉장히 고달픈 '수도 생활'과 세상 표준으로는 그래도 괜찮게 잘나가는 '소원성취 생활'입니다. 수도에 전념했을 때는 고달팠지만, 수도 생활을 바탕으로 내공이 커지며 승승장구하는 소원성취 생활이 이어졌습니다.

고달픈 제1기 수도 생활, 열등감은 경천을 불러왔다

제1기 수도 생활은 매우 고달픈 생활이었습니다. 도인을 모시는 수도 생활을 4년, 도인의 지시대로 사회생활을 6년 했는데, 6년 중에는 제 일생에 가장 힘들고 고달팠던 식당 생활이 포함되어 있습니다. 이때 저는 완전히 열등감에 찌들었고, 이 열등감은 수많은 경천을 불러왔습니다. 친구들 만나기도 싫고, 밖에 나가기도 싫고, 장사도 취직도 안 되고, 갈 데가 없어서 오로지 바쳤습니다. 잘될 때 바치는 건 재미있어도 역경을 축복으로 바꾸는 건 어려웠습니다.

역경을 축복으로 바꾸는 게 수도입니다. 이 과정에는 반드시 부처님의 광명이 필요합니다. 고등학교 때 공부를 잘해서 주위의 부러운 시선을 받기도 했지만, 어느덧 저는 주위 사람들에게 완전히 끝난 존재로 여겨졌고 실제로 너무 어려웠어요. 이 어려움을 견딜 수 있었던 힘은, 열등감을 바치고 천대를 견디는 금강경 공부였습니다. 그 과정에서 죄업이 소멸하면서 부처님 광명이 스며들어 왔습니다. 내공을 키운 10년인데, 참 고달팠습니다.

제1기 소원성취 생활, 마음만 먹으면 이루어지는 넉넉한 생활

10년이 지나고 고등학교 교사로 처음 취직했습니다. 저는 고교 교사를 평생 하려고 했어요. 부귀영화에는 애당초 관심이 없었고 오로지 수도만 하고 사는 게 제 목표였습니다. 교사 생활을 하니까 먹고살 만하고 더는 바랄 것도 없었습니다. 대학교수는 꿈도 안 꾸었습니다. 아주 어려웠을 때 산골 초등학교 선생이 애들을 데리고 경치 좋은 설악산에서 포행하는 걸 봤습니다. '난 부귀영화고 뭐고 다 싫다. 산골에서 초등학교 교사라도 하면서 조용히 살았으면 원이 없겠다.'라고 생각했는데 고교 교사는 훨씬 낫잖아요. 더 바라지도 않는다고 했어요.

다들 고등학교 교사는 방학도 있고 좋다고 하는데, 꼭 그렇지는 않더라고요. 거기는 그냥 생존 경쟁의 현장입니다. 교사들은 스스로 성직이라 생각하지 않고 노동직이라 생각해요. 교원 노조라는 것이 생겼을 정도로 상황이 그렇게 아름답지 않아요. 구태여 고교 교사로 만족해야 할 어떤 이유를 발견하지 못했어요. 또 저는 대학원도 나와서 자격도 충분하다고 생각했습니다. 금강경 공부한 힘을 발휘해서 좀 더 나은 데로 가는 것이 오히려 불법佛法이라고 생각했어요. 고교 교사로 만족하면서 안빈낙도하는 게 불자의 자세라고 생각하지 않았습니다. 할 수 있으면 내 능력을 발휘해보자고 원을 세웠더니 1년 만에 전문대학 교수가 됐습니다.

전문대학 교수가 되니까 굉장히 편했어요. 월급도 늘었고 수업시간은 거의 절반으로 줄었습니다. 검은 머리 파뿌리 될 때까지 전문대학 교수로 일생을 살겠다고 했고, 그게 불자의 도리라고 생각했습니다. 그런데 지내다 보니 여기는 학문을 탐구하는 데도 아니고 교육하는 데도 아니고 참 애매해요. 그 자리를 지켜야 할 당위성이나 필요성을 전혀 느끼지 못했습니다. 여기서 검은 머리 파뿌리 될 때까지 있는 게 불법인가? 불법을 제대로 배웠으면 능력을 키워서 4년제 대학교로 가야 하지 않을까? 10년이라는 세월을 허비하다가, 마음을 세워서 4년제 대학교 교수로 갔어요.

이제 물고기가 물을 만난 것 같았어요. 논문도 많이 썼습니다. 4년제 대학 온 것까지는 좋아요. 대접도 좀 받고요. 그런데 교수 생활에 만족하는, 교수를 영광으로 아는 교수가 되는 것은 싫었습니다. 적어도 불법을 배워서 자신이 전지전능하다는 것을 안다면 그것을 활용하는 부처님 시봉하는 교수가 되어야 하지 않을까! 제가 욕심이 너무 많은가요?

실제로 어느 교수가 장관을 한 4년 했어요. 나중에 장관 관두고 나서 교수를 하랴? 장관을 하랴? 물었더니 교수는 다시 안 한대요. 역시 장관이랍니다. 처음에는 '학문의 가치도 모르고 부귀영화에만 눈이 멀어서 장관을 좋아하나.' 했지만, 알고 보니 장관이 더 좋습니다. 교수를 천직으로 아는 사람은 박복한 사람이에요. 예를 들어서 "축생이 좋으냐, 사람이 좋으냐, 천당이 좋으냐?" 물었을 때 "나는 평범하게 살아도 좋아. 축생이 좋아. 난 고생해도 좋으니까 사람이 좋아." 하는 것과 마찬가지입니다.

천당에 한번 가보세요. 사람이 아주 우습게 보일 겁니다. 장관을 몇 년 하니까 교수는 아무것도 아니에요. 장관을 할 수 있으면 하라고 하고 싶습니다. 천당에 갈 수 있으면 가야 합니다. 천당보다 더 좋은 건 부처입니다. 부처가 될 수 있으면 부처가 되어야 합니다. 중생으로 만족한다는 것은 말이 안 됩니다.

저는 훌륭한 교수가 되고 싶었어요. 그래서 괜찮은 논문도 썼다고 생각합니다. 넉넉하게 생활하고 25년 동안 잘나갔어요. 아마 재앙이 일어나지 않았다면 여기에 안주했을 겁니다.

제2기 수도 생활, 주는 것이 받는 것임을 알게 되다

서서히 재앙이 시작되었습니다. 제가 처음으로 낸 책이 『마음을 어디로 향하고 있는가』입니다. 그 책을 내자마자 도반인 친구가 "내 책을 베꼈다. 시중에 있는 책 다 거둬들이고 나한테 사과 편지를 쓰지 않으면 고소할 거야."라며 협박하는 거예요. 백 박사님 밑에서 같이 금강경 공부하던 친구가 이럴 수 있을까! 내가 잘못하지 않았는데도 그렇게 되더라고요. 그때부터 재앙이 무엇인가를 실감했습니다. 최초의 재앙은 군대, 이게 두 번째 재앙의 시작입니다. 제대로 공부하게끔 만들어 줍니다.

그 고비를 넘기고 나서 『성자와 범부가 함께 읽는 금강경』 책은 제 이름으로 내지 않고 책을 잘 보급할 수 있는 도반인 동국대학교 윤○○ 교수 이름으로 냈습니다. 그 책이 잘나가서 불교계 화제의 책이 됐습니다. 특히 ○○○선원에서 말하는 '주인공에게 맡겨라.'와 '부처님께 바쳐라.'가 비슷하다고, ○○○선원 사람들이 그 책을 불티나게 샀습니다. 책이 잘나갔는데, 공교롭게도 저자로 한 윤○○ 교수가 교통사고로 돌아가셨어요. 그래도 내가 지었으니 내가 만든 출판사에서 그대로 책이 나가는데, 문제는 그 가족들이 판권을 안 내놓으면 고소하겠다는 겁니다. 그것도 충격이 대단하던데요. 재앙이라고 생각합니다. 조금 버티다가 아무래도 불리할 것 같아서 간판을 내렸습니다.

결혼할 때도 백 선생님께서 내다보셨어요. "너 결혼하게 되면 모든 기득권과 명예 다 잃어버린다. 그 고통을 어떻게 견디겠느냐?" 하며 걱정하셨습니다. 선생님도 돌아가셨고, 마흔 넘어서 결혼하면 재앙이 없다는 말을 믿고 했는데 선생님의 말씀 그대로였습니다. 정말 그 고생은 혹독했습니다. 재앙의 시작입니다.

승승장구의 생활은 완전히 끝나고 제2기 수도 생활로 들어갔습니다. 지금 생각하면 소사에서 수도 생활을 더 해서 내공을 더 쌓았어야 했습니다. 내공을 더 쌓아야 소원성취가 됩니다. 소원성취 하느라 약발이 다 떨어지고, 새로 내공을 키우게 한 것이 재앙의 시초가 되었다고 생각합니다.

이렇게 인생을 분석하는 사람이 어디 있을까요? 제 분석이 맞는지 안 맞는지 모르지만, 그럴듯하다고 생각합니다.

이때 저를 살려준 게 무료 급식이었어요. 선생님께서 어려울 때 써먹으라고 미리 단초(실마리)를 몇 개 주신 것 같아요. 두 번째 단초를 쓴 것이 무료 급식이었습니다. 무료 급식을 하면서 주는 것이 받는 것과 같다고 느끼게 됐습니다. 무료 급식은 주는 것이니 손해인 줄 알았는데 받는 게 더 많아요. 그때 대학교수였지만 넉넉하지 않았어요. 살림 잘하는 여자와 결혼했다면 돈이라도 만들었을 텐데 밖에다 버리는 게 임자니, 깨진 독에 물 붓기죠. 늘 부족했어요. 그런데 무료 급식이 돌파구가 됐어요. 무료 급식을 한 10년 하면서 배신과 경천을 극복하고 일어섰습니다. 주는 것이 받는 것임을 알았어요. 내공이 커진 거죠. 이상하게 정년퇴임 했어도 생활이 더 넉넉해요.

주는 것과 받는 것이 둘이 아니로구나. 기독교와 불교가 다르지 않구나. 절실히 느꼈습니다. 왜 백 선생님께서 예수님 얘기를 그렇게 자주 하셨을까? 왜 예수는 법 받은 미륵존여래불이라고 하셨을까? 이해하였습니다. 둘이 아니에요. 둘로 나눠보지 말라는 거예요. 그 얘기를 실감하다 보니 기독교 TV 방송에 나오는 목사님의 설교가 다 이해됐어요. 부처님 말씀과 다르지 않아요. 목사님이 모르겠다고 하는 기독교 교리가 저는 해석이 됩니다. 그런 것만 골라서 쓴 게 바로 『크리스천과 함께 읽는 금강경』입니다. 불이를 깨쳤다고 생각하고 출간했습니다.

고달픈 수도 생활은 8년이나 지속되었습니다. 아주 어려웠어요.

제2기 소원성취 생활,
바라지 않아도 저절로 이루어지다

제2기 소원성취도 있었습니다. 망원동 법당을 그때 지은 거예요. 건축 초기에 참 어려웠습니다. 그분들을 생각하면 눈물겹게 고마운데, 회원들이 참 헌신적으로 하셨어요. 그때처럼 아름다운 체험은 못 했다고 할 정도로 아주 아름다운 보시였고, 무주상 보시가 무엇인가를 알았습니다. 천인아수라가 개응공양하는 것을 상당히 실감했습니다. 5년 동안 회원도 증가했고 승승장구했어요. 이때 기회를 잘 살렸으면 우리 법당은 굉장히 커졌을 것입니다.

저는 영가천도 한 번도 하지 않았습니다. 돈 내라고 한 적 없습니다. 거의 수입이 없었음에도 5년 동안 자발적인 보시가 꽤 되어서 대출도 다 갚았습니다. 가양동 법당, 원흥동 법당, 망원동 법당, 원당 법당 등 재산이 꽤 됩니다. 누가 보면 좀 놀랄 것입니다. 바라지 않고 무료 급식을 하면서 내공을 쌓았더니 저절로 되었습니다.

제3기 수도 생활,
초토화된 법당

그런데 또 복이 짧았나 봐요. 쭉 뻗어나갔으면 금강경 연수원이 됐을 것입니다. 실제로 짓겠다는 사람도 있었습니다. 하지만 복이 부족해서 그런지, 주위에 있는 사람들이 벌떼처럼 일어나 나보다 더 주인 행세를 하고 나서니 그이가 실망하고 물러갈 수밖에 없었어요. 배신과 재앙이 법당에 몹시 판쳤습니다. 부자나 괜찮은 사람이 오면 법사를 완전히 몰아내고 서로 낚아채려고 하는 사람들로 가득 찼었어요. 가롯 유다라는 말은 책에서만 들었지, 내 속에는 가롯 유다가 없는 줄 알았어요. 가롯 유다가 하나가 아니더라고요. 누구를 탓할 수 없어요. 다 제 잘못입니다.

그러면서 제3기의 고달픈 수도 생활이 시작됐어요. 지난 2년간 참 어려웠습니다. 다른 분들은 모르시지만 정말 어려웠습니다. 법당은 완전히 초토화되었습니다. 사람들은 다 떠나고, 믿었던 사람은 더 심하게 배신했습니다.

일편단심조라는 이름을 왜 붙였느냐, 배신자가 하도 많으니까 상대적으로 일편단심입니다. 일심공경도 왜 일심공경이냐, 하도 날라리가 많으니까 상대적으로 일심공경입니다. 이분들 덕분에 재앙이 축복으로 된 것 같아요. 참 고맙게 생각합니다.

주경야선 가행정진, 세계 최초 수행 프로그램

제1기와 제2기의 수도 생활을 지낸 뒤에는 승승장구의 시절이 있었습니다. 제3기의 수도 생활 후에는 승승장구가 아니라 정토淨土가 될 가능성이 있습니다.

『크리스천과 함께 읽는 금강경』은 2기 수도 생활에 그리스도교와 불교가 둘이 아니라는 불이를 깨쳤을 때 나온 책입니다. 그다음 3기의 수도 생활에서 '주경야선 가행정진'이 나왔습니다. 수도와 생활을 둘로 보지 않는 것, 세계 최초입니다. 그리스도교와 불교가 둘이 아니라고 본 것도 세계 최초 같아요. 기독교에서는 아예 그런 접근도 안 하고, 불교에서도 그렇게 접근한 사람은 없었다고 봅니다. 우리가 최초일 것이고 큰 의미가 있습니다.

'주경야선'이라는 말만 있었지 실천해서 성공한 이야기는 없었는데, 이번에 했더니 다들 좋아하십니다. 스님들도 하는 게 '가행정진'입니다만, 우리가 하는 것은 평일에 일상생활을 그대로 하는 가행정진입니다. 이번에 '주경야선 가행정진'을 확립했다고 봅니다. 젊은 분들도 26일로 끝내는 것이 아니라 49일, 아니 세세생생 한다는데, 그렇게 잘 되기를 바랍니다. 그러면 정토가 됩니다. 생활과 불법이 다르지 않은, 세계 최초의 수행 프로그램입니다.

법화경 서품에 부처님께서 "내가 하고 싶은 얘기를 했다."라고 하신 심경과 비슷합니다. 부처님께서 진심眞心을 얘기하시는 것처럼 제 진심眞心을 얘기했고, 백 선생님께 받았던 가르침의 핵심 정수를 말씀드렸습니다.

이 가르침 잘 받으셔서 더욱 발전해 나가시길 바랍니다.

:: 회향발표 1

내 인생의 가장 아름다운 시간

안녕하세요. 부처님 시봉하는 사람 양○○입니다.

여기 계신 여러 도반님과 함께 오늘 아침까지 공경하는 법사님께서 자비롭고도 엄격하게 이끌어주신 원흥 법당의 주경야선 가행정진을 무사히 잘 마쳤습니다.

오늘 행사, 특히 공경하는 법사님의 선시 「그대 생애 최고의 시간, 지금」을 노래로 부르는 순간, 가르침에 대한 크나큰 울림이 감동으로 이어졌습니다. 지금이 그대 생애 최고의 시간이며 다시는 그런 기회가 없으니 그 자리에서 주인공이 되어 영원한 행복을 누리라는 내용은 항상 제 마음 깊숙이 간직하고 싶습니다(즉시현금 갱무시절 수처작주 입처개진). 저도 지금 제일 행복합니다. 법사님의 가르침을 더욱 열심히 배우고 잘 따른다면 앞으로 더 행복해질 것 같습니다.

인생 최대의 행운,
선지식을 만나 자시 가행정진을 시작하다

저는 2020년 3월 말에 처음 법당에 와서 법회에 참석했고 2021년 11월에는 수행발표도 했습니다. 가능한 대로 법당에 자주 와서 법사님의 가르침을 자주 접하겠다고 다짐하고 있습니다. 학창 시절 불교 학생반 활동을 시작으로 사회생활을 하면서도 이 절 저 절, 이 스님 저 스님으로부터 불교 공부를 했습니다. 그중 금강경의 4대 진리인 일체유심조, 불이, 공, 구족에 대한 가르침과 그 실천 방법을 몸소 행동으로 보여주시고, 눈 어두운 중생들이 잘 실천하도록 자비로 항상 격려해주시는 법사님과의 인연은 제 인생 최대의 행운입니다. 제 평생 동반자이며 항상 저를 아껴주고 저를 위해 자신의 인생을 반쯤 포기한 남편이라는 사람의 심각한 우울증 덕분에 이러한 행운을 만나게 되었습니다.

금강경의 가르침을 실천하여 즉시 밝아지는 희유한 법을 어렵게 느끼면서도 조금씩 환희심을 맛보던 중, 우연히 원흥 법당에서 자시 가행정진을 시작하게 되었습니다. 저와 이○희 보살 둘이서 2021년 5월 22일에 시작한 자시 가행정진은 11월 30일까지 최대 참석 인원이 16명이었습니다. 이렇게 별 호응 없이 자시 가행정진하는 것을 안타까운 마음으로 지켜보시던 법사님께서는 큰 결단을 내리셨습니다.

주경야선 가행정진을 몸소 중생들과 함께하시면서 우리에게 힘과 용기를 주셨습니다. 그뿐만 아니라 가행정진 시작에 앞서 가행정진을 올바로 하는 방법에 대해 자비롭게 설명해주셨습니다. 정진하는 동안은 오로지 정진에만 집중하여 물도 먹지 말고 화장실도 참으라고 가르쳐 주셨습니다.

공경하는 법사님께서 함께 하시는 주경야선 가행정진은 획기적이고 참신한, 금강경 연수원의 핵심 프로그램이 될 것입니다.

주경야선 가행정진에서 선창하다

이번에 공경하는 법사님과 많은 선배 도반님들이 계시는 가운데 독송을 선창하는 영광을 누리게 되었습니다. 그렇지만 선창을 한다는 것은 마치 뜨겁게 달궈진 새빨간 철판 위의 물방울이 된 것 같은 기분입니다. 중압감에서 벗어날 수 있는 길은 '범소유상 개시허망 약견제상 비상 즉견여래, 미륵존여래불, 부처님 감사합니다.'를 계속 암송하는 것뿐이었습니다. 그런데도 공경하는 법사님을 모시고 도반님들과 함께 금강경을 독송하는 환희심은 무엇과도 바꿀 수 없는 소중한 체험이며 영광이었습니다.

어쩌면 법사님을 모시고 자시 가행정진하는 것을 저도 모르게 오랫동안 소원해왔으며, 그 소원을 성취한 것 같습니다. 저는 2020년 5월에 처음으로 주말 출가하여 환희정사에서 자시 가행정진을 했습니다. 그때는 매우 먼발치에서 도반님들에 둘러싸여서 공양하시는 법사님의 모습을 뵐 수 있었을 뿐인데, 전에는 법사님께서 함께 독경도 하셨다는 것입니다. 법사님과 함께하는 정진은 어떤 기분일까? 속으로 정말 부러웠습니다. 그 마음이 무럭무럭 자라고 있었는지 드디어 법사님께서 원흥 법당에서 주경야선 가행정진을 시작하셨습니다.

요새는 제가 속으로 희망하고 부러워했던 소원이 성취된 것 같은 기분이 들어서인지, 선지식의 존재에 대한 감동인지, 독경하면서 자주 목이 메거나 눈물이 나오려고 합니다. 그럴 때는 독경을 잠시 쉬기도 합니다. 제 목소리가 잠깐 멈췄을 때 여러분들은 제가 졸고 있다고 오해하시면 절대로 안 됩니다. 잠시 졸 때도 있지만 너무 감동적이어서, 법사님이 앉아서 독경하시는 모습이 너무 아름다우셔서 울컥하기도 합니다.

주경야선 가행정진의 의미

법사님께서 이번 제1회 주경야선 가행정진 기간에 누누이 강조해서 설법해주신 내용을 다시 한번 되새겨보지 않을 수 없습니다.

법사님께서 말씀하신 새로운 패러다임의 수마 해탈 가행정진을 정리하여 보았습니다.

첫째, 스스로 열등한 존재가 아니라 전지전능 무소불위한 존재로 안다.

둘째, 떠오르는 분별심을 눌러 참지 않고 착각으로 알고 바친다.

셋째, 다른 곳처럼 단순하게 획일적인 길들이기가 아니라, 그 사람에게 맞게 다양한 수기설법으로 알려주시면서 자율적으로 알아서 할 수 있도록 지도한다.

넷째, 잠이란 본능이며 분노 애욕 아상과는 별개로 취급하고 있으나, 분노 애욕 아상과 같은 뿌리이며 보드라운 번뇌로, 악마와 같이 집요하게 우리를 괴롭히는 존재이며 근본은 착각 현상이다.

이번 주경야선 가행정진의 모토가 "잠이 본래 없음을 알아 해탈하자."라는 것을 법사님께서 여러 번 강조해서 말씀하셨습니다.

이번 주경야선 가행정진이야말로 공경하는 법사님의 오랜 염원이었던 금강경 연수원의 핵심 프로그램이라고 생각합니다. 여기 계시는 여러분과 저는 금강경 연수원의 핵심 프로그램의 일부를 미리 체험했다고 자부해도 되지 않을까 생각합니다.

선지식의 선호념 선부촉으로 발전하는 공부

저는 비록 다른 도반님들처럼 향냄새를 맡지도 못하고, 법사님께서 설법하시는 꿈도 꾸지 않고, 경계도 보지 못해서 부럽기도 하고 제가 잘못하고 있나 하는 생각도 들지만, 요즘 제 생활의 우선순위는 주경야선 가행정진입니다. 너무나 귀중하기 때문에 여법한 시간이 되도록 늘 마음의 준비를 하고 있습니다.

요즈음은 금강경의 한 글자 한 글자 집중하여 뜻을 새기며 읽으려 하고 있습니다. 글씨가 뚜렷하고 크게 보이고, 억지로 굳이 말하자면 오롯이 집중될 때는 제 몸이 아주 잠시 제 몸이 아닌 것처럼 가볍게 느껴지는 순간이 스치기도 했습니다. 그런 느낌에 잠시 들뜨다 보면 영락없이 궁리에 빠져 입과 눈이 따로 놀아서 읽던 곳을 놓칩니다. 어디인지 찾기에 바쁩니다. 그래도 요즘은 예전보다 좀 빠르게 읽던 줄을 찾곤 합니다.

그동안 7독을 하다가 이번에 5독으로 줄여서인지, 공경하는 법사님을 모시고 하기 때문인지, 금강경이 참 짧고 가볍게 읽히는 것 같습니다. 읽을수록 뜻도 더 알게 되는 것 같아 매일매일 점점 더 법사님을 향한 감사와 환희심을 느낍니다. 법사님을 뵐 때마다 눈물이 나오려고 합니다.

편안하고 여법하게 금강경을 독송할 수 있는 좋은 환경을 마련해 주시고 언제나 저희가 조금 더 밝은 곳을 향할 수 있도록 온갖 수단을 다 동원해서 노심초사 사랑하는 마음, 자비로운 마음, 때로는 엄격한 마음으로 노력하시는 것이 너무나 절절하게 잘 느껴집니다. 제가 이렇게 자주 감사와 환희심을 느끼는 것은 모두 법사님의 자비로우신 선호념 선부촉 덕분이라고 생각합니다. 공경하는 법사님께 깊이 감사드립니다. 법사님 정말 감사합니다.

주경야선 가행정진의 효과

저에게 주경야선 가행정진의 효과라고 하면 상쾌한 기분입니다.

어디서 오는지 모르는 담담한 자신감이 생겼습니다. 어렸을 때 구박을 많이 받아서인지 여태까지 항상 자신감이 없게 쭈뼛쭈뼛했는데, 요새 누가 뭐래도 가볍게 넘길 수 있는 담담한 자신감이 생겨서 기분이 상쾌하고 살맛이 납니다.

그리고 제가 화도 좀 잘 내고 집중을 못 하고 생각이 여기 갔다 저기 갔다 원숭이처럼 왔다 갔다 하는 스타일이었는데, 약간 진중해졌다고 느낍니다.

또 제가 겉으로는 착하고 밝은 것 같지만 속으로 엄청나게 잘 삐칩니다. 삐친다는 것이 마음이 불편하다는 것인데, '이 모든 것이 내가 불러온 것이며 내 죄업을 일깨워주니까 정말 감사하다.'라고 생각하면 된다고 말씀하신 법사님의 설법을 다시 마음에 새기면 불편함이 사라집니다. 이런 불편함이 재앙이라면 '이 불편함, 재앙은 나에게 어떤 축복을 주려고 온 것일까?' 하는 식으로 생각을 바꾸고 있습니다.

내 성품을 발견하다

가만히 보면 저의 성격이 어떻게 못됐는지를 알게 됩니다. 바늘허리에 실을 꿰려는 식으로 너무 성격이 급하고 욕심이 엄청 많습니다. 금강경을 읽을 때도 한두 단어를 빼먹고 앞으로 달려갑니다.

'내가 여태까지 이렇게 급하고 탐욕스러운 마음으로 평생을 살아왔구나. 참 성과는 없이 힘만 들었겠다. 양○○ 너 참 고생 많았다.

이제 정신 차리고 네 안에 전지전능한 존재가 있음을 깨달아서 평안하고 즐겁게 우주의 주인이 된 마음으로 한번 살아보자.'라고 다짐합니다.

모든 사람이 나를 존중해 주어야 한다는 자기중심적 선입견에 빠진 저에게 현실은 정반대였습니다. 제 분별심으로 만든 마음의 상처와 괴로움 속에서 미운 도반이 있는 곳에 오고 싶지 않다는 마음을 애써 억누릅니다. 어떠한 희생을 치르더라도 오랫동안 갈구해온 공경하는 법사님의 희유하신 가르침을 포기할 수는 없습니다.

무학대사와 태조 이성계의 부처님과 돼지 이야기는 농담 같지만, 농담이 아니라서 항상 이 이야기를 생각해야겠다고 느낍니다. "상대를 미워하는 순간 내가 어두워지고, 남을 미워하는 사람은 자신의 못난 것을 볼 수 없습니다."라는 법사님의 새벽 법문 말씀은 큰 울림으로 다가와 제정신을 차리게 해주십니다.

소감과 결심

저 자신이 엄청난 탐진치에 싸여 있는 줄도 모르는 채, 아직도 아가 마음만 많이 가지고 있습니다. 그렇지만 매일 법사님의 법문을 마음에 새기고 금강경을 실천하여 무럭무럭 자라서 어른 마음의 어른이 되도록 노력하겠습니다.

어느 귀한 보석과도 비교할 수 없는 선지식 법사님의 밝고 자비심 가득한 지도편달 하의 주경야선 가행정진은 눈 깜짝할 사이에

흘러가 버렸습니다. 이제 딱 하루, 내일밖에 남지 않아서 정말 아쉽습니다. 긴 것 같기도 하고 짧은 것 같기도 한 주경야선 가행정진 기간은 꿈속에서 보낸 것처럼 달콤하고 아련하게 느껴집니다. 비록 향냄새를 맡거나 꿈이나 경계를 보지 못해 실망스러울 때도 있지만, 생각해보면 눈물이 날 정도로 아름다운 시간이었습니다.

내 일생에 있어서 이렇게 아름다운 시간이 또 있을까요?

앞으로 나의 인생에서 최우선 순위인 이 공부를 통해 진정으로 건강한 사회인이 되고 싶습니다. 그런 능력을 갖추기 위해서 더욱 더 이 공부를 열심히 하겠습니다.

이곳에 계시는 모든 도반과 인연 중생들이 세세생생 선지식 만나 금강경 공부하여 부처님 전에 밝은 날과 같이 복 많이 짓기를 발원합니다.

다시 한번 귀한 기회를 주신 법사님 부처님 도반님들께 감사드립니다.

:: 회향발표 2

가행정진 수행 이후 발주 문의가 쇄도하다

안녕하십니까? 울산에서 온 ○○수입니다.

이렇게 뜻깊은 자리에 함께해서 정말 영광스럽고, 감사합니다.

법당에 출가하기를 원 세우다

저는 40대에 서실 선생님으로부터 금강경이 좋다는 말을 듣고 울산의 모 법사님께 금강경 공부를 시작하였습니다. 5년 정도 했으나 공부를 지속하지 못했습니다.

50대 후반에 정년퇴직하고 사업을 시작했습니다. 하루 벌어 하루 먹고사는 막노동하는 사람들을 데리고 일을 하다 보니 사업장에서 진심이 너무 많이 올라왔습니다. 상대가 터무니없이 비합리적으로 나오는데, 진심을 내지 않고는 배길 수가 없었습니다. 직장뿐 아니라 가정에서도 진심을 내게 되어 저의 생활은 불안하고 몹시 힘들었습니다.

돌파구를 찾다가 우연히 유튜브에서 법사님의 법문을 듣게 되었습니다. 법사님의 법문은 저의 마음을 안정시켜 주었습니다. 평소는 법사님의 법문을 가까이 두고 듣고 있습니다. 어느 날, 카페에서 어느 보살님의 수행 발표를 들었습니다. 남편이 자기를 비방하는 그 어떠한 말에도 마음이 전혀 흔들리지 않았고 남의 이야기처럼 들렸다고 한 내용이 가슴에 와닿았습니다. 저도 그런 마음을 가지고 싶다는 생각이 강하게 들었습니다. 원당 법당에서는 어떻게 공부하는지 더욱 궁금해져 출가하고자 하였으나 코로나로 할 수 없었습니다.

집에서 금강경 독송을 하면 졸음이 너무 와서 졸면서 하니 1독하는데 1시간 30분이 걸립니다. 법당에서는 어떻게 진심을 닦고 잠을 해탈하여 수행하는지 매우 궁금했습니다. 법당에 전화해 어떻게 하면 잠 안 자고 독송을 잘할 수 있는지 물었습니다. 그랬더니 전화를 받는 분이 "선생님, 우리도 때로는 박카스 먹고 합니다." 하는 것입니다. 이 말씀이 참 위안이 되었습니다. 우리는 아직 습기가 많아 잠이 본래 없음을 단박에 깨치지 못합니다. 박카스 먹고 한다는 말에 '나도 물러서지 않고 해 봐야겠다.' 하는 생각이 들었습니다. 그리고 원당 법당에 출가하기를 원 세웠습니다.

저는 대구 법회를 시작으로 주말 출가를 하고 법회가 있는 곳이면 어디든 따라다녔습니다. 대구 법회에 참여하여 법사님의 법문을 듣는데, 이 법문을 그냥 공짜로 들어서는 안 되겠다는 생각이 들었습니다. 그래서 『지옥에서 연꽃을 피운 수도자 아내의 수기』와 『우리는 늘 바라는 대로 이루고 있다』 책을 나름대로 보시했습니다.

그리고 법사님의 법을 알리고 싶은 마음이 일어나 『우리는 늘 바라는 대로 이루고 있다』 책을 울산 주변 여러 사찰에 다니며 손수 배포했습니다. 법회가 열리는 곳이면 어디든지 가보고 싶어 진주, 창원 법회에 참여하고 부산 수련회에도 참여했습니다. 희유하신 법사님과 도반들과 함께 하는 시간이 정말 편안하고 행복합니다.

주경야선 가행정진을 위해 법당에 출가하다

법사님께서 원흥 법당에서 가행정진을 시작하신다는 소식을 접하고 나서 저도 참여하고 싶다는 마음이 아주 간절하게 들었습니다. 나의 일생에 이런 기회는 또다시 없을 것 같았습니다. 부산 금강경 연수원 수련회를 마치고 집에 돌아가자마자 다음날 다시 가방을 챙겨서 원당 법당으로 출가를 했습니다. 지금 주변 사람들은 제가 코로나에 걸려 꼼짝없이 격리된 줄 압니다. 이렇게 훌륭하신 법사님과 도반들과 함께 최상승의 금강경 공부로 매일 밤을 환하게 밝히는 줄은 아무도 모를 것입니다.

원당 법당에 오니 김○○ 선생님이 공양간 공사를 하지 못하여 애만 태우고 있었습니다. 저는 자재 구매를 요청하고 공양간 뼈대를 만들었습니다. 보살님들이 일하시는 데 조금의 불편함도 없도록 해야겠다는 생각이 들었습니다. 자꾸만 연구에 연구를 거듭하였습니다. 이것은 법사님을 보고 배운 것이기도 합니다. 우리를 먹여주고 재워주고 공부시켜주시면서도 어떻게 하면 도반들이 더 잘 깨칠 수 있을까 연구하시는 법사님의 정성에 감동했고 저도 모르게 배웠던 것입니다. 선지식 곁에만 있어도 공부가 절로 되는 것 같습니다.

선지식 만나기 전의 공부는 다 헛것

공양간 공사를 혼자 하던 중 어느 부분에서는 전문가를 불러야겠다는 생각이 들었습니다. 이렇게 해도 복을 짓고 저렇게 해도 복을 짓는데, 일이 되게끔 하자는 마음이 들었습니다. 그래서 판넬 붙이는 전문가를 불렀습니다. 참 신기하게도 정말 좋은 기술자가 왔습니다. 아무 군말 없이 정말 성실하게 우리가 요구하는 대로 일을 척척 해주었습니다.

공양간 공사를 하면서 선지식의 필요성을 절감했습니다. 제가 어설프게 한 일을 두고 그 전문가는 안 한 것만 못하다고 했습니다. 달마 대사의 '선지식 만나기 전의 공부는 다 헛것'이라는 말씀이 생각났습니다. 나 혼자 한 것은 전문가가 보기에 안 한 것만 못한, 헛수고만 한 일이었던 것입니다. 우리 공부도 선지식님께 제대로 배워야 한다는 생각이 들었습니다.

울력할 때는 몸도 가볍고 즐거웠습니다. 주경야선 가행정진 때 금강경 독송을 하면 눈물이 많이 났습니다. 낮에 공양간 공사를 하고 가행정진을 하노라면 법사님의 따뜻한 배려가 더 크게 와닿았습니다. 이 세상에 법사님 같은 분은 없을 것 같습니다. 저는 이제까지 살아오면서 법사님과 같은 분을 만나 보지 못했습니다. 도반들의 공부를 위해서 애쓰시는 모습에서 참 무어라 말할 수 없는 감사한 마음이 들고 눈물이 났습니다.

즐거운 주경야선 가행정진

법당에 와서는 무조건 법사님의 법식대로 하고 싶었습니다. 먼저, 오후에 밥을 먹지 않는 오후 불식부터 실천했습니다. 두 번째, 낮에는 잠을 자지 않았습니다. 공양간 공사를 하면서도 오후 불식을 했고 낮잠을 자지 않았습니다. 그 결과 몸이 가벼움을 느꼈습니다. 도반님들이 저를 보고 얼굴이 맑아졌다고 합니다.

주경야선 가행정진하며 처음 10일간은 여러 가지 짐승들이 많이 보였습니다. 그리고 장애인들도 보였습니다. 어느 날 원흥 법당에서 회색빛의 큰 쥐가 내게로 달려오는 것이 선명하게 보이기도 했습니다. 다른 날에는 마름모꼴의 상자 안에 오색찬란한 빛이 보였습니다.

주경야선 가행정진 10일이 지나며 조금 마음이 안정되었습니다. 마음은 하루하루 더 안정되고 편안해졌습니다. 금강경을 독송할수록 잠도 점점 해탈되는 것 같습니다. 현재는 4독까지 아주 머리가 맑고 선명하며 독송이 즐겁습니다. 22일 차 아침에는 법사님께서 늘 말씀하시는 상쾌하고 명랑한 마음이 들어, '아 이런 기분이구나!' 하는 것을 알았습니다.

이번에 여여부동에 대해서 공부를 좀 했습니다. 이번 주경야선 가행정진을 하면서 조그마한 일에도 여여부동 하지 못하면 재앙을 불러오고, 여하한 경우에도 여여부동하면 재앙은 축복이 된다는 것을 확실히 알게 되었습니다. 그리고 우리는 늘 바라는 대로 이루고 있다고 하시는 법사님의 말씀에 100% 믿음을 가질 수 있게 되었습니다.

주경야선 가행정진으로 먹고사는 문제를 해결하다

저는 울산에서 조그마한 사업을 하고 있습니다. 석유화학 회사의 큰 기계를 수리하는 사업입니다. 회사는 대지 2,000평, 건물 4동에 정직원은 15명 정도 됩니다.

제가 사업체를 운영하는 방식은 법사님께서 하시는 것처럼 먼저 베풀어 주는 것입니다. 직원에게 나름대로 최고의 대접을 하려고 합니다. 직원 자녀의 학자금을 대 주고 직원은 물론 직원 가족, 특히 부인의 선물을 챙기기도 합니다. 이런 사실이 업계에 소문이 났는지 거래 업체에서 우리 회사를 더 많이 지원해주는 것을 느낄 수 있습니다. 우리 회사는 유능한 인재 5명이 자발적으로 주인 마음을 가지고 이끌어 간다고 해도 과언이 아닙니다.

신기하게도 이번 주경야선 가행정진 기간 중 법당에 머무는 동안 견적이 쇄도하였습니다. 우리 사업은 지금이 성수기가 아니고 비수기입니다. 주경야선 가행정진 중에 1억 6,500만 원 사업을 발주받았습니다. 그리고 줄줄이 견적 문의가 들어와서 현재 업체 간 조율에 들어가고 있습니다. 견적이 줄줄이 들어와도 법당에 있어서인지 마음이 하나도 바쁘지 않습니다. 법당에서는 언제나 마음이 편안하고 집이나 사업체 걱정은 하나도 되지 않습니다.

월급을 받으며 아이 셋을 교육할 때는 경제적으로 자유롭지 못했습니다. 퇴직하고 뒤늦게 60세에 시작한 사업에서 이제는 먹고 사는 문제를 해결한 것 같습니다.

정말 행복합니다. 법사님과 같은 훌륭한 선지식님을 만나서 공부할 수 있어서 말로 표현하기 힘들 정도로 좋습니다.

회향 소감

원당 법당에서 봉사하시는 일편단심조 보살님들께 이 자리를 빌어 감사하다는 말씀을 드리고 싶습니다. 정말 티를 내지 않고 정성스럽게 공양을 지어주시는 모습을 볼 때 일반적인 사람으로 보이지 않고 그야말로 부처님 시봉하는 사람들로 보입니다.

그리고 아름다운 피아노 반주에 부처님 노래를 부르시는 일심공경시봉조 보살님들께도 감사의 말씀을 전합니다. 작은 음악을 통해 마음을 쉬게 하고 감동을 줄 수 있는 것은 자시 가행정진과 법사님에 대한 공경심이 바탕이 되었기 때문인 것 같습니다.

그 외에도 말없이 봉사하시는 선생님들과 청년 도반님들께도 감사합니다. 모든 도반님이 법사님께 지극한 공경심을 갖고 공부하는 모습을 보며 다른 사찰에서 느끼기 어려운 감동을 느꼈습니다.

이번 주경야선 가행정진이 26일로 마치는 것이 매우 아쉽습니다. 49일을 하면 좋겠다는 생각이 듭니다. 집으로 돌아가서도 공부를 쉬지 않고 이어 갈 생각입니다.

법사님이 원 세우시는 금강경 연수원은 수안보 ○○ 호텔에서 시작될 수 있다는 확신이 듭니다. 법사님의 공부를 실천하는 사람이 단 10명만 되어도 우리 법이 세계로 나가는 데 아무 손색이 없다고 생각합니다. 이번 주경야선 가행정진처럼 이렇게 모든 도반님이 신심 발심하여 정진의 끈을 늦추지 않는다면 머지않은 미래에 꿈은 반드시 현실이 될 것입니다. 우리 법당이 세상을 밝히는 큰 등불이 될 것을 확신합니다.

감사합니다.

:: 회향발표 3

깨달음이나 좋은 생각도 부처님께 다 바쳐야

안녕하세요. 부처님 시봉하는 사람 ○○현입니다.

지난번 주경야선 가행정진 소감발표 후에 법사님의 점검은 저에게 너무나 소중한 공부 기회였습니다. 오늘 이렇게 귀한 자리에서 가행정진을 통해 깨달은 것들을 다시 한번 공유할 수 있게 되어 무한한 영광으로 생각합니다. 이런 자리를 마련해주신 공경하는 법사님께 진심으로 감사드립니다.

지난번 12일 차 수행발표 이후 저는 꾸준히 식사량을 조절하고자시 가행정진을 잘할 수 있도록 낮의 모든 활동을 조심하면서 그날그날의 변화를 관찰해보았습니다. 식사는 기본적으로 하루에 한 끼를 먹되 배가 고프면 간단한 간식을 먹기도 했고 주말에는 필요에 따라 두 끼를 먹기도 했습니다. 낮에는 가능한 한 분별을 내지 않도록 주의했고 올라오는 생각을 놓치지 않고 바치려고 노력했습니다. 그 결과 뚜렷이 떠오르는 생각들을 몇 가지 정리해보았습니다.

법당을 향하며, 그리고 정진 중
뚜렷이 떠오르는 생각들

모든 것이 생각이다

하루는 가행정진 중 금강경을 읽고 있는데 '모든 것이 생각이다.' 라는 메시지가 전해지는 것을 느꼈습니다. 소리가 들린 것은 아니지만 분명한 문장으로 느껴졌고 다른 잡념과는 전혀 다른 무게와 울림이었습니다. 즉 이 세상, 제가 살아온 삶은 제가 가지고 있는 생각을 오감을 통해 실감 나게 체험하기 위해 만들어졌다는 것이었습니다.

저도 모르게 안 된다는 생각을 하고 있을 때 일이 안 되는 경험을 하고, 누군가 못마땅하다는 생각을 품었을 때 그 사람이 못마땅한 행동을 하니, 세상은 제가 붙들고 품어온 생각들을 하나하나 현실로 보여주고 있었음을 확실히 느낄 수 있었습니다. 너무나도 익숙한 일체유심조의 진리를 다시 한번 크게 실감하게 하는 경험이었습니다. 그리고 왜 올라오는 모든 생각을 착각으로 알고 부처님께 바쳐야 하는지 느낄 수 있었습니다. 그 생각을 붙들지 않고 놓아버리는 것만이 그와 같은 경험에서 벗어날 수 있는 길이라고 절실하게 느꼈습니다.

공경심으로 그 생각을 부처님께 바치는 것만이 무시겁 업보 업장을 해탈하는 길이라고 더욱 절절하게 느꼈습니다. 어리석은 제가 제대로 알아들을 때까지 같은 말씀을 이렇게 저렇게 바꾸어 반복해주시며 끝까지 포기하지 않으시고 우리를 구원해주시는 부처님, 법사님에 대한 감사함으로 눈물이 났습니다. 금강경 3분 '소유일체 중생지류 약난생 약태생 약습생 약화생 약유색 약무색 약유상 약무상 약비유상비무상 아개영입무여열반 이멸도지'의 의미가 세포 하나하나에 진실하게 전달되는 것 같았습니다.

모든 것은 연결되어 있다

법당으로 운전을 해서 가는 길이었습니다. 앞차가 차선을 변경하려고 하는데 순간 그 운전자의 마음이 전달되는 것 같은 묘한 느낌을 받았습니다. 짧은 순간이었지만 깊은 의식의 차원에서는 모든 것이 연결되어 있다는 것을 느낄 수 있었습니다. 그러면서 이기심이 왜 해로운지 알게 되었습니다. 법사님께서 이기심이 발동하는 것을 경계해야 한다고 계속해서 반복하여 말씀하신 뜻을 조금이나마 이해할 수 있었습니다.

우리 개개인은 높은 차원에서는 각각 독립된 존재가 아니라 거대한 유기체의 세포들처럼 서로 연결된 존재들인 것 같습니다. 그런데 하나의 세포가 저 혼자만 성장하겠다고 탐욕을 부리고 다른 세포를 공격하면서 진심을 낸다면 그 세포는 암세포가 되어 잘리거나 괴사할 것입니다. 나 혼자만 잘되겠다는 이기심에서 비롯된 탐진치가 왜 독이고 개인을 파멸로 이끌게 하는지, 그 의미가 이해되는 경험이었습니다.

그날그날의 각성 정도와 마음가짐을 관찰하며 느낀 점

매일 가행정진 시 그날그날의 각성 정도와 마음가짐을 관찰하면서 느낀 점을 말씀드리겠습니다. 지난번 발표에서 낮에 분별을 내거나 과식을 하면 잠이 더 많이 오기 때문에 이 점을 주의한다면 더 높은 각성 상태를 유지할 수 있다고 말씀드린 바 있습니다. 그 이후에 꾸준히 정진하면서 추가로 알게 된 점이 있습니다.

깨달음이나 좋은 생각도 부처님께 바쳐 소멸해야 할 뿐

낮에는 분별을 내지 않으려고 했지만 어느 날은 딸과 이야기하다가 화를 꽤 많이 내기도 했고, 소식小食을 하려고 했지만 생일날 가족들과 외식을 하면서 조금 과식을 한 날도 있었습니다. 그런 날은 여지없이 잠이 쏟아져 맑은 정신을 유지하기가 어려웠습니다. 그런데 문득 '내가 오늘은 이러이러한 일을 했으니 잠이 오겠구나.'라고 미리 생각하고 있는 것이 보였습니다. 분별을 내고 과식을 했기 때문이 아니라, 그렇게 했다는 생각에 먹히고 있었습니다. 즉시 그 생각을 바치고 금강경에만 집중하니 잠이 어느 정도 물러가고 각성 상태를 유지할 수 있었습니다.

이 대목에서 다시 한번 법사님의 가르침이 위대하다고 느꼈습니다. 깨달은 것이 있어도 그 생각에 매이지 말아야 한다고 강조하신 말씀이 참으로 옳았습니다. 아무리 훌륭한 생각이어도 모든 생각은 그 특성상-언어가 가진 특성인 것 같기도 한데- 어떤 한계를 짓게 되어 있습니다. 어디에 한계를 짓는지만 다를 뿐, 한계를 짓지 않는 문장이나 생각을 찾기 어렵습니다. 그러다 보니 끝없이 성장하고 밝아지기 위해서는 그 어떤 깨달음이나 좋은 생각에도 매여 있어서는 안 되며 그저 부처님께 끝없이 바쳐 소멸해야 할 뿐인 것 같습니다.

'내가 한다'는 생각이 사라질 때

항상 그런 것은 아니지만 가끔 경이 저절로 읽히는 것 같은 맑은 상태가 될 때가 있습니다. 이때는 어떤 점이 다른가를 관찰해보니 '내가 읽는다.'라는 생각이 없었습니다. 독경할 때 '내가 금강경을 읽고 있다.'라는 생각이 어느 정도씩 있는데 그 생각이 완전히 없어질 때는 각성 상태가 100%가 되고 경이 저절로 읽어지며 시간의 흐름이 느껴지지 않았습니다.

제가 평소에 추위와 더위에 민감한 편이라 조금만 덥거나 추우면 집중력이 흐트러지고 경을 읽기가 어렵다고 느끼는데, '내가 읽는다.'라는 생각이 없어졌을 때는 주위의 온도에 대한 감각도 옅어지는 것 같았습니다. 이 상태가 잘 유지가 되면 좋겠는데 쉽게 깨지고 곧 '내가 읽는다.'로 돌아와 허리가 굽어지거나 졸음이 쏟아지곤 했습니다. 마치 외줄 타기를 하듯 살얼음 위를 걷듯 긴장을 늦추지 않고 집중해야 했습니다.

아직 더 바쳐보아야 정확히 알 수 있을 것 같은데 지금까지 살펴

본 바로는, 독경 시 '나'는 사라지고 금강경이 100이 되도록 글자 하나하나를 뼈에 새기겠다는 심정으로 '나'를 온전히 쏟아부었을 때, 즉 완전히 몰입했을 때 비로소 '내가 경을 읽고 있다.'는 생각이 사라지는 것 같습니다.

'잠'이라는 도피처가 사라질 때

금강경 독송과 미륵존여래불 정진 중에 걷잡을 수 없이 눈물이 난 적이 많았습니다. 그렇게 울다가 하루는 정진 시에 막대기를 들고 있는 여자아이를 보았습니다. 바닥에 주저앉아서 엉엉 울고 있는 모습이었는데 함께 울다가 어느 순간 그 아이가 빠져나간 느낌이 들었고 머리가 가벼워지고 시야가 확 밝아지는 경험을 했습니다. 답답하던 가슴이 뻥 뚫린 듯 시원해졌습니다.

하루는 독송 중 몸이 떨릴 정도의 분노에 압도되는 느낌을 경험했습니다. 몸을 가누기 어렵다는 느낌이었습니다. 금강경에 집중하며 그 분노의 느낌을 부처님께 바치려고 노력했습니다. 몸을 활활 태울 것 같던 그 느낌은 한참 만에 쑥 빠져나갔습니다.

잠이라는 것이 이런 고통스러운 감정들을 직면하지 않기 위한 '도피'가 아니었나 하는 생각이 듭니다. 그런데 가행정진하며 잠을 안 자니 이 고통스러운 자아가 숨을 곳이 없어 떠오르고 빠르게 바쳐진 것 같습니다. 머리가 가볍고 밝아졌으며 잠이 더욱 줄어들었습니다. 전에는 가행정진을 마치고 집에 가는 길부터 잠이 쏟아졌는데, 이 이후로는 운전하는 동안에도 정신이 맑고 낮 동안에도 잠을 자고 싶은 생각이 들지 않았습니다.

순수한 즐거움과 기쁨

그날그날의 미세한 생각과 분별이 정진할 때 많은 변화를 만들어 냅니다. 이것을 통해 그 미세한 생각들이 내가 경험할 세상을 이렇게 저렇게 바꾸어 창조하리라는 것을 알게 되었습니다. 이런 점에 더 집중해서 정진하고 수행한다면 주경야선 가행정진 자체에서 순수한 즐거움과 기쁨이 나올 것 같습니다.

선지식의 크신 사랑으로 이루는 기적

이번 주경야선 가행정진을 통해 경험한 가장 큰 변화는 다른 무엇보다도 제 마음이 꽤 밝고 씩씩해졌다는 점입니다. 남을 시원찮게 보고 속으로 꾸짖는 습관도 많이 없어졌습니다. 주위 사람들의 좋은 점 뛰어난 점이 많이 보이고, 남모르게 시샘하는 버릇도 줄어든 것 같습니다. 그러고 보면 지금껏 저는 항상 속으로 남을 샘내지 않으면 꾸짖고 있었는지도 모르겠습니다. 법사님의 말씀처럼 제 마음이 밝아진 만큼 재앙도 소멸한 것이라고 본다면 이보다 더 큰 기적은 없을 것 같습니다.

새롭게 알게 된 점과 변화된 점에 초점을 맞추어 말씀을 드리다 보니 제가 아주 완벽히 잘하고 있다거나, 아니면 이 공부에 소질이 있다고 말하는 것처럼 보일까 우려됩니다. 저는 본래 참을성이 무척 부족해서 작은 일에도 방방 뛰기를 잘합니다. 이번 금강경 연수원 수련회에서 가행정진할 때 네다섯 번이나 자리에서 벗어나 화장실에 갔을 정도로 본래 참을성이 부족합니다. 그에 비해 이 자리에는 자신을 드러내지 않으시면서 꾸준히 수행을 이어오신 훌륭한 분들이 아주 많다고 생각합니다. 오늘은 저와 같이 참을성이 없는 사람도 간절한 마음으로 임한다면 그 안에서 기쁨을 찾을 수 있다는 점을 꼭 말씀드리고 싶었습니다.

매일 가행정진 시 잠에 빠져들기는 쉽고 잠을 몰아내기는 어려운 것을 보면 아직은 잠을 해탈하고 싶은 마음보다 잠을 즐기고 싶은 마음이 더 큰 것 같습니다. 서핑을 해본 적은 없지만 마치 파도타기를 하는 기분이 듭니다. 균형을 잘 잡으면 파도에 휩쓸리지 않고 여유롭게 즐길 수 있지만 아차 하는 순간에 물속으로 빠져버리는 것 같습니다. 몇 번이나 물속으로 빨려 들어가도 지치지 않고 다시 올라와 균형을 잡으려고 애쓰는 과정을 반복하는 기분입니다. 이런 힘을 낼 수 있는 것도 온전히 법사님의 끝없는 사랑과 원력 덕분일 것입니다. 그 어느 부모도 자식을 위해서 이렇게까지 해줄 수 있을 것 같지 않습니다. 그 크신 사랑에 반드시 보답하여 부처님 시봉 잘하는 건강한 사회인이 되겠습니다.

주경야선 가행정진에 참여하시는 모든 분이 밝고 건강한 사회인이 되어 부처님 시봉 잘하시기를 발원드립니다. 감사합니다.

:: 회향발표 4

부처님께서 기뻐하시는 독송

안녕하세요. 부처님 기쁘게 해 드리는 사람, 무엇이든지 부처님께 바치는 사람, 박○○입니다.

오늘 『크리스천과 함께 읽는 금강경』 출판 기념 법회와 주경야선 가행정진 회향법회에 함께 할 수 있어 너무나 기쁩니다. 이런 자리를 마련해주신 법사님, 정말 감사합니다.

저는 최근 새 마음 새 뜻으로 법당에 다시 나오고 있는데, 그 시작이 법사님께서 이끄시는 주경야선 가행정진입니다. 법사님과 함께 정진한다는 것만으로도 더욱 감사합니다. 법사님과 함께 하는 주경야선 가행정진에 참여하며 느꼈던 소감을 간단하게 말씀드려 보고자 합니다.

부처님께서 기뻐하시는 가행정진을 발원

이번 주경야선 가행정진은 최대한 모든 이기적인 마음을 내려놓고 정말 진실한 마음으로 오로지 부처님 기쁘게 해 드리는 정진을 해보고 싶었습니다. 선지식님이라면, 법사님이라면, 부처님이라면 제가 어떤 마음으로 어떻게 독송을 해야 기뻐하실까? 물론 형상이 없는 부처님이시지만, 어깨를 토닥토닥 두드려 주시며 "선재선재라" 하실 만큼 부처님이 기뻐하실 금강경 독송은 무엇일까? 이것이 저의 테마였습니다.

신기한 것은 그 생각을 하면서 독송을 하는 것만으로도 마음이 가득 찬 느낌이었습니다. 감사한 마음에 눈물도 나고 뭉클한 감동도 밀려왔습니다. 진실한 마음을 낸 만큼 잠도 오지 않는 것 같았습니다. 그리고 아주 잠깐이었지만 또렷한 정신을 느낄 수 있었습니다. 또렷한 정신으로 한 글자 한 글자 금강경을 독송했을 때의 느낌이 참 좋았습니다.

가행정진으로 자기 생각이 착각인 것을 알게 되다

예전에는 저 자신에 대해 금강경 가르침대로 무엇이든지 내 안에서 찾으려는 사람이라고 생각을 했었습니다. 그러나 이번에 정진하다 보니 제가 많이 착각하고 있었다는 것을 알게 되었습니다. '여태껏 나는 밖의 그 무엇, 타인, 사물에 의지해 기쁨과 행복을 찾으면서 살아왔구나!' 내 안에 모든 것이 구족되어 있으니 밖에서는 하나도 구할 것 없다는 구족의 가르침은 어느새 다 잊어버린 채, 밖으로 찾아 헤매는 약한 존재로 살아온 제 모습을 보게 되었습니다. 그런 생각을 하니 스스로가 한심해 보여 속상하기만 했습니다. 한참 동안 그 생각에 빠져 있으니 우울한 생각이 많이 밀려왔습니다. 하지만 다시 제정신을 찾아서 한 생각을 바꾸었습니다.

'내가 밖으로 의지하는 마음을 내어 행복을 찾는 사람이라는 생각은 '가짜 나'의 생각이다. '진짜 나'는 무엇이든지 내 안에서 찾으려는 사람이다. 나는 무엇이든지 부처님께 바치려는 사람이며 나는 부처님 시봉하는 사람이다.'를 몇 번이고 외쳤습니다. 이렇게 생각을 했더니 마음이 굉장히 든든해지면서 그 누구에게도 의지하지 않고 오롯이 혼자 설 수 있겠다는 용기도 생겼습니다. 만약 혼자였으면 이런 마음조차 내지 못했을 것 같은데 선지식님의 품에 있으니 못난 나에게 빠져들지 않고, 항복하지 않고, 좌절하지 않고 다시 부처님 향하는 마음을 낼 수 있었던 것이 아니었을까 생각합니다. 법사님 정말 감사합니다.

법사님께서 번뇌에는 2가지가 있다고 하셨는데, 하나는 보드라운 번뇌이고 하나는 거친 번뇌라고 하셨습니다. 오늘 온천욕을 하면서 느낀 두 가지 번뇌, 온탕의 사르르 녹는 보드라운 번뇌와 냉탕의 살얼음같이 차가운 거친 번뇌 속을 몇 번 왔다 갔다 했더니 나중에는 차가움과 따뜻함의 경계가 모호해지는 느낌이 들었습니다. 그래서인지 몸과 마음이 아주 가볍고 힘이 나고 상쾌하며 시원한 것 같습니다. 오늘 수안보에서 업보 업장도 씻어내었으니 새사람으로 태어나 선지식님 잘 모시고 부처님 시봉 잘하겠습니다.

:: 회향발표 5

선지식의 소중함을 알게 한 가행정진

오늘 이 모든 자리를 마련해주신 법사님께 진심으로 감사드립니다. 저는 부처님 기쁘게 해 드리는 사람, ○진○입니다.

법사님께서 자시 가행정진을 함께하신다는 소식을 듣고 꼭 참여하여 정진할 수 있기를 가만히 원 세웠습니다. 입재 날을 놓쳐 처음부터 참석하진 못했지만, 4일 차부터 주경야선 자시 가행정진에 참여하여 오늘로 22일이 되었습니다.

오직 선지식의 가르침만이 밝아지는 길

처음 정진을 시작하는 날, 이번 기도의 기회로 개인적인 난제를 좀 잘 풀어보고자 하는 마음으로 독송 준비를 하고 있었습니다. 그런데, 소원성취의 이기적인 목적으로 기도하지 말고 잠 해탈하여 부처님 기쁘게 해 드리길 발원하라는 법사님의 법문에 속으로 굉장히 뜨끔했고 부끄러웠습니다. 다행히도 정진 첫날부터 저의 이기적인 마음을 조금이나마 고쳐먹을 수 있었습니다. 도인이 가르쳐

주신 올바른 견해와 올바른 자세, 올바른 가르침을 바탕으로 '나도 한번 진심으로 부처님 기쁘게 해 드려 보자.' 하는 마음으로 정신 무장을 하고 새 마음, 새 뜻으로 지금까지 주경야선 가행정진에 임하려고 노력하고 있습니다.

돌이켜 생각해보면 자시 가행정진은 주말 출가 프로그램이 있었을 때만 해봤기 때문에 일하는 평일에는 불가능하다고 생각했었습니다. 그리고 49일 혹은 100일 정진을 몇 번씩 하는 도반님들을 보면 마냥 부럽기만 하지, 저로서는 단 3일도 전혀 할 엄두를 내지 못했습니다. 그런데도 이번 주경야선 가행정진을 나름 용감하게 시작하게 된 것은 바로 선지식님과 함께하는 가행정진이었기에 가능했다고 생각합니다. 낮에는 일을 다 하면서 자시 가행정진할 수 있다는 게 신기합니다. 선지식의 가르침이 얼마나 소중한지, 오직 선지식의 가르침만이 밝아질 수 있는 길이라는 걸 다시 느끼고 있습니다. 법사님 감사합니다.

모든 사람이 세세생생 선지식 모시고 공부 잘하여 부처님 시봉 잘하길 발원합니다.

:: 회향발표 6

나를 변화시키는 즐거운 주경야선 가행정진

안녕하세요. 부처님 시봉하는 사람 ○○순입니다.

귀중한 주경야선 가행정진할 수 있도록 배려해주신 법사님께 감사드립니다. 부처님께 이 감사함을 바칩니다.

지금까지의 공부

제가 바른법연구원과 인연을 맺게 된 지는 3년 정도 되었습니다. 자시 가행정진을 몇 번 시도했지만 100일 기도를 두 번 정도 회향하고 나머지는 포기했습니다. 그래도 지금까지 꾸준히 공부하고 있습니다.

바른법연구원과 인연 맺기 전에는 ○○종에서 10년을 공부했습니다. 거기에서 자시 가행정진을 경험했습니다. 법사님께서 법문해주신 가행정진과는 다르게 스님들이 하시는 것을 그대로 따라서, 오로지 소원성취를 위해 가행정진을 했습니다. 소의경전인 법화경을 독송하면 빠른 소원성취가 된다고 해서 무슨 뜻인지도 모르고 몇 번을 읽었지만 이해되지 않는 것이 너무 많았습니다.

새로운 공부의 시작,
주경야선 가행정진

금강경 연수원 수련회를 마치고 거의 바로 시작한 이번 주경야선 가행정진은 회사 일과 가사 일로 시간에 쫓기어 늘 서두르고 재촉하는 일과를 보내고 있는 제게 꼭 필요한, 소중한 공부입니다.

이번에 새로운 각오로 하고 싶은 공부가 있었습니다. 이기심이 들어간 소원성취는 그만하고 마음 밝아지는 공부를 해야겠다고 발원했습니다. 그동안 소원이 이루어지고 나면 더 큰 난제가 기다리고 있었습니다. 현재의 난제가 해결되지 않으면 과거의 소원성취는 흔적조차 없이 사라지는 것을 알게 되었습니다.

또 한 가지, 잠이라는 분별심에서 꼭 해탈하고 싶었습니다. 그런데 어찌 된 일인지 평소보다 잠에서 벗어나기가 더 어려웠고 결사항전하겠다고 하면서 하루 두 끼 식사로 줄였는데도 잠은 더 달라붙는 것 같았습니다. 죽비로 점검을 해주시는 법사님이 계시는데도 무의식으로 졸고 있었습니다. 잠은 살아있는 생명체 같습니다. 잠이 해탈될 때까지 회향하지 않고 계속하여 주경야선 가행정진을 하겠습니다.

선지식의 소중한 가르침으로 달라진 나의 모습

그런 와중에도 공부가 잘될 때는 이곳이 법당이라는 것을 잊을 만큼 환희심을 느낀 적도 많았습니다. 그 덕분에 어제 남편 불보살과 부딪혔을 때 변화한 제 모습을 보게 되었습니다. 평상시에는 남편 불보살이 잘 설명을 하는데도 들으려는 생각조차 하지 않고 내가 옳았다는 것을 보여 주려 하였습니다. 과거 같으면 큰소리로 내 방법이 옳다고 주장했을 텐데, 이제는 그 사람의 설명을 잘 듣고 "그렇구나. 맞네." 맞장구를 치며 긍정하게 되었습니다. 금강경을 수지독송하고 법사님의 법문을 들으며 이런 여유로움이 저도 모르게 몸에 밴 것 같습니다. 정말로 소중한 공부라고 느꼈습니다.

또한, 상대방은 아무 감정 없이 다가오는데 나의 내면에 있는 선입견 때문에 탐심과 진심 또 치심이라는 분별심이 반응한다는 것을 알고, 얼른 바쳐서 흔들리지 않는 연습을 하고 있습니다. 이처럼 나의 분별심과 상대방의 행위를 분리하여 일체유심조의 진리와 공의 진리를 깨우친 것은 법사님의 법문을 소중하게 듣고 금강경 7독을 꾸준히 한 덕분인 것 같습니다. 앞으로도 공부의 끈을 놓지 않고 세세생생 선지식 모시고 금강경을 수지독송하여 밝아져서 부처님 시봉 잘하기를 발원합니다.

금강경 공부로 법화경을 이해하다

지난주 일요일에는 ○○종의 소의경전인 법화경을 읽고 싶어 서품을 읽는데 너무 좋았습니다. 부처님에 관해 설명하는 구절이 법사님을 그대로 표현한 것 같아서 희유한 기분을 느꼈습니다.

"부처님께서 경전을 연설하시는데 미묘하여 제일이시니 그 음성이 맑으시며 부드러운 말씀 내시어 모든 보살을 가르치시니 무수억만이시고 맑은 음성 깊고도 오묘하여 사람들이 즐거이 듣도록 하십니다."

전에 법화경을 읽을 때 아무 뜻도 모르고 이야기책을 읽듯이 독송했는데, 금강경의 말씀이 법화경 속에 담겨있어 이제는 너무도 또렷하게 뜻을 알게 되었습니다. 실무유법을 설명한 것도 공감하고 약초유품에 나오는 수기설법의 뜻까지 알게 되니 금강경을 수지독송한 것에 감사하여 환희심으로 종일 즐거웠습니다.

이제 금강경의 4대 진리를 설명할 수 있고 조금은 지혜로워진 것도 느껴 즐겁고 행복하고 기쁩니다. 막연하게 공부하지 않고 주어진 상황을 잘 분석하려는 탐구심도 생겼습니다.

부처님 감사합니다. 법사님 감사합니다. 이 감사함을 부처님께 바칩니다.

법사님의 선호념 선부촉이 있는 이 자리는 여러 생을 별러서 온 기회라고 생각합니다.

모두 내 마음이 불러온 것

그동안 공부 계획을 세웠다가 끝까지 하지 못하고 중간에 포기하는 습관을 꼭 바치려고 했는데 이번에도 세 번을 빠지고 말았습니다. 항상 합리화시키기 위해 그럴싸한 변명을 하지만, 가슴 깊은 곳에 하기 싫은 마음이 현실을 불러들였고 쉬고 싶은 마음이 먼저 계산되었다고 알게 됐습니다.

또 궁한 마음이 있어 이만하면 되었다고 들뜬 일이 많았다는 것도 알게 됐습니다. 어느 독지가가 금강경 연수원을 지어주겠다고 약속했을 때 우리 도반들은 받을 준비도 없이 웬 떡인가 하다가 무산돼 날아가 버린 적이 있었다던 법사님의 말씀이 생각납니다. 그때는 우리가 복이 없고 궁해서 그랬다는 것을 몰랐습니다. 궁한 저희를 보고 쫄지 말라고 말씀하신 적이 있습니다.

저도 사업을 하며 똑같은 일을 겪었습니다. 신중하게 확인하지 않고 막연하게 잘되겠지 하고 덥석 받아들인 적이 많았습니다. 좋은 일이 생길 때 얼른 바치지 않았고 준비 없이 들뜨는 분별심 때문에 이면을 보지 못했습니다. 복덕이라고 착각하여 헛디딘 것입니다. 난제로 이어질 때도 많았습니다. 하지만 경험을 해보니 그 난제 때문에 제가 성장할 수 있었고 겸손해졌습니다. 오히려 감사하다고 생각합니다.

앞으로의 다짐

도반들의 독송 소리는 법사님의 선호념 선부촉이 있는 이곳 원흥 법당을 부처님 기뻐하시는 세계적 법당으로 자리 잡도록 할 것입니다. 서서히 밝아지겠지요. 아무 걱정하지 않고 오로지 법사님의 법문과 금강경을 꾸준히 공부할 것입니다. 아무거나 함부로 덥석 받지 않고, 살펴보아 거절하는 힘도 길러낼 것입니다. 불수복덕이 되도록 금강경을 수지독송하여 지혜로워질 것을 다짐해봅니다.

저의 두서없는 수행 소감을 들어주셔서 감사합니다.

:: **회향발표 7**

좌절하지 않고 끊임없이 도전, 재도전하라

안녕하세요? 부처님 시봉하는 사람 ○지○입니다.

선지식님과 함께 한 자시 가행정진 회향 법회에서 소감발표를 하게 되어 영광입니다. 이렇게 기회를 주신 우리의 선지식, 법사님께 무한한 감사를 드립니다. 이 마음도 부처님께 바칩니다. 자시 가행정진 기간 내내 발표해주신 도반님들의 실감 나는 사례가 많은 도움이 되었습니다.

제 발표가 도반님들께 도움이 될까 하는 마음으로 자원하면서도 부끄러운 생각이 들어 주저하였습니다만, 이 마음도 부처님께 바치고, 법회에 참석하신 모든 이들이 더욱더 신심 발심하여 부처님 기쁘게 해 드리길 발원합니다.

선지식과 함께 하는 주경야선 가행정진

선지식께서 자시 가행정진을 시작하신다는 이야기를 듣자마자 반드시 동참하기로 원 세웠습니다. 어떤 일이든지 흔들리지 않는 마음으로 재앙을 축복으로 바꾸는 불이不二의 가르침을 알고 늘 부처님 향하며 부처님 기쁘게 해 드리는 것! 이를 반드시 믿고 법사님께 공경심 내어 실천하는 것이 저의 공부 목표요 목적이었습니다. 여여부동하라는 말씀을 많이 해주시지만, 위기라고 생각하는 것, 재앙이라고 생각하는 것이 다가오면 흔들리는 마음을 바치기가 어려웠고, 재앙이 곧 축복이라는 큰 가르침에 대해 흔들림은 없었지만, 구체적인 사건을 마주하게 되면 업보 업장에 이끌려 흔들리고 있는 저 자신을 발견했기 때문입니다.

시작부터 남다른 선지식과의 가행정진

법사님과 함께 한 가행정진의 첫날, 그 시작은 특별했습니다. 법사님께서 시작하신 자시 가행정진은 역시 너무나도 귀한 시간이었고, 참여하게 된 것 자체가 무한히 영광스러운 시간이었습니다.

먼저 법사님께서는 시작하기 전 가행정진의 의의부터 설명해주셨습니다. 방법도 그전과는 달랐습니다. 금강경 연수원 수련회부터 시작된 금강경 5독과 미륵존여래불 정진 1시간으로 기존의 금강경 7독에 익숙해 있던 저희가 깨칠 수 있도록 수행 방법의 틀을 깨주셨습니다.

발원문 없이 오직 부처님 시봉하는 마음, 부처님 기쁘게 해 드리는 마음으로 공부하라고 하셨습니다. 발원문을 자주 사용하면 탐심의 연습이 될 수 있다는 것을 알려주시며, 절대 이기적인 목적으로 공부해서는 안 된다고 하셨습니다.

화끈하게 공부하여 재앙을 소멸하고 소원을 성취하고자 하는 제 용심이 얼마나 이기적인지 깨치게 해 주셨고, 그동안 겉으로만 부처님 시봉하기 위해 공부한다고 말했음을 깨닫게 해 주셨습니다. 제가 잘되고자 기도했던 마음속 탐심을 그대로 들여다보신 것 같아 부끄러웠습니다. 2020년 5월부터 새벽 3시 기도를 한 이유도 재앙이라고 하는 것을 피하고자 하는 마음이 아니었나 생각합니다. 이렇게 선지식과의 자시 가행정진은 시작부터 남달랐습니다.

선지식이신 법사님의 선호념, 선부촉

처음부터 마음을 다잡고 한 공부인지라, 첫날에도 졸지도 않고 너무나도 즐거운 정진을 했습니다. 불이 나는 경계를 보기도 했습니다. 또한, 다른 경계로 법당에 있는 제 모습을 보곤 했습니다.

다음날은 우리는 전지전능한 존재임을 다시 한번 알려주시며, 우리는 시시각각 소원을 성취하는 위대한 존재, 믿는 대로 되리라唯識無境, 당신의 욕구에 대한 응답이 반드시 실재한다, 그것이 무엇이든 네가 바라는 것을 기도할 때는 이미 그것을 얻었다고 믿으라, 백번 싸워 백번 이기는 사람은 싸우기 전에 미리 이기고 있다(선승이 후구전先勝而 後求戰) 등의 예를 들어 희망과 용기를 주셨습니다. 우리는 본래 구족해 있기에 바라지 말고 부처님 시봉하는 마음으로만 공부하라고 말씀해주셨습니다.

여러 생 닦는 사람들의 특징을 말씀해주시며 알량한 자존심, 과도한 허영심 등 들여다보기 싫었던, 모른 척하고 싶었던 제 용심을 들여다보는 기회를 주기도 하셨습니다.

쓰는 문장 하나하나가 마음의 표현이고 수도의 연습이라고 하시며, 살얼음판 걷듯이 수도하라고 말씀도 해주셨습니다.

그리고 이번 주경야선 가행정진의 가장 핵심인 보현행, 한 가지 행을 닦으면 일체 행을 갖추어 원융무애한 깨달음에 이르게 한다, 즉 핵심 번뇌인 잠을 해탈하면 세상일은 모두 다 이루어진다고 법문해주시며 원리 및 방법까지 설명해주셨습니다.

몸의 자세, 마음의 자세 하나하나 점검해주셨습니다.

이번 법사님이 함께해 주시는 기도에서 저 역시 기도에 충실하고 엄숙한 마음으로 참여하고자 노력하였습니다. 제 생활의 1순위를 주경야선 수행으로 두고 절대 기도시간에 늦지 않도록 하였고, 기도에 참여하기 위해 하루를 조심하면서 지냈던 것 같습니다. 오후에도 간단한 간식 외에는 먹지 않도록 하고, 가급적 화내지 않고 업보에 이끌려 말을 하지 않도록 노력하며, 서두르지 않고 잘 바쳐가며 마치 우보천리의 자세로 한 걸음 한 걸음 걷고자 하였습니다.

가행정진 기간 중 겪은 일들

제가 평소에 잠이 많지 않습니다. 물론 10월에 도반 특강을 준비하며 했던 21일 가행정진과 비교하면, 이번 정진은 잠이 덜 오기는 했습니다. 특히 정진 시에도 그렇지만 아침에 출근하기 전에 자는 잠이 많이 줄었습니다.

그러나 초반에 잠이 굉장히 많이 왔습니다. 기도 4일째 되던 날,

아침에 운전하다가 결국 옆 보도블록에 부딪혔습니다. 큰 소리가 났지만, 분별심이 나지는 않았습니다. 차를 자세히 살펴보니 바퀴 휠이 조금 마모되었을 뿐 차체의 긁힌 곳이 없었습니다.

한편, 기존에도 박카스나 커피를 마시고 새벽 공부를 했던 터라, 박카스나 커피에도 의존하는 마음을 바치며 하는 공부가 쉽지 않았습니다. 자세를 꼿꼿하게 하면 좀 나아졌지만, 미륵존여래불 정진을 할 때 여전히 각성 상태를 유지하는 게 쉽지 않았는데 조금씩 나아지는 것이 느껴집니다. 정진하면서 시계도 좀 덜 보고, 움직임도 줄었습니다. 우선 화장실을 가지 않습니다. 그랬더니 이번엔 손이 자꾸 움직이고 발이 움직입니다. 한 가지가 쉴만하면 몸뚱이 착이 또다시 나와, 하기 싫은 마음을 해탈하기 위해 공부하게 해주시니 감사할 따름입니다.

이렇게 좋은 경험을 하면서도 우리 공부는 방심해서는 안 된다는 것도 깨달았는데, 각성 상태를 잘 유지하며 금강경을 독송하다가 최근 만나기 불편하다고 생각하는 사람을 만나 식사하게 되었습니다. 만날지에 대해 바쳐보았고, 먼저 연락 온 사람의 제안을 거절하는 것은 부처님 기쁘게 해 드리는 일이 아니라는 생각에, 만나는 것이 좋겠다는 생각이 들어 만났습니다. 만나서는 그이가 잘되어 부처님 시봉 잘하길 발원하긴 했습니다만, 결국 그이가 내 뜻대로 움직여지지 않아 밉다, 만나기 불편하다는 분별이 올라왔는지 만나기 전부터 식은땀을 흘렸고 결국 식사 후 위경련이 일어나기도 했습니다. 제대로 바치지 못한 것일 수도 있지만 제 전생의 업장이 해탈하는 과정의 몸부림이라고 나름대로 좋게 이름 지어보았습니다. 그러나 결국 이는 정진 시 잠으로 나타났고, 그 여파가 좀 이어졌습니다.

엊그제 누군가가 저의 오른쪽 팔 어깨를 툭툭 치며 깨우는 듯하였고, 그 전날은 미륵존여래불 정진 중 법사님의 법문이 들리기도 하였습니다. 법사님께서 자꾸 수행, 공부의 필요성을 다지다 보면 자신감이 생긴다고 하셨는데, 그러한 마음의 전환을 신속하게 해야 한다는 것도 알게 되었습니다.

이와는 반대로 온종일 부처님 향한 날에는 가행정진 시 각성 상태를 유지하기가 한결 수월했습니다. 『크리스천과 함께 읽는 금강경』 편집 작업이나 수행발표 준비를 하는 날은 거의 잠을 못 자고 나와도 각성 상태를 오래 유지했던 것 같습니다. 그런 날에는 바다 위 하늘을 걷는다든지 금강경 글자에 하늘색, 초록색 등 형광색 칠한 것과 같은 경계를 보기도 하였습니다. 그리고 법사님께서 꿈에 나오셔서 "잘 될 거야. 그 자리에서 잘못된 것을 본 적이 없다."라고 말씀해주시기도 하셨습니다. 다행히 반말로 말씀해주셨습니다.

앞으로의 공부

다른 분들도 마찬가지이겠지만, 아직 완전한 수행 후기는 아닙니다. 이번 기회에 잠을 많이 자지 않아도 일상생활이 가능하다는 것을 좀 더 실감 나게 체험하면서, 잠이 분별이요 착각이라는 것을 조금이나마 깨달았습니다. 그러면서 근심 걱정 역시 본래 없다는 것을 조금이나마 깨닫게 되는 것 같습니다. 그래도 여전히 잠이 오기에, 해탈하고 싶은 마음을 바치고 있습니다.

법사님께서는 좌절할 때 포기하지 말고 끊임없이 도전하라고 하셨습니다. 아인슈타인의 1번의 성공에는 1,000번의 실패가 있었다고 말씀해주셨고 좌절하지 않고 끊임없이 도전, 재도전하라고 하셨습니다. 저 역시 자시 가행정진 기도를 당분간 지속하여 '잠 해탈'을 해 보고자 합니다. 제가 스스로 원 세워서 시행했던 10월 자시 가행정진 이후에는 입재가 쉽지 않았는데, 이번 법사님과의 가행정진으로 사회생활을 하면서도 할 수 있겠다는 자신감을 느꼈습니다. 수마에게 지지 않고 결사 항전하여 잠 해탈을 통한 보현행 실천으로 오로지 부처님 시봉 잘하시길 발원드립니다.

법사님과의 자시 가행정진은 26일이 아니라 1주일도 안 된 것 같습니다. 벌써 끝나서 아쉬운 마음입니다.

이런 희유한 가르침을 주시는 법사님께 무한히 감사한 마음을 부처님께 바칩니다. 이 마음도 바쳐 부처님 전에 복 많이 짓길 발원합니다.

:: 회향발표 8

부처님 시봉하는 참나의 주경야선 가행정진

공경하는 법사님!

새로운 인격자로 거듭 태어나게 하는 새로운 패러다임의 '잠 해탈' 주경야선 가행정진 프로그램으로 직접 가르침을 주시는 선지식께 감사드립니다.

공경하는 선지식과 대면으로 직접 가르침 받으며 수행하기를 기다리고 기다렸습니다.

선지식 점검 후의 공부

십여 년 전에 부처님께서 찟따 장자에게 수기를 주신 내용의 방송을 들으며 저도 수기를 받고 싶다는 마음이 늘 있었습니다. 2021년 9월 26일 제 수행발표에 대한 선지식의 점검으로 부처님께 수기를 받은 것 같았습니다.

그 당시 선지식께서 목소리가 맑고 낭랑하다는 점검을 해주셨기에 부처님 전에 목소리로 복 지을 수 있는 것이 무엇일까? 하며 며칠 동안 부처님 전에 바쳤습니다. 그랬더니 어느 날 새벽 금강경 독송 중에 자시에 금강경 7독을 해야겠다는 한 생각이 올라왔고, 금강경 독송도 부처님 전에 복 짓는 일이라는 선지식의 법문도 생각났습니다. 다시 태어나는 마음으로 '나는 부처님 시봉하는 참 불자, 참나 ○○'라는 한 생각이 떠올라 부처님께 바쳤습니다. 만약 표현할 수 없는 기쁜 마음을 바치는 법식을 몰랐으면 들떴겠지요.

하심

발심하되 티 없이 하고,

수도하되 티 없이 하며,

깨치더라도 티 없이 하라.

이는 2019년 도반이 만들어 준 스티커에 쓰여진 법사님의 법문 중에 가장 크게 와닿아 마음에 새겨진 법문입니다. 이 법문은 혹여라도 티내는 생각이나 일을 하지 않도록 늘 저를 깨워줍니다.

부모님께 받은 '나○○'라는 이름보다 부처님 시봉하는 참 불자, '참나 ○○'가 더 친근하게 느껴지는 것은 무엇일까요.

저는 불법을 처음 공부할 때부터 원을 세웠습니다.

탐진치를 깨칠 수 있는 인성 교육장에서 자기 자신을 바로 볼 수 있는 마음공부를 하여, 그 지혜로움으로 각자의 소질을 계발하여 삶의 터전을 만들고, 모두 정신적 물질적 부자가 되어 의식주를 해결하고 행복하여, 다시는 윤회하지 않는 삶을 살기를 발원했습니다. 대만의 자제공덕회처럼 자급자족하며 공부할 수 있는 인성 교육장을 발원하였습니다.

2018년 11월 선지식을 만나 공부하고 11월 23일 원당 법당에 첫 출가를 하면서 발원문을 바꾸었습니다.

아유일권경 불인지묵성 전개무일자 상방대광명

我有一卷經 不因紙墨成 展開無一字 常放大光明

첫 출가 때 손석재 선생님 동상 앞에 쓰여진 법어를 읽어 내려가는 중에 이 게송이 떠올라 온몸에 전율을 느꼈습니다. 수익을 창출할 수 있는 아이디어가 무궁무진하게 떠올라 필요한 곳에 동기 부여 역할을 하여 밝은 날과 같이 복 많이 지어 부처님 기쁘게 해 드리길 발원합니다.

부처님 전에 복을 지어야 하고 그 마음까지도 바쳐야 원이 이루어진다는 것을 모르고 있었던 저를 일깨워주신 법사님께 저절로 합장 올리게 됩니다. 이 원이 꼭 이루어질 것이라는 서원을 하며 지금도 공부하고 있는 것을 보면, 그 어느 생에 원을 세웠는데 아직 이루지 못해 금생에도 원을 세우며 공부하고 있는 것 같습니다.

응무소주 이생기심 응무소주 행어보시

應無所住 而生其心 應無所住 行於布施

처음 불법을 만난 이후 8년이 넘도록 매일 노트에 적기도 하고 못 적을 때는 마음으로 떠올리고 있었던 게송입니다. 그냥 하는 바 없이 한다는 뜻으로만 알고 있었는데 '부처님 시봉, 부처님 기쁘게 해 드린다.'라는 뜻이라고 희유한 법문을 해주시니 신심 환희심이 더 났습니다.

집에서 한 자시 가행정진

부처님 전에 복 짓기 위해 원흥 법당에 출가하기 전까지 집에서 2021년 10월 8일 금요일부터 21일간 자시 가행정진 금강경 7독을 먼저 시작해야겠다고 생각했습니다. 그런데 그날 아침, 땅콩을 먹다가 치아가 부러졌습니다. 다행히 아프지는 않았고, 원을 세우고 밝은 경을 독송하려 하니 입 안 청소부터 하라고 하시나 보다 하고 감사한 마음으로 부처님께 바쳤습니다.

토요 새벽 법문과 포행, 일요 법회에 다녀와 발치하려고 미루었더니 나흘 동안 혀가 부러진 치아의 까칠까칠한 부분에 닿아 염증을 일으켜 침을 삼키기도 말을 하기도 숨을 쉬기도 힘들었고 음식은 물론 물도 먹기 힘들었지만 아프다는 생각이 착각인 줄 알고 부처님께 바쳤습니다. 너무나도 아팠지만, 기도를 입재하였으니 일단 시작했습니다.

도저히 아파서 소리를 낼 수 없을 때는 눈으로 읽으며, 아프다는 것이 착각임을 부처님께 바쳤습니다. 소리를 내어 금강경을 독송할 수 있다는 것, 말을 할 수 있고 음식도 먹을 수 있는 것에 감사했으며, 몸과 정신이 둘이 아님을 알게 됨에 얼마나 감사한 일인지 눈물이 났습니다. 마지막 1독을 할 때는 혀가 아프다고 죽지는 않을 것이고 이때 공부해 보자는 생각이 들었습니다. 보이지도 않고 읽을 수도 없는 모든 존재를 위해 독송하자는 마음으로 하니 아픈 것이 덜 했고, 부처님께 바쳐가며 하다 보니 결국 완독을 할 수 있었습니다.

이 21일 기도는 자격증 준비 등으로 지방에 다니게 되면서 회향을 제대로 하지 못해 아쉬웠지만, 말을 할 수 있고 경전 독송을 할 수 있음에 감사했습니다. 독송할 수 없을 만큼 아플 때도 누군가를 위해 하는 바 없이 하니 할 수 있었습니다. 덕분에 자신을 돌아보며 공부할 수 있음에 감사했습니다.

재앙이 재앙이 아니고 축복이었음에, 감사한 마음을 부처님께 바쳤습니다.

초발심으로 돌아가 시작한 주경야선 가행정진

2020년 가을, 선지식과 함께 하는 포행에서 확실하게 '쉼'을 알게 되니, 더욱더 포행도 가고 싶었고 새벽 법문도 듣고 싶었습니다. 하지만 집이 멀어서 새벽에 김○○ 도반이 저를 태워 주어야만 법당에 올 수 있었습니다.

그런데 법사님께서 법당과 집이 멀어 오고 가기가 어중간한 저희를 위해 쉴 곳을 마련하시고, 부처님 기쁘게 해 드리는 인격자, 건강한 사회인이 되게 하는 새로운 패러다임의 '잠 해탈' 주경야선 가행정진 프로그램으로 직접 가르침도 주신다는 것입니다. 저는 이 말씀을 듣고 너무도 감사했습니다. 어찌 제 마음을 아셨을까!

법사님의 자비심에 두 손 모아 감사드립니다.

마침 병원에서 어머니 도반의 건강이 많이 좋아지셨으니 내년 7월에 오라는 이야기를 듣게 되었고, 저는 선지식과 함께 하는 가행정진을 무조건 하기로 마음먹었습니다. 그렇지만 집에서 원흥 법당까지 왕복 5시간 거리인 데다 일도 해야 하고 2년 동안 배웠던 꽃차 1급 강사 자격시험이 있어 청주와 담양을 오가야 하는 상황입니다. 주위에서는 무리라고 합니다. 그러나 저는 항상 '지금뿐'이라는 생각을 하면서 살고 있고, 더구나 제가 그렇게 원했고 또 언제 올지 모를 선지식과 함께 하는 공부를 이제야 겨우 만났는데 놓칠 수 없었습니다.

선지식 인연이 되어 생존해 계실 때 받는 가르침, 최고의 선물! 선지식의 선호념 선부촉 받으며 하는 수행! 얼마나 기다리고 원했던가! 그저 부처님 시봉 잘하기를 발원했습니다.

법사님의 가르침을 책으로 유튜브로 배우는 것은 한계가 있어서, 그때그때 상황과 근기에 따라 다른 수기설법을 순간순간의 느낌으로 소통하며, 직접 뵙고 가르침을 받아야 한다는 것을 알았기 때문입니다.

이렇게 시작한 자시 가행정진 첫날, 아직 새벽임에도 아침이 되어 환히 밝아진 느낌이 들어 부처님께 바쳤습니다. 한참 미륵존여래불 정진하는데 파란 금강경 표지에 거울이 나타나고 지구가 보이면서 우리 법당에서 정진하는 모습들이 보이기도 하고, 반짝반짝한 빛들이 보이기도 했습니다. 그 전에 공부할 때도 가끔 맡았었던 꽃향기를 이번에도 맡았습니다. 이러한 모습들을 보며 초발심 때 느꼈던 환희심이 생각났습니다.

지치지 말고 끝까지 잘해 보라는 선물이신가? 이 마음도 얼른 부처님께 바치고 시봉 잘하길 발원했습니다.

그리고 공부 끝나고 도반님들이 법당에 가득할 것 같은 느낌도 들었는데, 지구도 보였으니 선지식의 금강경 자시 가행정진이 플랫폼으로 만들어져 지구촌 곳곳으로 퍼져나가 전 세계 모든 사람이 공부 잘해서 행복하기를 발원하는 한 생각이 올라와 부처님께 바쳤습니다.

선지식께서 가르쳐주신 올바른 자세로 수행

허리를 곧게 펴고 코와 단전이 일직선이 되도록 앉아서 하라는 선지식의 가르침을 그대로 따라 했습니다. 곧게 앉아 금강경을 독송하니 아기가 배로 숨을 쉬는 것처럼 복식호흡이 저절로 되면서 호흡이 길어진 것 같습니다.

저는 평소에 허리가 약하고 앉는 자세가 바르지 않았습니다. 또한, 처음에 허리가 아플 때는 허리 위와 아래는 없는 것 같았고 아픈 허리에만 힘이 들어가 있어 무겁게 느껴졌습니다. 허리가 끊어질 듯 아팠지만 아픔도 착각인 줄 알고 부처님께 바치면서 독송했습니다. 그랬더니 하루하루 지날수록 통증은 덜하고 몸이 없는 듯 가벼워졌습니다. 정진할 때는 발을 움직일 생각을 하지 않지만, 발도 너무나 가벼워 바닥에 접착제로 붙여 놓은 것처럼 떨어지지 않았고 몸도 힘이 들어가 있지 않아 편안했습니다.

그리고 금강경 독송하면 늘 그랬듯이, 손부터 시작하여 몸까지 더워집니다. 원래 겨울에 추위를 타서 공부나 기도할 때도 옷을 좀 많이 입게 되는데, 이번엔 달랐습니다. 공부할 때만은 옷도 가볍게 입어야 하고 어떤 경우에는 손이 너무 뜨거워 책상 위에 손을 대고 식히기도 하고 전체적으로 몸이 더워져 스카프를 풀어낼 정도였습니다. 땀이 날 때도 있었습니다.

선지식의 말씀에 따라 바른 자세로 맑고 밝은 금강경을 독송하니 몸에 순환이 잘되어 뜨거워지고, 따뜻함이 끝날 때까지 유지됩니다. 날이 갈수록 며칠 동안 배와 온몸이 뜨거워 계란 후라이를 해도 좋을 정도의 느낌입니다.

바른 자세로 금강경을 독송하니 졸음도 사라지고 명료해집니다. 자세가 바르지 않을 땐 번뇌 망상과 졸음이 오고 호흡이 제대로 되지 않아 순환이 되지 않았습니다. 공부가 끝나면 뜨거움은 사라지고 다시 공부하면 나타나니, '아! 계속 공부하라고 하는구나!' 금강경의 위대함에 감사했습니다.

밝은 선지식의 선호념 선부촉으로 알려주시는 바른 자세와 밝은 가르침! 왜 온라인으로는 안 되고 직접 대면으로 받아야만 하는지를 깨치게 해 주셔서 법사님께 무한 감사드립니다.

달마 대사께서 '선지식 만나기 전에 공부는 모두 헛것'이라 하셨는데, 선지식의 대자대비하심을 절절하게 느낍니다.

달라진 나의 모습

저는 목욕탕 가는 시간과 잠을 자는 시간을 아까워할 정도로 원래 잠이 많지는 않았습니다. 목욕탕은 갔다 오면 피곤해서 잠을 자야 하니 싫었고, 죽으면 어차피 잘 텐데 살아있는 이 순간을 잠자는 시간으로 보낸 것은 저에게 스트레스였습니다.

불법 만나 기도하고 공부하며 일을 하니 결국 줄여야 하는 것은 잠이었습니다. 예전엔 하루 4시간 이상 자면 허리가 아파서 한의원에 가서 침을 맞아도 낫지 않았습니다. 부처님 전에 108배를 해보니 아픈 것이 없어졌습니다.

지금은 3~4시간쯤 잠을 자면 거의 몸이 깹니다. 많이 자면 하루에 4~5시간 정도 자고, 숙면을 취하면 2시간 반만 자도 아주 좋았습니다. 간혹 오가며 전철에서 쪽잠을 자기도 하는데, 최근에는 5시간 이상 자본 적이 없습니다.

그리고 집에서 3~4시간 자는 것과 법당에서 자는 것은 아주 다르다고 느낍니다. 법당에서 자고 나면 숙면이 되어 몸도 가볍고 두뇌도 쉬는 것을 느낍니다. 눈의 열감도 없습니다. 법당에서 짧게 쉬어도 피로가 풀립니다. 특히, 이번 주경야선 가행정진은 2019년에 혼자 뜻을 세워 자시 가행정진했을 때와는 달리 몸이 무겁거나 쳐지지 않고 가볍습니다.

전철로 오가며 쪽잠을 자고 다녀도 멀다거나 힘들다는 생각은 해본 적이 없습니다. 무엇이 그리 즐거운지, 잠을 자지 않아도 피곤함도 덜하고 몸이 가벼우니 행동도 민첩하게 움직입니다.

특히 선지식 뒤를 따라 포행하고 숙면을 취한 날은 더 힘도 나고 너무도 상쾌합니다. 기쁘고 즐겁게 금강경 독송을 하다 보니 빨리 끝나는 느낌이 들 때도 있습니다.

함께 사는 89세 어머니 도반님을 홀로 계시게 하고 당당하게 다니는 용기가 어디서 났을까요? 주경야선 가행정진 전까지는 생각도 하지 못했던 일입니다. 선지식께서 말씀해주셨듯이 누구의 자식도 아니고 부처님 시봉하는 사람이라는 확신을 더 갖게 되었고 전혀 생각지도 못했던 저의 모습을 보게 되었습니다.

어느 날, 집에서 나와 원흥 법당으로 가고 있는데 퇴근해서 집으로 가고 있는 느낌이 들며, '업보(중생)의 집에서 부처님(참나)집으로' 라는 한 생각이 떠오릅니다. 감사한 마음 부처님께 바쳤습니다.

선지식의 자비심,
감로수와 죽비소리

선지식께서 얼마나 안타까우셨으면 잠과의 투쟁에서 이겨내라는 방편으로 박카스를 사 주셔서 죄송한 마음과 감사한 마음뿐입니다. 선지식께서 사주시는 박카스는 최상의 감로수입니다.

어느 날 졸고 있는 보살님 앞에서 선지식 자신의 손바닥에 죽비를 내리치시는 모습을 보면서 그대로 눈물이 났습니다. 조금 있다가 박카스를 들고 책상에 가만히 놓으시는 자비로우신 모습, 어떻게든 수마에서 벗어나게 해주시려는 그 자비심에 눈물은 하염없이 흐르고 더욱더 정신이 또렷해졌습니다.

또 어느 날은 도반들이 잠을 쫓기 위해 손바닥을 비비고 눈에다 대는 모습, 손으로 경전을 짚어 가며 정성스럽게 독송하는 모습에 저도 모르게 눈물이 나며 정신이 번쩍 들었습니다.

법사님과 도반들의 모습을 보면서 또 신심을 다지게 됩니다. 지혜 공부는 당연히 대면으로 해야 함을 실제로 보여주셨습니다. 선지식 계실 때 잠에서 해탈해야 한다는 마음이 급하게 올라옵니다. 급한 마음 부처님께 바칩니다.

절절하게 느끼는 선지식의 선호념 선부촉

잠을 해탈하려면 음식을 적게 먹고 독송 중에는 물도 마시지 말고 화장실 가는 것도 바치라는 선지식의 말씀에 공부 중에 물을 마시지 않습니다. 물을 마시지 않아도 목도 마르지 않고 입안에 침이 고여 있습니다.

저는 음식에는 그다지 장애가 없었습니다. 채식한 지 10년이 넘었고 오후 불식도 13년이 넘었습니다. 가끔은 세끼를 먹을 때도 있습니다만 거의 없습니다.

공부 중에 몸도 되도록 움직이지 않았습니다. 움직일 때를 보니 번뇌 망상이 들고 업식에 끌려갈 때였습니다. 손도 움직이고 머리도 움직이고 가려우면 긁기도 하면서 잠으로 연결됩니다.

잠깐잠깐 눈을 뜨고도 자는 저의 모습을 보았습니다. 눈은 그대로 고정되어 있고 입으로는 다른 페이지 금강경을 독송하고 있는 모습을 보면서 수마와의 투쟁에서 꼭 성공하라 하시는 선지식의 선호념 선부촉 자비심에 저절로 합장하게 됩니다.

공경하는 법사님이 아니 계셨더라면 지금도 헤매고 있을 저희를 밝은 빛으로 인도해 주심에 무한 감사드립니다.

이 마음을 시로 지어봅니다.

박카스

박 밝은 선지식께서 주신 감로수!

카 가라가라 수마여! 선지식의 자비스러움이

스 스며드는 수마를 스트레이트로 날려버리네.

죽비소리

죽비가 선지식의 손바닥에

딱 내려치는 순간

마음에 쿵! 눈물이 난다.

비오듯 쏟아지는 수마를

자비심으로 물리쳐 주시고

소소영영昭昭靈靈하게 신심과 공경심으로

금강경 독송과 미륵존여래불 정근하는 도반님들

리듬 타고 우주로, 우주로, 널리 널리 퍼져 중생들 깨우네.

주경야선 자시 가행정진

주인공으로 부처님 기쁘게 해드리기 위해

경건한 마음으로 금강경 수지독송하여

부처님 전에 복 많이 지어 업보 업장 해탈 탈겁해서

공경심 가득 부처님 시봉 잘하고

야밤에 자야 한다는 고정관념이 착각임을 알아

부처님께 바치고

선정에 들어 지혜로워져 부처님 기쁘게 해드리길 발원.

자나깨나,

시시각각 오는 잠!

가라가라 본래 없는 잠!

행복하고

정성스럽게

진심 바쳐 부처님 기쁘게 해드리니

금강경 연수원 세계 중심에 우뚝!

바른법 인재들 밝은 빛 온 우주에 가득하네!

선지식 덕분으로 새로운 경험을 많이 하고 있습니다. 순간순간 보면서 떠오르는 생각들을 시처럼 적어도 봅니다. 소감발표와 수행 발표를 하게 해주신 덕분으로, 심사위원 앞에서도 떨지 않고 준비한 자료로 당당하게 발표하여 꽂차 1급 강사 자격시험에 합격했습니다. 감사합니다.

그간 공부한 내용을 체크해 보았습니다. 두서없는 긴 발표를 들어 주셔서 감사드립니다. 감사의 마음을 더 많이 표현하고픈 이 마음도 부처님 전에 바칩니다. 오늘도 기쁘고 행복한 마음으로 법당에 갈 수 있으니 그저 즐겁고 큰 영광입니다.

공경하는 법사님!

저희를 깨우쳐 주신 은혜에 보답하고자

절대 공경심으로 부처님 시봉 잘하여

부처님 기쁘게 해 드리길 발원하며,

늘 법체 강녕하시고 기쁘고 평안하시길 발원드립니다.

제4부

주경야선 가행정진의 철학과 성공에 이르는 지혜

제 11 장

자시 가행정진의 성과

난제를 해결할 수 있다

주경야선 가행정진 기도로 난제를 해결할 수 있다.

○ 고통의 원인

- 죄를 지었으니 당연히 과보를 받아야 한다는 생각

○ 고통(난제)의 해결방법

- 미륵존여래불 정진
- '나는 무시겁으로 죄지은 일이 없노라'
- 자시 가행정진

밝은이도 말씀하시지만, 점쟁이나 유전체 분석 학자의 말에 의하면 운명이라는 게 대개 정해져 있는 것 같습니다. 막연하게 미신으로 말씀드리는 것이 아닙니다. 잠재의식은 전생부터 심어졌고, 심어진 각본 그대로 스스로 소원성취하고 있습니다. 피 한 방울로 유전자 분석을 해서 성격 취미 재주 등을 알고 운명을 대충 예측할 수 있듯이, 마음속을 보는 도인들은 거의 운명이 정해져 있다고 말씀하십니다.

그러나 운명을 바꾸는 길이 전혀 없는 것 같지는 않습니다. 잠재의식을 바꾸면 가능한데, 쉽지는 않습니다. 저는 이 금강경 공부법으로 운명을 바꿀 수 있다고 믿습니다. 그 실례를 말씀드리고자 합니다.

제가 TV 방송에 출연한 이후 전국 각지의 여러분들이 심심치 않게 전화로 각종 상담을 요청하십니다. 그중에는 아주 공부를 잘하는 분들도 없지는 않습니다만, 대개 몹시 어려운 사정을 호소하며 어떻게 자신이 처한 위기를 극복할 수 있는지 답을 구합니다. 특히 제가 무척 안타깝게 생각하는 한 분의 이야기를 같이 살펴보겠습니다.

아들의 빚을 갚는 어머니 사연

아들이 큰 빚을 졌는데 갚을 능력이 전혀 없습니다. 이분은 어미가 된 죄로 아들의 빚을 대신 갚겠다며 가사도우미로 입주하였습니다. 거의 외출을 못 하고 다달이 받는 급여로 모두 아들의 빚을 갚고 있습니다. 어머니는 마음대로 외출이라도 해서 법당에 와서 법문을 듣고, 법당에서 가는 여행에도 따라갔으면 하는 바람이 있습니다.

남의 일 같지 않아 내가 어떻게 도와줄 길이 있나 생각하다가, 우리 공부법으로 해결할 길을 떠올렸습니다. 그래서 제가 질문을 했습니다.

어머니라는 생각

"보살님은 시원찮은 아들의 어머니입니까?

또는 시원치 않은 아들의 어머니라는 생각을 가지고 있습니까?"

시원치 않은 아들의 어머니이지, 어머니라는 생각을 가지고 있다는 게 말이 되느냐고 하면서 말 자체를 이해하지 못하십니다.

그런데 '어머니'라는 것과 '어머니라는 생각을 가지고 있다.'라는 것은 아주 다릅니다. '어머니라는 생각을 가지고 있다.'라고 믿으면 해결의 실마리가 풀립니다. 그러나 '나는 어머니'라고 굳게 믿으면 절대로 실마리가 풀리지 않습니다.

또 묻겠습니다.

빚을 졌다는 생각

내가 빚을 졌다고 합시다.

"내가 빚을 졌습니까?

또는 빚을 졌다는 생각을 가지고 있습니까?"

내가 빚을 졌지, 어떻게 빚을 졌다는 생각을 가지고 있단 말이냐고 하며 '빚을 졌다.'라는 것과 '빚을 졌다는 생각을 가지고 있다.'라는 것을 동일시합니다. 그러나 사실은 동일하지 않습니다.

빚을 졌다는 것은 현실이고 부동 불변입니다. 하지만 빚을 졌다는 생각은 바뀔 수 있어요. 우리 가르침으로 공부를 잘하면 그 생각이 없어질 수 있습니다. 빚지지 않았다는 생각으로 바뀔 수 있습니다. 그러려면 '나는 빚을 졌다.'라고 해서는 안 됩니다. '나는 빚을 졌다는 생각을 가지고 있다.' 이렇게 믿어야 바뀔 수 있고, 바뀌어야 난관을 극복할 수 있습니다.

고통의 원인,
죄를 지었다는 생각

사람들은 왜 고통을 받을까요?

'나는 죄를 지었다. 죄를 지었으니 당연히 과보를 받아야 한다.'라는 생각 때문에 고통받고 허덕허덕합니다. 많은 사람이 '나는 빚이 있고 당연히 갚아야 한다.'라고 굳게 믿습니다. 그러니 빚을 갚기 위해서는 백 년이고 천 년이고 노동을 해야만 합니다. 자유롭게 헤어나지 못하고 빚을 갚기 위해 허덕허덕합니다.

빚진 것이 현실이고 죄를 지은 게 엄연한 현실이라고 믿는 한, 그 고통에서 벗어날 수 없습니다. 이것이 세상 사람들의 논리입니다. 우리 가르침은 '빚을 졌다는 생각' 또는 '죄를 지었다는 생각'으로 이야기합니다.

'죄를 지었다.'와 '죄를 지었다는 생각을 가지고 있다.'는 아주 다릅니다. 죄를 지었다는 생각이 착각이고 죄가 본래 없다는 것을 깨친다면 죄에서 벗어날 수 있습니다. 죄를 지었다는 생각에서만 벗어날 수 있다면 현실도 바뀐다는 것이 우리 가르침입니다. '죄를 지었다.'와 '죄를 지었다는 생각을 가지고 있다.'를 구분하지 못하는 것에 문제가 있습니다.

난제의 해결법

미륵존여래불 정진, 무시겁으로 죄지은 일이 없노라

어떻게 고통에서 벗어날 수 있을까요?

'나는 누구의 어머니다.' 바로 이 생각에서 빨리 벗어나셔야 합니다. 누구의 어머니라고 하면 그 사람은 거기에 꼭 묶여있게 됩니다. 아들의 빚은 어머니의 빚이며, 그의 고통은 내 고통입니다. 이것은 바로 '누구의 어머니'에서 출발합니다.

우선 '나는 누구의 어머니다.'에서 '어머니라는 생각이 있을 뿐이다.'로 바꿀 수 있어야 합니다. 하지만 쉽게 바뀌지는 않습니다. 그 생각을 바꾸려면 그 생각에 대고 미륵존여래불 정진을 하라고 말씀드렸고, '나는 무시겁으로 죄지은 일이 없노라.' 또는 '나는 무시겁으로 살생한 일이 없노라.' 하시라고도 자주 말씀을 드렸습니다.

그런데 아무리 봐도 죄를 많이 지은 것 같고 빚을 많이 진 것 같아요. 빚쟁이가 자꾸 오니까요. 그리고 미안한 생각이 계속 나는 걸 보면 죄를 지은 것 같습니다. 부처님께서 '나는 죄지은 일이 없노라.'라고 말씀하셨으니 그렇게 따라 하라고 아무리 강조하여도,

할 때뿐이고 도저히 생각이 바뀌지 않습니다.

자시 가행정진

그러나 '내가 죄를 지었다.'라는 생각이 실제로 착각임을 알게 되는 기도를 한다면 달라질 수 있습니다. 제게 전화하신 보살님이 이런 방법을 이용해 '엄연히 현실에 있는 것 같은 빚이 착각이고 본래 없다.'라고 의심 없이 믿을 수만 있다면 자유로워진다고 확신합니다.

모든 기적은 금강경 가르침에서 창조됩니다. 저는 자시 가행정진을 통해서 금강경 가르침의 위대성을 알았고 죄가 본래 없다는 공空의 진리를 실감했습니다.

난제의 해결 방법으로 제가 실천한 것이 자시 가행정진입니다. 자시 가행정진으로 '잠이 분별이고 본래 없다.'에서 '병이 착각이고 본래 없다.'가 되고 더 나아가서 '불가능이 착각이고 본래 없다.'가 확실해집니다.

이러한 자시 가행정진의 성과를 더 말씀드리겠습니다.

열등감을 극복하고 든든한 자신감이 생기다

자시 가행정진의 성과 이야기를 들으시고 더욱더 자시 가행정진에 열의를 내셔서 행복하고 밝은 삶이 되기를 바랍니다.

일상생활에서의 상대적 열등감

제가 입학하던 1961년에는 최고 대학이라는 서울대학교 출신 중에도 취직을 못 하는 학생이 상당히 많았습니다. 법과대학이나 인문사회계열은 졸업하고 나서 거의 1년은 놀았고, 고시를 비롯한 공무원이 좋은 취직자리였습니다. 당시 공과대학은 취직이 가장 잘되는 선망의 최고 인기대학이었습니다.

꿈에 그리던 대학에 들어가고 불교를 열심히 믿으면서, 한때 '나는 재주나 인격에 있어서 누구 못지않은 인재가 될 가능성이 있다.' 라고 생각했습니다. 그런데 저보다 뛰어난 사람이 너무나 많다는 것을 발견하면서, 차츰 자신감보다는 열등감을 느끼게 되었습니다.

저는 사관학교 출신을 대단하게 보지 않았고, 그들보다 더 좋은 대학을 나왔다는 자부심이 있었습니다. 그런데 군대에서 보니 제가 우습게 알았던 사관학교 출신들이 탁월한 인격이 있고 능력도 있다는 것을 알게 되었습니다. '공부가 다가 아니로구나. 불심이 아무리 깊어도 인격과 동반해서 성장하는 것은 아니로구나.'라고 생각하며 더 깊은 열등감에 빠져들었습니다.

군대 생활은 저에게 모든 무능, 무지, 불행을 느끼게 한 최악의 시간이었습니다. 군대 생활 후반기를 그런대로 지낼 수 있었던 원동력은 백 선생님이라는 희유한 도인을 만나 소사로 매주 주말 출가한 것입니다. 한없는 열등감에서 벗어나 다소 희망차게 지냈던 것은 도인의 가르침 덕분이었습니다.

출가 수도 생활에서의 절대적 열등감

저는 제대와 동시에 불세출의 도인인 백성욱 박사님의 문중으로 출가를 결심했습니다. 무능 무지 불행에서 벗어나 세계적인 인재도 될 수 있겠다는 희망으로 출가했습니다. 소원성취를 위해서 출가했던 것은 전혀 아닙니다. 그런데 막상 출가하고 보니, 인재가 되거나 깨달음을 얻어 부처가 되는 것과는 너무나 거리가 먼 자기 자신을 발견하였습니다.

자기 마음을 들여다보면서 자기의 정체를 아는 것이 수도입니다. 수도 과정에서 저의 정체를 점점 알게 되며 외려 군대에서보다 더 큰 열등감을 느꼈다고 솔직히 고백합니다. 군대에서의 열등감은 우습게 알았던 사관학교 출신들보다 내가 열등하다고 느끼는 상대적인 것입니다. 하지만 수도장에서의 열등감은 누구와 비교해서 못난 게 아니라 내 업장이 엄청 크다는 것을 느끼는 절대적인 열등감이었습니다. 내가 할 수 있는 것은 아무것도 없었습니다.

한때 남들이 좋다고 여기는 스펙이나 겉모양으로, 나 자신이 인격적으로도 괜찮다고 생각하면서 잘난 척했습니다. 그러나 이런 배경이 없다면 맨손으로 대자연에서 살아갈 체력과 정신력이 전혀 없었습니다. 게다가 툭하면 화 잘 내고, 웬만하면 잘난 척하고, 참을성이 없는 내 모습을 보며, 모범생인 줄 알았더니 인격도 한없이 형편없다는 것을 느꼈습니다. 절대적인 열등감을 느끼며 수도 생활을 시작했습니다.

이때 처음으로 이 구절을 실감했습니다. 은산철벽銀山鐵壁, 깨달음의 세계에 이르기는 철벽을 뚫는 것과 같이 어렵다는 말이 있습니다. 또 모기가 철판을 뚫는 것과 같다는 이야기도 있지요. 이것은 수도로 업장을 해탈하여 깨달음의 세계에 이르는 것이 얼마나 어려운지 일깨워 주는 핵심 키워드입니다.

저는 드디어 출가한 것을 후회하였습니다. 아무리 발버둥 치고 미륵존여래불 하여도 무능과 무지에서는 한 걸음도 벗어날 수 없었고, 자신이 한없이 못난 것을 실감하였습니다. 이렇게 공부가 어려운데 삼 년만 공부하면 행복하게 살 수 있고 인재가 될 수 있다는 착각에 빠져 출가했던 것을 몹시 후회했습니다. 그렇다고 시작하자마자 보따리를 싸고 나갈 수도 없었습니다.

유일한 희망은 매일 아침 법문이었습니다. 백 선생님 가르침의 특징인 '절체절명의 위기 속에서도 희망과 용기를 주시는 법문'만이 저를 버티게 했습니다.

출가 수행의 보람, 하지만 남아 있는 열등감

소사 도량에서 1년이나 지나도 마음이 다소 안정되었을 뿐 거의 변한 것은 없다고 느꼈습니다. 나쁜 버릇과 못된 성품도 똑같고, 질적으로 변한 것은 하나도 없는 것 같았습니다. 하버드 대학보다 더 좋은 대학에 입학했다는 기분으로 출가했지만, 실제로 동료들보다 하나도 나아진 것이 없는 자신을 종종 발견하면서 여전히 실망스러웠고 열등감은 지속되었습니다. 성품은 하나도 안 바뀌었습니다.

그러나 서당 개도 삼 년이면 풍월을 읊는다는 속담처럼 3년이 지나니 차츰차츰 나아지는 것을 발견했습니다. 배고픔이 착각인 줄 알고 바쳤더니 전에는 상상할 수 없었던 오후 불식을 견딜 수 있었습니다. 그리고 잠은 7~8시간 이상 자야 한다고 생각했는데 계속 바치니까 잠이 줄었고, 이 사실로 끝없는 열등감에서 어느 정도 벗어나게 되었습니다. 그리고 탐진치, 특히 성질 잘 내는 것도 착각이고 본래 없다는 것을 알게 되면서 성내는 빈도가 줄고 좀 너그러워졌습니다.

이렇게 공부의 맛을 보며 고등학교 때부터 겪었던 정신적 고통에서 상당히 자유로워졌습니다. 나도 잘살 수 있다고 생각하게 되었습니다. 하지만 밖에서 잘나가는 동료들과 비교하여, 실제로 더 잘해낼 능력은 없는 것 같았습니다. 수행의 보람을 느낄 수 있는 괄목할만한 변화나 본질적인 변화는 전혀 실감할 수 없었습니다.

소사에서의 수도생활

백 선생님께서는 문수보살이 법문하시는 새벽 세 시에 일어나서 공부하는 것이 좋다고 하셨습니다. 세시에 일어나 금강경을 한 번 읽고 법문을 들었습니다. 법문을 듣는 게 말하자면 예불에 해당합니다. 날이 밝으면 일을 시작해서 어두울 때까지 부지런히 일했습니다.

일이라고는 생전 안 해본 사람에게 젖소 목장 일은 싫고 어렵고 지겹기만 했지만, 이 생각을 자꾸 바쳤습니다. 저녁에 경을 겨우 한 번 읽었고, 고단해서 많이 졸았습니다. 낮에는 올라오는 생각을 부지런히 바쳤지만, 저녁에 참선이나 독송을 제대로 하지 못했습니다. '경도 몇 번 못 읽고 이게 수행인지, 일하러 왔는지?' 이런 생각이 들 때도 있었습니다. 그럴 정도로 일에 묻혀서 살았고 공부다운 공부를 못 하고 있다고 생각했습니다.

지나고 보니까 그게 상당히 필요한 과정이었다는 것을 알게 되었지만, 그 당시에는 '수도하는 사람이라면 경을 더 많이 읽어야 하지 않나?'라고 생각했습니다. 하지만 그때는 경을 많이 읽을 때가 아니었어요. 경을 많이 읽고 본격적으로 수도할 때가 아니라, 자기의 못난 업장을 알고 자기 마음을 들여다보아 지극히 참회할 때라는 것을 한참 뒤에야 알았습니다.

우리는 자기 업장이 태산 같은 줄 모릅니다. 자기를 상당히 준비된 사람으로 알고, 본격적으로 수도해서 깨치려고 하는 욕심이 있었습니다. 그것이 매우 잘못된 사고방식이었음을 뒤늦게 알았습니다. 소사에서 거의 삼 년이 되도록 경을 많이 못 읽었습니다.

소사에서 첫 번째 자시 가행정진,
백 박사님께서 나에게만 시키셨다

수도장에 와서 3년 정도 지났을 때, 아마 1970년이었을 겁니다. 일이 적은 겨울에 백 선생님께서 저만 불러서 지시하셨습니다. 그때 대중들이 대여섯 명 있었는데 저한테만 유일하게 말씀하셨습니다.

"자시子時, 즉 자정이 우주가 밝아지는 시간이다. 자정에 일어나서 깨어만 있어도 골치가 밝아진다. 그렇지만 그때 금강경을 읽으면 더 좋다. 자시에 일어나 금강경 7독을 하며 49일 가행정진을 한번 해 봐라."

소사에 아주 허름한 건물이 두 채인데, 위채는 소 외양간과 딸린 방이 있고 아래채는 아주 자그마한 행랑채입니다. 저는 혼자 아래채에 내려가서 머무르며 7독을 시작했습니다. 알람에 의존하지 말라는 말씀대로 원을 세우면 12시 30분에 정확히 눈이 떠져, 그 때부터 금강경 7독을 했습니다. 5시까지 금강경 7독 읽는 것은 어려운 일이 아니었습니다. 그전에는 시간에 쫓겨서 후다닥 읽어야 7독을 겨우 채울 수 있었는데 이제는 여유가 있어요. 금강경의 뜻을 생각하면서 읽을 수 있었습니다.

처음으로 하는 49일 자시 가행정진의 맛은 놀라웠습니다. 아침 저녁으로 경을 겨우 한 번씩 읽다가 자시 가행정진을 하니, 마치 오랜 가뭄에 단비를 맞는 것같이 청량한 환희심이 나고 수도가 무엇인지 알 것 같았습니다. 모든 근심 걱정이 사라지며 마음이 아주 밝아졌습니다. 금강경 7독을 하고 났을 때의 상쾌한 기분은 말할 수 없이 좋았습니다. 여러 가지 신비한 체험도 많이 했습니다.

마치 새로운 세계가 전개되는 것 같았습니다. 매일 자시에 일어나 금강경 7독을 하고, 아침에 선생님과 법담을 하면서 깨우친 이야기를 주고받았습니다. 지금까지의 공부는 업장을 소멸하는 공부라면, 자시 가행정진은 깨달음을 얻는 본격적인 수도라고 생각하였습니다. 금강경을 읽는 게 소중하다는 것을 처음으로 느꼈습니다.

전에는 어려운 일을 바치고 또 바쳐야 비로소 '쉽다'라고 생각되었지만, 가행정진한 뒤에는 아등바등하지 않고 몇 번만 바치면 '안 된다'라는 생각이 없어졌습니다. 심지어 '모른다'라는 생각까지도 없어지는 것 같았습니다. 처음으로 자신감을 느꼈습니다.

49일의 자시 가행정진은 지금도 잊을 수 없는 아름다운 추억입니다. 부처님 세계의 참맛을 느꼈던 최초의 경험입니다.

문수보살의 서원

관세음보살, 지장보살, 미륵보살 등은 많이 알려졌지만, 문수보살은 생소합니다. 백 선생님께서 문수보살 이야기를 곧잘 하셨습니다. 49일간의 자시 가행정진이 끝날 때 백 선생님께서 말씀해주셨습니다.

"이렇게 세 번 하면, 문수보살이 이 사람을 구제해준다는 서원을 세우셨다."

이 말씀은 저 혼자만 기억하고 있어요. 지금 사회에서 활동하는, 같이 공부했던 도반들은 듣지 못했다고 부정합니다. 하지만 저는 확실하게 들었고 7독의 맛, 공부의 맛을 확실히 느꼈습니다.

소사 수도장에서는 한 번밖에 못 했습니다. '빨리 세 번 해서 문수보살님의 구원을 받아야 하는데, 왜 한 번만 시키고 더 안 시키실까?'라고 생각했습니다. 저는 연이어 하고 싶었는데 선생님께서는 더 시키지 않았습니다. 지금 생각해보니까 시키지 않은 게 잘된 것 같아요. 그때 다른 도반들이 굉장히 샘을 내고 있었던 것 같습니다. 그래서 시키지 않았어도 다른 사람들도 따라서 부리나케 공부했던 기억이 납니다. 그것 때문에 큰 재앙까지 불러왔는데, 이것이 가행정진을 더 하지 말라는 뜻이었다는 것을 실감했습니다.

그러고는 얼마 안 되어 소사에서 나오게 되었습니다. 그 후에 식당 운영, 학교 선생, 대학교수로 눈코 뜰 새 없이 바쁘게 생활하여도 자시 가행정진에 관한 생각이 늘 있었습니다. 문수보살 서원 기도, 자시 가행정진을 그때 한 번밖에 못 하고 나왔으니 마저 두 번을 더 해야 하는데 엄두가 안 났습니다. '내가 과연 자시에 일어나 금강경 7독을 하면서 낮에 사회생활을 병행할 수 있을까?' 하고 생각만 할 뿐이었습니다.

첫 번째 자시 가행정진의 성과, 열등감에서 벗어나 자신감이 생기다

소사 도량에서의 첫 번째 자시 가행정진은 그 뒤로 사회생활의 거센 세파를 물리치고 그런대로 성공적인 사회생활을 할 수 있는 원동력이 되었습니다. 금강경 7독으로 보통사람을 인재로, 불행을 행복으로, 무지 무능을 지혜와 능력으로 바꿀 수 있다는 것도 처음으로 느꼈습니다. 병약했던 몸이 상당히 건강해졌습니다.

전에는 한없는 열등감으로 살았습니다. 나는 상대적으로 못났을 뿐만 아니라 절대적으로도 너무나 못났고, 업보 업장을 해탈하는 것은 모기가 철판을 뚫는 것 이상으로 어렵다고 느끼며 완전히 좌절했습니다. 안 된다, 모른다는 생각이 저를 지배하고 있었고, 이는 중생에게 너무나 당연한 일이라고 생각했습니다. 그런데 '안 된다, 모른다'라는 생각이 착각인 줄 알고 자꾸 바쳤더니, '된다, 안다'로 바뀌었습니다. 이것이 금강경 실천의 결과입니다. 금강경에 나오는

“무량무변공덕”이 부처님의 참된 말씀임을 알게 되었습니다.

가행정진을 계기로 열등감에 찌들어 있던 저 자신 속에 부처님과 같은 위대함이 있다는 것을 차츰 느끼며 열등감에서 벗어났습니다. 모기도 철판을 뚫을 수 있다고 생각하게 되었습니다.

제일 결정적인 문제가 ‘잠은 일정 시간 자야 한다. 잠은 본능이며 본능은 제어할 수 없다.’라는 철칙이었습니다. 이런 생각은 우리를 한없이 열등감으로 몰아가고 우울하게 합니다. 그런 삶을 금생 뿐 아니라 무시겁으로 계속 살아왔는데, 가행정진으로 탕자의 삶에서 비로소 탈출하여 새 빛을 보기 시작했습니다. 저는 드디어 출가의 의의를 찾았고, 나같이 못난 사람도 보살의 삶을 살 수 있다는 자신감이 생겼습니다.

그 뒤로 사회에 나가서 소위 기적적인 여러 가지 일을 체험했습니다. 저는 남들보다 십여 년 뒤늦게 출발했습니다. 학생 때는 꽤 괜찮은 학자가 될 것으로 생각했지만, 대학 동기들은 벌써 해외 유학을 다녀와 교수가 됐을 때 저는 늦깎이 대학원생이었습니다. 세계적인 학자의 반열과는 너무나도 거리가 멀다고 생각했는데, 세계적인 논문을 쓰는 것도 두렵지 않다는 자신감이 생겼습니다. 자신감의 뿌리는 가행정진이라고 생각합니다.

환희심이 나고 업보를 해탈하다

밖에서 사회생활을 하면서도 소사에서 자시 가행정진할 때 경험했던 상쾌하고 명랑하고 각성 상태가 오래 유지되는 밝음의 세계를 잊을 수가 없었습니다. 소사에서 목장 일을 하면서도 한번 해 봤으니 사회에서 안 될 이유가 없다고도 생각했지만, 도저히 엄두가 안 났습니다. 세상에 나가서 이십여 년이 지나도 가행정진을 시도하지 못했습니다.

사회에서 실천한 두 번째 자시 가행정진

원당 법당이 세워진 초창기인 1994년 어느 날, 도반들에게 문수보살 서원 기도, 자시 가행정진에 관하여 이야기를 했습니다. 누가 처음으로 시작 테이프를 끊었으면 좋겠다고 했더니, 80이 다 된 한 어르신이, 퇴직 교수라서 시간이 있으셨는지, 내가 하겠다며 용감하게 나섰습니다. '얼마나 어려운데 함부로 하겠다고 하시는가?' 하는 생각도 들었습니다. 기도가 가능할지, 저는 확신하지 못했습니다.

몇 주 동안은 노보살님께서 혼자 하셨습니다. 그런데 그이가 혼자 용감하게 잘할 뿐만 아니라 "기분이 점점 좋아진다. 일이 잘된다."라고 하시니까 여기저기서 하겠다는 사람이 나섰습니다. 20명 남짓한 도반이 거의 다 자시 가행정진을 했습니다. 대개 어르신이 많았기 때문에 낮에 일하지만 아주 바쁘지는 않았던 것 같습니다. 직장에 다니는 남자들도 몇 명 있었는데, 다 같이 따라서 했습니다. '낮에 졸립기는 하지만 몸과 마음이 가벼워졌다. 병이 나았다. 소원이 이루어졌다.' 등 상당히 신기한 체험을 많이 했습니다.

그런데도 정작 저는 생각조차 하지 못했습니다. 제가 어머니의 대소변을 받아내며 10년간 간호했다고 말씀드린 적이 있지요. 병구완한 지 5~6년 차였는데, 너무 힘들어서 미칠 것만 같았습니다. 직장에 다니며 하루에 네 번씩 어머니의 대소변 기저귀를 갈아야 하는 아주 힘든 시기였습니다. 어머니를 보살피랴 직장에 다니랴, 생활이 너무나 고달파서 인간의 한계를 시험받는 것 같았습니다. 가행정진할 엄두가 나지 않았습니다.

그래도 곰곰이 생각해보니 아무리 어머니를 보살피기가 힘들어도 내가 권유하고 내가 참여하지 않는 게 말이 되나 싶어서, 뒤늦게 자시 가행정진에 참여하였습니다. 원당 법당을 세운 것과 사람들을 모아놓고 가행정진을 이야기한 것이 공덕이 되었던 것 같습니다. 도저히 못 할 것 같았는데, 자시 가행정진을 시작하고 난 뒤에는 오히려 일이 순조롭게 풀렸습니다.

그때 가행정진은 소사에 있을 때처럼 철저하게 하지 못했습니다.

정확히 12시 반에 일어나지 못했고 1시 또는 아주 늦을 땐 2시에도 일어났습니다. 시간을 칼같이 지키지 못했지만, 그 대신 한 2년을 했습니다. 예전에 수도장에 있을 때만큼 완벽하지는 못했어도, 또 하나의 작은 부처님 세계를 체험했다고 감히 말씀드립니다.

소사에서 4년이라는 짧지 않은 시간을 수도했지만 '잠이 본래 없다.'는 것을 깨우칠 정도로 성숙하지 못했습니다. 소사에서는 다른 사람과 부딪히지 않는 조용한 환경이어서인지 가행정진의 실감이 덜 났습니다. 1994년 이후에는 다른 분들과 같이 하니까 자시 가행정진이 가능했어요. 그런 점에서는 도반이 소중합니다. 혼자서는 도저히 안 됩니다. 저는 옛날에 공부했던 경력이 있어서인지, 뒤늦게 시작했지만 다른 분보다 좀 빠르지 않았나 생각합니다.

사회생활하며
자시 가행정진한 성과

환희심

자시에 일어나 가행정진하고 밖에 나가면 아주 밝았습니다. 태양이 하나 더 뜬 것처럼 밝습니다. "밝은 날과 같이 복 많이 짓기를 발원"에서 '밝은 날과 같이'라는 표현을 실감하게 됐습니다. 밝으면 마음도 명랑해지고 모든 재앙이 발붙이지 못한다는 것을 실감하였습니다. 근심 걱정이 마치 없는 것처럼 느껴집니다. 또 실제로 근심 걱정할 일이 일어나지 않았습니다. 한마디에 그대로 현실이 됩니다.

우선 굉장히 기쁘고 혼자 있어도 즐겁습니다. 예전에 혼자 있어도 즐겁다는 것을 말로만 들었습니다. 어떻게 혼자 있어도 즐거울까? 그전에는 TV 보고 낚시하고 바둑 두고 친구와 대화해야 즐겁다고 생각했습니다. 자시 가행정진을 해보세요. 혼자 있어도 즐겁습니다. 자식, 부인, 친구가 필요치 않습니다. 장담합니다.

당시 저는 낮에는 직장에 다니며 저녁에는 누워계신 어머니의 대소변을 받아내는 몹시 어려운 여건이었는데, 가행정진을 하며 우울증이 가시면서, 매우 흐린 날에 갑자기 찬란한 태양이 뜨는 것 같은 밝은 느낌이었습니다. 그런 체험은 소사에서보다 더욱 실감이 났습니다. 어머니를 병구완하면서 직장에 다니는 일이 별로 어렵지 않게 느껴졌습니다. 그전까지는 스트레스로 거의 쓰러지기 직전이었는데, 순조롭게 넘어가는 경험을 하며 자시 가행정진의 공덕이 대단하다는 것을 알게 됐습니다. 자시 가행정진으로 몹시 어려운 시절을 무난히 넘겼습니다.

지중한 업보의 해탈

가행정진 덕분에 저는 무난히 어머니를 수발할 수 있었습니다. 일 년 반이 지나서 어머니께서 세상을 떠났습니다. 저를 괴롭히는 지중한 업보가 해탈된 겁니다. 저희 아버지도 저를 상당히 괴롭혔지만, 어머니가 괴롭히는 것은 질적으로 다릅니다. 아버지가 아무리 괴롭혀도 아버지에 대한 진심嗔心은 오히려 바치기 쉬웠던 것 같아요. 사랑은 바치기가 더 어렵습니다. 어머니의 사랑은 끈끈하게 눌어붙어서 저를 완전히 고사시킵니다. 그 업보에서 결국 벗어날 수 있었던 것이 상당히 큰 소득 중에 하나라고 생각합니다.

지중한 업보는 남에게 있지 않습니다. 남을 미워하지 마세요. 도반을 미워하지 마세요. 가족이 가장 지중합니다. 금강경을 어설프게 읽어서는 지중한 업보를 절대로 해탈하지 못합니다. 오로지 가행정진으로만 해탈됩니다.

지금까지 자시 가행정진의 성과로 '환희심'과 '어머니라는 지중한 업보의 해탈' 두 가지를 말씀드렸습니다. 가장 중요한 마지막 성과는 '잠이 본래 없다.'를 깨달은 것입니다. 다시 말하면 '공空의 진리'와도 연관됩니다.

공의 진리는 불가능이 없게 한다

자시 가행정진을 이삼 년 하며, 잠은 분별일 뿐 본래 없음을 확실히 알게 되었습니다. 전에는 잠을 안 자면 큰일 나는 줄 알았는데, 잠을 마음대로 조절할 수 있었고, 잠에 대해 자신감이 생겼습니다. 자시 가행정진을 하면서 수도를 새롭게 알았고, 반야심경이나 금강경에 나오는 '착각이고 본래 없다.'라는 공空의 진리를 깨우쳤습니다.

잠이 본래 없음을 알게 되니 난제가 본래 없음을 알게 됩니다. 안 된다는 생각이 안 되게 만드는 것입니다. 또 병도 본래 없는 것 같아요. 병을 약으로 고치는 게 아닙니다. 자기 한마음을 돌리면 고칩니다. 1995년경에 한 도반이 중이염으로 대학병원에서 수술 날짜를 정하고 자시 가행정진을 했는데, 수술하러 가니 병이 다 나았다고 한 일도 있었습니다. 조금 더 나아가면 '죽음이 본래 없다. 생사가 본래 없다.'가 됩니다.

저는 소사에서 4년 수행을 했어도 열등감이 남아 있었고, 생활력에서도 자신이 없었습니다. 하지만 잠을 극복하니까 세상의 영웅호걸이 우습게 보이고, 천하의 효자가 별거 아니게 보였습니다. 서산 대사의 시에 나오는 심경을 이해하게 됐습니다. 머리로 아는 게 아닙니다. 도인의 경지를 확실히 깨치게 되었어요. '잠'이 없어졌기 때문입니다. 대부분 잠이 휴식이라고 알지만, 독소가 많습니다. 잠에는 많은 문제점이 있어요.

만약에 직장에 안 다녔다면 장좌불와로 거의 안 자고 경만 읽고 지냈을 것 같은 느낌이 듭니다. 그때 직장에 다니면서 3시간만 자도 낮에 깨어있었습니다. 개인적으로는 아주 힘든 상황이었지만 좋은 논문은 많이 썼습니다. 그뿐 아니라 가행정진을 하고 그린벨트에 신법당을 신축하였습니다. 자시 가행정진이 아니었으면 절대로 해낼 수 없었을 것입니다.

불가능은 없다는 느낌
신법당 신축

1998년에 신청해서 1999년에 신법당을 신축했습니다. 이 건축이 뭐 그리 대단하냐고 그러실지 모르지만 여기는 그린벨트여서 신축이 불가능합니다. 어느 날 지역 신문에 부속 건물 신축이 가능하다고 하여 신청했지만, 소문만 무성하고 실제로는 진행이 되지 않았습니다.

그때 우리는 모두 '불가능은 거의 없다.'라는 믿음이 꽤 확고했던 것 같아요. 안 된다는 생각이 없었습니다. '잠이 본래 없다. 불가능이 없다.'라고 느끼니, 금강경이 비로소 실감 났습니다. 참 재미있는 것은 이 건물이 지어지기 전에, 도반 십여 명이 지어진 건물을 미리 봤다는 겁니다. 도저히 불가능했던 신법당 건축이 이루어진 것은 순전히 자시 가행정진의 공덕이라고 생각합니다.

어떻게 이런 기적적인 일이 일어날까요?

자시 가행정진으로 잠이 본래 없음을 깨쳤기 때문입니다.

즉, 공의 진리를 깨달은 덕분입니다.

금강경 연수원의 뜻을 세워봅니다. 얼마나 거창한 사업입니까! 폐교를 얻어서 하는 금강경 연수원이 아니에요. 제 생각으로 카이스트나 포스텍 정도는 되어야 하는데, 지금은 꿈과 같은 이야기입니다. 저는 자시 가행정진을 수단으로 쓰려고 하지는 않습니다. 그러나 자시 가행정진을 성심껏 한다면 금강경 연수원도 불가능하지 않다고 생각합니다. 세상 식의 방법으로는 안 됩니다. 제가 1999년에 거의 불가능한 상황에서 신법당을 세웠던 것처럼, 금강경 공부를 제대로만 하면 연수원도 가능하다고 기대합니다.

'잠'의 정체

탐진치를 닦아야 밝아진다고 합니다. 탐진치를 두 가지로 표현한다면 '사랑과 미움,' 또는 '식색食色'이라 할 수 있습니다. 탐진치는 식색으로, 식색은 '먹고 자는 것'으로 변형되어 나타납니다. 나이가 들며 성욕은 쇠퇴하여 없는 것처럼도 느껴지지만, 먹는 본능과 자는 본능은 어쩔 수 없다고 생각합니다. 본능이라는 생각은 각종 고통을 불러오고 윤회에서 벗어나지 못하게 합니다. 먹고 자는 게 둘이 아니며, 먹는 것이 바로 잠으로 연결됩니다. 결국 잠이 본래 없다는 것을 깨치면 생사 해탈을 할 수 있습니다.

잠을 극복하면
모든 본능에서 벗어난다

잠을 어떻게 극복할 수 있을까요?

영웅호걸이나 선승들도 잠에 항복하여 노예가 됩니다. 몇십 년을 앉아서 지내신 스님은 잠을 해탈한 것 같지요? 아닙니다. 앉아서도 졸 수 있습니다. 앉아서만 조는 게 아니에요. 졸면서 운전하는데, 가행정진하면 교묘하게 사고는 안 납니다. 저는 졸면서도 강의는 자동으로 하는 경험도 했습니다. 우리 인생은 다 잠에 취해 사는 인생입니다.

금강경 공부를 제대로 하면 잠에 취한 기운이 줄어듭니다. 잠을 바쳐서 극복하면 깨어있는 시간이 많아지고 잠에서 벗어나고 모든 본능에서 벗어납니다. '먹고 자는 것'에 독소가 있습니다. 이러한 독소에서 벗어나 청량한 삶을 살 수 있습니다. 이 공부는 해볼 만합니다.

잠이 없어지지 않는 한, 사람이 바뀌지 않습니다. 잠이 없어지지 않는 한, 부처님 세계에 갈 수 없습니다.

보통 사람이 인재가 되고 보살이 된다

가행정진은 금강경 7독을 완벽하게 하는 것이다.
보통 사람이 인재가 되고, 보살의 삶을 살게 된다.

○ 가행정진 전후의 변화

가행정진	전	후
개인의 변화	보통사람	인재
	불행	행복
	무지 무능	지혜 능력
국가의 발전	선진국	세계 중심국
깨달음의 세계	중생심	부처님 마음
	탕자의 삶	보살의 삶
	금생에 끝남	내생까지 지속

가행정진과 금강경 7독과의 상관관계를 말씀드리겠습니다. 보통 자시에 일어나지 않으면, 급하게 금강경 7독을 하게 됩니다. 금강경의 뜻을 생각하지 않고 하는 불완전한 7독입니다. 그런데 자시에 일어나서 다섯 시까지 하는 가행정진은 여유 있는 7독입니다. 가행정진은 금강경 7독을 완벽하게 하는 것입니다. 이것이 상관관계입니다. 자신 있게 말씀드립니다.

문수보살께서 정해주신 자시 가행정진

"가행정진 49일 하기를 세 번 해봐라. 문수보살께서 밝게 해줄 것이다."

백 선생님의 말씀입니다. 이 세 번이 꼭 150일을 의미하지는 않습니다. 그런데 완벽하게 하면 150일에도 될 것 같아요. 완벽하지 않아도 나중에는 재미가 있어요. 재미를 느끼면 1~2년 계속하게 됩니다. 단, 재앙이 없고 결정적인 죄를 짓지 않아야 합니다. 그리고 변화하게 됩니다. 문수보살이라는 대성인大聖人의 결정이기 때문입니다.

자기가 정해서 관세음보살 염불을 한다면, 누가 지장보살 염불을 하라고 권할 때 바꿔버립니다. 하지만 권위 있는 사람이 관세음보살 염불을 하라고 한다면, 그보다 더 권위 있는 사람이 나타날 때까지는 계속합니다. 누가 지시하느냐에 따라서 관세음보살 염불의 공덕을 상당히 다르게 체험합니다. 도인이 시키시는 염불을 해야 밝아진다는 말처럼, 도인이 시키시는 금강경 7독이나 가행정진은 스스로 정해서 하는 것과는 상당히 다릅니다. 백 선생님께서 몇 번 강조하셨습니다.

유명한 법학자 황○○ 박사를 감옥에서 구해낸 것도 금강경 7독이었고, 문수보살의 서원이었습니다. 우리가 하는 금강경 7독은 금강경 독송 횟수를 많이 늘리는 단순한 7독이 아닙니다. 우리가 하는 가행정진은 보통 스님들이 하시는 오매일여 몽중일여 같은 용맹정진과 다릅니다. 문수보살께서 정해주신 가행정진입니다. 여기에 의미가 있습니다.

가행정진으로 보통사람이 인재가 되고, 보살의 삶을 살게 된다

가행정진하면 지중한 업보에서 벗어남은 물론, 보통 사람을 확실하게 인재로 만듭니다. 오로지 금강경 수행법, 특히 가행정진 수행법만이 세계적인 인재를 만든다고 확신합니다.

우리나라는 이미 선진국이 되었습니다. 앞으로 세계 중심 국가가 되어서 천하를 호령하게 될 텐데, 그러려면 인재가 많이 나와야만 합니다. 종래의 교육법으로는 아인슈타인 같은 인재를 도저히 배출할 수 없습니다. 한국 사람이 머리가 나빠서가 아니라 지식 교육이고 수동적인 교육이기 때문입니다.

패러다임을 바꿔서 금강경식 교육을 채택한다면 개인은 세계적인 인재가 되고 국가는 세계 중심 국가가 될 수 있다고 생각합니다.

저는 지금 나이는 먹었지만, 자신감도 있고 용기도 있습니다. 사람들은 이렇게 작은 법당이 어떻게 하버드 대학보다 더 나은 세계적인 인재 양성의 산실인 금강경 연수원이 되겠냐며 다들 비웃을지 모릅니다. 하지만 저는 '나같이 열등한 사람도 세계인이 될 수 있다.'라는 자신감을 자시 가행정진 수행에서 이미 체험하였습니다.

금강경 실천교육으로 오랜 탕자의 삶에서 벗어나 보살의 삶을 살 수 있습니다. 세상의 모든 행복해진다는 수련법은 금생으로 끝이지만, 가행정진 금강경 수행은 내생까지 또는 세세생생 영원한 보배가 되어 찬란하고 행복하게 살 수 있게 합니다.

가행정진하시는 분들을 보면 감사하기도 하고, 존경하는 마음이 듭니다. 가행정진을 계속한다면 틀림없이 머지않은 시일 내에 반드시 불행을 딛고 행복의 길을 가게 되고, 인재가 될 것입니다. 수행을 오랫동안 유지하셔서 부처님 시봉 잘하시기를 발원드립니다.*

---

* 망원동 하심정에서 2017년 6월에 자시 가행정진을 시작하시면서 해주신 새벽 법문(2017.07.29., 2017.06.17.)과 원흥법당에서 2021년 05월 22일부터 시작한 자시 가행정진 후 해주신 새벽 법문(2021.10.09.)을 편집하였습니다.

제 12 장

주경야선 가행정진의 원칙과 실천

주경야선 가행정진 수행의 삼대 원칙

○ 수행의 삼대 원칙

첫째, 소식
둘째, 몸과 마음의 바른 자세
셋째, 결의와 공경심

오늘부터 몇 주간 새벽 법회에서 수행의 자세에 대해 간단히 말씀드립니다.

대학생 때 뜻하지 않게 방학을 일찍 해서 오대산 월정사에 머문 적이 있습니다. 당시에는 7월 중순부터 방학을 시작했는데 6·3사태라는 비상계엄으로 6월 4일에 조기 방학을 했습니다. 대학생불교연합회 학생들, 동국대학교 이기영 박사를 비롯한 교수님들, 그리고 탄허 스님을 비롯한 스님들, 한 40~50명이 모여서 한 달간 선禪 수행을 하고 공부했던 적이 있습니다. 지금 미국에 계시는 박○○ 교수님이 선 수행하는 3대 원칙을 강의하셨고, 아주 인상 깊게 들었습니다.

참선의 3대 원칙

박 교수님 강의에서 조식, 조신, 조심을 선 수행의 3대 원칙이라고 공부한 적이 있습니다. 참선 수행자는 수식관數息觀, 호흡을 관하는 것을 제일 먼저 시키는데 그것을 조식調息이라고 합니다.

수행하는 몸의 자세가 굉장히 중요한 것 같습니다. 허리를 펴서 명문혈을 곧추세워야만 눈빛이 난다고 합니다. 가부좌 자세로 앉아서 코끝하고 단전을 일치시킵니다. 이런 자세는 잠을 쫓는 자세와 동일합니다. 눈은 뜨지도 말고 감지도 말라고 강조합니다. 눈을 뜨면 잡념들이 몰려 들어오고, 눈을 감으면 잠이 쫓아온다고 합니다. 그것을 조신調身이라고 합니다.

가부좌 자세에는 반가부좌와 결가부좌가 있습니다. 결가부좌는 안 해본 분한테는 굉장히 어려워서 흔히 반가부좌를 합니다. 반가부좌는 지금 우리가 하는 자세와 같습니다. 혀끝을 입천장에다 붙인다고 하는데, 자연히 그렇게 되지만 중요한 것 같지는 않습니다.

묵조선을 하는 분은 그냥 조용히 자기의 마음을 관하지만, 간화선 하는 분은 화두를 참구합니다. 이것을 조심調心이라고 합니다.

새로운 키워드,
주경야선 가행정진

'주경야선 가행정진'은 우리가 새로 만든 용어인 것 같습니다. 이

용어가 불교 수행 사상 획기적인 전환점이 되어서 오래 사용되기를 바랍니다. '주경야선'이나 '가행정진'은 이미 따로 사용하고 있는 용어이지만, '주경야선 가행정진'으로 묶어서 수행의 새로운 키워드로 쓰는 것은 우리가 최초라고 생각됩니다.

우리 공부법을 주경야선 가행정진이라고 이름을 붙이고, 3대 원칙을 생각해봤습니다. 이 원칙을 잘 지키는 것은 바람직하며, 이는 성공과 실패의 갈림길이 됩니다.

주경야선 가행정진의 3대 원칙

첫째, 소식小食

요새 학자들에 따라서 아침을 먹어야 하는지 안 먹어야 하는지 여러 가지 이론이 있는데, 전통 수행자들의 관례는 아침을 먹는 것으로 되어있습니다. 또 백 선생님의 말씀에 의하면 하늘나라가 있는가 봅니다. 하늘나라에서 하루 한 끼를 먹는다면 아침을 먹는다고 합니다. 그리고 낮에 먹는 것은 사람이 먹는 것이며, 저녁에 먹는 것은 귀신이 먹는 것이라고 합니다. 저녁은 본래 안 먹는 게 좋다고 합니다. 절에서는 오후 불식이라는 이야기가 있고 오전 11시에 하루 한 끼, 사시 공양을 올립니다. 최근에는 소식이 바람직하다는 것이 점차 과학적으로도 확실해지는 것 같습니다.

선생님께서는 금강산에서 하루에 한 끼를 드셨습니다. 처음에 세

끼를 먹으니까 먹고 치우다가 하루가 다 가더랍니다. 어쩔 수 없이 식사를 한 끼로 줄였더니, 몸도 가뿐하고 공부하기 좋으셨다고 합니다. 처음에는 다소 시장하기도 하셨겠죠. 혼자 금강산에 3년을 계시면서 한 끼를 잡수셨습니다. 그 후 공부하는 사람들이 찾아와서 같이 공부를 했는데 제자들도 처음에는 세 끼를 먹다가 한 끼로 줄였다고 합니다.

제자들에 의하면 선생님께서는 하루에 한 끼도 조금 드셨다고 합니다. 제자들은 하루에 한 끼, 밥을 고봉으로 떠서 배가 터지도록 먹었다고 합니다. 어느 날 금강산에서 제일 높은 봉우리인 비로봉으로 같이 등산을 갔대요. 그때는 백 박사님도 30대 청년이었습니다. 물론 제자 중에서는 백 박사님보다 더 나이 드신 분들도 있었지만 대부분이 더 젊은데, 소식을 하신 백 박사님께서 손을 잡아주며 비로봉으로 올라갔다고 합니다. 밥을 고봉으로 먹은 제자들은 올라가다가 지쳤다는 일화가 있습니다.

금강산에서 10년 수도하는 동안 선생님께서는 하루 한 끼를 소식으로 드시니까 몸은 아주 날씬하셨는데 실제로 체중은 꽤 많이 나갔다고 합니다. 선생님께서 하시는 말씀이 “마음에도 무게가 있는가 보다.” 하세요. 과학적으로는 설명이 잘 안 됩니다. 마음이 허할 때는 가볍게 휘청거리고, 몸을 가누기가 힘들게 느껴집니다. 또 스스로 몸이 묵직하게 느껴질 때가 있어요. 금강경 공부를 잘해서 든든한 생각이 들면 몸도 묵직하게 느껴지는 수가 있습니다.

결론적으로 소사에서 오후 2시 이후에 일절 먹지 않았던 것이

제가 지금까지 건강을 이만큼 유지한 비결입니다. 그 뒤로 물론 직장생활을 하면서 때로는 먹기도 했습니다만, 거의 오후 불식을 원칙으로 했습니다.

잠을 해탈하는 수행에서 소식이 필수입니다. 식食은 바로 잠으로, 또 색色으로 연결됩니다. 식, 색, 잠(수면睡眠)이 동일합니다. 잠을 해탈하는 수행에서 소식이 필수입니다. 전에는 빵까지 먹으며 가행정진을 했다고 하니 참 어이가 없었습니다. 앞으로 절대 그런 일이 있어서는 안 됩니다. 배가 고파도 가능한 오후에 안 드시는 게 좋아요. 처음에는 배가 고파서 경을 읽을 때마다 밥 생각이 많이 나는데, 며칠 해 보면 생각이 하나도 안 나고 든든합니다.

소식을 생활화하는 것은 건강을 위해서도 매우 좋습니다. 특히 식食은 곧 잠이기 때문에 소식은 잠을 쫓는 데 가장 중요한 원칙입니다.

둘째, 몸과 마음의 바른 자세

잠을 쫓는 자세는 참선하는 자세와 동일합니다. 허리를 곧추세우면 눈빛이 달라집니다. 의자에 앉기도 하지만 가부좌로 앉아서 하는 게 훨씬 편하고 좋습니다. 궁리가 많은 사람은 고개부터 숙입니다. 고개를 숙이는 것 자체가 궁리를 몰려들게 합니다. 고개를 세우는 것만으로 궁리가 훨씬 덜합니다. 잠을 쫓는 자세에 대해 몇 번 강조해서 말씀드렸습니다.

잠을 쫓는 마음의 자세도 있습니다.

끈질기게 도전하고 물러섬이 없는 불퇴전의 자세입니다. 우리는 실패할 수 있습니다. 시험을 잘못 치면 '망쳤다' 하며 포기하지만, 가행정진은 절대로 '망쳤다' 하면서 포기하지 마시길 바랍니다. 그만두지만 않고 끈질기게 하면 결국은 성공합니다. 천재라서 어느 분야의 대가가 되는 것이 아닙니다. 둔재라 하더라도 자포자기하지 않고 끝까지 도전하는 사람이 대가가 됩니다. 수행하다가 야단을 맞아도 좌절하지 않고 끝까지 하는 자세는 무슨 일이든 성공하는 데 중요합니다. 올바른 몸과 마음의 자세를 반드시 병행해야 합니다.

셋째, 결의와 공경심

『손자병법』에는 100번 싸워서 100번 이기는 장수는 전쟁하기 전에 미리 이기고 있어야 한다는 대원칙이 있습니다. 모든 일은 자신 있게 출발해야 합니다. 또 싸우면서 이기기를 희망하는 장수는 거의 다 진다는 이야기도 있어요. 출발부터 뜻을 굳게 세우는 사람이 결국 성공합니다.

'금강경 7독, 주경야선 가행정진을 반드시 성공하겠다.'라는 결의가 필요합니다. 자신감을 가지고 마음을 굳게 세울 때 가행정진은 굉장히 쉽습니다. '오늘 가행정진 죽을 쑤었다. 가행정진은 어렵다.' 하는 사람들은 출발부터가 느슨한 겁니다. 그러면 금강경 7독 읽기가 정말 어렵습니다. 어렵다고 하는 사람은 우선 마음 자세가 안 되었다고 보시면 틀림없습니다. 한마음을 세우면 상당히 쉽습니다. 결의하는 것이 중요합니다.

'결의'에 자칫 이기적인 요소가 포함될 수 있으니, 이기적이지 않게 결의해야 합니다. 이것이 어떻게 보면 조심調心, 즉 마음을 다루는 비결인 것 같습니다. 결의는 이기적이기 쉽지만, 꼭 필요하기에 한꺼번에 묶어서 '결의와 공경심'이라고 했습니다. 이것은 물론 정해진 게 아닙니다. 주경야선 가행정진은 우리가 지금 새로 만들어낸 용어이고 언젠가 책으로 쓸 때도 3대 원칙은 반드시 필요할 것입니다.

– 2022.02.05

수행의 실천 지침

가행정진의 스승을 만나고 장소와 기간을 정한다.
법다운 장소에서 절실한 필요에 의해서 기도한다.

○ 기도의 출발

- 하지 않을 수 없는 절실한 필요에 의해 출발한다.
- 내면에서 지혜의 소리를 따라 출발한다.
  예) 가행정진이 좋다니까, 남들이 하니까, 추세니까 하지 않는다.

○ 기도의 기간

- 실천 가능한 기간을 설정한다.
- 단기간으로 시작하여 늘린다.
  예) 3일 기도로 시작하여 차츰 늘려간다.

○ 장기간 기도는 반드시 굳은 결의가 필요하다

- 번뇌는 발생, 성장, 쇠퇴, 재발생이 주기적으로 온다.
- 번뇌의 주기에 맞추어 기도 기간을 정한다.

수련이나 기도는 어떻게 보면 같은 말입니다. 수련이나 기도를 통해서 우리는 고통의 삶을 벗어나 밝은 부처님 세계로, 모든 불행을 바꿔 행복의 길로 가는 것은 물론, 모든 무지와 무능에서 벗어나 능력 있고 지혜로운 사람이 됩니다.

기도를 할 때는 장소와 스승을 잘 정하는 것이 중요합니다. 당연히 법다운 장소를 정해야 합니다. 법다운 장소는 '선지식이 계시는 장소'이며 지혜로운 도반이 있는 곳입니다.

기도 기간도 정해야 하겠지요. 기도 기간과 기도를 시작하는 마음가짐에 대해 말씀드립니다.

기도를 시작하는 마음

목표를 정하고 출발하는 것은 탐심이다

우선 출발하는 마음이 굉장히 중요합니다.

세상살이를 먼저 생각해 봅니다. 우리는 왜 돈 벌고, 취직하고, 좋은 학교에 가려고 할까요? 사람들은 '돈 많이 버는 게 좋으니까, 취업은 남들이 다 하니까! 직장이 없으면 바보로 아니까! 일류 학교에 못 가면 우습게 보니까.'라고 할 겁니다. 대부분 주위의 흐름과 추세에 따라 결정하는 수가 많습니다.

세상일과 마찬가지로 수련도 대개 남들 눈치를 보고 시작합니다. '좋다니까, 남들이 하니까, 추세니까.' 이렇게 출발하는 것은 탐심입니다. 우리는 탐심을 내야 목표를 설정할 수 있고, 목표를 설정해야 무언가 이룰 수 있다고 생각합니다. 그래서 무슨 일을 성취하고자 할 때는 반드시 목표를 설정합니다. 저도 그런 식으로 살아왔습니다. 그런 것이 탐심이라고 한다면, 탐심 아닌 것이 하나도 없다고 생각할 것입니다. 하지만 탐심 없이 출발할 수 있습니다.

절실한 '필요'로 출발할 때 오래 갈 수 있다

탐심의 반대는 무엇일까요?

절실한 '필요'에 의하여 출발하는 것입니다.

내가 돈을 벌 필요가 있을까?

내가 과연 배울 필요가 있을까?

내가 수도해야 할 필요가 있을까?

꼭 가행정진으로 수행할 필요가 있을까?

필요에 의해 출발하는 것은 세상의 추세에 휩쓸려 출발하는 것과 매우 다릅니다. 밝은이는 꼭 필요에 의해 출발해야 한다고 합니다. '필요에 의해 출발'하는 것은 '탐욕으로 출발'하는 것과는 정반대라고 할 수 있습니다. 필요에 의해 출발할 때 오랫동안 지속할 수 있습니다.

탐심으로 하는 것은 오래 할 수 있는 동력을 차단합니다. 또 반드시 진심이 동반됩니다. '하겠다'는 생각으로 출발하면 '왜 안 되느냐' 하는 진심이 동반되기 때문입니다. 탐심, 진심의 분별은 그 일을 효과적으로 할 수 없게 합니다. 탐심, 진심은 말할 나위 없이 해롭습니다. 또 원하는 것을 어느 정도 이루면 '이만하면 되었다' 하며 치심을 내는데, 이것이 특히 해롭습니다. 이런 생각들은 우리에게 나쁜 영향을 미치고, 일을 오래 추진할 수 있는 동력을 차단합니다.

즐겁게 해야 합니다. 즐겁게 하려면 반드시 필요에 의해 출발해야 한다는 것을 꼭 아셔야 합니다. 기도는 필요에 의해서 출발해야 합니다.

특히 단순한 수련이 아닌 주경야선 가행정진이라는 최상승의 기도는 꼭 '필요'에 의하여 출발하시기 바랍니다. '좋다니까, 추세니까, 그거 안 하면 여기서 대접을 못 받으니까.' 이런 허영심이나 탐심은 절대 금물입니다.

'내면에서 들리는 지혜의 소리'에 의해 출발

그다지 필요한 것 같지는 않아도, 지혜 있는 사람은 '나는 이걸 꼭 해야 하겠다.'라는 지혜의 소리가 내면에서 들리는 경우가 있습니다. 필요에 의해 출발하거나 또는 내면에서 들리는 지혜의 소리에 의해 출발하는 것은 '당연히 해야 할 일을 하는 것'이고, 이는 상당히 성공 가능성이 큽니다.

번뇌의 생로병사

탐진치는 미약할 때 바쳐야 한다

모든 생명체에 생로병사가 있듯이 번뇌, 즉 탐진치도 마찬가지입니다. 화가 날 때 물불을 가리지 않는다는 표현이 있습니다. 특히 진심이 폭발할 때는 보이는 게 없습니다. 목숨까지 아랑곳하지 않고 무섭게 폭발하는 진심도 처음에는 굉장히 미약하게 시작합니다.

처음에는 탐진치가 그다지 기승을 부리지 않습니다. 처음에 미약할 때는 웬만하면 바칠 수 있습니다. 나중에 이 번뇌가 기승을 부리면 아무리 바쳐도 안 되는 경우가 있습니다. 그래서 초장에 불을 끄는 게 가장 좋습니다.

번뇌는 점점 심해지고 오래 간다

백 선생님께서 번뇌에 생로병사가 있고, 그 모양은 마치 사인 커브sine curve와 같다고 하십니다. x축이 시간이고 y축이 번뇌의 정도입니다. 번뇌가 처음에는 낮게 시작해서 점점 올라가고 길어집니다.

문학에 기승전결이 있듯이 한창 기승을 부리다가 내려갑니다. 권불십년權不十年, 세상의 권세도 한창 전성기를 누리다가 내리막길로 가듯이, 번뇌도 한창 고약한 힘을 휘두르다 내리막길로 가서 없어진 것 같지만, 소멸되지는 않고 또다시 올라갑니다. 이런 모양이 마치 사인 커브처럼 오르락내리락 되풀이됩니다.

수도는 오르락내리락하는 번뇌의 진폭을 줄인다

수도를 알기 쉽게 얘기하면, 이런 사인 커브의 진폭을 줄이는 겁니다.

예를 들어서 여자에 사족을 못 쓰는 사람이 있고 돈에 사족을 못 쓰는 사람도 있습니다. 이것은 금생이 아니라 전생에서 가져온 것입니다. 우리는 평등하게 태어나지 않습니다. 여자를 보면 사족을 못 쓰는 음란한 마음이 몹시 기승을 부릴 때를 100으로 친다면, 시작은 낮은 데서 올라갑니다. 처음부터 기승을 부리지 않고 어렸을 때는 덜하다가 점점 올라갑니다. 재앙이 생기지 않으면 계속 질주를 하는데, 한참 기승을 부리고 나면 재앙이 생깁니다.

번뇌가 기승을 부릴 때 수도의 필요를 절실히 느끼면서 수도하면 그 번뇌의 기세가 점점 떨어집니다. 떨어지면 없어진 것처럼 보이는 때도 있어요. 그러나 절대 쉽게 없어지지 않습니다. 바닥을 쳤다가 다시 오르기를 되풀이합니다.

그러다가 깨닫지 못하고 금생을 떠나면, 다음 생에는 정도가 훨씬 덜하다고 합니다. 수도했기 때문에 번뇌의 진폭이 줄어든다고 합니다. 도인이 일러주신 비유를 말씀드리는 것입니다.

반드시 기간을 정하고 기도한다

번뇌가 올라오는 주기에 맞춰 기도 기간을 정한다

번뇌는 발생, 성장, 쇠퇴, 재발생이 주기적입니다. 기도 기간은 번뇌가 도는 주기에 맞추어 3일, 7일, 21일, 49일, 100일입니다. 3년 기도는 1,000일 기도입니다. 백 선생님께서는 금강산에서 10년 기도를 하셨다고 합니다.

수도를 3년 동안 하면 전생부터 가져왔던 모든 탐진치의 번뇌가 한 번씩은 다 나타난다고 합니다. 3년 공부를 잘하면 모든 탐진치의 진폭이 한층 줄어든다고 합니다. 3년 기도를 열 번쯤 하여 30년이 되면, 들뜨는 마음이나 기승을 부리는 마음이 거의 없어진 상태가 되고, 이것을 도인의 경지라고 얘기하는 것 같습니다. 날짜를 정해놓고 기도하는 것은 의미가 있습니다.

기도를 반복하면 번뇌는 점점 줄어든다

예를 들면 3일 기도는 3일간 영고성쇠하는 번뇌의 주기에 맞춘 것입니다. 3일 동안 열심히 수도하고 다시 반복하면, 번뇌가 차차 줄어드는 것을 느낄 수 있을 겁니다. 사람들에게 경천과 망신을 당하여 괴로웠던 도반이 49일 기도를 했더니 훨씬 덜하다고 합니다. 그렇다고 완전히 없어진 건 아니지만 상당히 부드러워진 것을 느낍니다. 다시 49일 기도를 하면 점점 줄어들고, 그러다 나중에 아예 없어질 수 있습니다.

입춘 전후가 업장이 가장 기승을 부리는 절정기라고 봅니다. 수도하면 그다음 입춘에는 좀 덜하고, 점점 덜해집니다. 그래서 수도가 무르익으면 입춘에도 전혀 영향을 받지 않고 여여부동, 마음이 들뜨지 않게 되는 거예요.

점점 업그레이드되어서 금생에 깨치는 수도

죽음이 완전히 끝이 아닙니다. 죽고 다시 태어나는 것은 재충전이며 전환입니다. 수도하다가 죽으면 다음 생에는 업그레이드된 삶을 살아요. 그러나 한 생을 80년이라고 한다면, 80년 주기로 다시 태어나서 업그레이드되는 건 소용이 없습니다. 내생이 아니라 금생에 점점 업그레이드되고 금생에 깨쳐야 합니다.

기도의 기간은 짧게 시작해서 점점 늘려간다

처음 시작할 때 100일, 다음에는 화끈하게 1,000일 기도 기간을 잡는 사람이 있어요. 작심삼일이라는 얘기도 있지요. 처음에 기간을 길게 잡는 것은 바람직하지 않다는 것이 선생님의 말씀입니다.

특히 좋다니까, 누구도 하니까, 따라서 하는 것은 아주 안 좋습니다. 허영심에 들떠서 하는 공부는 오래 지속할 수 없어요. 도반이 49일 하는 것을 보고 '저 사람이 하는데, 내가 못 할 거 뭐 있나?' 하는 오기로 하면 절대 안 됩니다. 기도는 필요에 의하여 합니다. 멋모르고 49일을 하면 힘들고, 한 번 실패한 경험으로 기도할 의욕을 잃습니다. 가행정진이 사실 쉬운 기도가 아닙니다.

처음에 3일 기도로 시작하시는 게 좋습니다. 사흘을 하고 좀 쉬시는 게 좋아요. 사흘을 한두 번쯤 하신 뒤에 일주일을 하는 게 좋습니다. 평상시에는 내가 어느 정도인지 몰라요. 남들이 좋다고 하니 대뜸 49일을 시작하면 실패할 가능성이 높습니다. 3일 기도를 두어 번쯤 해서 자신을 테스트해 보면 일주일도 할 수 있고, 일주일씩 두 번 하면 21일 기도도 할 수 있겠다는 자신감이 생깁니다.

그러다가 점점 49일, 100일로 늘려가며 100일 기도를 몇 번 하면 3년도 할 수 있습니다. 이렇게 자신의 정도를 알고 기간을 결정하는 게 좋습니다. 차츰차츰 기간을 늘려서 기도하며 마음을 세우면 흔들리지 않아요.

이렇게 기도 연습을 하면 나중에 독종이 됩니다. 독종이 따로 있지 않아요. 저는 굉장히 참을성이 부족했던 사람입니다. 육체적 힘뿐 아니라 정신적으로도 참는 힘이 약했어요. 꾹 참다 보면 한꺼번에 폭발은 안 해도 삐칩니다. 삐치는 것으로 폭발하는 거예요. 그런 사람은 결국 수도를 못 하게 돼요. 저는 기질이 소인배라서 영원히 수도를 못 한다고 스스로 생각했습니다.

그러나 단계적으로 기도하면 굳은 결의가 되어 뜻이 서고 흔들리지 않습니다. 누구나 선천적으로 독종인 사람은 아무도 없어요. 차츰차츰 단계적으로 하는 게 좋습니다.

식사를 줄이는 것도 무리하지 않는다

기간을 정해서 기도하는 것보다 조금 어려웠던 것이 식사입니다.

수도장에서 두 끼를 먹고 공부했는데 두 끼는 견딜만했습니다. 저도 지금 밥해 먹는 데 시간이 많이 걸려서 끼니를 줄입니다. 자꾸 줄이다 보면 이제 한 끼 먹게 될 것이고 나중에는 안 먹고 살았으면 좋겠다는 필요를 느낄 때가 올지도 모릅니다.

혼자 청소하고 삼시 세끼 먹고 설거지하다 보면 공부할 틈이 없습니다. 그래서 백 선생님도 어쩔 수 없이 끼니를 줄이다가 한 끼가 되었다고 합니다. 석가여래 흉내 내려고 한 끼를 드신 것이 아니었습니다. 남들이 하니까 따라서 하고, 좋다고 하니까 한 것이 아닙니다. 필요에 의해 한 끼를 드셨습니다.

저도 소사에서 노동하며 1일 1식을 해봤어요. 사흘은 괜찮더라고요. 좀 더 하겠다고 백 선생님께 말씀드렸더니 일주일을 해보라고 하셔서 했는데, 정말 후회했습니다. 나흘째부터 배가 몹시 고프기 시작하여 일주일을 겨우 하고 난 뒤에는 다시는 하지 않겠다고 생각했습니다. 소식小食도 처음부터 무리하지 않습니다.

발심을 유지하는 길

그런데 이렇게 100일 기도를 잘하고 '법사님의 가르침이 너무 좋습니다. 저는 밤낮으로 법사님의 법문을 들으며 푹 빠져 삽니다.'라고 하며 열정적으로 공부하는 사람들도 1년 정도 지나면 퇴타심을 내는 경우가 있습니다. 그런 식으로 하면 3년이면 반드시 깨칠 텐데, 어느 날 보따리를 싸서 가는 사람이 있어요.

왜 발심發心하다가 관두고 보따리를 싸게 될까요?

발심을 유지하는 것이 중요합니다. 기도 기간은 물론 기도 기간이 아니어도, 가능하면 밝은이나 선지식 아니면 만나지 않는 게 좋습니다. 지혜롭지 못한 사람, 소위 선배라는 박복한 사람의 말을 듣고 바치지 않고 궁리하기 때문에 공부가 흔들리고 나아가서는 퇴타심이 납니다. 우리는 무시겁으로 살생, 투도, 사음, 망어를 했고 남의 공부를 방해하는 죄업을 많이 지어왔기 때문에, 설사 발심을 해도 주위에 공부를 방해하는 사람이 있을 수 있습니다. 심지어는 부모 형제 처자가 가장 자기 공부를 방해하는 사람중 하나라는 것을 분명히 알아야 합니다. 공부를 도와주는 도반도 지극히 드물어요.

의지하고 상의할 사람을 거의 없게 만드는 것이 좋습니다. 소사에서 공부를 오래 할 수 있었던 것은 오로지 선지식하고만 대화했기 때문입니다. 처음에 선생님은 어려우니까 선배라는 도반에게 물었지만, 깜깜하기는 그이나 나나 대동소이했습니다. 선지식과 선배의 차이는 하늘과 땅이라는 것을 절실히 느꼈습니다. 대개 퇴타심은 시원찮은 선배의 잘못된 가르침에서 비롯합니다. 큰소리쳤던 선배는 다 가짜였고, 대화는 백해무익했습니다.

누구를 만날 필요가 없습니다. 우리는 대부분 공부를 방해하는 사람에게 둘러싸여 있다고 보면 틀림없습니다. 가족 파괴범이라고 할지도 모르지만, 가장 친한 부부, 부자, 형제는 공부를 가장 방해하는 사람이라고 아시면 틀림없습니다. 믿을 건 자식 형제밖에 없다고 하지만, 돈 문제뿐 아니라 세상 어느 경우에도 자식이나 그 누구도 믿지 마십시오.

밝은이가 없으면 무소의 뿔처럼 혼자 가는 것이 공부를 유지하는데 꼭 필요합니다. '나는 공부를 방해하는 사람으로 둘러싸여 있다.'라고 보시면 됩니다.

공부할 때 남과 비교하지 마세요. 뭔가 깨친 것이 있거나 무슨 꿈을 꾸어도 해석하려 하지 마세요. 그 생각을 자꾸 바치세요. 대화의 상대는 선지식으로 국한해야 합니다.

학교 다닐 때처럼
압박감을 느끼며 공부해야 발전한다

학교에서 강의를 듣고 받아 적는 것처럼 수행일지에 자기 마음의 변화를 기록해 놓는 것이 필요하고 중요합니다. 때가 되면 그것을 선지식, 또는 선지식을 정 찾을 수 없다면 세상 경험이 꽤 많은 이와 검토하는 것은 좋습니다. 되도록 성공 체험을 많이 한 사람이 좋습니다. 성공 체험을 많이 한 사람은 선배의 자격이 어느 정도 있습니다. 공부한 지 30년이 되었어도 실제로 해놓은 업적이 없는 사람은 선배도 아닙니다. 부정적인 경험을 들려주어 점점 더 밑으로 떨어지게 합니다. 반드시 필기해서 정리하고, 진지하게 공부하는 사람과 검토하는 것도 필요합니다.

굳은 결의로 출발하라는 말씀을 드렸습니다. 제 경험을 말씀드립니다. 제가 교수로 재직 중일 때, 어떤 강의가 배우고 싶어서 담당 교수에게 양해를 구하여 수강 신청을 안 하고 들었습니다. 수강 신청을 안 했으니 물론 시험도 치지 않았습니다. 배우려는 의욕만 있으면 될 것 같았지만, 수강 신청도 안 하고 시험도 안 치니까 아무런 발전이 없었습니다.

마찬가지로 법당도 어쩌다 일주일에 한 번 나오고 한 달에 한 번 나오면 발전이 없습니다. 시험도 치지 않으니 공부에 대한 아무런 부담도 없어요. 이렇게 공부하면 소질이 있는 사람도 공부에 발전이 없습니다. 뜻을 세우고 기간을 정해서 공부해야 발전이 있습니다. 학교 다닐 때처럼 수강 신청하고 시험 치는 압력을 느껴야 실력이 늘고 발전합니다. 학교에 다니는 식으로 공부하시기 바랍니다. 그러면 뒤늦게 공부에 취미가 생깁니다. 그렇지 않으면 대충 공부하다 말고 거의 일생을 건달처럼 살다가, 죽을 때 '아 이번 생도 허탕 쳤구나!' 하며 후회하게 됩니다.

저의 쓰라린 경험을 잘 참고하셔서 가행정진 잘 실천하시고 부처님 시봉 잘하시길 발원드립니다.

- 2022.02.12.

수행의 대원칙, 공경심

부처님을 향할 때 모든 선善이 한 번에 이루어진다.

○ 의상스님

우보익생 만허공 중생수기 득이익
雨寶益生 滿虛空 衆生隨器 得利益

제선일성 일체성 제악일단 일체단
諸善一成 一切成 諸惡一斷 一切斷

○ 주경야선 가행정진 수행의 대원칙

첫째, 24시간 부처님 향하라.
둘째, 모든 일에 부처님 향하는 마음을 가장 우선하라.
셋째, 아상을 버리고 부처님을 절대 공경하는 것을 최우선으로 하라.

○ 사람의 유형과 수행

사람의 유형	소승인	대승인	최상승인
불교	재앙소멸, 소원성취	아상소멸, 인격완성	아상이 본래 없다
기독교, 가톨릭	평화	행복	구원
금강경 수행자	미륵존여래불 정진	금강경 실천수행	주경야선 가행정진

주경야선 가행정진 수행의 대원칙에 대해 말씀드립니다.

우보익생 만허공 중생수기 득이익
雨寶益生 滿虛空 衆生隨器 得利益

제선일성 일체성 제악일단 일체단
諸善一成 一切成 諸惡一斷 一切斷

의상 스님의 「법성게」와 「일승 발원문」에 나오는 구절입니다. 「일승 발원문」은 세상에 많이 알려져 있지 않습니다. 하지만 여기에 아주 깊은 철학이 있고, 우리에게 직접적인 영향이 있습니다.

백 선생님 가르침의 진수,
생활불교, 보살불교, 수행불교

저는 수도장에서 4년 여 공부하면서, 백 선생님께서 목장이라는 생업을 하면서 불법을 실천하는 생활불교를 가르치시는 것으로 이해했습니다. 하지만 생활불교는 부처님의 진정한 뜻을 펴는 게 아니라는 것을 뒤늦게 알았어요. 생활불교는 백장 스님의 '일일부작 일일불식, 하루 일하지 않으면 먹지 말라.'와 방향이 같습니다. 전통적으로 불교에서 농작을 금기시해왔는데, 백장 스님께서 사회생활과 불법을 최초로 접목했습니다.

백 선생님께서는 "농사를 짓고 목장을 운영하여 자급자족하면서 불법을 닦아라." 하시며 생활과 불법을 접목시키고, 구체적이고 본격적으로 실천하였습니다. 나아가, 이러한 생활불교에서 진일보한 보살행을 권장하셨습니다. 제가 소사에서 직접 체험했습니다.

"단순히 농사하고 장사만 잘하는 게 다가 아니다. 농사도 머리를 써서 많은 돈을 벌 수 있어야 하고, 장사도 머리를 써서 돈을 많이 벌 수 있어야 한다. 머리를 쓰는 지혜는 바로 불법에서 나온다."

생활불교와 보살행을 부분적으로 맛보여주다가 제가 소사를 떠날 즈음에는 수행의 진수라고 할 수 있는 가행정진의 맛까지 보여주셨어요. 한때 나만 받은 특전이라고 자부심을 가졌던 적도 있습니다. 자시에 일어나 금강경 7독을 하는 가행정진을 최초로 하면서 생활불교, 보살불교, 수행불교의 세 가지 진수를 동시에 배웠습니다.

식당에 성공하지 못한 이유, 수도와 사회생활을 다르게 생각하였다

지금까지 살면서 가장 어려웠던 식당 운영 이야기부터 하겠습니다.

그 당시 취직하기가 힘든 시절에 취직이 잘 되는 인기학과를 나왔지만, 소사에서 4년을 지내고 나가니 저를 받아주는 곳은 아무데도 없었습니다. 임시직도 어려웠습니다. 산속에서 공부하다 왔다고 했더니 저를 정신병자로 취급하며 배척했습니다. 괴로웠던 백수 시절이 지금도 생생합니다.

그러다 된 것이 식당이었습니다. 백 선생님께서는 굉장히 격려하시고, "이 길은 네가 CEO가 될 수 있는 길이다."라고 하시며 희망과 용기를 주시기도 했습니다. 저는 꿈에도 CEO가 된다고 생각해 본 적이 없었습니다. 그저 교육자나 조금 더 발전하면 큰 상을 받는 학자 정도이지, CEO는 전혀 어울리지 않는다고 생각했습니다. 하지만 선생님께서 밝은 견해로 CEO를 염두에 두고 용감하게 식당을 하라고 하신 것 같습니다.

저는 식당을 운영하는 방식은 선생님이 얘기하시는 금강경 공부하는 방식과는 다르다고 생각했습니다. 금강경을 잘 읽는다고 해서 식당이 잘 될까? 식당은 식당 하는 식式으로, 세상살이는 세상 식대로 해야 한다고 생각했습니다. 중이 절에서 절의 풍속을 따라야 하듯이, 세상에서는 세상의 풍속을 따르는 것이 더 슬기롭다고 생각했습니다. 이것부터가 착각이었다고 먼저 말씀드립니다.

사회에서 주장하는 대로, 장사를 잘하는 원동력은 음식의 맛이나 친절 등 가시적인 것으로 알았습니다. '우선 맛을 개발하는 데 최선을 다하자. 그러기 위해서는 일류 주방장을 모셔와야 한다. 그리고 종업원이 친절해야 하니 위탁해서라도 종업원 친절 교육을 해야 한다. 그래도 안 되면 금강경을 읽어서 보충하자!' 금강경 공부는 보조 요인이며 최후의 수단이라 생각했습니다. 그럴듯한 철학으로 장사를 했는데, 갈수록 어려워지고 결국 실패하였습니다.

그때는 주경야선 가행정진이 장사의 어려움을 돌파하는 원동력이 된다는 생각은 하지도 못했습니다. 왜냐하면, 수도와 사회 생활이 다르다는 생각을 나도 모르게 했기 때문입니다. 수도와 생활이 둘이 아니라는 생각은 전혀 하지 못했습니다.

결국 4년 후 장사를 포기하였는데 선생님께서 참 서운해 하셨어요.

"그 길로 나가야 네가 사는데, 그 좋은 길을 영광의 길로 알지 않고 뒤떨어진 길로 알면서 하찮게 여기다가 결국은 포기하고 말았느냐! 내가 얼마나 너를 격려하였느냐. 도인의 결정이 있으니 반드시 된다고도 얘기하였다. 그런데 너는 내 결정과 격려를 무시하고 포기했구나."

그 뒤로 선생님께서 저를 잘 만나주지도 않으셨습니다. 대학원에 진학했다고 말씀드리니 "그래도 대학교수는 되겠구나."라고 한마디 하셨어요. 대학교수면 과분하죠. 하여간 나는 장사할 사람이 아니라고 생각했습니다. 최상승의 가르침을 이해하지 못했습니다. 그 뒤로 저는 학교 선생으로 시작해서 결국 선생님의 말씀대로 대학교수가 되었습니다. 참 대단하세요. 대학교수가 된다는 것은 하늘에서 별 따기입니다. 그런데 대학원에 입학하자마자 "너는 대학교수는 되겠지만 내가 바라는 길이 아닌, 영 잘못된 길을 갈 것이다." 이렇게 말씀하신 것입니다. 이것을 축복의 예언으로 들었다니, 얼마나 모자랐던가요!

사회 생활하며
자시 가행정진으로 깨치다

왜 선생님은 이렇게 편하고 좋은 자리를 마다하고 CEO의 길을 가라고 하셨을까? 이해하지 못했습니다. 아쉬워요. 백 선생님이 저에게 CEO가 될 수 있다고 말씀하시고 결정까지 해 주셨는데 제가 못 해냈습니다. 그 이후로 저를 상대도 잘 안 해주셨던 것이 못내 아쉬웠고 숙제로 남았습니다. 언젠가 다시 해야겠다는 생각이 늘 있었지만, 안정된 교수직을 접고 장사를 다시 시작할 용기는 없었습니다.

그러면 가행정진이라도 할까? 하지만 가행정진도 용기가 나지 않았습니다. 그게 얼마나 어려운데! 그때 도반들이 이십여 명 모여서 공부했는데, 가행정진 이야기를 했더니 한 어르신이 용감하게 내가 한번 해보겠다고 하는 거예요. 그렇게 시작해서 도반들이 거의 다 했습니다. 도반들이 모든 약속을 취소하고 가행정진하며 기적적인 일을 곳곳에서 체험했습니다. 저 자신도 놀랐어요. 그때 가행정진의 열기는 지금보다 못하지 않았습니다.

저는 집안 사정상 관망만 하다가, 권유한 사람이 참여하지 않는 게 말이 안 되는 것 같아서 한 1년 이상 지나 뒤늦게 시작했습니다. 어렵다고 생각했던 것은 제 선입견이었습니다. 가행정진을 2년 정도 계속하면서 소사에서도 경험하지 못했던 놀랍고 새로운 세계를 발견하였습니다. 몸과 마음이 아주 가벼웠고 밝았어요. 모든 근심 걱정과 난제가 착각이고 본래 없다는 것을 그때 실감했습니다. 가행정진 공부가 상당히 무르익은 것 같았습니다.

그러나 아쉽게도 계속 이어가지 못했습니다. 보림保任을 못 했습니다. 왜 깨졌을까? 화를 내서 깨졌어요. '이제 완전히 잠에서 해탈했다. 화를 좀 내도 잠에 취할 정도로는 되지 않는다.'라고 할 만큼 오만했습니다. 도반들과 해발 4천 미터인 티베트로 여행을 갔습니다. 자시 가행정진하면서 고산지대에 올라갔을 때까지는 잘 견뎌서, 잠이 없어진 체험을 하였습니다. 그러나 제 복이 부족했는지 저를 자꾸 약 올리고 화내게 만드는 업보가 있었습니다. 진심嗔心을 한두 번 냈다가 자시 가행정진 수행의 성과를 다 날려버리고 말았습니다. 고산병으로 몇 달간 몹시 앓으며 결국 자시 가행정진이 깨졌습니다. 지금도 티베트 여행을 후회합니다.

하지만 이때 깨달았습니다.

'내가 장사할 때 음식이나 친절을 앞세우고 금강경 공부를 마지막 또는 덤으로 하는 게 아니라, 금강경 공부를 최우선으로 하고 부처님께 바치는 데 더 역점을 두었다면, 선생님의 말씀대로 단기간에 모든 난관을 극복하고 훌륭한 CEO가 되어 부처님 세계에 훨씬 빨리 접근하였을 것이다.'

수도와 사회생활이 다르지 않다

일을 할 때 금강경부터 읽어서 일이 될까?

부처님이 위대하시지만, 부처님 시봉을 최우선으로 세워야 한다는 것을 믿지 않았습니다. 성공하고자 할 때 세상의 노하우를 먼저 배워서 단계적으로 올라간 뒤에 부족한 점을 금강경 공부로 보충

한다고 생각했었습니다. 이것이 완전히 잘못이었습니다.

법화경에 "삼계무안 유여화택" 많이 들으셨지요? 저는 법화경을 본격적으로 공부한 사람이 아닙니다. 하지만 백 박사님의 금강경 공부를 오랫동안 실천한 결과, 금강경만 잘 이해한다면 법화경의 모든 것을 금강경 가르침 속에서 다 찾을 수 있다고 믿게 되었습니다. 법화경의 핵심이 바로 금강경입니다.

사람들이 불타는 집 속에서 언제 죽을지 모르니 데리고 나와야 하는데, 제일 좋은 흰 소 수레를 타면 불타는 집에서 나올 뿐만 아니라 극락세계까지 탄탄대로로 갈 수 있습니다. 하지만 사람들은 흰 소의 수레에 타는 걸 싫어해요. 자기 입맛에 맞는 양의 수레, 사슴의 수레, 소의 수레를 더 좋아합니다. 이 수레를 타면 일단 불타는 집에서는 나와도 극락세계까지 가는 데는 또 여러 가지 난관이 기다리고 있습니다.

"최상승인 흰 소의 수레를 타야 하는데, 그걸 모르고 자기 취향에 따라 수레를 타려 한다. 아니다. 양의 수레, 사슴의 수레, 소의 수레를 타지 마라. 불타는 집에서 겨우 나오기는 했으나 그것들은 다 가짜다."

오직 일승이지, 이승이나 삼승은 없다는 것이 법화경의 핵심입니다.

어디서 강의 들은 것을 옮기는 게 아닙니다. 금강경 공부와 도인의 가르침을 통해 제가 깨친 것입니다. 외람스럽지만 법화경을 누가 이렇게 해설할 수 있을까 하는 생각이 듭니다.

소승인, 대승인, 최상승인

우선 이것부터 확실히 말씀드립니다. 흔히 남방 불교는 소승小乘의 가르침, 북방 불교는 대승大乘의 가르침이라 합니다. 사람의 유형에는 소승小乘, 대승大乘, 최상승最上乘이 있지만 가르침에는 소승, 대승, 최상승이 없습니다. 마명 스님이 지은『대승기신론』에 나온 말씀입니다.

소승인小乘人은 재앙소멸과 소원성취에 만족합니다. 대승인大乘人은 마음을 닦으면 재앙소멸 소원성취는 저절로 따라오니, 마음을 닦는 것을 최우선으로 하는 그릇이 큰 사람입니다. 최상승인最上乘人은 닦을 마음도 본래 없다는 것을 깨쳤습니다.

사람의 종류에는 소승 대승 최상승이 있고 불교에도 세 유형이 있습니다. 소승인은 소위 기복 불교를 합니다. 일단 재앙소멸 소원성취는 되지만 그 이후에도 난관이 아주 많아요. 처음부터 흰 소 수레에 타서 바로 대승이나 최상승으로 가야 하는데, 그걸 모르니까 바라기만 해요. 일시적인 열반, 유여열반은 얻습니다. 대승인은 아상을 소멸하고 인격을 완성하고자 합니다. 최상승인은 아상이 본래 없음을 깨우치니, 닦으려고 애쓸 필요도 없이 그저 내려놓기만 하면 됩니다. 바로 흰 소의 수레를 타서 부처님만 향해야 합니다. 저는 이렇게 이해합니다.

사회생활에서도
항상 가장 먼저, 부처님을 향하라

제가 식당을 할 때 어떻게 해야 했을까요? 정리해 보았습니다.

맛을 개발하려 애쓰지 말고, 그 마음을 부처님께 바쳐라.

좋은 맛이 저절로 얻어질 것이다.

친절하려고 애쓰지 말고, 그 마음을 부처님께 바쳐라.

저절로 친절이 몸에 밸 것이다.

처음부터 부처님만 향해라.

금강경 수행을 가장 먼저 하라.

이것이 바로 대승입니다.

오로지 일승의 가르침만 있다는 것이 법화경의 핵심입니다. 금강경도 마찬가지이고 기독교와 가톨릭도 똑같습니다.

어느 신부가 "기독교나 가톨릭의 핵심 가르침이 구원에 있다. 예수님의 이름으로 현실(불교의 사바세계)을 벗어나 영혼의 천국으로 가는 진정한 구원을 받으려면 아상이 죽어야 한다. 하지만 십자가를 지고 가는 길이 너무나 험난하기에 신도들은 평화와 행복만을 원한다." 하고 개탄하는 것을 들었습니다.

기독교에도 소승형, 대승형, 최상승형의 사람이 있습니다. 이태석 신부, 슈바이처, 테레사 수녀 같은 사람은 대승형의 사람일 것입니다. 소록도에서 봉사하신 마리안느와 마거릿 수녀 같은 분들도 평화나 행복을 바라지 않고, 아상이 없는 영원한 세계를 추구하시겠지요.

주경야선 가행정진하며 24시간 부처님 향한다

우리가 하는 금강경 공부는 재앙소멸과 소원성취가 최종목표가 아닙니다. 재앙소멸 소원성취해서 '부처님 시봉하는 실천수행'으로, 보통 불교보다 차원이 높습니다.

소승인은 미륵존여래불 정진, 대승인은 금강경 실천수행, 최상승인은 주경야선 가행정진까지 합니다. 비유해서 말씀드립니다. 소승인이 미륵존여래불 정진하며 부처님 향하는 시간이 하루에 6시간 정도라면, 대승인은 금강경 실천수행을 하는 낮 12시간 정도 부처님을 향합니다. 최상승인은 주경야선 가행정진을 하며 24시간 부처님을 향합니다. 예를 들어 주경야선 가행정진하는 최상승인이 식당을 한다면 바로 훌륭한 요리사를 부르기보다도, 우선 부처님께 바쳐서 지혜를 먼저 구하고 요리사를 찾을 것입니다.

주경야선 가행정진 수행의 대원칙입니다.

첫째, 24시간 부처님 향하라.

둘째, 모든 일에 부처님 향하는 마음을 가장 우선하라.

셋째, 아상을 버리고 부처님을 절대 공경하는 것을 최우선으로 하라.

마치 취향에 상관없이 무조건 흰 소의 수레를 타는 것과 같습니다. 그러면 굉장히 빠르게 이루어집니다.

부처님을 향하고 공경할 때 일시에 이루어진다

제선일성 일체성 제악일단 일체단

諸善一成 一切成 諸惡一斷 一切斷

부처님을 향할 때 모든 선善이 한 번에 이루어집니다. 부처님을 공경하는 마음으로, '본래 없음'으로 해탈할 때 모든 악이 한 번에 끊어집니다. 효과가 굉장히 신속합니다.

사람들은 부처님께서 8만 4천 가지의 법문을 하셨다며, 자기 입맛에 맞는 말씀대로 따라갑니다. 하지만 법화경에도 나오듯이 부처님께서는 오직 한 말씀, 일승의 가르침만 말씀하셨습니다. 중생은 근기根機에 따라 그것을 양의 수레로 보기도 하고 사슴의 수레로도 봅니다.

"나는 흰 소의 수레, 오로지 한 가지 법밖에는 설한 적이 없다." 이것이 부처님의 핵심 가르침입니다. 듣는 사람의 근기에 따라 다르게 들렸을 뿐입니다.

우보익생 만허공 雨寶益生 滿虛空

하늘 가득 내리는 보배의 비는 오직 한 맛, 일승입니다. 오로지 부처님을 공경하는 마음으로 만사가 다 해결될 수 있습니다.

중생수기 득이익 衆生隨器 得利益

중생은 근기에 따라 이익 받는 게 다릅니다. 중생들은 장사할 때는 이렇게 하고 CEO는 이런 코스를, 학자가 될 때는 저런 코스를 따라야 하며 스포츠 스타가 될 때는 이런 식으로 해야 한다고 자기 나름대로 견해를 폅니다. 그러나 부처님은 이렇게 말씀하실 겁니다.

“사업, 학자, 스포츠 스타, 정치가 등, 무엇을 하든지 오로지 부처님을 공경하는 마음으로 해라. 이 한마디를 깨치면 모든 답이 나올 수 있다. 오로지 부처님을 공경해야 한다는 것을 깨칠 때, 모든 것을 다 이룰 수 있으리라.”

24시간 오로지 부처님께 바치는 마음, 즉 주경야선 가행정진을 제대로 할 때, 위대한 일이 바로 눈앞에서 이루어집니다.

갖은 갈등 속에서 괴로울 때 정답이 무엇일까요?

세상의 똑똑한 사람이나 자기계발서를 찾지 말고 이 가르침, 오로지 부처님께 바치는 수행으로 해결하십시오. 실제로 가행정진하시는 분이 여러 가지 복잡한 난제로 미칠 것 같은 사건에서 벗어나, 한 번에 부처님 세계로 들어갔던 위대한 사례가 있습니다. 다른 데서 묘한 방법을 찾지 마세요.

처음부터 끝까지 오로지 부처님을 공경하는 마음으로 수행할 때, 모든 축복이 한번에 오고 모든 재앙은 단번에 소멸할 수 있습니다. 이것이 주경야선 가행정진 수행의 대원칙입니다.

- 2022.02.19.

제 13 장

보현행, 백성욱 박사님의 현대적인 수행법

생활과 불법이 둘이 아닌 가르침

백 박사님께서 알려주시는 현대적인 수행법이 바로 주경야선 가행정진이며 보현행의 실천이다.

○ 보현행

생활과 불법이 둘이 아닌 가르침이다.
한 가지 행行을 닦으면 일체 행行을 갖추어 원융무애한 깨달음에 이른다.

○ 보현행의 실천 역사

- 혜능 대사의 불법재세간 불리세간각
- 백장 스님의 일일부작 일일불식
- 백용성 스님의 선농일치
- 백성욱 박사님의 자시 가행정진

○ 잠(수면) 해탈의 원리 및 방법

- 핵심 번뇌인 '잠'이 착각인 줄 알고 부처님께 바쳐 해탈한다.
- 주경야선 가행정진으로 금강경 실천수행한다.

제가 방송에 나가면서 많은 분이 제 법문에 공감하시는 것 같습니다. 그 이유는 위없는 깨달음과 동시에 생활에서 행복과 번영을 추구하고, 인재 양성의 방법과 불교가 발전하는 길을 제시하기 때문이라고 하십니다. 일부 재미교포는 '우리 가르침이 개인의 행복 이외에도 인재 양성과 4차 산업혁명의 대안이 될 수 있다.'라고 법문하신다면, 교민 사회는 물론 합리적인 사고방식의 미국인들도 상당히 좋아할 것이라는 과분한 말씀도 종종 합니다.

저는 어떻게 생활에 도움이 되고 인재도 되는 가르침을 말씀드리게 되었을까요?

밝은 선지식의 문중에 출가하여 수년간 그분의 가르침을 몸과 마음으로 배웠기 때문입니다.

우리 가르침은 위없는 깨달음, 생사해탈, 아누다라삼막삼보리에 이르게 하는 동시에, 세상에서는 불행을 행복으로, 무능을 유능으로, 무지를 지혜로 바꿉니다. 세상사와 둘이 아닙니다. 금강경에서 그것을 일깨워 주고 있습니다.

"세상에서의 삶을 완전히 바꾸며, 깨달음에 이르기 전에 먼저 인재가 된다."

스승께서 가르쳐주셨고 실제로 보여주셨습니다. 제가 이 가르침을 실천해서 부분적으로 맛본 것을 말씀드리고 있습니다. 이러한 스승의 가르침이 널리 퍼지기를 발원합니다.

보현행,
생활과 불법이 둘이 아닌 가르침

생활과 불법이 둘이 아닌 가르침을 뭐라고 표현해야 할까요?

위없는 깨달음의 길과 세상에서 부귀영화를 누리는 길이 둘이 아닙니다. 이 가르침이 부처님 경전 속에 있는데, 후학들이 그것을 알리는 일에는 소홀했던 것으로 생각합니다. 바로 '보현행普賢行'입니다.

보현행은 화엄경에 나오는 구절인데, 요새 불교를 하는 사람한테는 생소할 것 같습니다. 한 가지 행을 하면 일체의 행을 두루두루 동시에 깨닫게 되어 결국은 원융무애圓融無礙한 깨달음의 세계에 이른다는 것입니다.

보현행의 원리와 방법을 말씀드립니다.

핵심 번뇌는 드러나지 않는다

부처님이 말씀하시는 번뇌의 종류가 팔만사천 가지라고 합니다. 탐심, 진심, 치심으로 인한 번뇌가 각각 이만 팔천 개라 합니다. 수많은 번뇌 중에서 핵심이 되는 번뇌는 무엇이고 주변 번뇌는 무엇인지 어렵지 않게 알 수 있습니다.

탐심 진심 치심이라는 번뇌의 뿌리는 무엇일까요? 번뇌는 나를 보호하기 위해서 생깁니다. 번뇌의 뿌리는 '나'입니다. 이 몸뚱이를 보호하기 위해서 남의 것을 가져오려는 탐내는 마음을 낼 수 있습니다. '나'라는 애착이 없다면 탐심이나 진심을 낼 리가 없습니다. 물론 치심도 낼 리가 없습니다. 탐진치는 주변 번뇌라고 할 수 있습니다. 이 주변 번뇌의 뿌리인 '나'는 핵심 번뇌입니다.

대개 주변 번뇌는 공포나 분노와 같이 거칠어서 눈에 잘 뜨입니다. 공포에 떨고 있다면 자신이 지금 번뇌 망상에 물들어 있다는 것을 쉽게 알 수 있지요. 반면 잘난 척하는 것, 회심의 미소를 짓는 것 등은 눈에 잘 띄지 않지만 역시 번뇌입니다. 알고 보면 번뇌의 뿌리가 모두 '나'인 것처럼, 거친 번뇌의 뿌리는 잘 드러나지 않는 '잘난 척하는 것'입니다. 이것을 잘 알아야 합니다.

더 알기 쉽게 말씀드린다면, 핵심 번뇌는 겉으로 잘 안 드러나요. 잘난 척하는 것, 안 드러납니다. 음란한 것은 어느 쪽에 속할까요? 마음속에 음란한 생각은 드러나지 않는 핵심 번뇌, 밖으로 드러난 성폭력은 주변 번뇌라고 할 수 있습니다.

핵심 번뇌를 소멸하면
주변 번뇌는 저절로 소멸한다

수도란 번뇌를 소멸하여 '참나'를 드러내는 것입니다. 우리는 무엇이 핵심인지도 모르기에, 속에 있는 핵심 번뇌를 제거하는 데는 소홀하고 그저 겉에 드러나는 번뇌를 제거하는 데만 열중합니다. 공포는 드러나는 번뇌인데, 견딜 수 없이 괴로우므로 얼른 해탈하려고 합니다. 놀람 분노 슬픔 다 마찬가지입니다. 하지만 밝은이가 볼 때 진짜 긴급히 제거해야 할 번뇌는 거친 번뇌나 눈에 드러나는 번뇌가 아닙니다. 밝은이는 이렇게 얘기하실 것 같습니다.

"맥을 잘 짚어서 수행해라. 무엇이 모든 번뇌의 근본이냐? 근본적인 번뇌를 집중적으로 제거하도록 노력해라."

그리고 밝은이는 핵심적인 번뇌가 무엇인가를 일깨워 줍니다. 핵심 번뇌만 잘 제거하면 겉으로 나타난 거칠고 지엽적인 번뇌는 저절로 소멸하고, 단기간에 효율적으로 깨달음의 세계에 접근할 것이라고 말씀하십니다. 이것은 스승님께 들은 이야기이고, 저도 실천해서 부분적으로나마 번뇌 해탈의 참맛을 보았습니다.

다시 정리합니다. 번뇌에는 핵심 번뇌와 주변 번뇌가 있습니다. 핵심 번뇌가 뿌리라면 가지나 잎, 열매는 주변 번뇌에 해당합니다. 뿌리를 완전히 끊어 없애면 잎이나 열매 줄기가 다 사라지듯, 핵심 번뇌 하나를 잘 제거하면 주변 번뇌도 동시에 사라진다는 논리적인 결론이 나옵니다.

이것은 보현행을 설명하는 아주 좋은 예입니다. 한 가지 행을 잘 닦으면 일체의 행을 두루 갖추어서 원융무애한 깨달음에 이르게 됩니다. 뿌리가 되는 핵심 번뇌를 잘 제거해서 해탈하기만 하면, 주변 번뇌는 동시에 다 제거되어서 원융무애한 부처님의 세계로 빠르게 들어갈 수 있다고 해석할 수 있습니다. 이것을 보현행이라 합니다.

무엇을 닦아야 하는가?

세상에서 처자를 거느리고 돈을 벌면서 번뇌에서 해탈하기는 어렵고, 머리를 깎고 출가해 부귀영화에 물들지 않는 조용한 도량에 가서 수도하는 것이 빠른 길이라고 생각합니다. 이게 보통 불교인의 상식이며, 지혜로운 사람도 그렇게 얘기합니다. 하지만 산속에서 몇십 년 동안 열심히 닦아도, 밖에 나와서 닦았던 보람이 금방 깨지는 사람이 있습니다.

무엇을 닦아야 할까요?

우리 도량에 와서 몇 년 동안 가행정진하고 10년~20년 동안 금강경을 잘 읽었다는 사람들이 있습니다. 우리 가르침뿐만 아니라 다른 가르침에도 있겠지요. 그 사람들이 금강경을 읽고 공부한 보람이 무엇일까? 위급한 상황에서 10년 이상 공부한 보람이 전혀 없는 경우를 종종 발견합니다. 왜 이렇게 될까요?

역사적으로도 그런 사실이 많이 있습니다. 황진이라는 기생이 10년 수도한 스님을 파계시키려고 유혹했습니다. 도인으로 칭송받던 그 스님은 황진이의 얄팍한 미모에 반해 10년 수도가 단숨에 물거품이 되었습니다. 그에 비해 화담 서경덕은 출가해서 수도하지도 않았고 세상에서 처자를 거느리며 애욕 속에서 살았지만, 황진이의 유혹에 넘어가지 않고 여여부동했습니다.

왜 이렇게 수도를 오래 한 사람이 수도한 보람도 없이 무참하게 무너지며, 수도를 별로 안 하는 것 같은 사람이 수도를 오래 한 사람보다 더 나은 마음을 가지게 되는지 생각해 보겠습니다.

부설 거사의 이야기는 유명합니다. 부설은 도반들과 같이 오대산에 가던 중 어느 집에서 하룻밤을 머물게 되었습니다. 그 집 딸이 부설에게 한눈에 반하여 프러포즈하는 바람에, 결혼해서 아이를 낳고 살면서 세간에서 수도를 계속했습니다. 반면 두 도반은 고고하게 수도의 길로 떠났습니다. 십년 후, 누가 공부를 더 잘했는지 테스트를 했습니다. 오로지 수도의 길로 갔던 친구들보다 세속에 살면서 수도한 부설이 훨씬 법력이 뛰어났다고 합니다. 왜 그럴까요?

수도를 오래 전문적으로 했어도 법력이 없는 사람은, 주변 번뇌만 건드려서 핵심 번뇌를 끊지 못한 것입니다.

그럼 무엇이 핵심일까? 무슨 번뇌를 제거해야 바로 깨달음에 이르고 지혜로워질까?

수행자가 확실한 깨달음에 이르기 위해서는 산속이나 세상에서 똑같이 여여부동할 수 있어야 합니다. 보현행은 한 가지 행을 잘 닦으면, 즉 핵심 번뇌를 잘 제거하면 일체 행을 두루 갖춘 원융무애한 깨달음의 세계에 이른다는 뜻입니다. 주변 번뇌에 집중하여 수도하면 주변 번뇌는 해탈하겠지만, 결국은 일체 행을 갖출 수 없어요. 원융무애한 깨달음에 이를 수가 없습니다.

보현행의 실천 역사

생활과 불법이 둘이 아닌 가르침, 보현행의 실천 역사를 살펴봅니다. 하나만 잘 깨달으면 나머지 것은 저절로 깨닫는다는 보현행은 대승사상의 핵심입니다. 의상 대사의 「법성게」에 나오는 "일즉일체 다즉일一卽一切 多卽一"이라는 말을 많이 들어봤을 겁니다. 핵심적인 하나를 잘 깨치면 모든 것과 다 통한다는 뜻인데, 이것은 대승사상의 기본이며 대승 경전의 꽃이라고 할 수 있는 화엄경에서 비롯되었습니다.

혜능 대사 : 불법재세간 불리세간각

『육조법보단경』에 있는 육조 혜능 대사의 말씀입니다.

"불법재세간 불리세간각佛法在世間 不離世間覺. 불법은 산속에만 있는 게 아니다. 바로 세상 속에 있다. 세속에서 물들지 않으면 산속에서는 더더욱 물들지 않는다. 산속에서 물들지 않는다고 해서 세속에서도 물들지 않는다고 하기는 어렵다."

혜능 대사는 불법과 세상 법이 둘이 아니라고 보고, 세상 법에 오히려 핵심 번뇌가 있다고 보셨습니다. 세상에서 여러 가지 난제를 해탈해서 잘 닦으면 핵심 번뇌는 저절로 사라지며, 세상에서 잘 살 수 있다면 산속에서도 깨달음을 쉽게 얻을 수 있다는 뜻입니다. 일찍이 1,600년 전에 혜능 대사가 하신 이 말씀이 보현행의 핵심입니다. 그러나 보현행을 실천하려는 어떤 움직임도 나타나지 않았습니다.

세상은 점점 복잡해졌습니다. 농경사회에서 산업사회로 이제는 인터넷 혁명 시대, 지식산업 사회로 바뀌면서 신의 영역이 점점 축소됩니다. 세상의 일을 해결하지 못하는 종교라면 그 종교는 설 자리가 점점 없어지며, 이는 종교의 사양화를 예고하는 것입니다. 반대로 세상 문제 해결의 대안이 되는 종교가 있다면 출세간의 일은 저절로 해결된다고 할 수 있습니다.

혜능 대사가 이미 세상의 일이 출세간의 일과 둘이 아니라고 했음에도 불구하고, 그것을 실천하는 종교 운동은 아주 미미하고 천천히 진행되었습니다.

백장 스님 : 일일부작 일일불식

백장은 혜능 대사보다 약 백 년 이후의 사람입니다. 농사도 짓지 말라, 가축도 키우지 말라는 부처님의 계율에 정면으로 도전을 한 셈이나 마찬가지입니다. 생활 속에서 불법을 찾을 수 있다고 생각하셨던 것 같아요.

"일일부작 일일불식一日不作 一日不食, 하루 일하지 않는 사람은 하루 밥을 먹지 말라."

하지만 이런 표현으로 생활이 곧 불법이라는 것을 실천했다고 하기에는 너무나 미미합니다. 이제 점점 시대가 복잡해지며 산중 불교에서 세상 불교로 나와야만 하는 시대에 이르렀습니다.

백용성 스님 : 선농일치

우리나라에서 처음으로 보현행을 실천했던 역사가 있다면 민족대표 33인 중 한 분이신 백용성 스님에 의해서라 할 수 있습니다.

백용성 스님은 전라도 사람으로, 일찍이 출가하셨어요. 저는 이분께 좀 매력을 느낍니다. 열심히 수도해서 상당히 높은 경지에 이르렀는데 그것으로 만족하지 않았던 것 같아요. 만주에 가서 새로운 불법을 시도합니다. 그분이 기치를 낸 것이 선농일치禪農一致입니다. 선禪은 수행이고 농사는 생활입니다. 생활과 불법이 둘이 아니어야 살 수 있다고 생각하신 것 같습니다. 일종의 보현행입니다. 세상에서도 통할 수 있게 수도해야 진짜라고 생각하셨고, 먹고사는 문제를 해결하는 것이 바로 불법이라는 생각도 하셨던 것 같아요.

그분이 선농일치라는 표현을 처음으로 쓰고 생활과 불법이 둘이 아니라는 이야기를 본격적으로 시작했지만, 결실을 이룬 것 같지는 않습니다. 뜻을 이루지 못하고 세상을 떠나셨습니다.

주경야선, 보현행의 실천 시도

이 사상과 비슷한 것이 ○○종의 주경야선晝耕夜禪입니다. 낮에는 일하고 저녁에는 선禪을 한다는 거예요. 주경야선이라는 말은 ○○종에서 처음으로 만든 얘기는 아니고 그전부터 있었던 것 같습니다. ○○종에서는 지금 선농일치나 주경야선을 수행의 기본으로 삼고 있다고 해요. 하지만 그 구체적인 철학이 무엇인가는 잘 밝혀지지 않았습니다.

1964년에 보현행을 고지식하게 실천하려고 하는 시도가 있었습니다. 꽤 오래전이지만 제가 대학교 4학년 때였기 때문에 그때를 생생하게 기억하고 있습니다. 1963년에 한국 대학생 불교연합회가 처음으로 생겼습니다. 지금은 대학생이 흔하지만 1963년에는 대학생이 아주 적었어요. 대학생이면 엘리트로 대접받던 시절이었습니다. 대학생들이 불교를 해야만 불교가 융성한다는 뜻으로, 서울대학 출신이 주축이 되어 대학생 불교연합회를 만들었습니다.

그때 동국대학교 박○○ 교수가 화엄학華嚴學에 나온 보현행을 실천해보고 싶었던 것 같아요. "불심이 강한 대학생 불교연합회의 엘리트 대학생을 데리고 보현행을 실천해보자. 보현행이 잘 이루어지면 이 세상은 바로 극락세계가 될 것이다. 보현행을 통해 많은 인재가 양성될 것이다." 이런 슬로건으로 보현행의 실천을 주장했습니다. 그이는 불교에 대한 역사적인 사명이 바로 보현행의 실천에 있다고 생각하고, 젊고 신심 있는 대학생 몇십 명을 모아 낮에 열심히 공부하고 저녁에는 참선하는 수행을 시작했습니다.

불교신문을 비롯하여 매스컴에서 적극적으로 지원했고, 큰스님들도 동조하고 공감을 표시했습니다. 하지만 한 달 만에 완전히 깨졌어요. 밤중에 잠 안 자고 참선을 하면 학교에 가서 공부가 될까요? 안 됩니다. 공부하다가 졸고, 일하다가도 졸고, 능률이 오르지 않으니 이론적으로만 보현행이지 실제로는 어려웠습니다. 무참하게 한 달 만에 막을 내렸다는 얘기가 박○○ 교수의 저술에 생생하게 나옵니다. 저는 박○○ 교수와 몇 번 만나 대화도 했고 그분의 강의도 들은 적이 있습니다. 그이는 동국대학교 교수로 있다가, 출가해서 ○○ 스님 밑에서 비구 노릇을 한 2년 하다가, 미국으로 떠났습니다.

백성욱 박사님께서 시행하신 자시 가행정진

밤에는 수행하고 낮에는 생활하는 보현행을 성공적으로 실천한 사례가 있습니다. 바로 스승이신 백성욱 박사에 의해 시행된 자시 가행정진입니다. 지금도 실천하고 있습니다.

우주가 밝아지는 시간인 자시子時에 일어나 금강경 공부를 하며 잠을 억지로 눌러 참지 말고 부처님께 바치는 자시 가행정진을 하면 잠이 해탈됩니다. 잠은 가장 핵심적인 번뇌입니다. 이 핵심 번뇌에서 탐진치라는 주변 번뇌가 발생하는데, 잠을 해탈함으로써 탐진치 삼독의 독소가 자동으로 빠지는 것입니다.

잠을 못 자서 피곤한 게 아니에요. 잠을 억지로 눌러 참으면 그 독소가 우리 몸에 퍼지고, 잠을 못 잔 피로가 그대로 남습니다. 낮에 제대로 생활할 수 없습니다.

하지만 잠이라는 핵심 번뇌를 해탈하여 다양한 탐진치가 소멸된다면, 금강경을 읽어서 탐진치라는 독소가 몸속에서 빠져나가면, 이튿날 직장생활에 아무 지장이 없고 활력과 에너지가 더 생깁니다. 이것이 백성욱 박사가 말씀하시는 자시 가행정진이며, 주경야선과 마찬가지입니다.

낮에 생활하며 누적된 피로, 몸을 유지하기 위해 음식을 먹는 것, 탐내고 성내는 분별 등이 모두 잠의 형태로 나타납니다. 일반적으로 탐진치 번뇌와 음식 착着으로 인한 독소를 소멸하는 방법이 잠이라고 생각하지만, 사실은 잠자는 것으로 독소가 해소되지 않습니다.

번뇌의 뿌리를 뽑는 것이 독소를 해소하는 가장 좋은 방법이지만, 그걸 모르고 잠으로 제거하려 합니다. 낮에 일하면서 분별을 일으켜 생긴 독소들을 자시 가행정진으로 밤에 제거할 수만 있다면, 이튿날 더 활력 있게 생업에 종사할 수 있습니다. 무지의 그늘에서 벗어나 지혜로워지고 무능에서 벗어나 능력자가 될 수 있습니다. 이것이 자시 가행정진의 핵심 원리입니다.

그전에 전부 실패하거나 말로만 있었던 보현행, 선농일치, 주경야선을 저의 스승이신 백 박사님께서 금강경 실천 방법으로 완성했습니다. 벌써 몇십 년 전부터 그분의 가르침을 받은 제자 중에서 자시 가행정진을 하며 활력과 에너지를 얻어 새로 태어난 것 같다는 사람이 많습니다. 앞으로 계속 이어나가야 할 귀중한 가르침이라고 생각합니다.

핵심 번뇌인 '잠'이 착각인 줄 알고 부처님께 바쳐 해탈한다

우선 가르침의 원리를 금강경 3분으로 복습합니다. 중생의 종류는 번뇌의 종류와 마찬가지입니다.

"번뇌의 종류에는 약난생 약태생 약습생 약화생 등이 있다. 이 번뇌를 다 해탈하려면 그것을 부처님께 바쳐라. 착각인 줄 알고 바치면 소멸될 것이다."

밝은 도인이신 백 박사님은 알기 쉽게 설명하십니다.

"약난생 약태생 약습생 약화생 등 많은 종류의 번뇌를 다 해탈하려는 것은, 주변을 맴돌다가 핵심을 놓치는 것이다. 모든 번뇌에는 뿌리, 핵심이 있다. 그 핵심 중 하나가 바로 '나'이고, 나를 지탱하는 번뇌가 '먹는 착과 잠자는 착'이다. 더 근본적인 번뇌는 '잠자는 착'이다. 사람들은 이것을 본능이나 천성으로 생각하고, 도저히 없앨 수 없다고 믿는다. 그러나 먹는 착과 잠자는 착은 분별이며 허상이고 착각일 뿐이다. 금강경 3분의 말씀대로 그 생각이 분별인 줄 알고 바쳐봐라. 참이면 소멸되지 않지만, 허상이니 소멸될 것이다."

"그대들의 분별 중에서 가장 핵심 번뇌인 잠을 부처님께 바쳐서 해탈하라. 자시에 일어나 금강경을 독송해라."

소사에서 보통 3시에 일어났는데 이때는 열두 시 반에 일어났습니다. 선생님께서는 알람이나 그 무엇에 의존하지 말고 원을 세우고 바쳐서 일어나라고 하셨습니다. 열두 시 반에 일어나겠다고 마음속에 그렸더니 정확하게 그 시각에 잠에서 깼습니다. 평소 같으면 곤하게 잠자는 시간이지만 자지 않고 금강경을 읽었습니다. 물론 처음에는 잘 됐지만, 그 뒤부터 잠이 쏟아지기 시작했습니다. 억지로 눌러 참지 않았습니다.

잠이 쏟아져도 물러서지 않고 계속 금강경을 읽으며 잠이 착각인 줄 알고 바치려고 노력했습니다. 그렇게 49일을 하니 벌써 한 절반, 21일부터 잠이 상당히 줄어들고 깨어있는 시간이 길어졌습니다. 잠을 안 자고 금강경을 읽으니까 깨어있는 상태가 더 또렷하고 그 시간도 길어지면서 세상이 굉장히 밝아 보였어요. 두려움이 없어졌습니다. 49일을 마치니 잠에 대해 자신감이 생겼고 그 원리를 알았습니다.

금강경 실천수행으로
정신적 육체적 피로를 푼다

우리는 보통 잠을 휴식이라 생각합니다. 잠으로 정신적인 피로나 육체적인 피로를 푼다고 생각합니다. 하지만 육체적인 피로는 어느 정도 풀릴지 몰라도, 정신적인 스트레스는 잠을 잔다고 절대로 풀리지 않습니다.

마음속에 깊이 받은 상처가 잠을 잔다고 해소되지 않습니다. 상처는 번뇌입니다. 상처가 깊으면 깊을수록 잠은 더 쏟아집니다. 잠이 쏟아지는 것은 상처의 표현, 악심의 표현, 각종 번뇌의 표현입니다.

육체적인 피로도 사실은 분별입니다. 백 박사님의 말씀에 비추어 보면, 잠의 가치가 상당히 떨어집니다.

"금강경 실천수행으로 정신적 피로는 물론 육체적 피로도 다 풀린다."

잠이 착각인 줄 알고 자꾸 바쳐 잠을 소멸하는 과정에서 상처와 스트레스가 치유된다는 사실을 발견했습니다. 스트레스를 푸는 방법은 금강경 실천수행뿐입니다.

잠이 가장 핵심 번뇌라는 사실을 실제로 알게 됐습니다. 49일이라는 짧은 기간에 잠을 해탈하는 자시 가행정진으로 다른 때 1년 이상의 공부 못지않게 많은 번뇌를 해탈했고 상당히 밝아지는 느낌, 든든한 자신감이 생겼습니다. 잠이라는 핵심 번뇌를 눌러 참지 않고, 금강경 실천수행을 통해 해탈했던 결과라고 봅니다. 금강경 실천수행으로 잠을 대체한 결과, 육체적 피로가 풀리는 것은 물론이고, 정신적 독소인 스트레스까지 해소되었습니다. 결과적으로 보현행을 실천한 것이 되어, 정신적으로 편안한 경지에 상당히 일찍 도착했습니다.

저는 이것을 49일만 한 게 아닙니다. 물론 잠시 쉴 때도 있었습니다만 2~3년 계속해서 했어요. 다른 어떤 수행보다 효율적인 수행법임을 알게 됐습니다.

금강경 수지 독송의 공덕

금강경 실천수행으로 잠이라는 분별이 사라져 잠이 줄어들고 깨어있는 상태가 점점 오래 지속되며, 또렷해지고 집중력이 좋아져서 알아차리는 지혜가 점점 더 생깁니다. 저는 잠을 줄이는 수행을 하며 좋은 논문을 쓰게 되었다고 감히 말씀드립니다.

금강경을 수지 독송하면 그 공덕이 무량무변하다는 얘기는 경전 속에 수십 차례 되풀이됩니다.

금강경 수지 독송의 공덕이 어떻게 무량무변할까요?

깨달음에 이를까, 생활에도 도움이 될까?

일상 생활에 바로 도움이 됩니다. 불행을 행복으로 바꾸고 무능을 유능으로 바꿉니다. 무지를 지혜로 바꿉니다. 보통 사람이 인재가 됩니다. 나아가서는 위없는 깨달음도 이룹니다. 핵심 번뇌인 잠을 해탈해서 보현행을 실천하여, 쉽고 효율적으로 높은 경지에 이를 수 있습니다.

- BTN 〈내안의 선지식 금강경〉 168회

금강경 실천수행은 보현행의 실천

탐진치는 나我, 즉 몸뚱이 착着에서 나오며 겉으로는 식색食色으로 표현된다. 몸뚱이 착은 식색과 합쳐져서 '잠'으로 표현된다.

○ 선지식이 말씀하는 잠 해탈 방법

- 금강경 실천수행으로 핵심 번뇌인 잠을 해탈한다.
- 여하한 경우에도 물러서지 않는다.

○ 잠 해탈(보현행)의 효과

금강경 실천수행은 정신과 육체를 건강하게 한다.

- 핵심 번뇌인 잠이 사라지며, 화가 덜 나다.
- 이성에 대한 그리움이 상당히 줄어들다.
- 음식이 당기지 않게 되다.
- 아침이 아주 상쾌하다.
- 참나가 드러나 환희심이 난다.

건강한 사회인이 되는 금강경 수행이 바로 보현행이며, 주경야선 가행정진으로 실천합니다. 보현행의 원리와 방법을 간단히 복습한 뒤에, 효과적인 마음가짐, 보현행을 실천한 성과에 대하여 말씀드리겠습니다.

잠은 몸뚱이 착의 다른 표현

모든 번뇌 망상에는 핵심이 있습니다. 탐진치는 대표적인 3대 번뇌 망상이지만 주변 번뇌, 곁가지 번뇌라고 할 수 있습니다.

탐진치의 근원은 어디입니까?

'나我'라는 핵심 번뇌에서 탐진치라는 번뇌가 나옵니다. 나와 가장 가까운 번뇌는 몸뚱이를 사랑하는 마음인 '몸뚱이 착'이며, 가장 근원적 번뇌입니다. 몸뚱이 착에서 탐진치가 나오는 것은 확실합니다.

몸뚱이 착의 번뇌에서 가장 중요한 하나만 고르라면 무엇일까요?

'음탐심'입니다. 남자는 어머니와 음탐심이라는 분별을 일으켜서 그 집의 아들로, 여자는 아버지와 음탐심이라는 분별을 일으켜서 딸로 태어난다고 밝은이는 얘기하십니다. 즉, 음탐심은 이 몸을 받게 하는 근본 동력이며 핵심 번뇌입니다. 그래서 밝은이들은 "탐내지 마라, 성내지 마라, 잘난 척하지 마라." 하기 전에 "먼저 그 뿌리인 음탐심을 해탈하라."라고 합니다. 음탐심에서 모든 탐진치의 번뇌가 나오기 때문입니다.

음탐심은 겉으로는 잘 안 드러나요. 이성을 그리워해도 겉으로는 아닌 척 교묘하게 포장하거든요. 아무리 이성을 그리워하지 않는 것 같아도 겉으로 하는 행동을 보면 '저이는 아닌 것 같지만 꽤 여자를 밝히는구나!'라고 판단할 수 있습니다. 겉으로 나타난 행위는 식색食色입니다. '몸뚱이 착'과 '식색'을 한꺼번에 묶어서 '잠'이라고 합니다. 잠은 몸뚱이 착의 다른 표현입니다.

왜 잠을 해탈해야 하나?

왜 잠을 안 자려고 해야 하지요? 스님들이 왜 장좌불와長坐不臥를 하고 백일 안거 마지막에 용맹정진으로 잠을 쫓으려 할까요? 잠을 자는 것이 무엇이 문제일까요?

잠이 모든 번뇌 중에서 가장 원초적인 번뇌, 핵심 번뇌라 해도 틀리지 않습니다. 잠이 걷잡을 수 없이 몰려와서 괴로울 때 본격적으로 잠을 해탈하기 위해 전력을 기울이면, 동시에 다른 여러 곁가지 주변 번뇌까지 손쉽게 해탈해서 빨리 쉽게 높은 경지에 도달할 수 있습니다.

'잠'이라는 분별을 없앨 수 있다

우리는 잠이 본능이요 천성이어서 제거할 수 없으며, 잠을 자야 하고 음식을 먹어야 한다고 막연하게 생각합니다. 본능이라고 믿으면 그것을 벗어나는 어떤 수련도 있을 수 없습니다.

밝은이는 먹는 착이나 잠자는 착을 분별이라 말씀하십니다. 분별이라는 말은 허상이고 내가 만들었다는 뜻이며, 본능이라는 말은 내가 만든 게 아니라 본래부터 있다는 뜻입니다. 잠이나 음식 착이 본래부터 있는 게 아닙니다. 내가 본능이라고 이름을 지은 것일 뿐, 분별이며 허상입니다.

잠은 본능이나 천성이 아닙니다.

잠이 허상, 분별이라면 어떻게 없앨까요?

금강경에 무슨 생각이든지 본래 없는 줄 알고 바치라고 하셨습니다. 금강경 실천수행으로 잠이라는 핵심 번뇌를 없애면 주변의 곁가지 번뇌들도 동시에 소멸되어 원융무애圓融無碍한 부처님의 경지에 쉽게 이르게 됩니다. 이것이 보현행의 원리입니다.

분별이라는 독소를 제거하여 심신을 건강하게 한다

우리는 잠을 자야만 한다고 생각하지만, 그렇지 않은가 봅니다. 잠을 자지 않고 금강경만 잘 읽어도 얼마든지 건강해질 수 있습니다.

수도장에서는 음식이나 잠의 착이 해로운 줄 알고, 먹고 싶은 생각도 바치고 잠자고 싶은 생각도 바쳤습니다. 3~4년 동안 수도장에 출가한 결과, 저는 아주 건강해졌습니다.

제 나이가 물론 연령상으로 할아버지입니다만, 외모나 건강으로는 가짜 할아버지 같아요. 친구들은 진짜 할아버지같이 보입니다. 어렸을 때 저는 굉장히 골골해서 친구들보다 체력이 약했고 인내력도 없었습니다. 체력이 약해서 오래 견디지를 못했어요.

뒤늦게 도인을 만나서 잠이 분별이요 착각이고 본래 없다는 수행을 했고, 먹겠다는 생각도 분별이며 착각이고 본래 없다는 금강경 수행을 했기 때문에 건강해졌습니다. 금강경의 공덕을 예찬합니다. 잠을 안 자고 음식을 안 먹어도 몸이 약해지지 않았습니다. 번뇌라는 독소를 몰아낸 결과로 정신적 육체적으로 상당히 건강해졌습니다.

탐진치를 삼독三毒이라고 합니다. 우리는 영화 감상이나 음악 감상은 독이 아니라고 생각합니다. 독소가 많은 사람은 음악을 들으면 독이 엷어질지 모르지만, 청정하여 분별이 없는 사람은 음악을 들으면 독이 되고 더 해롭습니다. 세상의 가치와 많이 다르죠? 분별이라는 독소를 잠이 아니라 금강경 실천수행으로 해결합니다.

몸속의 독소를 모두 청소하여 더 높은 경지에서 행복하게 살 수 있다는 것이 핵심입니다.

기 싸움, 잠과 정면 대결하라

어제 지방에 갔다가 늦게 왔는데 상당히 피곤했습니다. 잠이 쏟아질 것 같아요. '조금 느슨하게 해도 부처님이 봐주시겠지.' 이럴 때가 바로 바칠 때입니다. 아주 힘들다고 느낄 때 약해지지 말고, 이 기회에 정면 대결하겠다는 자세가 잠을 물리치는 데 효과적입니다. 그때가 잠의 기氣를 꺾을 수 있는 절호의 찬스입니다.

마찬가지로 장사, 공부, 사업할 때 항상 수많은 라이벌이 등장하고 라이벌과의 기氣 싸움이 있습니다. 사업이나 가정생활도 마찬가지입니다. 부부는 영원한 반려자라고 알지만 그건 우리 생각일 뿐입니다. 밝은이가 보면 사람 사는 곳은 어딜 가나 기 싸움입니다. 아버지는 아들과 싸우고, 남편은 부인과 싸웁니다. 우리는 평화롭게 살고 싶어 하지만, 중생의 삶에는 평화가 존재하지 않습니다. 보살의 삶에만 평화가 존재합니다.

잠과의 투쟁에서 물러서지 말아야 합니다. 투쟁이라고 하면 잠이라는 존재를 인정하는 것입니다. 사실은 밝은이가 보면 잠은 허상이기 때문에 투쟁의 가치도 없어요.

업보와의 생존경쟁,
어떤 경우에도 물러서지 않는다

왜 잠을 쫓아야 하느냐?

먹느냐 먹히느냐, 생존경쟁입니다. 사람이 아니라, 번뇌와의 생존경쟁입니다. 업보와의 생존경쟁입니다.

이때 물러서면 안 됩니다. 이때 잠을 극복하면 세상살이도 좀 편해질 것입니다. 잠에 물러서기 시작하면 세상에서도 밀리기 시작합니다. 자기를 이기는 사람은 천하에 이기지 못할 것이 없다는 얘기가 있듯이, 잠을 이기는 것이 바로 자기를 이기는 것입니다. 그래도 여기서 가르쳐주기라도 하니까, 잠을 이기는 게임을 한번 펼쳐볼 때가 아닐까요? 금강경을 읽으면서 하면 가능합니다.

처음에는 좀 지는 수도 있죠. 잠에 항복하거나 잠의 노예가 되는 수도 있습니다. 그러나 후퇴하지 않습니다. 때로는 잠 앞에 물러설 수 있고 항복할 수 있습니다. 어떤 경우에도 포기하지 않고 끈질기게 재도전하면 결국 잠은 물러가고 말 것입니다. 그 정신이 중요합니다. 한방에 완전히 이길 수가 없어요.

꽤 똑똑하지는 않지만 후퇴하거나 좌절하지 않고 끊임없이 노력해서 국내 최고가 된 친구를 잘 알고 있습니다. 또 미국에서 아주 잘나가는 한국인 과학자도 알고 있습니다. 논문을 얼마나 썼냐고 물으니, 합격한 게 100편이라면 떨어진 게 300편이랍니다. 떨어진 게 훨씬 많대요. 세계적인 학자니까 좋은 논문을 많이 썼을 것으로 생각하지만, 그 이면에는 수많은 실패가 있었다는 것을 알아야 합니다. 아인슈타인은 1,000번 실수하다가 한 번 성공한 것이라고 합니다. 한번 성공하는 데는 1,000번의 실수가 있었어요. 1,000번 실수할 때 좌절하지 않았다는 것입니다.

우리는 잠에게 수시로 항복합니다. 이때 좌절하면 잠을 영원히 항복 받을 수 없습니다. 좌절하지 않고 끊임없이 도전, 또 재도전합니다. 49일 해서 안 되면 다시 두 번, 세 번, 될 때까지 합니다. 재

수, 삼수, 사수해서 겨우 되는 사람들은 한 번에 된 사람보다 훨씬 지구력이 높은 사람입니다. 그 사람이 대단한 사람입니다. 여하한 경우에도 물러서지 않는 마음의 자세가 필수입니다.

잠 해탈 수행의 효과

잠 해탈의 효과는 굉장히 좋습니다. 이론이 아니라 실제로 결과물이 있습니다. 저도 체험을 했고 많은 사람을 시켜보니 거의 비슷한 효과가 났습니다.

처음에는 잠이 하도 거세니까 투쟁으로 보여요. 그런데 잠을 극복하려고 계속 노력하다 보면 투쟁 같지 않아요. 잠을 바친다는 말이 이해됩니다. 계속 바치면 잠이 줄어듭니다.

핵심 번뇌인 잠이 사라지며, 동시에 신기하게도 화가 덜 납니다

틱낫한 스님은 화내지 말라는 수행으로 유명하지만, 화는 핵심이 아니라 주변 번뇌입니다. '나는 화를 너무 잘 내. 나는 여자를 좋아하는 생각을 그칠 수가 없어. 나는 먹는 것에는 맥을 못 쓰네.' 다양합니다. 화나는 것, 먹는 착, 성에 대한 문제를 하나씩 일일이 해탈하려면 시간이 굉장히 많이 걸립니다. 이것들을 일시에 해탈하는 방법이 바로 잠 해탈입니다. 이 모든 것은 핵심인 잠으로 귀결되기 때문입니다. 잠을 근본적으로 해탈하는 자시 가행정진을 실제로 한번 해보세요. 확실히 화가 덜 납니다.

이성에 대한 그리움도 상당히 줄어듭니다

음식이 당기지 않습니다

하루에 두 끼 먹던 사람은 한 끼만 먹어도 될 것이고, 한 끼 먹던 사람은 적게 먹어도 될 것 같습니다. 적게 먹으면 영양 부족을 염려하지만, 보이지 않는 기운이 비타민, 호르몬 등 신체에 필요한 물질을 다 대체하는가 봅니다. 음식을 조금만 먹어도 건강하게 살 수 있습니다. 또 이상하게 저절로 화도 안 나고 탐진치가 사라지게 됩니다. 이것은 확실한 것 같습니다.

금강경 공부를 하면 아침이 아주 상쾌합니다

금강경을 읽었을 때와 안 읽었을 때, 아침 기분이 매우 다릅니다. 세상 사람들은 먹는 맛, 사랑, 성취 등을 최고의 가치로 알고 삽니다. 이런 사람들은 대개 아침에 몸이 찌뿌둥하니 아픈 것 같고 상쾌한 기분을 못 느낍니다. 하지만 새벽이나 자시에 일어나 금강경을 계속 읽어보세요. 찌뿌둥한 기분은 금강경의 바치는 효과에 의해 사라지고 청량한 기분을 느낍니다.

상쾌한 기분은 무엇일까? 본래 '참나'가 드러나는 것입니다. 밝은 이는 부처님의 광명이 임했다고 하십니다. 그 상쾌한 기분이 오래 가며 환희심으로 연결됩니다. 이 환희심은 부처님 광명의 한 표현입니다.

금강경 수행으로 무無에서 유有를 만든다

언제 기분이 좋은가요? 상 받을 때, 좋은 소식이 있을 때, 오랫동안 병을 앓다가 병에서 벗어났을 때 좋습니다. 상을 받을 때는 상이라는 무언가가 있어서 기분이 좋은 겁니다. 열이 몹시 높았는데 해열제를 먹어서 열이 내리고 기분이 좋은 수가 있습니다. 약이라는 외부 요인 때문에 기분이 좋아집니다.

금강경을 읽어서 기분이 좋은 것은 외부 조건에 의해서 좋아진 것이 아닙니다. 우리는 확실히 압니다. 바쳐서 좋아진 것이며 부처님 광명이 임해서 좋아진 겁니다. 무無에서 유有가 됩니다.

금강경을 읽어서 기분이 상쾌해진다는 것은 굉장히 중요한 의미가 있습니다. 금강경 수행으로 무에서 유가 창조됩니다. 한층 더 나아가 무지에서 지혜로 연결됩니다. 또 무능에서 유능으로, 재앙이 축복으로 됩니다. 외부 요인에 의한 것이 아니라, 오직 바쳐서 조건 없이 되는 겁니다. 조건 없이 되는 이유는 바로 부처님 광명이 임해서입니다. 부처님 광명은 본래 모습을 드러나게 해서 무에서 유를 창조하고 무능을 유능으로, 무지를 지혜로, 재앙을 축복으로 만듭니다. 이것이 금강경의 무량공덕입니다. 금강경을 읽으며 잠을 바치면, 잠의 독소가 사라집니다.

어제 가톨릭 신자를 만났습니다. 가톨릭에서 성직자 생활을 30년 했는데 하루 평균 수면시간이 8시간이었다고 합니다. 이제는 우리 가르침을 만나서 하루에 금강경 7독을 하는데, 지금은 평균 4시간만 자도 충분하고 오히려 더 건강해졌다고 합니다. 수면시간이 단축되어도 몸이 약해지지 않고 더 건강해졌다는 뜻입니다. 물론 보약은 먹지 않았습니다. 바로 부처님 광명이 임해서 무에서 유를 창조한 결과입니다. 죄송합니다만, 실험해서 얻은 결과라고 얘기해도 틀린 것은 아닙니다. 본인 스스로 새로운 세계를 살고 있다고 얘기합니다.

시중에 새벽형 인간에 관한 책이 많이 나와 있습니다. 일본 사람들이 그런 책을 많이 쓰지요. 새벽형 인간이 대개 성공적인 삶을 산다고 합니다. 새벽 시간을 활용하면 쓸 수 있는 시간이 아주 충분해져요. 늦게 자고 늦게 일어나는 사람이 대개 '바쁘다 바빠'를 입에 달고 삽니다. 새벽형 인간은 잠을 줄이니까 집중력이 커집니다. 새벽에 한 시간 노력하면 낮에 3~4시간 노력한 것과 같습니다. 집중력이 높아지니까 각성도가 높아집니다. 새벽형 인간이 성공할 수밖에 없어요.

'잠'을 해탈하면 지혜가 생긴다

잠을 해탈하려고 하면 오히려 잠이 기승을 부리면서 수마가 나를 정복하려고 합니다. 그때는 수마의 기를 꺾을 수 없어요. 수마가 기승을 부리는 과정을 지나야만 수마를 항복 받을 수 있습니다. 수마가 기승을 부릴 때는 아무리 깨어있으려 해도 그럴 수가 없어요. 수마를 해탈하지 않는 한 아무리 해도 안 됩니다.

수마를 어떻게 해탈할까요?

죄송하지만 명상법으로는 안 된다고 생각합니다. 아무리 깨어있으려 노력해도, 본래 잠자는 착의 뿌리가 내 몸에 남아 있는 한 깨어있을 수 없습니다. 깨어있을 수 없다면 알아차릴 수 없습니다. 사마타 위파사나 수행하는 사람들은 먼저 잠자는 착을 해탈하는 훈련부터 해야 한다고 생각합니다. 잠을 해탈하면 사마타(깨어있음)가 위파사나(알아차림)로 이어지고, 저절로 지혜가 납니다. 잠자는 착의 해탈을 제쳐놓는다면 아무리 기막힌 선생으로부터 명상 지도를 받아도 안 됩니다. 잠자는 착을 해탈하라고 가르치지 못하는 스승은 잘못된 스승입니다.

잠이 줄어들면 각성 상태가 커지기 때문에 세상이 굉장히 밝아 보입니다. 밝으면 환희심이 납니다. 밝은 상태는 재앙이 소멸한 상태입니다. 평상시에 마음이 편안해도 비가 오고 우중충하면 우울하게 느껴집니다. 어두컴컴할 때 재앙의 요소가 많습니다.

밝은 빛에는 물질적 속성과 정신적 속성이 같이 있는 것 같습니다. 부처님께서 '나는 밝은 빛이다.'라고 하신 것은 일리 있는 표현입니다.

잠을 해탈하면 지혜가 생겨서 재앙이 축복으로 되는 불이不二의 원리를 알게 됩니다. 상당히 지혜로워집니다.

이런 몇 가지 효과를 저도 체험했고, 같이 잠 해탈을 공부한 사람들도 동시에 체험했습니다.

금강경 실천수행의 기대 효과

인재양성

가행정진하면 깨어있는 시간이 점점 늘어나고 집중력이 커져서 지혜가 생기기에, 보통 사람이 인재로 새로 태어날 수 있습니다. 인재가 많으면 나라가 발전하고 부국강병이 됩니다. 제가 바라는 세계적인 인재 양성 기관인 금강경 연수원에서는 가행정진이 필수 수행 과정으로 될 것입니다.

인공지능 만능시대의 대안

이제 바야흐로 4차 산업혁명 시대, 인공지능 만능시대, AI 시대입니다. 인간이 할 수 있는 일은 점점 적어지고 많은 전문가가 일자리를 잃어버립니다. 인간 존재의 무력감을 느끼게 될 것입니다. 신의 영역도 인공지능이 대체하게 될지 모릅니다. 모든 종교는 발붙일 곳 없이 사라질 것입니다. 인간의 수명을 마음대로 할 수 있고 인간의 능력을 마음대로 부릴 수 있다면 종교가 할 일은 거의 없습니다.

이때 인간에게 자긍심을 심어주고 자존감을 회복하게 하고 본래 부처임을 알게 하는 수행법이 있다면 바로 금강경 수행법입니다. 인공지능을 제압할 수 있는 종교 가르침은 금강경 밖에 없습니다. 무한 능력으로 인공지능을 제압할 수 있습니다.

금강경 실천수행은 보현행의 실천

우리는 낮에 생업에 종사해야 합니다. 출가한 스님처럼 수도에만 전력할 수 없습니다. 낮에는 돈도 벌어야 하고 국가 사회에 기여도 해야 합니다. 일하며 수도도 하는 주경야선으로 금강경 가르침을 생활화하면 보현행을 깨쳐서 원융무애한 부처님의 세계로 들어갈 수 있고 새사람이 될 수 있습니다. 새사람이 되는 길은 금강경 실천수행에 있습니다.

많은 선각자가 보현행을 얘기했지만, 구체적인 실천은 백 선생님께서 지시하신 금강경 수행을 하여 잠을 해탈하는 방법으로 시작되었다고 감히 말씀드립니다. 실천 효과를 확실하게 체험하였으며, 앞으로 종교개혁이나 인공지능 만능시대의 대안이 될 것으로 봅니다.

– BTN 〈내안의 선지식 금강경〉 169회

건강한 사회인이 되는 세계 최초의 수행 모델

○ 실천수행의 유래

- 소사 수도장에서 가행정진 수도법을 전수받고 사회생활에서 실천하며 건강한 사회인이 되는 수행이라는 것을 확신하였다.
- 바른법연구원 수도장에서 2019년부터 현재까지 실천 응용하여 건강한 사회인을 다수 배출하였다.

○ 난제를 해결하고 지혜로워지는 수행의 원리

- 다른 수행과 출발부터 다르다.

	주경야선 가행정진	보통 수행법
나	전지전능한 존재	열등한 존재
난제의 원인	자신의 분별심	외부환경
해결책	분별심이 착각이며 본래 없다.	부처님께 매달린다.

○ 실천수행의 결과

- 이기심이 소멸하고 기복祈福이 없어지며 세상이 밝아진다.
- 깨어있는 상태가 오래 유지되고 사회생활에 피로를 덜 느낀다.
- 식사량과 잠이 줄어들고 집중력이 향상된다.

금강경 독송을 하는 자시 가행정진은 금강경 실천의 꽃이며, 실천의 정체성을 나타내는 수행입니다. 금강경을 실천수행하여 중생세계에서 부처님 세계로 가도록 하는 것입니다. 저와 도반들이 함께 실천했고, 그 결과가 정말 괄목할 만큼 놀라웠습니다. 이 가르침은 한국을 비롯한 전 세계에 퍼져야 할 가르침이라고 생각합니다.

금강경 실천수행은 특히 금강경 3분의 응용이라 할 수 있습니다. "응여시항복기심 아개영입 무여열반 이멸도지應如是降伏其心 我皆令入無餘涅槃 而滅度之"를 당장 수행하기 좋게 풀이해 봅니다.

"올라오는 각종 분별 망상, 즉 모든 생각을 착각인 줄 알고 부처님께 바쳐라. 그러면 소멸될 것이다."

분별 망상을 자신이 가지고 있으면 해가 되고 독이 되고 재앙이 됩니다. 올라오는 모든 생각을 가지지 말고 마음속에서 제거해야만 밝아질 수 있습니다. 부처님께서는 금강경에서 그 방법을 말씀하셨습니다.

올라오는 모든 생각, 즉 남을 미워하는 생각, 욕심내는 생각, 우울한 생각 등등 도저히 없어지지 않을 것 같이 기승부리는 생각을 부처님께 꾸준히 바치면 그 생각이 점점 엷어지며 사라지고, 아상이 소멸한 그 자리에 '참나,' 즉 부처님 광명이 나타납니다. 부처님 광명이 등장하면서 새사람이 됩니다. 고통의 세계에서 행복의 세계로, 무능에서 유능의 세계로, 무지에서 지혜의 세계로 갑니다.

주경야선 가행정진은 건강한 사회인이 되는 세계 최초의 수행모델이 될 것입니다.

사회생활에서
불교 가르침의 적용

우리나라 불교는 사회생활을 중요하게 여기지 않았고, 불교가 사회생활에 도움이 되는 가르침이라고 생각하지 않았어요. 불교는 깨달음을 얻고 부처가 되는데 필요한 가르침이지, 사회에 나가서 영웅호걸이 되는 가르침이라고 생각하지 않았습니다. 사회 활동에 불교를 접목하는 시도가 우리나라에서는 거의 없었습니다. 고려 시대나 신라 시대에 불교를 귀족들이 했기에 귀족불교라고 합니다.

예전에는 농민이 대부분인 농경사회로, 사회생활이 단순하고 혈연으로 엮여 있었습니다. 불법을 사회생활에 적용하는 가르침을 주시는 스승이 없었던 것 같습니다. 그저 어려운 일이 있으면 관세음보살에게 빌라는 것이 다였습니다. 요새는 그때와 비교할 수 없을 정도로 사회가 복잡해졌습니다.

그래도 사회생활에서 성공해야 깨달음을 얻는다는 가르침이 없지는 않았습니다. 혜능 대사의 불법재세간 불리세간각佛法在世間 不離世間覺이나 백장 스님의 일일부작 일일불식一日不作 一日不食이라는 말씀이 있습니다. 우리나라에서도 백용성 스님의 선농일치禪農一致라는 말씀이 있었고, 1960년대에는 박○○ 교수의 대학생 보현행 실천 모임이 시도되었지만 큰 성과는 없었습니다.

주경야선 가행정진
사회에서도 통한다

1970년도에 수도장에서 밝은 스승으로부터 가행정진 수행 방법을 전수받았습니다. 목장이라고는 하지만 지극히 제한된 수도장에서 진행되었습니다.

나중에 사회에 나가 취업도 하고 사업도 하며 사회생활과 접목하였습니다. 주경晝耕, 낮에 일하며 올라오는 생각을 바쳐야 합니다. 야선夜禪, 저녁에는 자지 않고 금강경을 읽습니다.

잠이 줄어들어 3시간만 자도 충분하고, 때에 따라서는 안 잘 수도 있게 되었습니다. 사회생활을 하며 졸기만 하는 것은 아닐까? 천만의 말씀입니다. 잠이 줄어드는 대신, 각성 상태는 점점 더 커집니다. 저는 가행정진으로 집중력이 놀랍게 향상되어 훌륭한 논문을 쓸 수 있었다고 감히 말씀드립니다. 주경야선이 가능하다고 믿게 되었습니다. 이것만 된다면 현대의 고달픈 사바세계를 정토로 금방 바꿀 수 있습니다.

주경야선을 성공적으로 가르쳤던 도인은 일찍이 없었던 것 같습니다. 백 박사님께서는 물론 '이 공부는 건강한 사회인이 되는 것'이라고 강조하셨습니다만, 주경야선이라는 말을 구체적으로 쓰시지는 않았고, 낮에 일하고 저녁에 밤새워가면서 독송을 하라고 강조하지도 않으셨습니다. 단지 제게만 자시 가행정진을 일러주셨습니다.

가행정진이 사회에 나가서 통할까?

가능합니다. 잠을 안 자도 될 것 같았고, 실제 잠을 안 잤던 적이 있습니다.

건강한 사회인이 되는 세계 최초의 수행모델

주경야선 가행정진이 건강한 사회인이 될 수 있는 세계 최초의 수행모델이라고 확신합니다. 바른법연구원 수도장에서 2019년부터 주말 출가 프로그램으로 실행했습니다. 주말 출가에서 금요일 밤부터 일요일 2박3일 동안 낮에 일하고 밤에는 가행정진하는 것을 한국불교 수행 역사상 최초로 시도했다고 감히 말씀드립니다. 주말 출가 가행정진 수행을 2~3년 지속했습니다. 잘된 것도 있고 시행착오도 있었습니다. 부분적으로 꽤 성공해서 건강한 사회인도 다수 배출했다고 자부합니다.

단순히 교회처럼 새벽기도 한 시간만 하는 게 아닙니다. 자시부터 다섯 시까지 계속 깨어있으려면 전날부터 일찍 자고 마음가짐을 단단히 해야 합니다. 지금도 주경야선 가행정진을 하고 있는데, 엄동설한 코로나 시대에도 아랑곳하지 않고 많이 오셨습니다. 놀라운 일이며 공부의 맛을 보기 전에는 있을 수 없는 일입니다. 우리나라 불교사에 청신호라고 감히 말씀드립니다. 저는 주경야선 가행정진을 계속 지도할 생각입니다.

난제를 해결하고 지혜로워지는 원리

난제를 해결하고 지혜로워지는 주경야선 가행정진 수행의 원리를 다시 말씀드립니다. 일단 이해해서 신념을 가져야 오랫동안 실천할 수 있고, 다른 사람에게 전파하여 세계를 정토로 만들 수 있습니다. 자신의 마음속 사바세계를 정토의 세계로 바꾸고, 그다음에 이 사회를 오탁악세에서 정토의 세계로 바꾸는 2단계 과제를 실천해야 합니다.

우선 주경야선 가행정진과 보통 수행법의 원리를 비교하여 봅니다.

자신은 전지전능하다

우선 자신을 어떤 존재로 알고 출발하느냐가 중요합니다. 주경야선 가행정진, 즉 금강경 실천수행에서는 자신을 전지전능하다고 봅니다. 부처님의 견해와 마찬가지로, 밝은 선지식은 반드시 자기를 전지전능하다고 봅니다. 자기를 열등한 존재라고 얘기하는 사람은 선지식이나 깨친 이가 아닙니다. 자기 속에 위대한 부처님의 마음이 있고, 자기뿐 아니라 모든 중생의 마음속에 불성이 있다는 것을 아는 것이 깨친 이의 특성입니다(일체중생실유불성一切衆生實有佛性).

보통 수행법에서는 난행고행, 절차탁마, 피눈물 나는 형설지공의 노력을 해야만 깨달음의 세계에 갈 수 있다고 합니다. 우리는 본래 저절로 자연스럽게 도인이 될 수 있는 위대한 존재가 아니기에, 깨달으려면 대단한 대가를 치러야 한다고 겁주는 얘기를 많이 합니다.

반면 우리 가르침은 겁주지 않고 오히려 희망과 용기를 줍니다. 도인만이 지도할 수 있으며 보통 사람은 지도할 수 없습니다.

"너는 할 수 있다. 다시 일어설 수 있다. 네 속에 무한한 신의 위력이 존재하기 때문이다. 착각인 줄 알고 바치기만 하면 된다. 모든 난제는 네가 불러왔기 때문에 네가 해결할 수 있다."

얼마나 시원하고 좋습니까? 절체절명의 위기에 빠진 사람에게 이러한 칭찬과 격려를 하며 출발한다는 것이 보통 수행법과 다릅니다. 자신을 전지전능한 신과 같은 존재로 보기 때문입니다.

난제는 자신의 분별심이 불러온 것이다

난제가 있을 때 보통 수행법에서는 외부환경이 문제라고 생각합니다. 전에는 형편이 어려운 사람들도 일류대학에 많이 들어갔지만, 요새는 고액 과외 등등 뭔가 하지 않으면 아무리 머리가 좋아도 못 간다고 합니다. 사실인지 아닌지 몰라도 몇 사람한테 물어봤더니 다 그런 식으로 이야기합니다. 그럼 일류대학에 떨어진 사람은 무슨 탓을 할까요? 예전 같으면 자기 머리 나쁜 탓을 하지만, 요새는 돈이나 부모 등 외부환경을 탓할 수 있습니다. 다른 것도 다 마찬가지입니다.

사람들은 실패하거나 낙심하면 그 이유를 마음 밖에서 찾습니다. 하지만 외부환경을 바꾸는 것은 거의 불가능합니다. 외부환경 때문에 내가 실패했다고 하면 내가 할 수 있는 일은 거의 아무것도 없습니다. 그냥 그대로 사는 수밖에 없어요. 보통 수행법에서는 난제의 원인을 돈, 권력, 인맥 등 외부환경으로 보니 내가 도저히 바꿀 수 없습니다. 내가 마음대로 할 수 없기에 위대하신 부처님께 매달리고 빌고 또 비는데, 어쩌다 되기도 하고 안 되기도 하니 참 어렵습니다.

우리 수행법에서는 자기 죄업과 분별심이 모든 난제를 불러왔다고 합니다. 자기가 그렇게 만들었으니까 자기가 고칠 수도 있습니다. 얼마나 희망적입니까? 실제로 그렇게 됩니다.

"모든 난제는 내 분별, 정확하게 말하면 내 죄업이 불러왔다. 그러나 내 죄업은 착각이요 본래 없는 것이기 때문에, 바쳐서 소멸하면 난제 역시 소멸한다. 내 마음속에서 난제의 해법을 찾아 소멸하고 밝은 세계, 평화로운 세계에 도달할 수 있다."

참 좋지 않아요? 팔자를 고치게 됩니다. 저도 그중 한 사람입니다. 주경야선 자시 가행정진 수행 덕분이라고 말씀드립니다. 확실하게 됩니다.

지금까지 더 건강하고
풍요롭게 변화하다

저는 아주 병약했고 골골해서 어떻게 용케 학교에 들어갔는지 모를 정도입니다. 고등학교 3학년 때에도 12시면 공부를 접었습니다.

시험 칠 때가 되면 머리가 몹시 아팠습니다. 그런 제가 금강경 수행을 하고 나서 완전히 건강해졌습니다. 제가 꽤 나이를 먹었지만 검사하려고 2~3일 입원한 것 이외에는 치료를 위해서 입원한 적이 없습니다. 지금도 피로를 덜 느끼며, 꽤 건강하다고 자부하는데, 이 공부 덕으로 생각합니다.

그리고 늘 가난에 찌들었습니다. 교수 봉급이 적지도 않은데 왜 그렇게 나갈 데는 많고 들어오는 데는 적은지, 늘 어려웠습니다. 그러나 요새는 어렵다는 생각이 들지 않고 꽤 부자 같다는 느낌이 듭니다.

왜 부자라는 느낌이 들까? 제 마음속에 바라는 마음이나 거지 마음이 있었는데, 그 마음을 계속 바치고 무료급식을 오래 하면서 주는 마음으로 바뀌었습니다. '저 사람이 나한테 무슨 선물을 줄까? 저 사람이 나한테 무엇을 해줄까?' 바라지 않고 점점 주는 마음이 되니까 몇 배가 더 흘러들어오는 것 같습니다.

사람 만나면 거지처럼 매달리지 마세요. 저도 주는 마음이 본래 있었던 게 아닙니다. 항상 선물을 바라고, 설날이면 세뱃돈을 바라고, 굉장히 바랐습니다. 그러던 제가 금강경 공부를 하면서 어느 결에 바라는 마음이 적어졌습니다. 물론 받는 게 나쁘지는 않습니다. 감사하죠. 하지만 이제는 계속 주려고 하니까 몇 배가 더 흘러들어옵니다. 물질도 그렇지만, 마음으로도 사랑을 계속 베풀다 보니까 더 흘러들어옵니다. 사람들은 자기는 주지 않으려 하면서 부자가 되기만을 바랍니다. 저는 계속 주려고 해서 그런지, 놀랄만한 체험을 많이 합니다.

이 이야기를 하면 잘 안 믿으실 겁니다. 저는 제 소유의 모든 것을 바치려고 했습니다. 바치기도 쉽지 않더군요. 드디어 지금은 법인으로 다 바쳤습니다*. 저는 직장을 그만두면 당장 쪼들리는 월급쟁이였습니다. 요새는 정년퇴임을 했는데도 풍족하고, 제가 주려고 하면 줄 수 있는 여유가 있습니다. '대체 돈이 얼마나 있다고 저러나.' 하는 생각이 들지요? 이는 마음의 부富는 모르고, 물질적으로만 판단하시는 것입니다. 현찰이 많고 적은 것이 중요하지 않습니다.

제 마음에 돈을 만들 수 있는 자신감이 생기면, 부처님 시봉하겠다고 하면 돈이 생깁니다. 현찰만 돈입니까? 부처님 시봉하겠다고 해서 만들어지면, 그것도 현찰 이상의 현찰입니다. 그런 체험을 이미 많이 했고, 그것 말고도 변한 게 너무나 많습니다.

저만 그럴 게 아니고, 저를 따라 하면 그 사람도 좋아져야 하고 사회가 다 그렇게 되어야 합니다. 우리 법당에서는 2019년부터 현재까지 주말 출가 프로그램을 운영하였고, 10년 동안 매년 3박 4일 금강경 연수원 수련회를 개최하였습니다. 이제 앞으로는 점점 더 기간을 늘릴 것입니다. 이번에 자시 가행정진을 21일 했고, 49일이나 100일 연이어서 하시는 도반이 많습니다. 주말에 이틀만 했어

---

* 1988년 바른법연구원 원당 법당을 비롯하여 2021년 백성욱 박사 교육문화재단으로 자택인 망원동 하심정 빌딩까지 전 재산을 헌납하여 법인으로 등록하였습니다.

도 인재가 나왔는데, 주경야선을 꾸준히 하면 인재는 더 많이 쏟아질 것이 확실합니다.

실감 나는 체험 사례

요즘 주경야선 가행정진과 동시에 체험을 발표하는데, 실감 나는 사례가 너무나 많습니다. 가행정진하신 분들의 공통적인 특성입니다. 먹고 싶을 때, 잠자고 싶을 때 바치고 본능을 거슬러 가는 수행을 계속하면서 드디어 본능적인 행위가 사라지고 정신이 맑아집니다.

이기심이 부처님 시봉하는 마음으로 되다

'이기심'의 반대는 '오로지 부처님 시봉하는 마음으로 꽉 차 있다.' 라는 것입니다.

이기심이란 무엇입니까? 남자라면 내 처자식만 아는 것입니다. 이기심이 극심한 사람은 처자식도 모릅니다. 대개 내 몸뚱이만 아는 사람은 전생에 축생이었다고 합니다. 축생이라도 약간 복을 지으면 겨우 처자식은 챙기게 된다고 합니다. 이것은 전생을 아는 도인의 말씀입니다.

전생에 사람, 특히 닦던 사람이었다면 금생에 처자식만 아는 이기심에서 상당히 벗어난다고 합니다. 선생님의 말씀에 의하면, 돈이 생기면 물론 처자식도 주겠지만 연구소, 학교, 병원을 세워서 사람들과 함께 공유한다고 합니다.

전생에 축생이었던 사람도 가행정진을 하면 이기심, 즉 축생의 마음에서 벗어나 사람의 마음이 되고 세상살이가 굉장히 자유로워집니다. 그러면 저절로 깨어있는 상태가 됩니다. '잠'이라는 착을 없애는 것이 가장 빠른 방법입니다.

피로를 덜 느끼며, 식사량과 잠이 줄어들다

깨어있는 상태가 되면서 사회생활의 피로를 덜 느낍니다. 잠을 안 자면 밖에 나가서 사회생활을 못 할 것 같지요? 저도 한때 그렇게 생각했습니다. 그러나 아닙니다. 가행정진을 해 봤더니 밖에 나가서 피로를 덜 느낍니다. 노동해도 덜 피곤하고 배도 덜 고프니 하루에 한 끼 먹어도 견딜 수 있는 것을 체험합니다.

그리고 잠이 줄어듭니다. 처음에 시작할 때는 서너 시간 정도 자지만, 오래 되면 두 시간만 자도 됩니다. 나중에는 며칠간 잠을 안 자고 지냈는데도, 자고 싶지도 않고 피로하지도 않았습니다.

세상이 밝아지고 집중력이 향상되다

세상이 맑고 밝고, 낮에는 태양이 두 개쯤 뜬 것 같아요. 도통의 경지가 뭔지 아세요? 태양이 100개쯤 뜬 것 같이 밝아진 경지를 도통의 경지라고 합니다. 가행정진해 보시면 낮에 굉장히 밝게 느껴집니다. 모든 근심 걱정이 사라집니다.

집중력이 향상되고 세상이 밝아지는 것은 제 개인의 체험이며,

같이 공부하는 분들의 공통적인 체험이기도 합니다.

정토淨土의 세계로 만드는 수행

오늘 아침에도 주경야선 가행정진 수행에 100여 명이 모였습니다만 이분들은 머지않아 모두 정토의 세계를 바로 체험할 겁니다. 정토淨土의 세계는 입으로 되는 게 아닙니다. 이런 수행을 해야 합니다. 모든 종교를 통합하는 최후의 종교가 정토의 세계를 만들 것입니다. 우리 가르침은 이 세상을 정토로 만들 수 있는 유일한 가르침이며, 4차 산업 혁명 시대에 유일한 대안의 종교가 될 수 있습니다. 왜냐하면, 남에게 구하는 게 없고 바라는 게 없기 때문입니다. 다 주는 마음이고 베푸는 마음이라면 종교 간의 충돌이 있을 수 없습니다.

자기 자신의 마음속에 먼저 정토를 만들고, 주위를 정토로 만들고, 전 세계를 정토로 만드는 이 가르침을 꼭 실천해서 행복해지시길 바랍니다. 이 가르침이 두루 퍼져 모든 사람이 행복한 세계, 부처님의 세계를 체험해서 복 많이 짓기를 발원드립니다.

– BTN 〈내 안의 선지식 금강경〉 170회

제 14 장

석가여래께서 가장 하고 싶으셨던 말씀, 일승법

주경야선 가행정진은 일승의 가르침

금강경 실천을 통한 주경야선 가행정진은 법화경에서 석가여래께서 가장 말씀하고 싶으셨던 일승법一乘法이다.

○ 법화경과 금강경

법화경과 금강경을 일반 학자와 최상승 도인의 관점으로 비교하여 본다.

금강경	• 중생심을 불심佛心으로 바꾸어 성불한다. • 업그레이드 시키는 공부가 아니다.
법화경 일승법	• 오직 흰 소의 수레(일승법)를 타라. 본래 부처인 걸 깨닫고, 오로지 부처님 길로만 나가라. • 양의 수레(아라한), 사슴의 수레(연각), 소의 수레(보살)가 아니다. 고통을 면하고 진리를 아는 체하고 영웅호걸이 될 뿐, 본래 부처의 길과는 거리가 멀다.

금강경 실천을 통한 주경야선 가행정진은 석가여래께서 가장 말씀하고 싶으셨던 일승법이라는, 굉장히 거창한 주제로 말씀드립니다. '주경야선 가행정진이 석가여래께서 가장 말씀하시고 싶었던 일승법一乘法과 무슨 관계가 있나? 부풀려도 너무 부풀리는 것이 아닌가.' 이런 생각을 하실 분이 훨씬 더 많고, 관계가 있다고 믿는 분은 아주 적을 것입니다.

이 이야기를 다 한다면 몇 주에 걸쳐서 해도 부족하고 논문으로 써도 충분할 정도로 분량이 많습니다. 제가 이런 거창한 이야기를 과연 20~30분 이내에 할 수 있을지 걱정이 됩니다. 그런 지혜가 나오도록 부처님께 기원하면서 말씀드리고자 합니다.

결론부터 말씀드립니다.

금강경 실천수행을 통한 주경야선 가행정진은 단순한 수도법이 아닙니다. 백 선생님께서 가장 말씀하시고 싶었던 가르침이기도 할 뿐만 아니라, 석가여래께서 꼭 말씀하고 싶으셨던 가르침이며, 금생에 이루고 확실하게 밝아지는 유일한 정법의 가르침입니다.

우선 금강경과 법화경이 과연 어떤 상관관계가 있는지 말씀드리고자 합니다.

대학 시절 금강경과 법화경에 심취하다

전생의 깊은 인연이었나 봅니다. 대학 1학년 때부터 불교를 찾았고, 대각사에서 첫 법문을 들을 때부터 좋았습니다. 불교를 막연하게 우상숭배 종교 정도로만 생각했는데, 첫 법문을 듣는 순간 심취해서 빠져들었습니다.

당시는 불교 서적이 대단히 드물었던 시절이었는데, 어렵게 구한 것이 신소천 스님의 금강경 해설서였습니다. 책을 읽다가 "응무소주이생기심"이라는 구절에서 깊은 충격을 받았습니다. 3일간 황홀한 상태로 삼매에 들었던 기억이 있습니다. 스스로 뭘 깨쳤다고 생각했던 것 같아요.

그 뒤로 금강경을 매일 읽다 보니 다 외웠습니다. 그때 대학은 고등학교의 연장이었습니다. 서울대 공과대학도 예외는 아니어서 50분 수업하고 10분 쉬고, 평일에 6시간 수업하고 토요일에 4시간 수업했습니다. 고등학교와 똑같았어요. 쉬는 시간 10분에 금강경 1독씩, 하루에 6~7독을 그때부터 했습니다. 금강경 해설서도 쓸 수 있다고 큰소리칠 정도로 심취했습니다.

당시 불교 경전은 거의 없었고 춘원 이광수 선생의 책 『원효대사』나 『이차돈의 사』 등이 상당히 도움이 되었어요. 춘원은 금강경보다는 법화경을 많이 읽었다고 합니다. 법화경에 풍부한 비유와 스토리 등 문학적인 요소가 많고 부처님의 위대한 법식도 다 담겨 있어서, 위대한 작가들은 법화경을 좋아한다는 얘기가 있습니다. 글자 수만 해도 금강경의 20배나 될 정도로 분량도 많습니다.

저는 법화경이 굉장히 궁금했지만, 법화경을 번역한 책은 전혀 없었습니다. 대만 대사관을 수소문하여 한자로 된 법화경을 사서 용감하게 독학으로 읽었습니다. 그러다 한자 실력도 부족하고 학교 공부도 해야 해서 중간에 그만두었습니다. 마침 1964년에 『우리말 한글 대장경』이 나왔습니다. 우리나라 지식인, 학자, 스님들이 모여서 팔만대장경을 압축 요약해서 천몇 페이지로 만든 책인데, 그걸 읽고 또 읽고 통달했습니다.

역시 법화경은 생각보다 굉장히 어려웠습니다. 처음에 방편품, 비유품까지는 이해가 되는데 여래수량품, 종지용출품 등은 저의 얄팍한 실력으로는 도저히 이해할 수 없었습니다. 법화경 해설하는 곳을 열심히 찾아다녔지만 발견할 수 없었습니다. 사서삼경을 달통하고 대승 경전을 다 읽었던 천재적인 분도 단지 글자를 해석하실 뿐, 난해한 법화경의 깊은 뜻을 일목요연하게 정리해서 말씀하시지 못했습니다. 전혀 시원하지 않았습니다.

법화경과 금강경의 상관관계

그러던 중 백 박사님 제자인 ○○선 선생을 만났습니다. 황○○ 박사의 부인입니다. 1성 장군의 부인은 2성 장군이라고 하듯이, 그때 황○○ 박사가 유명했지만 부인은 그이보다 한 수 높아서 법문도 하셨던 분입니다. ○○선 선생은 법화경을 아무리 읽어도 뜻을 몰랐는데, 금강경을 공부하고 보니 법화경의 모든 것이 금강경에 들어있다고 이야기하셨어요. 그분이 백 박사님이라는 도인을 만났던 거예요. 법화경의 핵심이 금강경에 있다고 얘기한 것은 ○○선 선생이 처음이었던 것 같습니다. 그래서 법화경과 금강경의 상관관계를 처음으로 생각하게 되었습니다.

그때나 지금이나 대부분의 불교학자는 최상층에 화엄경이나 법화경, 다음으로 대승의 기초가 되는 반야경과 금강경, 그 아래에 소승의 아함부, 방등부 경전을 둡니다. 그래서 제법 똑똑하다는 사람은 대개 법화경이나 화엄경으로 공부합니다. 지금도 금강경을 깎아내리는 경향이 불교계에 전반적으로 있습니다.

과연 금강경과 법화경은 어떤 상관관계도 없고, 금강경은 기초에 불과할까?

결론부터 말씀드리면, 금강경이 가장 핵심 중 핵심입니다.

일반 학자가 해석하는 금강경은 법화경의 말단에 불과합니다. 하지만 누가 해설하느냐에 따라 다릅니다. 도인이 해석하신다면 금강경과 법화경이 아주 유사하며, 둘이 아닙니다. 석가여래께서 가장 말씀하시고 싶으셨던 이야기가 바로 금강경에 있다는 것을 최상승 도인의 해설에서 알 수 있습니다.

최상승 도인이 본 법화경과 금강경

저는 원효 스님이 쓰신 『법화경 종요』를 공부할 기회가 있었습니다. 아직도 그만한 해설서는 없는 것 같습니다. 원효 스님은 『법화경 종요』『열반경 종요』『화엄경소』 등 소, 종요를 여러 권 쓰셨는데, 모두 해설서입니다. 마치 300페이지 되는 책을 A4용지 한 장에 요약하듯이, 도인이 아니면 할 수 없을 정도로 요점을 정확히 집어서 『법화경 종요』라는 얇은 책 속에 법화경에 나온 부처님의 8만 4천 법문의 핵심인 일승법을 요약해놨어요. 원효 스님의 『법화경 종요』를 공부하며 원효 스님의 천재성과 위대성을 알았습니다.

그 책을 보면서 정신을 바짝 차렸고, 역시 선지식이 중요하다고 느꼈습니다. 법화경을 그렇게 일목요연하게 쾌도난마로 정리할 수 있는 분은 아마 앞으로도 없을 것 같아요. 도인이 아니라면 법화경을 그렇게 일목요연하게 해석할 수 없을 것 같습니다. 제가 난해하게 생각했던 것은 아주 지엽적인 문제였습니다. 원효 스님은 핵심적인 것만 잘 해설하면 나머지 것은 저절로 풀린다고 하시며, 나머지에는 손도 안 댔어요. 키워드만 잘 알고 밝히라고 하신 것에 제 마음도 확 트였습니다.

최상승 도인이라 할 수 있는 원효 스님, 백 박사님, 백 박사님의 스승이신 손 선생님이 하신 말씀을 종합해 보면 법화경과 금강경은 매우 밀접한 관계가 있고, 법화경을 통해 석가여래가 가장 말씀하시고 싶었던 일승법이 바로 금강경에 있습니다.

최상승 도인이 해설하는 금강경이나 법화경은 다릅니다. 백 선생님은 부처님께서 가장 하시고 싶은 핵심적인 말씀을 금강경으로 정리해주셨을 뿐 아니라, 생활에서 실천수행하여 금생에 밝아지게 하셨습니다. 선생님은 금강경만이 아니라 화엄경과 법화경 등 부처님께서 말씀하신 모든 법의 핵심을 통달하신, 부처님의 화현化現이라고 저는 결론을 내렸습니다.

불교의 핵심,
본래 부처임을 깨닫는 것

금강경의 핵심이 무엇인지 묻는다면 대부분 "난 그저 소원성취만 바랄 뿐이지 핵심은 모른다." 이렇게 대답할 것 같습니다. 하지만 핵심을 아는 것은 굉장히 중요합니다. 핵심만 알면 소원성취는 저절로 뒤따라옵니다.

핵심은 올라오는 생각을 부처님께 바치는 것입니다. 올라오는 생각은 중생심이며, 가지고 있으면 재앙이 되고 무지 무능 고통으로 이어집니다. 이 모든 생각을 바쳐서 부처님 마음으로 바꿔야 합니다.

"중생심을 부처님 마음으로 바꾸면, 바로 부처임을 깨달을 것이다."

이것이 백 선생님 가르침의 핵심이며, 금강경 해설의 핵심입니다. 하지만 우리는 바로 부처의 마음으로 바꾸어 부처가 된다는 것은 너무 거창하다고 생각합니다.

그리스도교에서도 마찬가지입니다. 다음은 어느 신부님의 TV 강론 내용을 다시 생각해본 것입니다. '구원의 길로 가라. 십자가를 지고 오로지 예수를 따르고 닮으려고 해라. 그래야 구원을 받느니라.' 이것이 핵심입니다. 구원을 받으려면 원죄를 진지하게 참회하며 예수님을 따르고, 예수님을 닮은 인격자가 되어야 합니다. 하지만 예수를 닮은 인격자가 되는 일은 고달프죠. 가슴에 못을 박힐 때 여여부동如如不動하기는 어려울 것 같습니다. 그러니 대부분의 신자는 구원도 좋지만 우선 마음의 평화와 행복을 원합니다. '구하면 얻을 것이다. 두드리면 열릴 것이다.'와 같이 자기 입맛에 맞는 것만 골라서 소원성취를 하는 기복 신앙이 적지 않다고 합니다.

불교는 어떨까요? 불교의 핵심도 깨달음, 즉 본래 부처임을 아는 것이 목표입니다. 그런데 깨달음의 길은 굉장히 어려운 것 같아요. 참선하기도 어렵고, 금강경 구절처럼 가리왕이 할절신체하여도 여여부동해야 되는데, 조금만 건드려도 화가 납니다. '나는 천금을 줘도 깨닫는 것은 도저히 못 한다. 그저 부처님 가르침 중에 내 입맛에 맞는 것만 조금 하겠다.'라는 것은 재앙소멸과 소원성취만 하겠다는 것입니다. 가톨릭에서 구원의 길을 포기하고 평화나 행복을 추구하는 것과 마찬가지로, 불교에서도 대부분 아상을 소멸하고 깨달음으로 가는 길은 난행고행이라고 생각하며 쉬운 방법을 택하고 있습니다. 그러면서 불교가 기복으로 변질하였다는 게 밝은이들의 생각입니다.

처음부터 깨달음을 추구해야 한다

저도 처음에는 평화와 행복의 길을 따르다가 결론적으로 구원에 이르게 된다면, 그것도 나쁘지 않다고 생각했습니다. 우선 재앙소멸하고 소원성취한 뒤에 깨달음을 추구하겠다는 경우가 흔합니다.

재앙소멸하고 소원성취한 뒤에 힘을 좀 키워서 본격적으로 깨달음을 추구하는 것이 맞을까요? 그렇지 않아요. 부처님께서는 "처음부터 깨달음을 추구해라. 그래야 소원성취도 되고 재앙소멸도 된다."라고 말씀하셨습니다. 무슨 생각이든지 부처님께 바쳐서 본래 내가 부처임을 발견하는 것이 일승법입니다.

그러나 깨치는 게 나쁘지는 않지만 부처가 되기는 어려우니, 우선 재앙소멸하고 소원성취한 뒤에 힘을 키워서 깨달음으로 가겠다고 생각하기 쉽습니다.

부처님이 계시던 당시에도 "너희들은 다 부처와 같이 위대한 존재다. 일체중생은 실유불성이다."라며 부처가 되어야 함을 일깨워 주려 하셨습니다. 하지만 사람들은 자기가 위대한 존재라는 것을 알지도 못하고, 그렇게 되려는 의욕도 없었습니다.

고통이 없어진 아라한

몹시 괴로워하며 고통을 면하고 싶은 사람에게 "네가 부처다. 부처임을 깨달아라." 해도 쇠귀에 경 읽기입니다. 통하지 않지요. 그래서 우선 고통을 면하는 방법부터 말씀하셨습니다. 성문, 아라한은 고통이 영원히 없어졌다, 번뇌를 없애게 되었다는 뜻입니다. 아라한이 되면 고통이 없어진 것으로 만족하고, 부처가 될 필요가 없다고 생각합니다. 부처님께서는 이를 안타까워하십니다.

진리를 추구하는 연각

진리만을 열심히 추구하는 사람이 있습니다.

"나는 고통을 면하는 것이나 기복 불교를 원하지 않는다. 진리를 찾는다."

부처님께서 보시기에는 안타깝습니다.

"진리를 추구할 필요가 없다. 이미 너는 부처인데, 내려놓기만 하면 되는데 왜 진리를 추구하느냐?"

그래도 그 말을 믿지 못해 부처가 되기 싫어하고 진리만을 열심히 추구하니, 그 사람에게 진리를 추구하는 방법을 일러주십니다. 진리를 추구하여 깨달음을 얻은 사람을 연각緣覺이라고 합니다.

중생을 이롭게 하는 보살

"나는 고통을 면하는 것도, 깨닫는 것도 싫고 세상의 영웅호걸이 돼서 중생을 잘살게 하고, CEO가 되어 큰일을 하겠다."

보살이 되면 부처는 저절로 되는 것으로 생각할 수 있습니다. 착한 일을 하고 남의 일을 내 일처럼 생각하는 보살이 되기를 원하는 사람이 있어요.

"보살의 길로 갈 필요 없다. 그대로 부처인데 왜 보살의 길로 가느냐?"

부처님께서 이렇게 얘기하셔도 자기 취향대로 갑니다.

법화경 가르침,
영원한 부처님 길로만 가라

법화경을 간단히 말씀드리면 이 세상은 '삼계무안 유여화택', 불타는 집입니다. 불타는 집에서 언제 타 죽을지 모르고 어린애들이 철없이 놀고 있습니다. 부처님께서는 이 철없는 아이들을 구하고 싶으십니다. 불타는 집이라고 아무리 얘기해도 믿지 않으니 그들이 좋아하는 수레를 보내 살살 달래서 바깥으로 데리고 나옵니다. 자기가 좋아하는, 자기 입맛에 맞는 수레만 탑니다.

고통을 면하기를 원하는 사람이 양의 수레를 타고 나옵니다. 진리를 추구해서 도통하기를 원하는 사람에게는 사슴의 수레를 들여보냅니다. 부처가 되는 것도 싫고 행복도 싫고 그저 깨치고 도통하겠다는 사람에게는 그에 맞는 법문을 해주세요. 그게 방등부 법문입니다. 영웅호걸이 되고 CEO가 돼서 여러 사람을 잘살게 하겠다는 것이 보살의 마음인데, 그 사람에게는 그에 맞는 소의 수레를 보냅니다.

불타는 집에서는 나왔지만 양의 수레, 사슴의 수레, 소의 수레로는 결국 고통을 면할 수 없고, 진리를 깨달을 수도 없고, 영웅호걸이 될 수 없다는 것을 부처님은 아십니다. 석가여래께서 진정으로 말씀하고 싶은 이야기는 이것입니다.

"내가 고통을 면해서 아라한이 된다고 얘기했지만, 모두 다 사실이 아니다. 너희를 불타는 집에서 데리고 나오려고 일부러 한 얘기다. 무슨 생각이든지 착각인 줄 알고 바쳐서 네 마음을 부처님으로 바꿔라. 본래 부처인 걸 깨닫고 오로지 부처님 길로만 나가라. 이것이 일승의 가르침이다. 아라한의 길, 연각의 길, 보살의 길을 가면 그저 고통을 면하고 진리를 아는 체하고 영웅호걸이 될 뿐, 본래 부처의 길과는 거리가 멀다. 처음부터 영원한 길을 가라. 바로 '흰 소의 수레'를 타라. 일승의 가르침으로 가야 한다. 이것이 내가 진정으로 하고 싶은 이야기이다."

이것이 금강경 가르침과 관계가 있을까요?

금강경 가르침,
부처님을 절대 공경하고 부처님께 바쳐라

다양한 사람들이 백 선생님께 찾아와 여쭤봅니다.

고통을 면하기를 원하는 사람이 묻습니다.

"그 생각을 바쳐라."

"바치면 제 고통을 면하겠습니까?"

"그렇지."

도통을 하고 싶은 사람이 찾아와 묻습니다.

"도통하겠다고 하면 오히려 도통이 안 된다. 그 도통을 바쳐라."

"바치면 도통이 됩니까?"

"그렇다."

CEO가 되고 영웅호걸이 되고 싶은 사람이 묻습니다.

"그것도 바쳐라. 바치면 CEO도 되고 다 된다."

바치다가 소원성취나 재앙소멸도 안 되면 보따리 싸서 가는 사람들이 있습니다.

"바치라고 해서 바쳤는데 왜 소원성취가 안 됩니까? 왜 재앙소멸이 안 됩니까? 왜 도통이 안 됩니까? 왜 CEO가 안 됩니까?"

"스스로 부처인 것을 깨닫고 부처가 되는 연습을 해야만 재앙도 소멸하고 소원이 성취되는 것을 왜 모르느냐? 재앙소멸과 소원성취를 목표로 하는 것은 이기심이기 때문에, 결국은 되어도 어설프게 이루어진다. 일시적으로 됐다 하더라도 허상임을 금방 알 것이다. 오로지 네 마음을 부처님 절대 공경하는 마음으로 바꿔서 부처님을 향해라."

선지식께서는 소원을 성취하는 방법이나 부처가 되는 방법을 알려주시는 것이 아니고, 바쳐서 일단 부처님을 향하게 만듭니다.

"그 마음을 바쳐라."

주경야선 가행정진으로 본래 부처임을 깨닫는다

제가 가행정진에 참여한 분에게 질문한 적이 있습니다.

"왜 가행정진을 하십니까?"

"저 자신을 2~3단계 업그레이드하기 위해서입니다."

가행정진하는 이유를 물으면 대부분 재앙을 소멸하고 소원성취하기 위해서 한다고 할 겁니다. 약간 똑똑한 사람은 자신을 질적으로 조금 업그레이드시키기 위해서 한다고 합니다. 그러면 창피하지도 않고 말이 되는 것 같습니다. 또 "나는 내 개인의 이익을 위해서 하는 게 아니라 모든 사람을 먹여 살리는 CEO가 되기 위해서 가행정진합니다." 이렇게 대답해도 말이 되지요.

하지만 도인은 이렇게 보십니다.

"자시 가행정진을 하는 이유는 재앙소멸이나 소원성취가 아니다. 네가 바로 부처임을 깨닫게 하는 것이다. 공경심을 가지고 부처님께 바치기만 하면 네 마음이 부처님 마음이 되고, 부처님의 광명으로 저절로 재앙소멸도 되고 저절로 업그레이드된다. 업그레이드나 재앙소멸을 목표로 하지 마라. 부처님을 절대 공경하고, 네 마음속 무슨 생각이든지 부처님께 바치기만 해라. 본래 부처임을 깨닫기만 해라. 모든 것을 구족한 자기 자신을 어떻게 재앙소멸이나 2~3단계 업그레이드와 같이 얄팍한 소원성취에 만족하는 존재로 보느냐? 오로지 부처님만 향하고, 부처님 마음으로 바꿔라."

이것이 백 박사님이 해석하시는 금강경입니다. 금강경은 석가여래가 얘기하신 일승법과 굉장히 유사합니다. 석가여래가 하고 싶은 말씀이며, 백 박사님이 하시고 싶은 말씀일 뿐 아니라, 바로 성공하는 수행법입니다.

오로지 부처님만 향하라

저는 질문하시는 분들께 대개 이렇게 답변합니다.

"모든 것을 다 바치고 오로지 용맹스럽게 부처님만 향해서 나아가십시오. 그러면 모든 재앙은 순식간에 녹고 뜻하는 바도 순식간에 이루어질 수 있습니다."

백 박사님은 더 엄격하게, 아주 간단명료하게 말씀하세요.

"오로지 부처님만 향하라."

사실 우리는 이렇게 구원만 얘기하시고, 평화와 행복의 단계를 무시하는 것 같은 사람은 만나고 싶지가 않아요. 또 법사한테 질문하기도 어려우니, 법사보다 쉬운 선배 도반과 상담합니다. 그런 경지를 체험해 보지 못한 선배들은 아주 완벽하게 내 입맛에 맞는 얘기를 해요. 하지만 저는 선배 도반들의 이야기를 듣고 신세를 완전히 망친 사람 중 하나입니다.

수많은 법화경 해설서는 오히려 저를 깜깜하게 만들었습니다. 단 하나도 밝게 하지 못했습니다. 오직 밝은 원효 스님의 해설서만이 명쾌하게 핵심을 짚어서 저를 시원하게 했고, 올바른 방향을 제시했습니다. 백 박사님의 말씀입니다.

"다른 것 하지 마라. 오로지 부처님만을 향해라. 좀 쉬어가면서 하지 마라. 용감하게 나아가라. 좌고우면하지 마라."

부처님께서는 법화경에서 일승의 가르침을 말씀하셨습니다.

"내가 너희들을 달래느라고 양의 수레, 사슴의 수레도 있다고 했지만 다 가짜다. 너희들이 근기가 약해서 달래느라고 일시적으로 만든 것이다. 오로지 부처님만을 향해라. 너희들이 부처인 것을 깨달아라."

일승법,
백 박사님이 꼭 하시고 싶은 말씀

백 박사님의 가르침을 몇십 년 공부하며 확신하게 되었습니다. 빵 먹어가면서, 잠잘 때 자며, 화장실 들락날락하면서 가행정진이 된다면 오죽 좋겠어요. 힘들어도 이러한 모든 생각을 바치고 오로지 부처님 말씀을 절대로 알 때, '잠'과 '몸뚱이 착'이 달아나고 바로 부처님 세계에 들어가서, 업그레이드하는 정도가 아니라 모든 것을 구족하게 된다는 논리입니다.

제가 수안보 회향 법문에서 법화경에 비유하여 가행정진을 말씀드린 것은, 이것이 바로 백 박사님께서 가장 하시고 싶었던 이야기이기 때문입니다. 물론 백 박사님은 소원성취나 재앙소멸, 행복해지는 방법, 결혼해서 잘사는 방법 등을 다 말씀하셨지만, 꼭 하시고 싶은 말씀은 주경야선 가행정진입니다. 그래서 "네가 바로 부처임을 깨닫고 그 길로 가라. 그것이 가장 올바른 길이다."라고 하셨습니다.

석가여래께서도 재앙소멸이나 소원성취, 도통하는 방법, CEO가 되는 방법 등을 다 일러주셨지만, 최후에 법화경을 설하실 때 "그런 것은 다 가짜다. 오로지 부처님을 향해서 용감하게 나아가라. 절대 공경심을 가져라." 하셨습니다.

"가행정진할 때 빵 먹고 싶은 마음, 화장실 가고 싶은 마음을 다 바쳐라. 그 자리에서 소변 볼 생각까지 할 정도로 용감하게 해라. 하고 싶은 것 다 하면서 부처님을 만날 수 있느냐? 용감하게 다 뿌리치고 오로지 부처님을 향하고자 할 때 소원성취와 재앙소멸, 업그레이드, 도통이 저절로 다 되고 열반의 세계에 이른다."

이것이 바로 일승법이며 백 박사님께서 가장 하시고 싶으셨던 말씀입니다.

- 2022.01.01.

일승법, 무주상 보시와 주경야선 가행정진

주경야선 가행정진은 석가여래께서 가장 말씀하시고 싶은 '일승법'이다.

○ 발복 보시의 유형

- 무주상 보시의 강도에 따라 금생에 발복發福하는 정도가 다르다.
- 파트타임part time과 풀타임full time 무주상 보시로 분류하여 본다.

○ 파트타임 무주상 보시

- 불필요한 물건을 여투어 두었다가 하는 보시
- 십일조 보시(10분의 1 보시), 무료급식 보시
- 자타불이自他不二의 보시

○ 풀타임 무주상 보시

- 금강경 실천을 통한 주경야선 가행정진은 매 순간 부처님 향할 수 있는 풀타임 무주상 보시, 염염상행 무주상 보시이다.
- 단기간에 사람을 빠르게 변화시켜 부처님 세계에 들어가게 하는 일승법의 가르침과 같다.
- 재앙이 축복으로, 빈곤이 풍요로, 무지가 지혜로 된다.

주경야선 가행정진의 철학을 이해하기 위해 금강경 4분의 무주상 보시를 일승법一乘法과 함께 살펴봅니다.

보시는 본능을 거스르는 모든 행위입니다. 무주상 보시는 '오직 형상이 없는 부처님을 기쁘게 해 드리기 위해 본능을 거스르는 행위'입니다. 나와 가족뿐 아니라, 사회나 국가를 위해서 하는 것도 무주상 보시가 아닙니다.

발복 보시發福布施의 유형을 쉽게 이해하기 위해, 파트타임part time과 풀타임full time 무주상 보시로 분류하여 보았습니다.

파트타임 무주상 보시

우리가 흔히 알고 있는 불필요한 물건을 여투어 두었다 하는 보시, 십일조 보시, 자타불이自他不二의 보시는 모두 파트타임 무주상 보시라고 할 수 있습니다. 이 사람은 좋은 마음을 내지만 24시간 내내 좋은 마음을 내지는 않습니다.

불필요한 물건을 나눠줄 때, 봉급의 십 분의 일을 뗄 때는 살점이 떨어져 나가는 아픔을 느끼면서 아상이 소멸하고 부처님과 한마음이 되는데, 이 순간만은 무주상입니다. 그러나 일상생활로 돌아오면 탐진치도 있고, 좀 쉬어가자는 마음도 있습니다. 그래서 파트타임 무주상 보시라 할 수 있으며 그래도 발복發福은 됩니다.

풀타임 무주상 보시

풀타임 무주상 보시는 '염염상행 무주상보시念念常行 無住相布施'를 뜻합니다. 육조 혜능 대사가 『금강경오가해』에서 '염염상행 무소득심念念常行 無所得心'이라는 표현을 쓰셨습니다. 우리는 생각 생각마다 나쁜 생각에 물들기 쉽습니다. 탐심도 내고, 진심도 낼 수 있고, 잘난 척도 하고 싶지요. 그게 죄입니까? 죄가 아닌 것 같습니다. 잘난 척하면 좀 어떻습니까? 그 맛에 사는데. 때때로 잘난 척하다가도 푹 빠지지 않고 마음을 돌려서 부처님께 향하는 것이 바로 '염염상행 무소득심'입니다.

이 무소득심을 '무주상無住相의 마음'이라고 해석해 봅니다. 항상 깨어있다는 얘기입니다. 우리는 잘 깨어있다가도 때로는 애인도 그립고 자식도 그립고 놀러 가고도 싶습니다. 초파일 날 하루쯤 놀아야지 하는 생각이 들지요? 그러다가 '내가 한순간 부처님하고 멀어졌구나.' 하면서 깜짝 놀라 바치니, 절대 나쁜 생각에 빠져들지 않게 됩니다.

파트타임 무주상 보시는 가끔 방심하는 것을 인정할 수밖에 없지만, 풀타임 무주상 보시는 항상 부처님을 향하고 오로지 부처님만을 생각한다는 뜻입니다.

'나에게 애인은 물론 소중하게 여길 어떤 가치도 없다. 모든 것을 바쳐야 하는 어떤 이념도 없다. 애국심이 좋다지만, 나에게는 섬겨야 하는 국가 이상의 그 무엇이 있다. 바로 부처님이시다.'

누가 보면 골 빈 사람으로 봅니다. 하지만 여기에 진짜 위대성이 있습니다.

주경야선 가행정진은
염염상행 무주상보시

우리가 하는 '금강경 실천을 통한 주경야선 가행정진'을 염염상행 무주상 보시라고 이름을 붙이고 싶습니다.

주경야선은 낮에 일하고 밤에 수행한다는 뜻입니다. 경耕은 일한다는 뜻인데, '일하기 싫고 놀고 싶은 본능을 거스르는 행위'이기 때문에 보시와 마찬가지입니다. 낮에는 직장에서 일하고, 밤에는 한 생각도 방심하지 않고 잠을 해탈합니다. 잠은 핵심 번뇌입니다. 뿌리가 사라지면 줄기와 잎은 다 맥을 못 쓰고 죽듯이, 잠이라는 핵심 번뇌가 사라지면 주변 번뇌인 탐심, 진심, 음란한 생각, 놀러 가고 싶은 생각들이 모두 동시에 사라집니다.

가행정진을 꾸준히 해서 잠을 해탈하면, 직장이나 가정에서 일할 때 머리가 맑고 상쾌합니다. 밤중에 잠이라는 핵심 번뇌를 사라지게 했기 때문에 일의 능률도 오릅니다. 성내는 마음, 짜증나는 마음, 우울한 마음, 비관적 마음, 소극적 마음이 없어지고 밝아지니, 낮에 무한한 지혜와 능력이 나옵니다. 한마디로, 밤낮으로 부처님 곁에 한 걸음씩 다가가고 있는 것입니다.

밤에 잠이라는 핵심 번뇌를 확실히 소멸하여 뿌리째 없어지면,

낮에는 명랑하고 밝은 기분으로 집중하여 생활이 빛납니다. 지혜로운 생활, 능력 있는 생활, 보람 있는 생활, 재미있는 생활로 이어집니다. 그리고 위대한 문화를 창조합니다. 이 세상을 그대로 정토로 만들고 재앙을 바로 축복으로 만듭니다. 재앙으로 인해 어두컴컴하던 낮이 밝아지고, 풀리지 않던 난제가 해결되며 축복이 되어 돌아옵니다.

주경야선 가행정진,
철저한 무주상 보시의 복덕

지난 26일 동안 도반들과 함께 주경야선 가행정진을 하며 핵심 원리에 대해서 여러 번 말씀을 드렸고, 또 실감 나는 수행체험 사례도 여러 번 들었습니다.

많은 분이 전에는 근심 걱정이 태산 같고 한꺼번에 몇 개씩 들이닥치는 난제로 고민이 많았는데, 주경야선 가행정진하면서 신기하게도 저절로 해결된다고 이야기합니다. 또한, 직장생활하면서 주경야선 가행정진이 가능할 뿐만 아니라 충분한 시간을 활용해서 효율적으로 더 많은 능력을 발휘할 수 있다는 체험 이야기를 여러 도반이 하십니다. 재앙을 축복으로, 빈곤을 풍요로 확실하게 바꿉니다.

빈곤이 풍요로

제가 어렸을 때는 6.25 전쟁으로 국가가 절대적으로 빈곤한 시대였습니다. 흰 쌀밥이라도 먹었으면 하고 간절하게 원하는 때도 있었어요. 그 후 부모님도 다 돌아가시고 저도 안정된 직장을 얻었지만 항상 어려웠습니다. 직장 월급이 뻔합니다. 늘 가난하다는 생각을 떨칠 수 없었고 좋은 일도 별로 할 수 없었습니다. 판사가 판사 봉급으로는 도저히 자기 아들 과외 공부를 시킬 수가 없어서 판사를 그만두고 변호사를 했다는 것처럼, 안정된 직장일수록 그냥 먹고 살 수는 있어도 좋은 일을 한다는 것은 거의 불가능합니다. 저는 늘 생활이 어려웠습니다.

공부를 조금 하니 이제 빈곤이 풍요로 바뀐 것을 느낍니다. 은퇴하고 수년이 흘렀지만, 지금이 더 여유롭습니다. 특히 좋은 일이나 올바른 일을 할 때, 쓸 수 있는 돈의 액수도 상당히 커졌어요. 그런 일들이 저절로 이루어지는 것을 자주 경험합니다. 저보다 공부를 더 철저히 한 사람은 더 실감 나는 체험을 할 것으로 확신합니다.

무지가 지혜로

그리고 무지가 지혜로 됩니다. 몇 번 얘기했지만, 다시 강조합니다. 가행정진하면 잠이 점점 줄어들고 각성 상태가 점점 커집니다. 세상이 명랑하고 자신감에 찹니다.

근심 걱정이 자기가 불러서 온 것임을 확실히 느낍니다. 가행정진하시는 분들은 근심 걱정의 정도가 상당히 줄어드는 것을 느낄 겁니다. 여기 이미 지금도 그런 사람들이 꽤 있고, 앞으로도 더 많이 쏟아질 것 같습니다.

이것은 인재가 아닌 사람이 인재가 된다는 뜻입니다.

언젠가 우리가 세계적인 인재양성 교육 기관인 금강경 연수원을 만들면, 주경야선 가행정진이 필수 커리큘럼이 될 것입니다. 주경야선 가행정진은 잠이라는 핵심 번뇌를 소멸하여 주변 번뇌까지 동시에 소멸하는 보시이며 밤낮으로 항상 부처님을 향하는 철저한 풀타임 무주상 보시로, 그 복덕은 불가사량합니다. 실제로 이것을 체험하신 분들, 또 앞으로 체험하실 분들은 이 이야기를 굉장히 실감 나게 느낄 것입니다.

선지식의 선호념 선부촉으로 대승 불교를 알게 되다

아울러 이 말씀을 꼭 드리고 싶습니다. 현재 우리나라에는 소승 불교를 하는 사람들이 훨씬 많습니다. 지금 동국대학교 교수 중 대승 경전을 연구하고 실천하거나 논문을 쓰는 사람은 극히 적은 것으로 알고 있습니다. 미얀마에 가서 위파사나를 공부한 사람들이 지금 한국 불교를 주름잡고 있으며, 그분들은 명상의 이름으로 연구하고 발표합니다. 미국에서도 명상이 대세라고 하는데, 주로 위파사나 명상을 의미합니다. 그들은 대승 불교를 거의 인정하지 않고, 소승 불교의 가르침과 자력 불교만을 인정합니다.

과연 자력 불교가 석가여래께서 얘기하신 부처님의 정통일까?

저는 처음에 대승 불교를 참 좋아했지만, 어쩐지 믿기지 않았습니다. 관세음보살, 보현보살의 신통이 기적을 창조한다는 이야기가 멋있고 시원하기는 해도, 상당히 비과학적으로 느껴졌고 타력에 의존하는 기독교적인 느낌도 들었습니다. 저는 소위 과학적인 사고방식에 익숙하여, 법화경에 나오는 황당무계한 이야기를 믿고 싶지 않았습니다.

선지식이 아니었다면, 자기 힘으로 수양을 하거나 명상으로 밝아지는 소승 불교가 부처님의 정통이라고 믿고 그 길로 갔을 것 같습니다.

하지만 선지식의 가르침으로 사고방식이 완전히 바뀌었습니다.

선지식을 만난 것은 희유한 영광이었습니다.

도인을 만난 후 자력으로만 도통하는 게 아니라 선지식의 선호념 선부촉이 필요한 것을 실감하였습니다. 불교에는 보살, 중생을 구제한다는 원을 세운 독특한 사람, 초능력자가 있고 우리는 그들의 원력願力에 의해서 구제받는 존재일 수도 있다는 것을 실감하게 되었습니다.

그러면서 비로소 기독교와 대승 불교에 대한 의문이 풀렸습니다. 백 선생님께서 예수님을 법 받은 미륵존여래불이며 보살의 화생이라고 하신 것을 이해하였고, 『크리스천과 함께 읽는 금강경』을 쓰면서 대승불교에 대한 확신이 들었습니다. 법화경에 나오는 황당무계하고 신화 같은 이야기를 믿게 됐습니다.

대가가 풀이한 법화경은 금강경과 다르지 않다

저는 『법화경 종요』를 공부하며 원효 스님의 진가를 알았습니다. 법화경을 명쾌하게 해석한 최고의 해설서인 원효 스님의 『법화경 종요』에는 이런 특징이 있어요. 법화경에는 믿기 어려운 황당무계한 얘기들이 많이 나옵니다. 원효 스님은 믿기 어려운 사람이나 대상을 마음 밖에서 찾지 않습니다. 마음 밖의 그 무엇으로 해석하시지 않아요. 또 원효 스님은 『아미타경 종요』에서도 아미타불은 서방정토에 계신 그 무엇이 아니라 자기 마음속에 있는 극락이라고 표현했습니다.

일체유심조의 진리로 법화경과 아미타경을 설명하셨기에, 대가가 설명하는 법화경은 바로 금강경과 다르지 않다고 알게 되었습니다.

법화경의 일승법을 살펴보겠습니다.

현실에서 바로 적용하는 일승법

오직 잘 익은 열매들이다

석가여래께서 법화경을 설명하실 때 수많은 사람이 모였습니다. 그런데 석가여래께서 가장 하고 싶으셨던 일승법의 가르침은 지금까지 들어보지 못한 엄청난 이야기로 사람들이 호의불신狐疑不信, 아무도 믿지 않을 것 같으셨나 봅니다. 아무 말씀도 안 하시고 가만히 계시니, 문수보살께서 말씀하십니다.

"지금은 법을 설할 때가 아니다. 불순한 사람이 다 퇴장하고 난 뒤에 말씀하실 것이다. 불순한 사람은 퇴장하라."

불순한 사람은 부처님을 기쁘게 해 드리기 위해서 보시하지 않습니다. 자기 가족을 위해서 보시하는 사람, 즉 기복 불교를 믿는 사람, 또 국가 사회를 위해서 보시하는 사람 즉, 진리만 추구하는 사람, 그리고 영웅호걸이 되어 국가를 잘살게 하려는 사람은 부처님을 시봉하는 사람이 아닙니다. 이런 사람들이 퇴장할 때까지 기다렸더니, 5천 명이 자리를 떴다고 합니다. 불순한 사람들이 5천 명이 되더랍니다.

석가여래께서 가장 하고 싶으셨던 일승법

부처님께서 이제 일승법을 들을 정도가 되었다며 설하신 게 바로 법화경입니다.

"내가 진정으로 얘기하고 싶은 것이 있다. 바로 일승법一乘法이다. 그러나 내가 지금까지 그대들에게 일승법을 얘기한 적이 없다. 그대들이 일승법을 좋아하지 않기 때문이다. 일승법은 부처 마음으로 바꾸어 부처로 새로 태어나는 방법, 오로지 이것만이 살길이라고 일러주는 것이다. 그런데 그대들은 부처님을 그렇게 좋아하지도 않고, 불자로 새로 태어나려고 하지도 않았다. 그대들은 하류下流를 좋아했다."

법화경에서 말씀하시는 부처님의 일승을 현실에 적용할 수 있게 풀이해봅니다.

우리는 대부분 가족이나 직장 상사를 위해, 그들을 기쁘게 하려고 열심히 일하거나 돈을 법니다. 하지만 부처님을 위해, 부처님을 기쁘게 해 드리기 위해서 하는 사람은 아무도 없습니다.

"그대들은 가정을 위해서 돈 벌려고 하며, 모든 고통이 사라진 아라한을 추구하였다. 그래서 그들에게 양의 수레를 보내어 불러냈다. 또 직장 상사나 국가를 위해 일하는 사람은 바로 진리를 찾기 위해 불교를 믿는 사람과 같기에, 그들에게는 사슴의 수레를 제공하였다."

"부처님을 기쁘게 해 드리기 위해서 일하고 돈 버는 사람이 최고의 경지에 간다. 처음부터 가족이나 상사를 위해서가 아니라 오직 부처님을 시봉하기 위해서 하라. 오로지 부처님만을 향할 때, 그대는 속히 우주의 주인인 부처가 되리라."

오로지 부처님 시봉하는 마음으로 살라

원효 스님께서는 모든 부처님의 가르침이 일승법이라 하셨습니다. 다음과 같이 정리하여 봅니다.

가족이나 상사, 그 누구를 기쁘게 하려고 살지 마라.
가족을 위해서 사는 사람, 행복을 얻을지라도 언젠가는 무너지는 허무한 행복이다.
진리를 탐구하는 보람, 국가 사회에 충성하는 마음으로 살지 마라.

큰 뜻을 추구하는 사람, 일시적인 행복은 얻을 수 있어도 언젠가 무너지는 유한한 행복이다.

오로지 부처님을 시봉하는 마음으로 살라.

오로지 부처님을 기쁘게 해 드리기 위해 사는 사람이야말로 구경究竟의 행복, 영원한 행복에 도달할 것이다. 그럴 때 바로 부처가 되고 새사람이 된다.

주경야선 가행정진으로 재가자도 성불할 수 있다

이것이 일승법으로, 제가 몇십 년간 수행한 금강경 수행, 즉 주경야선 가행정진과 똑같습니다.

우리 같이 무지무능하고 속이 좁은 사람이 바뀝니다. 이것은 보통 사람들에게 진정한 희망의 빛이며 구원의 빛입니다. 세속에서 결혼하고 생활하는 보통 사람들도 성불할 수 있는 유일한 길, 바로 주경야선 가행정진 실천수행입니다. 저는 이것이 인류를 구원할 수 있는 길이며, 석가여래께서 가장 말씀하시고 싶으셨던 가르침이라 확신합니다.

정리

보시布施는 '본능을 거슬러 가는 모든 행위'를 말합니다. 무주상 보시는 가족이나 국가 사회가 아니라, 오직 부처님을 기쁘게 해드리기 위해서 본능을 거슬러 가는 행위입니다. 이것이 무주상 보시의 특성입니다.

이 무주상 보시의 강도에 따라 금생에 발복發福하는 정도가 다릅니다. 자타불이의 보시도 대단히 중요하지만, 매 순간 부처님을 향할 수 있는 풀타임 무주상 보시를 주경야선 가행정진의 무주상 보시라고 하였습니다.

'주경야선 가행정진의 무주상 보시'는 단기간에 사람을 빠르게 변화시켜서 부처님의 세계에 바로 들어가게 하는 아주 희유한, 즉 석가여래께서 가장 말씀하시고 싶었던 일승법의 가르침과도 같습니다. 재가자도 성불할 수 있는 구원의 길입니다.

모든 사람이 일승법, 즉 주경야선 가행정진을 잘 실천하고 깨달음을 얻어 무시겁의 업보 업장을 해탈해서 부처님 전에 환희심 내어 밝은 날과 같이 복 많이 짓기를 발원합니다.

제 15 장

초심을 유지하는 보림의 길

훌륭한 인격을 완성하는 도인의 오계

주경야선 가행정진을 오래 유지하려면, 반드시 훌륭한 인격이 선행해야 한다.

○ 도인이 말씀하시는 오계五戒

- 최상위계율은 불살생이다.
- 진심의 해탈을 넘어 대자대비한 마음으로 대하라.

<table>
<tr><th rowspan="2">오계</th><th colspan="2">도인의 해석</th><th rowspan="2">수도법</th></tr>
<tr><th>속마음</th><th>오계를 지키는 마음가짐</th></tr>
<tr><td>불살생
不殺生</td><td>진심</td><td>대자대비한
마음</td><td rowspan="5">나는 무시겁으로
~한 적이 없노라</td></tr>
<tr><td>불투도
不邪淫</td><td>탐심
(물건)</td><td>무주상
마음</td></tr>
<tr><td>불사음
不邪淫</td><td>탐심
(사람)</td><td>청정한 마음</td></tr>
<tr><td>불망어
不妄語</td><td>치심</td><td>상대를
용서하는 마음</td></tr>
<tr><td>불음주
不飮酒</td><td>치심</td><td>상대를 즐겁게
하려는 마음</td></tr>
</table>

저는 주경야선 가행정진이 세상에 살면서 성불을 할 수 있는 유일한 길이라고 생각합니다.

어떻게 주경야선 가행정진에 성공할 수 있을까요?

성공하기 위해서 반드시 갖춰야 할 선행조건이 있을까요?

주경야선 가행정진을 성공하려면 우선 인격을 갖춰야 한다

소사에 처음 출가했을 때 굉장히 공부를 잘하는 것처럼 보이는 도반이 있었습니다. 불평은 한 번도 한 적이 없었고 극기 정신도 아주 투철했으며, 선생님에 대한 공경심도 아주 투철해 보였습니다. 영험한 점쟁이한테 물어보면 모든 것을 다 알듯이, 그이한테 물어보면 모르는 것이 없었고 심지어는 전생까지도 훤히 알았습니다. 수도를 잘해 거의 깨달음의 경지에 이른 사람처럼 보였습니다.

그런데 일하는 게 비현실적이고 지혜롭지가 않아요. 공부를 잘하는 것과 무지가 무슨 상관관계가 있을까? 저는 그이의 공부에 대해서 의심하였습니다. 또 종종 화도 잘 내요. 그래도 진짜 분노를 참지 못하는 게 아니라 나를 일깨워주기 위해서 화를 낸다고 좋게 생각했습니다. 하지만 가만히 보면 본능을 제어하지 못하는 겁니다. 저이가 공부는 잘하는 것 같은데, 인격은 어떨지? 때로는 세상의 부귀영화도 부러워하는 것처럼 보입니다. 깨달았다면 세상의 부귀영화를 부러워하지 않아야 하는데, 그이는 돈 많은 사람이 오면 어쩔 줄 모릅니다. 인격과 수도가 정비례한다는 생각에 대해 의심하지 않을 수 없었습니다.

이제는 훌륭한 인격이 있는 사람만이 결정적인 깨달음에 이른다는 결론을 얻었습니다. 주경야선 가행정진을 성공적으로 해서 금생에 깨달으려면 반드시 훌륭한 인격이 동반되어야 합니다. 가행정진에 앞서 인격을 닦고 덕망을 쌓는 것은 매우 필요한 일입니다. 주경야선 가행정진을 오래 유지하려면 반드시 훌륭한 인격을 먼저 갖추어야 합니다.

탐진치 3독만 없으면 훌륭한 인격이다

어떻게 훌륭한 인격을 갖추지요?

대답하기 어려운 문제입니다.

탐진치 3독만 없으면 훌륭한 인격입니다. 부처님이 제정하신 오계–불살생, 불투도, 불사음, 불망어, 불음주–를 잘 실천하면 탐진치가 소멸해서 훌륭한 인격을 갖추게 된다고 확신합니다. 그러나 오계는 잘 지키지만 인격을 갖추지 않은 사람이 많기에, 제 말이 틀렸다고 생각할 수도 있습니다.

보통 사람이 말하는 오계와 도인이 설하는 오계는 상당히 다릅니다. 보통 사람, 보통 스님, 깨치지 못한 사람이 말하는 오계는 도인이 말하는 오계와 천양지차天壤之差입니다. 보통 사람들이 말하는 오계는 아무리 잘 지켜도 훌륭한 인격자가 되는 것과는 거리가 멉니다. 하지만 도인이 말하는 오계를 잘 지키면 반드시 훌륭한 인격을 갖추어서 주경야선 가행정진을 분명히 성공할 수 있습니다.

보통 사람들이 말하는 오계

우선 보통 사람들이 말하는 오계를 살펴봅니다.

불살생, 죽이지 말라. 백 선생님은 설사 죽였다 하더라도 께름칙한 마음을 잘 바친다면 살생의 과보를 받지 않는다고 하십니다. 그래서 어떤 사람은 파리, 빈대 죽이는 것을 당연시하며 살생을 습관화합니다. 죽이고 나서 미륵존여래불 정진하며 죄의 사함을 받았다고 합니다. 저는 거의 살생을 하지 않았습니다.

불투도, 도둑질하지 마라. 학생들이 커닝하는 것도 도둑질입니다. 저는 고등학교 때부터 커닝을 하지 않겠다고 마음을 먹었고, 남한테 돈 한 번 꾼 적도 없습니다. 당연히 남의 물건을 가져온 적도 없었습니다. 외려 베풀어준 게 많지, 도둑질한 적은 없습니다.

불사음, 음행하지 마라. 자기 안식구가 아닌 남의 안식구를 마음속으로라도 넘보는 것을 사음이라고 합니다. 저는 마음속으로라도 불손한 생각이 일어나면 얼른 바쳤기 때문에 불사음도 잘 지켰다고 생각합니다.

불망어, 거짓말하지 마라. 저는 고등학교 때 이후로 거짓말을 거의 안 했어요. 그때는 도산 안창호 선생을 아주 존경했고 닮고 싶었습니다. 그런데 나쁜 업보를 만나서 결혼하니까 어쩔 수 없이 거짓말하게 되는데, 그것은 못 당하겠더라고요. 나쁜 업보가 떼쓰고 밀어붙여서 한 것 이외는, 거짓말도 거의 안 했습니다.

불음주, 술 마시지 마라. 저는 군대에 있을 때 술을 마지못해 조금 먹었지만, 이후로는 거의 술 한 잔도 입에 대지 않았습니다.

이 정도면 저는 오계를 잘 지켰다고 얘기할 수 있습니다. 우리나라 불자 중에서 오계를 잘 지키는 사람은 10퍼센트 정도 될 것 같아요. 저보다 더 고지식하게 오계를 잘 지키는 사람도 꽤 있습니다.

오계를 고지식하게 지키는 사람이 과연 인격자일까요?

아닙니다. 그 사람들은 실제 인격자가 아니라 인격자로 비칠 뿐입니다.

도인이 설하시는 오계
마음으로 본다

도인이 설하시는 오계는 무엇이 다를까요?

도인은 마음이 모든 것의 근본이라는 일체유심조의 진리로 모든 것을 해석하고 진단합니다. 도인은 사람을 용심으로 보고, 오계 역시 마음으로 봅니다. 관세음보살을 사람이 아니라 자비심으로, 미륵존여래불도 사람이 아니라 공경심으로 보듯이, 오계를 단순히 계율로 보지 않고 마음으로 봅니다.

살생은 진심으로, 투도 사음은 탐심으로 봅니다. 투도는 물건에 대한 탐심이고 사음은 사람에 대한 탐심입니다. 망어나 음주에는 탐진치가 골고루 갖춰 있는데 주로 치심에 가깝다고 해석합니다.

도인의 불살생, 대자대비한 마음

불살생. 진심嗔心, 화내지 말라는 뜻입니다.

살생을 왜 합니까? 미워하니까 살생합니다. 미워하는 것은 진심으로 출발합니다. 진심을 내지 않으면 살생할 일이 없습니다. 앙굴마 이야기를 말씀드린 적이 있습니다만 '무시겁으로 살생한 일이 없노라.'는 '무시겁으로 성낸 적이 없노라.'와 같습니다.

살생을 하지 않는 사람은 아주 많습니다. 티베트에서는 작은 벌레 하나도 죽이지 않습니다. 야크라는 동물의 고기를 먹는데, 이 동물을 죽이는 것은 이슬람교도입니다. 불교도는 일절 살생을 안 합니다. 부탄이나 티베트에서도 고기는 먹어요. 안 먹으면 체력이 안 되니 달라이라마도 먹습니다. 하지만 동물을 죽이지 않아요. 벌레도 안 죽입니다. 벌레들이 모두 도망가게 하고 집을 지을 정도로 철저히 지킵니다.

도인이신 백 선생님이 새롭게 정하여 말씀하셨습니다.

"계율이 문제가 아니라 마음이 문제다. 계율은 탐진치를 닦게 하고자 제정한 것이지, 계율을 위한 계율을 지키는 게 계율의 참뜻이 아니다. 진심을 내지 않는 살생은 문제가 없다. 자비심을 동반한 살생은 오히려 복을 짓는 것이다."

이것이 도인이 해석하는 오계입니다.

살생하지 않기는 아주 쉽습니다. 하지만 털끝만큼도 진심을 내지 않는 것은 정말 어렵습니다. 털끝만큼도 진심을 내지 않으면 대자대비의 형태로 나타납니다. 우리는 본래 대자대비한 존재, 전지전능한 무소불위의 존재이기 때문입니다. 우리는 무시겁으로 탐진치에 물들어서 전지전능, 대자대비, 무소불위의 능력을 잃어버렸습니다. 살생이라는 진심만 없으면 대자대비가 그대로 드러납니다. 불살생의 계율에는 대자대비한 본연의 모습을 깨달으라는 뜻이 포함돼 있습니다.

불살생의 계율을 철저히 지켰다는 것은 진심의 뿌리를 뽑았다는 뜻이요, 이는 대자대비하였다는 증거라고 도인은 해석합니다.

도인의 불투도,
무주상의 마음

도둑질하지 않기는 굉장히 쉽습니다. 저는 굶어 죽으면 죽었지, 남의 것을 훔치지 않고 지내라면 지낼 수 있어요. 그건 어려운 것 같지 않아요. ROTC 시절, 군사학 시험시간에 감독이 없었습니다. 감독이 없으니까 커닝 쪽지가 왔다 갔다 합니다. '다들 거지 마음이야.' 하며 속으로 비웃었고 화가 났지만, 커닝을 하지 않았습니다. 이 정도는 쉽습니다.

하지만 탐심의 뿌리까지 뽑는 것은 굉장히 어렵습니다. 탐심의 뿌리를 뽑는 순간 보시바라밀이 성취됩니다.

조선시대 홍순언 선생의 이야기를 여러 번 말씀드렸습니다. 홍순언은 감옥에 갈 각오를 하고 많은 돈을 무주상으로 주었습니다. 무주상으로 주는 마음이 바로 불투도의 정신입니다. 도둑질하지 않는 정도로는 불투도의 계율을 반밖에 못 지키는 거예요. 도인은 홍순언 선생처럼 무주상의 마음이 되어야 불투도의 정신을 지키는 것이라고 이야기합니다.

도인의 불사음,
청정한 마음

불사음도 마찬가지입니다.

'나는 무시겁으로 여색을 밝힌 적이 없노라.' 하는 정도로는 불사음이라고 볼 수 없습니다. 우리나라 스님들 중에서 상당수는 마음 속에서도 이성을 범하지 않은 분이 꽤 있다고 봅니다. 하지만 도인은 그런 정도를 청정하다고 하지 않습니다. 어느 수준이어야 청정하다고 얘기할까요?

정이정호 형제 이야기를 한 적이 있습니다. 둘 다 송나라 시대에 유학자로, 성인군자로 소문난 분입니다. 형제가 기생집에 가게 되었는데 형은 즐겁게 기생과 춤을 추고 놀았고, 동생은 거부했던가 봐요. 집으로 가는 길에 동생이 형에게 따집니다.

"기생이 춤추자고 해도 그렇지, 형님처럼 점잖은 분이 기생과 같이 춤을 추다니 말이 됩니까?"

"아직도 기억하고 있나?"

형이 진짜 불사음을 지킨 사람입니다. 동생은 불사음을 지킨 게 아니에요. 반쪽입니다.

저도 그런 적이 있었습니다. 육군 소위 시절 1965년쯤, 교외에서 노래 부르고 노는 야유회가 흔했습니다. 한 무리의 아줌마들이 야유회에서 놀다가 돌아오는 시외버스에 우연히 저도 같이 타게 되었습니다. 버스에서 저보다 나이 든 아줌마가 "아유, 장교님 오셨네요." 하면서 저를 포옹했습니다. 그때도 불교를 독실히 믿었기 때문에 '어디 이런 아줌마가 있어?' 하며 밀쳤습니다. 제가 얼마나 고지식했는지 아세요? 만원 버스 속에서 옆에 있는 여학생과 우연히 손이 스치면 쓱 피해 갔던 사람입니다. 하지만 속마음까지 그랬던 것 같지는 않아요.

음란한 마음이 없는 사람은 그 아줌마와 같이 포옹하며 그이를 무안하게 하지 않고 즐겁게 했을 겁니다. 그이가 흥에 겨워 한 번 포옹했던 건데, 오히려 인상을 쓰며 피하는 제게 문제가 있었다고 봅니다.

도인의 불망어, 용서하는 마음

○○ 스님은 계율을 잘 지키는 조촐한 분으로 소문이 나 있습니다. 제가 학생 때 그분은 30대 중반 정도였을 겁니다. ○○ 스님은

불교신문사 주간을 하고 있었고 글을 잘 썼기 때문에 그때도 알려져 있었습니다. 어떤 도반이 ○○ 스님은 사람이 아주 똑똑하고 계율을 청정하게 지키는 것이 큰 장점이라고 하였습니다.

그 스님은 특히 시간 약속을 잘 지킵니다. 문제는 시간을 어기는 상좌를 용서하지 않는다는 거예요. 본인이 쓴 글의 내용입니다. 남의 잘못을 용서하지 않는 기질이 있어요. 이것은 불망어를 지키는 게 아닙니다. 자기는 시간 약속을 잘 지키되, 상대를 용서해서 감화시킬 수 있어야만 불망어를 지키는 것입니다.

대표적인 불망어의 실천 사례는 백은 대사입니다. 강제로 떠맡은 아기를 동냥젖을 얻어 먹이면서 내 아이처럼 키웠다는 아름다운 이야기입니다. 그이가 진짜 불사음 불망어로 상대에게 감동을 주는 사람이라고 봅니다. 상대에게 감동을 주고 감화할 정도가 되지 않으면 불망어나 불사음을 지키지 못한 것입니다.

도인의 불음주,
즐겁게 해주려는 마음

저는 술에 취해본 적도 없습니다. 그래도 마음이 약해서 분위기를 맞춰 반 잔쯤은 먹어줍니다. 술을 한 잔도 입에 안 대는 어떤 반듯한 도반이 있었습니다. 그분은 당연히 술좌석엔 아예 가지도 않을 것이고 술을 권하지도 않을 것으로 생각했어요. 그런데 그분은 본인은 술을 일절 마시지 않아도 술자리에 가서 상대에게 술을 권합니다. "제가 술을 마시지 못합니다."라고 양해를 구하고 상대에게는 술을 권하면서 분위기를 화목하게 하는 사람을 봤어요.

그이가 저보다 몇 수 위라고 생각했습니다. 저는 그저 제 방어만 했지, 상대에게 술을 권하고 상대를 즐겁게 하는 아량까지는 없었습니다. 왜냐하면, 술을 나쁜 것으로 보았기 때문입니다.

'상대에게 술을 권하지 말아라. 술집을 일러주는 손가락질만 해도 오백 생 동안 손이 없는 보를 받을 것이다.'라는 이야기가 경전에 나옵니다. 술을 권하는 것은 위험한 일이 아닐까 생각하실 수 있습니다.

최상위계율은 불살생
진심의 해탈을 넘어 대자대비한 마음

계율에도 우선순위가 있어요. 불살생이 가장 우선입니다. 불살생, 자비심, 사랑을 최고의 덕목으로 칩니다.

기독교인들은 믿음 소망 사랑 중에서 사랑이 제일이라고 합니다. 믿음보다 사랑이 더 우선이기에 하버드 출신의 현각 스님이 가톨릭 신자였을 때도 불교 신자를 비방하지 않았고, 자기는 불교로 왔어도 가톨릭을 배신한 것이 아니라고 얘기합니다. 마찬가지로 자신이 술을 먹지 않아도 상대에게 권하는 것은 파계가 아닙니다. 사랑이라는 제일의 덕목을 지키는 것입니다. 이게 가장 우선입니다.

진심嗔心이 가장 해롭습니다. 진심 없이 자비를 베푸는 것이 최우선입니다. 나머지 계율은 하위 계율입니다. 이것이 바로 불살생을 제일 위에 놓은 이유라고 생각합니다. 기독교에서 사랑이 최고라고 하는 것과 마찬가지입니다. 그 마음에서 나는 술을 안 먹지만 상대는 기분 좋게 해줘야겠다는 아량이 생기지 않나 생각합니다.

이것이 바로 도인이 설하는 계율입니다.

인격의 완성,
탐진치의 뿌리까지 없애는 수행

계율을 철저히 지키기 위해서는 형식적인 계율에 집착하지 말고 탐심과 진심의 뿌리까지 없애는 수행을 해야 합니다. 수행의 하나로 '나는 무시겁으로 살생을 한 일이 없노라. 나는 투도를 한 일이 없노라. 사음을 한 일이 없노라.'를 되풀이합니다. 형식에 집착하는 게 아니라, 대자대비심을 키우고 보시바라밀을 성취하여 다른 사람을 감동하게 하는 청정행을 티 나지 않게 하면 인격이 완성됩니다.

예전에 우리 도반 중에도 가행정진은 그럴듯하게 하면서도 성질을 내는 사람, 여색을 밝히는 사람, 남을 이용하려고 하는 사람이 있었는데 그런 사람은 오래 있지 못하고 다 나갔습니다. 처음부터 인격을 닦아야 합니다. 마음속에 탐심 진심 치심이 없어야 합니다. 그래야 즐겁게 주경야선 가행정진을 할 수 있고 유지할 수 있습니다.

– 2022.04.02.

가장 바람직하고 효과적인 소원성취의 길

주경야선 가행정진은 가장 바람직하고 효과적인 소원성취의 길이다.

○ 소원성취의 방법

방법	특징	실천법	성취속도
매달리는 방법	간절성	관세음보살	우연한 성취
마음에 그리는 방법	집중성	자기계발서	수학적 성취
내려놓는 방법 바치는 방법	진실성	금강경수행	가장 빠른 성취

○ 바치는 방법을 유지하는 보림保任의 길

- 긴장감, 진실성, 공경심

○ 세 가지 소원성취 방법 공통점

- 아상이 없을 때 소원이 성취된다.
- 아상이 있을 때 소원성취가 느리다.

인생이란 무엇일까?

스스로 이런 철학적인 질문을 종종 해 봅니다.

우리는 마음속에 이루고자 하는 소원성취의 한이 너무나 많습니다. 따라서 인생을 이렇게 정의하여 봅니다.

"인생은 소원성취의 한을 이루는 과정이다. 소원을 이루는 성취 과정, 투쟁 과정이 인생이다."

소원성취의 세 가지 형태

우리는 어릴 때부터 몸뚱이를 잃어버리는 각종 공포를 느끼면서 성장합니다. 자기 능력의 한계를 느끼고 어딘가 매달려서, 신의 위력으로 자기의 뜻을 이루려고 노력합니다. 이로써 종교가 발생하였다고 생각합니다.

저의 집안은 전통적으로 유교의 관습을 따랐습니다. 유교에서도 두렵고 어려울 때는 하늘에 매달렸는지, 유교적인 주문이 있습니다. 지금도 일부 기억하는데, 주역에 나오는 주문을 외워서 공포에서 벗어나려고 했던 적이 있습니다. 불교에서는 소원을 성취하는 구체적인 방법을 알려주지는 않지만, 관세음보살이나 지장보살 염송을 제시하기도 합니다.

제가 대학생 때는 자기계발서도 거의 없었습니다. 여러 가지 난제에 부딪힐 때마다 관세음보살을 성심껏 했고, 지장보살도 많이 했습니다. 군대에서 훈련받을 때도 어머니가 선물해주신 관세음보살상이 새겨진 금 목걸이를 걸고, 수시로 느끼는 공포의 마음을 가라앉히기 위해 관세음보살을 많이 했던 기억이 납니다. 관세음보살을 굉장히 열심히 했는데도 공포와 근심 걱정이 쉽게 사라지지 않았고, 예정된 재앙은 어김없이 일어났습니다.

군대에서 처음으로 자기계발서를 읽었을 때, 마치 금강경을 처음 읽었을 때처럼 세상이 완전히 달라 보이는 감동을 느꼈습니다. 미국인 목사, 단 카스터가 쓴 『정신력의 기적』이나 그와 비슷한 『신념의 마력』 같은 자기계발서들이 연이어 나왔습니다. 심취해서 자기계발서를 읽고 현실에 부분적으로 응용했더니, 관세음보살 했을 때보다 훨씬 더 빠른 속도로 소원이 이루어지는 것을 발견했습니다. 그 후 관세음보살에 매달리지 않고, 마음에 그리는 대로 이루어진다는 자기계발서의 방법을 현실에 적용하기 시작했습니다.

거의 동시에 백 박사님을 만났습니다. 백 박사님의 가르침은 분별심을 바치는 것, 내려놓는 것입니다.

소원성취의 형태를 매달리는 방법, 마음에 그리는 방법, 내려놓는 방법, 세 가지로 구분했습니다.

소원성취를 위해서 여러 가지 방법을 찾고 또 찾다가 여기 오신 분들은 여기에 최종적으로 정착할 수도 있고 싫다고 떠날 수도 있습니다. 깨닫기 위해서가 아니라, 속히 소원성취가 되는 방법이 있다고 해서 떠나시게 될 것 같습니다.

결론적으로 얘기하면 바치는 방법, 내려놓는 방법이 가장 효과적이고 확실한 소원성취 방법입니다.

매달리는 방법

대부분의 불교 신자들은 아직도 매달리는 방법으로 소원을 성취하려 합니다. 가톨릭이나 기독교도 역시 마찬가지입니다. 매달리는 방법은 자신이 부처님의 가피력에 의존해야만 살 수 있는 열등한 존재, 신의 종이라는 열등감에서 출발합니다. 매달려야만 살 수 있다는 열등감으로 시작하며, 따라서 기도법도 간절합니다. 이것이 공통적인 특징입니다.

매달리고 빌어야 한다는 겁니다. 우는 아이한테 젖을 주는 것처럼, 울고 매달리고 빌고 또 빌면, 지성이면 감천이라 소원이 성취된다는 것입니다. 관세음보살 염송을 예로 들었습니다.

이 방법은 성취 속도가 굉장히 늦어요. 성취가 될 때도 있는데, 그러면 이 방법만이 소원성취의 확실한 길이라고 생각하게 됩니다.

마음에 그리는 방법

마음에 그리는 방법은 금강경에 나오는 일체유심조의 진리대로 이루는 것입니다. 마음이 모두 만드는 것이니, 자기 마음속에 그리는 대로 됩니다. 테스트를 해봤는데 상당히 잘 됐어요.

우리 마음속에는 신의 세계가 있고 그리는 대로 뭐든지 다 이룰 수 있다는 이야기는 제가 책에도 여러 번 썼고, 미국 등지에서 출판된 수많은 영웅호걸의 자기계발서에도 나옵니다. 이 방법을 활용해서 큰 부자, 천재, 큰 지도자가 됐다는 사례는 너무나 많고, 앞으로도 이런 자기계발서는 계속해서 발전될 것 같습니다.

그리는 대로 이루기 위해서는 간절함이 아닌 집중력이 있어야 합니다. 정신일도 하사불성精神一到 何事不成이라는 말처럼 정신을 하나로 모을 때 잘 그려지고, 그리는 대로 이루어집니다.

마음에 그리는 방법은 자기 속의 무한한 능력을 활용하는 것입니다. 자기 속에 무한한 능력이 있다고 본다는 점에서 내려놓는 방법에 가깝기는 하지만, 자신을 전지전능한 신으로 생각하고 출발하는, 내려놓는 방법과는 다소 다릅니다.

바치는 방법,
내려놓는 방법

내려놓는 방법은 우리가 전지전능한 부처라는 데서 출발합니다. 분별심을 내려놓기만 하면 소원이 성취된다는 자신감에서 출발합니다.

내려놓는 방법은 우리가 하는 금강경식 방법이며 세계 유일의 방법입니다. 앞으로 4차 산업혁명 시대에 희망의 길, 인공지능 만능 시대에 인공지능을 능가할 수 있는 유일한 소원성취의 길이라고 정의하여 봅니다.

금강경 수행으로 바치는 방법은 본래 모습으로 돌아가는 것이며, 가장 빠른 방법입니다. 본래 모습으로 돌아가는 것을 진실성이라고 합니다. 어떤 가식假飾도 없습니다. 가식은 본래 모습으로 돌아가는 게 아니라 어떤 새로운 목표를 지향하는 것입니다.

아상이 소멸하면 소원이 성취된다

소원이 이루어질 때의 공통적인 특징이 있습니다.

간절히 빌다가 아상이 소멸할 때 소원이 성취된다

간절히 빌어서 소원이 이루어지는 게 아니에요. 간절히 빌다 보면 아상이 죽는 때가 있어요. 염도염궁무념처 육문상방자금광念到念窮無念處 六門常放紫金光이라는 말이 있듯이, 간절히 관세음보살을 하다 보면 어느 때 아상이 완전히 죽습니다. 아상이 소멸될 때 소원성취가 이루어지는 것이지, 관세음보살이 소원을 비는 것에 감동해서 복을 주는 게 아닙니다.

간절히 비는 방법은 아상을 소멸하려고 출발하는 것이 아니라, 매달리려고 출발합니다. 오히려 탐심을 키우는 식으로 출발하기 때문에 속도가 가장 느릴 수밖에 없어요.

집중하여 아상이 없어질 때 그리는 대로 이루어진다

마음에 그리는 방법은 원리를 알고, 원리를 그대로 실천하는 것입니다. '아상이 소멸될 때, 아상 소멸과 정비례하여, 그리는 대로 바로 이루어진다.'라는 원리에 입각합니다. 그리는 대로 이루어진다는 것은 사실이지만, 아상이 없는 마음으로 그려야 바로 이루어집니다. 아상이 없는 사람은 한마디에 다 된다고 합니다.

불가에서도 이런 말이 있어요. 아상을 열심히 닦던 어떤 노승이 죽을 때가 되어 '내생에 뭐가 될까? 임금이나 돼보지.' 하고 마음속에 그리면 후생에 틀림없이 임금이 된대요. 아상이 없다는 것을 전제로 하여, 그리는 대로 이루어집니다.

마음에 그리는 방법의 특징은 집중성인데, 집중해야 아상이 없어진다는 뜻입니다.

아상이 본래 없는 줄 알고 진실하게 내려놓는다

주경야선 가행정진에 오시는 분들은 이런 일차적이고 원초적인 방법, 과학적인 방법을 다 떠나서 가장 바람직하고 효과적인 소원성취법에 참여하려고 모이셨습니다. 우리는 가장 빠른 길을 택하려고 왔습니다. 그 길은 아상이 본래 없는 줄 알고 내려놓는 것이며, 가장 바람직하고 효과적인 소원 성취 방법이 바로 주경야선 가행정진입니다.

그저 내려놓기만 합니다. 그냥 저절로 내려지지 않습니다. 진실해야 합니다. '진실眞實'이라는 말이 추상적인데, 우리가 전지전능하다는 것을 일러주시는 절대자에 대한 공경심을 내는 것은 너무나 당연한 일이고, 이러한 '절대 공경심'을 진실성이라고 표현합니다. 내려놓기만 하면 돼요.

고승이 죽을 때가 돼서 내생에 임금이 되기를 그리기만 하면 바로 임금이 된다고 앞서 말씀드렸습니다. 뭐가 된다고 하는 것은 마음속에 자기가 불완전하다는 것을 전제한 것입니다. 임금이 되려는 것은 아직은 자기가 전지전능하다는 것을 덜 깨달았다는 뜻이며, 마음에 그리는 방법에서 크게 벗어나지 않았다고 생각합니다.

하지만 내려놓는 방법으로 수행하는 사람은 죽을 때가 되어 '내 생에 뭐가 될까?' 하는 생각이 드는 즉시, 그 생각을 바칩니다. 바치기 때문에 뭐가 될 필요가 없어요. 그대로 전지전능한 상태에 머무릅니다. 내려놓는 방법은 '무엇이 돼보지!' 하는 마음조차 없을 정도로, 오직 모든 것을 바치는 마음으로 충족되어 있습니다.

백 박사님의 전생

백 박사님의 전생 이야기입니다.

"전생에 부처님께 모든 것을 다 바쳤다. 그래서 나는 몸을 바꾸고 세상을 떠났을 때도 부처님 옆으로 갔다."

이는 어떤 사람의 몸을 받지 않았다는 뜻입니다. 임금이 되고자 하면 물론 임금이 됐겠지만, 임금이 되려는 마음조차도 바쳤기 때문에 부처님 세계로 갔고 열반의 즐거움을 누렸다는 뜻입니다.

열반의 즐거움을 느끼고 평안한 세계, 부처님 세계에 있는데 어떤 젊은 아녀자가 부처님 앞에 와서 아들 낳기를 간절히 빌더래요. 간절히 매달리는 방법을 쓰는 겁니다. 백 박사님의 표현 그대로 말씀드립니다.

"그 간절함이 하도 건강해서, 나는 그 순간 그 사람의 태속으로 들어갔다. 그것이 내 몸이다."

도인의 수도는 뭘 바라는 수도가 아닙니다. 바치고 내려놓는 수도입니다. 다 내려놓으면 자기 자신의 전지전능함을 깨달으며 무한한 행복과 즐거움이 있는 열반의 세계, 부처님 세계에 머무릅니다. 어디 태어날 일도 없어요. 그런데 왜 태어나셨나? 불상 앞에 와서 간절히 비는 어떤 아녀자의 마음이 하도 건강해서 거기에 말려들었다고 할지, 그렇게 몸을 받아서 왔대요. 인연 따라 가는 겁니다.

바치는 방법을 유지하는 보림 긴장감 진실성 공경심

바치는 방법을 계속 유지하는 게 좋습니다.

바치는 방법을 보림保任하는 길이 무엇일까요?

법당에 처음 오신 분들이 법문에 감동하고 심지어 푹 빠져 그대로 금강경을 읽으며 매우 빠른 속도로 소원성취하는 체험을 많이 합니다. 그런데 이 체험이 오래 유지되지 않고 중간에 여러 가지 말썽을 일으키고 심지어는 퇴타심도 내어 비방하면서 내리막길로 가는 사람을 많이 봤습니다. 이 법당에서도 그랬고 백 박사님 앞에서도 그랬습니다. 이 가르침이 잘못되어서가 아닙니다. 보림의 길은 항상 긴장감이 있어야 합니다.

공부를 하다 보면 계율도 바치고 부처도 바치라고 하니까, 계율을 지키는 데 소홀히 하며 어기게 됩니다. 이것이 진실성에서 벗어나는 겁니다. 물론 살생 투도까지 하지는 않아요. 하지만 사람들끼리 친하고 안주하는 것이 죄라고 생각하지 않습니다. 서로 친하고 안주하며, 공경심은 물론 긴장감과 진실성을 모두 잃어버립니다. 그것이 누적되어 서서히 퇴타심으로 이어집니다.

특히, 도반하고 친한 것은 일종의 애욕과 음탐심의 연장입니다. '보드라운 것을 좋아하는 마음'이 긴장감을 와해시켜서, 부처님과 멀어지고 내려놓는 길에서 멀어집니다. 결국 퇴타심이 나서 공부를 못 하고 비방까지 하게 됩니다. 백 선생님께서는 이렇게 되면 몇 생을 놓친다고 하십니다.

한 생각 잘못하여 한양에 간 이야기를 잘 아시지요? 잠깐 한 생각 방심한 것이 10여 년의 세월을 놓쳤습니다. 수도의 긴장감에서 벗어나 보드랍고 따뜻한 세계를 찾습니다. 세상 식으로는 아무 죄도 아니고 허물도 아니건만, 그것이 방심이 되고 퇴타심이 되어 결국은 십여 년을 허송세월했습니다. 친구 도반의 도움이 아니었으면 몇 생을 그런 식으로 지냈을 것입니다.

주경야선 가행정진을 할 때 긴장감을 유지해야 합니다. 제가 죽비를 들고, 시작할 때마다 법문을 하는 것은 긴장감을 가지고 새 정신 차리자는 뜻입니다.

우리는 구십 살이든 백 살이 되든 항상 아가 마음이며, 몸뚱이 착의 노예로 살고 있습니다. 한 시도 어른일 때가 없어요. 항상 긴장감을 놓치지 말아야 합니다. 억지로라도 공경심을 내야 합니다.

그래야만 아상을 항복받고, 드디어는 주경야선 가행정진도 성공할 수 있을 것입니다.

저는 올봄에 다시 약 21일간 주경야선 가행정진에 참여하려고 합니다. 먼저 했을 때 좋은 성과가 있었듯이 또 한 번 빛나는 주경야선 가행정진의 르네상스를 이룩해서 새로운 신심 발심의 계기가 되기를 발원합니다.

- 2022.04.16

내 안의 무한한 힘을 활용한 소원성취의 체험

○ 전문대학 교수직(1979)

- 내 마음대로 골라서 찍었다.
- 금강경의 바치는 법과 자기계발서의 일체유심조 진리 활용

○ 신법당 건축(1999)

- 가행정진하며 그린벨트에서 건축허가

○ 독창적인 박사학위 논문(1996)

- 자연과학의 난제를 푸는 데에도 적용 가능
- 뉴턴 유체의 점성을 세계 최초로 계산
- 모든 사람을 부처님으로 보라는 가르침 활용
- 종합적 즉각의 결과

○ 보살행 시도

- 2003년 사회복지법인 바른법연구원 설립
- 2020년 백성욱박사 교육문화재단 설립

저는 선지식의 가르침과 금강경 수행을 만나지 않았다면 도저히 이룰 수 없는 몇 가지 소원을 성취하였습니다. 구체적으로 뭘 이루었는지 한번 적어봤습니다.

첫 소원 성취, 전문대 교수로 이직

전문대학 교수로 이직한 이야기를 하겠습니다. 저는 1967년에 제대하고 바로 4년간 수도 생활을 했고 이후 백수 생활 1년, 식당 운영 4년을 했습니다. 떠올리고 싶지 않은 과거의 괴로운 기억이기도 합니다만, 허송세월은 아니었던 것 같아요. 그때 CEO의 씨앗이 심어졌다고 생각합니다.

식당을 그만두고 대학원에 가서 1978년에 졸업했는데, 졸업하기 전에 두 군데에 취직이 됐습니다. 한국과학기술연구원(키스트, KIST)의 위촉 연구원과 고등학교 교사로 취직되었습니다. 키스트에 근무하는 대학 동기들은 이미 다 선임연구원이 되었고 조금 있으면 책임연구원이 됩니다. 거기서 도저히 근무하지 못할 것 같았어요. 두 달 근무하고, 고등학교 선생으로 갔습니다. 우리 때는 사범대학보다 공과대학을 더 높게 보았는데, 이 자부심을 접고, 평생 고등학교 교사로 살려고 그랬어요. 저는 고교 교사할 자격도 못 됐던 사람이라는 걸 뒤늦게 알았지만, 그때는 제가 좀 건방졌던 것 같아요.

고등학교는 수업도 고단하고, 업무가 많아서 방학에도 4분의 1

은 출근해야 하는데, 그렇게 일 년을 하니 완전히 지쳤어요. 영원한 직장으로 삼겠다고 했지만 아무래도 자리를 옮겨야겠다는 생각이 들었습니다.

교사를 대상으로 설문 조사를 하면 교사는 성직聖職이나 전문직이 아니라 노동직이라고 응답한다고 합니다. 요새 교원 노동조합도 생겼지요. 그때는 노동조합이 없었습니다만 노동직이라고 자처하다 보니까 노조가 형성된 거죠.

고등학교 교사가 그럭저럭 괜찮은데 밖에 나가서 동창들을 만나면 부끄러워요. 친구들은 이미 출세하고 자리 잡아서 벌써 대기업 과장, 부장까지도 되었습니다.

저는 석사학위만으로 4년제 대학교수가 되기에는 좀 부족하지만 잘하면 전문대학은 갈 수 있을 것 같았고, 기왕이면 서울에서 제일 좋은 전문대학에 가야겠다고 생각했습니다. 공부한 저력을 그때 처음으로 발현해봤습니다. 마음속에 간절히 그리고 또 그리면 이루어진다는 것을 자기계발서를 통해 이미 알고 있었고, 안 된다는 생각은 금강경 읽고 미륵존여래불해서 바치면 된다는 수행을 4년이나 했습니다. 자기계발서와 더불어 금강경 수행으로 소원을 이루는 능력을 어느 정도 갖췄다고 생각해서, 처음으로 소원성취를 시도했습니다.

그때는 두꺼운 전화번호부가 있었어요. 전화번호부에 초등학교, 중학교, 대학교, 전문대학의 전화번호가 다 나옵니다. 서울에서 제일 좋은 전문대학을 찍어 '나는 ○○ 전문대 교수가 된다.'를 마음에 그리고 또 그리고, 바치고 또 바치면서 이력서를 넣었고 결국 한 번에 됐습니다.

전문대 교수가 되고 보니 고등학교 교사와 차이가 많이 납니다. 우선 수업 시간이 절반으로 줄고, 교수 둘이 쓰는 연구실도 있었습니다. 그땐 고등학교에서 토요일도 안 쉬었는데, 토요일과 스터디 데이, 일주일에 이틀을 쉬어요. 천국이에요. 그때 처음으로 일체유심조의 진리를 테스트해 봤습니다. 제가 지금 법당에서 어디 갈 때 날씨가 쾌청하기를 원 세우는 것은 그때처럼 하는 것입니다.

나중에 알고 봤더니 전문대학 교수 자리도 들어가기 어렵더라고요. 요새는 미국에서 박사학위를 받아도 전문대학 교수가 되기 어려워요. 특히 서울은 더 어렵습니다. 전 겁도 없었어요. 지방은 안 가고, 서울에서 최고로 좋은 전문대 교수를 찍어서 된 겁니다. 쉬운 게 아닙니다.

그린벨트에서 신법당 신축

두 번째, 그린벨트에서는 도저히 불가능한 신법당 건축 허가입니다. 처음에는 구법당 하나로 시작했습니다. 건물을 신축해야 하는데, 그린벨트에는 못 하나도 못 박을 정도로 굉장히 엄합니다. 그때 1995년경, 사회에 나와서 자시 가행정진을 처음으로 했습니다. 저 혼자 한 게 아니라 십여 명 도반이 같이 했는데, 그때 분위기가 참 좋았어요. 하는 사람마다 다 기적을 체험했습니다. 한마음으로 가행정진을 하니까 병이 낫고 소원성취를 하는 등, 매일같이 좋은 체험이 가득합니다. 태양이 두 개 뜬 것같이 밝았습니다. 자시 가행정진을 2~3년 하고 거의 끝 무렵에, 도저히 안 된다고 했던 신법당 건축 허가가 났어요.

뒷산에 산소가 있는 사람들이 건물이 들어서면 산소를 가로막는다고 결사반대했는데 건축이 어떻게 이루어졌는지, 아무리 생각해도 기적입니다. 제가 ○○시에 아는 사람이 있습니까? 뭐가 있습니까? 그저 원을 세웠을 뿐입니다. 제 원이 가장 컸겠죠. 건물이 세워지기 1년 전에 십여 명의 도반이 동시에 그 건물을 경계로 봤습니다. 1년 후 즈음 건물이 세워졌는데 경계로 본 것과 똑같았어요. 이게 도반들의 '공통의 원'이었던 것 같습니다. 주경야선 가행정진이 굉장히 괜찮습니다. 제가 강조하는데, 비록 큰 건물은 아니지만 그린벨트에서 도저히 불가능한 건물 신축을 해낸 겁니다.

동갑내기 지도교수를 모시고 독창적인 논문을 쓰다

이 가르침이 소원성취하는 데만 통하는 것은 아닙니다.

저는 친구들보다 10여 년 늦게 고려대학 대학원에 들어갔습니다. 이미 고대 교수가 된 동기들도 꽤 있었습니다. 그이들을 피해서 십여 년 젊은 학생들하고 공부하는데 참 부끄러웠습니다. 지도교수는 저와 동갑내기인데, 참 열등감도 느끼고 아니꼬왔습니다. 저는 소사에서 배운 대로, 상대를 부처님처럼 받들고 무슨 일을 하든 부처님을 기쁘게 해 드리려고 했습니다.

그 당시는 미국의 저명한 대학에서 박사를 해야 교수가 됐던 시절입니다. 요새는 아이비리그에서 박사를 해도 서울대학 교수가 못 됩니다. 서울대 교수가 되려면 SCI급 논문을 많이 써야 합니다. 논문 기준이 충족되면 서울대 출신이 아닌 타 대학 출신도 서울대 교수가 됩니다. 요즘은 연구하고 논문만 쓰면 되니까 아주 많이 풍토가 바뀌었어요.

대부분 논문은 미국에 유학가서 지도교수하고 같이 연구했던 주제로 보완 연구해서 쓰기 때문에 한국의 독창적인 논문은 거의 없어요. 한국에서 연구해도 미국 교수 연구의 아류가 됩니다.

제 논문은 완전히 한국 토종입니다. 소사에서 배운 게 괜찮았던 것 같아요. 완전히 무無에서 시작합니다. 배짱 좋게 저 스스로 제안하고 지도교수도 거기에 호응해서, 모르는 사람이 서로 같이 거창한 주제로 도전했습니다.

그이도 이름이 지도교수지, 모른다는 점에선 오십보백보였습니다. 그이는 모르지만 시키는 재주는 있었습니다. 저는 동갑내기 지도교수를 그저 부처처럼 모셨어요. 소사에서 배운 겁니다. 가만히 보면 다 틀리는 것만 시켜요. 저는 '네' 하는 것을 철저히 배웠기 때문에 '네' 했지만, 그이가 시키는 대로 하면 안 됩니다. 여기서 '안 된다'라고 하면 모범생이 아니죠. 제가 이리저리 더 연구해서 선생님이 시킨 대로 하니까 이런 결과가 나왔다고 하며 가져갔어요. 가만히 보면 자기가 시킨 건 아닌데 더 잘해서 가져오니 기분이 좋거든요. 더 신나게 시키는데, 시키는 것마다 엉터리이고 거의 다 틀렸습니다. 그래도 안 된다고 하지 않고 지도교수를 기쁘게 해야겠다는 마음으로 했습니다. 제가 다 그럴듯하게 해가니까 자기가 천재인 줄 알아요. 제가 틀렸다고 얘기를 안 하고 더 보완해서 드리니까 자기가 시킨 것으로 압니다.

그러면서 눈덩이처럼 연구가 커졌는데, 맨 나중에 하나가 안 풀려요. 혼자서는 안 돼서 카이스트, 서울대학의 권위자들과 토론해서 좋은 논문을 만들려고 했습니다. 그런데 그분들은 손님이니 역시 주인인 제가 해야 합니다. 우리 식으로 계속 바칩니다. 한참 바치니까 뭐가 알아집니다.

조청은 좀 끈끈하지만 물은 덜 끈끈하죠. 이걸 점성viscosity이라고 합니다. 점성은 실험을 해야 알 수 있는데, 실험하지 않고 예측하는 것을 이론적인 예측이라고 합니다. 아인슈타인같이 똑똑한 사람은 실험하지 않고서도 알려지지 않은 샘플unknown sample의 성질을 예측합니다. 모르는 것을 예측할 수 있는 논문은 틀림없이 노벨상감입니다. 제가 그 공식을 만들었습니다. 지도교수가 굉장히 들떠서 영국의 네이처(Nature, 과학 전문 잡지) 본부까지 찾아갔습니다. 그때 한국 사람의 논문은 한 번도 실리지 못했던 때였는데, 그런 정도로 흥분을 했던 거죠. 한국 고유의 직관에서 나온 것인데, 아무리 결과가 그럴듯하게 잘 맞아도 수학적이고 합리적인 바탕 하에서 공식적인formal 절차를 밟아 출발하지 않았다고 결국 탈락했습니다.

저는 이 주제로 SCI급 논문을 20편이나 썼습니다. 외국 논문을 인용하지 않고 이 주제 하나로, 논문 걱정 없이 인센티브도 받으며 교수 생활을 편안하게 했습니다. 저는 감히 교수로 취직한 것도 대단하다고 생각하고 노벨상은 언감생심, 마음 닦는 데만 집중했는데, 좋은 연구논문을 쓰게 된 것입니다. 이 가르침을 잘 활용하면 돈도 벌고 인재도 되지만 노벨상 수상자도 많이 배출할 수 있다는 생각을 제 경험으로 얘기합니다. 그 논문을 끝까지 살리지 못한 게 안타깝지만, 저와 지도교수의 한계이기도 합니다. 그이는 나하고 동갑인데 몇 년 전에 벌써 세상을 떠났고, 같이 토론했던 사람도 거의 다 세상을 떠났습니다. 저도 거기서 벌써 멀어졌습니다.

분명한 것은 우리 가르침을 공부하면 돈을 버는 데 쓰일 뿐 아니라 위대한 학자, 위대한 예술가가 됩니다. 제가 자신만만하게 피아노나 합창에도 적용된다고 하였을 때 비웃었을 겁니다. 가행정진하는 사람의 예술, 과학, 정치는 다릅니다. 가행정진하는 사람의 수안보 호텔은 더더욱 다릅니다.

자연과학의 난제를 종합적 즉각으로 해결하다

박사 논문을 쓸 때 광릉수목원을 산책하며 자연과학의 난제를 해결하였습니다. 1960년대 우리나라에 있는 산은 거의 다 민둥산이었습니다. 그래도 광릉수목원에 나무가 있었습니다. 머리를 식힐 때 수목원에 자주 갔습니다. 피톤치드가 나와서 그런지 거기 가면 머리가 맑아졌어요.

나이도 있고 이번 학기에 빨리 대학원을 졸업하고 싶은데, 박사 논문이 영 안 풀립니다. 저의 논문 주제는 세계에서 누구도 시도해 본 적이 없었던 독창적인 발상이었습니다. 그전까지는 기체와 액체 점성의 메커니즘이 각각 다르다고 보았고, 그것을 통일해서 하나로 설명하는 이론이나 계산하는 공식이 없었습니다. 제가 액체와 기체 점성의 기전을 하나로 보고 계산하는 공식까지 만드는 중이었는데, 하나라는 걸 도저히 설명할 수 없어요. 특히 기체와 액체가 만나는 임계점에서 여러 가지 이상 현상들이 많이 나타나는데, 이를 설명하거나 예측하는 논문도 없었습니다. 밝은이는 "네가 알려고 하는 생각만 내려놓아라. 알겠다는 생각을 바치기만 하면 지혜가 나올 것이다."라고 하셨을 겁니다. 하지만 웬만큼 바친다고 지혜가 나오겠어요?

원당 법당 건축 전에 방배동에 있는 작은 연립 주택에서 백 박사님 공부 모임을 차렸는데, 한 어르신이 광릉에 한번 가보고 싶다고 해서 그이들을 모시고 광릉수목원에 갔습니다. 산책하다 보니까 한순간에 아이디어가 나오며 어려운 연구 난제가 풀렸습니다. 제가 혼자 갔으면 아이디어가 안 나왔을 겁니다. 하지만 어르신을 받드는 마음은 아상을 죽이는 마음이거든요. 한순간 깨쳐서 기체와 액체의 점성을 하나로 설명할 수 있게 되었습니다. 그 학기에 졸업을 못 하는 줄 알았는데, 그때부터 부지런히 논문을 써서 석 달 만에 완성해서 제출했습니다.

금강경 수행으로 '종합적 즉각'에 의하여 난제를 풀 수 있다는 것을 실감했습니다. 우리는 본래 알고 있는데 분별이 있어서 모른다고 합니다. 아무리 지식이 많아도 구슬을 꿰어야 보배가 되죠. 꿰는 재주가 없었던 겁니다. 꿰어서 보배로 만드는 것, 분별을 쉬어 본래 있는 지혜가 드러나는 것이 종합적 즉각입니다. 종합적 즉각은 금강경 수행으로 분별이 쉬면서 지혜가 나는 것이라고 알기 쉽게 얘기할 수 있어요. 지혜를 창의력, 슬기로운 판단, 깨침이라고 해도 좋습니다.

보살행과 법인 설립

사회복지법인 바른법연구원 설립

금강경 공부로 많은 개인적 성취를 이루었다고 느끼며, 본격적으로 보살행을 생각했습니다. 여러 사람을 취직시키는 게 첫 번째 목표였습니다. 그래서 2003년에 바른법연구원을 사회복지법인으로 만들었습니다.

그때 사회복지법인은 굉장히 혜택이 많아서 설립 허가를 안 내주려고 했습니다. 설립 자체가 하늘의 별 따기입니다. 돈 안 쓰고 할 수 없어요. ○○시청 20번, 수원에 있는 경기도청을 10번 이상 갔고 2년 반이나 걸렸습니다. 얼마나 절치부심하고 애를 썼는지, 나중에 사회복지법인 허가가 나오자 한○찬 도반은 눈물까지 흘렸습니다. 사회복지법인 설립이 쉬운 게 아닌데, 돈 한 푼 안 쓰고 한 것은 금강경 공부의 위대한 결과라고 생각합니다.

백성욱박사 교육문화재단 설립

2020년 백성욱박사 교육문화재단 설립은 비교적 순조롭게 진행되었습니다. 지금 제3의 보살행을 기획하고 있는데, 아마 잘 될 것입니다.

재앙으로 이름 짓지 않으면 축복이 된다

금강경 공부를 안 했으면 말씀드린 것 중에 하나도 이루지 못했을 것입니다. 마음만 먹으면 다 돼요. 소원성취 걱정하지 마세요. 다 됩니다.

저는 이제 내 속에 무한한 신의 세계가 있고, 마음만 먹으면 그것을 활용할 수 있다는 믿음을 갖게 되었습니다. 모든 난제의 해답을 마음 밖이 아니라 내 속에서 찾을 수 있습니다. 재앙이 온다고 두려워할 필요가 없습니다. 그전에는 재앙만 오면 깜짝 놀랐는데, 재앙이 축복으로 변한다면 두려울 이유가 없어요. 모든 재앙은 거의 100% 축복으로 바뀝니다. 단, 재앙으로 이름 짓지 말고 흔들리지 않아야 합니다.

좋은 것, 즉 부귀영화를 찾기 위해 마음 밖에서 무엇을 찾아 헤매는 헛수고를 하지 마십시오. '내 마음속에 모든 것이 구족되어 있으니, 난제라는 생각을 부처님께 정성껏 바치기만 하면 별 노력하지 않아도 다 된다.'라는 믿음을 가지고 실천하신다면, 어렵지 않게 소기의 목적을 성취할 수 있습니다.

아무리 둔한 사람이라도 금강경을 수지독송하는 주경야선 가행정진을 3년만 해보신다면, 틀림없이 실감 나는 위대한 실례를 체험하실 것입니다.

– 2022.04.17

주경야선 가행정진으로
재가자도 성불할 수 있다

찾아보기

【 ㄱ 】

【 ㄴ 】

【 ㄷ 】

【 ㅁ 】

【 ㅂ 】

【 ㅅ 】

【 ㅇ 】

【 ㅈ 】

주경야선 가행정진으로
재가자도 성불할 수 있다

초판 1쇄 인쇄일 | 2022년 7월 1일
초판 1쇄 발행일 | 2022년 7월 16일

저자 | 김원수

발행처 | 도서출판 바른법연구원
주소 | 서울시 마포구 망원로 10길 21
등록번호 | 540-90-01473
등록일자 | 2020년 9월 1일
전화번호 | 02-337-1636
네이버 카페(백성욱박사 교육문화재단) | https://cafe.naver.com/buddhaland
유튜브 | https://www.youtube.com 백성욱박사 교육문화재단

ISBN 979-11-974426-9-8 03220

값 35,000원